# GUIDE PRATIQUE
# DES CONSULATS.

Les auteurs se réservent leurs droits de propriété et de traduction dans tous les pays liés envers la France par des engagements réciproques sur la propriété littéraire.

Corbeil, typographie de Crété.

# GUIDE PRATIQUE

# DES CONSULATS

Publié] sous les auspices du Ministère des Affaires Étrangères,

PAR

## M. ALEX. DE CLERCQ,

SOUS-DIRECTEUR DES CONSULATS AU MINISTÈRE DES AFFAIRES ÉTRANGÈRES,

ET

## M. C. DE VALLAT,

CONSUL DE PREMIÈRE CLASSE A LA COROGNE.

## PARIS

## GUILLAUMIN ET Cie, LIBRAIRES

Éditeurs de la Collection des principaux Économistes, du Journal des Économistes,
du Dictionnaire de l'Économie politique, etc.
**Rue Richelieu, 14.**

**1851**

A travers les révolutions qui depuis un siècle ont si profondément modifié les limites comme les institutions du plus grand nombre des États, il est un fait qui surgit entre tous et dont la rapidité des communications tend constamment à agrandir la portée.

Ce fait immense, c'est la progression incessante des rapports internationaux, c'est aussi le besoin de plus en plus senti d'en régler les effets, et de faire protéger par des représentants de chaque nation les intérêts si nombreux, si variés, si grands, qui en surgissent.

L'institution des consulats, de ces agences officielles que chaque nation établit sur les points où ses intérêts se groupent et commandent leur création, a grandi en proportion de ces nouveaux besoins, et aujourd'hui la France voit son pavillon arboré et ses postes consulaires établis sur le globe entier.

*a*

Il est dès lors devenu de nécessité rigoureuse de déterminer d'une manière plus précise encore que par le passé la position, les rapports, les obligations et les attributions des consuls, tant vis-à-vis de l'administration métropolitaine de l'État dont ils sont les délégués que vis-à-vis de leurs nationaux à l'étranger et des diverses autorités du pays où ils sont établis.

L'ouvrage que nous publions a pour but de faire connaître quels sont ces rapports, ces obligations, ces attributions à l'égard de tous et selon chaque nature d'affaires.

Après avoir esquissé à grands traits l'histoire et l'objet de l'institution consulaire, en avoir tracé l'organisation actuelle, notre *Guide* saisit le consul au moment où il entre en fonctions, le place tour à tour en face des diverses catégories de personnes avec lesquelles ses relations vont s'ouvrir, et, pour chacune de ces relations, lui indique la marche qu'il doit suivre.

Arrivé à son poste, veut-il se rendre compte des rapports qu'il doit avoir ou entretenir, soit avec les agents de son propre consulat, soit avec les autorités territoriales? il les trouve exposés au livre III de notre ouvrage.

Cette connaissance acquise, veut-il se faire une juste idée de ses devoirs vis-à-vis des administrations centrales de sa nation, spécialement du ministère dont il est le délégué? il trouve ces devoirs tracés au livre IV, ainsi que les diverses formules que les règlements ou l'usage déterminent pour les remplir.

Le livre V continue le IV<sup>e</sup>; il est consacré entièrement aux rapports des consuls avec le ministère de la marine, dont ils sont les administrateurs à l'étranger, soit comme comptables, soit comme chargés de la police de la navigation marchande, de la gestion des sauvetages, de l'administration des prises, etc.

Le livre VI, complément des deux précédents, renferme un travail analogue en ce qui touche les rapports à entretenir avec les missions diplomatiques, les consuls généraux, les autres consuls et les autorités françaises dans nos ports et les départements de l'intérieur.

Les devoirs et les relations envers les autorités bien définis dans toutes leurs parties, viennent les attributions vis-à-vis des nationaux; leur développement forme l'objet du livre VII. Ces rapports embrassent non-seulement ce qui a trait à la résidence, à la police, à l'administration proprement dite, mais encore aux fonctions d'officier de l'état civil, et aux actes publics que les nationaux ont à passer ou à faire en pays étranger.

Le livre VIII envisage les devoirs des consuls comme magistrats et juges, il trace les règles et les limites de leur juridiction, la forme de procéder et le mode d'exécution de leurs décisions.

Un dernier livre est destiné à l'examen des attributions des agents délégués par les consuls dans les divers ports de leur arrondissement pour seconder leur action ou y suppléer.

C'était une dernière obligation que nous avions à accomplir pour compléter notre travail.

Comprenant combien il était important que cet ou-vrage pût être consulté avec fruit par tous ceux que leur service ou leurs intérêts mettent en contact avec les consuls à l'étranger ou en France, nous nous sommes efforcés d'envisager les principes que nous exposions et les questions que nous avions à résoudre sous ces deux points de vue, afin de permettre aux officiers de marine, aux administrateurs, aux négociants et industriels dont les rapports s'étendent au delà des frontières de la France, d'y trouver tous les renseignements propres à les éclairer sur les secours et la protection qu'ils peuvent attendre des consuls.

Cet ouvrage est donc essentiellement pratique, c'est la science et la théorie consulaires mises en action dans toutes leurs ramifications ; avec le *Formulaire* que nous avons déjà publié (1), il doit être, si nous avons atteint notre but, ce que son titre promet, *le Guide pratique des consulats*, et tenir lieu de beaucoup de livres dont le mérite est incontestable, mais qui malgré la science qui y abonde, ne s'adressent pas aux mêmes besoins que le nôtre, et laissaient dès lors une lacune que nous avons cherché à remplir.

Quinze ans d'étude et d'expérience dans la carrière

(1) *Formulaire à l'usage des chancelleries diplomatiques et con-sulaires.* — Paris, Guillaumin, 1848, in-8°.

elle-même, des recherches approfondies aux sources les plus certaines, des solutions puisées dans les documents émanés des autorités les plus compétentes, des conseils pris près d'hommes vieillis dans la pratique ou dont la position officielle est la récompense de longs services (1), telles sont les garanties que nous offrons à nos collègues des consulats et à tous nos lecteurs.

Puisse ce livre répondre à nos efforts !

Paris, le 1er Octobre 1851.

(1) Nous exprimons spécialement notre vive reconnaissance pour les précieux encouragements qu'ils nous ont donnés et le concours aussi actif qu'éclairé qu'ils nous ont prêté, à MM. Anatole Brenier, ancien ministre des affaires étrangères; Théodore de Lesseps, directeur des consulats et affaires commerciales au ministère des affaires étrangères; Victor Foucher, conseiller à la cour de cassation; Bourcier de Saint-Chaffray, sous-directeur de la direction de la comptabilité ; Seneuze, chef du bureau de la chancellerie, et Louis de Clercq, ancien employé supérieur à la direction politique du ministère des affaires étrangères.

# TABLE GÉNÉRALE DES MATIÈRES.

*b*

FIN DE LA TABLE GÉNÉRALE DES MATIÈRES.

# LIVRE PREMIER.

## DE L'INSTITUTION CONSULAIRE FRANÇAISE
### EN PAYS ÉTRANGER.

---

## CHAPITRE PREMIER.

### DU BUT ET DE L'ORIGINE DES CONSULATS ET DU CARACTÈRE PUBLIC DES CONSULS.

#### 1. — But et origine de l'institution consulaire.

Les consuls sont des agents du gouvernement chargés de protéger à l'étranger le commerce et la navigation de leurs nationaux.

Cette mission, qui trouve ses limites plutôt que ses règles dans le droit conventionnel et les usages locaux, s'applique aux personnes, aux navires, aux propriétés et aux intérêts des Français à l'étranger, et donne lieu à une diversité d'attributions qui feront l'objet des livres suivants.

L'institution des consuls se rattache évidemment, par son origine, aux magistratures qui, dans l'antiquité, se trouvaient préposées à la protection des étrangers et au jugement de leurs différends ; mais elle n'apparaît d'une manière historique et dans une forme rapprochée de sa forme actuelle qu'à l'époque des croisades.

Ce fut alors que l'on vit les Italiens, les Provençaux et les Catalans suivre pas à pas les conquêtes des armes chrétiennes, et préluder à la prospérité future de leurs armes en instituant des consuls dans tous les ports où s'organisaient leurs corpo-

1

rations marchandes. Nous voyons dès le treizième siècle Marseille proclamer dans ses statuts municipaux le respect des propriétés des étrangers, même en temps de guerre, et, réclamant pour ses concitoyens des garanties semblables, envoyer sur toute la côte de Syrie, en Égypte et dans l'archipel, des *consuls d'outre-mer*, chargés exclusivement de veiller au maintien de leurs franchises, de juger les différends des négociants, et de transmettre aux magistrats *consuls de la cité* les informations propres à contribuer au développement de son commerce.

A la même époque se formaient dans le Nord les comptoirs de la Hanse avec leurs aldermans, dont les attributions correspondaient exactement à celles des agents consulaires du Midi.

Grandissant avec l'extension constante des relations commerciales, et subissant le contre-coup de la concentration successive des pouvoirs publics, les consuls cessèrent bientôt d'être les simples mandataires d'une ville ou d'une corporation; et, revêtant un caractère officiel plus considérable, ils purent agir et parler au nom de l'Etat tout entier qui les avait commissionnés.

. Devenus alors les magistrats et les protecteurs officiels de leurs nationaux, ils reçurent leur institution du gouvernement même de leur pays, et durent le plus souvent, dans l'intérêt bien entendu de leur propre indépendance, renoncer à toute rémunération particulière en dehors de leur traitement public.

### 2. — Des règlements français sur les consulats.

En France, ce fut Colbert qui, en 1669, par son *Mémoire au roi*, et quelques années après par l'ordonnance générale de 1681, donna au corps consulaire une organisation qui servit de modèle à la législation de tous les autres peuples en cette matière.

Un siècle plus tard, l'ordonnance de 1781, monument plein de sagesse, et dont la plupart des dispositions sont encore en vigueur, réunit en un seul corps de lois les divers arrêts du conseil, ordonnances, édits ou règlements concernant soit les consulats, soit la résidence et le commerce des Français dans le Levant et en Barbarie, successivement publiés depuis 1681.

L'ordonnance de 1781, commentée par une excellente instruction générale du ministre des affaires étrangères du 8 août 1814, resta, à quelques modifications près, la législation en vigueur jusqu'à la réforme générale des consulats, en 1833.

Le gouvernement fut conduit à cette mesure par la nécessité de mettre la législation consulaire en harmonie avec les principes du nouveau corps de droit civil et criminel de la France, le besoin de mieux définir les fonctions administratives des consuls, et la nécessité d'appliquer aux perceptions de chancellerie les formes tutélaires consacrées pour la comptabilité publique.

Préparée par les travaux successifs de deux commissions, dont la première datait de 1822 et la seconde de 1829, cette réforme fut enfin réalisée par M. le duc de Broglie, alors ministre des affaires étrangères, à l'aide d'une nouvelle commission spéciale, dont les délibérations furent successivement sanctionnées sous forme d'ordonnances et insérées au Bulletin des lois dans le courant de l'année 1833 (1).

Notre organisation, consulaire mise ainsi à la hauteur de nos nouvelles institutions, est maintenant une des meilleures qui existent ; et, sous ce rapport, la France n'a trouvé que des imitateurs.

### 3. — Caractère public des consuls.

Les publicistes des dix-septième et dix-huitième siècles ont longuement examiné la question de savoir si les consuls étaient ou non des ministres publics. Suivant en cela l'opinion de Wiquefort, qui n'en faisait que des agents commerciaux et des juges marchands, Vattel, Martens et Klüber, sans tenir suffisamment compte des modifications apportées dans

(1) La première commission était présidée par le savant M. Pardessus, et avait M. Sauvaire Barthélemy pour secrétaire-rapporteur. La seconde, placée sous la présidence de M. le baron Deffaudis, eut pour secrétaire M. Louis de Clercq. La troisième commission était présidée par le ministre lui-même, qui avait près de lui, comme secrétaire-rapporteur, M. Buthiau. (Voy. *Rapport au roi du 20 août 1833*.)

l'institution, ont dénié aux consuls la qualité d'agent politique, qui est cependant inhérente à leurs fonctions.

Quiconque, dit Steck dans son *Essai sur les consuls*, est chargé par son souverain des affaires de l'Etat et des intérêts de la nation, n'est-il pas un ministre public? Le doute n'est pas possible; quel que soit leur rang hiérarchique, quelle que soit leur position de subordination vis-à-vis d'autres agents institués par le même gouvernement et accrédités auprès du même Etat, qu'ils agissent et parlent en leur nom et sous leur responsabilité, ou en vertu d'instructions expresses de leurs chefs, les consuls n'en sont pas moins revêtus d'un caractère public; comme envoyés officiels et accrédités de leur pays, ils sont ministres, et leurs personnes comme leurs domiciles doivent participer du respect dû à la nation qui les a commissionnés.

Quelques auteurs, en écrivant sur le droit des gens, et spécialement sur les consuls, entre autres Borel, ont évité de se prononcer sur la question du caractère diplomatique des consuls, et se sont bornés à déclarer que la protection du droit des gens ne saurait leur être déniée; c'était éluder la solution de la question, car tout individu en pays étranger est placé sous la protection du droit des gens, et la question est de savoir si, indépendamment de cette protection générale dont ils doivent être les premiers gardiens, les consuls ne jouissent pas des immunités que le droit des gens accorde aux agents officiels des gouvernements étrangers. Nous ne pouvons à cet égard rien faire de mieux que de reproduire l'opinion émise par un savant publiciste, ancien ministre des affaires étrangères de Portugal, M. Pinheiro Ferreira, en faisant observer toutefois que les immunités qui couvrent et protégent le corps consulaire ne sauraient s'appliquer qu'aux agents qui, n'appartenant pas au commerce, sont directement rétribués à titre de fonctionnaires publics par l'Etat qui les a institués.

« Dans leur origine, dit M. Pinheiro, les consuls n'ont été que de simples fondés de pouvoirs établis par la prévoyance des négociants pour défendre les intérêts de leur commerce dans les pays étrangers. En cette qualité, quelque étendues que fussent la sphère de leurs attributions et l'influence qu'en s'en acquittant ils exerçaient sur les intérêts publics, ils ne pouvaient être considérés comme des agents ou ministres publics, puisqu'ils ne tenaient pas leur mandat de la nation, mais seulement d'une fraction plus ou moins considérable de la nation.

« Mais lorsque, dans la suite, ces agents, au lieu de ne représenter que le commerce de telle ou telle place, devinrent les représentants du commerce national ; dès que ce ne furent plus les corporations du commerce, mais les gouvernements qui les nommèrent, et qu'ils furent chargés de protéger, auprès des autorités du pays, non-seulement les intérêts des individus qui voudraient se servir de leur entremise, mais aussi les intérêts de l'Etat lui-même dans une latitude plus ou moins considérable, selon le degré de confiance qui leur était accordé par le gouvernement, les consuls ont dû être considérés dès ce moment comme des *agents publics* auprès des gouvernements étrangers, ou *agents diplomatiques*, quoique d'un ordre inférieur à ceux qui, dans le but aussi de veiller sur les intérêts publics, étaient accrédités auprès des autorités supérieures du gouvernement du pays où ils étaient appelés à exercer leurs fonctions. Mais, de même que les chargés d'affaires ne sont pas moins agents diplomatiques que les envoyés, parce qu'ils ne sont accrédités qu'auprès du ministre d'Etat chargé des relations extérieures, tandis que ceux-ci le sont auprès du souverain, les consuls ne sauraient être exclus du corps diplomatique, c'est-à-dire du nombre des *agents publics* auprès des gouvernements étrangers, parce qu'ils ne sont accrédités qu'auprès des agents du gouvernement d'un ordre inférieur à celui du ministre...

« C'est une grave méprise de refuser aux consuls le caractère diplomatique parce que le diplôme de leur charge n'est pas expédié sous la forme de lettres de créance, mais de lettres patentes ou lettres de provision, ayant besoin d'un *exequatur* ou confirmation du souverain du pays où ils ont à exercer leurs fonctions. Cette diversité, quant à la forme des diplômes, ne peut établir qu'une différence spécifique entre les consuls et les autres agents diplomatiques, mais elle ne saurait les exclure de leur corps ; de même que la différence entre les diplômes qui accréditent les ambassadeurs, les envoyés et les chargés d'affaires, ne font que les partager en trois ordres dif-

férents du corps diplomatique, sans qu'on en puisse induire
que les derniers n'appartiennent pas , aussi bien que les premiers, au même corps.....

« La forme de lettres patentes et l'apposition de l'*exequatur*
n'ont aucun rapport au caractère diplomatique du consul ; de
même que ces formalités ne contribuent pas à le lui conférer,
elles ne sauraient empêcher qu'il en soit investi ; leur but est
de lui fournir un titre qui constate auprès des autorités administratives et judiciaires du pays sa capacité comme fondé de
pouvoirs, pour ester légitimement devant elles dans les affaires
de leur compétence qui exigeront la présence de ces fondés de
pouvoirs des parties qui , par l'entremise du gouvernement ,
sont censées les avoir autorisées à y représenter leurs intérêts (1). »

#### 4. — Immunités et prérogatives des consuls.

La France a constamment entendu donner à ses consuls ,
comme elle l'a reconnu aux consuls étrangers envoyés chez
elle dans les mêmes conditions, le caractère d'agents diplomatiques, en ce sens, dit l'instruction royale du 8 août 1814,
« qu'ils sont reconnus par le souverain qui les reçoit comme
« officiers du souverain qui les envoie, et que leur mandat a
« pour principe soit des traités positifs, soit l'usage commun
« des nations, ou le droit public général. »

Tel est le principe de droit posé par la loi française ; mais
ce principe n'y est pas vivifié par l'exposé ou la constatation
de ses conséquences, et ne pouvait guère l'être d'une manière
purement théorique, car les immunités des consuls, partici-
pant du caractère des droits et prérogatives diplomatiques, se
modifient non-seulement selon les traités et les nations, mais
aussi d'après les attributions que chaque gouvernement donne
à ses agents.

Ainsi, on doit tout d'abord distinguer entre les agents consulaires dans le Levant ou en Barbarie et ceux qui résident
dans les pays de chrétienté.

_____

(1) M. Pinheiro Ferreira, *Notes sur le Précis du droit des gens* par
G.-F. Martens, note 67.

En effet, dans les pays musulmans, nos consuls, tout en relevant hiérarchiquement de l'ambassadeur de France à Constantinople, ou des consuls généraux chargés d'affaires dans les régences barbaresques, sont reconnus, d'après les traités, comme agents jouissant de la plénitude des immunités concédées aux agents diplomatiques du premier rang.

« Les consuls de France jouiront de tous les priviléges du droit des gens » (c'est-à-dire des priviléges et franchises diplomatiques), dit le préambule de la capitulation de 1740 entre la France et la Porte-Ottomane. «L'empereur de France pourra établir dans l'empire du Maroc la quantité de consuls qu'il voudra pour représenter sa personne dans les ports dudit empire, » ajoute le traité de 1767 entre la France et le Maroc. Dans le Levant donc, comme en Barbarie, les consuls de France sont de vrais ministres publics ; comme tels, leur personne est inviolable : ils ne peuvent être retenus prisonniers ou arrêtés sous aucun prétexte ; ils sont indépendants de toute justice territoriale ; leurs familles, les officiers consulaires attachés à leur mission et leurs gens participent à ces immunités ; la maison consulaire est sacrée, et nos consuls ont le droit absolu d'y arborer le pavillon national ; par suite, nul ne peut s'y introduire par force, et aucune autorité territoriale ne peut y exercer publiquement le moindre acte de juridiction.

Le libre exercice de la religion du consul résulte expressément de l'inviolabilité de son domicile, de même que le droit d'asile, bien que la plus grande réserve doive être apportée dans l'exercice de ce droit, dénié aujourd'hui en Europe aux ambassadeurs eux-mêmes, mais maintenu dans le Levant et en Barbarie comme un privilége découlant forcément de leur droit de juridiction et du principe de l'exterritorialité, fiction en vertu de laquelle leur maison est censée faire partie du territoire même de l'État qu'ils représentent.

Une des conséquences de l'assimilation complète des consuls du Levant ou de Barbarie avec les ministres publics est leur exemption de tous tributs et impositions locales, soit directes ou indirectes ; ils doivent donc être exemptés du payement des droits de douane sur les provisions qu'ils font venir du dehors pour leur usage personnel. Ils ont pareillement le droit de choisir parmi les gens du pays tels interprètes, drog-

mans, talebs, écrivains et employés musulmans, juifs ou autres, qu'il leur plaît. La même liberté leur est acquise quant
aux domestiques dont ils ont besoin, et qui, tant qu'ils restent
au service des consuls, participent à leurs immunités, et sont
dispensés de tout service militaire, de toute imposition personnelle ou autre taxe semblable.

Dans l'intérêt de la sûreté des consuls, non moins que pour
rehausser la dignité de la charge dont ils sont revêtus, ils ont
droit, dans le Levant et en Barbarie, à une garde d'honneur,
qui leur est donnée par l'autorité territoriale. Ces gardes, ou
janissaires, sont payés par le consul, logés dans sa maison,
et relèvent exclusivement de lui tant qu'ils sont à son service.

En outre, dans quelques pays, au Maroc notamment, les
consuls reçoivent à titre gratuit une maison du souverain pour
s'y établir, eux et leurs archives. Ailleurs, comme en Syrie,
ils ne peuvent se loger que dans un quartier déterminé de la
ville, désigné sous le nom de Quartier franc, isolé et indépendant, mais qui, dans ce cas, se trouve en entier couvert de la
protection de leur pavillon.

Le traité du 24 septembre 1844 entre la France et la
Chine, et celui du 17 novembre suivant avec l'iman de Mascate, reconnaissent à nos consuls établis, soit à Canton, soit
dans les autres ports du céleste empire ouverts au commerce
étranger, ainsi que sur tous les points de l'imanat de Mascate,
non-seulement les mêmes droits et priviléges que ceux généralement concédés aux consuls dans les pays musulmans, mais
encore le droit exclusif de juridiction sur leurs nationaux. Il
faut reconnaître toutefois que ces traités sont beaucoup moins
explicites que nos capitulations avec la Porte Ottomane ; et
l'insertion qui y a été faite de la clause du traitement de la
nation la plus favorisée semble dans la pratique pouvoir soulever plus d'une discussion sur son véritable sens.

Les priviléges et immunités des consuls dans·les pays de
chrétienté sont plus limités qu'en Orient, et dépendent soit de
traités spéciaux, soit uniquement de l'usage ; ils varient par
conséquent à l'infini. Cependant il est quelques principes qui
sont généralement admis chez les nations chrétiennes ; ainsi
nulle part les consuls n'ont la juridiction criminelle sur leurs
nationaux ( sauf une certaine autorité de police sur les équi-

pages des bâtiments de commerce) ; presque partout ils n'ont qu'une juridiction civile restreinte, et sous ce point de vue leur autorité se résume le plus souvent dans une juridiction volontaire sur leurs nationaux, et un simple arbitrage dans les affaires litigieuses, soit civiles, soit commerciales (1).

La plupart des traités de commerce conclus depuis un siècle contiennent une clause en vertu de laquelle les consuls doivent réciproquement jouir des priviléges et exemptions concédés à ceux de la nation la plus favorisée ; mais presque tous sont muets sur le sens précis à donner à ces mots de priviléges et d'exemptions. Les plus explicites pour la France sont la convention consulaire avec l'Espagne du 13 mars 1769, celle du 14 novembre 1788 avec les Etats-Unis (aujourd'hui abrogée), et quelques-uns de nos traités avec les Etats de l'Amérique du Sud. Mais ces stipulations elles-mêmes ne forment pas un droit absolu, et elles se complètent et se modifient par les lois ou les usages locaux de chaque pays.

La France reconnaissant à ses consuls le caractère d'agents publics, en fait résulter pour eux le droit à l'immunité personnelle, excepté dans le cas de crime, et l'exemption de toutes charges nationales ou municipales quand ils ne possèdent pas de biens-fonds et n'exercent pas le commerce (2).

Elle les autorise d'ailleurs à réclamer par réciprocité le traitement qu'elle accorde elle-même aux consuls étrangers admis à résider sur son territoire. Or, indépendamment de l'immunité personnelle et des exemptions d'impôts, ainsi que des charges locales, que nous accordons aux consuls étrangers, nous leur reconnaissons encore le droit de mettre sur la porte de leur maison l'écusson des armes de leur nation, et d'y arborer leur pavillon. Nous les autorisons à communiquer directement avec les autorités judiciaires et administratives de leurs arrondissements respectifs, mais avec le ministre des affaires étrangères seulement, par l'intermédiaire du chef de la mission ou de l'établissement consulaire de leur pays (3). Ils ne peuvent être poursuivis devant nos tribunaux pour les

(1) G.-F. Martens, *Précis du droit des gens moderne*, § 148.
(2) Instruction générale du 8 août 1814.
(3) Arrêté du directoire du 2 messidor an VII.

actes qu'ils font en France par ordre de leur gouvernement et
avec l'autorisation du gouvernement français (1). Ils sont indépendants des tribunaux du pays, et ont le droit de décliner
leur compétence dans les questions où leur qualité d'agents
publics de leur gouvernement est mise en cause (2). Par une
dérogation aux lois qui obligent tous les étrangers, ils ne
peuvent être contraints par corps, si ce n'est pour engagement
de commerce ; auquel cas, ils sont poursuivis ainsi qu'il est
d'usage, sans pouvoir y opposer aucun privilége (3). Ils sont
seuls juges compétents pour connaître de l'instruction des
crimes et délits commis à bord des bâtiments de leur nation,
dans les ports et rades de France, par un homme de l'équipage
envers un autre homme du même équipage, et à plus forte
raison de ceux qui ont été commis à la mer en cours de
voyage (4). Ils reçoivent les rapports de mer des capitaines de
leur nation qui abordent dans nos ports, à l'exclusion des
présidents des tribunaux de commerce ou des juges de
paix, devant lesquels les navigateurs français doivent faire les
leurs (5). Les règlements d'avaries des bâtiments de leur
nation, dressés par eux, sont homologués par nos tribunaux (6). Ils sont exempts du service de la garde nationale
lorsqu'ils sont citoyens de l'Etat qu'ils représentent (7); la
jurisprudence tend même à les en exempter, malgré leur
qualité de Français. Ils sont dans certains cas, et en vertu de
conventions spéciales, il est vrai, autorisés à diriger seuls le
sauvetage des bâtiments de leurs nations respectives qui
échouent ou font naufrage sur nos côtes (8). Enfin, ils sont

(1) Lettre du ministre des relations extérieures du 19 floréal an VII.
— Arrêt de la cour de cassation du 5 vendémiaire an IX.
(2) Lettres du ministre des affaires étrangères à celui de la justice,
des 18 août 1818 et 29 mai 1819.
(3) Formule des exequatur délivrés aux consuls étrangers.
(4) Avis du conseil d'État du 18 octobre - 20 novembre 1806. —
Arrêt de la cour de Bordeaux du 31 janvier 1839.
(5) Circulaire du ministre de la justice aux procureurs généraux,
de septembre 1833. — Arrêt de la cour de cassation du 25 novembre
1845.
(6) Arrêt de la cour d'Aix du 2 mai 1828.
(7) Arrêts de la cour de cassation des 25 août 1833 et 26 avril 1834.
(8) Circulaires des douanes des 22 août 1825 et 24 décembre 1827.

exempts de toute contribution personnelle et directe, ordinaire et extraordinaire; de tout service personnel, et du logement des gens de guerre. Mais, et c'est là une dérogation aux immunités concédées aux agents diplomatiques d'un rang supérieur, ils demeurent soumis aux taxes de consommation, douanes, octroi, routes et péages (1); à moins que l'exemption de ces dernières charges ne résulte pour eux des stipulations expresses d'un traité (2).

La Grande-Bretagne, qui (comme la France) attribue à ses consuls un caractère public, et dont les agents dans l'Amérique du Sud ont souvent réclamé, au milieu des troubles qui ont si fréquemment agité ces régions, des priviléges réservés aux ambassadeurs, entre autres le droit d'asile (3), ne reconnaît cependant aux consuls étrangers qu'elle admet dans ses ports aucune des immunités ni des attributions qui sont concédées à ses agents soit en France, soit dans les autres pays de chrétienté. En effet, la loi anglaise, qui n'établit que fort peu ou point de différence entre les consuls étrangers sujets britanniques, et ceux qui sont citoyens de l'État qui les a commissionnés, n'a rien réglé sur cette délicate matière, et abandonne au domaine de l'usage ou de la tolérance tout ce qui concerne l'exercice des fonctions consulaires dans l'étendue du Royaume-Uni ou de ses colonies.

Les exceptions au droit commun qui s'y sont ainsi trouvées consacrées se bornent d'une part à l'exemption de l'impôt sur les revenus à raison du chiffre des traitements; d'autre part, à un droit de police fort limité sur les gens de mer, déserteurs ou autres. Quant aux chancelleries, elles sont bien considérées comme le bureau d'une administration publique, mais elles ne sont point pour cela inviolables, puisque, il y a quelques années, les archives du consulat général de France à Londres furent saisies à la requête du collecteur des taxes locatives, et vendues aux enchères sur la voie publique,

(1) Lettre du ministre des relations extérieures à celui des finances du 7 ventôse an III. — Arrêt de la cour de cassation du 20 février 1813. —Circulaire du gouverneur général de l'Algérie aux consuls étrangers du 27 novembre 1834.

(2) Lettre du ministre des affaires étrangères du 17 mai 1827.

(3) Voir les débats de l'enquête consulaire anglaise en 1835.

comme devant, aux termes de la loi, répondre au fisc du
payement de l'impôt que n'avait pas acquitté le propriétaire
de la maison dans laquelle la chancellerie était placée (1).

Les États-Unis de l'Amérique du Nord n'ont pas non
plus sur cette matière des priviléges consulaires, des
principes bien arrêtés; et nous nous croyons autorisés à établir qu'en dehors des stipulations du droit conventionnel,
un consul étranger dans ce pays ne serait pas admis à réclamer des avantages ou des immunités autres ou plus étendus
que ceux qui sont généralement concédés en Angleterre.

En Espagne, les immunités des consuls étrangers sont déterminées par le règlement royal du premier février 1765,
modifié, il est vrai, par les ordonnances du 8 mai 1827 et
17 juillet 1847. Ces agents sont placés, comme presque tous les
étrangers, du reste, sous la protection de l'autorité militaire.
Ils ne peuvent être traduits en justice, ni même être cités à
comparaître comme témoins, et toute déclaration qui leur est
demandée doit être reçue à leur domicile. Ils sont, d'ailleurs,
exempts du logement des gens de guerre et de toutes charges
personnelles et municipales; mais, ils payent les droits de
douane sur les objets qu'ils reçoivent de l'étranger. L'écusson
des armes de leur nation ne doit être placé qu'à l'intérieur de
leur maison; et ce n'est que par une tolérance, devenue, il est
vrai, presque générale aujourd'hui, que les agents étrangers
peuvent arborer leur pavillon les jours de fêtes nationales.

La législation portugaise traite les consuls encore plus fa-
vorablement; elle leur concède souvent l'exemption des droits
de douanes et d'octroi; et lors des troubles qui se produisirent
au milieu de l'insurrection miguéliste, le droit de l'inviolabilité du domicile du consul du Brésil, qui avait reçu chez lui
plusieurs réfugiés politiques, ne fut pas un seul instant con-
testé.

En Autriche, les consuls étrangers ne sont pas considérés
comme faisant partie du corps diplomatique; ils sont soumis
à la juridiction locale, tant en matière civile qu'en matière
criminelle, et en dehors de leurs fonctions officielles, ils re-

_____

(1) Nous ne pensons pas que le gouvernement français ait acquiescé
à cette jurisprudence.

lèvent, comme tout autre particulier, des tribunaux ordinaires.,

En Prusse, les consuls étrangers sont exempts des loge-
ments militaires, des contributions directes et de tout service
personnel ; ils sont assujettis à la juridiction civile du pays ;
en ce qui concerne la juridiction criminelle, ils sont, après
l'instruction de la cause, et l'emprisonnement même, s'il y a
lieu, remis à leur gouvernement pour être jugés conformément aux lois de leur pays. Cette marche n'est toutefois suivie
que dans les cas où la puissance dont relève le consul mis en
cause admet la réciprocité en faveur des consuls prussiens.

En Russie, il n'existe pas de loi positive qui ait fixé les prérogatives des consuls étrangers, et de fait celles-ci se réduisent
à l'exemption de tout service et de tout impôt personnel.

En Danemark, les consuls étrangers qui ne sont ni régni-
coles, ni négociants sont, en vertu de l'ordre royal du 25 avril
1821, exempts de toute charge ou contribution personnelle ;
dans tout autre cas, ils rentrent, comme tout autre étranger,
sous l'empire du droit commun.

Dans les Pays-Bas, dont, sous ce rapport, la Belgique a encore aujourd'hui conservé la législation, l'ordonnance du
5 juin 1822, distingue également parmi les sujets étrangers
revêtus du titre de consul, ceux qui sont exclusivement fonctionnaires et ceux qui sont en même temps négociants ; elle
n'accorde aucune immunité aux derniers, et reconnaît seulement aux premiers le droit d'avoir leurs armes sur leurs maisons, d'arborer leur pavillon, et elle les exempte du logement
militaire, du service de la garde bourgeoise, de l'impôt personnel, et de toutes charges publiques et municipales autres
que les impôts indirects, à charge, il est vrai, de réciprocité
en faveur des consuls hollandais ou belges.

Il serait superflu d'entrer dans une plus longue énumération
des droits et priviléges des consuls étrangers dans les divers
autres pays de la chrétienté ; l'aperçu qui précède suffit pour
démontrer que la plupart des nations reconnaissent l'inviolabilité absolue des archives consulaires, et que, quant aux immunités attachées à la personne des agents, lorsqu'une loi
positive ne les définit pas, on les fait dériver pour nos consuls
à l'étranger soit du principe de la réciprocité, à raison de ce

qui a lieu en France, soit d'usages traditionnels, ou du texte de nos traités, soit enfin des stipulations arrêtées entre d'autres nations, et dont le bénéfice nous est acquis en vertu de la clause du traitement de la nation la plus favorisée. Ajoutons que dans les pays où les consuls ne sont pas indépendants de l'autorité territoriale, ils ne sauraient cependant être poursuivis criminellement, à moins de flagrant délit, avant que l'*exequatur* ne leur ait été retiré; c'est là une question de dignité, et toute d'égards pour le pays auquel appartient l'agent incriminé.

### 5. — Des consuls négociants.

De l'énumération que nous venons de faire ressort néanmoins une distinction essentielle, c'est que généralement les immunités et prérogatives accordées aux consuls diffèrent selon que ces agents sont citoyens de l'Etat qui les nomme ou de celui qui les admet, et suivant qu'ils sont exclusivement fonctionnaires publics ou font en même temps le commerce. C'est donc au gouvernement du pays qui les institue à peser à l'avance les avantages et les inconvénients de ces positions si différentes, et à choisir ses agents en conséquence.

En France, d'après les règlements qui régissent aujourd'hui la carrière, la faculté de faire le commerce est refusée à tous les consuls : nous examinerons ultérieurement au chapitre 6 du livre 2 les avantages qui résultent de cette prohibition pour le bien du service.

# CHAPITRE II.

## DE LA NOMINATION ET DE LA DIRECTION DES CONSULS.

### 1. — Nomination des consuls.

Les consuls sont nommés en France par le chef du pouvoir exécutif : il en est de même dans tous les autres États. Nous ne connaissons qu'une exception à cet usage général, c'est en

Suède, où la nomination des consuls est précédée d'un concours à la suite duquel le collége du commerce de Stockholm
propose trois candidats au choix du gouvernement ; mais le
diplôme de nomination n'en est pas moins toujours signé par
le roi, avec le contre-seing de son ministre des affaires étrangères.

### 2. — Département ministériel duquel ils relèvent.

Ce mode de nomination est la conséquence nécessaire de
l'état actuel des relations internationales, et du caractère
actuel de l'institution consulaire ; et, lorsque quelques
esprits envieux de tout principe d'autorité parlent de rendre
le choix des consuls aux corps de nation à l'étranger, on peut,
à juste titre, les considérer comme plus rétrogrades que no-
vateurs. Nous ne nous arrêterons pas à réfuter un système
qui a disparu devant les progrès de plusieurs siècles, et qui
serait d'ailleurs en général, naturellement impraticable.

Les consulats français placés dans les attributions exclusives
du ministère de la marine par l'ordonnance de 1681, en furent détachés en 1761. Les agents durent alors rendre compte
au ministre des affaires étrangères de tout ce qui concernait
leurs fonctions, et recevoir par son canal les ordres et instructions dont ils pouvaient avoir besoin (1); ils conservèrent
cependant une correspondance directe avec le département de
la marine pour ce qui touchait au service de la flotte. Mais à
cette époque, les fonctions des consuls dans leurs rapports
avec la marine militaire avaient une toute autre importance
que celle qui résulte de leurs attributions actuelles.

En effet, les agents de la carrière consulaire n'étaient pas
seulement administrateurs de la marine et commissaires des
classes en pays étrangers, ils pourvoyaient encore à tous les
besoins de la flotte en hommes, en vivres et en munitions.
Aussi, leur correspondance officielle cessa-t-elle bientôt d'être
divisée, et dès 1766 leur service fut-il de nouveau rattaché
exclusivement aux attributions du département de la marine (2).

(1) Circulaire des affaires étrangères du 16 octobre 1761.
(2) Circulaire de la marine du 8 avril 1766.

Ce fut la Convention nationale qui, par l'organisation donnée en 1793 au ministère de la marine, retira définitivement
les consulats de ce département pour les réunir aux affaires
étrangères (1).

Depuis cette époque, les consulats n'ont plus cessé de faire
partie de ce dernier département. A diverses reprises cependant, on a essayé de critiquer ce système d'attributions, et de
montrer qu'il serait plus conforme aux intérêts du service
que les consulats relevassent, soit du ministère de la marine
comme autrefois, soit de celui du commerce.

Lors de la création du ministère des manufactures et du
commerce, en 1811, on proposa de comprendre les consulats
dans les attributions de ce nouveau département ministériel;
mais l'étude approfondie de cette question en fit bientôt
abandonner l'idée.

En 1814, ce fut le département de la marine qui réclama
les consulats, mais sans plus de succès que de fondement.
Enfin, en 1828, lors du rétablissement du ministère du commerce, la question fut de nouveau soulevée, et, comme toujours, résolue négativement.

Dans des temps plus rapprochés de nous, on a cru pouvoir
l'agiter une dernière fois. Hâtons-nous de dire que, cette fois
encore, le système actuel a prévalu comme étant le seul lo-
gique et le seul rationnel.

Des avis si contradictoires s'expliquent tous également bien,
nous le reconnaissons, par la diversité des fonctions consulaires; il suffit, en effet, pour soutenir l'un ou l'autre, de ne
considérer ces fonctions que sous un seul point de vue; mais
si, au contraire, on les considère dans leur ensemble, et si on
envisage le caractère et les attributions multiples des consuls,
la question ne saurait être résolue qu'en faveur du ministère
des affaires étrangères.

Les consuls ayant à exercer par délégation toute l'autorité
que le gouvernement peut avoir sur les nationaux qui résident
en pays étranger, leurs fonctions doivent forcément se rattacher à presque toutes les branches de l'administration publique française, et en raison de ces fonctions si diverses, ils

(1) Décret du 14 février 1793.

se trouvent, par le fait, en rapport avec nos divers départements ministériels.

Ainsi, les consuls remplissent les fonctions d'officiers de
l'état civil; arbitres naturels des différends qui s'élèvent entre
leurs nationaux, ils rendent, en outre, des jugements en matière civile et commerciale; ils pourraient même en certains
pays, d'après nos traités avec le gouvernement territorial,
juger leurs nationaux au criminel, etc.; sous ce rapport, les
consulats pourraient relever du ministère de la justice.

Ainsi, les consuls constatent à l'étranger, par l'immatriculation dans leurs chancelleries, la nationalité et le domicile de
leurs nationaux; ils délivrent des passe-ports à ceux qui doivent
rentrer en France, visent ceux des étrangers que leurs affaires
appellent dans notre pays, ou refusent ces passe-ports à ceux
que la police a expulsés du territoire, et dont la liste leur a
été notifiée; ils reçoivent les engagements militaires, veillent
à l'exécution de nos lois de douane, signalent les contraventions à ces mêmes lois dont ils peuvent avoir connaissance;
ils tiennent la main à l'exécution réciproque des conventions
postales, et sont même agents de l'administration des postes
dans plusieurs résidences, etc.; sous ce second rapport, ce
serait du ministère de l'intérieur ou de celui des finances que
les consulats devraient dépendre.

Ainsi, les consuls veillent à l'exécution des règlements de
police de la navigation marchande, administrent en temps de
guerre les prises maritimes, dirigent les sauvetages, poursuivent l'extradition des marins déserteurs, assistent à la conclusion des marchés nécessaires aux approvisionnements des
bâtiments de l'État; dans certains cas exceptionnels, ils pourvoient même seuls à leurs besoins; sous ce troisième rapport,
les consuls devraient dépendre du ministère de la marine.

Enfin, les consuls sont chargés de communiquer au gouvernement tous les renseignements qu'ils peuvent recueillir
sur le commerce et la navigation du pays qu'ils habitent, tant
avec la France qu'avec les autres États, et de protéger les
opérations de nos négociants et de nos navigateurs; sous ce
quatrième rapport, les consuls devraient appartenir au ministère du commerce.

Mais dans cette manière d'argumenter on oublie généra-

2

lement que les consuls ont aussi des fonctions qui se rattachent au service spécial des affaires étrangères, et que ces
fonctions, de beaucoup plus délicates et plus nombreuses que
toutes les autres, n'admettent point d'intermédiaire entre le
ministre sous la direction et la responsabilité duquel elles
s'exercent et les agents qui les remplissent. On oublie surtout
que leurs fonctions même les plus spéciales ne peuvent
s'exercer à l'étranger que sous la protection des traités ou
des principes du droit des gens, et qu'il n'appartient qu'au
département des affaires étrangères de revendiquer cette protection, et d'en déterminer comme aussi d'en faire respecter
les limites.

Il est encore une considération qu'il ne faut pas perdre de
vue : c'est qu'il est difficile qu'un gouvernement puisse entretenir à l'étranger deux espèces d'agents, les uns sous le titre
d'ambassadeurs et de ministres, les autres sous celui de consuls, relevant de deux ministères différents, n'ayant pas d'instructions communes, et exposés parfois à en recevoir de contradictoires. Il en résulterait infailliblement des conflits, qui
non-seulement compromettraient le service consulaire que la
nature des choses subordonne au service diplomatique, mais
pourraient même affecter l'efficacité et la dignité de la puissance française à l'étranger.

Ces considérations ne s'appliquent pas seulement à la
France : chez la plupart des nations étrangères, les consuls
appartiennent également au ministère des relations extérieures ; il en est ainsi en Angleterre, en Hollande, en Belgique,
en Russie, en Prusse, en Espagne, en Portugal, en Sardaigne,
dans les deux Siciles, etc.: à peine, peut-on citer comme en
dehors de cet usage général l'Autriche, où les consuls dépendent du ministère du commerce; les États-Unis, où ils reçoivent simultanément leurs instructions du secrétaire d'État et
du chef de la trésorerie, et quelques autres puissances qui sont
loin d'accorder à leurs consuls des attributions aussi étendues
que celles qui sont données aux agents français du même
ordre.

**3. — De la correspondance directe avec les autres départements ministériels.**

Mais si les consuls doivent à tous égards relever seulement du ministère des affaires étrangères, est-il utile qu'ils puissent au moins correspondre directement avec les autres ministères, ou toute leur correspondance doit-elle se faire par l'intermédiaire du ministère des affaires étrangères? Il est surtout deux départements que cette importante question intéresse plus particulièrement, ceux du commerce et de la marine.

S'il est une vérité démontrée par les guerres et les relations internationales depuis un siècle, c'est qu'il n'est pas un traité commercial, une relation touchant aux intérêts du négoce, qui ne se complique d'une question politique, c'est-à-dire d'un intérêt touchant à la dignité, à l'existence et à la prospérité de la nation entière. Si les consuls sont chargés de protéger et de surveiller les relations et les besoins du commerce, ils ne peuvent donc intervenir sans en même temps se préoccuper de l'intérêt politique, de l'intérêt général et permanent de leur pays; or, il y a entre ces deux faces de toute question une telle affinité, qu'elles ne peuvent être envisagées et traitées séparément, et il faut nécessairement que la correspondance et les instructions auxquelles elles donnent lieu émanent d'une direction unique qui doit être celle dont relève l'agent chargé de la conduite des relations politiques. Sous ce rapport encore, la correspondance commerciale, la correspondance essentielle des consuls, appartient évidemment au département des affaires étrangères, et ce principe, admis en France, l'est aussi chez la plupart des nations étrangères.

En effet, en Angleterre les consuls correspondent exclusivement avec le ministère des affaires étrangères, sauf pour quelques objets spéciaux relatifs à la navigation, et sur lesquels ils reçoivent les instructions directes des lords de l'Amirauté. La question a été longuement discutée et affirmativement résolue en 1835, lors de l'enquête parlementaire qui eut lieu sur l'organisation des consulats, enquête qui avait surtout été provoquée par un membre de la Chambre des communes, qui proposait de transférer du ministère des affaires étrangères

(*Foreign-Office*) au bureau du commerce (*Board of trade*)
la nomination et la surveillance des consuls ; il fut procédé à
cette enquête avec tout le soin et l'impartialité que savent apporter les Anglais à la discussion des questions d'intérêt public, et après avoir reconnu qu'on ne pouvait sans de graves
inconvénients enlever aux affaires étrangères la direction
exclusive du corps consulaire, le rapport ajoutait :

Le comité propose, de plus, que des instructions soient envoyées aux consuls, à l'effet de leur prescrire de transmettre
au *Foreign-Office*, au moins tous les six mois, les meilleurs
renseignements qu'ils pourront recueillir sur l'agriculture,
le commerce, l'industrie, la population, les institutions et les
travaux publics, et tout autre objet susceptible d'intéresser
notre commerce. Ces rapports seraient ensuite envoyés au
*Board of trade* par le *Foreign-Office*, afin que ce qu'il y
aurait d'utile à connaître fût publié.

Le comité a considéré les avantages que présenterait la
réunion des consuls au *Board of trade*, et il est demeuré convaincu du peu d'importance de ces avantages, comparés aux
inconvénients majeurs qui résulteraient de cette mesure. Les
fonctions pour lesquelles les consuls relèvent nécessairement
du *Foreign-Office* ne peuvent être séparées de celles qu'il s'a-
girait de faire dépendre du *Board of trade*.

Dans les Deux-Siciles, les consuls correspondent avec la
direction générale du commerce pour les questions exclusivement commerciales. En Suède, ils reçoivent conjointement
leurs instructions du ministre des affaires étrangères, du collége du commerce de Stockholm, et des départements du
gouvernement norwégien.

Dans tous les autres pays où les consuls dépendent du ministère des relations extérieures, nous ne connaissons pas
d'exception à la règle absolue qui les place, quant à leurs
instructions et à leur correspondance, sous la direction unique du chef de ce département.

En France, lors de la création du bureau de commerce, en
1788, ce bureau fut autorisé à correspondre directement avec
les consuls (1). Mais cette correspondance devait se borner à

(1) Règlement du 2 février 1788, article 7.

la transmission de renseignements détaillés sur les différentes branches du commerce que la France faisait dans le lieu de résidence de ces agents (1). Toutes les questions politiques, l'examen, par exemple, des traités de commerce avec les puissances étrangères, les sujets relatifs au commerce maritime, aux pêches, etc., tous ceux enfin auxquels pouvait se rattacher l'intérêt politique le plus minime, étaient expressément laissés en dehors. Ces dernières matières rentraient dans les attributions du conseil royal des finances et du commerce, qui ne correspondait pas directement avec les consuls, mais seulement par l'intermédiaire du ministère de la marine (2).

En 1811, par une disposition du décret portant création du ministère des manufactures et du commerce, il fut ordonné que les consuls correspondraient avec ce département pour les affaires de commerce (3); mais ce ministère avait dans ses attributions les douanes et l'exécution des mesures relatives au système continental, et la correspondance directe du ministère des manufactures avec les consuls n'avait au fond pas d'autre objet que de rendre plus prompte et plus efficace la réalisation de ce système, qui formait la base de la politique commerciale de l'empire. C'est ainsi qu'à une autre époque, en l'an VII, alors que la navigation française se bornait en quelque sorte aux armements en course, les consuls, presque exclusivement occupés des affaires de prise, furent mis en correspondance directe avec le ministère de la justice pour tout ce qui concernait l'interprétation et l'application de nos lois sur les prises maritimes (4).

Mais, de même que par la force des choses le département des affaires étrangères se trouva promptement amené à ressaisir la correspondance sur des matières où le droit des gens vient sans cesse dominer le droit intérieur, de même aussi le ministère des manufactures dut bien vite reconnaître non-seulement la nécessité de resserrer ses rapports directs avec les consuls dans d'étroites limites, mais encore l'impossibilité de les soustraire à la connaissance du seul département ministé-

(1) Circulaire du bureau de commerce du 8 avril 1788.
(2) Circulaire de la marine du 26 juin 1785.
(3) Décret impérial du 22 juin 1811.
(4) Circulaire des affaires étrangères du 3 nivôse an VII.

riel dont les consulats peuvent rationnellement relever, et les agents du service extérieur reçurent dès l'année suivante l'ordre d'envoyer aux affaires étrangères une copie de leur correspondance administrative avec le ministère du commerce (1); de sorte qu'en dernière analyse, le système inauguré en 1811 eut pour unique résultat une inutile complication d'écritures et une surcharge de travail.

Le ministère des manufactures n'eut du reste qu'une courte durée : créé surtout en vue de l'application du blocus continental, il disparut avec l'empire. Ses attributions, confiées d'abord à une simple direction placée sous les ordres du ministère de l'intérieur, passèrent en 1824 à un bureau de commerce, et ce ne fut qu'en 1828 que le commerce, l'industrie, l'agriculture et les haras furent confiés à un département ministériel distinct, qui disparut de nouveau en 1830, pour reparaître dans son état actuel en 1831.

La direction du commerce, ou, pour mieux dire, le ministère de l'intérieur, n'eut aucun rapport avec les consuls ; mais le président du bureau de commerce fut autorisé, dans le courant de 1825, à s'adresser directement aux consuls pour obtenir des éclaircissements sur des documents fournis par eux aux affaires étrangères, ou pour leur présenter soit une objection, soit un doute sur des faits ne comportant ni discussion de principe ni instruction réglementaire (2). Toutefois, lors de la formation du ministère du commerce, le progrès des idées économiques et une plus juste appréciation des exigences du service extérieur firent reconnaître la convenance de centraliser de nouveau exclusivement aux affaires étrangères l'ensemble des correspondances consulaires (3).

Nous avions d'abord eu la pensée de nous renfermer dans cet exposé historique de la question du fractionnement de la correspondance des consuls ; mais, puisque, après la révolution de février et à deux reprises différentes, elle a été agitée de nouveau, nous ajouterons quelques observations pour justifier le maintien de l'état de choses actuel.

(1) Circulaire des affaires étrangères du 25 juin 1812.
(2) Circulaire des affaires étrangères du 29 juillet 1825.
(3) Voir une note semi-officielle insérée au *Moniteur* du 26 avril 1828.

Que se propose-t-on en réclamant pour le ministère de l'agriculture et du commerce le droit de correspondre avec les consuls, et de leur donner directement des instructions pour tout ce qui a trait aux affaires commerciales? Sans doute, comme on l'a prétendu en 1811, 1825 et 1828, d'activer le zèle des agents, de leur faire réunir une plus grande masse de renseignements statistiques, et de leur attribuer une action plus immédiate sur le développement de nos relations au dehors.

Il y a au fond de cette pensée une notion tout à fait erronée de la pratique du commerce et du véritable rôle que les consuls peuvent être appelés à jouer. On suppose que le commerce a besoin du gouvernement et de ses agents pour la direction et le succès de ses spéculations industrielles ou mercantiles, tandis que l'un des principes les plus incontestables mis en lumière par la science économique, c'est que le commerce prospère d'autant mieux qu'il est plus indépendant du contrôle de l'Etat et plus libre dans ses allures. On prétend aussi que l'infériorité de notre situation commerciale et industrielle dans le monde tient au défaut d'intervention, de sollicitude ou de protection de la part du gouvernement et de ses agents, lorsque l'expérience démontre, au contraire, qu'elle n'a d'autre cause que la faiblesse de nos capitaux, la timidité de nos commerçants et la cherté relative de nos produits. On suppose que des fonctionnaires publics tels que nos consuls sont mieux placés que tous autres pour surveiller les variations quotidiennes des marchés étrangers, et pour coopérer plus ou moins directement à y étendre le placement de nos marchandises, tandis que l'exemple de toutes les contrées commerciales du globe atteste la supériorité des informations particulières, souvent secrètes, des conjectures générales, souvent hasardées, recueillies par chaque branche d'industrie ou de commerce à l'aide de correspondants pratiques et intéressés, mêlés personnellement au mouvement des affaires!

On confond sans cesse la protection avec l'initiative et la direction des spéculations particulières, les faits officiels qui peuvent servir de base à l'action des gouvernements quant aux conventions et aux lois fiscales relatives au commerce et les faits particuliers ou hypothétiques qui peuvent servir de base aux opérations du commerce, aux calculs des intérêts privés.

Ainsi, la correspondance actuelle de nos consulats nous paraît reposer sur une base suffisante et bonne, et nous repoussons la pensée même qui tendrait à la rendre plus active ou à en modifier la direction ; quant au zèle des agents consulaires, il sera toujours mieux stimulé par le département qui a leur nomination et leur avancement entre les mains que par tout autre.

Mais si les relations directes du ministère de l'agriculture avec les consuls ne se justifient par aucun motif d'utilité publique, elles peuvent encore être combattues par les nombreux inconvénients qu'elles entraîneraient.

Comment, en effet, limiter ces relations de manière à éviter tout conflit entre le ministère du commerce et le département des affaires étrangères? Comment autoriser le contrôle indispensable de ce dernier département sur des communications destinées à produire un effet quelconque à l'étranger, sans placer ouvertement le ministère du commerce dans une position d'infériorité, tandis que, dans l'état de choses actuel, une correspondance unique, après entente préalable, ne permet même pas aux agents du dehors de soupçonner une divergence d'opinion entre les deux départements? Comment concilier des instructions rédigées sous un point de vue purement commercial avec des instructions qui auront subi l'influence des considérations politiques? Que d'incertitudes, que d'embarras pour les agents placés entre des instructions divergentes émanant de deux ministres différents ! Il faut connaître les difficultés que soulèvent les soins minutieux que réclame, dans le département même des affaires étrangères, le partage des affaires commerciales et des affaires politiques, pour demeurer convaincu de l'impossibilité de les répartir convenablement entre deux départements ministériels.

Il est encore un autre point de vue sous lequel souffrirait l'unité d'action de nos agents au dehors dans le système que nous combattons: Les consuls ne sont pas à beaucoup près les seuls agents du ministère des affaires étrangères chargés de traiter les affaires commerciales ; les ambassadeurs, les ministres et les chargés d'affaires rendent au commerce des services peut-être plus efficaces encore. Or le ministère du commerce n'ayant jamais élevé la prétention d'entretenir des rapports directs avec cette dernière classe d'agents, il se trouverait en fait réduit à ne correspondre qu'avec quelques consuls isolés qui, dans le cercle étroit où ils agissent, ne pourraient évidemment répondre que d'une manière très-imparfaite à l'objet que l'on se flatte d'atteindre par des communications directes.

Tout ministère, et celui du commerce en particulier, a sans doute le droit et le devoir même de demander au département des affaires étrangères les communications dont il croit avoir besoin sur les faits législatifs, commerciaux, industriels, financiers ou économiques, qui se produisent à l'étranger ; mais l'utilité intrinsèque de ces communications, l'usage auquel sont destinées les informations recueillies par les agents d'un autre ministère, n'entraînent ni l'obligation ni la nécessité d'une correspondance directe, surtout lorsque par la voie indirecte la réunion s'en opère avec la même promptitude et la même exactitude ; et c'est ce qui a lieu dans l'état actuel des choses.

Quant à la protection du commerce à l'étranger, elle n'admet pas de partage ; le département des affaires étrangères a seul le devoir et la possibilité de l'exercer, et par conséquent le droit exclusif de correspondre avec les agents placés dans ce but sous ses ordres.

Il est encore une dernière considération d'un intérêt tout pratique que nous ne devons pas passer sous silence.

Les documents qui parviennent au ministère des affaires étrangères sur le commerce français étranger lui sont indispensables, parce que c'est seulement par leur réunion et leur comparaison qu'il peut s'éclairer sur les rapports des différents peuples, et aviser aux combinaisons internationales les plus propres à concilier les intérêts du commerce avec ceux de la politique. Il n'est donc pas un seul des objets sur lesquels roulerait la correspondance des consuls avec le ministère de l'agriculture et du commerce qui soit de nature à être soustrait à la connaissance ou à échapper convenablement à l'intermédiaire du département des affaires étrangères. Il en résulterait tout d'abord pour les agents l'obligation d'une double correspondance, et pour le trésor une dépense aussi élevée qu'inutile. En fait, le ministère du commerce ne pourrait aussi que très-exceptionnellement faire profiter ses correspondances de la sécurité et de la célérité que l'emploi des chiffres et des courriers assure à celles du département des affaires étrangères, car l'expédition des courriers a lieu presque toujours inopinément et en secret, et le chiffrage est une opération non moins longue que coûteuse.

Quelques rapports directs ont cependant été autorisés entre les consuls et le ministère de la marine ; ils tiennent à un ordre d'idées différent de celles que nous venons de combattre.

Ces rapports ne sont relatifs qu'à des objets parfaitement définis, qui n'ont aucun intérêt politique ni commercial, et qui ne sont pas de nature à entrer dans la correspondance habituelle du ministère des affaires étrangères, ni à toucher en quoi que ce soit à son appréciation. Ils ont été restreints à ce qui touche à la police de la navigation, aux sauvetages, à l'administration des prises en temps de guerre, au service de l'approvisionnement des vaisseaux de l'État en relâche ; en un mot, aux matières qui, à l'étranger, peuvent continuer à être exclusivement régies par les lois françaises, et jusqu'à un certain point en dehors de l'action des autorités territoriales : ce n'est, à proprement parler, qu'une correspondance de comptabilité, qui n'intéresse que l'administration de la marine.

Nous terminerons ce chapitre en faisant observer que, si, dans quelques circonstances spéciales, des consuls, malgré leurs instructions générales, ont cru pouvoir correspondre directement avec divers départements ministériels, soit pour porter à leur connaissance des informations, soit pour solliciter d'eux des instructions qu'ils ne doivent recevoir que par l'intermédiaire de celui des affaires étrangères, ces communications constituaient une violation fâcheuse d'une défense expresse, qu'aucuns motifs sérieux d'utilité ne les justifiaient, et que dès lors les consuls doivent s'en abstenir rigoureusement (1).

(1) Circulaire des affaires étrangères du 16 mai 1849.

# LIVRE DEUXIÈME.

## DE L'ORGANISATION CONSULAIRE FRANÇAISE

### EN PAYS ÉTRANGER.

---

## CHAPITRE PREMIER.

#### ORGANISATION DES CONSULATS.

**1. — Établissements et arrondissements consulaires.**

Tous les consulats français institués dans l'étendue d'un pays étranger forment ce qu'on appelle un établissement consulaire. Autrefois ce titre était donné à l'ensemble des consulats dépendant d'un même chef, un consul général, et alors il pouvait exister plusieurs établissements consulaires dans un pays soumis à la même souveraineté.

Chaque établissement est subdivisé en arrondissements, à chacun desquels est assignée une étendue de territoire, calculée de manière à ce qu'aucune partie ne soit privée de la surveillance et de la protection d'un agent du gouvernement.

Pour prévenir toute espèce de conflits de juridiction et toute discussion de compétence administrative, diverses ordonnances ou décrets ont successivement déterminé d'une manière précise l'étendue géographique de chaque arrondissement consulaire.

Les instructions générales du département des affaires étrangères recommandent aux consuls de se renfermer strictement dans les limites de leur circonscription, d'accorder à

chacune des localités dont celle-ci se compose une égale attention, et de ne rien négliger pour que l'ensemble des établissements français placés sous leur surveillance profitent tous
uniformément de la juste sollicitude du gouvernement (1).

### 2. — Chefs d'établissements.

Les établissements consulaires avaient autrefois un chef
direct et spécial, le plus souvent un consul général, quelquefois un simple consul, dont relevaient tous les agents d'un
ordre inférieur, consuls, vice-consuls, ou agents consulaires
placés à la tête d'un arrondissement. Il n'y avait qu'une exception pour le Levant, où, par suite de l'organisation particulière du pays, l'ambassadeur de France à Constantinople
était le chef de l'administration consulaire, et exerçait sur les
consuls généraux qui y étaient employés une surveillance analogue à celle que ceux-ci exerçaient ailleurs sur les autres
agents de rang secondaire.

Cette exception est devenue aujourd'hui une règle presque
générale en Europe. Une des premières conséquences du système rigoureux d'économie appliqué dès 1830 dans les diverses
branches du service des affaires étrangères a été l'extension à
tous les pays de l'Europe, la Grande-Bretagne seule exceptée,
du système déjà suivi en Levant, et, par suite, la réunion aux
missions diplomatiques des attributions des consulats généraux chefs d'établissement.

Hors de l'Europe, notamment en Barbarie et dans les républiques de l'Amérique du Sud, ce sont, au contraire, les
attributions diplomatiques qui ont été dévolues aux consuls
généraux qui ajoutent alors à leur titre consulaire celui de
chargés d'affaires.

Les attributions diplomatiques et les fonctions de chef d'é-
tablissement consulaire se trouvent donc aujourd'hui presque
partout réunies entre les mains d'un seul et même agent; de
telle sorte que si les résidences consulaires sont encore divisées
en consulats généraux et en simples consulats, cette division
n'est plus pour les agents qu'une distinction honorifique, un

(1) Circulaire des affaires étrangères du 15 mai 1816.

grade de leur carrière, le consul général n'ayant aucune action directe sur les consuls résidant dans le même état que lui,
et restant soumis, au même titre que les consuls ordinaires,
à la surveillance du chef de la mission politique accréditée
auprès du souverain du pays.

### 3. — Indépendance et subordination réciproque des agents.

Le chef d'un établissement consulaire, qu'il soit agent diplomatique ou agent consulaire, surveille, dans les limites de
ses instructions générales ou spéciales, les consuls établis dans
la circonscription territoriale dont il est le chef (1). Mais cette
subordination, nécessaire dans l'intérêt du service, ne s'étend
pas au delà de certaines limites indiquées par la nature même
des fonctions consulaires. Ainsi, tous les consuls, quel que soit
leur grade, correspondent directement avec le ministre des
affaires étrangères, et reçoivent sans intermédiaire ses directions. De même, étant seuls accrédités auprès des autorités de
leur résidence, il leur appartient de prendre sous leur responsabilité l'initiative de toutes les démarches nécessaires pour la
protection du commerce et de la navigation dans leurs arrondissements respectifs.

Les consuls sont aussi indépendants dans leurs fonctions
judiciaires et dans leurs fonctions d'officiers de l'état civil,
parce qu'ils ont tous, malgré la différence de leur grade, le
même degré de juridiction.

Ils le sont également dans l'exercice de leurs fonctions de
police envers les nationaux, les navigateurs et autres personnes.

Ils ont encore la même initiative pour les fonctions administratives qu'ils remplissent à l'égard de la marine de l'Etat,
et pour lesquelles chaque agent correspond sans intermédiaire
avec le ministre de la marine (2).

Sous ces divers rapports, les chefs d'établissement n'ont
donc pas à diriger les consuls qui relèvent d'eux; mais, comme

(1) Ordonnance du 20 août 1833, article 3, et circulaire des affaires
étrangères du 16 mai 1849.
(2) Instruction générale du 8 août 1814.

chargés d'une surveillance générale et de la concentration de
certains travaux d'ensemble, ils doivent leur donner tous les
avis qu'ils croient utiles au bien du service, et peuvent réclamer d'eux un concours direct, leur confier la rédaction de
notes, mémoires, états statistiques, rapports, etc.

Dans toutes les affaires, au contraire, qui exigent un recours
à l'autorité centrale du pays, les consuls ne sauraient prendre
sur eux d'agir avant d'y avoir été autorisés par le chef de l'é-
tablissement consulaire. Cette obligation est basée sur la nécessité de maintenir une direction unique pour tous les consuls dans un même pays, et d'arrêter leur indépendance au
point où s'arrête leur responsabilité individuelle.

Ces rapports entre les chefs d'établissement et les consuls
donnent lieu à une correspondance officielle entre ces divers
agents, sur laquelle nous reviendrons en détail au chapitre
premier du livre VI.

### 4. — Inspection des consulats.

Il ne suffit pas, pour que l'institution consulaire produise
tous les résultats avantageux qu'on est en droit d'en attendre,
qu'elle soit régie par des règlements sages et positifs, il faut
également que ces règlements soient exécutés partout et toujours avec la plus complète régularité. L'instruction générale
du 8 août 1814 prescrit en conséquence aux chefs d'établissement d'exercer une inspection toute particulière sur les objets
qui se rapportent au régime intérieur de l'administration consulaire. Ils doivent autant que possible s'assurer que les ordonnances et règlements sont fidèlement observés, et informer
le ministre des affaires étrangères de tous les abus qui parviendraient à leur connaissance.

Lorsque les consulats étaient tous également placés sous la
direction d'un chef spécial, tel qu'un consul général, cette
surveillance réglementaire pouvait s'exercer et s'exerçait d'une
manière effective; tout chef d'établissement transmettait, à la
fin de chaque année, au ministre des affaires étrangères, un
rapport sur les divers consulats placés sous ses ordres, ainsi
que sur toutes les personnes qui y étaient employées à quelque
titre que ce fût. Depuis que les attributions des consulats gé-

néraux ont été réunies aux missions diplomatiques, il est difficile, dans les principales résidences, qu'au milieu des nombreuses et plus importantes occupations qui absorbent leur temps, les chefs de missions puissent encore prêter une attention soutenue à tous les détails de l'administration consulaire proprement dite.

Sous ce rapport, la suppression des consulats généraux a été fâcheuse, et il ne serait peut-être pas inutile de chercher à suppléer au défaut de contrôle qui en est résulté en renouvelant une expérience autrefois tentée avec succès, celle de l'inspection des consulats.

En effet, diverses inspections générales des consulats ont eu lieu sous l'ancien régime. En 1777, notamment, le baron de Tott fut chargé de se rendre dans le Levant pour y prendre connaissance de tout ce qui regardait la police, le commerce et la résidence des Français, inspecter les échelles, vérifier et liquider les dettes de chacune d'elles, et examiner non-seulement les affaires de chaque consulat, mais la manière dont les règlements et les ordonnances y étaient exécutés (1).

L'ordonnance du 3 mars 1781 sur les consulats, le commerce et la résidence des Français dans le Levant et en Barbarie, fut le résultat de la mission d'inspection de M. de Tott.

En 1817, le gouvernement français, averti par les plaintes du commerce, et sentant la nécessité d'imprimer à nos consulats une uniformité de direction que les événements politiques et les guerres qui s'étaient succédé depuis vingt-cinq ans leur avaient fait perdre, confia à M. Félix de Beaujour, alors consul général à Smyrne, une mission analogue à celle remplie quarante ans auparavant par M. de Tott. Cette mission n'eût pas un résultat aussi immédiat que la première ; mais elle fit cependant ressortir clairement la nécessité de réviser l'ordonnance de 1781, afin de la mettre en harmonie avec notre nouvelle législation, et donna lieu aussi à la création des commissions spéciales dont nous avons parlé au chapitre 2 du livre Ier.

Depuis lors, ce n'est que partiellement et d'une manière incomplète que quelques agents en mission spéciale ont été

(1) Lettre du roi aux consuls, du 14 avril 1777.

chargés d'inspecter la tenue des chancelleries de certains postes. Une inspection ainsi circonscrite est tout au moins insuffisante.

Pour maintenir la régularité et l'uniformité dans un service qui fonctionne à une si grande distance du centre d'action du gouvernement, et au milieu d'une si grande diversité de lois et d'usages locaux, il faudrait peut-être exonérer les chefs des missions politiques de la surveillance qui leur appartient sur tout ce qui se rapporte au régime intérieur des consulats, et confier cette surveillance à des inspecteurs spéciaux qui se rendraient successivement dans tous les postes consulaires du globe.

Cette inspection devrait, du reste, se borner à ce qui est relatif à l'application pratique des règlements et à la tenue des chancelleries consulaires, sans avoir à intervenir dans la gestion des affaires, pour lesquelles chaque consul ne peut, en aucun cas, cesser d'être exclusivement placé sous la direction du ministre et du chef de l'établissement dans le pays de sa résidence.

Il faudrait encore ajouter à ces inspections, et comme mesure complémentaire, l'obligation pour tout consul de contrôler à son tour, au moins tous les trois ou quatre ans, les diverses agences comprises dans son arrondissement.

C'est par de semblables mesures qu'on préviendrait plus d'un abus regrettable, et qu'on irait au-devant de ces récriminations et de ces plaintes qui n'ont souvent d'autre cause que la négligence de quelques agents secondaires, et l'impuissance matérielle des chefs pour exercer le contrôle qui leur est dévolu.

# CHAPITRE DEUXIÈME.

## DES CONSULS DE TOUT GRADE.

### 1. — Classification des consuls.

Le corps des consuls se compose de consuls généraux,

de consuls de première et de seconde classe , et d'élèves consuls (1).

Les postes consulaires ne se divisent cependant eux-mêmes
qu'en consulats généraux et en simples consulats, la classe
pour les consuls étant attachée aujourd'hui à la personne de
l'agent, indépendamment de la résidence à laquelle il est appelé (2). Cette disposition, qui déroge expressément au texte
des ordonnances des 20 et 21 août 1833, est incontestablement plus favorable au service et aux agents que l'ancienne
législation.

Les prescriptions de l'ordonnance du 21 août 1833, qui
avaient distribué les consulats en postes de première et de seconde classe, étaient, en effet, d'une exécution sinon impossible, du moins toujours difficile. Certains postes d'une importance très-secondaire pouvant, par suite des événements
politiques ou de faits commerciaux nouveaux, acquérir en un
moment donné un intérêt qui exige la présence d'un agent
d'un grade élevé, et par conséquent d'une expérience plus
consommée, il faut que le gouvernement conserve toute liberté
d'action pour y commettre tel agent dans lequel il placera sa
confiance, sans que son choix puisse se trouver entravé par
une prescription réglementaire. Quant aux agents eux-mêmes,
il n'était pas juste non plus qu'ils se trouvassent arrêtés dans
leur carrière par l'obligation d'être transférés dans une autre
résidence pour recevoir la juste récompense de leurs travaux
ou de l'ancienneté de leurs services.

Le nombre des consuls de première classe est fixé à quarante (3); celui des consuls généraux et des consuls de seconde classe varie nécessairement d'après les fixations an-
nuelles du budget et les besoins du service.

### 2. — Conditions d'admission et d'avancement.

Les conditions d'admission et d'avancement dans la carrière des consulats sont encore réglées par l'ordonnance du

(1) Ordonnance du 20 août 1833, art. 1.
(2) *Id*. du 4 août 1847, art. 1.
(3) *Id*.        *id*.

26 avril 1845, qui a modifié les prescriptions quelque peu absolues de celle du 20 août 1833. En réservant exclusivement l'entrée de la carrière aux élèves consuls et aux employés de la direction commerciale du département des affaires étrangères, l'ordonnance de 1833 tendait à écarter des aptitudes naturelles dont l'admission ne peut qu'ajouter à l'efficacité de l'institution consulaire, et la développer en l'animant du principe fécond de l'émulation qui se retrouve de nos jours à tous les degrés de la hiérarchie administrative.

Les consuls généraux sont choisis parmi les consuls de première classe comptant deux ans de service dans ce grade, les sous-directeurs du ministère des relations extérieures et les premiers secrétaires d'ambassade ou de légation, chacun après cinq ans de service, dont au moins trois dans leur grade respectif.

Les consuls de première classe sont choisis parmi ceux de seconde, après deux ans au moins de service dans ce grade ; les chefs de bureau et rédacteurs au ministère des affaires étrangères, les secrétaires de légation et seconds secrétaires d'ambassade, chacun après cinq ans de service, dont au moins trois dans leur grade respectif ; le premier drogman et le secrétaire interprète de l'ambassade de France à Constantinople, l'un et l'autre après vingt ans de service dans le drogmanat, dont trois au moins dans leur grade respectif.

Enfin, les consuls de seconde classe sont choisis parmi les élèves consuls comptant au moins cinq ans de service en cette qualité ; les commis principaux au ministère des affaires étrangères après cinq ans de services rétribués, dont trois au moins dans leur grade ; les attachés payés des ambassades et des légations, après cinq ans de services rétribués en cette qualité ; les agents consulaires ou vice-consuls nommés par le chef du pouvoir exécutif, après cinq ans de service et de résidence en cette qualité, et trois au moins depuis l'obtention de leur brevet ; les chanceliers des ambassades et des légations, après huit ans d'exercice de leurs fonctions, soit dans une mission diplomatique, soit dans un consulat, dont quatre ans au moins comme chanceliers de première classe ; les chanceliers des consulats généraux ou des consulats, après dix ans d'exercice, dont cinq au moins comme chanceliers de première classe, pourvu qu'ils aient en cette qualité géré au moins douze mois un poste consulaire ; les premiers drogmans des consulats généraux et les seconds drogmans de l'ambassade à Constantinople, après vingt ans de service dans le drogmanat, dont trois ans au moins dans leur grade respectif.

Les trois cinquièmes des postes vacants dans la carrière consulaire sont exclusivement attribués aux consuls de première et de seconde classe et aux élèves consuls, les autres fonctionnaires sus-dénommés ne pouvant concourir avec eux que pour deux cinquièmes au plus (1).

Les nombreuses dérogations qui ont été faites à l'ordonnance de 1845, depuis sa publication, ont pu faire croire qu'elle était abrogée ou du moins tombée en désuétude. Il n'en est rien ; et l'expérience, venant en cela en aide au droit, a déjà surabondamment prouvé que c'est aux sages dispositions de nos règlements, aux restrictions apportées à l'entrée dans la carrière consulaire, et aux conditions de moralité, de capacité et d'aptitude requises pour en faire partie, que l'institution des consulats français doit sa puissance et la supériorité dont elle jouit dans l'opinion des autres peuples. Du maintien absolu des règlements dépend la continuation d'un état de choses dont la modification ne saurait être que préjudiciable aux intérêts que l'institution consulaire est appelée à protéger.

### 3. — Révocation, mise en inactivité et à la retraite.

Si les ordonnances réglementaires déterminent et fixent d'une manière précise les conditions d'admission et d'avancement dans la carrière consulaire, elles sont muettes relativement aux cas dans lesquels un agent peut voir sa carrière arrêtée et même quelquefois complétement brisée. Il est fâcheux que cette incertitude sur l'avenir soit une des conditions actuelles de la carrière consulaire ; l'arrêté du 20 prairial an VIII, aujourd'hui tombé en désuétude, et spécialement applicable, du reste, aux agents diplomatiques, statuait que l'agent rappelé par le ministre ne pouvait être destitué que sur le rapport d'une commission, devant laquelle il était admis à

(1) Ordonnance du 29 avril 1845, art. 1 à 5.

présenter sa justification. On doit regretter qu'en 1833, lors de la révision presque complète des règlements consulaires, il n'ait pas été introduit dans l'ordonnance sur le personnel des consulats, et à côté des prescriptions sur les règles de l'avancement, une clause spéciale qui garantisse la stabilité des emplois.

Un agent consulaire peut donc cesser ses fonctions par révocation ; il le peut en outre par sa mise en inactivité ou sa mise à la retraite.

La mise en inactivité d'un agent ne doit pas toujours être considérée comme une mesure qui lui soit personnelle ; elle dépend le plus souvent de considérations politiques qui, obligeant le gouvernement à retirer les agents qu'il a accrédités dans un certain Etat, ou à les remplacer par d'autres plus aptes, par une considération quelconque, à réussir dans telle ou telle négociation, le mettent en même temps dans l'impossibilité, à défaut de vacances, d'offrir immédiatement à l'agent rappelé une compensation en échange de la position qui lui est enlevée. On comprend que, dans ce cas, l'agent soit simplement mis en disponibilité, sans que par le fait de la cessation de ses fonctions il perde ni son grade, ni ses droits à l'avancement, ni ses titres pour être ultérieurement employé.

Un traitement en rapport avec son grade lui est alors acquis pendant un laps de temps assez long pour lui permettre d'attendre sa réintégration dans le service actif. Nous indiquerons le taux de ces traitements d'inactivité au chapitre 6 du livre IV, en traitant des rapports des consuls avec la direction de la comptabilité et des fonds du ministère des affaires étrangères pour la solde, les frais de service et les retraites.

#### 4. — Mise en jugement et prise à partie.

Les formes de la mise en jugement des agents du gouvernement inculpés à raison de l'exercice de leurs fonctions, ont été déterminées par la loi du 22 frimaire an VIII et le décret du 9 août 1806; l'ordonnance du 21 septembre 1815 établit en outre que les rapports sur la mise en jugement des fonctionnaires publics sont faits au comité du contentieux du Conseil d'Etat, qui statue sur ces affaires conformément à la loi. Cette législation, toujours en vigueur, est applicable aux consuls, qui ne peuvent jamais être poursuivis et mis en jugement qu'après l'autorisation préalable du Conseil d'Etat.

La législation française couvre d'une protection semblable les agents extérieurs du gouvernement lorsque leur prise à partie est demandée par des tiers. Ainsi, dans un mémoire adressé en l'an x au ministre de la justice par le conseil des prises, ce conseil a émis l'avis que si, comme juge, un consul pouvait encourir la prise à partie, aux termes des lois civiles, son caractère d'agent politique étant prédominant, il ne pouvait être pris à partie sans l'autorisation spéciale du gouvernement.

Aux termes de l'article 99 de la Constitution de 1848, l'Assemblée nationale et le président de la République peuvent, dans tous les cas, déférer au Conseil d'Etat l'examen des actes de tout fonctionnaire autre que le président de la République. La haute importance de leurs fonctions place tous les agents du service diplomatique et consulaire sous le coup de l'application de cet article de notre loi fondamentale.

**5. — Entrée en fonctions des consuls et remise du service.**

Les anciennes ordonnances avaient réglé la forme dans laquelle les consuls devaient être reçus à leur arrivée dans leur résidence, et avaient prescrit l'enregistrement en chancellerie, ainsi que la publication du texte de leurs provisions en assemblée générale des nationaux du consul (1). Ces formalités étaient observées non-seulement en Levant et en Barbarie, mais encore dans les pays de chrétienté où la nation avait son organisation propre et ses assemblées délibérantes, comme en Espagne, par exemple (2). L'autorité toute exceptionnelle dont à cette époque les règlements investissaient nos consuls nécessitait en quelque sorte cette publicité solennelle, donnée tant à leurs lettres de nomination qu'à leur entrée en fonctions, à l'occasion de laquelle la *nation* ne pouvait d'ailleurs

(1) Ordonnance d'août 1681, livre I, tit. IX, art. 3. — *Id.* du 3 mars 1771, tit. 1, art. 5 et 6.
(2) *Id.* du 24 mai 1728.

autoriser aucune espèce de dépense extraordinaire (1). Mais aujourd'hui, sous l'empire des ordonnances de 1833, cette prescription de l'édit de 1781 n'est plus suivie que dans les quelques postes du Levant ou de la Barbarie où les Français sont assez nombreux pour se réunir en corps de nation. En pays de chrétienté, le seul acte qui constitue l'installation d'un nouveau consul au moment de son arrivée et sa prise de possession, c'est la remise des archives. Ce dernier acte, dont la forme est réglée par l'ordonnance du 18 août 1833, donne lieu à la rédaction d'un procès-verbal (2) dressé en triple expédition; l'une de celles-ci reste déposée aux archives du consulat, l'autre est transmise au ministère des affaires étrangères, et la troisième est conservée comme décharge par le fonctionnaire sortant.

Au moment de la remise officielle des archives d'un poste consulaire, on doit également procéder à l'inventaire et au récolement contradictoire du mobilier appartenant à l'Etat, à un titre quelconque; l'un des doubles du procès-verbal de récolement dressé à cette occasion est transmis au département des affaires étrangères (3).

Les mêmes formalités doivent être observées lorsqu'un agent s'absente de sa résidence en vertu d'un congé régulier, et la remise du service au gérant intérimaire se fait dans les termes prévus par l'ordonnance du 18 août 1833.

### 6. — Décès des consuls dans l'exercice de leurs fonctions.

En cas de vacance d'un consulat général par décès, maladie ou départ du titulaire, ou pour toute autre cause imprévue, l'officier le plus élevé en grade de la résidence prend provisoirement le service, et attend les ordres du ministre des affaires étrangères. Lorsque la vacance survient dans un simple consulat, il est procédé de la même manière, jusqu'à ce que le consul général ou autre chef de l'établissement consulaire ait

(1) Instruction du 6 mai 1781.
(2) Formulaire à l'usage des consulats, n° III.—Circulaire des affaires étrangères du 2 octobre 1833.
(3) Circulaire des affaires étrangères 1848.

pourvu à ce que l'urgence des circonstances et le bien du service peuvent exiger (1).

Cette prescription, qui a modifié l'article 27 du titre 1 de l'ordonnance de 1781, en ce sens que cè n'est plus l'officier le plus élevé en grade de l'arrondissement, mais celui de la résidence, qui est appelé à la gérance provisoire du poste dont le titulaire vient à mourir, est aujourd'hui réglementaire, et a déjà reçu souvent la sanction de l'expérience. Ainsi le ministère des relations extérieures a plusieurs fois confié ou laissé la gestion d'un consulat général vacant à l'élève consul attaché au poste, quoiqu'il y eût dans la circonscription de celui-ci des consuls qui invocassent, pour obtenir la préférence, le bénéfice de l'ordonnance de 1781.

L'usage autant que les règlements exigent donc qu'en cas de vacance d'un poste par décès ou toute autre cause imprévue l'officier le plus élevé en grade de la résidence, c'est-à-dire l'élève, lorsqu'il y en a un, et à son défaut seulement, le chancelier, prenne le service et attende les ordres du ministre, auquel il doit immédiatement en référer.

**7. — Vacance des consulats pour toute autre cause que le décès du titulaire.**

En cas de vacance d'un poste pour toute autre cause que le décès du titulaire, et à défaut d'élève ou de chancelier, ou même lorsque ce dernier employé ne paraît pas réunir toutes les conditions désirables de capacité ou de considération, la gérance peut être confiée à toute autre personne, même complétement étrangère aux consulats ; l'agent qui s'absente doit alors ne pas se borner à accréditer son remplaçant auprès des autorités de sa résidence, mais il doit en outre lui donner toutes les instructions écrites ou orales qui peuvent contribuer à lui faciliter l'exercice de ses fonctions.

Le consul autorisé à rentrer en France par congé reste juge de l'opportunité de son départ, quel que soit du reste l'agent qui a été désigné pour le remplacer par intérim. En effet, si le bon ordre exige qu'un agent dont le successeur

(1) Ordonnance du 20 août 1833, art. 8.

même intérimaire est déjà arrivé dans sa résidence, respecte en quelque sorte les droits acquis de celui-ci, et lui remette le service dans le plus bref délai possible, néanmoins le titulaire doit pouvoir continuer à gérer le poste toutes les fois que les besoins du service l'exigent; il doit seulement, dans ce cas, en rendre compte au gouvernement, sans qu'il puisse évidemment baser sa détermination sur des considérations de convenances purement personnelles.

Lorsque l'agent autorisé à s'absenter revient à son poste, et à quelque époque qu'il effectue son retour, même avant l'expiration du congé qu'il a obtenu, il rentre immédiatement dans la plénitude de ses droits comme titulaire de la résidence, et le gérant doit aussitôt lui faire la remise du service dans la forme indiquée plus haut pour la prise de possession.

### 8. — Rang et assimilation des consuls.

Les rapports fréquents des consuls avec les fonctionnaires français d'ordres divers, surtout avec les officiers de tout grade de la marine militaire, exigeaient que leur assimilation de position hiérarchique fût nettement déterminée.

L'ordonnance du 7 novembre 1833 y a pourvu de la manière la plus honorable en donnant au consul général le rang de contre-amiral, et aux consuls de première et de deuxième classe ceux de capitaine de vaisseau et de capitaine de frégate (1). Cette assimilation est loin d'être la même dans toutes les législations étrangères, et quoiqu'il n'y ait peut-être qu'un seul état, l'Uruguay, qui ait fixé le rang d'assimilation de ses consuls d'après les grades de l'armée de terre, et que ce soit généralement la marine qui serve de point de comparaison à cause de la connexité si étroite des deux services, beaucoup de consuls généraux étrangers ont uniformément d'après la loi de leur pays le rang d'officiers généraux.

(1) Ordonnance du 7 novembre 1833, art. 2.

# CHAPITRE III.

### DES ÉLÈVES CONSULS.

#### 1. — But de l'institution des élèves.

La création d'un corps d'élèves consuls remonte, pour ainsi dire, à l'origine même des consulats. Dès l'organisation de ce service, on comprit, en effet, qu'un service public chargé d'intérêts si importants, investi d'attributions si diverses et si nombreuses, demandait à être recruté dans des conditions rigoureuses d'hiérarchie, d'instruction spéciale à la fois théorique et pratique, et de haute moralité. De là l'institution d'un cadre d'élèves, destinés, au bout d'un stage plus ou moins long, à concourir pour les divers emplois de la carrière.

L'exemple donné sous ce rapport par la France a été successivement imité par d'autres nations, notamment par la Sardaigne.

C'est dans l'ordonnance du 9 décembre 1776 que se retrouve la première indication d'un corps d'élèves consuls par la création d'une espèce d'école des consuls ; mais ce ne fut qu'après le retour de M. de Tott de sa mission d'inspection des établissements français en Levant que cette institution, reconnue d'une incontestable utilité, fut développée et consacrée par la grande ordonnance de 1781. Perdue et détruite au milieu de la confusion dans laquelle ont été plongés les consulats depuis 1789 jusqu'en 1814, elle a été rétablie par l'ordonnance du 15 décembre 1815 et le règlement du 11 juin 1816, puis réorganisée sur de nouvelles bases par les ordonnances des 20 août 1833 et 26 avril 1845.

#### 2. — Nomination, nombre et traitement.

Les élèves consuls, comme tous les membres du corps consulaire, sont directement nommés par le chef du pouvoir exécutif sur la proposition du ministre des affaires étrangères.

Leur nombre est limité à douze, et il leur est alloué sur le budget un traitement fixe annuel de deux mille francs (1).

### 3. — Conditions d'admission.

Nul ne peut être nommé élève consul s'il n'est âgé de vingt ans au moins et de vingt-cinq ans au plus, s'il n'est licencié en droit, et s'il n'a été jugé admissible par une commission spéciale instituée par le ministre des affaires étrangères (2). Depuis 1849, les candidats au concours doivent présenter, outre le diplôme de licencié en droit, celui de bachelier ès sciences physiques (3).

### 4. — Examen.

L'époque des examens prescrits pour l'admission dans la carrière consulaire, et le nombre des candidats qui peuvent être déclarés admissibles en raison des besoins du service, sont déterminés tous les deux ans par le ministre des affaires étrangères.

La commission d'examen est composée des trois directeurs des directions politique, commerciale et des archives du département des affaires étrangères, du chef de la division du commerce extérieur au ministère de l'agriculture et du commerce, d'un commissaire général de la marine, ou d'un commissaire de première classe désigné par le ministre de la marine, et d'un consul général ou d'un consul de première classe désigné par le ministre des affaires étrangères.

L'examen se compose d'une épreuve écrite et d'une épreuve orale ; nul ne peut être admis à l'épreuve orale avant d'avoir été déclaré admissible sur l'épreuve écrite.

L'épreuve écrite consiste : 1° en un double exercice de traduction, thème et version, fait en présence de l'un des traducteurs du département des affaires étrangères, constatant

(1) Ordonnance du 20 août 1833, art. 20. — Budget rectifié des affaires étrangères pour 1848.
(2) Ordonnance du 26 avril 1845, art. 2.
(3) Règlement du 6 octobre 1847, art. 2.

que le candidat possède la langue anglaise et l'une des langues italienne ou espagnole ; 2° en une dissertation sur une ou plusieurs des questions principales comprises dans le programme annexé au règlement du 6 octobre 1847.

Ce programme est divisé en quatre séries de questions, selon qu'elles se rapportent à l'administration consulaire, au droit des gens positif général et conventionnel, à l'économie politique, ou à la statistique commerciale.

L'épreuve orale porte sur toutes les parties du programme (1), et comporte en outre la traduction d'une pièce écrite en langue étrangère après lecture de l'original à haute voix.

Il est tenu compte aux candidats des connaissances qu'ils peuvent posséder dans une ou plusieurs des autres langues vivantes.

Cet examen n'a pour but que de constater la capacité des candidats et leur admissibilité dans la carrière consulaire, mais il ne confère aucun droit à ceux reconnus admissibles ; le libre arbitre du ministre est, au contraire, entièrement réservé pour présenter à la nomination du chef du pouvoir exécutif, au fur et à mesure des vacances, ceux qui parmi les candidats déclarés admissibles lui paraissent plus particulièrement devoir être pourvus du brevet d'élève consul. C'est là, en effet, une question d'appréciation dont la nature même des fonctions consulaires rend l'application forcée.

Les candidats qui, après avoir été déclarés admissibles, atteignent l'âge de vingt-cinq ans avant d'avoir été nommés élèves consuls, perdent tous droits à l'entrée dans la carrière.

### 5. — Devoirs, obligations, fonctions et travaux.

Les élèves consuls sont attachés aux consulats désignés par le ministre des affaires étrangères, et ils sont placés sous l'autorité et la direction immédiate de l'agent près duquel ils résident (2). La subordination la plus complète leur est recommandée vis-à-vis de leurs chefs, qu'ils doivent assister dans

---

(1) Règlement du 6 octobre 1847, art. 1, 3 et 4, et Formulaire à l'usage des consulats, page 601.

(2) Ordonnance du 20 août 1833, art. 13 et 14.

l'exercice de leurs fonctions toutes les fois que ceux-ci le jugent convenable; ils peuvent même remplir quelques-unes des attributions consulaires d'après les ordres ou sous la direction de leurs chefs, ou même être délégués pour suppléer les chanceliers en cas d'absence. Ils sont généralement employés à la transcription de la correspondance, à la rédaction des états de commerce et de navigation, et doivent, en profitant de toutes les occasions qui peuvent leur être offertes de se rendre utiles au service (1), obéir à tous les ordres se rattachant au service qu'ils peuvent recevoir. Tout acte de désobéissance ou d'insubordination de leur part entraînerait infailliblement leur révocation (2).

Les élèves consuls doivent avant tout se considérer comme envoyés à l'étranger pour continuer et compléter leurs études spéciales. Ces études ont pour objet la connaissance approfondie de ce qui constitue l'office de consul; ils ont à faire l'analyse des ordonnances, règlements et instructions qui se rapportent aux fonctions consulaires, soit dans la partie administrative relative au service commercial et maritime proprement dit, soit dans les rapports avec l'autorité étrangère, ou l'exercice de la juridiction et de la police envers les nationaux, négociants ou autres. Les élèves doivent en outre étudier les intérêts du commerce de la France dans le pays où ils résident; les institutions économiques, les lois civiles ou politiques, et l'ensemble des règlements administratifs qui touchent directement ou indirectement au commerce; enfin les traités et les conventions par lesquelles ce pays est lié, soit envers nous, soit envers d'autres nations (3).

Autrefois les élèves consuls étaient tenus de rédiger chaque année un mémoire sur un sujet désigné à l'avance par le département des affaires étrangères : ce mémoire était destiné à fixer l'attention du ministre sur la capacité et l'application des élèves (4). Il est regrettable que cette prescription soit

(1) Règlement du 11 juin 1816, art. 4 et 9.
(2) Ordonnance du 20 aout 1833, art. 37.
(3) Règlement du 11 juin 1816, art. 6.
(4) Ordonnance du 3 mars 1781, titre 1, art. 37. — Règlement du 11 juin 1816, art. 9. — Circulaire des affaires étrangères du 14 mai 1818.

tombée en désuétude ; car, en établissant entre ces jeunes gens
une espèce de concours, elle avait le précieux avantage d'ex-
citer leur émulation et de fortifier leurs études.

L'ordonnance de 1781 prescrivait en outre aux élèves
employés dans le Levant d'étudier la langue turque ; ils devaient même à la fin de l'année être examinés par le drogman
de l'échelle à laquelle ils étaient attachés, et un procès-verbal
de cet examen était transmis au ministère. Cette prescription
est devenue d'une application impossible, aujourd'hui que les
élèves sont indistinctement répartis dans les divers pays du
monde ; à défaut des langues orientales, on leur recommande
maintenant l'étude approfondie de la langue du pays de leur
résidence.

### 6. — Rapports avec leurs chefs.

Les élèves qui négligeraient leurs travaux ou leurs études,
et qui, s'abandonnant à l'indolence, n'auraient pas égard aux
remontrances de leurs chefs, seraient révoqués de leurs fonctions (1) ; à plus forte raison, ceux dont la conduite répréhensible autoriserait à penser qu'ils ne possèdent pas les
qualités morales que demande l'emploi de consul encour-
raient-ils le renvoi du service (2).

Aux termes de l'article 40 du titre 1er de l'ordonnance de
1781, reproduit par l'article 4 de celle du 15 décembre 1815,
les élèves devaient être logés chez les consuls et nourris à
leur table ; ceux-ci recevaient, en conséquence, à titre de
compensation de leurs dépenses, une indemnité qui était, du
reste, prélevée sur le traitement même des élèves. Cette obligation n'existe plus depuis longtemps (3), et l'ordonnance
d'août 1833, sur le personnel des consulats, en faisant définitivement cesser un état de choses souvent gênant pour l'indépendance respective des agents, a attribué aux élèves, en
sus de leur traitement fixe de 2,000 francs, une allocation variable, quant à son taux, pour frais de table et de logement.

(1) Règlement du 11 juin 1816, art. 10.
(2) Ordonnance du 20 août 1833, art. 15.
(3) Circulaire des affaires étrangères du 4 mai 1825.

Lorsque les élèves consuls accompagnent leurs chefs dans une cérémonie publique, ou se trouvent avec des officiers de la marine militaire ou avec d'autres consuls étrangers, ils ne prennent aucun rang (1) ; mais lorsqu'ils sont chargés par intérim d'un poste, ils prennent dans toutes les cérémonies publiques ou visites d'étiquette le rang assigné à l'agent titulaire. Ils ont, du reste, dans tous les cas, le pas sur les drogmans ou le chancelier de la résidence, sans distinction de grade ou d'ancienneté de service. C'est un droit absolu, qui résulte pour eux de leur qualité de membres du corps consulaire, dont les drogmans et les chanceliers ne font pas partie.

# CHAPITRE IV.

## DES SECRÉTAIRES INTERPRÈTES ET DES DROGMANS.

### 1. — Secrétaires interprètes, drogmans, élèves et jeunes de langues.

Les secrétaires interprètes et drogmans sont nommés par le chef du pouvoir exécutif sur la présentation du ministre des affaires étrangères. Les secrétaires interprètes sont au nombre de trois, et résident à Paris ; l'un d'eux a le titre de premier secrétaire interprète. Le nombre des drogmans est illimité, et fixé, ainsi que leur résidence, d'après les besoins du service.

Les secrétaires interprètes sont choisis parmi les drogmans ; ceux-ci parmi les élèves drogmans employés en Levant, et ces derniers sont nommés par le ministre des affaires étrangères, parmi les élèves de l'école des langues orientales, à Paris, dite des *Jeunes de langues* (2).

(1) Ordonnance du 3 mars 1781, titre 1, art. 150 et 151.
(2) *Id.* du 20 août 1833, art. 23, 24, 26, 27 et 28.

L'institution des *Jeunes de langues* est de date fort ancienne
en France, et remonte à l'administration de Colbert. Réglementée d'abord par les arrêts du conseil des 18 novembre 1669
et 31 octobre 1670, elle fut modifiée par celui du 7 juin 1718.
A cette époque, l'Etat faisait simultanément les frais de l'éducation de dix jeunes Orientaux au collége des Jésuites, à Paris,
et de douze enfants français aux couvents des Capucins de
Constantinople et de Smyrne. Ce système pouvait avoir pour
résultat d'engager l'Etat pendant plusieurs années successives dans des dépenses faites pour des enfants qui , soit par
manque de dispositions naturelles , soit par défaut d'application, ne devenaient jamais capables de servir utilement dans
les emplois qui leur étaient destinés. L'arrêt du conseil du
20 juillet 1721 fit cesser ces inconvénients, en statuant qu'à
l'avenir il serait élevé dans le collége des Jésuites de Paris
au lieu de douze jeunes Orientaux, dix jeunes enfants français, de l'âge de huit ans, pris dans les familles françaises
établies en Levant , ou faisant en France le commerce des
échelles, et que ces enfants, après avoir reçu à Paris une première éducation et suivi un cours d'arabe et de turc, seraient
ensuite envoyés au collége des Capucins de Constantinople,
pour se perfectionner dans l'étude des langues orientales , de
manière à devenir aptes aux emplois de drogman.

Cette législation a, depuis lors, été modifiée, en raison des
réformes mêmes qu'a subies depuis plus d'un siècle notre organisation consulaire dans le Levant ; mais le principe qui en
fait la base a été maintenu. L'utilité d'une école préparatoire
pour les jeunes drogmans ne saurait en effet être mise en
doute, et la supériorité de nos drogmans, due en grande partie
à l'éducation pratique qu'ils commencent à recevoir dans un
âge très-jeune, commande impérieusement la conservation du
système actuel.

Il n'y a plus aujourd'hui de collége spécial à Constantinople, et les jeunes de langues, en sortant de l'école du drogmanat, attachée à l'un des colléges de Paris, sont ordinairement envoyés à Constantinople, ou dans les consulats généraux
du Levant, pour y terminer leur éducation, sous la direction
du premier drogman de l'échelle à laquelle ils sont attachés

par le ministre des affaires étrangères, avec le titre d'élève drogman.

Le nombre total des élèves drogmans employés dans le Levant, et des jeunes de langues entretenus à Paris ne doit pas excéder celui de douze. L'admission à l'école des langues orientales est limitée, aux enfants âgés de huit à douze ans, qui peuvent d'ailleurs perdre le bénéfice de la faveur dont ils ont été l'objet, et être rendus à leur famille, par décision du ministre des affaires étrangères, pour cause d'insubordination ou d'incapacité (1).

L'élève drogman est placé à l'étranger sous la protection du consul, à la bienveillance duquel il est spécialement recommandé.

Ordinairement, à son arrivée dans une échelle, et lorsqu'il ne doit pas habiter dans la maison consulaire, l'élève drogman est mis en pension, sous la surveillance du consul, chez un indigène, avec lequel il ne lui est permis de communiquer que dans la langue du pays, qui forme l'objet spécial de ses études. Quoi qu'il ne doive pas être détourné de ses études spéciales, il ne peut refuser aucun des travaux que le consul jugerait à propos de lui donner, et qui l'initierait dans les fonctions de drogman chancelier. Il en est de même lorsqu'il s'agit d'accompagner le drogman titulaire auprès de l'une des autorités locales.

L'avenir de sa carrière dépendant du zèle et de l'aptitude dont l'élève drogman fera preuve, autant que des témoignages satisfaisants qui seront rendus sur sa conduite au ministre des affaires étrangères, tous ses efforts doivent tendre à mériter la bienveillance de ses chefs, qui ont tout pouvoir sur lui, même celui d'expulsion de l'échelle et de renvoi en France, suivant la gravité des fautes commises.

Après deux ans de séjour dans le Levant, l'élève drogman peut être nommé drogman *sans résidence fixe*, et, comme tel, il est encore placé alternativement en pays de langue arabe ou turque, pour s'y perfectionner dans ses études linguistiques ; ses fonctions dans cette position sont les mêmes que celles des simples élèves, et demeurent subordonnées aux dé-

(1) Ordonnance du 20 août 1833, art. 29, 30 et 31.

cisions du consul, le titre de drogman sans résidence fixe ne conférant aucune fonction personnelle et n'impliquant qu'un avancement de grade, par rapport aux élèves sortis de l'école des Jeunes de langues.

A défaut d'élèves drogmans, le ministre des affaires étrangères choisit quelquefois les drogmans parmi les gradués français de l'école des langues orientales vivantes de Paris, dont la liste lui est à cet effet adressée tous les ans (1). Ordinairement, les drogmans ainsi nommés ne sont d'abord que drogmans *auxiliaires*, et ce n'est que lorsqu'ils ont justifié, par leur zèle et leur aptitude au travail, la faveur exceptionnelle dont ils ont été l'objet, qu'ils reçoivent le titre de *drogman chancelier*.

### 2. — Devoirs, obligations et fonctions.

Les fonctions des drogmans, en leur qualité d'interprètes, sont, par leur nature, tout à fait confidentielles, notamment dans les négociations orales ; ils doivent donc obéir ponctuellement et avec la plus scrupuleuse exactitude aux ordres qui leur sont donnés par les consuls ; toute négligence de leur part pourrait avoir pour le service les suites les plus graves, et toute désobéissance serait sévèrement réprimée par le gouvernement (2). C'est de leur intelligence, de leur courage, de la fidélité de leurs rapports et de leurs traductions que dépend presque toujours le succès des affaires ; intermédiaires entre les consuls et les autorités territoriales, c'est par eux que se font toutes les négociations ; eux seuls sont donc aptes à juger des dispositions des personnes avec lesquelles ils ont à traiter ; ils peuvent, par conséquent, et doivent même représenter à leurs chefs les inconvénients qu'ils appréhendent de telle ou telle démarche qui leur est commandée ; mais ces représentations faites, leur devoir est d'obéir ; s'ils s'y refusaient, ce serait de leur part un acte grave d'insubordination, qui pourrait entraîner leur révocation (3).

Dans les consulats du Levant et de arbarie, les fonctions

(1) Ordonnance du 22 mai 1838, art. 15.
(2) *Id.* du 3 mars 1781, titre 1, art. 86 et 87.
(3) *Id.* du 20 août 1833, art. 37.

de chancelier sont confiées de préférence au drogman de l'échelle ; mais , dans ce cas, leur service comme chancelier ne les dispense pas de celui de drogman (1). Nous verrons, en nous occupant plus loin des chanceliers, quels sont les devoirs qui résultent de ces doubles fonctions.

Leurs attributions , comme drogmans , se bornent, nous l'avons déjà dit, à servir d'interprètes, tant à leurs chefs qu'à leurs compatriotes négociants ou navigateurs , et à traduire du français dans la langue du pays, ou de celle-ci en français, les pièces officielles reçues ou écrites par le consul ou transmises au ministère des affaires étrangères. Ces traductions doivent toujours être certifiées conformes et signées par le drogman. Dans les résidences où il y a plusieurs drogmans , c'est toujours le premier qui assume la responsabilité des traductions , même de celles qui ont été confiées par lui aux élèves, et qu'il est tenu de revoir et d'affirmer exactes.

Il est interdit aux drogmans de visiter les autorités du pays sans les ordres ou la permission de leurs chefs ; de même ils ne peuvent prêter leur ministère aux particuliers qui le requièrent sans y être autorisés (2). On conçoit, en effet, que des liaisons intimes avec les autorités locales, liaisons dont les motifs ne seraient pas connus, pourraient donner lieu à des abus et à des intrigues plus ou moins graves et dangereuses; de même, s'ils se mêlaient des affaires des particuliers, et se transformaient en quelque sorte en agents d'affaires à l'insu de leurs chefs, ils diminueraient à coup sûr la considération publique qui doit être attachée à leur caractère, et perdraient de vue que, employés du gouvernement, ils doivent exclusivement leurs soins et leur temps au service du pays.

### 3. — Usage du costume oriental.

Anciennement les drogmans portaient dans le Levant l'habit oriental ; l'ordonnance de 1781 avait continué à leur en accorder la permission, et à leur donner le choix entre le costume du pays et l'habit à la française ; mais les drogmans de

(1) Ordonnance du 26 avril 1845, art. 6.
(2) *Id*. du 3 mars 1781, titre 1, art. 88 et 89. — *Id*. du 20 août 1833, art. 32 et 33.

Barbarie devaient toujours porter ce dernier uniforme. L'ordonnance de 1833 a fait cesser cet état de choses, qui ne reposait plus, il faut le reconnaître, sur aucune convenance ou nécessité de service, et qui pouvait avoir de graves inconvénients en confondant les drogmans, par la similitude du costume, avec les gens du pays : l'arrêté ministériel du 27 octobre 1833, leur a assigné un costume réglementaire qu'ils peuvent seul aujourd'hui porter dans l'exercice de leurs fonctions.

### 4. — Rang.

Les drogmans qui accompagnent leurs chefs dans une cérémonie publique n'ont droit à aucun rang ; lorsque ceux-ci se rendent à quelque visite, ils doivent les précéder et marcher entre eux et les janissaires ; pendant la visite, ils se placent derrière, en attendant, pour se rapprocher d'eux ou se placer autrement, que leur ministère d'interprète soit réclamé (1).

## CHAPITRE V.

### DES CHANCELIERS.

### 1. — Fonctions des chanceliers.

Les chanceliers sont des officiers publics placés près des consuls pour les assister dans leurs fonctions, et dont la création remonte à l'institution même des consulats. En matière politique et administrative, ils remplissent l'office de secrétaires ; en matière judiciaire, ils sont tantôt greffiers, tantôt huissiers ; en matière de comptabilité ou de dépôt, ils sont préposés du trésor ou de la caisse des dépôts et consignations sous le contrôle des consuls ; hors des pays du Levant et de Barbarie, ils sont chargés des traductions officielles (2); ils sont enfin, sous la surveillance des chefs de mission ou des

. (1) Ordonnance du 3 mars 1781, titre 1, art. 148 et 149.
(2) *Formulaire à l'usage des consulats*, n° 343.

consuls, notaires au même titre et avec la même autorité que les notaires publics de France.

Nous traiterons dans le chapitre 9 de ce livre de la tenue et de la comptabilité des chancelleries ; quant aux autres attributions. des chanceliers, nous les examinerons en parlant des diverses fonctions consulaires avec lesquelles elles sont presque toujours confondues.

### 2. — Mode de nomination.

L'ordonnance de 1681 avait confié aux consuls la nomination. des chanceliers en les rendant civilement responsables des conséquences de leurs choix. Plus tard le roi se réserva la nomination de ces employés, d'abord dans le Levant, et quelques années après dans tous les pays de consulats (1).

Mais en 1776, les chanceliers des échelles furent supprimés, et leurs fonctions dévolues aux drogmans, à la nomination des consuls, qui assumèrent de nouveau la responsabilité de leurs choix (2).

Cette disposition, maintenue en 1781, fut renouvelée d'une manière aussi générale qu'absolue en 1814, et le soin de pourvoir à la nomination du chancelier fut abandonnée à chaque agent (3).

Les représentations des consuls, et la nécessité bien constatée d'adopter pour les chanceliers une forme de nomination plus régulière et mieux appropriée aux exigences du service, firent bientôt revenir à l'ancienne législation, d'après laquelle les chanceliers étaient directement nommés et institués par le gouvernement (4). C'est là aussi le principe qui a définitivement prévalu en 1833, lors de la révision générale des règlements sur les consulats.

### 3. — Classes.

Des chanceliers nommés et brevetés par le chef du pouvoir

(1) Édit du roi de 1710. — Ordonnance du 29 juillet 1730. — Circulaire de la marine du 2 septembre suivant.
(2) Ordonnance du 9 décembre 1776, art. 7.
(3) Id. du 8 août 1814, art. 1.
(4) Id. du 22 juillet 1821, art. 1.

exécutif sont aujourd'hui placés près des missions diplomatiques, qui réunissent à leurs attributions celles des anciens
consulats généraux, ainsi que des principaux postes consulaires. Dans les consulats en très-petit nombre où le gouvernement n'a pas pourvu à la nomination d'un chancelier, le
titulaire du poste est autorisé à commettre à l'exercice de sa
chancellerie, sous sa responsabilité, la personne qu'il en juge
le plus capable, à charge cependant de faire agréer son choix
par le ministre des affaires étrangères (1).

Cette différence dans le mode de nomination constitue deux
classes de chanceliers ; ceux qui sont nommés par le chef du
pouvoir exécutif prennent le titre de chanceliers de première
classe, et ceux qui sont seulement choisis par les consuls et
agréés par le ministre des affaires étrangères celui de chanceliers de seconde classe.

La classe des chanceliers influe sur leurs attributions, ainsi
que nous le verrons plus tard. Les consuls sont, en effet, directement responsables des actes que rédigent les chanceliers
de deuxième classe, et souvent obligés d'intervenir personnellement dans l'acte pour en assurer la validité (2).

Les chanceliers de première classe doivent être français et
âgés de vingt-cinq ans accomplis ; ils ne peuvent être parents
du chef dont ils dépendent, jusqu'au degré de cousin germain
exclusivement (3). Ces conditions ne sont pas exigées pour les
chanceliers de deuxième classe.

### 4. — Chanceliers de légation.

Les exigences de la comptabilité publique, et les recommandations expresses de la Cour des comptes, ont mis le gouvernement dans la nécessité d'établir une chancellerie auprès de
chacune de nos missions diplomatiques, même en l'absence de
tout établissement consulaire. Les titulaires de ces chancelleries, tous nommés par le président de la République, sont
rétribués tantôt directement sur le budget, tantôt au moyen

(1) Ordonnance du 20 août 1833, art. 16, 17 et 20.
- (2) Instruction du 30 novembre 1833.
(3) Ordonnance du 20 août 1833, art. 18.

d'honoraires et de remises proportionnelles sur les recettes qu'ils effectuent.

### 5. — Titre honorifique de consul ou de vice-consul.

L'ancienneté et le mérite de leurs services font quelquefois conférer aux chanceliers de légation le titre de consul honoraire de seconde classe (1); mais ce n'est là qu'une distinction purement honorifique et personnelle, qui ne leur confère pas plus qu'aux chanceliers de consulats généraux revêtus exceptionnellement du titre de vice-consuls, aucun des priviléges, aucune des attributions consulaires proprement dites. A plus forte raison, leur est-il défendu de rappeler cette qualification dans l'intitulé et la signature des actes qu'ils dressent.

### 6. — Subordination envers leurs chefs.

Les chanceliers sont, comme les drogmans, soumis directement aux ordres de leurs chefs, et tout acte d'insubordination de leur part entraînerait leur révocation (2).

### 7. — Révocation et suspension provisoire.

La révocation d'un chancelier de première classe ne peut être prononcée que par décret du chef du pouvoir exécutif, sur le rapport du ministre des affaires étrangères; et celle des chanceliers de seconde classe ne peut l'être que directement par le ministre. Dans certains cas majeurs, lorsque, par exemple, un chancelier s'est rendu coupable d'insubordination ou d'abus graves dans l'exercice de ses fonctions, il peut y avoir lieu de devancer le jugement supérieur, et le consul est alors pleinement autorisé à suspendre provisoirement son chancelier, sauf à rendre immédiatement compte au ministre des motifs de sa décision ; ce n'est qu'après que celle-ci a été officiellement ratifiée et confirmée que l'agent suspendu est définitivement révoqué.

(1) Ordonnance du 20 août 1833, art. 18.
(2) *Id.* du 20 août 1833, art. 37.

**8. — Vacance des chancelleries.**

Lorsqu'une chancellerie vient à vaquer par suite de l'absence, du décès ou de la démission du titulaire, le consul y pourvoit par la nomination d'un chancelier *provisoire*, jusqu'à ce qu'il ait reçu les ordres du ministre. Quand la vacance survient par suite d'un congé régulièrement accordé au chancelier, ou que celui-ci se trouve momentanément chargé de la gestion du consulat, c'est à lui-même qu'appartient (sauf l'approbation de son chef), le droit de déléguer spécialement un commis ou toute autre personne, qui, sous sa propre responsabilité, le remplace dans ses fonctions (1) : ce délégué prend ordinairement le titre de *chancelier substitué*.

**9. — Traitement.**

Les titulaires des chancelleries diplomatiques sont les seuls dont les traitements soient inscrits au budget de l'État ; ceux des chancelleries consulaires reçoivent des honoraires prélevés sur le montant des taxations qu'ils ont eu à appliquer. ( V. chapitre 4 du livre IV).

**10. — Entrée en fonctions.**

L'article 21 de l'ordonnance du 20 août 1833 prescrivait aux chanceliers de prêter avant d'entrer en fonctions, et entre les mains de leur chef, le serment de remplir avec fidélité les obligations de leur emploi.

Depuis le décret du gouvernement provisoire du 1er mars 1848, qui supprime le serment politique, et notamment celui des fonctionnaires de l'ordre administratif, cette prescription de l'ordonnance de 1833 est tombée en désuétude ; mais les serments professionnels n'ayant pas été abolis, il semblerait convenable, à raison de la spécialité et de l'importance de leurs fonctions, d'assujettir les chanceliers à un serment ainsi restreint.

**11. — Cession des chancelleries par les titulaires.**

Malgré l'analogie qui existe entre une chancellerie et cer-

(1) Ordonnance du 23 août 1833, art. 4.

tains offices ministériels en France, les chanceliers ne peuvent pourtant pas vendre leur charge, ou du moins présenter leur successeur à l'agrément du chef du pouvoir exécutif ou du ministre. Bien que la question ne semblât pas devoir soulever de doute, puisque dans l'énumération des offices vénaux faite par l'article 91 de la loi du 28 mai 1816 ne figurent pas les charges de chancelier, elle n'a pas moins été débattue judiciairement, et un arrêt de la cour de Paris, du 18 novembre 1837, l'a résolue négativement.

### 18. — Drogmans chanceliers.

Nous avons vu au chapitre précédent que les fonctions de chancelier étaient remplies dans les consulats du Levant par un des drogmans de l'échelle. Jusqu'à ces dernières années, le soin de désigner celui des drogmans qui devait en être chargé avait, à quelques rares exceptions près, été laissé aux consuls. Cette disposition de l'ordonnance du 20 août 1833 est aujourd'hui abrogée (1), et presque tous les drogmans chanceliers des postes consulaires du Levant et de Barbarie tiennent maintenant directement du chef du pouvoir exécutif leur nomination de chancelier.

Les devoirs et les obligations des drogmans chanceliers sont, du reste, les mêmes que ceux des chanceliers en pays de chrétienté, sauf en ce qui touche leurs attributions judiciaires.

### 13. — Rang.

A l'époque reculée où les chanceliers étaient, comme aujourd'hui, nommés par le chef du pouvoir exécutif, plusieurs contestations s'élevèrent dans le Levant au sujet de la place que les chanceliers devaient occuper dans les cérémonies publiques. Il fut décidé que, dans toutes les réunions de la nation, ils marcheraient après les députés et avant les autres négociants; mais que, s'ils étaient seulement chanceliers substitués, ils ne prendraient aucun rang, et marcheraient avec les négociants sans distinction (2). Aucun acte subséquent

(1) Ordonnance du 26 avril 1845, art. 7.
(2) *Id.* du 17 décembre 1752.

n'ayant abrogé cette disposition, on devrait encore y avoir égard dans l'occasion.

En pays de chrétienté, comme il n'y a pas de réunion en corps de nation, les conflits auxquels nous venons de faire allusion ne sauraient évidemment se produire.

Lorsqu'un consul appelé à figurer dans une cérémonie publique, ou à faire quelque démarche officielle, juge utile de se faire accompagner par le chancelier du poste, celui-ci n'a aucun rang à prétendre en vertu de sa qualité : selon les usages ou les convenances, il se place derrière ou à gauche de son chef.

Quant aux chanceliers des missions politiques, leur position est légalement la même ; car, si l'on peut admettre qu'ils sont rattachés jusqu'à un certain point au personnel de la mission et couverts par ses immunités, on ne saurait néanmoins aller jusqu'à les considérer comme membres du corps diplomatique proprement dit.

# CHAPITRE VI.

DISPOSITIONS COMMUNES AUX MEMBRES DU CORPS CONSULAIRE, AUX
DROGMANS ET AUX CHANCELIERS.

### 1. — Conservation du domicile en France.

La résidence en pays étranger pour le service du département des affaires étrangères ne pouvant jamais, quelle que soit sa durée, être considérée comme un établissement fixe et permanent, les agents de la carrière extérieure conservent indéfiniment en France leur domicile et l'exercice de leurs droits politiques.

### 2. — Exemption de la tutelle.

Un autre privilége non moins précieux est réservé aux citoyens qui remplissent hors du territoire national une mission publique quelconque, c'est celui d'être dispensés de la charge de tutelle (1). La loi n'a pas, du reste, prononcé à cet égard une exclusion, mais a simplement établi une excuse, dont les agents au profit desquels elle a été consacrée sont toujours libres de ne pas se prévaloir.

### 3. — Défense de faire le commerce.

Les consuls français sont des fonctionnaires publics dont les devoirs officiels doivent absorber tous les instants, et dont l'indépendance doit égaler le désintéressement. Les règlements (2) leur défendent, en conséquence, expressément, de se livrer au commerce, soit directement, soit indirectement, et ce sous peine de révocation. Premiers protecteurs de leurs nationaux, juges ou du moins arbitres conciliateurs de leurs différends, il ne faut pas que la poursuite de quelque intérêt particulier vienne entraver la surveillance et la protection des intérêts généraux, et que des devoirs personnels obscurcissent à leurs yeux les exigences des devoirs publics, ou en arrêtent l'accomplissement. C'est à ce caractère indépendant et désintéressé, non moins qu'à leur instruction et à leur expérience, que nos consuls doivent la haute considération dont ils jouissent à l'étranger, alors même que la modicité de leurs traitements semblerait les placer dans une position d'infériorité relative vis-à-vis de leurs collègues étrangers.

L'interdiction de faire le commerce s'applique également, d'après nos règlements, aux drogmans et aux chanceliers, et se justifie par les mêmes considérations. L'exploitation directe ou indirecte d'une ferme ou d'un établissement agricole aurait de plus grands inconvénients encore qu'une simple spéculation commerciale, et doit, par analogie, se trouver interdite aux consuls et aux officiers placés immédiatement sous leurs ordres.

### 4. — Défense d'acheter des biens-fonds à l'étranger.

Il leur est également interdit d'acheter des biens-fonds dans les pays de leur résidence, afin de ne point compromettre leur

(1) Code civil, art. 428.
(2) Ordonnance du 20 août 1833, art. 24.

indépendance vis-à-vis des autorités locales, et d'éviter les sujets de contestations personnelles. Cette défense, qui est commune à tous les Français dans les pays mahométans, d'après les termes formels de l'édit de 1781, titre 2, article 26, n'a pour fondement dans les autres pays que la similitude parfaite des motifs qui l'ont dictée (1); mais elle a pour sanction les mesures disciplinaires, telles que le rappel, la mise en disponibilité ou en retraite, etc., que le département des affaires étrangères a été plusieurs fois dans le cas d'appliquer à ceux qui l'avaient méconnue. Lors même que, dans un cas exceptionnel, un agent se trouve obligé de déroger à cette défense pour s'assurer un logement personnel, il doit, au préalable, faire agréer ses motifs au département des affaires étrangères.

### 5. — Défense d'accepter des fonctions étrangères.

Le Code civil attache la perte de la qualité de Français à l'acceptation non autorisée de fonctions publiques confiées par un gouvernement étranger (2). Cette disposition n'est pas nouvelle dans notre législation, et elle était depuis longtemps appliquée à nos consuls, auxquels il a toujours été interdit d'accepter les fonctions consulaires d'aucune autre puissance (3). Cependant, si, dans un cas urgent, et par suite de circonstances politiques, le consul d'une puissance étrangère, obligé de quitter le pays où il est établi, confiait la protection de ses nationaux et le dépôt de ses archives au consul de France placé près de lui, celui-ci est autorisé à se charger provisoirement de cette protection et de ce dépôt, à moins que les traités ne s'y opposent, ou qu'il n'ait reçu des ordres contraires du gouvernement ; mais il est tenu d'en informer immédiatement le chef de la mission française dans le pays de sa résidence, ainsi que le ministre des affaires étrangères.

Cette prohibition ne s'applique pas aux chanceliers, qui peuvent éventuellement être autorisés par le gouvernement à réunir à leurs fonctions celles d'agents consulaires d'autres puissances.

(1) Instruction du 6 mai 1781.
(2) Code civil, art. 17.
(3) Ordonnance du 3 mars 1781, titre 1, art. 18.

### 6. — Défense d'acheter des esclaves.

La perte de la nationalité a été également attachée par le décret du gouvernement provisoire du 27 avril 1848, dont la loi du 11 février 1851 a définitivement sanctionné le principe, à la possession, l'achat ou la vente des esclaves à l'étranger (1). Les agents du département des affaires étrangères établis dans les contrées où l'esclavage existe encore, qui négligeraient de se conformer aux dispositions de cette loi dans le délai qu'elle fixe, s'exposeraient infailliblement à être révoqués.

### 7. — Défense de faire des emprunts.

Les consuls sont personnellement responsables de tous les emprunts faits par eux à l'étranger (2); ils ne peuvent jamais emprunter au nom et pour compte de l'Etat ; dans le Levant surtout il leur est défendu de rien recevoir ou exiger à titre de prêt ou de payement des Turcs ou autres sujets du Grand Seigneur, ni de percevoir de qui que ce soit aucun droit, sous quelque dénomination que ce puisse être (3) : ils seraient, le cas échéant, poursuivis comme concussionnaires, et comme tels punis de la réclusion (4).

### 8. — Défense de s'intéresser dans les armements en course.

Il est également interdit, sous peine de destitution, aux agents consulaires appelés à surveiller l'exécution des lois sur la course maritime et les prises, de prendre un intérêt quelconque dans les armements de corsaires, ou de se rendre directement ou indirectement adjudicataires de marchandises provenant de la vente de prises (5).

### 9. — Défense d'acheter des objets provenant de naufrages.

Les consuls ne peuvent non plus, à quelque titre que ce soit, et sous peine de révocation, se rendre acquéreurs d'une partie

(1) Décret du 27 avril 1848, art. 8.
(2) Circulaire des affaires étrangères du 6 nivôse an v.
(3) Ordonnance du 3 mars 1781, titre 1, art. 18.
(4) Code pénal, art. 174.
(5) Arrêté des consuls du 2 prairial an xi, art. 122.

quelconque des objets provenant de bris ou naufrages qu'ils font vendre en chancellerie (1).

#### 10. — Autorisation préalable pour pouvoir se marier.

Aucun agent relevant du ministère des affaires étrangères ne peut se marier sans l'agrément du chef du pouvoir exécutif (2), qu'il est tenu de solliciter par l'entremise du département des affaires étrangères. Cette obligation a pour base le principe qui y assujettit les officiers des armées de terre et de mer, c'est-à-dire la nécessité de prévenir des mariages imprévoyants, qui pourraient nuire à leur indépendance et à la dignité de leur rang.

#### 11. — Des congés des agents.

Tout consul, élève consul, drogman ou chancelier qui quitte son poste sans autorisation ou sans motif légitime, est considéré comme démissionnaire (3).

Les autorisations d'absence ou congés sont accordés aux consuls généraux, consuls et élèves consuls, par le ministre des affaires étrangères ; aux drogmans et aux chanceliers, par le consul dont ils dépendent, mais à la charge par celui-ci d'en faire connaître les motifs au gouvernement (4). Quant aux motifs légitimes qui peuvent autoriser un agent à quitter son poste sans congé, ils sont fort rares et ne peuvent être puisés que dans des considérations purement locales et personnelles, dont l'appréciation suprême appartient exclusivement au ministre des affaires étrangères, qui approuve ou punit l'agent qui a quitté son poste avant d'y avoir été autorisé.

Quelques agents ont cru que cette défense absolue de quitter leur poste ne devait pas être entendue comme une obligation expresse d'habiter à son siége officiel, et que, pourvu qu'ils ne sortissent pas de leur arrondissement, ils pouvaient au gré de

(1) Ordonnance du 29 octobre 1833, art. 73.
(2) *Id.* du 3 mars 1781, titre 1, art. 22. — Arrêté du directoire du 14 floréal an v. — Ordonnance du 20 août 1833, art. 36.
(3) Circulaire des affaires étrangères du 6 nivôse an v.
(4) Ordonnance du 20 août 1833, art. 38.

leur convenance personnelle, se fixer sur tout autre point plus ou moins rapproché.

Cette opinion n'est pas seulement contraire à l'esprit des règlements, elle pourrait encore, dans la pratique, compromettre le service qui exige qu'un agent ne s'éloigne pas du centre des affaires, ni de ses nationaux, quels sa présence peut être à tous moments nécessaire. Il ne saurait être dérogé à ce principe qu'en vertu d'une décision spéciale du ministre des affaires étrangères, fondée sur des considérations particulières tenant aux localités ou à un intérêt de service constaté (1).

## CHAPITRE VII.

### DES VICE-CONSULS ET AGENTS CONSULAIRES.

### SECTION I.

Des agents consulaires en général.

#### 1. — Utilité des agents consulaires.

La nécessité d'assurer la protection des consuls à l'égard de leurs nationaux de toute classe, en dehors des grands centres de commerce qui leur sont assignés pour résidence fixe, et de l'étendre avec la même efficacité sur tous les points compris dans la circonscription de leur arrondissement, a fait autoriser les chefs de poste à déléguer une partie de leurs pouvoirs à des agents en sous-ordre, commissionnés par eux, et destinés à servir d'intermédiaires entre eux et leurs compatriotes établis ou de passage dans les ports et villes d'importance secondaire. C'est ainsi qu'a pris naissance l'institution des agents consulaires et vice-consuls.

#### 2. — Mode de nomination.

Sous l'empire de l'ordonnance de 1781, tous les consuls du

(1) Circulaire des affaires étrangères du 16 mai 1849.

Levant et de Barbarie avaient le pouvoir, sauf approbation
des choix par le gouvernement, de nommer des agents dans
tous les lieux où les intérêts de leurs nationaux leur parais-
saient l'exiger. Ces agents, qui devaient, du reste, être choisis,
autant que possible, parmi les négociants français, recevaient
directement leurs instructions des consuls, dont ils étaient les
délégués, ne percevaient ni droits ni rétributions d'aucune
sorte, et devaient se borner à rendre à leurs compatriotes tous
les bons offices qui dépendaient d'eux.

L'ordonnance du 20 août 1833 a généralisé ce principe en
rendant commune à tous les consuls la faculté d'instituer des
agents consulaires.

Dans le choix des lieux où ils ont le désir de créer de semblables agences, les consuls doivent naturellement se guider,
soit d'après l'importance des intérêts français qu'il s'agit de
protéger, soit d'après la nature des opérations commerciales,
maritimes ou industrielles, dont ils veulent suivre et étudier
le développement. Cependant ils ne peuvent établir aucune
agence, ni délivrer des brevets d'agents ou de vice-consuls,
sans en avoir préalablement reçu l'autorisation expresse du
ministre des affaires étrangères (1). L'esprit des règlements
exige même que cette autorisation soit sollicitée, sinon par
l'entremise, au moins avec l'agrément du chef de la mission
française établie dans le pays (2).

Ces délégués des consuls doivent être citoyens français; ce
n'est qu'à défaut de ceux-ci qu'ils peuvent être pris parmi les
habitants du pays placés dans une position indépendante et
familiarisés avec l'usage de notre langue. Ils portent le titre
d'*agents consulaires*, mais reçoivent quelquefois la qualifica-
cation de *vice-consuls*, lorsque l'importance du lieu, leur position sociale, les usages du pays, ou tout autre motif pris
dans l'intérêt du service, viennent à l'exiger (3). Dans certains
pays, comme l'Espagne et l'Autriche, ce titre de vice-consul
est même le seul qui soit officiellement reconnu.

Les brevets des agents consulaires, comme ceux des vice-

(1) Ordonnance du 20 août 1833, art. 39.
(2) Instruction générale du 8 août 1814.
(3) Ordonnance du 20 août 1833, art. 40 et 41.

consuls, sont délivrés par les consuls qui les instituent (1),
d'après le modèle officiel arrêté par le ministre des affaires
étrangères (2).

### 3.— Priviléges et prérogatives.

Les agents consulaires et les vice-consuls agissent sous la
responsabilité du consul qui les institue (3). Bien que leur nomination soit approuvée par le ministre, et qu'ils reçoivent
généralement un titre d'admission de la part des autorités locales, cependant les immunités et prérogatives attachées à la
qualité de consul ne leur appartiennent pas, et ils ne peuvent
prétendre qu'aux avantages autorisés par l'usage du pays (4),
sauf pourtant dans le Levant et en Barbarie, où le pavillon
national les couvre d'une protection absolue.

Aucun traitement n'est attaché à l'exercice de ces fonctions (5); les agents conservent seulement, tant pour leurs
frais de bureau qu'à titre d'honoraires, la totalité des droits
de chancellerie applicables aux actes qu'ils sont autorisés à
recevoir (6).

Ils ne peuvent accepter le titre d'agent d'aucune autre puissance, à moins que le consul dont ils dépendent n'en ait obtenu
pour eux l'autorisation du ministre des affaires étrangères. Il
leur est également défendu de nommer des sous-agents, et de
déléguer leurs pouvoirs à quelque titre que ce soit (7).

Lorsqu'ils ont besoin de s'absenter de leur résidence, ils
doivent en prévenir le consul dont ils relèvent, et soumettre à
son agrément le choix de leur remplaçant intérimaire.

### 4. — Suspension et révocation.

Le droit de les suspendre d'office appartient à leurs chefs ;
mais ils ne peuvent être révoqués qu'avec l'autorisation du

(1) Ordonnance du 20 août 1833, art. 42.
(2) Circulaire des affaires étrangères du 24 mars 1834. — Formulaire à l'usage des consulats, IV.
(3) Ordonnance du 20 août 1833, art. 43.
(4) Circulaire des affaires étrangères du 22 janvier 1817.
(5) Ordonnance du 20 août 1833, art. 44.
(6) Id. du 23 août 1833, art. 14.
(7) Id. du 20 août 1833, art. 45 et 46.

ministre des affaires étrangères (1). La marche à suivre à cet
égard et les causes qui peuvent conduire à la suspension ou à
la révocation d'un agent consulaire, sont les mêmes que celles
que nous avons indiquées au chapitre 5 de ce livre, à propos
des chanceliers.

## SECTION II.

Des agents vice-consuls nommés par le chef du pouvoir exécutif ou par le
ministre des affaires étrangères.

Les principes consacrés par l'ordonnance du 26 avril 1845
ont fait instituer durant ces dernières années une classe toute
nouvelle d'agents, celle des agents vice-consuls, que le ministre des affaires étrangères nomme, suivant certaines exigences du service, dans les lieux où il n'existe ni poste consulaire
ni délégué choisi directement par un consul. Ces agents sont
rétribués sur le budget de l'État, avec ou sans retenue pour la
retraite, selon les circonstances, mais n'appartiennent pas au
corps des consuls, et sont placés, sous le rapport de leurs attributions, sur la même ligne que les simples agents consulaires : ils n'ont pas le droit, par conséquent, de nommer des
sous-agents. Leurs fonctions expirent de plein droit au bout
de cinq ans, si, dans l'intervalle, ils n'y ont pas été confirmés
par le chef du pouvoir exécutif ; mais cette confirmation ne
change rien à leur caractère (2). Sauf la différence résultant
du titre de leur nomination, toutes les règles que nous avons
posées au paragraphe précédent leur sont applicables : ils reçoivent même leur commission du consul sous les ordres duquel ils sont placés. (V. livre IX.)

## CHAPITRE VIII.

DU COSTUME DES CONSULS ET DES OFFICIERS ET AGENTS CONSULAIRES.

**1. — Uniforme des consuls de tous grades et des élèves consuls.**

Un arrêté du ministre des affaires étrangères en date du

(1) Ordonnance du 28 août 1833, art. 45.
(2) Id. du 26 avril 1845 art. 3.

27 octobre 1833, rendu conformément aux dispositions de l'art. 48 de l'ordonnance du 20 août précédent, a déterminé ainsi qu'il suit l'uniforme du corps consulaire français :

L'habit des consuls généraux, consuls et élèves, est bleu national, boutonnant droit sur la poitrine avec neuf boutons ; le collet montant et non rabattu ; les boutons dorés et timbrés des lettres R. F. (précédemment de la couronne royale) entourées de branches d'olivier.

L'habit des consuls généraux est orné d'une broderie en or de 44 millimètres de largeur, figurant des branches d'olivier, et formant un écusson à la taille ; la broderie est double sur le collet et les parements.

L'habit des consuls de première classe a la même broderie de 44 millimètres, mais avec un seul rang sur le collet et les parements.

L'habit des consuls de seconde classe est orné d'une broderie de 30 millimètres de largeur, également simple sur le collet et les parements.

Les élèves consuls portent la même broderie que les consuls de seconde classe, mais sur le collet seulement (1).

Tous les membres du corps consulaire portent également en uniforme la culotte blanche ou le pantalon blanc ou bleu , l'épée et le chapeau à trois cornes ; celui des consuls généraux est garni d'un plumet noir (2).

#### 2. — Obligation d'être en uniforme.

Il est prescrit à tous les consuls de porter cet uniforme dans toutes les cérémonies auxquelles ils assistent en leur qualit officielle, ainsi que dans l'exercice public de leurs fonctions, et il leur est expressément interdit d'en porter un autre, comme de le modifier ou d'y ajouter aucune épaulette ni marque militaire (3). Ils peuvent cependant substituer au drap une étoffe de laine ou de fil plus légère, pourvu toutefois qu'elle soit de même couleur.

(1) Arrêté du ministre des affaires étrangères du 27 octobre 1833, art. 1 à 5.

(2) Id., art. 10.

(3) Id., art. 7.

### 3. — Petite tenue.

Les consuls peuvent en outre porter un petit uniforme de la couleur et avec les boutons ci-dessus désignés, et orné seulement sur le collet, sur les parements et à la taille de la broderie distinctive de leur grade (1).

### 4. — Uniforme facultatif des drogmans et chanceliers.

Les secrétaires interprètes, les drogmans et les chanceliers nommés par le chef du pouvoir exécutif, peuvent porter un habit également bleu national, coupé et brodé d'après le même modèle que celui des consuls, mais avec les boutons et les broderies en argent.

La broderie pour le premier secrétaire interprète, et le premier drogman à Constantinople, a 44 millimètres de largeur, et est simple sur le collet et les parements; elle a 30 millimètres de largeur, et est également simple sur le collet et les parements pour les secrétaires interprètes, second drogman à Constantinople, et les premiers drogmans dans les autres échelles; pour tous les autres drogmans et pour les chanceliers nommés par le chef du pouvoir exécutif, la broderie a 18 millimètres de largeur, et ne se porte que sur le collet et les parements.

Tous ces officiers consulaires portent également, comme les consuls, la culotte blanche ou le pantalon blanc ou bleu, l'épée et le chapeau à trois cornes (2).

Ils ne sauraient, du reste, porter d'autre uniforme que celui assigné à leur grade, et les consuls ont à cet égard à réprimer avec soin toute infraction aux règlements à laquelle un de leurs subordonnés pourrait se laisser entraîner par un sentiment de faux amour-propre.

L'uniforme n'est pas obligatoire pour les officiers consulaires; ce n'est pas une charge qui leur est imposée, et ils sont libres de faire à cet égard ce qui leur paraît le plus convenable selon les nécessités de leur résidence et les exigences de leur

(1) Arrêté du ministre des affaires étrangères du 27 octobre 1833, art. 6.

(2) *Id.*, art. 8 et 10.

service (1). Cette observation s'applique surtout aux chanceliers en pays de chrétienté, pour lesquels l'uniforme ne saurait jamais être une nécessité, comme il l'est, à vrai dire, dans le Levant et en Barbarie, à cause des usages particuliers et des exigences de la représentation politique dans les pays musulmans.

### 5. — Uniforme permis aux agents consulaires.

Les vice-consuls nommés par le chef du pouvoir exécutif, ainsi que ceux qui le sont par les consuls (ces derniers seulement lorsqu'ils y ont été autorisés par une décision spéciale du ministre des affaires étrangères, rendue sur la demande du consul dont ils relèvent), peuvent également porter un uniforme bleu national, boutons dorés et timbrés des lettres R. F., et orné au collet seulement d'une broderie en or de 18 millimètres de largeur, conforme au modèle de celle des consuls, avec le pantalon bleu et blanc, l'épée et le chapeau à trois cornes (2).

Peu de nos agents consulaires à l'étranger portent, du reste, cet uniforme, le département étant avec juste raison fort sobre des autorisations qui leur en concèdent le droit.

# CHAPITRE IX.

### DES CHANCELLERIES.

## SECTION I.

### Tenue des chancelleries.

On appelle chancellerie le lieu où sont habituellement reçus les divers actes de la compétence des consuls et des chanceliers, et où sont déposées et conservées les minutes de ces actes, ainsi que la caisse, les registres et les archives du poste ; c'est à la fois un secrétariat, une étude et une caisse.

(1) Circulaire des affaires étrangères du 4 novembre 1833.
(2) Arrêté du ministre des affaires étrangères du 27 octobre 1833, art. 9 et 10.

**1. — Jours et heures de travail.**

Dans l'intérêt des Français qui peuvent avoir à tout instant à réclamer l'intervention du consulat, il convient que la maison consulaire et la chancellerie qui doit s'y trouver placée soient toujours situées en ville et à proximité du port ou du quartier des affaires (1). Il ne peut être dérogé à cette prescription qu'avec l'autorisation du ministre des affaires étrangères.

Les chanceliers sont tenus de se trouver à la chancellerie tous les jours, excepté les dimanches et jours fériés ; le consul fixe les heures d'ouverture et de clôture des bureaux : cette fixation est affichée à l'entrée de la chancellerie ; néanmoins l'expédition des actes de l'état civil, et de ceux relatifs à l'arrivée et au départ des voyageurs ou des navires, doivent en cas d'urgence être faits même les dimanches et jours fériés (2).

Les mots jours fériés ne s'appliquent pas seulement aux jours de fêtes religieuses ou nationales légalement reconnues en France, et s'étendent à l'observation de certaines exigences ou usages particuliers des localités : c'est aux consuls à apprécier dans chaque résidence les exceptions qui doivent y être faites à la règle établie en France pour les jours fériés.

**2. — Tenue des registres de chancellerie.**

Une des principales et des plus importantes fonctions des chanceliers est la tenue et la conservation des registres de chancellerie.

Quelques-uns de ces registres sont facultatifs, d'autres obligatoires et prescrits par les ordonnances ; mais leur nombre, comme leur usage, varie suivant l'importance de chaque poste (3).

Les registres obligatoires sont au nombre de dix, et sont destinés 1° à l'enregistrement des correspondances (4) ; 2° à la comptabilité de la chancellerie (5) ; dans quelques

(1) Circulaire des affaires étrangères du 2 septembre 1833.
(2) Instruction du 30 novembre 1833.
(3) *Formulaire à l'usage des consulats*, n°s 1 à 12.
(4) Ordonnance du 18 août 1833, art. 2.
(5) *Id.*, du 23 août 1833, art. 10.

postes, deux registres spéciaux sont affectés à cette comptabilité, l'un servant à l'inscription des recettes, et l'autre à celle des dépenses; 3° aux actes notariés passés en chancellerie, et qui doit être tenu en double expédition (1) ; 4° aux dépôts (2) ; 5° à l'inscription des actes de l'état civil, lequel doit également être tenu en double expédition (3) ; 6° à la délivrance ou au visa des passeports et des feuilles de route, (4) ; 7° aux mouvements de la navigation française (5) ; 8° à l'immatriculation des Français résidant à l'étranger (6); 9° aux patentes de santé (7) ; 10° aux actes de la procédure civile et criminelle dans le Levant (8).

Nous n'analyserons pas ici la série des registres facultatifs ; les plus utiles sont ceux destinés à la transcription des correspondances officielles, à la comptabilité de la marine, aux actes relatifs à la marine marchande, à la transcription des manifestes, aux armements et aux désarmements du commerce, à l'enregistrement des chargements de morue de pêche française vendus à l'étranger ; ce dernier est même à la rigueur obligatoire dans certains consulats (9).

Les registres obligatoires doivent être ouverts, cotés et paraphés sur chaque feuillet par premier et dernier, et enfin arrêtés tous les trois mois et clos à la fin de chaque année par le consul en exercice (10). Ces prescriptions doivent être rigoureusement exécutées, et lorsque, dans le courant d'un trimestre, il n'y a pas eu occasion de se servir d'un ou plusieurs de ces registres, ils n'en doivent pas moins être arrêtés *pour néant*. Les agents doivent aussi conserver à chaque registre sa spécialité, et ne pas le faire servir à la fois à la transcription ou à l'enregistrement de documents de nature différente.

Les registres doivent être constamment au courant et bien

(1) Instruction du 30 novembre 1833.
(2) Ordonnance du 24 octobre 1833, art. 3.
(3) *Id*. du 23 octobre 1833, art. 2.
(4) *Id*. du 25 octobre 1833, art. 1.
(5) *Id*. du 29 octobre 1833, art. 7.
(6) *Id*. du 28 novembre 1833, art. 1.
(7) *Id*. du 7 août 1822.
(8) Loi du 28 mai 1836.
(9) Ordonnance du 26 avril 1833, art. 11.
(10) Instruction du 30 novembre 1833.

tenus : le chef de chaque poste étant responsable des erreurs qui pourront s'y glisser, les consuls ne sauraient veiller avec trop de soins à cette partie du service (1).

3. — Conservation des archives.

Tous les actes originaux et tous les registres d'ordre et de comptabilité doivent être gardés dans les chancelleries avec autant d'ordre, de scrupule et de soins que dans un lieu de dépôt public : le classement et la conservation des archives concernent spécialement le chancelier. Les consuls et les chanceliers ne sont pas obligés seulement de veiller à ce qu'aucune des pièces existant en chancellerie ne soit enlevée, mais ils n'en doivent eux-mêmes déplacer aucune. Tout enlèvement ou disparition de pièces, papiers, registres, etc., provenant de leur négligence, serait, aux termes du Code, punissable d'une peine de trois mois à un an d'emprisonnement, et d'une amende de cent à trois cents francs (2).

C'est dans les chancelleries que doivent être conservés les bulletins des lois, le journal de la marine, les circulaires et autres documents officiels transmis aux consulats; et les agents ne doivent pas oublier que la reliure ou le brochage est un des moyens les plus efficaces de conservation.

4. Protêts contre les chefs.

L'article 114 du titre Ier de l'ordonnance de 1781 prescrit aux chanceliers des consulats du Levant et de Barbarie d'accepter et recevoir tous actes et protêts faits contre les consuls, de les leur signifier, et de les adresser au ministre, sous peine de trois cents francs d'amende. Aucun texte de loi n'ayant abrogé cette disposition, nous pensons que cette obligation, imposée aux chanceliers dans un intérêt d'ordre public, existe encore non-seulement en Levant et en Barbarie, mais également en pays de chrétienté.

Nous croyons cependant qu'en cas de refus de la part d'un chancelier d'obtempérer à la requête de quelque plaignant, et

(1). Instruction du 20 février 1829.
(2) Code pénal, art. 254.

de recevoir un protêt contre son consul, la sanction pénale de l'ordonnance de 1781 ne lui serait pas appliquée, mais qu'il serait sévèrement blâmé par le gouvernement.

Les chanceliers ne sont, du reste, tenus de recevoir cette espèce d'actes que lorsqu'ils leur sont remis par des Français, et nullement quand ils émanent d'étrangers.

La transmission d'une expédition de ces protêts au ministère doit être faite directement par le consul, qui l'accompagne de ses observations, et non par le chancelier, qui n'a pas qualité pour correspondre directement avec le département des affaires étrangères.

Les règles que nous venons de poser s'appliquent également aux chancelleries des missions diplomatiques, avec cette seule différence que leurs titulaires demeurent complétement étrangers au service politique proprement dit.

## SECTION II.

### De la comptabilité des chancelleries.

§ 1er. — RECETTES ET DÉPENSES DES CHANCELLERIES.

#### 1. — Tarif général des chancelleries.

Les recettes des chancelleries diplomatiques et consulaires se composent du produit des droits perçus conformément au tarif joint à l'ordonnance du 6 novembre 1842 (1).

Ce tarif, ainsi que l'ordonnance à laquelle il est annexé, répartissent les chancelleries en trois catégories, dans chacune desquelles les actes sont taxés uniformément, et qui ont d'ailleurs été déterminées d'après la valeur relative des objets de consommation dans les régions qu'elles embrassent.

Les États d'Italie, l'Autriche, la Turquie, les Etats barbaresques et la Grèce sont compris dans la première catégorie ; l'Espagne, le Portugal, la Belgique, la Hollande, la Prusse, les États de la Confédération germanique, la Suisse, le Da-

(1) Ordonnance du 25 août 1833, art. 1. — *Id.* du 6 novembre 1842, art. 1.—*Formulaire à l'usage des consulats,* p. 500.

nemark, la Suède, la Russie, Malte et les îles Ioniennes dans la seconde ; enfin, la Grande-Bretagne, ses possessions en Afrique, en Asie et en Amérique, Gibraltar, les Etats de l'Amérique septentrionale et méridionale, Haïti, les possessions espagnoles en Asie et en Amérique, les Etats de Mascate, les îles Sandwich et la Chine dans la troisième (1).

Quant aux actes passibles des taxations du tarif, ils ont eux-mêmes été répartis entre sept grandes sections, savoir : la première pour les actes de l'état civil; la deuxième et la troisième pour ceux relatifs à la juridiction civile et commerciale, et à la juridiction criminelle; la quatrième pour les actes notariés; la cinquième pour ceux relatifs à la navigation ; la sixième pour les actes administratifs ; et enfin, la septième pour les actes divers.

On conçoit, du reste, que la nomenclature adoptée pour le tarif, ayant été combinée de façon à être aussi complète que possible, et à devenir commune à toutes les chancelleries, contient par cela même l'énonciation d'actes qui dans certains pays peuvent ne pas être du ressort de nos chancelleries. Nous avons à peine besoin de faire remarquer ici que ce caractère de généralité et d'uniformité du tarif ne crée aucun droit absolu de compétence, et ne saurait pas plus autoriser les agents à franchir les limites imposées à leurs attributions par les traités ou par l'usage de chaque contrée, que la multiplicité des actes inscrits au tarif ne justifierait des frais accumulés sans nécessité au préjudice des redevables (2).

#### 2. — Interprétation et application du tarif.

La diversité même des circonstances en vue desquelles ont été fixées les taxations des chancelleries comportait naturellement des commentaires explicatifs, et c'est à cette nécessité que répondent les observations générales ou spéciales inscrites au tarif en marge de certains articles. Les agents ne sauraient mettre trop de soins, pour la régularité de leurs perceptions, à se bien pénétrer des éclaircissements qui leur sont ainsi fournis sur les bases légales de leur comptabilité. Nous

(1) Ordonnance du 6 novembre 1842, art. 2.
(2) Circulaire des affaires étrangères du 9 novembre 1842.

ne croyons néanmoins pas superflu d'ajouter ici quelques
explications complémentaires et interprétatives sur l'application du tarif.

Dans quelques postes, la troisième observation générale
relative à la taxation par rôle a été souvent mal comprise. Un
rôle n'est pas une page d'écriture, mais bien un feuillet composé de deux pages, recto et verso ; et parce que chaque rôle
doit avoir au moins vingt-cinq lignes à la page et douze syllabes à la ligne, il n'en faut pas induire que, de même qu'il y
aurait abus à rester en deçà de ce minimum, il n'est pas permis de le dépasser.

L'application des notes 7, 8 et 9 a aussi donné lieu plusieurs fois dans la pratique à des erreurs regrettables que le
département des affaires étrangères n'a pas manqué de relever.
Ces notes ont pour objet la substitution, dans certains cas
expressément déterminés, d'une taxe fixe au droit proportionnel. Pour bien comprendre leur véritable sens, il faut d'abord
se reporter à la sixième observation générale, qui dispose que,
pour tous les actes taxés en minute à un droit fixe, au rôle ou
à la vacation, le droit d'expédition est dû sur toute expédition
délivrée. Il en est de même pour les actes sujets à la taxe proportionnelle, avec cette seule différence que le droit d'expédition n'est pas exigible sur la grosse ou première expédition.
De là, la conséquence toute naturelle que, dans le cas où le
droit proportionnel est appliqué, le droit d'expédition n'est
pas dû, et que, dans le cas, au contraire, où le droit d'expédition est remplacé par la taxe fixe, il y a lieu de percevoir le
droit d'expédition, à moins qu'en fait la copie n'ait pas été délivrée aux parties ; circonstance qui doit alors être expressément mentionnée tant sur les registres de perception que sur
les états trimestriels de comptabilité. En résumé, c'est le
droit d'expédition combiné avec la taxe fixe qui sert à déterminer la somme que doit au moins atteindre le droit proportionnel pour ne pas tomber sous l'application des notes 7, 8
et 9 (1).

L'art. 60 du tarif est aussi un de ceux qui ont été trop souvent mal interprétés. Cet article fixe la taxe à percevoir sur

(1) Circulaire des affaires étrangères du 28 mars 1850.

les dépôts faits dans les chancelleries diplomatiques et consu-
láires. Les droits de dépôt sont de deux sortes : le premier,
qui est un droit fixe, est exigible au moment de l'entrée du
dépôt dans la caisse de la chancellerie, et représente le coût
de l'acte dressé pour constater l'encaissement; mais par cela
même qu'il doit rémunérer un service rendu, il est clair qu'il
n'est point dû lorsque les parties n'ont pas réclamé le titre du
dépôt fait par elles, ou lorsque le dépôt a été fait d'office par
le consul. Le second, désigné sous le nom de droit de 2 p. 100,
représente l'indemnité accordée au chancelier comme compensation de la responsabilité à laquelle le soumet la garde
du dépôt; ce n'est donc que lorsque cette responsabilité a
cessé, c'est-à-dire au moment où le dépôt a été retiré, que le
prélèvement du droit de 2 p. 100 peut être légalement fait (1).

Il n'est pas hors de propos d'indiquer ici que les sommes
provenant des successions maritimes, et qui se versent dans
la caisse des gens de mer des consulats, échappent à toute perception de chancellerie, et que les dépôts pour prises, bris et
naufrages, ne sont assujettis qu'à un droit spécial de quinze
centimes pour cent francs (2).

Les termes généraux dans lesquels sont conçus les articles
68 et 69 du tarif exigent aussi pour leur application légale
quelques recommandations que nous ne croyons pas superflues.
En principe, pour que les consuls et chanceliers aient
droit aux frais de séjour et de voyage qui leur sont accordés en
cas de déplacement pour des opérations de sauvetage, il faut
que la distance parcourue depuis la résidence consulaire jusqu'au lieu du naufrage ne soit pas moindre de cinq kilomètres (3). D'un autre côté l'esprit qui a présidé à la rédaction
de ces deux articles exclut toute pensée de cumul, pendant la
durée du trajet, entre les frais de séjour et ceux de voyage,
c'est-à-dire que lorsque l'agent arrive à sa destination dans la
journée même où il a quitté sa résidence, les règlements lui
allouent ses dépenses de séjour; mais celles de voyage, au lieu

(1) Circulaire des affaires étrangères du 28 mars 1850.
(2) Règlement du 27 juillet 1816, art. 82. — Id. du 30 septembre
1829, art. 6. — Tarif du 6 novembre 1842, art. 44.
(3) Décret du 20 floréal an XIII, art. 4. — Circulaire de la marine du
31 août 1848.

d'un chiffre fixe, sont ramenées alors au chiffre réel des frais occasionnés par son déplacement. Ces dispositions s'appliquent d'ailleurs, sans distinction de grade, à tous les agents qui sont appelés hors de leur résidence pour une affaire de service.

Les actes et opérations de chancellerie que nos lois et règlements imposent soit à l'arrivée, soit au départ des navires, réclament une attention particulière. La fréquence avec laquelle ils se reproduisent, et le nombre des formalités qu'ils impliquent, exigeaient que les taxes auxquelles ils donnent lieu fussent à la fois très-modérées, et, autant que possible, fixées à un taux uniforme, pour ne pas créer au préjudice de la navigation des charges exceptionnellement onéreuses. Ces motifs ont fait réunir tous les actes de cette espèce dans un seul et même article, dont la taxe, par une dérogation au principe général qui a déterminé la classification des pays en plusieurs catégories, est la même dans tous les consulats. Il n'y a d'exception que pour les ports de la Grande-Bretagne, où l'intérêt des caboteurs français qui y abordent en si grand nombre a fait interdire aux simples agents consulaires la perception des droits portés au tarif sous les n°s 20, 21, 22 et 23, et où l'expédition de nos navires s'effectue par conséquent sans frais (1).

Le tonnage d'un bâtiment pour le payement du droit d'expédition en chancellerie s'établit d'après les papiers de bord. Lorsque, par suite d'erreurs ou de négligence, comme cela se présente parfois, il y a désaccord entre les divers papiers de bord d'un même bâtiment, c'est l'acte de francisation qui doit servir de base (2), et les droits se perçoivent d'après le tonnage qu'il accuse.

Le sens précis à donner à l'art. 35 du tarif est parfaitement expliqué par les notes 23 et 24 qui le corroborent ; ainsi, lorsqu'un navire français désarme à l'étranger, il n'y a lieu au payement simultané du droit d'expédition et de la taxe de désarmement qu'autant que cette dernière opération s'effectue après que le navire s'était déjà mis en mesure de sortir du port. Si donc il y a vente volontaire ou désarmement forcé

(1) Circulaire des affaires étrangères du 12 novembre 1842.
(2) *Id.* des douanes du 14 mars 1817.

après l'arrivée, le droit d'expédition n'est point dû ; mais si un navire, après s'être expédié pour partir, est retenu dans le port par une cause quelconque, et finalement désarme, le droit d'expédition déjà perçu demeure acquis à la chancellerie, et se cumule avec celui de désarmement. Quant au droit d'armement ou de réarmement, il comprend à la fois les actes relatifs à l'une ou l'autre de ces opérations et ceux qui concernent l'expédition qui en est la suite.

L'article 36 du tarif, combiné avec la note 25, relative aux prestations de serment d'experts, est interprétée par le département des affaires étrangères en ce sens que le dépôt des rapports d'experts est un acte reçu en chancellerie, et que par conséquent la prestation de serment doit s'effectuer gratis, même lorsqu'elle a lieu isolément. Cette interprétation s'applique à toute espèce d'expertise en matière civile, commerciale ou judiciaire, aussi bien qu'en matière maritime.

### 3. — Exceptions et modifications.

L'article 22 du tarif place dans une position exceptionnelle les paquebots à vapeur français faisant un service régulier, et qui, à raison de la fréquence de leurs voyages, doivent avoir le privilége de payer des droits moins élevés. Cette disposition, insérée au tarif dans le but de favoriser le développement de notre marine à vapeur, a même paru insuffisante, et l'ordonnance du 31 août 1846 a étendu, mais, il est vrai, aux seuls paquebots à vapeur employés dans la Méditerranée, le bénéfice de la note 16 du tarif, qui porte que le droit proportionnel n'est pas dû sur les tonneaux dépassant le maximum de trois cents (1).

Le gouvernement ayant reconnu que l'élévation des frais de légalisation dans les chancelleries consulaires était de nature à nuire au développement des opérations effectuées par nos compagnies d'assurances, une ordonnance en date du 27 avril 1847 a établi qu'à l'avenir les chancelleries diplomatiques et consulaires ne percevraient que demi-droit pour la légalisation des actes destinés à être transmis au siége des compagnies

(1) Circulaire des affaires étrangères du 16 septembre 1846.

d'assurances maritimes ou sur la vie établies en France et légalement autorisées (1).

Nous ne mentionnerons plus qu'une seule modification du tarif, ou plutôt une exception spécialement applicable à nos consulats dans la Grande-Bretagne. Des considérations fondées sur la situation relative des deux pays, et sur la fréquence des voyages qui s'opèrent de l'un à l'autre, ont fait déroger à l'uniformité du tarif en ce qui concerne la taxe des passe-ports et visas de passe-ports. Il est en conséquence prescrit aux agents de ne jamais percevoir que la moitié du droit déterminé par les articles 46 et 51 du tarif (2). Le bénéfice de cette réduction de droits a même été récemment étendu aux étrangers pour les passe-ports ou visas qu'ils réclament du consul général de France à Londres (3). Les passes valables durant un mois, et destinées à un voyage d'aller et de retour, que nos consuls en Angleterre délivrent aujourd'hui à la place des anciens passe-ports, se taxent comme ceux-ci au demi-droit (4).

#### 4. — Tarif annexe.

Indépendamment des actes dont l'énonciation est comprise dans la nomenclature générale du tarif, il en est quelques autres particuliers à certaines localités, ou destinés à rémunérer des services spéciaux, tels que ceux d'experts, de médecins, etc., qui, soit par leur nature, soit par leur objet, demandaient à être classés et taxés séparément. L'établissement de droits fixes pour les actes de cette espèce est autorisé par le ministre des affaires étrangères sur la proposition des consuls (5) ; leur réunion forme alors pour chaque poste une annexe au tarif général du 6 novembre 1842 ; mais les perceptions qui en résultent ne se confondent jamais avec les recettes ordinaires de chancellerie, et ne doivent même pas entrer dans la caisse du consulat.

L'arrêt du conseil du 3 mars 1781 défendait aux chance-

(1) Circulaire des affaires étrangères du 10 mai 1847.
(2) *Id. Id.* du 12 novembre 1842.
(3) Arrêté du ministre des affaires étrangères du 29 juin 1848.
(4) Circulaire des affaires étrangères du 23 janvier 1850.
(5) Ordonnance du 6 novembre 1842, art. 3.

liers, sous peine de destitution et de quinze cents francs d'a-
mende, de percevoir aucun droit autre ou plus fort que ceux
mentionnés au tarif. Un chancelier qui aujourd'hui se rendrait
coupable d'un semblable acte de concussion serait infailible-
ment destitué, et pourrait être, en outre, condamné à la réclusion et à l'amende, conformément aux prescriptions du Code
pénal (1).

### 5. — Actes non tarifés.

Tout acte omis au tarif, ou ne rentrant pas à titre d'assimilation dans l'une des catégories générales déterminées, ne
donne ouverture à aucune perception, et doit être délivré gratuitement (2). Cette prescription est formelle.

### 6. — Délivrance des actes gratis ou à demi-droit.

Les consuls ont été autorisés, mais sous leur responsabilité
personnelle, à délivrer gratis ou sans frais tous les actes émanant de leur chancellerie. Quant aux chanceliers, ils n'ont
pas ce droit, ni celui de faire des remises de taxes, sans l'autorisation expresse du consul ; mais ils sont tenus d'obtempérer
aux ordres que, sous ce rapport, ils reçoivent des chefs placés
près d'eux à titre d'ordonnateurs et de contrôleurs. Il est d'u-
sage de délivrer sans frais tous les actes intéressant des agents
du gouvernement, ou demandés soit par les autorités territoriales, soit par les chancelleries étrangères, et lorsque d'ailleurs,
dans des circonstances analogues, les actes de même nature
réclamés par nos consuls ne donneraient réciproquement lieu
de leur part à l'acquittement d'aucun droit. Quant aux indigents, les actes dont ils peuvent avoir besoin leur sont délivrés
gratis comme en France; cette libéralité s'applique surtout aux
actes de l'état civil ou de notoriété, et à quelques-uns des actes
administratifs. Parmi ces derniers, les passe-ports et les certificats d'immatriculation, ou leurs visas, sont du reste les seuls
que les agents aient la faculté de taxer au demi-droit, lorsque
l'état de fortune du redevable, sans justifier une gratuité abso-

(1). Code pénal, art. 174.
(2) Ordonnance du 23 août 1833, art. 2. — Tarif du 6 novembre
1842, première observation générale.

lue, rendrait cependant trop onéreux le payement du droit entier. Pour résumer en quelques mots le vœu des règlements sur la matière, nous dirons que les consuls ont le droit de prononcer une exemption complète de taxes, mais qu'il leur est défendu d'accorder des remises partielles de droits pour des actes autres que ceux nommément désignés au tarif comme susceptibles d'être taxés au demi-droit.

Nous rappellerons aussi que les chanceliers sont responsables vis-à-vis de l'Etat des perceptions qu'ils sont appelés à effectuer, et que, à moins de délivrance gratuite autorisée par le consul, le coût de tout acte reçu ou délivré est dû, sans qu'aucune excuse pour insolvabilité ou défaut de payement puisse être admise pour leur décharge.

#### 7. — Évaluation du change pour les perceptions.

Les taxations du tarif sont exprimées en monnaie française ; c'est une nécessité qui résulte de l'adoption d'un tarif commun à tous les pays de consulat, et du principe même en vertu duquel la comptabilité des chancelleries a été rattachée pour ordre à celle du trésor. Le taux d'après lequel doit s'opérer la conversion des monnaies françaises en monnaies étrangères, pour la perception des droits, est réglé par arrêté consulaire, au commencement de chaque trimestre, d'après les cours moyens officiels du trimestre précédent. Dans quelques pays cependant, comme en Espagne et en Angleterre, où notre monnaie est reçue couramment dans les transactions journalières du commerce, ce change a été fixé d'une manière permanente et invariable par décision du ministre des affaires étrangères. Dans tous les cas, la copie de cette décision, ou des arrêtés consulaires périodiques qui en tiennent lieu, doit demeurer affichée en chancellerie, en même temps que le tarif général des droits, et les tarifs annexes qui ont pu le compléter (1). Cette prescription réglementaire a pour objet de prévenir toute possibilité de discussion entre les chanceliers et les contribuables.

(1) Ordonnance du 26 août 1835, art. 1. — *Id.* du 6 novembre 1842, art. 4. — Circulaire des affaires étrangères du 9 novembre 1842.

### 8. — Mode de perception.

Les recettes et les dépenses de chancellerie se concentrent toutes et exclusivement entre les mains des chanceliers. Placés auprès de ceux-ci à titre de surveillants et de contrôleurs des perceptions, les consuls ne doivent pas seulement veiller, dans l'intérêt du trésor, à ce que le coût de tout acte donnant ouverture à une taxe soit acquis à l'Etat : ils doivent aussi, dans l'intérêt des redevables, s'assurer que dans leur chancellerie, comme dans les agences qui relèvent de leur poste, on n'impose que les droits déterminés par le tarif.

Le caractère de comptable n'appartenant qu'au chancelier, il en résulte qu'aucun droit ne peut être prélevé dans les postes où cet employé vient à manquer ; lors donc que les chanceliers se trouvent chargés par intérim de la gestion d'un consulat ou s'absentent par congé, ils sont, comme nous l'avons déjà vu au chapitre cinquième de ce livre, obligés de déléguer leurs fonctions à une autre personne. Ce délégué se substitue naturellement à tous leurs droits pécuniaires ; et tout compromis entre deux chanceliers, l'un titulaire, l'autre substitué, tendant à restreindre, d'une manière quelconque, au profit du premier, la part légitime d'honoraires qui revient au second est expressément prohibé (1). Dans les grands postes où le personnel de la chancellerie se compose de plusieurs commis, l'intérim du chancelier est d'ordinaire confié au premier employé, qui conserve son traitement de grade et le cumule avec les remises éventuelles sur les recettes qu'il opère. La substitution d'honoraires et d'appointements dont nous venons de parler ne s'étend donc point aux commis en sousordre de la chancellerie, dont en fait la responsabilité n'est ni accrue ni diminuée.

### 9. — Registres de recettes et de dépenses.

Les chanceliers doivent tenir pour la comptabilité de leur office, deux registres, l'un de recettes et l'autre de dépenses ; tous deux sont dûment cotés et paraphés, arrêtés tous les trois

(1) Circulaire des affaires étrangères du 26 août 1850.

mois et clos à la fin de chaque année par les consuls (1). Celui
des dépenses est tenu par ordre de dates et par articles ; celui des
recettes doit recevoir l'inscription de chaque perception également par ordre de dates et de numéros, avec l'indication de
l'article du tarif qui l'autorise, l'énoncé sommaire de l'acte
qui y a donné lieu, et les noms, qualités et nationalités des requérants. Les actes délivrés gratis s'y mentionnent également
pour mémoire (2).

### 10. — Solvit mis au bas des actes.

Il doit être fait mention sur les minutes et sur chaque expédition des actes, du montant du droit acquitté, de l'article du tarif qui l'autorise, ainsi que du numéro sous lequel la perception
a été inscrite sur le registre ; lorsque les actes sont délivrés
sans frais ou gratis, mention expresse en est faite également. Ce *solvit* (3), mis au bas des actes délivrés par les chanceliers, et qui doit être paraphé par eux, est une mesure d'ordre généralement adoptée dans les administrations françaises,
et qui a été particulièrement imposée aux notaires et aux officiers ministériels. Il tient lieu de quittance, et les chanceliers ne sont dès lors pas tenus d'en délivrer sous d'autre forme.

### 11. — Comptes de chancellerie délivrés aux capitaines.

Il existe toutefois à cette dernière règle une exception en
faveur des capitaines du commerce. Ceux-ci ayant en effet
besoin de justifier, vis-à-vis de leurs armateurs, des dépenses
qu'ils font à l'étranger pendant le cours de leurs voyages, les
chancelleries consulaires sont tenues de les munir à titre gratuit d'un compte général, signé par le chancelier et visé par le
consul (4). Mais dans les comptes remis aux capitaines au moment de leur départ, il est indispensable de distinguer les
sommes réellement payées aux chancelleries à titre de perception réglementaire, et les dépenses dont, dans certains pays

. (1) *Formulaire à l'usage des consulats*, n°s 1, 4 et 5.
(2) Ordonnance du 23 août 1833, art. 10, 11 et 12.
(3) *Formulaire à l'usage des consulats*, n° 5.
(4) *Id.*, n° 269.

comme l'Espagne par exemple, les agents sont dans l'usage de faire l'avance à nos navigateurs, et qui n'entrent pas dans les caisses consulaires. Il est d'ailleurs entendu que la quittance donnée par le chancelier, au bas des deux bordereaux ou comptes sur lesquels sont énumérées les dépenses auxquelles nous venons de faire allusion, doit toujours porter le *vu* du consul. Ce visa, on le comprend, est une nouvelle garantie de l'exactitude de la comptabilité, et la conséquence d'ailleurs forcée du contrôle que le consul doit exercer sur le détail des perceptions appliquées à chaque navire, et des avances faites pour compte de chaque capitaine (1).

### 11. — Emploi des recettes de chancellerie.

Les recettes des chancelleries sont affectées : 1° à l'acquittement des frais de chancellerie; 2° à l'allocation aux chanceliers de remises proportionnelles graduées suivant le taux déterminé par l'ordonnance spéciale du 24 août 1833; 3° à la formation d'un fonds commun dont l'emploi est fixé par la même ordonnance.

### 12. — Budget des chancelleries.

Les frais de chancellerie sont réglés annuellement et par avance pour chaque poste, par le ministre des affaires étrangères, sur un rapport du chancelier, que le consul transmet à la direction commerciale avec ses observations (2). Toutefois, lorsque le service d'une chancellerie vient à exiger, en dehors des prévisions budgétaires arrêtées par le département, une dépense imprévue et urgente, le consul peut, sous sa responsabilité et sauf à en rendre immédiatement compte, autoriser le chancelier à en prélever provisoirement le montant sur le produit des recettes; ces prélèvements exceptionnels ne sauraient du reste se présenter que fort rarement, et ne doivent être sanctionnés par les consuls qu'en cas de nécessité absolue et pour un intérêt majeur de

(1) Circulaire des affaires étrangères du 30 juin 1831.
(2) *Formulaire à l'usage des consulats*, n° 20.

service (1). Quant au budget des dépenses ordinaires, il doit être transmis au ministère, trois mois au moins avant la fin de l'année, c'est-à-dire avant le commencement de l'exercice auquel il s'applique ; suivant l'importance des dépenses, les chanceliers doivent, en soumettant aux consuls la note présumée de leurs frais de bureau, justifier par écrit les principaux chapitres qui y figurent, et ne pas perdre de vue la sévère économie qui doit présider à leurs évaluations (2).

Nous n'avons sans doute pas besoin d'ajouter que ces fixations budgétaires ont un caractère essentiellement provisoire et que leur application demeure subordonnée à la rentrée de recettes suffisantes pour les couvrir. On peut bien admettre que dans certains postes la totalité des perceptions de chancellerie soit employée à acquitter les frais de bureau ; mais il serait contraire aux règlements constitutifs de toute comptabilité de faire figurer sur les états des dépenses supérieures au chiffre effectif des recettes ; les excédants, lorsqu'il y en a et alors même qu'ils ne dépassent pas les limites du budget, restent forcément à la charge des agents.

L'instruction générale du 30 novembre 1833 veut que les chancelleries soient toujours placées dans la maison consulaire ; ce n'est donc que par l'autorisation expresse du ministre qu'il peut être dérogé à cette obligation et qu'une allocation spéciale à titre de loyer peut figurer dans le budget des frais de chancellerie (3).

Les dépenses personnelles pour rémunération de commis, dans les postes où le chancelier ne peut suffire seul à l'expédition du travail, doivent être, comme les gages des garçons de bureau, approuvées par le département avant d'être mises à la charge, soit de la chancellerie, soit des frais de service.

**14. — Honoraires des chanceliers.**

Les chanceliers sont autorisés à prélever sur les fonds

(1) Ordonnance du 23 août 1833, art. 5, 6 et 7. — Circulaire des affaires étrangères du 2 septembre 1833.
(2) Circulaire des affaires étrangères du 29 septembre 1834.
(3) *Id.*, du 2 septembre 1833.

existant en caisse : 1° les dépenses de la chancellerie, d'après le taux auquel elles ont été fixées par le ministre ; 2° les dépenses extraordinaires autorisées d'urgence par les consuls; 3° leurs émoluments mensuels (1).

Toutes les dépenses doivent être soldées comptant sur quittances en double. Quant aux émoluments attribués aux chanceliers, ils se prélèvent à la fin de chaque mois ou de chaque trimestre par douzième ou par quart. Mais les frais de bureau étant privilégiés, les chanceliers, lorsqu'ils peuvent entrevoir une insuffisance probable de recettes, sont tenus, avant de rien percevoir à titre d'honoraires ou de remises, de laisser dans la caisse une somme suffisante pour solder les dépenses présumées du mois ou des mois suivants. Les consuls doivent veiller sous leur responsabilité à ce que cette prescription ne soit pas perdue de vue (2).

Le traitement fixe des chanceliers a été arrêté en principe au cinquième de celui des consuls près desquels ils résident, et à la moitié des appointements sujets à retenue pour ceux de ces agents, drogmans ou chanceliers de légation rétribués directement sur le chapitre III du budget des affaires étrangères (3). Lors donc que l'état de la caisse le permet, les chanceliers peuvent prélever mensuellement ou par trimestre jusqu'à concurrence du douzième ou du quart de leurs honoraires.

**15. — Excédants à la fin d'un trimestre ou d'un exercice.**

Quand à la fin d'un trimestre, les dépenses acquittées et le quart du traitement du chancelier prélevé, il y a encore un excédant de recettes, celui-ci doit être mis en réserve et figurer comme premier article de recette sur la comptabilité du trimestre suivant, sans que le chancelier puisse prétendre, avant la fin de l'exercice, être mis en jouissance des remises proportionnelles qui lui sont accordées par le second paragraphe de l'article 1er de l'ordonnance du 24 août 1833. Dans les pays où le change est soumis à des variations jour-

(1) Ordonnance du 23 août 1833, art. 7.
(2) Circulaire des affaires étrangères du 2 septembre 1833.
(3) Ordonnance du 24 août 1833, art. 1.

nalières, ces excédants de recette sont passibles, d'un trimestre à un autre, d'une dépréciation ou d'une augmentation de valeur. Ces différences doivent également figurer dans le règlement annuel de la comptabilité comme surcroît de dépense ou de recette, et être mentionnées au même titre sur les registres de la chancellerie (1).

### 16. — Changements des titulaires des chancelleries.

En cas de changement des titulaires d'une chancellerie pour quelque cause que ce soit, le compte des recettes et dépenses doit être arrêté au jour de la cessation des fonctions du chancelier sortant; et les émoluments prélevés par lui, sous les conditions réglementaires que nous venons d'expliquer, lui demeurent acquis sans réserve de rappel d'aucune sorte sur les recettes ultérieures (2), et réciproquement. Ainsi, quand un chancelier est remplacé au moment où il a déjà touché le cinquième du traitement du consul ou la moitié de ses appointements budgétaires, son successeur n'a plus droit qu'aux remises décroissantes fixées par l'article 1er de l'ordonnance du 24 août 1833, les sommes revenant au trésor ne pouvant jamais être diminuées, et le chiffre total des émoluments prélevés par les deux chanceliers, pendant la durée entière de l'exercice, devant forcément rester dans les limites de ce qu'il eût été s'il n'y avait eu qu'un seul comptable (3).

### 17. — Versements acquis au fonds commun.

Les excédants de recettes acquis au fonds commun à la fin de chaque exercice, après que tous les prélèvements pour solde de dépenses de bureau ou d'honoraires ont été opérés, doivent être conservés par les consuls dans la forme prescrite pour les dépôts, jusqu'au moment où le ministère des affaires étrangères, après apurement définitif de la comptabilité, leur notifie l'usage qu'ils ont à en faire (4). Dans aucun

(1) Circulaire des affaires étrangères du 9 novembre 1842.
(2) Ordonnance du 23 août 1833, art. 9.
(3) Circulaire des affaires étrangères du 2 septembre 1833.
(4) Ordonnance du 23 août 1833, art. 8.

cas d'ailleurs et sous aucun prétexte, les agents ne peuvent, sans autorisation expresse, employer tout ou partie de ces fonds spéciaux pour payer des dépenses étrangères au service de la chancellerie (1).

§ 2. — ÉTATS DE CHANCELLERIE.

### 1. — États trimestriels de recettes et dépenses, tant pour les consulats que pour les agences.

Il est enjoint aux consuls d'adresser tous les trois mois à la direction commerciale, et autant que possible par la voie de mer considérée comme moins coûteuse (2), des états présentant la récapitulation des recettes et dépenses trimestrielles effectuées dans leurs chancelleries et dans les agences (3) qui dépendent de leur poste (4). Ces relevés périodiques ne doivent pas être réunis, mais bien être distincts, et il est dressé pour chacun d'eux des expéditions en double, dont l'une reste déposée à la chancellerie et la seconde se transmet au ministère des affaires étrangères (5). Pour les recettes, ces états doivent, les uns et les autres, présenter un extrait authentique du registre des perceptions, c'est-à-dire indiquer l'espèce et le nombre des actes, le numéro et la taxe du tarif qui leur est applicable, et le montant de chaque perception par espèce d'actes, tant en monnaie du pays qu'en argent de France; ils doivent enfin faire connaître le nombre et la nature des actes délivrés gratis, le motif de la libéralité dont ils ont été l'objet, combien de pièces n'ont été taxées qu'au demi-droit, et concernaient soit des Français soit des étrangers; cette dernière distinction est indispensable, puisque le coût de certains actes variant selon la nationalité du redevable, son omission rendrait tout contrôle impossible (6).

(1) Circulaires des affaires étrangères des 2 septembre 1833 et 16 mai 1849.
(2) Circulaire des affaires étrangères du 26 mars 1834.
(3) Voir livre IX.
(4) Ordonnance du 23 août 1833, art. 16.
(5) *Formulaire à l'usage des consulats*, nos 21 et 27.
(6) Circulaires des affaires étrangères des 2 septembre 1833 et 9 novembre 1842.

## 2. — Justification des dépenses.

Le bordereau spécial des dépenses doit également présenter le relevé du registre de détail, et être justifié en outre par les reçus des propriétaires, fournisseurs, gens de service et autres personnes qui ont touché une partie quelconque de la somme absorbée par ces frais (1).

Toute quittance rédigée en langue étrangère n'est du reste valable qu'autant qu'elle est accompagnée d'une traduction certifiée conforme qui se joint aux autres pièces justificatives, munie de son numéro d'ordre, en même temps que les reçus particuliers à fournir par le chancelier (2).

Les états des recettes et des dépenses des agences se complètent de la même manière à l'aide de reçus ou de déclarations de retenue du montant intégral des perceptions effectuées (3).

Les états de comptabilité sont dressés et signés par les chanceliers, vus et certifiés par les consuls ou chefs de mission, qui doivent en outre viser toutes les pièces justificatives des dépenses. Lorsque les recettes ont été nulles, les règlements veulent qu'il en soit dressé des états pour *néant* (4).

## 3. — Recommandations générales.

La rédaction des états de comptabilité exige de la part des chanceliers une attention soutenue, en même temps qu'une habitude et une connaissance approfondie du tarif et de l'esprit de ses dispositions. Nous croyons en conséquence devoir ajouter ici quelques explications sur la manière dont les perceptions auxquelles donnent lieu certains actes spéciaux doivent y être mentionnées.

Nous avons déjà dit que, conformément aux notes 7, 8 et 9 du tarif, le droit proportionnel devait être remplacé, pour certains actes notariés, par une taxe fixe et un droit d'expédition, lorsque la recette produite par son application n'atteint pas le

(1) Circulaire des affaires étrangères du 30 avril 1851.
(2) *Formulaire à l'usage des consulats,* nos 22 et 23.
(3) *Id.*, no 29.
(4) Circulaire des affaires étrangères du 2 septembre 1833.

chiffre des deux taxes fixes combinées ; pour rendre possible le contrôle du département des affaires étrangères, il faut donc, toutes les fois qu'il a été fait application de ces notes, qu'il en soit fait mention dans la colonne d'observations des états.

La perception du droit proportionnel par tonneau pour l'expédition des navires s'arrêtant à la limite de 300 tonneaux, les chanceliers ne doivent pas se borner dans leurs états à indiquer combien de tonneaux ont donné lieu à la perception et combien de navires ont été expédiés : ils doivent, au contraire, indiquer séparément le tonnage de chaque navire, ou tout au moins rappeler avec soin qu'aucun d'eux ne dépassait 300 tonneaux.

L'article 28 du tarif, combiné avec la note 21 relative aux mouvements sur les rôles d'équipage, détermine que, pour un même navire, la taxation n'est due que sur les six premiers débarquements ou embarquements, c'est-à-dire seulement pour six applications successives du même article au droit entier, ou douze au demi-droit ; les états doivent par conséquent indiquer non pas seulement combien de fois l'article a donné lieu à perception, mais encore combien de navires ont donné lieu à l'ouverture du droit.

Nous avons déjà dit que les indemnités pour frais de voyage ou de séjour accordées aux consuls ou à leurs délégués lorsqu'ils s'absentent pour affaire de service étaient à la charge de l'affaire qui avait motivé l'absence ; elles doivent donc, au même titre que toutes les autres perceptions, être portées en recette sur les états de comptabilité : mais, comme elles sont en même temps destinées à servir de remboursement pour des avances personnelles, il a été décidé qu'elles figureraient simultanément pour le même chiffre sur l'état des dépenses sous une rubrique séparée, entre les frais ordinaires de bureau et les honoraires du chancelier. Comme articles de dépenses, les indemnités découlant de l'application des articles 68 et 69 du tarif se justifient par un reçu du consul quand c'est lui personnellement qui les a touchées, et par une quittance dûment visée et certifiée de la partie prenante quand elles concernent le chancelier ou tout autre agent en sous-ordre (1).

(1) *Formulaire à l'usage des consulats*, n° 26.

#### 4. — Bordereau récapitulatif annuel.

Indépendamment des états trimestriels de comptabilité de chancellerie, les consuls ou chefs de mission doivent encore adresser au département, avec les relevés du quatrième trimestre, un bordereau récapitulatif des recettes et des dépenses effectuées pendant le cours entier de l'exercice. Au bas de cet état annuel qui reproduit, en les totalisant, tous les éléments partiels dont se composent les états trimestriels (1), le consul ou chef de légation est tenu d'apposer un certificat de conformité attestant que le bordereau récapitulatif est l'exacte reproduction des quatre états trimestriels (2). Ce certificat de conformité remplace le simple *vu et certifié* des états trimestriels, mais ne dispense pas le chancelier d'arrêter et signer le bordereau récapitulatif dans la forme ordinaire (3).

La seule pièce justificative à joindre au bordereau récapitulatif, qui ne s'applique d'ailleurs qu'à la seule comptabilité de chancellerie et non à celle des agences consulaires, est un certificat du cours du change ou une déclaration du consul qui en tienne lieu (4).

#### 5. — Récolement annuel de l'inventaire du mobilier de la chancellerie.

Le mobilier qui garnit les chancelleries diplomatiques et consulaires étant la propriété de l'Etat, les règlements sur la comptabilité imposent aux agents l'obligation d'en transmettre au département, à la fin de chaque année, un état sommaire, spécifiant si l'inventaire précédemment envoyé est resté intact ou si le mobilier a éprouvé quelques changements : dans ce dernier cas, on dresse en chancellerie, pour être expédié au ministère des affaires étrangères, un procès-verbal régulier de récolement sur lequel s'inscrivent toutes

---

(1) Circulaire des affaires étrangères du 12 août 1847.
(2) *Formulaire à l'usage des consulats*, n° 21 *bis*.
(3) Circulaire des affaires étrangères du 25 mars 1850.
(4) *Id.*, du 12 août 1847. — Arrêt de la cour des comptes sur les dépenses de chancellerie de l'exercice 1848. — Circulaire des affaires étrangères du 30 avril 1851.

les altérations survenues pendant le cours de l'exercice (1).

### 6. — Etats trimestriels du mouvement des dépôts.

Les consuls ont en outre, conformément aux dispositions de l'ordonnance du 24 octobre 1833, à transmettre
tous les trois mois à la direction commerciale, avec les
états de comptabilité de leur chancellerie, un état en double
expédition du mouvement trimestriel des dépôts reçus dans
leur chancellerie. Nous nous occuperons au livre VII, des
formalités qui doivent accompagner la réception et la conservation des dépôts, ainsi que leur transmission en France.
Il suffit de dire ici que ces états de dépôts doivent être le relevé exact du registre spécial tenu dans les chancelleries consulaires pour ce genre d'actes; ils indiquent donc le nom
des déposants et celui des ayants droit, la date, la nature et
la valeur des dépôts, la date et les conditions des retraits qui
ont eu lieu pendant le trimestre, les droits de chancellerie
perçus à cette occasion, enfin les motifs qui empêchent l'envoi
en France des dépôts en numéraire, le nombre et la nature
des oppositions s'il y en a.

Ces états dressés pour *néant*, lorsqu'il n'existe pas de dépôt en chancellerie, doivent être visés et certifiés par les consuls, et se transmettre au ministère sous le timbre de la
direction commerciale par dépêche non numérotée (2).

Nous rappellerons également ici que ces états ne concernent que les dépôts de sommes d'argent, de marchandises ou
de valeurs réalisables; ceux de toute autre nature, tels qu'o-
bligations, billets, testaments, etc., qui peuvent exister dans
les chancelleries, ne doivent pas y figurer (3).

Un modèle d'états de dépôts a été transmis aux agents
du service extérieur par la circulaire ministérielle du 1er janvier 1837; mais l'expérience n'a pas tardé à démontrer
qu'il ne suffisait pas aux besoins de tous les postes. Dans cer-

(1) Circulaires des affaires étrangères des 26 mars 1834 et 1er octobre 1848.

(2) Ordonnance du 24 octobre 1833, art. 9. — Circulaire des affaires
étrangères du 28 mars 1850.

(3) Circulaire des affaires étrangères du 7 septembre 1838.

tains pays, en effet, où le change est essentiellement variable, la valeur des dépôts, qui doit être indiquée en francs sur les états trimestriels, décroît ou augmente selon les variations du cours des monnaies. Afin de sauvegarder sous ce rapport leur responsabilité de dépositaires, les agents ont donc été obligés de compléter l'énoncé du modèle officiel, en indiquant dans leurs relevés trimestriels la différence que les fluctuations du change ont pu amener dans le montant net des dépôts en numéraire retirés pendant le trimestre auquel les états se rapportent (1).

### § 3. — Des remises accordées aux chanceliers.

#### 1. — Règles générales.

Outre le traitement fixe dont nous avons fait connaître plus haut les conditions de liquidation et de règlement, les chanceliers ont encore droit à des remises proportionnelles sur les excédants de recettes qui se trouvent en caisse après le prélèvement des frais de bureau et des honoraires. Ces remises sont de 50 centimes par franc sur les premiers mille francs d'excédant de recette, de 45 centimes sur les seconds, de 40 sur les troisièmes et ainsi de suite d'après la même proportion décroissante, de manière à ce qu'elles ne soient plus que de 5 centimes par franc sur les dixièmes mille francs ; ce taux une fois atteint, elles se prélèvent ensuite uniformément sur le pied de cinq pour cent (2).

#### 2. — Remises proportionnelles.

Lorsqu'à la fin d'un exercice il y a lieu de la part du chancelier à un prélèvement à titre de remises proportionnelles, l'état du quatrième trimestre doit en faire mention, c'est-à-dire que les honoraires du chancelier et sa part de remises proportionnelles doivent former chacun un article séparé de dépenses ; les prélèvements ne doivent jamais en

(1) *Formulaire à l'usage des consulats*, n° 59.
(2) Ordonnance du 24 août 1833, art. 1 et 5. — *Formulaire à l'usage des consulats*, n° 24. — Circulaire des affaires étrangères du 30 avril 1851.

effet être confondus, et les chanceliers sont tenus de les justifier par une quittance spéciale et motivée pour chacun
d'eux (1).

### 3. — Payement des sommes dues aux chanceliers sur le fonds commun.

Lorsqu'au contraire les recettes ont été entièrement ab-
sorbées par les frais, ou lorsque après l'acquittement de ceux-
ci les honoraires des chanceliers ne se sont pas élevés dans le
courant de l'année à la somme de deux mille francs au
moins pour ceux de première classe, et mille pour ceux de
seconde, cette somme de mille ou de deux mille francs est faite
ou complétée à leur profit sur le fonds commun créé par
l'article 5 de l'ordonnance du 23 août 1833 (2). Dans ce cas,
il doit être fait mention, dans la colonne d'observations de
l'état de comptabilité du quatrième trimestre, de la somme
que, d'après l'insuffisance de leurs perceptions, les chanceliers
ont le droit de toucher sur le fonds commun (3).

Lorsque la comptabilité de l'année entière a été dûment
apurée dans les bureaux du département, la somme qui revient à chaque chancelier, à titre de complément d'honoraires,
est ordonnancée sur les fonds déposés au trésor, soit directement au nom de l'ayant droit ou de son fondé de pouvoir,
soit au nom de son chef. Cependant, il est d'usage que les
consuls, en réglant leur comptabilité à la fin de l'année, avan-
cent à leurs chanceliers le montant des sommes auxquelles ils
ont droit sur le fonds commun, et joignent à leur état trimestriel le reçu motivé que ceux-ci leur en fournissent (4).
Ils sont ensuite remboursés par les mains de leurs fondés de
pouvoir après liquidation en France. Mais ce mode de payement par avance des chanceliers n'est nullement obligatoire
pour les consuls, et ne saurait être considéré par les premiers
comme un droit, sinon comme un acte purement gracieux
et volontaire de leur chef.

(1) *Formulaire à l'usage des consulats*, nos 22 et 23.
(2) Ordonnance du 24 août 1833, art. 2.
(3) Circulaire des affaires étrangères du 2 septembre 1833.
(4) *Formulaire à l'usage des consulats*, no 25.

**4. — Augmentation du minimum de traitement pour certains postes.**

Depuis que l'ordonnance du 24 août 1833 est en vigueur, il a été reconnu que le minimum de traitement garanti aux chanceliers par l'article 2 était insuffisant dans beaucoup de résidences, et notamment dans la plupart de celles que comprend la troisième catégorie du tarif. Pour donner aux chanceliers de ces postes le moyen de vivre honorablement du seul produit de leur charge, diverses ordonnances ont, depuis quelques années, modifié sur ce point celle du 24 août 1833, et porté au double pour un grand nombre de résidences, au triple et au quadruple même pour quelques autres, le minimum d'honoraires annuels garanti sur le fonds commun des chancelleries. Cette disposition exceptionnelle ne déroge du reste en rien aux prescriptions concernant le service et la comptabilité des chancelleries.

### § 4. — COMPTABILITÉ CENTRALE DES CHANCELLERIES.

**1. — Réunion et vérification des états de comptabilité.**

Les états trimestriels et annuels de la comptabilité des chancelleries, transmis par les consuls au département, sont vérifiés et contrôlés dans une section spéciale de la direction commerciale.

Les résultats des bordereaux, dûment vérifiés et rectifiés s'il y a lieu, sont inscrits sur deux registres présentant l'un le développement par *trimestre* des recettes et des dépenses effectuées par tous les postes consulaires, l'autre le développement par *chancellerie* pour chacun des trimestres de l'année.

Les chanceliers sont représentés auprès de la cour des comptes par l'un des employés de la direction commerciale du ministère des affaires étrangères, qui prend le titre d'*agent spécial des chancelleries* et forme dans les derniers mois de chaque année, à l'aide de tous les états récapitulatifs de l'exercice précédent, un bordereau général qui est soumis au jugement de la cour des comptes avec les pièces justificatives à l'appui.

## 2. — Jugement de la cour des comptes.

La cour des comptes rend sur ce compte général un arrêt collectif; mais les charges et injonctions sont rattachées à la gestion du chancelier qu'elles concernent, et notifiées à chacun d'eux par le ministre des affaires étrangères, chargé spécialement de satisfaire aux dispositions de l'arrêt (1).

(1) Ordonnance du 23 août 1833, art. 18-21.

# LIVRE TROISIÈME.

## DES RAPPORTS DES CONSULS

### AVEC LES GOUVERNEMENTS ÉTRANGERS ET LES AUTORITÉS TERRI-TORIALES , AINSI QU'AVEC LEURS COLLÈGUES ÉTRANGERS .

---

## CHAPITRE PREMIER.

### RAPPORTS AVEC LE GOUVERNEMENT TERRITORIAL ET SES DÉLÉGUÉS.

La protection que les consuls doivent à leurs nationaux et au commerce de leur pays crée à ces agents des rapports directs et continus avec les autorités de leur résidence. Du caractère de ces relations dépend souvent le maintien de la bonne harmonie entre la France et tel ou tel pays étranger. Le premier devoir des consuls est donc de se créer une bonne position personnelle, de se montrer toujours animés d'un juste esprit de conciliation, et de témoigner invariablement à l'autorité du souverain dans l'Etat duquel ils sont établis, la déférence et le respect auxquels elle a droit de leur part.

Nous allons examiner, dans les trois sections de ce chapitre, quelle est, sous ce rapport, la ligne de conduite que les consuls ont à suivre, depuis l'instant de leur admission officielle jusqu'à la cessation de leurs fonctions, et indiquer les principes généraux qui doivent présider à leurs rapports tant officieux qu'officiels avec les autorités du pays.

# SECTION I.

### 1. — Admission des consuls.

Le droit des gens moderne n'impose à aucun gouvernement l'obligation absolue de recevoir des consuls étrangers; aussi, pendant que quelques Etats admettent chez eux autant de consuls qu'il plaît aux gouvernements étrangers d'en instituer, d'autres ne consentent à en recevoir que dans les ports de mer ou dans certaines résidences, ou bien refusent de recevoir des consuls généraux dans les endroits où ils acceptent sans difficulté de simples consuls. Il faut donc que les gouvernements qui veulent instituer des consulats s'en assurent le droit par des traités formels ou par des conventions verbales.

### 2. — Exequatur.

D'après un usage général, l'exercice de ce droit demeure toujours subordonné, quant à la personne de l'agent désigné, à l'agrément exprès du gouvernement territorial. Le titre qui constate ainsi l'acceptation d'un consul et la reconnaissance solennelle de ses pouvoirs s'appelle dans les pays de chrétienté *exequatur* et dans les pays turcs *barat*.

L'*exequatur* ou barat s'obtient sur la production d'une provision ou commission consulaire, c'est-à-dire d'un titre solennel, signé par le chef du pouvoir exécutif, contre-signé par le ministre des affaires étrangères, et constatant le titre et les pouvoirs conférés à l'agent.

La forme des *exequaturs* varie suivant chaque pays; le plus habituellement, comme en France, en Angleterre, en Espagne, en Sardaigne, aux Etats-Unis, au Brésil, etc., c'est celle d'une lettre-patente, signée du chef du pouvoir exécutif, et contre-signée par le ministre des affaires étrangères; dans d'autres contrées, en Danemark par exemple, le consul reçoit simplement avis qu'il a été reconnu, et que les ordres nécessaires ont été donnés aux autorités de sa résidence; en

7

Autriche, on se borne à écrire sur l'original de la commission *exequatur*, et l'empereur y appose son contre-seing.

Quelle que soit, du reste, la forme ou le libellé de ces *exequaturs*, le mode de leur obtention est toujours le même. Ceux de nos consuls sont demandés, puis envoyés à destination, par le ministre ou le chef de la mission de France en résidence auprès du souverain territorial. L'agent, après avoir reçu son exequatur, le présente à l'autorité supérieure de son arrondissement, qui en prend note et le fait enregistrer en due forme (1).

L'usage de certains gouvernements est de donner eux-mêmes communication aux autorités provinciales de l'expédition des *exequaturs* destinés aux consuls étrangers, qui n'ont plus alors à se préoccuper de la formalité d'enregistrement. Dans tous les cas, l'autorité supérieure qui reçoit une communication de cette nature, soit directement de son gouvernement, soit par l'intermédiaire du consul qu'elle intéresse, en donne avis à ses subordonnés, afin que le consul soit reconnu par tous comme étant dans le plein exercice de ses fonctions ; en France, cet avis est toujours rendu public par la voie des journaux.

Les agents consulaires nommés par les consuls et munis par eux d'une commission en forme, analogue à celle qu'ils reçoivent eux-mêmes, doivent être pourvus également d'un *exequatur* du gouvernement territorial. En France, cette pièce est délivrée par le ministre des affaires étrangères ; dans d'autres pays, au contraire, en Espagne, en Prusse, en Russie, aux États-Unis, etc., l'*exequatur* des simples agents est, comme celui des consuls, expédié au nom du souverain.

### 3. — Admission des consuls revêtus de titres diplomatiques.

Lorsque les consuls sont revêtus d'un titre diplomatique, tel que celui d'agent politique ou de chargé d'affaires, ils sont munis à la fois d'une commission pour les accréditer en leur qualité consulaire, et d'une lettre de créance pour les accréditer en leur qualité diplomatique.

(1) Instruction générale du 8 août 1814.

La commission consulaire est rédigée en la forme ordinaire, et ne fait point mention du titre diplomatique : la lettre
de créance mentionne, au contraire, le titre consulaire ; elle
émane du chef du pouvoir exécutif et est adressée à l'empereur
du Maroc ou aux beys de Tunis ou de Tripoli quand elle a pour
objet d'accréditer un chargé d'affaires auprès d'eux ; elle
émane du ministre des affaires étrangères, et est adressée aux
hospodars de Valachie et de Moldavie ou au vice-roi d'Égypte
quand il s'agit d'accréditer auprès d'eux un agent politique ;
enfin, et c'est la forme ordinaire, elle est adressée par le ministre des affaires étrangères aux ministres des affaires étrangères respectifs quand il s'agit d'accréditer un chargé d'affaires auprès d'un gouvernement chrétien.

La commission consulaire est en général l'objet d'un
*exequatur* en la forme accoutumée ; la lettre de créance produit son effet par le fait même de sa présentation et de son
admission officielle, et n'est même pas généralement suivie
d'une réponse. Il se pourrait sans doute qu'un gouvernement
voulût reconnaître un agent en une qualité, et non dans
l'autre ; l'*exequatur* consulaire n'entraîne donc pas la reconnaissance du caractère diplomatique, mais, en général, on peut
admettre que la reconnaissance du consul en sa qualité diplomatique suppose la reconnaissance de sa qualité consulaire, et
que l'*exequatur* peut être considéré dès lors comme une simple
formalité, plutôt que comme la condition indispensable de
l'exercice public de ses fonctions consulaires.

La mission diplomatique des consuls prend fin par des lettres de rappel conçues dans les mêmes formes que les lettres
de créance.

#### 4. — Consuls chargés d'affaires par intérim.

Il reste une dernière supposition à prévoir : celle où un
consul serait chargé provisoirement de la gestion des affaires
d'un poste diplomatique ; il est accrédité, dans ce cas, en sa
qualité diplomatique, soit par une lettre du ministre des affaires étrangères au ministre des affaires étrangères du pays
où il doit résider, soit par une lettre de l'agent diplomatique
qu'il doit remplacer, soit enfin par la présentation personnelle de cet agent au ministre des affaires étrangères du pays.

Au retour de l'agent qu'il remplace, ses fonctions diplomatiques cessent sans qu'il soit besoin de lettre de rappel.

#### 5. — Admission des élèves consuls, chanceliers, etc.

Les élèves consuls, les chanceliers, drogmans, commis ou autres officiers secondaires attachés aux consulats, ne reçoivent pas d'*exequatur* : ils sont seulement reconnus par les autorités locales sur l'avis que donne de leur nomination le consul sous les ordres duquel ils sont placés.

#### 6. — Admission des gérants intérimaires.

Les gérants intérimaires ne reçoivent pas non plus d'*exequatur*, et leur institution varie selon les usages locaux ; tantôt ils sont reconnus en vertu d'une demande expresse présentée par la voie diplomatique, tantôt, et l'on agit surtout ainsi lorsqu'ils sont déjà attachés au poste comme élèves, drogmans ou chanceliers, ils sont simplement présentés à l'autorité locale supérieure par le consul qui s'absente, comme étant appelés à le remplacer par intérim, et ils sont admis à ce titre sans autre formalité.

#### 7. — Frais d'exequatur.

Les *exequaturs* des consuls sont généralement délivrés sans frais ; il y a cependant quelques exceptions : ainsi, en Sardaigne, il est dû un droit de 40 à 50 francs à la secrétairerie du sénat ; au Brésil, l'obtention d'un *exequatur* donne lieu au payement de plusieurs droits, dont le montant s'élève à environ 450 francs pour les consuls et à 100 francs pour les vice-consuls ; en Portugal, il est perçu un droit égal à celui qu'acquittent dans les cas identiques les consuls portugais dans le pays auquel appartient chaque agent ; en Angleterre, on payait encore il y a quelques années 10 livres sterling ; et en Espagne, 32 ou 16 piastres, selon qu'il s'agissait de l'*exequatur* d'un consul ou de celui d'un vice-consul.

#### 8. — Entrée en fontions provisoire ou définitive.

L'*exequatur* étant le titre officiel qui constate l'admission du consul et la reconnaissance de ses pouvoirs, il s'ensuit que l'agent doit s'abstenir de l'exercice public de ses fonctions tant qu'il ne lui est pas parvenu (1).

Dans quelques pays cependant, les consuls sont reçus dans leurs résidences et autorisés à entrer dans l'exercice provisoire de leurs fonctions, sur la seule justification de leur nomination ; mais cette tolérance est un acte de pure courtoisie qui oblige les agents à se renfermer, pour leurs rapports avec les autorités territoriales, dans une grande réserve, afin d'éviter des discussions que l'absence de toute reconnaissance officielle ne leur permettrait pas de poursuivre.

### 9. — Refus et retrait de l'exequatur.

De l'obligation imposée à tout consul de solliciter, avant de pouvoir légalement entrer dans l'exercice de ses fonctions, l'agrément ou l'*exequatur* du gouvernement territorial, résulte pour celui-ci le droit de le lui refuser.

Ce refus peut-être fondé sur des raisons purement politiques ou sur des motifs personnels : dans les deux cas le rôle de l'agent non agréé est purement passif, et c'est à son gouvernement qu'il appartient de discuter, s'il y a lieu, les motifs du refus par la voie diplomatique.

La souveraineté d'un gouvernement n'est pas limitée au droit de refuser l'*exequatur* à un consul, elle peut et doit aller jusqu'à le lui retirer. Nous ne parlerons pas du cas où, par suite de l'état de guerre ou d'une rupture des relations diplomatiques entre deux États, un gouvernement juge convenable de retirer les *exequaturs* aux consuls de l'autre puissance : une telle mesure, conséquence *nécessaire* de l'état d'hostilités, ou conséquence *habituelle* de l'interruption des rapports diplomatiques, ne peut donner lieu à aucune demande d'explications. Mais lorsque, par une mesure exceptionnelle, un gouvernement veut retirer l'*exequatur* à un consul étranger sans qu'il y ait eu interruption dans ses relations amicales avec le gouvernement auquel cet agent appartient, ce ne peut être alors que pour des motifs politiques ou personnels d'autant

(1) Instruction générale du 8 août 1814.

plus graves que l'atteinte portée au caractère public de l'agent
pourrait, si elle n'était parfaitement justifiée, rejaillir sur le
gouvernement qui le lui a conféré.

Quels que soient, du reste, les motifs sur lesquels se fonde
un gouvernement pour priver un consul de son *exequatur*,
l'agent ne peut, le cas échéant, que se conformer strictement
aux ordres que lui donne à cette occasion le représentant diplomatique de son pays, et, suivant les cas, se retirer avec ses
archives, ou déléguer ses fonctions à un gérant intérimaire soit
français, soit même étranger, afin que ses nationaux ne perdent pas, par sa faute personnelle, la protection officielle à laquelle ils ont droit.

Quelques traités spécifient les cas où l'*exequatur* peut être
retiré ; de ce nombre sont les conventions de 1794, 1806 et
1815 entre la Grande-Bretagne et les États-Unis, celles de
1816 et 1817 entre cette dernière puissance et la Suède, et
d'autres qu'il serait superflu d'énumérer ici. Il n'en existe
pas dans lesquelles la France soit intervenue comme nation
contractante ; mais ses agents n'ont pas moins droit au bénéfice des stipulations de celles que nous avons citées, puisqu'ils
jouissent partout du traitement accordé aux consuls de la
nation la plus favorisée. Ces traités stipulent, du reste, presque
tous que, pour qu'un consul puisse être renvoyé du pays où il
est accrédité, ou même cesser d'être reconnu comme tel, il
faut que sa conduite ait été illégale et criminelle, et que le
gouvernement offensé fasse agréer les motifs de sa détermination par celui auquel appartient le consul.

## SECTION II.

### Des fonctions des consuls dans leurs rapports avec les autorités territoriales.

**1. — Entrée en fonctions.**

La reconnaissance officielle de son caractère public donne
au consul une indépendance absolue vis-à-vis des autorités
e sa résidence quant à l'exercice régulier de ses fonctions;

mais il n'en est pas moins astreint, à l'égard de ces mêmes autorités, au moment où il prend le service, à des témoignages de politesse ayant surtout pour objet de faciliter les relations qu'il doit entretenir avec elles.

Il est donc d'usage que les consuls fassent en arrivant non-seulement la première visite aux autorités supérieures avec lesquelles leurs fonctions doivent plus tard les mettre en rapport, mais qu'ils leur notifient aussi officiellement et par écrit leur entrée en fonctions.

Ce n'est même que lorsqu'il a été répondu à cette notification qu'ils peuvent se considérer comme étant définitivement reconnus.

### 2. — Visites d'étiquette.

L'article 148 du titre 1er de l'ordonnance du 3 mars 1781, prescrit le cérémonial à observer dans les visites officielles faites à cette occasion aux autorités locales par les consuls du Levant et de Barbarie. Ainsi, l'agent doit être précédé de ses janissaires et des drogmans, suivi des négociants, des capitaines des bâtiments marchands et de tous les autres membres de la nation : ces prescriptions s'observent encore aujourd'hui.

Les premières et les dernières audiences données aux agents diplomatiques et aux consuls ont été longtemps, pour la plupart des gouvernements dans les pays musulmans, l'occasion d'un échange de présents dits de chancellerie; la France a depuis plusieurs années supprimé cet usage, et il est interdit à ses agents de donner ou de recevoir aucun présent, à l'exception de quelques cas rares pour lesquels ils doivent y être expressément autorisés par le ministre des affaires étrangères (1).

En pays de chrétienté, il est d'usage que les consuls fassent leurs visites officielles, lors de leur entrée en fonctions, en uniforme et accompagnés du personnel attaché à leur mission, c'est-à-dire de l'élève consul lorsqu'il y en a un, et du chancelier.

Les visites d'étiquettes à l'occasion des fêtes nationales ou de

(1) Circulaire des affaires étrangères de décembre 1832.

pure courtoisie pour la présentation, par exemple, des commandants et états-majors des bâtiments de guerre qui relâchent sur les rades étrangères, ont lieu également en uniforme.

### 3. — Fêtes nationales étrangères ou françaises.

Il est aussi de règle qu'à moins d'empêchement légitime, les consuls mettent leur pavillon les jours des fêtes considérées comme nationales dans les pays de leur résidence ; ils sont ordinairement invités aux cérémonies religieuses et solennités publiques qui ont lieu à cette occasion, et leur devoir est d'y assister. Ils ne pourraient s'en abstenir que dans le cas où quelqu'une de ces célébrations religieuses ou politiques blesserait les principes fondamentaux du gouvernement qu'ils représentent (1). Dans ce cas même, il est convenable que les consuls fassent agréer par écrit leurs regrets à l'autorité qui les aurait invités à y assister ; car les agents étrangers doivent surtout éviter de froisser par leur conduite les usages et les institutions des pays où ils résident.

Quant aux fêtes nationales que les agents consulaires désirent faire célébrer en l'honneur de la mère patrie, leur célébration publique ne peut avoir lieu à l'étranger que du consentement exprès des autorités territoriales. Lors donc que la solennisation ne doit pas se borner à une simple exhibition du pavillon national ou à l'illumination de la maison consulaire, les agents doivent en donner avis préalable à l'autorité compétente, et s'entendre avec elle sur la convenance politique des programmes proposés.

Ces fêtes ne sont, du reste, le plus souvent, dans les consulats, que des fêtes de famille auxquelles les nationaux seuls sont appelés à prendre part, sans que l'autorité territoriale ait à s'y immiscer, ni par conséquent à y intervenir.

### 4. — Rapports officiels avec les autorités territoriales.

Pour assurer au commerce et à la navigation de leur pays l'active protection qu'ils ont pour mandat spécial de leur dispenser, les consuls ont à intervenir directement auprès des

_____
(1) Circulaire des affaires étrangères du 12 floréal an VI.

autorités de leur arrondissement consulaire. Ils défendent auprès d'elles leurs nationaux lorsqu'on viole à leur égard soit la justice naturelle, soit les traités, ou bien lorsqu'on s'écarte à leur détriment des dispositions ou des formes consacrées par les lois du pays (1).

Les consuls n'ont pas qualité pour s'immiscer directement dans les différends qui surgissent à propos d'intérêts privés entre leurs nationaux et des habitants du pays ou les délégués du gouvernement territorial ; ils doivent s'attacher avec d'autant plus de soin à renfermer leur action dans les limites d'une intervention plutôt officieuse qu'officielle, que la plupart des autorités avec lesquelles les consuls ont à traiter étant elles-mêmes subordonnées aux ordres suprêmes du gouvernement central, leurs décisions, quelles qu'elles soient, peuvent presque toujours être frappées d'appel.

Néanmoins, sous quelque forme qu'ils présentent leurs demandes, l'obligation des consuls n'en est pas moins de réclamer en faveur des négociants et des navigateurs de leur nation le maintien intégral des droits et des avantages assurés par les traités, et de veiller à ce que les stipulations de ces traités ne soient pas éludées.

Les traités accordent ordinairement aux étrangers le traitement national ou le traitement de la nation la plus favorisée, quelquefois la jouissance simultanée de ces deux priviléges, comme l'établissent notamment les traités entre la France et l'Espagne. D'autres fois, ces conventions ne stipulent qu'un traitement particuler et réciproque entre les parties contractantes. C'est donc aux consuls à faire une étude attentive de la législation locale, et à se bien pénétrer du véritable esprit des traités qui lient leur pays avec celui dans lequel ils résident, pour ne réclamer que des droits incontestables et obtenir que leurs compatriotes jouissent de la plénitude des avantages qui leur sont acquis.

Lorsque les consuls ne peuvent donner à leurs réclamations en faveur de leurs nationaux la base d'une stipulation conventionnelle expresse, les arguments qu'ils ont à faire valoir auprès des autorités étrangères doivent surtout reposer sur

(1) Instruction générale du 8 août 1814.

des considérations puisées dans l'intérêt bien entendu du commerce, qui n'est qu'un] échange d'avantages et de bénéfices entre les peuples qui s'y livrent. Dans ce cas, ils doivent s'attacher à faire ressortir les besoins mêmes du commerce général de leur pays, et à démontrer l'inutilité ou les inconvénients des entraves douanières qui s'opposent au développement régulier des spéculations mercantiles de leurs compatriotes, et éviter de mettre en avant des exigences dont l'examen peut affaiblir ou même faire écarter leurs propositions.

En ce qui concerne les affaires particulières dont la décision est du ressort des tribunaux, les consuls n'ont qu'à veiller à ce qu'elles soient expédiées avec promptitude et régularité, conformément aux lois du pays; leur intervention est, du reste, acquise de plein droit aux parties lésées quand il s'agit soit d'un déni de justice, soit d'une prévarication de la part du juge, soit enfin de tout acte arbitraire et illégal qui, par sa nature, ne comporterait pas la réparation directe par les voies ordinaires de la justice.

Les consuls ayant pour devoir de contrôler avec vigilance l'application des règlements sanitaires aux navires de leur nation, ils ne sauraient mettre trop de soin à étudier jusque dans ses moindres détails le régime des quarantaines qui se pratique autour d'eux, pour réclamer, selon les circonstances, le bénéfice des dérogations et des exceptions admises en faveur d'une autre nation quelconque.

L'exercice du droit de visite, ou simplement de police dans les mers territoriales, soit sur les côtes par les agents des douanes, soit dans les mers suspectes par les bâtiments de guerre chargés de veiller à la protection et à la sûreté de la navigation, donne lieu à l'étranger à de nombreux conflits : à défaut de traités qui limitent ou réglementent l'exercice de ce droit, le rôle des consuls se borne, dans tous ces cas, à s'assurer que la visite était légalement permise, et qu'elle s'est effectuée conformément aux principes du droit maritime et aux usages des nations, sans vexation pour le commerce, comme sans atteinte à l'immunité du pavillon national.

Nous ne saurions, du reste, recommander trop de prudence, de réserve et d'esprit de conciliation aux agents du service consulaire appelés à aborder ces délicates questions de droit international, dont la solution définitive sort souvent de leur compétence.

Les consuls doivent veiller au maintien des priviléges et des attributions qui leur sont accordés par les traités, ou qui sont fondés soit sur l'usage, soit sur une juste réciprocité ; et lorsque les autorités locales mettent obstacle à ce qu'ils en jouissent dans toute leur plénitude, ils doivent faire les réserves convenables, et en référer tant au chef de mission dont ils relèvent qu'au ministre des affaires étrangères (1).

A cet égard il ne faut pas oublier que, quelque désir que puisse avoir le gouvernement d'étendre les droits et les garanties personnelles de ses agents au dehors, il est forcé d'agir avec d'autant plus de circonspection qu'il ne peut le faire qu'à charge de réciprocité, et qu'il peut être de sa politique de ne pas les étendre à l'égard des représentants des puissances étrangères fixés en France. Les consuls doivent donc éviter avec soin de donner lieu par des prétentions exagérées à des plaintes ou à des mésintelligences diplomatiques, et c'est encore plus par l'ascendant moral de leur vie privée et par la dignité de leur conduite publique, que par des immunités et des droits, qu'ils doivent faire respecter leur caractère.

### 5. — Communications par écrit.

Toutes les fois que les consuls ont à réclamer contre une violation de la loi ou des traités faite à leur préjudice ou à celui de leurs nationaux, ils doivent en faire l'objet d'une réclamation directe et officielle auprès de l'autorité territoriale compétente.

Les communications de cette nature ont lieu de vive voix ou par écrit. Le premier mode est généralement préférable, parce qu'une difficulté, quelque légère qu'elle soit, change bientôt de caractère lorsqu'elle est constatée par écrit, tandis que, dans un entretien amiable, la discussion se renferme dans des limites tout autres, et conduit plus rapidement au résultat qu'on poursuit. Il ne faut donc, autant que possible, avoir recours aux communications écrites que pour sanctionner et

(1) Instruction générale du 8 août 1814.

consacrer un accord déjà arrêté dans une conférence verbale, ou, en cas de non conciliation, pour maintenir et sauvegarder un droit précis.

Ces communications, qui deviennent alors de vraies protestations, demandent à être libellées succinctement en termes précis, mais modérés, appropriés aux circonstances et aux personnes qui s'y trouvent engagées. Les agents ne sauraient, en effet, perdre de vue que les discussions irritantes et passionnées sont plus nuisibles qu'utiles au succès des affaires, et que, même dans les explications les plus désagréables, ils sont tenus de savoir allier le maintien de leur dignité avec les égards dus à un gouvernement étranger, libre et indépendant de celui auquel ils appartiennent eux-mêmes.

Il est, du reste, interdit à tout agent du département des affaires étrangères de remettre aux autorités étrangères aucune note écrite sur des matières politiques, à moins d'en avoir reçu l'autorisation préalable et formelle du ministre dont il relève (1). Cette prohibition s'applique surtout et de la manière la plus absolue aux consuls.

Il est également recommandé à ces agents de ne jamais s'écarter dans leurs communications officielles du cérémonial en usage dans le pays de leur résidence, et du protocole auquel ont droit, par leurs fonctions ou leurs titres, les autorités auxquelles elles sont adressées.

### 6. — Forme et style de ces communications.

La correspondance diplomatique a lieu par notes, par mémoires ou par lettres; la nature même de leurs communications prescrit aux consuls de n'employer que cette dernière forme. Cependant, lorsqu'ils réunissent à leurs fonctions spéciales les attributions diplomatiques de chargés d'affaires, ils sont libres de recourir au mode de correspondance qui entre le mieux dans leurs vues.

La note comporte en général un style plus solennel, un cérémonial plus rigoureux; l'agent y parle à la troisième personne, et dit ordinairement qu'il a ordre ou qu'il est autorisé

(1) Circulaires des affaires étrangères des 25 mai 1808 et 7 décembre 1811.

à faire telle ou telle observation, communication ou déclaration.

Selon son caractère, la note est officielle ou confidentielle.

On donne le nom de note *verbale* à des communications moins solennelles, privées de signature, et destinées uniquement à aider la mémoire de ceux à qui elles sont adressées, ou à traiter d'affaires sur lesquelles on ne veut pas insister officiellement.

Les mémoires sont des écrits qui ne contiennent que le simple exposé d'une affaire ; aussi leur style est-il dépourvu de ce qui constitue le genre épistolaire, et le plus souvent ne sont-ils pas signés.

Les lettres sont des communications soit officielles, soit confidentielles, rédigées au nom direct de l'agent qui les signe, dans un style simple, mais revêtu des formes de politesse que l'usage a consacrées sous le nom de *protocole*. La *dépêche* est plus particulièrement une communication officielle échangée entre un agent et son chef, ou réciproquement ; cependant ce nom est aussi donné quelquefois à une lettre échangée avec une autorité locale supérieure.

### 7. — Langue dans laquelle les communications ont lieu.

Généralement, c'est dans la langue du pays que doivent être rédigées les communications des consuls avec les autorités de leur résidence. Néanmoins, par suite d'un usage qui a reçu la consécration des temps, et qui se justifie par le caractère d'universalité qu'a acquis notre langue, surtout dans le droit international, nos agents emploient exclusivement la langue française, et ils feront bien d'y persister.

### 8. — Informations à donner aux autorités territoriales.

L'institution des consulats ne sert pas seulement à éclairer la France sur la situation politique et économique des pays étrangers, elle sert aussi à fixer les autres contrées sur leurs divers rapports vis-à-vis de notre nation.

Dans ce but, les consuls doivent faire connaître les changements survenus dans nos institutions, nos usages et notre organisation administrative. Ils doivent autant que possible se prêter, comme intermédiaires officieux, à donner tous les renseignements de cette nature qui leur sont demandés par les autorités près desquelles ils sont accrédités, afin de maintenir ces bons rapports de réciprocité qui concourent si bien à établir les relations des nations entre elles.

**9. — Conflits avec les autorités territoriales.**

Toutes les fois que la solution des affaires qu'ils ont à traiter éprouve des difficultés et des lenteurs de la part des autorités locales, et qu'il peut en résulter quelque préjudice pour les intérêts qui leur sont confiés, les consuls doivent en instruire l'agent diplomatique ou le consul général dont ils relèvent, et en informer simultanément le ministre des affaires étrangères, afin d'en recevoir des instructions (1). Il leur est interdit d'entretenir dans ce but aucune relation directe avec les autorités centrales du pays, par une juste réciprocité des principes observés en France, qui n'autorisent de rapports avec ces autorités que par la voie diplomatique (2).

**10. — Abaissement du pavillon.**

L'abaissement du pavillon national n'engageant pas seulement la responsabilité des consuls, mais pouvant aussi engager celle de leur gouvernement, les agents ne peuvent ni ne doivent, à l'occasion de réclamations particulières, de refus de réponse, etc., amener leur pavillon d'eux-mêmes et de leur propre autorité. Il ne leur est pas davantage permis de suspendre leurs relations officielles sans avoir pris les instructions du chef de l'établissement consulaire ou du ministre des affaires étrangères. Quelle que soit la ferme volonté d'un gouvernement d'assurer aux intérêts de ses nationaux à l'étranger une protection efficace et de prêter son appui aux agents qui l'exercent en son nom, on ne peut cependant admettre que ces agents engagent son action et compromettent même sa politique par des actes dont l'initiative ne peut

_____

(1) Instruction générale du 8 août 1814.
(2) Arrêté du directoire du 22 messidor an vii. — Décret du 25 décembre 1810.

appartenir qu'à lui seul. Dans le cas où de graves difficultés viendraient à surgir entre une autorité étrangère et un consul, celui-ci doit donc se borner à protester, et continuer, en attendant les instructions du gouvernement ou de son chef immédiat, à donner aux affaires courantes les soins qu'elles peuvent réclamer, et conserver ainsi à ses nationaux toute l'efficacité de la protection dont ils ont besoin (1).

### 11. — Appel aux forces navales.

Cette réserve, dont les consuls généraux chefs de mission, tout autant que les simples consuls, ne sauraient s'écarter, s'applique également au cas d'appel aux forces navales, détermination encore plus grave par les conséquences immédiates qu'elle peut avoir si cet appel a lieu dans le but de prendre des mesures coërcitives vis-à-vis d'un Etat étranger. (V. livre V.).

### 12. — Interruption des relations diplomatiques.

L'interruption des relations politiques, telle que le brusque départ de l'agent diplomatique par suite d'un conflit entre les deux nations, n'entraîne pas nécessairement la rupture des relations commerciales.

Dans ce cas, les consuls, chargés plus spécialement de protéger ces relations, doivent demeurer à leur poste, et y continuer leurs fonctions même après le départ du personnel de la légation de leur pays, à moins de décision contraire du gouvernement territorial ou d'ordres exprès transmis par le ministère des affaires étrangères, aussi longtemps que la situation des choses dans la ville où ils résident leur laisse l'espérance de se rendre utiles aux nationaux dont les intérêts leur sont confiés.

Lorsque, par des circonstances indépendantes de leur volonté, les consuls se trouvent placés dans l'impossibilité d'accomplir les devoirs de leur charge, à plus forte raison si leur sûreté ou celle de leurs nationaux se trouvent menacées, ils doivent invoquer la protection, plus efficace dans le moment,

(1) Circulaire des affaires étrangères du 16 mai 1849.

d'un de leurs collègues étrangers, ou même se retirer après avoir employé tous les moyens praticables pour assurer au préalable le départ de ceux de leurs nationaux qui ne pourraient prolonger leur séjour dans le pays.

Dans ce cas les consuls, protecteurs officiels de leurs nationaux doivent être les derniers à se dérober aux dangers qui menacent leurs compatriotes, et ne songer à leur sûreté personnelle qu'après avoir garanti celle de leurs nationaux.

Cette éventualité est heureusement fort rare, et même on a vu récemment en Barbarie que, bien que le pavillon national eût été amené, et que des démonstrations hostiles eussent commencé, les relations commerciales avaient continué sans interruption et les consuls étaient demeurés à leur poste sans interrompre leurs fonctions.

Cette situation toute exceptionnelle crée aux consuls des devoirs difficiles : c'est surtout dans de pareilles circonstances qu'ils doivent se rappeler que leur mission n'ayant pas un caractère politique, ils n'ont pas à s'occuper des questions qui s'y rattachent, et sont, au contraire, tenus de concentrer toute leur sollicitude sur la protection des intérêts commerciaux de leurs nationaux.

Prévenir tout sujet de vexations ou d'injustices auxquelles les circonstances peuvent donner naissance, faire constamment respecter la personne et les biens des Français groupés autour d'eux, instruire le département des affaires étrangères des difficultés en présence desquelles ils se trouvent, et, dans les cas extrêmes seulement, se placer, comme nous l'avons dit, sous la protection d'un autre agent étranger, ou même faire appel aux forces navales de leur pays, telle est en résumé la ligne de conduite que nos consuls ont à suivre.

Aller au delà, et exiger ou imposer, par exemple, le redressement immédiat de leurs griefs, ce serait de leur part anticiper sur le fait d'une rupture qu'il peut ne pas être dans la politique de leur gouvernement d'accepter.

### 13. — Changement de forme du gouvernement.

Lorsqu'une nation change brusquement la forme de son gouvernement, il arrive parfois que les autres États ne reconnaissent pas immédiatement cette révolution, qu'ils suspendent tous rapports politiques avec elle, sans pour cela porter atteinte aux relations commerciales.

Dans cette hypothèse, les consuls déjà établis dans le pays, et munis d'un *exequatur*, continuent à exercer leurs fonctions comme par le passé, et leur conduite se règle alors d'après les principes que nous avons exposés pour le cas d'interruption des rapports politiques.

Dans cette position exceptionnelle, les consuls ne sauraient user de trop de circonspection pour laisser à la politique de leur pays toute la liberté de ses allures, et empêcher qu'on n'en vienne à lui attribuer des vues ou des projets qui pourraient être plus tard démentis par les faits; ils ne doivent pas mettre moins de soin à éviter, tant dans leurs rapports avec les autorités et avec les particuliers que dans leurs discours et l'ensemble de leur conduite ou de leur correspondance, tout ce qui pourrait inquiéter le pays où ils résident, ou serait de nature à faire penser qu'ils cherchent à s'écarter de la parfaite neutralité et de la complète impartialité qui doit dominer leur conduite.

### 14. — Intervention du gouvernement des agents.

En cas de troubles particuliers dans leur résidence, ou lorsque, en vertu du droit résultant des traités ou d'une demande expresse, leur gouvernement intervient par l'envoi de forces navales, pour mettre un terme à un état de choses nuisible au commerce et aux intérêts généraux de tous les pays, la conduite des consuls est réglée par les instructions spéciales que le département des affaires étrangères leur transmet (Voir sur cette question livre V.)

## SECTION III.

### Des devoirs des consuls en cas de guerre extérieure.

Lorsque la guerre éclate entre la France et l'État où réside un consul, le mandat de celui-ci est fini, et nous n'avons pas à nous occuper des cas exceptionnels où ses fonctions se con-

tinuent par tolérance avec plus ou moins d'étendue ; ce seraient des considérations de convenance, et non des principes
que nous aurions à développer sur des hypothèses variables à
l'infini.

### 1. — De la neutralité.

Mais lorsque, dans une guerre, la France ou l'Etat de la
résidence du consul, ou tous les deux ensemble, restent
neutres, alors il peut surgir de cette position, pour le consul,
des devoirs nouveaux que nous devons examiner.

On distingue d'abord dans les droits et les devoirs des
neutres en temps de guerre, les actes qui ont lieu à terre sur
le territoire des belligérants, et ceux qui se passent en mer et
dont l'application est, par conséquent, spéciale à la marine
militaire et marchande.

Pour ce qui est des premiers, il est de principe absolu que
les citoyens ou sujets neutres qui se trouvent sur le territoire
d'une nation en guerre avec une autre, ou d'un pays envahi
par l'ennemi, doivent, s'ils ne prennent aucune part aux hostilités, être également respectés dans leurs personnes et leurs
biens meubles par les deux parties belligérantes. Soumis aux
lois de police et de sûreté du souverain territorial, celui-ci
peut, en cas de guerre, leur refuser l'entrée du pays, ou ne la
leur permettre que sous certaines conditions, ou encore les
expulser ; mais ils ne sauraient être soumis, à raison de l'état
du pays, à aucune obligation nouvelle, ni être frappés d'aucun impôt personnel, encore moins être forcés à prendre les
armes ; on ne pourrait davantage s'emparer de leurs biens
meubles pour les faire servir à la guerre.

Ces devoirs du belligérant envers les neutres sont absolus,
et leur violation constituerait contre l'indépendance des
peuples neutres une atteinte grave qui justifierait, de la part
du consul dans l'arrondissement duquel elle aurait été commise, d'énergiques représentations.

### 2. — Des droits des neutres.

Le droit de la guerre, tout absolu qu'il puisse être, a donc
des limites vis-à-vis des neutres.

Ainsi, le conquérant d'un pays peut, lorsqu'il s'agit de ses ennemis, employer les moyens rigoureux et extrêmes que l'humanité condamne, et que la nécessité aveugle peut seule excuser ; mais il doit respecter les sujets neutres établis dans le pays ennemi, et qui s'y trouvent au moment de la conquête.

Les modifications que la conquête apporte à la forme du gouvernement ne modifient en rien les droits des neutres, parce que ceux-ci ayant leur base dans les principes généraux du droit des gens, ne peuvent être altérés par les actes isolés de telle ou telle nation (1).

C'est sur ces principes que nos consuls doivent guider leur conduite en cas de guerre, et ce sont ceux qu'ils doivent invoquer pour la protection de leurs nationaux.

### 3. — De la saisie des bâtiments neutres.

Toutes les nations ne sont pas d'accord sur les principes du droit des gens maritime en ce qui concerne les droits du pavillon neutre en temps de guerre.

Les principes que la France a depuis longtemps adoptés sur cette question sont les mêmes que ceux qui ont été consacrés dans les déclarations des puissances du Nord sur la neutralité armée en 1780.

Ces principes sont :

1° Que le pavillon couvre la marchandise ( la contrebande de guerre exceptée ) ;

2° Que la visite d'un bâtiment neutre par un bâtiment de guerre doit se faire avec tous les égards possibles ;

3° Que les munitions de guerre, canons, poudre, boulets, armes à feu, armes blanches, cartouches, pierres à fusil, mèches, etc., sont objets de contrebande de guerre ;

4° Que chaque puissance a le droit de faire escorter ou convoyer ses bâtiments marchands, et, dans ce cas, la déclaration du commandant du bâtiment de guerre convoyeur est suffisante pour justifier de la cargaison et du pavillon des navires convoyés, et pour interdire toute visite à bord des bâtiments escortés ;

(1) Vattel, *Droit des gens*, livre 3, § 75. — Klüber, *Droit des gens moderne*, § 286.

5º Qu'un port n'est considéré comme en état de blocus que lorsque, par la disposition des forces navales chargées de le bloquer, il y a danger évident d'y entrer; mais un bâtiment neutre ne peut être inquiété pour être entré dans un port déclaré bloqué si, au moment où il s'est présenté à son embouchure, les bâtiments à qui le blocus était confié s'en trouvaient éloignés pour cause de mauvais temps ou toute autre (1).

Si donc il arrivait que, nonobstant notre neutralité, un bâtiment français fût amené comme prise par un bâtiment de guerre ou par un corsaire dans les eaux d'une puissance en guerre avec une autre, le consul aurait immédiatement à s'enquérir des circonstances de la capture, et à invoquer, s'il y avait lieu, les principes que nous venons de rappeler, pour poursuivre la relaxation du bâtiment. Il devrait, en même temps, rendre compte des faits au chef de la mission française dans le pays de sa résidence et au ministre des affaires étrangères.

La ligne de conduite à tenir vis-à-vis du navire capturé, lorsque sa mise en liberté est ordonnée, rentre dans les devoirs ordinaires de protection déterminés par les règlements maritimes. (Voir livre V, chapitre 5.)

Lorsque la relaxation est indûment retardée ou refusée, le consul doit s'attacher à recueillir tous les renseignements et documents nécessaires pour éclairer la justice du gouvernement dans l'action en indemnité qui pourra plus tard être formulée contre l'Etat auquel appartient le capteur.

#### 4. — De l'embargo ou arrêt de prince.

D'après les principes généraux du droit des gens, tels qu'ils se trouvent sanctionnés par plusieurs de nos traités(2), aucun navire marchand ou de guerre ne peut être retenu de force

(1) Dépêche du ministre des affaires étrangères du 17 mai 1838.
(2) Traités du 11 janvier 1787 avec la Russie, des 23 août 1742 et 9 février 1842 avec le Danemark, des 7 novembre 1659 avec l'Espagne, des 27 avril 1662, 10 août 1678, 20 septembre 1697 et 12 décembre 1739 avec la Hollande, du 8 mai 1827 avec le Mexique, etc.

dans un port étranger, ni employé d'autorité pour le service public d'un pays autre que celui dont il porte le pavillon ; les mêmes principes s'opposent à ce qu'on mette en réquisition forcée pour servir en guerre les matelots, passagers ou autres personnes embarquées sur des navires étrangers. Le cas échéant, et après en avoir référé à qui de droit, nos consuls devraient donc agir comme dans le cas de capture illégale, et réclamer énergiquement contre l'application de l'embargo ou de l'arrêt de prince aux navires français.

# CHAPITRE II.

### RAPPORTS DES CONSULS AVEC LES AGENTS DES PUISSANCES TIERCES.

## SECTION I.

#### Des rapports et relations entre consuls établis dans la même ville.

La protection des droits et des intérêts particuliers confiés à nos consuls ne s'exerce pas seulement vis-à-vis des autorités du pays, elle nécessite aussi avec les agents des autres puissances établis dans la même résidence des rapports fréquents qui se règlent d'après les principes généraux que nous avons indiqués dans le chapitre précédent comme devant servir de guide aux consuls dans leurs rapports avec les autorités territoriales.

#### 1. — Rapports d'intérêt public et privé.

Ces relations sont de deux sortes, particulières et de pure courtoisie, officielles et de service; elles dépendent, quant à leur caractère, de l'état de paix ou de l'état de guerre entre les nations auxquelles appartiennent les consuls.

#### 2. — Relations particulières.

Nous n'avons pas à nous occuper des relations particulières que les agents étrangers peuvent être appelés à échan-

ger, car leurs convenances personnelles s'accordent trop avec
les exigences de leur service pour ne pas leur faire naturellement comprendre la nécessité de rendre ces rapports aussi
faciles que possible. Nous dirons seulement qu'il est d'usage
qu'un consul arrivant dans sa résidence fasse la première
visite à ses collègues étrangers, et qu'il ne saurait résulter
que de fâcheux inconvénients de l'inobservation de cet usage.

### 3. — Relations officielles.

Les relations officielles naissent de la protection isolée que
chaque consul doit à ses nationaux, et des intérêts commerciaux et politiques communs à tous les étrangers établis dans
la même ville.

Il ne suffit pas, en effet, de veiller avec soin au maintien des
privilèges ou avantages résultant des traités ou de l'usage, il
faut encore que les agents sachent éveiller la sollicitude des
autorités du pays sur les réformes ou les améliorations économiques que l'intérêt général bien entendu peut faire réclamer.

Sous ce rapport, on conçoit que les indications à fournir
ou les insinuations à faire, auront acquis moins de poids si
elles émanent d'un consul isolé que si elles sont présentées
en même temps par plusieurs agents également intéressés à
leur prise en considération; mais cette espèce d'entente ou de
concert entre divers consuls établis dans une même résidence
demande à être mûrement pesée pour prévenir les inconvénients que toute démarche collective ou simultanée peut faire
surgir, lorsqu'elle sort des limites d'une discussion interpré-
tative de la loi ou de quelque stipulation conventionnelle.

### 4. — Accord dans les troubles locaux.

Dans les cas, si fréquents encore en quelques pays, de guerre
civile et d'insurrection, les agents sont souvent amenés à
certaines démonstrations collectives et publiques, telles, par
exemple, que celle d'arborer de concert le pavillon de leur pays,
afin d'indiquer au loin leur demeure et d'en écarter l'outrage
ou la violence, ou encore de transmettre directement aux
autorités supérieures de leur résidence, appuyées d'une dé-

marche personnelle, les protestations formelles de leurs nationaux contre les pertes ou dommages dont les menacerait
la continuation des troubles et luttes intérieures. Mais l'intervention du corps consulaire ne saurait aller au delà de ces
simples mesures préventives; ainsi, une intimation adressée
aux autorités locales, la menace de les rendre responsables
des suites que pourraient avoir les événements qui y donneraient origine, constitueraient une véritable immiction dans
les affaires intérieures du pays et une atteinte au principe de
l'indépendance des nations.

### 5. Relations officieuses.

La nature et l'espèce des relations officieuses qui peuvent
s'établir entre les consuls étrangers résidant dans la même
ville ne sauraient être précisées, parce qu'elles varient selon
les usages consacrés dans chaque contrée, et dépendent également des attributions de chaque agent au point de vue de la
législation de son pays.

Nos consuls sont dans l'habitude de communiquer à leurs
collègues étrangers tous les renseignements qu'ils reçoivent de
France sur notre législation douanière, civile ou politique,
sur notre régime sanitaire, sur l'installation des phares et fa-
naux, enfin toutes les informations relatives à la police générale de la navigation qui leur sont transmises par le ministère
de la marine.

Ces sortes de communications se font de part et d'autre à
charge de réciprocité, et les remises de copies ou légalisations
de pièces ayant un caractère d'utilité générale qui s'opèrent
de chancellerie à chancellerie doivent toujours avoir lieu
sans frais.

### 6. — Rapports exceptionnels.

Quelques traités ont créé à nos consuls des obligations spéciales et réciproques vis-à-vis de leurs collègues étrangers.
De ce nombre sont ceux qui se rapportent à l'abolition de la
traite des noirs et à l'exercice du droit de visite; c'est en nous
occupant en détail et d'une manière spéciale de chacun des
sujets auxquels elles sont relatives que nous ferons connaître
les devoirs particuliers qui en résultent.

### 7. — Rapports en cas de guerre déclarée.

L'état de guerre fait nécessairement cesser tout rapport direct entre les consuls de deux nations belligérantes établis dans le même port neutre ; mais il leur crée en même temps de nouvelles obligations : les unes leur sont tracées par leurs instructions politiques, les autres sont la conséquence de l'état d'hostilité.

Pour se conformer aux premières, ils doivent surveiller les démarches et l'attitude de l'ennemi, empêcher qu'il n'ourdisse contre leur gouvernement aucune trame dangereuse, découvrir et renverser le plan de ses intrigues, et ne rien négliger pour substituer leur influence à la sienne. Quant aux obligations qui résultent de la guerre même, elles concernent la police des armements en course, le jugement des prises en pays neutre ou allié et l'échange des prisonniers de guerre. (Voir livre V.)

## SECTION II.

#### De l'étiquette internationale.

Les règles de l'étiquette internationale doivent être rigoureusement observées par les consuls dans toutes leurs démarches collectives, et toutes les fois qu'ils se trouvent ensemble et en corps dans une cérémonie publique ou chez une autorité.

### 1. — Rang et préséance des consuls entre eux.

Les questions de préséance ont pendant de longues années éveillé dans certaines contrées de fâcheuses rivalités et suscité de déplorables conflits. C'est ce qui s'est notamment vu en Levant par les prétentions rivales de la France, de l'Angleterre et de la Russie, dont les agents, pour n'avoir rien à céder des prétentions de leurs gouvernements, avaient fini par éviter toute rencontre dans les cérémonies publiques.

Pour mettre un terme à toutes ces difficultés, les plénipotentiaires du congrès de Vienne arrêtèrent, le 19 mars 1815, un règlement général qui est depuis lors resté dans le droit public universel, et qui fixe le rang et la préséance des agents diplomatiques accrédités dans chaque cour. Bien que les dispositions de ce règlement ne soient pas expressément applicables aux agents consulaires, il doit pourtant leur servir de règle dans le cas où des difficultés s'élèveraient entre eux relativement à la préséance (1).

L'usage généralement adopté maintenant, aussi bien en pays de chrétienté que dans les contrées du Levant et de Barbarie, c'est que, conformément aux prescriptions de l'article 4 du susdit règlement, les consuls prennent rang par classe, et dans chaque classe, d'après la date de la notification officielle de leur arrivée à leur poste.

Il y a cependant quelques exceptions à cet usage. Ainsi, dans certaines contrées musulmanes où le corps consulaire a une organisation propre et exerce quelquefois des fonctions collectives, par exemple, pour la police sanitaire, la présidence est occupée à tour de rôle et se délègue par périodes hebdomadaires ou mensuelles : quand alors il y a lieu de faire en corps une démarche quelconque ou d'assister à des cérémonies publiques, c'est le président en exercice qui a le pas et porte la parole, et ses collègues prennent rang après lui, selon l'ordre alphabétique de leur nation.

### 2. — Des places d'honneur.

Dans les assemblées ou réunions de corps, le degré de la distinction de la place occupée se règle ainsi qu'il suit : dans la ligne droite, la première en évidence ; dans la ligne transversale, la place de droite ; enfin, entre trois places sur la même ligne, celle du milieu ; quand il y a un président, le rang se détermine en alternant de la droite à la gauche de celui-ci.

Quant aux actes publics, traités, conventions, notes, mémoires ou autres, le rang suit l'ordre dans lequel les puissances sont nommées ; seulement dans les traités, les règles de l'alternat veulent que chacune des puissances contractantes soit nommée la première dans l'acte qu'elle considère comme

(1) Circulaire des affaires étrangères de septembre 1815.

l'original, c'est-à-dire celui qui reste déposé dans ses archives. Pour la signature, la place d'honneur est à la gauche du papier (à droite d'après les règles du blason), et la seconde à droite de celle-ci, mais sur la même ligne ; la signature en colonne dans l'ordre vertical est considérée comme moins honorable, et ne s'observe que lorsque la largeur du papier, jointe au nombre des signataires de l'acte, s'oppose à ce que l'on suive l'ordre horizontal.

# LIVRE QUATRIÈME.

## DES RAPPORTS DES CONSULS
### AVEC LE MINISTÈRE DES AFFAIRES ÉTRANGÈRES.

## CHAPITRE PREMIER.

### DISPOSITIONS GÉNÉRALES RELATIVES A LA CORRESPONDANCE CONSULAIRE.

La correspondance des consuls avec le département des affaires étrangères embrasse toutes les attributions et tous les détails des fonctions consulaires, et se divise par spécialités selon l'organisation même de ce département. De là, la nécessité de rappeler ici l'organisation des bureaux de l'administration centrale, avant d'indiquer les règles prescrites aux consuls pour le classement, la forme, le style et la conservation de leur correspondance.

## SECTION I.

### De l'organisation centrale du département des affaires étrangères.

#### 1. — Organisation des bureaux du ministère.

Aux termes de l'ordonnance du 13 août 1844, modifiée par l'arrêté ministériel du 11 avril 1848, l'administration centrale du ministère des affaires étrangères est organisée ainsi qu'il suit :

Le cabinet du ministre avec ses annexes, le bureau du chiffre et celui de l'arrivée et du départ,

La direction politique,
La direction commerciale,
La direction des archives et de la chancellerie,
La direction de la comptabilité et du contentieux,
Le bureau du protocole.

### 2. — Attributions des bureaux.

Le cabinet est chargé des travaux personnels et réservés du ministre, des audiences, de la délivrance des passeports aux agents extérieurs, du bureau du départ et de l'arrivée de la correspondance, des traductions et du chiffre.

La direction politique traite toutes les affaires diplomatiques et politiques proprement dites ; les réclamations des particuliers contre les gouvernements étrangers, et réciproquement celles des étrangers contre le gouvernement français quand elles ne soulèvent pas des questions d'argent ou des questions purement contentieuses ; les questions de limites et d'extradition ; les questions relatives aux réfugiés politiques, aux domiciles de secours notamment en ce qui concerne les aliénés, à la traite des noirs, aux conventions postales, etc., etc. Elle joint à ces attributions tous les mouvements dans le personnel des agents diplomatiques.

La direction commerciale prépare les traités de commerce et de navigation, ainsi que ceux relatifs à la propriété littéraire, instruit les questions qui se rapportent à la protection du commerce français dans les pays étrangers, et celles qui résultent des réclamations du commerce étranger envers le gouvernement français ; elle règle la comptabilité des chancelleries consulaires, et a dans ses attributions tout le personnel des consulats du drogmanat et des chancelleries.

La direction des archives et de la chancellerie se compose de deux sections bien distinctes. La première, celle des archives proprement dites, est chargée de la conservation et du classement de toutes les correspondances du ministère ayant plus de dix ans de date ; de la collection des traités et documents diplomatiques de toute nature ; de la réception et de la conservation des archives des postes politiques ou consulaires supprimés ; du dépôt des ordonnances et décrets du chef du pouvoir exécutif et des décisions ministérielles, etc., etc. La seconde, celle de la chancellerie, est chargée de la délivrance et du visa des passeports autres que ceux dits de cabinet ; de la légalisation de tous les actes venant des pays étrangers ou destinés à y être envoyés ; de la perception du droit établi pour le visa et la légalisation ministérielle ; de la comptabilité de cette perception ; de la transmission des commissions rogatoires et des significations judiciaires ; de la discussion des questions touchant à l'état civil, et de l'instruction des réclamations relatives à des matières d'intérêt privé, telles que les successions ouvertes en pays étranger, les recouvrements sur particuliers, etc., etc.

La direction de la comptabilité et du contentieux comprend les travaux relatifs aux dépenses du ministère ; elle correspond avec les agents extérieurs sur toutes les matières de comptabilité ; fait la liquidation des frais de service, des frais de voyage et de courriers, des secours et pensions de retraite, des dépenses secrètes et présents diplomatiques, etc., etc. Le bureau du contentieux, qui y est annexé, traite les réclamations pécuniaires dites contentieuses qui doivent être appréciées d'après les dispositions des actes diplomatiques.

Le bureau du protocole dresse l'expédition originale des traités et conventions de toute nature ; prépare les instruments de ratifications, les pleins pouvoirs, les commissions, brevets, provisions, *exequaturs*, lettres de notification, de créance, de rappel et de recréance, etc., etc. Il s'occupe des questions de franchises, de priviléges diplomatiques des agents étrangers accrédités en France, et c'est enfin par son intermédiaire que les agents en congé à Paris, ou s'y trouvant pour toute autre cause, sollicitent leurs audiences du chef du pouvoir exécutif. Le protocole n'entretient, du reste, aucune correspondance directe avec les agents du service extérieur, auxquels les documents émanant de ce bureau spécial sont, suivant leur nature, transmis par l'intermédiaire de la direction politique ou par celui de la direction commerciale.

Nous indiquerons plus en détail dans les chapitres suivants les rapports des consuls et leurs relations de correspondance avec le cabinet et chacune des quatre grandes directions du ministère.

### 3. — Mode de signature de la correspondance.

Toutes les dépêches officielles du département des affaires étrangères adressées aux agents extérieurs et portant décision ou contenant instructions sur les démarches que ces agents peuvent avoir à faire auprès des autorités de leur résidence et au nom du gouvernement, sont signées par le ministre lui-même; toutes les lettres qui, sans rentrer précisément dans ces deux catégories, méritent, par l'importance de leur objet, de fixer l'attention du ministre ou exigent l'autorité de sa signature, sont également signées par lui. Les directeurs sont autorisés, pour la correspondance préparée dans leur direction, à signer pour le ministre les duplicata, triplicata et ampliations des lettres ou circulaires dont le primata ou l'original a été signé par le ministre; il en est de même pour les simples accusés de réception, les lettres qui n'impliquent pas décision et ne traitent que d'affaires courantes, en un mot toutes celles qui n'ont qu'une importance secondaire. La signature des directeurs est, selon les cas, précédée des mots *pour duplicata* ou *triplicata, pour ampliation*, ou bien *pour le ministre et par son ordre* (1).

Ce mode de signature de la correspondance officielle, qui a autant pour but d'accélérer que de faciliter le travail des bureaux, ne devant altérer en rien le caractère officiel des dépêches écrites aux agents, ceux-ci sont tenus d'y répondre toujours par lettres adressées directement au ministre (2).

## SECTION II.

De la forme intrinsèque de la correspondance des agents et de son expédition.

### 1. — Division de la correspondance par direction et par nature d'affaires.

Toutes les dépêches adressées au ministre des affaires étrangères par les agents du service extérieur sont numérotées, et

(1) Décision du ministre des affaires étrangères du 24 octobre 1829.
(2) Circulaire des affaires étrangères du 24 octobre 1829.

leur réception est constatée dans chaque direction sur un registre spécial, afin que le ministre puisse toujours suivre le travail qui s'y rapporte, et s'assurer qu'il n'y existe point de lacune (1).

Lorsque les lettres traitent d'objets qui rentrent dans les attributions de directions différentes, elles doivent leur être communiquées tour à tour par extrait ou en totalité; mais il en résulte forcément un retard surtout lorsque l'intérêt politique domine; il devient d'ailleurs beaucoup plus difficile de suivre les affaires quand elles sont confondues avec d'autres à leur origine. C'est pour obvier à tous ces inconvénients qu'il a été recommandé aux agents de ne traiter, autant que possible, qu'un seul objet dans chaque dépêche, et d'éviter même de réunir dans une seule lettre des objets qui, bien que ressortissant de la même direction, tiennent cependant soit à des intérêts différents, soit à des parties distinctes ou à des comptabilités séparées (2). Ainsi, par exemple, une dépêche qui serait destinée à transmettre des informations sanitaires ne doit rien renfermer qui ait rapport à la comptabilité des chancelleries, ou à tout autre sujet de la compétence de la direction commerciale. Cet exemple s'applique également aux autres divisions de la correspondance des consuls.

#### 2. — Classement et numérotage des dépêches.

D'après l'ordre établi au département des affaires étrangères, chaque dépêche porte en marge l'indication de la direction dont elle émane, ainsi que le numéro adopté pour la correspondance; ces indications doivent être soigneusement reproduites sur les réponses adressées au ministre (3).

Cette recommandation est, du reste, générale; la régularité du service exige et les instructions des agents prescrivent de placer en tête de chacune des dépêches le timbre de la direction à laquelle il appartient d'en prendre connaissance, et de les classer sous une série non interrompue de numéros selon

(1) Circulaire des affaires étrangères du 13 décembre 1825.
(2) *Id.* du 1er vendémiaire an VII.
(3) *Id.* du 30 juillet 1834.

qu'elles sont spécialement politiques ou commerciales. Ce nu-
mérotage, qui n'est plus exigé pour les lettres sur la comptabilité ou les dépôts de chancellerie, est également superflu
pour les dépêches destinées soit à la direction des fonds et du
contentieux, soit à la direction des archives et chancellerie ; il
suffit à l'égard de celles-ci d'inscrire sur chacune d'elles le
nom de la direction qu'elles concernent, et, s'il y a lieu, le
numéro du dossier de l'affaire particulière qui y est traitée (1).

L'accomplissement de cette formalité exige de la part des
agents une connaissance approfondie des attributions de chaque direction ; une dépêche portant une fausse indication de
la direction à laquelle il appartient d'en prendre connaissance
serait en effet classée à son arrivée d'après les indications du
timbre, et ce ne serait que lorsque l'erreur de l'agent aurait
tardivement été reconnue qu'elle pourrait être renvoyée au
bureau compétent (2).

Il est d'usage qu'un agent conserve pendant toute la durée
de son exercice la même série de numéros ; nous croyons ce
mode de procéder préférable à celui qui est suivi néanmoins
dans quelques postes, et qui consiste à ouvrir une nouvelle série
au commencement de chaque année ; par ce dernier système,
les recherches sont bien moins faciles que par le premier, et
les causes d'erreur deviennent par conséquent plus fréquentes.

### 3. — Analyses marginales.

En marge de chacune de leurs dépêches, les agents doivent
également faire l'analyse sommaire du sujet auquel elles ont
rapport. L'usage est que ces analyses soient écrites à l'encre
rouge (3). On conçoit que cette disposition, en produisant à
côté du texte de chaque dépêche une sorte de table successive
des matières, rend plus exactes, plus faciles et plus promptes,
les recherches que les besoins du service peuvent exiger dans
les bureaux du ministère (4).

(1) Circulaires des affaires étrangères des 10 avril 1832 et 16 mai
1849.
(2) *Id.* du 12 janvier 1850.
(3) *Id.* des 26 août 1829, 17 janvier 1832 et 16 mai 1849.
(4) *Id.* du 29 décembre 1831.

### 4. — Annexes et mode de pliage.

Au-dessous des analyses marginales, chaque dépêche doit indiquer le nombre des pièces qui s'y trouvent annexées, et chacune de ces annexes doit elle-même porter cette annotation : « *Joint à la dépêche du*.......... *direction*.......... *n°*.......... » et être insérée dans la dépêche à laquelle elle appartient, sans jamais être pliée séparément. Lorsque les documents annexés sont volumineux, la dépêche doit être adressée sous format in-folio ou tout au plus sous format in-quarto, afin d'éviter les lésions qu'amènerait certainement un mode de pliage trop réduit (1).

### 5. — Format.

Les consuls doivent aussi ne faire usage que de grand papier d'un format analogue au papier Tellière, afin que toutes leurs lettres puissent être rangées avec ordre dans les cartons du ministère, et pour éviter, au moment de la reliure, les inconvénients qui pourraient résulter d'une trop grande différence dans les dimensions du papier (2).

### 6. — Écriture.

L'écriture des correspondances officielles ne doit pas être seulement lisible, mais soignée, plutôt grosse que fine ; des écritures illisibles retardent le travail et mettent souvent le ministre ou les chefs dans l'impossibilité de prendre une connaissance personnelle de certaines correspondances.

### 7. — Du chiffre et de son usage.

La nature toute réservée et confidentielle de certaines parties de la correspondance officielle, surtout de celles qui ont trait aux matières politiques, exige quelquefois l'emploi de précautions qui les mettent à l'abri d'une curiosité indiscrète ou d'un abus de confiance. C'est à cette nécessité du service que sont dus l'invention et l'usage du chiffre. Celui-ci se com-

(1) Circulaire des affaires étrangères du 20 août 1849.
(2) *Id.* de ventôse an vi.

pose d'une double clef, c'est-à-dire d'un chiffre chiffrant et d'un chiffre déchiffrant, l'un servant à traduire une dépêche en chiffres, l'autre à en recomposer le texte original. Tous les postes politiques et la plupart des postes consulaires sont donc munis d'une série ou double table de chiffres destinés soit à la correspondance secrète avec le ministère, soit aux rapports confidentiels avec les agents français établis dans le même État ou dans les contrées circonvoisines.

L'emploi pratique du chiffre, quoique très-simple en lui-même, exige cependant une certaine attention : ainsi, la reproduction trop fréquente des mêmes nombres pouvant, à l'aide de certaines combinaisons mathématiques, conduire éventuellement à la découverte des clefs employées, il est essentiel de varier le plus possible les combinaisons de mots ou de chiffres. Nous ferons observer encore que la correspondance en chiffres exige avant tout la concision et la précision ; que les faits ou les questions doivent y être exposés sans commentaires ni phrases inutiles ; et qu'il faut, autant que possible, éviter de chiffrer dans une dépêche de simples paragraphes ou des phrases isolées, parce que l'analogie forcée des idées pourrait amener à la découverte de la pensée dont on a voulu transformer l'expression.

Lorsqu'un consul vient à quitter son poste par congé ou autre cause, et qu'il en confie l'intérim, soit à un négociant, soit à un agent n'appartenant pas à la carrière consulaire, il est tenu, avant son départ, de sceller son chiffre qui, le moment venu, est remis dans le même état, soit à lui-même, soit à l'agent ayant qualité pour le recevoir. Nous n'avons pas besoin d'expliquer que cette précaution est commandée par le secret qu'exige forcément un pareil mode de correspondance, et par le danger d'en révéler l'usage à toute autre personne qu'aux délégués immédiats du gouvernement.

### 8. — Duplicatas.

Les consuls en résidence dans certains postes éloignés, et qui n'ont pas des moyens réguliers et assurés de transmission pour expédier leur correspondance en France, doivent l'envoyer par duplicata. Du reste, tous les agents, sans exception, doivent également envoyer par duplicata, ou même par triplicata, celles de leurs dépêches qui contiennent des renseignements importants, et pour la transmission desquelles ils disposent de la double voie de terre et de mer, afin qu'elles arrivent le plus tôt possible à leur destination. Tous ces duplicatas doivent porter les mêmes indications de direction, ainsi que les mêmes numéros et analyses marginales que leurs primatas.

**9. — Informations concernant un autre département ministériel.**

Il est une autre recommandation générale qui s'applique également à la correspondance avec toutes les directions du ministère. Lorsque les agents croient utile de communiquer aux affaires étrangères des informations qui concernent plus particulièrement le ministère de la marine, ils doivent toujours mentionner dans leurs dépêches s'ils les ont directement transmises à ce dernier département; l'inexécution à l'étranger de cette prescription exposerait souvent le ministère à transmettre à celui de la marine des renseignements dont il a déjà connaissance (1).

**10. — Insertion de lettres particulières sous couvert officiel.**

La transmission de correspondances particulières sous le couvert du ministre des affaires étrangères, ou sous celui des agents français au dehors, a soulevé de nombreux abus, auxquels des instructions ministérielles expresses sont parvenues à couper court. Les règlements de la poste ayant réservé la franchise aux seules correspondances officielles timbrées et contre-signées qui intéressent le service de l'État (2), on a dû interdire, en principe, l'insertion de toute lettre particulière sous le couvert officiel du ministre (3). Toutefois, la position des consuls dans les contrées étrangères étant jusqu'à un certain point exceptionnelle, et le secret de leurs corres—.

(1) Circulaires des affaires étrangères des 30 septembre 1834 et 16 mai 1849.

(2) Ordonnance du 17 novembre 1844, art. 3.

(3) Circulaires des affaires étrangères des 17 janvier 1832, 8 juin 1848 et 1er novembre 1850.

pondances personnelles pouvant avoir quelquefois un intérêt
public, il a été dérogé à ce que cette disposition a de trop
absolu, et l'on a établi que les correspondances adressées par
les agents à leurs familles ou à leurs fondés de pouvoirs et réciproquement, les lettres qui seraient recommandées par des
légations étrangères, par les congrégations religieuses desser-
vant les missions d'Orient, ou par des compagnies d'utilité
publique, enfin toutes celles qui ont pour objet un intérêt
constaté de service, pourraient gratuitement emprunter l'intermédiaire du ministère (1). Il va sans dire que les correspondances destinées personnellement à des fonctionnaires
publics en France ou à des agents de l'administration centrale du département, peuvent, comme cela a toujours eu lieu,
passer sous le même couvert officiel (2).

Quelques armateurs en France sont dans l'habitude de
transmettre à leurs capitaines, par l'entremise des agents extérieurs, des lettres auxquelles ils attachent une importance
particulière et qu'ils pensent devoir arriver ainsi plus sûrement à leur destination. Les consuls sont autorisés à se rendre
officieusement les intermédiaires de ces correspondances,
pourvu que celles-ci aient été préalablement affranchies et
n'entraînent ainsi aucune charge pour les frais de service (3).

### 11. — Fraudes en matière de douane par la voie de la poste.

L'abus de l'insertion des lettres particulières sous le couvert
officiel n'est pas le seul qui doive être scrupuleusement évité :
le sceau des consulats a quelquefois aussi été apposé sur des
paquets renfermant des objets prohibés ou fortement imposés
par nos lois de douanes. C'est là un acte blâmable, qui a été
sévèrement interdit, et qui exposerait l'agent qui s'en rendrait
coupable à voir saisir ou taxer, conformément aux lois, tout
article étranger qu'on viendrait à trouver dans un paquet officiel. Car, s'il est admis que le sceau d'un consulat protège les
dépêches sur lesquelles il est apposé contre des investigations

(1) Arrêté du ministre des affaires étrangères du 19 juillet 1848.
(2) Circulaire des affaires étrangères du 17 juin 1844.
(3) *Id.* du 21 août 1849.

indiscrètes, on ne peut cependant pas tolérer qu'il les place en dehors du droit commun, pour la recherche et la punition des fraudes commises par la voie de la poste en matière de douanes (1).

### 12. — Mode de transmission des dépêches.

#### 1o Par la poste.

Toutes les dépêches des agents du service consulaire doivent être adressées au département des affaires étrangères par la voie ordinaire des postes de terre ou par la voie de mer : il en est de même des dépêches qu'ils ont à échanger entre eux ou avec les agents diplomatiques.

#### 2o Par exprès.

Néanmoins, dans certains cas exceptionnels, et lorsque les lois locales n'y mettent point obstacle, les consuls sont autorisés à expédier leurs dépêches en France, ou aux agents avec lesquels ils sont en rapport, par des exprès. Nous nous servons de cette expression d'exprès, de préférence à celle de *courrier*, parce que le droit absolu d'expédier des courriers revêtus des immunités et des franchises diplomatiques n'appartient qu'aux agents politiques. Du reste, les agents ont toujours à rendre compte au ministre des affaires étrangères des motifs qui ont pu les déterminer à adopter ce mode d'envoi, et le remboursement des frais qui en ont été la conséquence doit être autorisé par une décision spéciale (2).

#### 3o Par estafette ou par télégraphe.

Ce n'est aussi qu'exceptionnellement, pour des événements majeurs ou des circonstances urgentes, que les consuls peuvent se trouver dans le cas de requérir l'expédition de leurs dépêches en France par la voie d'estafette ou par celle du télégraphe. Lorsqu'il y a lieu de faire usage de ces modes plus rapides de communication, l'agent qui veut les employer

(1) Circulaires des affaires étrangères des 15 janvier 1833 et 1er novembre 1850.

(2) *Id.* des 19 octobre 1831 et 19 mai 1849.

doit s'adresser soit au directeur des postes frontières pour l'expédition des estafettes, soit au directeur du télégraphe, au préfet ou au sous-préfet résidant dans la ville frontière pour l'expédition des dépêches télégraphiques.

Les ressources de la télégraphie sont assez connues pour que nous n'ayons pas besoin d'insister ici sur la nécessité de donner la plus grande concision possible aux nouvelles destinées à être transmises par cette voie, et de se borner au simple énoncé du fait principal développé dans la dépêche écrite dont le télégraphe précède l'arrivée. Aucune expédition de ce genre n'est d'ailleurs acceptée par l'administration télégraphique, si elle ne porte la date du lieu de départ, ainsi que la signature et le sceau de l'agent qui la réclame.

Quant aux estafettes, nous ferons remarquer que, pour éviter toute dépense inutile, les consuls agiront prudemment en laissant toujours les directeurs des postes auxquels ils s'adressent maîtres d'apprécier les circonstances, et de juger si les courriers pourront anticiper assez sur le service journalier de la malle pour ne pas arriver à Paris au milieu de la nuit, ou pour n'atteindre cette ville qu'après que le télégraphe aurait dépouillé la dépêche dont ils sont porteurs d'une grande partie de son urgence ou de son importance (1).

Les consuls ne sauraient, du reste, apporter trop de réserve dans l'emploi de ces deux modes exceptionnels de correspondance. La voie des estafettes est extrêmement coûteuse, et le remboursement des frais qu'elle occasionnerait demeurerait à la charge des agents qui l'auraient employée sans nécessité reconnue. Quant aux dépêches télégraphiques, les agents doivent considérer qu'une dépêche insignifiante pourrait, au grand détriment du service public, entraver la transmission de dépêches plus importantes.

(1) Circulaire des affaires étrangères du 17 juin 1844.

## SECTION III.

De la forme intrinsèque de la correspondance des agents.

#### 1. — Du style des dépêches et des rapports.

La correspondance consulaire a essentiellement pour objet de porter à la connaissance du gouvernement soit les faits importants qui se produisent dans les contrées étrangères, soit la marche et les phases successives de négociations pendantes. Les consuls doivent donc avant tout s'attacher à un style simple et concis, exempt d'expressions impropres, d'antithèses prétentieuses et de circonlocutions inutiles qui pourraient nuire à la clarté des faits ou jeter le doute sur leurs opinions ; ils doivent, en un mot, ne jamais perdre de vue qu'une des premières conditions pour la bonne conduite des affaires réside dans la lucidité et la précision des pièces destinées à en présenter l'exposé, et qu'en particulier le mérite du style diplomatique consiste, selon la définition d'un savant publiciste « dans un « enchaînement d'idées tel que celles-ci semblent découler « naturellement les unes des autres, et que les mots formés et « groupés sans effort marquent insensiblement la gradation « des pensées (1). »

Ces principes, pour ainsi dire élémentaires, qu'il suffit d'énoncer pour faire sentir l'importance qu'il y a à ne pas s'en écarter, feront comprendre aux agents qu'ils ont moins à se préoccuper de bien dire qu'à chercher à révéler la vérité tout entière, sans ornements d'aucune sorte et telle qu'elle leur apparaît. Ainsi, lorsqu'ils rapportent une conversation qu'ils ont eue avec quelque fonctionnaire de leur résidence sur des matières politiques ou sur tout autre sujet, ils doivent s'appliquer à reproduire aussi littéralement que possible les paroles de leurs interlocuteurs. S'il s'agit de faits, ils les rapporteront tels qu'ils se sont passés sans les amplifier ni en rien déguiser. N'est-il, au contraire, question que de rumeurs manquant de certitude, il faudra, éviter pour n'avoir pas plus tard à les dé-

(1) Ch. de Martens, *Guide diplomatique,* II<sup>e</sup> partie, chap. 1<sup>er</sup>.

mentir, de les rapporter comme des faits avérés. Enfin, quand ils se trouveront appelés à émettre une opinion sur des mesures à prendre ou sur les conséquences de mesures déjà prises, ils l'émettront en toute conscience, et sans chercher à dégager intempestivement ou à aggraver inutilement leur propre res-ponsabilité, en donnant pour des faits réels ce qui peut n'être qu'une appréciation personnelle.

2. — Du protocole officiel.

Le protocole ou les usages du cérémonial à observer dans les dépêches destinées au ministère des affaires étrangères doivent se borner aux formules suivantes :

1° *Pour l'inscription*, « *Monsieur le ministre*, » toujours en *vedette*, c'est-à-dire détaché du corps de la dépêche;

2° *Pour le traitement*, « *Monsieur le ministre*, » et le simple *vous*, en ayant soin d'employer le mot « *honneur* » toutes les fois que l'agent parle de ses rapports antérieurs ou présents avec le ministre;

3° *Pour la date*, le nom de la résidence, les jours, mois et an, en tête de la dépêche à gauche (à la droite de l'écrivain) : l'inscription de la date à côté de la signature, quoique plus polie, a été abandonnée à cause de l'obstacle qu'elle apporte au facile classement des dépêches;

4° *Pour la réclame*, au bas de la première page : « *Monsieur le ministre des affaires étrangères à Paris;* »

5° *Pour la souscription (protocole)*, « *veuillez agréer* » et « *profond respect;* » si la formule « *très-humble et très-obéissant serviteur* » est employée, elle doit toujours être détachée;

6° *Pour l'adresse*, en tête à gauche le lieu de destination : « *Paris;* » à droite s'il y a lieu, la voie de l'expédition, comme, par ex. : « par *le paquebot*, ou par *le navire le.....* ; puis à gauche : « *Monsieur*, » et sur la seconde ligne : « *Monsieur le Ministre des Affaires étrangères;* » ou bien sur la seconde ligne le nom du ministre, « *Monsieur N...*, » puis le titre sur la troisième ligne;

7° *Pour le cachet*, il est indifférent qu'il soit apposé à la cire ou au moyen d'un timbre sec; mais ce dernier mode doit être seul employé dans les pays chauds où la cire en se fondant laisserait la dépêche à découvert ou la ferait adhérer à d'autres correspondances.

## SECTION IV.

De la conservation à l'étranger des correspondances officielles.

Avant d'entrer dans le détail des rapports de service ou de correspondance des consuls avec chacune des directions actives du ministère, il nous reste à dire un mot de la conservation des correspondances officielles et de la responsabilité qui en peut résulter.

Tout agent politique ou consulaire est tenu de garder avec le plus grand soin, et comme un dépôt sacré, les dépêches qu'il adresse au département des affaires étrangères et celles qu'il en reçoit, ainsi que toutes leurs annexes; les premières se conservent en minute toutes les fois qu'elles ne sont pas transcrites sur des registres spéciaux, et les secondes en original, sans que, pour quelque motif que ce soit, on en puisse jamais rien distraire (1).

#### 1. — Registres d'ordre et de transcription.

Les correspondances officielles et confidentielles de toute nature étant la propriété de l'État, et nos lois, d'accord avec l'intérêt général du pays, en ayant rendu le gouvernement dépositaire exclusif (2), des règles minutieuses ont été établies pour assurer d'avance la conservation des archives diplomatiques et consulaires, et obvier à la fâcheuse nécessité d'opérer plus tard, à la mort des agents, des recherches souvent blessantes pour les familles. Ainsi, tout agent, au moment de la cessation de ses fonctions, est dans l'obligation de remettre à son remplaçant définitif ou intérimaire l'ensemble des pièces qu'il a reçues ou des lettres qu'il a écrites pendant qu'il était

(1) Circulaire des affaires étrangères du 18 janvier 1831.
(2) Décrets des 27 janvier et 20 février 1809. — Code de procédure, art. 939. — Ordonnance du 18 août 1833, art. 1er.

en exercice. C'est afin de rendre cette remise plus facile et plus sûre que l'ordonnance du 18 août 1833 a prescrit de tenir dans chaque résidence politique ou consulaire un registre d'ordre sur lequel toutes les pièces sont inscrites suivant leur ordre d'envoi, avec l'indication de leur nature et la mention sommaire de leur contenu, ainsi que leurs dates ou numéros de départ et de réception (1). Lorsque l'importance du poste, l'activité et la variété de sa correspondance le réclament, ce registre peut, du reste, se subdiviser en plusieurs sections, comme, par exemple, une pour le ministère des affaires étrangères, une autre pour celui de la marine, une troisième pour la correspondance avec les autorités territoriales, etc.

C'est d'après ce registre qu'à chaque mutation dans le personnel d'un poste, s'opère la vérification et la remise des archives, ainsi que la rédaction du procès-verbal de décharge au profit de l'agent qui sort d'exercice, dont nous avons déjà parlé au second chapitre du livre II.

Nous avons dit que toutes les dépêches adressées au département des affaires étrangères devaient être soigneusement conservées en minutes dans les archives de chaque poste ; il est cependant préférable, dans un but de simplification des recherches, et surtout pour obvier à la perte et au déclassement de quelques-unes de ces pièces, de les transcrire sur un registre spécialement affecté aux correspondances officielles. Cet usage est suivi avec fruit dans beaucoup de résidences, et on ne peut trop désirer de le voir se généraliser (2).

**2. — Du secret des affaires et de la responsabilité des agents.**

La plus grande circonspection a été de tout temps recommandée aux agents qui représentent leur pays à l'étranger pour l'ensemble des affaires qu'ils ont à traiter en leur qualité officielle. La défense qui leur est faite de communiquer à qui que ce soit les dépêches qui leur sont adressées par le gouvernement, et d'en jamais laisser prendre copie ou extrait, étant absolue, le gouvernement est en droit de les rendre res-

---

(1) Ordonnance du 18 août 1833, art. 2, 3 et 4. — *Formulaire à l'usage des consulats*, n° 2.

(2) *Formulaire à l'usage des consulats*, n° 3.

ponsables de tout article de journal ou de revue qui paraîtrait avoir été rédigé d'après leur correspondance privée , sur des sujets politiques ou commerciaux (1). La publicité de pareilles communications aurait non-seulement pour effet de mettre à découvert le caractère personnel d'un agent , de nuire au but de sa mission, et d'entraver les ordres qu'il pourrait avoir reçus , mais elle pourrait encore avoir le grave inconvénient de porter atteinte à la dignité du représentant officiel du pays, en éloignant de lui cette considération qu'on n'accorde jamais qu'à la discrétion et à la prudence. Les agents doivent donc s'abstenir, dans les correspondances particulières qu'ils entretiennent avec leurs amis et leurs familles, de parler des affaires et des événements politiques au milieu desquels ils vivent, et dont ils ne doivent aborder l'appréciation ou le récit qu'avec le gouvernement dont ils tiennent leurs pouvoirs (2). On conçoit, à plus forte raison, qu'il soit interdit aux consuls, sous peine de révocation, de publier eux-mêmes directement, sous quelque prétexte que ce soit, les informations qu'ils sont chargés de prendre sur nos intérêts politiques et commerciaux (3). Toute communication de cette nature serait en effet une infidélité punissable au même degré que le serait l'acte d'un agent qui, en quittant son poste, emporterait avec lui, sinon ses archives, du moins une partie des pièces officielles qu'elles contiennent (4). Si, par pure tolérance et par dérogation tacite à cette dernière défense, qui est absolue, on admet qu'un agent conserve par devers lui copie de sa correspondance, ce n'est qu'à la condition et après l'engagement officiel par écrit de n'en rien publier ni laisser publier sans l'autorisation préalable du gouvernement (5).

(1) Arrêté du directoire du 26 vendémiaire an VII.
(2) Circulaire des affaires étrangères du 5 janvier 1831.
(3) Instruction générale du 8 août 1814.
(4) Circulaire des affaires étrangères du 10 messidor an XIII.
(5) Ordonnance du 18 août 1833, art. 7. — Circulaire des affaires étrangères du 2 octobre 1833.

# CHAPITRE II.

### 1. — Rapports officiels.

La nature des attributions du cabinet du ministre ne permet pas que les consuls puissent avoir avec lui des rapports officiels pendant leur séjour à l'étranger ; il n'en est pas de même lorsque ces agents se trouvent en France en congé ou pour tout autre motif.

### 2. — Audiences.

C'est en effet au chef du cabinet que les agents du service extérieur s'adressent pour obtenir, à leur arrivée à Paris, d'être admis auprès du ministre, et c'est également par son entremise qu'ils reçoivent leur audience de congé lorsque le ministre a des instructions directes et verbales à leur donner.

On conçoit que les nombreuses occupations d'un ministre, le plus souvent absorbé par les travaux législatifs, ne lui permettent pas de recevoir les consuls à toute heure, d'autant plus que ceux-ci ont, dans le directeur de la division commerciale, un chef immédiat et un intermédiaire naturel auprès du ministre. Ce n'est que pour les questions personnelles, qui ne comportent pas une solution complète dans les bureaux, qu'il peut y avoir lieu de recourir à l'entremise du cabinet.

### 3. — Questions réservées.

Le chef du cabinet n'est pas seulement le chef d'un bureau du département, il est en outre le confident et le secrétaire intime du ministre ; à ce titre, il est chargé de tous les travaux réservés et de ce qui touche soit aux missions non officielles, soit aux agents et aux fonds secrets ; dans quelques circonstances, il transmet aux agents diplomatiques et consulaires les nouvelles et les informations placées tant par leur nature que par les matières auxquelles elles se rapportent en dehors de la correspondance des deux directions actives.

Loin de nous la pensée d'affaiblir une hiérarchie et une compétence exclusives au maintien desquelles tous les agents sont également intéressés ; mais nous ne pouvons nous empêcher d'indiquer ici que le ministre n'étant pas en position de voir tous les consuls, de leur donner ses instructions, ni de leur communiquer directement ses pensées sur la politique, le chef du cabinet est forcément appelé à se rendre son interprète, sinon officiel, du moins officieux. On sait aussi que, bien qu'en principe il doive y avoir accord et unité de but dans les instructions verbales et dans celles qui se formulent par écrit, maintes fois cependant il peut devenir nécessaire de commenter et préciser de vive voix le sens des directions contenues dans une dépêche : c'est encore le cabinet qui alors a mission de suppléer au vague, souvent prémédité, dans lequel le département a dû se renfermer dans ses instructions, quant à certaines questions de politique générale.

#### 4. — Demande de passeport.

C'est également au chef du cabinet, comme remplissant aux affaires étrangères les fonctions dévolues dans les autres ministères au chef du secrétariat, que les consuls s'adressent, au moment de leur départ, pour obtenir leur passeport, dont la remise, à moins d'ordres contraires, équivaut pour eux à la permission de se rendre à leur poste.

#### 5. — Bureau du chiffre.

Le bureau du chiffre fait partie du cabinet du ministre : la correspondance relative au chiffre doit donc être placée sous le timbre du cabinet. Cependant, comme il pourrait y avoir des inconvénients à multiplier les chiffres au delà des nécessités bien constatées du service, c'est seulement sur la proposition des chefs de la direction politique ou de la direction commerciale que les consuls sont munis d'un chiffre ; c'est donc sous le timbre de l'une de ces deux directions, ou par l'intermédiaire de leurs chefs, qu'ils ont à en faire la demande. C'est, du reste, directement du chef du bureau du chiffre que les consuls reçoivent les instructions pratiques qui peuvent leur être nécessaires sur cette partie du service.

# CHAPITRE III.

RAPPORTS DES CONSULS AVEC LA DIRECTION POLITIQUE.

§ 1<sup>er</sup>. — DES CONSULS.

### 1. — Informations politiques.

Les consuls n'ont à exercer aucune action extérieure, ni patente ni secrète, pour la protection des intérêts politiques de leur pays, et il leur est interdit plus sévèrement encore qu'aux agents diplomatiques de s'immiscer dans les affaires politiques des pays où ils résident ; mais, sans sortir du rôle passif qui leur est imposé sous ce rapport, sans trahir aucun esprit d'inquiète-inquisition, sans afficher aucune velléité de surveillance gênante, ils peuvent et doivent observer les faits qui se passent sous leurs yeux, étudier les hommes qui surgissent sur la scène politique, recueillir les rumeurs qui circulent autour d'eux, et rendre compte de leurs observations, lorsque, de près ou de loin, elles leur semblent de nature à intéresser la politique extérieure de leur gouvernement. Tel est le but de la correspondance générale que les consuls doivent entretenir avec le ministre, sous le timbre de la direction politique. Il importe que, dans l'envoi de ces nouvelles, les agents cherchent à devancer les correspondances des particuliers et les journaux, afin que le gouvernement en ait connaissance avant le public ; et s'il s'agit de confirmer ou de démentir un fait déjà divulgué par la presse locale, il leur est recommandé de joindre à leur dépêche l'article du journal qui s'y rapporte (1). Quelque limitée que doive être cette correspondance politique dans la plupart des consulats, les agents seraient blâmables s'ils la négligeaient ou s'ils s'en abstenaient, sous le prétexte que leur poste se trouve peu en évidence ou qu'il est effacé par le voisinage d'un agent diplomatique : car, en

_____

(1) Circulaire des affaires étrangères du 30 novembre 1810.

politique, il est des faits et des hommes qui, pour se produire sur un petit théâtre, n'en ont pas moins leur importance, et souvent l'esprit des provinces indique bien mieux que celui des habitants d'une capitale le véritable esprit public d'une nation ; il est aussi des actes isolés qui, sans signification apparente, en acquièrent une très-importante par leur rapprochement avec des circonstances ignorées de l'observateur. Les agents méconnaîtraient encore leur devoir s'ils hésitaient à informer le gouvernement de faits contraires à ses vues, à ses prétentions ou à ses espérances, ou de faits d'une nature confidentielle ; ils lui doivent invariablement la vérité sur tout et la vérité tout entière (1), et rien ne saurait justifier le défaut de confiance dans la discrétion des bureaux chargés de la garde de leurs dépêches.

### 2. — Statistique militaire.

Au nombre des faits qui intéressent la politique du gouvernement se trouvent en première ligne les *faits militaires*, c'est-à-dire tous ceux qui se rapportent à l'état et au mouvement des troupes, des forces maritimes, des ports, des chantiers, ainsi qu'aux antécédents et au caractère des officiers généraux de terre ou de mer commandant les provinces, les divisions militaires, les places fortes, les escadres et les arsenaux (2). Ces renseignements offrent en général un intérêt actuel qui en exige la prompte communication. C'est pour les observations de ce genre qu'il importe surtout aux consuls de faire preuve d'une extrême réserve, et d'éviter tout contact avec des intermédiaires suspects, afin de conserver la dignité de leur caractère et de ne point compromettre leur mandat spécial.

### 3. — Institutions scientifiques, etc.

Dans nos sociétés modernes la civilisation tend sans cesse à

(1) Circulaire des affaires étrangères du 27 avril 1811.
(2) Circulaires des affaires étrangères des 26 février 1831, 24 septembre 1833, 14 octobre 1833 et 22 juillet 1848.

prendre son niveau : les arts, les sciences, les établissements d'instruction publique, les institutions charitables échangent librement leurs découvertes, leurs méthodes et leurs succès. Il appartient aux consuls de se rendre, dans une juste mesure, les promoteurs et les intermédiaires de ces communications internationales, et c'est encore là un élément de leur correspondance avec la direction politique (1).

#### 4. — Établissements religieux.

Lorsque des traités particuliers ou des instructions spéciales ont placé des missions ou des établissements religieux sous la protection de nos consuls, c'est aussi à la direction politique que ces agents ont à rendre compte de l'exécution de ce devoir et à demander des instructions pour s'en acquitter convenablement.

#### 5. — Instructions politiques.

D'après ce que nous avons dit du rôle passif des consuls sous le rapport politique, il est évident qu'il y aurait en général plus d'inconvénients que d'avantages à ce que leur attitude et leur langage ne fussent pas abandonnés à leurs inspirations personnelles. Des organes aussi nombreux, aussi éloignés du centre d'information, pourraient souvent refléter inexactement la pensée du gouvernement et même compromettre sa responsabilité (2). Cependant, des circonstances spéciales peuvent exiger que certains consuls règlent leur attitude et leur langage sur les exigences momentanées de la politique de leur pays ; c'est alors la direction politique qui, soit au début, soit dans le cours de leur mission, leur fait connaître les intentions du gouvernement, et c'est à elle qu'ils doivent recourir pour obtenir les instructions dont ils croiraient avoir besoin.

(1) Circulaires des affaires étrangères du 31 décembre 1826, relative aux établissements de sourds-muets, et du 30 novembre 1827, relative au Muséum d'histoire naturelle.

(2) M. le prince de Talleyrand, qui, par son éloge de M. le comte Reinhard, a prouvé la haute idée qu'il se formait des qualités nécessaires à un bon consul, a dit cependant à un de ces agents qui lui demandait

### .6. — Prises maritimes.

En temps de guerre ou en cas de mesures de représailles ou de coërcition, c'est encore sous le timbre de la direction politique que les consuls doivent rendre compte au gouvernement des difficultés auxquelles peut donner lieu l'application des règles du droit des gens ou des conventions diplomatiques au commerce et à la navigation des belligérants, des contendants ou des neutres; et c'est sous ce timbre qu'ils ont à demander et qu'ils reçoivent les directions qui peuvent leur être nécessaires pour guider leur intervention, lorsque cette intervention sort de la sphère purement administrative pour laquelle ils ont à correspondre soit avec d'autres directions du département des affaires étrangères, soit directement avec le ministère de la marine. Il importe de faire observer que les obstacles apportés à leur action administrative rentrent dans le domaine de la direction politique (1) : c'est surtout en matière de prises que cette distinction entre les questions contentieuses et les questions purement administratives a une grande importance.

### 7. — Correspondance spéciale.

Tels sont les principaux éléments de la correspondance générale que les consuls ont à entretenir avec le ministère sous le timbre de la direction politique; ils doivent en outre correspondre avec cette direction, par des lettres spéciales non numérotées, sur toutes les affaires particulières qu'elle est appelée à traiter et dans lesquelles ils peuvent être dans le cas d'intervenir, officieusement ou officiellement, telles que les

u s] instructions avant de partir pour une résidence éloignée : De instructions pour un consul! Rappelez-vous toujours, monsieur, que vous n'êtes rien, absolument rien; et que je n'entende jamais parler de vous! Le roi Louis-Philippe exprimait une pensée analogue en adressant habituellement à tous les agents consulaires qui prenaient congé de lui cette recommandation pleine de sagesse : *Monsieur, pas d'affaires, surtout pas d'affaires!*

(1) Circulaire des affaires étrangères du 3 nivôse an VII.

affaires de poste, de limites, de police, de réfugiés, d'extradition, d'indigents, d'aliénés, etc. Si le mode de classement
adopté pour ces sortes d'affaires exige que la correspondance
y relative ne soit ni numérotée ni comprise dans la correspondance générale, il peut être utile cependant d'en faire de loin
en loin une mention sommaire dans la série numérotée, afin
de mettre sur la trace des lettres qui auraient été égarées.

### § 2. — DES CONSULS CHEFS D'ÉTABLISSEMENT.

Lorsque des consuls se trouvent placés comme chefs d'établissement dans la capitale même d'un État, et qu'ils n'ont à
côté d'eux aucun agent diplomatique de leur pays, ils doivent se renfermer dans la sphère de leur mission commerciale
avec d'autant plus de soin qu'ils peuvent être exposés plus facilement par les circonstances à s'en écarter. Ils sont autorisés,
il est vrai, à correspondre directement avec le ministre des
affaires étrangères du pays, comme organe naturel du gouvernement (1), sur les difficultés qui peuvent naître de l'exercice
de leurs fonctions consulaires; mais ce n'est qu'exceptionnellement qu'ils peuvent devenir les intermédiaires officieux de
quelques communications politiques, ou intervenir en vertu de
pouvoirs ou d'instructions spéciales dans une négociation diplomatique proprement dite. Dans ces cas exceptionnels, c'est
à la direction politique qu'ils ont à rendre compte des communications qui peuvent leur être adressées *ad referendum,*
ou des négociations dans lesquelles ils ont été appelés à intervenir, et c'est d'elle qu'ils ont à recevoir leurs instructions et
leurs pouvoirs. Les communications ou les négociations purement commerciales dont ils pourraient être chargés ren-
treraient dans la compétence de la direction commerciale.
Ainsi, même dans cette position, la correspondance générale
des consuls avec la direction politique ne sortira point des
limites que nous avons tracées plus haut, et ne sera toujours
qu'une correspondance d'informations; mais leurs observations n'auront plus un caractère en quelque sorte local, et s'ap-

(1) Arrêté du directoire du 22 messidor an II.

pliqueront au pays entier : elles porteront sur la politique intérieure comme sur la politique extérieure du gouvernement, sur les actes du pouvoir exécutif comme sur les travaux du pouvoir législatif, sur l'esprit du pays comme sur l'esprit de la cour et du gouvernement (ce qu'il ne faut pas confondre (1), sur l'état des finances publiques comme sur l'état général de la nation, etc. Les faits divers pourront être assez nombreux, ou le compte-rendu des séances des chambres législatives assez étendu, pour devenir l'objet de bulletins séparés (2). Les notices biographiques sur les hommes publics, les membres du corps diplomatique, les savants, etc., pourront également être réunies dans des mémoires séparés ou être jointes aux dépêches, au lieu d'être confondues dans la correspondance générale. La statistique militaire, indépendamment des faits d'un intérêt actuel, pourra donner lieu à des mémoires annuels qui résumeront les changements ou les additions à faire aux renseignements précédemment transmis (3). Le cadre d'une bonne statistique militaire est du reste facile à tracer. Pour les forces de terre, elle doit faire connaître :

1° L'état par armes de toutes les forces militaires d'un pays ;

2° L'état par emplacement des différents corps de troupes qui les composent ;

3° Le détail du matériel de l'artillerie, le nombre et le calibre des bouches à feu, le mode de leur fabrication, ainsi que de celle de la poudre ;

4° L'état des arsenaux ;

5° Le mode de remonte de la cavalerie, le prix des chevaux, les ressources du pays et de l'agriculture sous ce rapport ;

6° Le mode de recrutement et de levée des troupes ;

7° La solde et l'organisation du service administratif en ce qui touche aux vivres, au casernement, à l'habillement, etc.

Pour les forces de mer :

1° L'indication du nombre de bâtiments armés, désarmés, dans les arsenaux ou en construction, leur force en artillerie, celle de leurs équipages ;

(1) Circulaire des affaires étrangères du 27 brumaire an IV.
(2) *Id.* des 28 nivôse an IV et 27 avril 1811.

2° Le mode de levée des matelots;

3° La composition du corps des officiers de marine;

4° La situation des ports et des arsenaux;

5° L'approvisionnement des magasins et des chantiers de construction;

6° Le mouvement des escadres et la destination des croisières, des stations, etc., etc. (1).

### § 3. — DES CONSULS MUNIS D'UN TITRE DIPLOMATIQUE.

#### 1. — Observation générale.

Lorsque enfin des consuls, généralement des consuls généraux, sont revêtus, soit d'une manière permanente, soit d'une manière transitoire, d'un titre diplomatique subalterne tel que celui d'agent ou de chargé d'affaires, leurs fonctions diplomatiques sont en quelque sorte juxtaposées à leurs fonctions consulaires dont ils conservent l'exercice patent, et c'est ce qui nous autorise à en faire mention ici : un titre diplomatique supérieur tel que celui de ministre résident ou plénipotentiaire, etc., absorberait, au contraire, complétement le caractère consulaire, et ferait passer le consul qui en serait revêtu purement et simplement dans la carrière diplomatique, dont nous n'avons pas à nous occuper.

Le consul, agent ou chargé d'affaires, ne doit donc point oublier que l'accomplissement de ses devoirs consulaires constitue le principal but de sa mission, et qu'en général, le titre diplomatique dont il est revêtu n'a d'autre objet que de lui en faciliter l'accomplissement; mais il est pleinement autorisé à revendiquer tous les priviléges et toutes les immunités accordés par le droit des gens au caractère diplomatique. Nous sortirions du cadre que nous nous sommes tracé si nous voulions indiquer ici les règles qui doivent guider l'action des consuls comme agents diplomatiques : nous nous bornerons à faire observer que cette action peut trouver des limites 1° dans la nature des gouvernements auprès desquels ils sont accrédités, et dont quelques-uns, tels que ceux des régences

(1) Circulaire des affaires étrangères du 14 octobre 1833.

barbaresques, des principautés du Danube, etc., ne réunissent pas la plénitude des pouvoirs souverains, et 2° dans les instructions générales ou spéciales émanées de la direction politique. Nous ajouterons qu'aux divers éléments de correspondance politique que nous avons énumérés plus haut viendra s'adjoindre naturellement, comme l'élément le plus essentiel, le compte exact et régulier de toutes les démarches, de toutes les négociations résultant de l'exercice de leur action politique, sauf en ce qui concerne les attributions spéciales des autres divisions du département. Pour expliquer cette dernière restriction, nous citerons, par exemple, les démarches officielles, les négociations relatives aux questions de tarifs de douanes, etc., qui ne peuvent être entreprises par les consuls qu'autant qu'ils sont revêtus d'un caractère diplomatique : c'est à la direction commerciale qu'il doit néanmoins en être rendu compte.

Les consuls, agents ou chargés d'affaires, se trouvant en rapport officiel avec les autres membres du corps diplomatique, doivent, par un échange bienveillant d'informations, se tenir exactement au courant de toutes les négociations entamées entre les puissances étrangères et le gouvernement auprès duquel ils résident, et leur correspondance avec la direction politique, sur ce point, doit avoir un degré de certitude de plus que celle des simples consuls, et prendre un développement proportionné à l'importance des rapports de la France avec le pays où ils résident.

### 2. — Mémoire annuel.

Les anciennes instructions recommandaient à tous les agents diplomatiques de remettre au département des affaires étrangères, à la fin de leur mission, un mémoire général sur la situation des pays qu'ils quittaient, ainsi que sur l'état des négociations dont ils avaient été chargés. Cet usage est tombé en désuétude, et a été remplacé par l'obligation de résumer, dans un mémoire annuel, l'ensemble des informations qui doivent former les éléments de la correspondance habituelle : c'est dans ce mémoire que les agents doivent s'attacher à réunir les renseignements statistiques les plus complets, et présenter, avec le résultat de toutes les négociations pendantes ou accomplies, leurs vues générales sur les moyens d'étendre notre influence politique (1). Les consuls revêtus d'un titre diplomatique, ainsi que les consuls placés dans les capitales où il n'y a point d'agent diplomatique français, ne sauraient apporter trop de soin à l'accomplissement de ce devoir.


## CHAPITRE IV.

### RAPPORTS DES CONSULS AVEC LA DIRECTION COMMERCIALE.

Les rapports de service entre la direction commerciale et les consuls se subdivisent en correspondance personnelle aux agents, en correspondance générale, et en correspondance sur la comptabilité des chancelleries.


### SECTION I.

#### Correspondance personnelle.

##### 1. — Nomination et prise du service.

Cette première subdivision de la correspondance consulaire embrasse tout ce qui a rapport à la personne des agents et aux diverses phases de leur carrière, depuis le moment de l'entrée au service jusqu'à la mise à la retraite.

Ainsi, c'est sous le timbre de la direction commerciale que se notifient les avis de nomination, et que s'expédient les provisions délivrées par le chef du pouvoir exécutif; c'est sous le même timbre que, de leur côté, les agents, après avoir directement fait connaître à la direction de la comptabilité (2) la date de leur prise de possession du service, doivent rendre compte au ministre de leur arrivée à destination et de la réception de leur *exequatur* : ils doivent avoir soin d'accompagner ce dernier avis de l'envoi du procès-verbal de remise

(1) Circulaire des affaires étrangères du 28 nivôse an IV.
(2) *Id.* du 30 avril 1850.

des archives, parce que cette pièce authentique est la seule
qui puisse faire foi de leur entrée en fonctions et engager leur
responsabilité en ce qui concerne les archives et le mobilier
du poste.

### 2. — Demandes et questions de personnel.

C'est encore à la direction commerciale que s'adressent les
demandes officielles de mutation de poste, d'avancement de
grade ou de distinctions honorifiques, ainsi que les rapports
spéciaux, confidentiels ou autres, de blâme ou d'éloges sur les
agents en sous-ordre attachés à chaque poste consulaire.

### 3. — Demandes de congé ou autres.

Les demandes de congé s'adressent également à la direction
commerciale; elles doivent toujours être motivées, et être
accompagnées d'une attestation de médecins quand elles reposent sur des raisons de santé.

Lorsque, conformément à l'article 38 de l'ordonnance du
20 août 1833, un consul accorde un congé à son chancelier
ou à toute autre personne placée sous ses ordres, il doit en
instruire simultanément la direction commerciale et la direction de la comptabilité.

Sous cette rubrique de correspondance personnelle doivent
encore être rangées les dépêches relatives à la création ou à la
suppression d'agences consulaires, à la nomination ou à la
révocation, soit d'agents, soit de vice-consuls, et les demandes
d'autorisation de contracter mariage formulées par des consuls
ou par l'un de leurs subordonnés. Les demandes concernant
ces derniers doivent toujours être accompagnées d'un rapport
spécial destiné à faire ressortir les motifs qui peuvent militer
en faveur de leur admission ou de leur rejet.

### 4. — Distinctions honorifiques.

Les consuls trouvent la récompense des services qu'ils rendent au dehors soit dans des mutations de résidence ou des
avancements de grade, soit dans l'octroi de distinctions honorifiques. La direction commerciale centralisant entre ses mains

tout le personnel des consulats, agences, drogmanats et chancelleries, c'est sur sa proposition que les agents qui en font partie voient améliorer leur position, et sont, quand il y a lieu, admis dans l'ordre national de la Légion d'honneur, ou autorisés à se pourvoir auprès du grand chancelier de la Légion d'honneur pour obtenir la permission régulière d'accepter et de porter les décorations qui leur ont été conférées par des gouvernements étrangers.

## SECTION II.

celleries : la seconde, lorsqu'il s'agit d'un obstacle politique,
tel, par exemple, que le défaut de reconnaissance d'un gouvernement, l'application des lois de la guerre ou de la neutralité, comme dans le contentieux des prises, etc. ; questions
qui concernent la direction politique.

### 2. — Réclamations particulières.

Les consuls ont à rendre compte exactement à la direction
commerciale de toutes les démarches qu'ils peuvent être appelés à faire pour assurer à leurs nationaux, commerçants ou
navigateurs, la jouissance des priviléges, immunités ou exemptions, stipulés par les traités ou consacrés par le droit des
gens, ainsi que la juste application des lois et des tarifs de
douane.

Ce qui distingue les réclamations particulières dont il s'agit
ici de celles qui concernent les autres directions du ministère,
c'est qu'elles reposent essentiellement sur un intérêt commercial. Cependant, cet intérêt peut se trouver lié ou subordonné
à un intérêt politique, et alors la réclamation passerait dans
les attributions de la direction politique : tel serait le cas d'une
saisie de bâtiment ou de marchandises faite en vertu du droit
de la guerre, ou bien encore le cas d'une saisie de douane en
dehors de la limite territoriale ou maritime.

Cette partie de la correspondance consulaire acquiert une
importance d'autant plus grande, que la sphère d'action de
l'agent est plus étendue ou plus élevée, par conséquent, lorsque, chef d'établissement consulaire, il n'a auprès de lui aucun agent diplomatique, ou lorsqu'il est lui-même revêtu d'un
caractère diplomatique.

### 3. — Fraudes en matière de douane.

Nous traiterons ultérieurement des obligations imposées
aux consuls dans l'intérêt du service des douanes, par exemple, pour les acquits à caution, les certificats d'origine, etc. ;
mais c'est ici le lieu de remarquer que les consuls doivent
tenir la direction commerciale exactement informée de toutes
les fraudes projetées ou accomplies au préjudice du trésor ou
des intérêts protégés par les lois fiscales.

Une des irrégularités qui se présentent souvent dans notre marine marchande, consiste à faire naviguer sous pavillon français, et munis d'un acte de francisation, des navires qui appartiennent en réalité à des étrangers, et qui usurpent ainsi, à notre détriment, les droits, priviléges et immunités réservés aux seuls bâtiments de la marine nationale.

Le devoir des consuls est de ne rien négliger pour arriver à la découverte des fraudes de cette nature qui se produisent dans les ports de leur arrondissement, et de fournir en temps utile au gouvernement les moyens nécessaires pour les déjouer ou les réprimer, lorsque le bâtiment rentre en France (1). C'est, du reste, là, un sujet sur lequel nous reviendrons plus en détail en nous occupant, au livre suivant, des fonctions générales des consuls dans leurs rapports avec la marine marchande.

#### 4. — Police de la navigation.

Ces fonctions leur créent, en ce qui concerne la police de la navigation, de nombreuses obligations dont ils ont à rendre compte à la direction commerciale. Ils ne sauraient apporter ni trop d'exactitude, ni trop de scrupule, à signaler au gouvernement les abus qu'ils peuvent être à même d'observer dans l'exécution des lois et des règlements sur cette matière (2).

#### 5. — Police des pêches.

Dans les pays limitrophes comme l'Espagne, où le droit de pêche est attribué en commun aux marines des deux nations(3), et comme la Grande-Bretagne, où la police des pêcheries dans les mers situées à proximité des côtes respectives est régie par des actes internationaux (4), les consuls doivent veiller à ce que les pêcheurs français, tout en se conformant aux lois et règlements qui les concernent, jouissent librement de tous

---

(1) Circulaire des affaires étrangères du 31 octobre 1833.
(2) *Id*. du 23 novembre 1821. — Ordonnance du 29 octobre 1833, art. 1er.
(3) Convention du 2 janvier 1768, art. 3.
(4) *Id*. du 2 août 1839 et Règlement général du 23 juin 1843.

leurs droits et priviléges. Toute infraction commise à cet égard, toute vexation ou déni de justice dont nos marins viendraient à être victimes, devraient être signalés au département des affaires étrangères, qui impose également à ses agents l'obligation de lui rendre exactement compte des fraudes que nos pêcheurs commettent trop souvent, entre autres en Belgique, en Hollande et en Écosse, soit par l'emploi de sels étrangers, soit par l'achat de poisson frais qu'ils introduisent ensuite en France au droit réduit porté par notre tarif.

## § 2. — CORRESPONDANCE COMMERCIALE.

### 1. — Observation générale.

Les relations commerciales ont pris de nos jours un tel développement et une telle importance, qu'elles exercent souvent une influence prépondérante sur la conduite des nations et sur leurs rapports politiques. Si, d'un côté, le commerce est pour les peuples le meilleur gage du maintien de la paix et de la bonne harmonie, de l'autre il tend sans cesse à semer parmi eux des germes de division, en surexcitant l'avidité, l'intérêt personnel et souvent l'égoïsme le plus absolu. Favoriser ses tendances utiles, combattre ses tendances mauvaises, augmenter la prospérité du commerce de la France, sans oublier la solidarité qui existe entre la prospérité du commerce de tous les peuples de l'univers, telle doit être la principale et constante préoccupation des consuls.

### 2. — Négociations commerciales.

Lorsque ces agents sont placés dans la capitale d'un pays, et qu'ils n'ont à côté d'eux aucun agent politique, ou lorsqu'ils sont revêtus d'un caractère diplomatique ou d'un pouvoir spécial, ils coopèrent *directement* au maintien et au développement de nos relations commerciales par leurs démarches et leurs négociations. C'est de la direction commerciale qu'ils reçoivent leurs instructions à cet égard, et c'est à elle, qu'ils doivent en rendre un compte exact et régulier.

### 3. — Informations commerciales.

Ils coopèrent *indirectement* au même but, en commun avec tous les autres agents du service extérieur, par les informations qu'ils transmettent au gouvernement sur les questions et les faits commerciaux qu'ils sont à même d'observer et d'étudier autour d'eux. Tel est le second et, le plus souvent, le principal élément de la correspondance commerciale des consuls.

Pour que ces informations soient complètes, il faut qu'elles embrassent :

Le commerce général et spécial du pays où résident les consuls, c'est-à-dire le commerce d'importation et d'exportation, y compris le cabotage, le transit et l'entrepôt; ou, seulement, le commerce d'exportation des produits du pays, et le commerce d'importation des produits destinés à la consommation ou à l'industrie du pays; la nature et l'importance de ses relations avec chaque contrée étrangère, avec la France en particulier;

Les causes auxquelles on peut attribuer la différence des succès obtenus par les diverses nations qui ont concouru aux échanges, notamment avec la France;

La situation vraie de l'industrie indigène;

L'esprit de la législation commerciale ou économique;

Les voies nouvelles dans lesquelles l'administration ou les négociants français auraient à entrer, afin d'améliorer les échanges existants ou d'en créer de nouveaux;

Enfin, l'influence des lois fiscales du pays, comme des lois fiscales françaises, ainsi que celle des traités de commerce ou de navigation qui lient ce pays avec la France ou avec toute autre nation, en indiquant les clauses qui pourraient être de nature à les remplacer ou à y être ajoutées.

Il est inutile de faire observer que ces informations sont plus ou moins étendues, plus ou moins générales, suivant la sphère d'observation de l'agent dont elles émanent.

### 4. — Bulletins de nouvelles pour le département du commerce.

A l'appui de leurs aperçus généraux sur les faits commerciaux qui se produisent autour d'eux, les règlements prescri-

vent aux agents d'envoyer à la direction commerciale une
série d'états périodiques, trimestriels ou annuels, qui présentent, sous forme synoptique, l'ensemble du mouvement commercial, maritime et industriel de chaque pays ou de chaque
arrondissement consulaire.

Mais, malgré le soin et l'exactitude avec lesquels ces relevés
peuvent être dressés, malgré la précision des observations dont
leur envoi peut être accompagné, on comprend que, précisément à cause de la régularité qu'exige leur transmission périodique, ils sont parfois insuffisants pour tenir le gouvernement au courant des faits particuliers et des incidents exceptionnels et anormaux qui se produisent inopinément dans les
conditions règlementaires du commerce et de l'industrie.

Ainsi, les hausses ou baisses subites survenues dans le
cours du fret maritime ou dans le prix vénal de tel ou tel
grand article d'échange spécial à notre commerce; les accidents des récoltes des grandes denrées ou matières premières;
l'annonce de certaines ventes publiques importantes ou de
telle grande exploitation tentée par l'industrie indigène; la
découverte ou le perfectionnement de procédés industriels; la
création projetée ou préparée de tel nouveau service de navigation, de route commerciale ou de chemin de fer; les modifications subites de tarifs ou de règlements de douane, etc.,
etc., sont autant de faits commerciaux dont la prompte communication au département des affaires étrangères intéresse
essentiellement le commerce français, et dont l'actualité constitue souvent tout le mérite. C'est pour leur conserver ce caractère qu'il est prescrit aux consuls d'en donner connaissance
à la direction commerciale, non point par une dépêche détaillée, mais sous forme de *bulletins séparés*, simplement annexés à la lettre d'envoi, de manière à ce qu'ils puissent en être
immédiatement détachés et communiqués aux journaux ou
transmis *in extenso* au ministère du commerce, par les soins
duquel ils sont ensuite portés à la connaissance des chambres
de commerce. Mais il va sans dire que la forme sommaire de
ces bulletins exige que, vis-à-vis du département, les consuls
entrent, par leur lettre d'envoi, dans toutes les explications et
considérations nécessaires pour que le gouvernement puisse
se rendre exactement compte des causes et des conséquences

probables du fait relaté dans ces bulletins. Ces derniers étant, au surplus, destinés à recevoir une grande publicité, les agents ont.été invités à en écarter soigneusement tout détail inutile; toute observation critique et toute réflexion, politique ou autre, étrangère à leur objet (1).

Le genre de publicité que ces bulletins sont destinés à recevoir indique suffisamment qu'il est inutile, souvent même dangereux, d'y faire connaître l'origine des données qu'ils renferment; mais, pour la correspondance commerciale proprement dite, il est, au contraire, indispensable que chaque dépêche révèle la source à laquelle les éléments en ont été puisés et le degré de confiance que peuvent par suite mériter les informations qui y sont développées (2).

**5. — Transmission des lois et règlements sur le commerce.**

La meilleure base d'appréciation des faits commerciaux soit généraux, soit particuliers, se trouve dans l'étude approfondie de la législation économique et fiscale de chaque pays. Les consuls doivent donc observer, avec une attention soutenue et toujours par comparaison avec les nôtres, les lois et tarifs de douanes; la nature et l'espèce des marchandises frappées de droits protecteurs ou de prohibition à l'entrée ou à la sortie; le régime des entrepôts ou du transit; les lois qui déterminent la nationalité des navires et la police de la navigation, ainsi que les taxes générales ou spéciales, régaliennes, municipales ou particulières qui atteignent les bâtiments, indépendamment de leurs cargaisons; enfin, les charges maritimes ou autres qui appartiennent en propre à tel ou tel port (3). Pour donner à ces études toute l'utilité pratique qu'elles sont susceptibles d'avoir, et pour que le gouvernement puisse, comme nos négociants, armateurs ou fabricants, les consulter avec fruit, il faut, de toute nécessité, les compléter et corroborer par l'envoi des textes officiels qui leur ont servi de point de départ. Les règlements (4) ont en conséquence prescrit aux

(1) Circulaire des affaires étrangères du 28 mars 1850.
(2) *Id*. du 21 juin 1828.
(3) *Id*. des 15 juillet 1817 et 16 juillet 1829.
(4) *Id*. du 28 juin 1848.

agents de transmettre régulièrement à la direction commerciale, et aussitôt après leur publication , tous les documents,
tels que lois, décrets, tarifs, décisions ministérielles ou circulaires de douanes qui ont pour objet de modifier la législation
maritime , fiscale , commerciale ou industrielle du pays de
leur résidence. L'envoi de tous ces documents se fait en double exemplaire, et doit invariablement être accompagné d'une
traduction certifiée conforme par les consuls. Cette règle ne
peut souffrir d'exception que lorsqu'il s'agit de pièces tellement importantes que la transmission en France ne puisse
en être différée sans inconvénient, ou bien lorsque la longueur
de la traduction exige que son envoi soit ajourné au courrier
suivant (1).

Mais, quelle que soit l'exactitude des agents extérieurs à
rendre compte au département des diverses mesures prises ou
proposées par le gouvernement du pays où ils résident, relativement au commerce , à la navigation ou à l'industrie de
leurs nationaux , on conçoit qu'il est difficile qu'ils puissent
enregistrer tous les actes administratifs de cette nature au
moment où ils se produisent ; on ne peut d'ailleurs s'empêcher
de reconnaître que tous ces actes n'ont pas un titre égal à une
attention spéciale et immédiate de la part d'observateurs étrangers. Il est néanmoins nécessaire que l'administration française puisse être toujours en mesure de se rendre compte des
modifications successivement introduites dans les législations
étrangères, et même de réclamer au besoin la communication des
textes officiels qui n'auraient pas été transmis au département ;
il a donc été prescrit aux agents politiques et consulaires (2) et
par duplicata d'adresser tous les six mois, à la direction commerciale, en l'accompagnant d'observations sommaires, un tableau récapitulatif des lois, arrêtés et propositions du gouvernement du pays de leur résidence, sur le commerce, l'industrie,
la navigation, l'agriculture, les travaux publics, les finances ,
les institutions philanthropiques, l'hygiène publique, etc.

(1) Circulaire des affaires étrangères du 29 prairial an v.
(2) *Id*. du 22 novembre 1850.

**6. — Révision des traductions de documents étrangers publiées
en France.**

On sait que le ministère de l'agriculture et du commerce
s'est réservé le soin de faire traduire directement, dans une
forme particulière, certaines lois et tarifs étrangers dont il reproduit ensuite le texte dans son *Bulletin officiel.* Les consuls
ont été invités par le département des affaires étrangères à
vérifier et contrôler l'exactitude de ces traductions, et ils doivent alors puiser les éclaircissements qui leur sont nécessaires
auprès des autorités douanières ou des négociants du pays de
leur résidence (1).

**7. — Conversion des poids, mesures et monnaies étrangères en
unités françaises.**

Il ne suffit pas que les consuls joignent à l'envoi des textes
originaux de documents officiels une traduction faite sous leurs
auspices ; ils doivent encore, toutes les fois que dans leur correspondance courante, dans les pièces qu'ils traduisent ou
dans des tableaux statistiques, ils ont à mentionner des poids,
des mesures ou des monnaies étrangères, faire connaître simultanément leur conversion en unités métriques françaises.
Cette recommandation, qui a pour objet de faciliter l'intelligence de ces documents et de permettre d'en saisir les résultats
du premier coup d'œil, doit être scrupuleusement observée
dans toutes les branches du service consulaire (2).

**8. — Publications périodiques étrangères.**

Les journaux et recueils périodiques sur le commerce, la
navigation, l'industrie, les finances et l'économie politique
qui se publient à l'étranger, méritant à divers titres de figurer
dans les bibliothèques et collections du gouvernement, celui-ci
attache souvent du prix à s'y abonner ; les agents doivent
donc surveiller le service de ces souscriptions, signaler les

(1) Circulaire des affaires étrangères du 15 septembre 1846.
(2) *Id.* des 29 juillet 1825 et 12 octobre 1840.

nouvelles publications qui surgissent et en faire, au besoin, l'objet de notes ou relevés analytiques qu'ils transmettent périodiquement en France, sous le timbre de la direction commerciale (1).

### 9. — Mouvement des fonds publics et des valeurs industrielles.

Ajoutons encore que les faits relatifs au crédit des États influant d'une manière plus ou moins directe sur leur situation politique et sur les rapports commerciaux qu'ils entretiennent avec le dehors, il est utile que le gouvernement connaisse les règlements et les usages locaux sur les opérations des bourses à l'étranger, comme le mouvement et la nature des transactions sur les fonds publics et les valeurs industrielles (2).

### 10. — Informations sanitaires.

Un des sujets sur lesquels l'attention des consuls a été avec raison appelée à plusieurs reprises, est celui de la conservation de la santé publique en France. Le chapitre sixième du livre VII devant être spécialement consacré à la définition des attributions des consuls en matière de police sanitaire, nous nous bornerons à indiquer ici qu'en dehors des informations qu'ils doivent transmettre directement aux commissions et intendances sanitaires de nos ports, c'est sous le timbre de la direction commerciale qu'ils doivent envoyer en France toutes les nouvelles quarantenaires ou autres qui sont de nature à influer sur nos échanges avec les contrées étrangères, soit par mer, soit par terre (3). Afin, du reste, de faciliter aux consuls l'accomplissement de la tâche qui leur est imposée à cet égard, les instructions ministérielles leur ont recommandé de ne point insérer dans le corps de leur correspondance courante les nouvelles purement sanitaires, mais de les adresser au département sous forme de bulletins annexes séparés, suscep-

(1) Circulaires des affaires étrangères des 28 février et 31 décembre 1841.
(2) *Id.* du 28 décembre 1846.
(3) *Id.* du 20 juin 1817. — Ordonnance du 7 août 1822, art. 78.

tibles d'être immédiatement communiqués au ministère du commerce et livrés à la publicité (1).

### 11. — Pêches maritimes.

La pêche maritime étant l'un des principaux éléments de la prospérité de notre commerce maritime, l'étude des questions qui s'y rattachent rentre naturellement dans les attributions des consuls.

### 12. — Informations sur le commerce des morues françaises.

Certaines pêches, non-seulement à cause de l'importance commerciale de leurs résultats, mais encore parce qu'elles sont pour notre marine militaire une pépinière d'excellents matelots, reçoivent des encouragements sous forme de primes : ce sont celles de la morue, du cachalot et de la baleine. Nous réservons pour le chapitre sixième du livre V ce que nous avons à dire des obligations particulières de contrôle et de surveillance qui sont à cet égard imposées aux consuls ; mais nous devons remarquer ici, en ce qui concerne la pêche de la morue, qu'elle demande à être étudiée avec le soin le plus attentif, et que ses produits jouent dans nos échanges avec les contrées étrangères un rôle trop important pour que nos agents ne comprennent pas la nécessité de rechercher les moyens d'en accroître les débouchés et d'améliorer leurs conditions de vente (2).

### 13. — Informations sur les tabacs.

L'administration des tabacs a eu souvent recours aux consuls, notamment en 1829, 1835, 1845 et 1850, pour obtenir sur la culture, la production, le commerce, la consommation et la fabrication des tabacs à l'étranger, les informations qui devaient guider la régie pour l'achat direct de ses approvisionnements. Indépendamment des rapports spéciaux qu'ils peuvent avoir à rédiger pour compte du ministère des finan-

(1) Circulaire des affaires étrangères du 28 mars 1850.
(2) *Id*. du 6 octobre 1848.

ces, les consuls doivent rassembler avec soin et transmettre au gouvernement, par leur correspondance commerciale, tous les avis qui peuvent, sous ce rapport, offrir de l'intérêt à l'administration des contributions indirectes : de ce nombre sont ceux qui concernent l'extension ou le ralentissement de la culture, l'état des récoltes, la création ou la suppression des monopoles, enfin toutes les modifications qui surviennent dans le régime fiscal du tabac (1). Quant aux achats de tabac en feuilles ou fabriqué, et aux adjudications publiques de fournitures faites pour compte de la régie, les agents qui peuvent éventuellement être appelés à y concourir reçoivent toujours à cet égard des instructions spéciales qui doivent les guider dans leur conduite, et ils se bornent à rendre compte au département, sous le timbre de la direction commerciale, de l'accomplissement des ordres qui leur ont été transmis.

§ 3. — ÉTATS PÉRIODIQUES DE COMMERCE ET DE NAVIGATION.

Indépendamment de leur correspondance générale, et à titre de complément, les consuls doivent envoyer à la direction commerciale du département des affaires étrangères, à la fin de chaque année, divers états périodiques sur le commerce et la navigation de leur résidence. Ces états, dont la forme a subi de nombreuses variations, sont exigés aujourd'hui de tous les consuls sans exception, et sont au nombre de neuf, savoir :

1° Tableau des importations ;

2° Tableau des exportations ;

3° Tableau du commerce des principales marchandises ;

4° Tableau général de la navigation, auquel il faut ajouter un état de la navigation sous pavillon tiers, un tableau de la navigation coloniale, un autre de celle de cabotage, et un spécial de la navigation de caravane, pour les consulats du Levant ;

5° État du mouvement général des principales marchandises ;

6° Tableau des principales industries ;

(1) Circulaire des affaires étrangères du 28 février 1835.

7° Tableau du cours des changes ;

8° Tableau des prix courants moyens des principaux articles de commerce ;

9° Tableau du cours du fret maritime et des assurances.

Afin que ces divers états puissent, du reste, avoir toute l'utilité que l'on est en droit d'en attendre, ils doivent être dressés d'après le type uniforme et commun à tous les pays, comme à tous les postes, dont le modèle a été officiellement transmis aux agents par la circulaire ministérielle du 31 décembre 1841.

#### 1. — Tableau des importations et des exportations (1).

Comme recommandation générale, il a été prescrit à tous les agents de comprendre dans ces états non-seulement le commerce de leur résidence, mais encore celui qui se fait tant par terre que par mer sur les autres points de leur arrondissement ou de l'établissement consulaire qu'ils dirigent (2). Pour être complets, il faut qu'ils présentent la totalité des marchandises entrées ou sorties : ainsi, parmi les premières, on range aussi bien ce qui a été admis à la consommation intérieure que ce qui a été placé dans les entrepôts ou n'a fait que traverser le pays en transit ; de même, à la sortie, on fait figurer l'ensemble des exportations, que celles-ci soient composées de produits du sol et des fabriques nationales ou de marchandises étrangères tirées des entrepôts ou du transit (3). Lorsque les consuls ont recueilli sur les différentes provenances ou destinations des marchandises des données circonstanciées, ils doivent en faire l'objet d'un rapport spécial, sous forme de dépêche ou de mémoire qui accompagne l'envoi des états, et sert à donner aux chiffres constatés par eux la valeur qu'un commentaire écrit peut seul leur attribuer.

Les consuls sont également tenus de faire connaître les sources auxquelles ils ont puisé les éléments de leurs relevés commerciaux, et les bases d'après lesquelles les marchandises s'y trouvent évaluées. On comprend, en effet, que la confiance

(1) *Formulaire à l'usage des consulats*, nos 62 et 63.
(2) Circulaire des affaires étrangères du 9 octobre 1819.
(3) *Id.* du 21 juin 1828.

qui s'attache à ces documents ne peut se mesurer que sur le degré d'authenticité des renseignements dont ils se composent; et, d'un autre côté, on ne saurait en apprécier exactement les résultats sans connaître le mode d'évaluation adopté pour chaque article de commerce, puisque les chiffres s'élèveront ou s'abaisseront selon que les marchandises auront été estimées au cours du marché d'origine ou de celui de destination, avant ou après l'acquittement des droits de douane, ou, comme cela a lieu en France pour les tableaux généraux du commerce, d'après un type fixe et invariable de valeurs officielles (1).

Quant aux notions générales que les consuls peuvent avoir acquises sur les opérations du commerce interlope de leur résidence ou des ports secondaires qui en dépendent, le développement s'en consigne dans le mémoire annuel dont nous parlerons plus loin, ou dans la lettre d'envoi des états, ceux-ci ne devant présenter que les résultats du commerce licite (2).

La nomenclature des marchandises qui figurent sur ces états, ainsi que celle des provenances et des destinations, se modifie nécessairement suivant chaque localité et l'importance de ses relations commerciales : mais l'ordre alphabétique doit y être invariablement suivi, et, pour leur conserver toute la clarté désirable, on doit, du reste, se borner dans la colonne des articles de commerce à spécifier les principaux produits en réunissant et évaluant en masse, sous le titre général d'*articles divers*, ceux d'importance secondaire.

Cette restriction serait cependant susceptible de présenter des inconvénients dans son application au commerce spécial de la France; il pourrait en effet arriver que les articles les plus importants de ce commerce, ne figurant pas au même rang dans le commerce général de tel ou tel pays, se trouvassent tous confondus sous ce titre d'*articles divers*. C'est pour y obvier que les règlements prescrivent aux consuls de transcrire au verso de leurs états un tableau destiné à faire spécialement connaître les mouvements particuliers du commerce français (3).

(1) Circulaire des affaires étrangères du 31 mars 1841.
(2) *Id*. du 21 juin 1828.
(3) *Id*.     *Id*.

**2. — Tableau du commerce des principales marchandises** (1).

L'évaluation des marchandises importées et exportées est présentée en numéraire dans les états commerciaux dressés par les consuls. L'indication des valeurs, qui doit, du reste, toujours avoir lieu en francs, et non en monnaie du pays, a cela d'avantageux qu'elle permet, par la réunion des valeurs partielles, de déterminer l'importance du mouvement commercial et de faire d'utiles rapprochements entre les résultats constatés : mais ce mode d'évaluation, différant nécessairement selon les temps et les lieux, donne des résultats aussi incertains que mobiles, et ne peut avoir de signification précise qu'autant qu'il est accompagné d'un élément plus positif d'information, la *quantité*. Le département ayant néanmoins reconnu qu'il serait difficile de porter simultanément sur les états l'indication des valeurs et des quantités sans y causer une complication de chiffres nuisible à la clarté du travail, il a été prescrit aux agents de ne mentionner au bas du tableau des valeurs que la quantité totale (en unités françaises) de chaque espèce de marchandises expédiées ou reçues; et, pour suppléer autant que possible à l'insuffisance de cette donnée générale, de dresser ensuite un tableau particulier des mouvements *en valeurs et en quantités* du très-petit nombre d'articles d'une importance spéciale pour chaque pays (2).

Afin de pouvoir comparer entre eux les résultats d'un ou de plusieurs exercices, les chiffres totaux de la période antérieure doivent être rappelés sur chaque état annuel. Pour le tableau du commerce des principales marchandises, il est même nécessaire que ce rappel comprenne une série de deux ou trois années. Il va sans dire, du reste, que, lorsqu'il y a impossibilité absolue d'indiquer les quantités, la comparaison des totaux qui termine les tableaux ne porte que sur les valeurs (3).

(1) *Formulaire à l'usage des consulats*, n° 64.
(2) Circulaire des affaires étrangères du 31 décembre 1841.
(3) *Id.*　　　　　　　　　　*Id.*

### 3. — Tableau général de la navigation (1).

Comme les états de commerce, le tableau de la navigation de chaque poste comprend tout le mouvement maritime de l'arrondissement dont ce poste est le chef-lieu, et les pays de provenance ou de destination s'y classent également par ordre alphabétique : seulement, pour éviter tout double emploi, il convient, en le dressant, de tenir note exacte des voyages de chaque bâtiment, et d'éviter de compter successivement comme autant de navires différents ceux qui se sont bornés à visiter par escale successive deux ou plusieurs ports compris dans la même circonscription.

Les agents peuvent d'ailleurs aussi grouper, sous l'indication commune de *provenances et destinations diverses*, tous les pays dont la navigation ne serait pas assez active pour mériter une mention spéciale (2). Enfin, le rappel du mouvement maritime de la période précédente s'inscrit sur chaque tableau, au bas du chiffre total des navires et du tonnage (3).

Le rôle que joue l'intercourse indirecte sous pavillon tiers dans les opérations commerciales des diverses puissances est devenu depuis quelques années assez important pour que le gouvernement ait attaché du prix à recevoir à ce sujet des renseignements circonstanciés. Aussi est-il prescrit aux consuls de joindre à l'état général de la navigation de leur arrondissement un appendice dressé dans la même forme, et présentant, dans une série de colonnes divisées d'après la nationalité des pavillons, tant à l'entrée qu'à la sortie, le nombre et le tonnage des bâtiments appartenant à cette catégorie (4). Ce tableau n'est en quelque sorte que le développement, par pavillon, de la colonne d'ensemble de l'état général qui fait connaître en bloc le mouvement des tiers pavillons (5).

L'envoi régulier des deux tableaux de navigation dont nous venons de parler est obligatoire pour tous les postes. Il n'en

---

(1) *Formulaire à l'usage des consulats*, n° 66.
(2) Circulaire des affaires étrangères du 29 décembre 1827.
(3) *Id.* du 31 décembre 1841.
(4) *Id.* du 11 mars 1846.
(5) *Formulaire à l'usage des consulats*, n° 67.

est pas de même des états particuliers de la navigation coloniale et de cabotage (1). Beaucoup de consuls se trouvent forcément dans le cas de supprimer le premier, et le second ne
présente d'utilité réelle que dans le très-petit nombre de pays
où le cabotage n'est pas réservé au seul pavillon national.
Lorsqu'il y a lieu, du reste, de les rédiger, il est bien entendu
que la recommandation faite aux consuls pour les relevés
généraux des mouvements maritimes de ne mentionner isolément que les provenances et destinations principales, et de
comprendre toutes celles de moindre importance sous l'indication commune de *diverses*, leur est expressément applicable (2).

Pour les postes du Levant et de Barbarie, il existe une
cinquième espèce de relevé maritime. Nous voulons parler du
tableau de la navigation de *caravane* (3), qui est destiné à faire
connaître la part que chaque nation prend à l'intercourse
d'échelle ou de cabotage, le long des côtes de l'Asie–Mineure
et du littoral barbaresque. Les divers ports qui font partie
d'une même région commerciale s'y réunissent sous une même
dénomination de province ou de ville; leur nomenclature
et celle des pavillons varient, au surplus, suivant les relations
de chaque échelle, mais se dressent toujours dans l'ordre
alphabétique, et se complètent naturellement par le chiffre
des mouvements de la navigation de cabotage dans les divers
ports de chaque arrondissement consulaire (4).

**4. — État du mouvement général des marchandises, et tableau
des principales industries (5).**

Pour se rendre compte de l'ensemble du mouvement commercial et industriel d'un pays, il ne suffit pas de connaître
quelle a été l'importance de ses échanges avec l'étranger ; il
faut aussi savoir quelle a été sa production propre et la masse
de ses consommations. Ainsi, d'une part, en recherchant ce

(1) *Formulaire à l'usage des consulats*, nos 68 et 69.
(2) Circulaire des affaires étrangères du 29 décembre 1827.
(3) *Formulaire à l'usage des consulats*, n° 70.
(4) Circulaire des affaires étrangères du 29 décembre 1827.
(5) *Formulaire à l'usage des consulats*, nos 65 et 71.

que, pendant une année, chaque pays a produit en grains de
toute sorte, en cotons, en laines, en sucres, en cafés, en bestiaux, en bois, en combustible ou toutes autres matières premières ou denrées alimentaires, et, d'autre part, en sachant
ce qu'il a consommé soit en produits nationaux, naturels ou
manufacturés , soit en marchandises tirées de l'étranger, on
peut, en comparant le résultat de ces investigations avec les
tableaux d'importation, d'exportation, de réexportation et de
transit, arriver à préciser la véritable situation agricole, commerciale et industrielle d'un pays. Les deux états du mouvement général des principales marchandises et des principales
industries de chaque pays sont destinés à servir de cadre aux
informations que les consuls sont chargés de recueillir sur ces
importantes questions de statistique générale, et à grouper en
tableaux synoptiques celles de ces données qui sont de nature
à se résumer par des chiffres. La forme de ces relevés, dont
dans beaucoup de contrées les éléments sont fort difficiles à
réunir, n'a, du reste, rien d'absolu, et les consuls sont libres de
modifier le modèle officiel suivant les exigences de chaque
localité et la nature des données qu'ils ont pu rassembler (1).

### 5. — Tableaux du cours des changes et des prix courants moyens des principales marchandises (2).

Il est également prescrit à tous les consuls de joindre aux
états de commerce et de navigation de leur résidence les relevés du prix moyen des principales marchandises et des variations du cours du change. Ce dernier doit indiquer le cours
moyen des changes et les variations remarquables qu'il a subies pendant l'année (3). En étudiant les causes de ses variations, les consuls s'appliqueront à en tirer les conjectures les
plus probables sur le mouvement général du commerce et
sur les échanges qui nous intéressent plus spécialement (4).
   Quant au tableau des prix courants, il doit présenter le
terme moyen annuel de la valeur des principaux articles de

(1) Circulaire des affaires étrangères du 31 décembre 1841.
(2) *Formulaire à l'usage des consulats*, nos 72 et 73.
(3) Circulaire des affaires étrangères du 6 décembre 1839.
(4) *Id.* du 9 octobre 1819.

commerce d'importation ou d'exportation. Ces prix doivent être indiqués simultanément en monnaie étrangère et en argent de France, de même que l'unité de quantité doit être exprimée en mesures ou poids du pays et en mesures ou poids de France. Il est d'ailleurs bien évident que la nomenclature des marchandises qui figurent dans ce tableau ne peut être identiquement la même que celle des états de commerce, et que, pour les articles portés sur ceux-ci, et qui, tels que les tissus, comprennent sous une dénomination commune des variétés de prix fort distincts, il est nécessaire d'indiquer le mode d'évaluation, sinon de toutes les variétés, au moins de celles d'entre elles qui ont le plus d'importance (1).

### 6. — Tableau du cours du fret maritime et des assurances.

La connaissance des cours du fret maritime étant un des éléments les plus importants pour la solution des questions de douanes ou de tarifs et pour l'étude préparatoire des questions de négociations internationales, le concours des consuls a dû naturellement être mis à profit pour obtenir sur cet objet essentiel des informations exactes et régulières. Les règlements leur ont donc prescrit (2) de dresser annuellement un tableau indiquant, pour les opérations maritimes les plus habituelles du port où ils résident, le taux moyen annuel du fret et des assurances, et signalant, en même temps, la différence proportionnelle qui se fait remarquer le plus ordinairement entre le fret par navires étrangers et le fret par bâtiments français.

### 7. — Époques de transmission.

A l'exception du tableau du cours du fret qui doit être transmis au département par périodes trimestrielles ou semestrielles (3), les états de commerce et de navigation ne sont dressés qu'une fois par an et à la fin de chaque exercice (4). L'importance commerciale de certaines résidences a

(1) Circulaires des affaires étrangères des 18 juillet 1828 et 6 décembre 1839.
(2) *Id*. du 10 mars 1846.
(3) *Id*. du 28 mars 1850.
(4) *Id*. des 29 décembre 1827 et 19 mars 1828.

cependant fait consacrer à cet égard quelques exceptions qui
ont été notifiées directement par le ministère des affaires
étrangères aux postes pour lesquels des communications et
des envois plus rapprochés de tableaux statistiques ont été reconnus nécessaires (1).

### 9. — Réunion des éléments.

La rédaction des états périodiques de commerce et de navigation peut sur certains points rencontrer des obstacles sérieux;
mais elle n'est nulle part complétement impossible, et l'on
peut tout au plus admettre que les éléments n'en soient pas
tous également précis et circonstanciés. A défaut de publications officielles ou de données recueillies officieusement auprès
des administrations financières du pays, les consuls, en y
consacrant une attention journalière et persévérante, doivent
toujours arriver à puiser les renseignements qui leur sont nécessaires, soit dans les feuilles périodiques consacrées au commerce, soit dans leurs rapports ou leurs communications
intimes avec des négociants éclairés (2). Le département, dans
sa justice, tient compte aux agents des difficultés pratiques
contre lesquelles ils peuvent sous ce rapport avoir à lutter;
mais il est en droit d'attendre d'eux qu'ils ne reculent devant
aucun effort, devant aucun sacrifice pour remplir conscien-
cieusement cette partie de leurs devoirs.

Afin d'accélérer, d'ailleurs, autant que possible, la confection et l'envoi en France des tableaux dont il s'agit, les agents
doivent s'attacher à grouper par avance les données isolées
qu'ils rassemblent, de manière à n'avoir plus à la fin de
l'année qu'à en totaliser les résultats partiels, et à permettre,
au besoin, à leurs successeurs d'achever le travail qu'ils ont
préparé. Cette prescription étant réglementaire, toute négligence à s'y conformer devrait être constatée lors de la prise
de possession d'un poste, et signalée au département pour
sauvegarder la responsabilité de l'agent à qui le service est
remis en dernier lieu (3).

(1) Circulaire des affaires étrangères du 19 mars 1828.
(2) *Id.* du 21 juin 1828.
(3) *Id.* du 31 mars 1841.

### 9. — Envoi des états par duplicata.

Nous ne devons pas négliger d'ajouter que le ministère des affaires étrangères étant dans l'usage de communiquer à celui du commerce tous les états statistiques, commerciaux, maritimes ou autres dressés dans les consulats, les agents sont tenus de les transmettre tous en double expédition à la direction commerciale (1), qui exige avec raison qu'ils soient rédigés avec un soin assez scrupuleux pour prévenir les retards et les correspondances plus ou moins multipliées qu'entraîneraient forcément les erreurs de chiffres ou les omissions qu'on viendrait à y reconnaître lors du contrôle auquel ils sont soumis en France (2).

### 10. — Mémoire commercial annuel.

Nous avons déjà dit que l'envoi des états périodiques devait être accompagné par les consuls d'un mémoire ou rapport d'ensemble sur la navigation, le commerce et l'industrie de leur résidence, ainsi que sur les moyens qu'ils jugent propres à y procurer à nos relations commerciales tout le développement dont elles sont susceptibles. Cette tâche est facile à remplir, puisque, après avoir suivi attentivement les diverses phases ou péripéties du mouvement commercial qui s'est produit sous leurs yeux pendant le cours d'une année, il suffit aux agents d'en résumer les faits les plus saillants, sans longueurs ni digressions inutiles, mais, au contraire, sous forme de considérations générales destinées à faire apprécier la signification réelle des relevés statistiques qui par leur nature même ne peuvent se passer d'explications et de commentaires plus ou moins développés (3).

Ainsi, par exemple, en ne prenant pour point de départ de leur travail que les seuls tableaux du commerce et de la navigation, que d'utiles observations les consuls n'en peuvent–ils pas déduire sur la marche progressive ou rétrograde de notre

(1) Circulaire des affaires étrangères du 11 novembre 1828.
(2) *Id.* du 31 mars 1841.
(3) *Id.* du 28 juin 1848.

commerce, sur sa situation relative vis-à-vis de celui des autres peuples, sur la recherche et l'explication des causes qui font obstacle à ses progrès et à l'accroissement de nos débouchés pour tel ou tel produit industriel, sur le caractère vrai de la concurrence contre laquelle nos fabriques ont à lutter, soit quant aux prix, soit quant à la qualité, enfin, sur les conditions même de chaque marché et les avantages que nos rivaux y ont conquis à notre préjudice !

Nous n'avons pas à indiquer ici, même d'une manière générale, la forme ni l'étendue qui doivent être données à ces mémoires annuels : c'est à chaque consul en particulier à les déterminer d'après la nature et l'abondance des matériaux dont il peut disposer, et d'après le plus ou moins d'activité commerciale de son poste (1).

Il est toutefois deux recommandations essentielles que les consuls généraux et les consuls chefs d'établissement dont le travail embrasse tout le commerce d'un même pays ne sauraient perdre de vue dans la rédaction des mémoires qui leur sont demandés.

Il convient tout d'abord que le mémoire annuel soit composé dans une intention déterminée, et cette intention ne peut être autre que celle de préparer des matériaux pour la conclusion éventuelle d'un traité de commerce et de navigation entre la France et le pays de leur résidence, ou pour la modification soit des conventions de cette nature déjà existantes, soit de la législation fiscale qui nous régit en France. En adoptant ainsi une idée prédominante à laquelle se rattacheront les diverses parties du travail, les résultats seront plus positifs et plus susceptibles d'application, non-seulement pour le cas exceptionnel de la négociation d'un traité, mais encore pour les résolutions d'une autre nature que le gouvernement pourrait avoir à prendre dans l'intérêt de notre commerce extérieur. Toutefois, et c'est là une considération qui dans la pratique a peut-être été trop souvent négligée, l'agent, en développant ses vues personnelles sur l'utilité et la convenance de telle ou telle stipulation internationale réclamée en faveur de notre commerce, ne doit pas oublier d'en étudier le

(1) Circulaire des affaires étrangères du 3 septembre 1833.

contre-coup et l'influence réactive sur les échanges des autres nations qui viendraient à invoquer plus tard le bénéfice de la réciprocité.

La seconde recommandation à faire aux agents de tout grade, c'est de donner pour base aux réflexions développées dans leurs mémoires des faits dont l'exactitude ne soit ni douteuse ni contestable. Ceux qui méritent surtout d'être observés, et qui par les déductions qu'on peut en tirer doivent procurer le plus de lumière, sont ceux consignés dans les états de commerce et de navigation ; tels sont encore les variations dans le cours des changes, les fluctuations des prix courants des principales marchandises tant d'importation que d'exportation, les droits de douane et de navigation, les obligations résultant des traités soit avec la France, soit avec d'autres puissances, enfin les lois et les règlements administratifs en tant qu'ils affectent le commerce extérieur (1).

### 11. — Envoi d'échantillons.

Le commerce, si timide souvent dans ses allures, ne se contente pas de règles générales sagement tracées et de conseils inspirés par une longue expérie ncedes affaires : il demande parfois que l'exemple pratique se joigne au précepte. C'est dans ce but que les consuls en résidence dans les pays hors d'Europe ont été invités, pour compléter leurs informations commerciales, à adresser au département des affaires étrangères, sauf remboursement ultérieur de leurs dépenses d'achat par les soins du ministère de l'agriculture et du commerce, des échantillons de produits étrangers qui permettent à nos fabricants d'étudier non-seulement le genre defabrication, les dessins et les couleurs des tissus rivaux des leurs, mais encore le mode particulier de pliage, l'aunage, l'apprêt, etc. Quoiqu'il convienne que les agents soient en général fort sobres de ce genre d'envois, ils ne sauraient néanmoins négliger dans l'occasion d'appuyer ainsi de preuves palpables les observations ou les conseils consignés dans leur correspondance, en les accompagnant d'ailleurs, comme de raison, de renseignements

(1) Circulaire des affaires étrangères du 9 octobre 1819.

précis sur l'importance de la consommation des articles que ces échantillons représentent, sur leur provenance la plus habituelle, sur les prix de vente et sur les frais de tout genre qui y sont inhérents. Lorsque le prix de ces échantillons paraît élevé, une autorisation préalable du ministre est nécessaire pour leur acquisition (1).

§ 3. — RELÉVÉS GÉNÉRAUX ET ÉTATS PARTICULIERS A QUELQUES POSTES.

#### 1. — Tableau des agents consulaires.

Il est de toute nécessité que le gouvernement connaisse exactement les lieux où notre commerce et notre navigation peuvent trouver l'assistance des agents que les consuls sont autorisés à nommer dans les ports de leurs arrondissements. Il a donc été plusieurs fois prescrit aux consuls d'adresser à la direction commerciale un état indiquant les agences dépendantes de leur poste, les noms, prénoms et nationalités des titulaires, la date de leur institution et celle des décisions qui ont pu les autoriser soit à remplir les fonctions d'officiers de l'état civil et de notaires, soit à exercer en matière maritime les pouvoirs attribués aux consuls comme suppléant à l'étranger les administrateurs de la marine (2). La pensée même qui a inspiré la circulaire ministérielle du 25 août 1848 indique clairement que cet état doit être adressé tous les ans au département, car c'est le seul moyen de tenir à jour, dans les bureaux de la direction commerciale, les notes de personnel dont il fournit les éléments.

#### 2. — État et mouvement de la population française à l'étranger.

La fréquence des demandes adressées au département des affaires étrangères pour obtenir des renseignements sur le compte des français établis au dehors depuis plus ou moins longtemps nécessite la réunion, dans les bureaux du ministère des affaires étrangères, de données propres à fixer au besoin les familles sur le sort de ceux de leurs membres qui ont pu

(1) Circulaires des affaires étrangères des 12 novembre 1840, 12 février et 31 juillet 1851.

(2) *Id.* des 16 août 1811, 18 juillet 1826 et 25 août 1848.

être amenés à s'expatrier. Il n'est pas sans intérêt, d'un autre côté, que le gouvernement soit mis à même de suivre le développement progressif de la population française sur tel ou tel point du globe, et de se rendre un compte exact des besoins nouveaux qui peuvent en ressortir soit pour notre politique, soit pour notre commerce et notre industrie. Afin de satisfaire à cette double exigence, il a été prescrit aux consuls (1) d'adresser, à la fin de chaque année, à la direction commerciale, un état général des français établis dans le pays de leur résidence. Cet état doit faire connaître les nom et prénoms de chaque français, le lieu de sa naissance, et celui de sa résidence actuelle, sa position de célibataire ou d'homme marié, et enfin le nombre de ses enfants. Il est facile, du reste, de le tenir au courant d'une année à l'autre, en inscrivant au fur et à mesure, sur un registre spécial tenu en chancellerie, tous les changements survenus journellement par décès, départ, naissance ou immigration nouvelle dans le personnel de la nation.

**3. — Relevés des chargements de morues françaises importés à l'étranger.**

Indépendamment des relevés annuels que tous les consuls indistinctement sont tenus de fournir, il en est quelques autres qui ne sont demandés qu'à quelques postes seulement, et qui n'intéressent le gouvernement qu'à un point de vue spécial. De ce nombre sont les relevés sommaires des chargements de morue de pêche française débarqués et vendus à l'étranger, et les bulletins du prix et du commerce des grains sur les grands marchés de céréales.

Les ordonnances réglementaires sur les primes pour la pêche de la morue imposent aux consuls l'obligation de tenir pour les chargements de morue de pêche française reconnus par leurs soins et vendus dans les ports de leur arrondissement, un registre sur lequel sont indiqués les noms des bâtiments importateurs, ceux des capitaines, les lieux de pêche et de départ, la quantité brute et nette des kilogram-

(1) Décision du directoire exécutif du 22 germinal an IV. — Circulaire des affaires étrangères du 25 août 1848.

mes de morue vendue et livrée à la consommation, enfin la bonne qualité du poisson constatée par experts. A la fin de chaque trimestre et pour servir de contrôle aux pièces four- nies par les armateurs à l'appui de leurs demandes en règle- ment de primes, on dresse un relevé sommaire de ce registre que l'on transmet au département des affaires étrangères, sous le timbre de la direction commerciale (1).

#### 4. — Bulletin du prix des céréales.

Quant aux bulletins des prix des céréales, l'importance qui s'attache à tout ce qui a trait à la situation et au cours des subsistances tant en France qu'à l'étranger, explique suffisam- ment la demande qui en est faite aux consuls en résidence dans les pays où notre commerce peut éventuellement trouver à se procurer les grains nécessaires aux besoins de notre con- sommation. Ces bulletins se rédigent d'une manière uniforme, d'après le modèle annexé à la circulaire ministérielle du 14 décembre 1848 : ils indiquent l'espèce des céréales produites dans le pays ; la situation des cours et leur tendance à la hausse ou à la baisse; les frais commerciaux qui viennent s'a- jouter aux prix d'achat, tels que les droits de sortie, le fret, etc. ; le mouvement commercial de la place, c'est-à-dire les arri- vages, les existences et les expéditions ; l'évaluation des poids et mesures de la localité en poids et mesures de France ; la conversion des monnaies étrangères en francs, tant au pair qu'au cours du jour; enfin, les conditions fiscales ou douanières auxquelles peut être assujettie l'exportation des céréales. Ils doivent être signés et datés, et indiquer toujours la cote des cours qui ont immédiatemet précédé, afin que l'on puisse d'un seul coup d'œil juger s'il y a eu hausse ou baisse. Ils se trans- mettent au département tous les huit ou quinze jours, selon les résidences, en double expédition, avec une série distincte de numéros, sous enveloppe et sans lettre d'envoi (2).

Nous n'avons pas besoin d'ajouter que, dans les pays où la

(1) Circulaire des affaires étrangères du 15 juin 1833. Loi du 22 juil- let 1851.

(2) *Id.* des 14 septembre 1828, 29 décembre 1830, 24 octobre et 8 novembre 1838 et 14 décembre 1848.

production des céréales dépasse les besoins de la consommation et forme une branche de commerce plus ou moins considérable avec les contrées étrangères, les consuls ne sauraient à l'époque soit des récoltes, soit des exportations, borner du simple envoi de ces bulletins les indications qu'ils
ont à fournir au gouvernement sur un sujet aussi important (1) ; ils sont, au contraire, tenus de lui faire connaître
avec exactitude dans leur correspondance courante, l'état des
récoltes, celui des approvisionnements de toute sorte, les mouvements de baisse ou de hausse dans le prix des marchés
suivant l'abondance ou la rareté de la marchandise, et
l'importance des demandes pour l'exportation.

## SECTION III.

### Correspondance relative à la comptabilité des chancelleries consulaires.

La correspondance concernant cette partie des attributions
consulaires est centralisée dans un bureau particulier de la
direction commerciale ; les dépêches par lesquelles les agents
en rendent compte doivent donc, comme celles qui accompagnent l'envoi des états de dépôts, être adressées à la direction
commerciale du département des affaires étrangères, mais
avec une simple analyse marginale, et en dehors de la série
de *numéros* adoptée pour la correspondance courante (2).

## CHAPITRE V.

### RAPPORTS DES CONSULS AVEC LA DIRECTION DES ARCHIVES ET DE LA CHANCELLERIE.

#### 1. — Rapports avec la section des archives.

Les rapports officiels de correspondance que les consuls

(1) Circulaire des affaires étrangères du 1er mars 1847.
(2) *Id*. du 28 mars 1850.

entretiennent avec la direction des archives et de la chancellerie sont de deux sortes : les uns se rattachent au service proprement dit des archives, c'est-à-dire au classement et à la mise en ordre des correspondances diplomatiques anciennes ou modernes; à la collection des documents officiels, traités, conventions ou autres; aux achats de plans ou cartes géographiques, et à tout ce qui concerne le service de la bibliothèque spéciale des affaires étrangères, etc. Leurs autres rapports de correspondance avec cette même direction, et ce sont de beaucoup les plus nombreux et les plus importants, ont trait aux affaires qui rentrent dans la compétence du bureau de la chancellerie.

### 2. — Compétence du bureau de la chancellerie.

Ayant déjà eu occasion de faire connaître au chapitre 1er de ce livre le détail des attributions de ce bureau, nous nous bornerons à rappeler ici qu'elles se composent de l'ensemble des affaires particulières auxquelles ne saurait se rattacher aucun intérêt général de politique ou de commerce. Toutes les fois, en effet, que les affaires ressortissant au bureau de la chancellerie peuvent donner lieu à des conflits ou à des contestations diplomatiques proprement-dites, elles sont, suivant leur nature, renvoyées aux directions politique ou commerciale (1).

### 3. — Classement et signature des dépêches.

Les dépêches des consuls relatives à ces sortes d'affaires, doivent porter en marge la double indication de la direction des archives et du bureau de la chancellerie. Comme chacune d'elles a trait, en général, à une affaire particulière distincte, et qu'elle ne doit dès lors pas entrer dans un ensemble de correspondance classé collectivement et d'une manière suivie par ordre de dates, on comprend qu'il serait superflu de les numéroter, et qu'il suffit d'y inscrire une simple analyse marginale (2).

(1) Arrêté du ministre des affaires étrangères du 24 mars 1831.
(2) Circulaires des affaires étrangères des 22 mars 1816 et 10 avril 1832.

Quant aux lettres par lesquelles les agents répondent aux demandes de renseignements ou d'informations spéciales émanées du bureau de la chancellerie, elles doivent toujours rappeler en marge les indications qui figurent sur la dépêche ministérielle, c'est-à-dire le numéro d'ordre du dossier et le millésime de l'année pendant laquelle ce dossier a été ouvert. Ces réponses doivent être adressées directement au ministre, quoique les dépêches originales ne soient souvent signées que par le directeur des archives : c'est une mesure d'ordre général que nous avons déjà eu occasion d'indiquer, et l'on comprend qu'elle s'applique plus fréquemment aux communications émanées du bureau de la chancellerie.

### 4. — Délivrance ou visa des passe-ports à l'extérieur.

Le chef du bureau de la chancellerie est personnellement autorisé à délivrer *pour le ministre et par son autorisation*, les passe-ports pour les échelles du Levant et de Barbarie; il vise tous les autres passe-ports à l'étranger qui ne sont point émanés du cabinet du ministre, et contre-signe seulement ces derniers au-dessous de la signature du ministre. Le type de sa signature a été en conséquence transmis dans tous les consulats (1).

### 5. — Légalisations.

Les arrêts et jugements rendus, ainsi que les actes passés en France, ne peuvent être exécutés ou admis dans les consulats qu'après avoir été légalisés par le ministre des affaires étrangères ou par les fonctionnaires qu'il délègue à cet effet. C'est au chef du bureau de la chancellerie qu'est, à cet égard, déléguée la signature du ministre, comme elle l'est pour la légalisation des signatures des consuls eux-mêmes apposée sur les actes délivrés à l'étranger, et qui ne peuvent faire foi en France (2) qu'après l'accomplissement de cette formalité.

(1) Circulaires des affaires étrangères des 30 décembre 1825 et 9 juillet 1844.
(2) Ordonnance du 25 octobre 1833, art. 9 et 10.

En cas d'absence ou d'empêchement du chef de la chancellerie, cette partie de ses attributions est déléguée au commis principal placé sous ses ordres, et dont la signature-type a été également notifiée aux administrations publiques et à tous les agents du service extérieur (1).

### 6. — Envoi du type de la signature des agents.

Afin qu'il ne puisse jamais y avoir lieu soit à erreur, soit même à doute, dans une question aussi importante que celle de la légalisation par le ministre d'un acte quelconque délivré dans un consulat, le type de la signature de tous les consuls est conservé au bureau de la chancellerie, et l'un des premiers soins de tout agent appelé à remplir des fonctions intérimaires en pays étranger, surtout s'il n'appartient pas directement au corps consulaire, doit être de transmettre à la direction des archives le type de sa signature (2). Par une innovation toute récente encore et fort utile, il est tenu aujourd'hui dans le bureau de la chancellerie un registre spécial sur lequel chaque agent du service extérieur a été invité à apposer le type de sa signature, en même temps qu'à inscrire le détail et la date des diverses missions qu'il a pu remplir, afin que, par une simple comparaison, il puisse être facile à l'avenir de reconnaître dans tous les temps la légalité comme la véracité de leurs signatures.

### 7. — Transmission des actes judiciaires.

Les personnes demeurant en pays étranger sont assignées ou reçoivent les notifications qui les concernent, au parquet des procureurs de la république près les tribunaux respectifs, conformément aux dispositions de l'art. 69 § 9 du Code de procédure civile. Ce magistrat vise l'original et envoie la copie au ministre des affaires étrangères. Le bureau de la chancellerie est chargé de la transmission de ces exploits ou significations aux consuls, qui doivent les faire parvenir aux parties

(1) Circulaire des affaires étrangères du 26 avril 1849.
(2) *Id*. de ventôse an vii.

intéressées diréctement, ou, s'ils n'ont reçu des ordres contraires, par l'intervention officieuse des autorités locales ,
sans frais ni formalités de justice et à titre de simples
renseignements (1). C'est ordinairement le chancelier qui est
chargé à l'étranger de remettre ces actes judiciaires aux intéressés et de leur en demander un reçu (2), ou de constater
leur refus s'ils ne veulent pas les recevoir ou en donner récépissé.

Ces actes ont généralement beaucoup d'importance pour
les individus auxquels ils sont destinés, quand ceux-ci possèdent en France des valeurs mobilières ou des immeubles
sur lesquels les jugements rendus contre eux par les tribunaux
français et qu'on leur signifie en pays étranger peuvent être
exécutés. Il est donc essentiel que les consuls veillent attentivement à ce que ces significations soient remises aux personnes qu'elles intéressent, afin que ces dernières se mettent
en mesure de s'opposer à l'exécution ou d'appeler des jugements dont il s'agit dans les délais prescrits par la loi.

La transmission des actes judiciaires à l'étranger est effectuée par le département sans lettre d'envoi , et avec un
simple bulletin imprimé indiquant la date de la remise faite
à Paris au ministère par l'autorité judiciaire et celle de son
envoi à l'étranger. Ce bulletin doit être exactement renvoyé
au bureau de la chancellerie, avec le reçu de la partie intéressée ou la déclaration du chancelier qui en tient lieu. Le
reçu ne peut jamais, du reste, être donné sur ce bulletin, et
il doit toujours l'être sur une feuille séparée, afin qu'on puisse
l'en détacher en France et le transmettre à qui de droit.

Les actes dont la remise n'a pu être effectuée à l'étranger
sont renvoyés au département par les consuls, qui doivent en
même temps faire connaître par écrit les motifs qui se sont
opposés à l'accomplissement des ordres qu'ils ont reçus à ce
sujet : il convient que ces sortes de renvois n'aient lieu que
par navires français ou par des occasions, afin d'éviter des frais
de poste.

(1) Ordonnance du 25 octobre 1833, art. 11.
(2) *Formulaire à l'usage des consulats*, n° 335.

### 8. — Commissions rogatoires.

Il arrive fréquemment que les cours et tribunaux d'un pays sont dans la nécessité de réclamer le concours des magistrats d'un pays étranger pour l'exercice de leur juridiction criminelle, correctionnelle, civile ou commerciale; ce concours a ordinairement pour but : une enquête à diriger, un interrogatoire à faire subir, un serment ou une déclaration à recevoir, une remise de pièces, une assignation à donner, enfin, une décision définitive à exécuter.

Dans ce cas, ils adressent à ces magistrats des lettres qui ont reçu le nom de *commissions rogatoires*, et qui leur sont transmises non pas directement, mais par *la voie diplomatique*. La qualification de ces lettres implique nécessairement qu'elles doivent être rédigées dans une forme courtoise et non *réquisitoriale*, puisque l'exécution doit en être demandée comme un bon office que, d'après les traités ou les règles du droit des gens, les magistrats de tous les pays civilisés se rendent réciproquement. Par cela même que leur transmission doit avoir lieu par la voie diplomatique, il est évident que les consuls ne sont dans le cas de les recevoir qu'autant qu'ils réunissent à leurs fonctions un titre diplomatique, ou qu'il n'existe, dans le pays de leur résidence, aucun agent politique français : dans cette hypothèse, c'est par le bureau de la chancellerie que l'envoi leur en est fait; et leur devoir est d'en réclamer l'exécution près du gouvernement du pays où ils remplissent leurs fonctions.

Il peut arriver, cependant, qu'au lieu de s'adresser à des magistrats étrangers, les tribunaux s'adressent directement à un consul, notamment lorsqu'il ne s'agit d'aucun acte de juridiction extérieure; dans ce cas, la transmission de la lettre rogatoire est également faite, par l'entremise du bureau de la chancellerie, au consul, qui doit pourvoir ou procéder d'*office* et *sans frais* à son exécution.

En nous occupant au livre VIII de la juridiction consulaire, nous aurons occasion de revenir sur le mode d'exécution par les consuls de cette espèce particulière d'actes et notamment de ceux qui doivent être suivis d'un acte du ministère de juge, ou qui sont relatifs à l'exécution soit d'un jugement, soit d'une décision rendus en France. Il suffit de rappeler ici que les réponses des consuls aux commissions rogatoires qui leur sont adressées doivent toujours être transmises par eux au bureau de la chancellerie des affaires étrangères, qui les fait parvenir aux autorités judiciaires compétentes (1).

Les commissions rogatoires que les consuls dans les pays musulmans, peuvent, par suite de leurs attributions judiciaires, être appelés à adresser à des juges en France pour entendre des témoins ou procéder à tout autre acte de leur compétence, doivent aussi être transmises en France par l'intermédiaire du bureau de la chancellerie.

### 9. — Appel des jeunes soldats résidant à l'étrangers.

Les jeunes Français qui se trouvent à l'étranger au moment où la classe à laquelle ils appartiennent est appelée à satisfaire aux conditions de la loi sur le recrutement de l'armée, sont convoqués par l'intermédiaire de nos consuls, auxquels le bureau de la chancellerie transmet la liste nominative de ceux qui sont établis ou se trouvent momentanément dans leur arrondissement. Lorsque ces jeunes gens, mis en demeure par les consuls de rentrer en France pour y remplir leurs obligations militaires, ne se présentent point dans les délais prescrits par la loi devant l'autorité chargée du recrutement au chef-lieu de la division militaire dont fait partie le département dans lequel ils devaient concourir au tirage, ils sont déclarés *insoumis*. Mais la part d'action que les consuls sont appelés à prendre dans les questions de cette nature se borne à notifier aux intéressés l'appel qui leur est fait, et à rendre compte au département, nominativement pour chacun d'eux, de la manière dont ils y ont répondu (2). Nous reviendrons, du reste, au livre VII, sur cette question de l'appel des jeunes soldats à l'étranger.

### 10. — Protection des intérêts privés.

Le ministère des affaires étrangères se trouve dans le cas

(1) Instruction du 29 novembre 1853.
(2) Circulaire des affaires étrangères du 18 janvier 1854.

d'intervenir en faveur des Français qui ont, en pays étranger, des créances à recouvrer, des successions à recueillir, des procès à suivre, des actes à demander, des informations à prendre, etc., etc.: de nombreuses demandes lui sont adressées chaque jour à ce sujet. Les particuliers qui, après avoir épuisé inutilement les voies ordinaires, sont obligés de réclamer le concours ou l'appui de ce département, n'ont besoin de l'intermédiaire de personne; il suffit qu'ils transmettent directement au ministre, sous le timbre du *bureau de la chancellerie*, des indications et des renseignements propres à diriger son intervention, ou des pièces qui puissent le mettre à portée de faire valoir utilement leurs droits à l'étranger (1). Toute autre marche, telle que l'entremise des *hommes d'affaires* ou une demande directe adressée aux agents extérieurs, demeurerait sans résultat; car le ministère, dont l'intervention, en pareil cas, est *purement officieuse* et non obligatoire, comme on est assez généralement disposé à le croire, n'entend ni favoriser des spéculations particulières, ni laisser dégénérer les légations et les consulats français à l'étranger en *bureaux d'affaires*.

Quelques consuls ont cru pouvoir, il est vrai, donner suite à des réclamations d'intérêt privé dont ils avaient été saisis, sans l'autorisation préalable du ministère, soit par des fonctionnaires publics français, soit par de simples particuliers qui avaient cru pouvoir recourir directement à leurs bons offices : c'est là une irrégularité que le département a dû signaler à leur attention, parce qu'en principe, il doit rester juge du degré et du mode d'intervention de ses agents. Ceux-ci doivent donc, sauf dans les circonstances particulières ou exceptionnelles dont ils auraient à rendre compte au ministre, s'abstenir avec soin de correspondre directement avec les fonctionnaires publics français ou les particuliers résidant en France, et de donner suite aux demandes qui ne leur parviendraient pas par l'entremise du ministère des affaires étrangères (2).

(1) Circulaire des affaires étrangères du 30 novembre 1832.

(2) *Id.* des 12 août 1831 et 12 janvier 1850.

Il est bien entendu qu'il ne s'agit ici que de l'intervention *officieuse* des consuls, et nullement d'une intervention *officielle* qui leur serait demandée en raison même de leurs fonctions, et qu'ils ne pourraient évidemment refuser à ceux qui y auraient droit.

Lorsque, au contraire, des demandes d'informations ou d'intervention officieuse ayant pour objet des intérêts privés leur sont transmises par le département des affaires étrangères, les consuls ne sauraient s'en occuper avec trop de soin ni trop d'activité, afin d'assurer, autant que cela peut dépendre d'eux, le succès de ces réclamations.

S'il s'agit, ce qui a lieu le plus fréquemment, de demandes d'actes émanant des autorités étrangères, les consuls doivent toujours, lorsqu'ils ont pu se procurer ces actes, en faire connaître le coût au département par leur dépêche de transmission, afin que les sommes dont ils ont fait l'avance puissent être réclamées aux parties intéressées au moment où la chancellerie du ministère leur fait la remise des pièces qu'elles ont demandées (1).

**11. — Demande d'actes à l'étranger ou de l'étranger en France.**

Il arrive aussi quelquefois que des Français résidant à l'étranger, et des étrangers même, s'adressent directement à des fonctionnaires publics en France qui refusent leurs lettres pour cause de taxe ou qui les laissent sans réponse. Ce silence peut, dans certains cas, compromettre gravement les intérêts de nos nationaux, particulièrement dans les affaires de succession, pour lesquelles les exécuteurs testamentaires réclament souvent l'intervention de nos autorités locales dans le but de découvrir des héritiers dont le nom et le domicile leur sont la plupart du temps inconnus. Il était donc juste que, dans cette circonstance, les consuls fussent autorisés à prêter leur concours à leurs nationaux, mais ce n'est également que sous le couvert du ministre des affaires étrangères que les consuls doivent transmettre aux fonctionnaires publics en France

(1) Circulaire des affaires étrangères du 12 janvier 1850.

les demandes qui peuvent être adressées à ces derniers par des Français résidant à l'étranger (1).

Les actes dont les Français établis à l'étranger ont le plus souvent besoin . sont des expéditions d'actes de l'état civil, dont les originaux sont inscrits sur les registres de nos mairies. Il serait irrégulier que les pièces ainsi réclamées fussent délivrées sans. frais par l'intervention du département des affaires étrangères, lorsque, pour les obtenir, tous les autres citoyens sont tenus de payer en France des droits dont le montant est destiné à accroître. les revenus du trésor public et les émoluments des administrations municipales. Rien ne saurait justifier un pareil privilège accordé aux Français résidant à l'étranger (2); ceux-ci doivent donc s'adresser au maire de la commune où a été reçu l'acte dont ils réclament une expédition, en joignant à leur demande, un mandat de la somme nécessaire pour payer le port de la lettre et tous les frais de timbre, d'expédition et de légalisation ; l'intervention des consuls doit se limiter à les éclairer sur la nature comme sur la quotité de ces frais. Cette règle, tout en détruisant le privilège dont jouissaient les Français établis en pays étranger, aura l'avantage d'habituer peu à peu ceux-ci à faire eux-mêmes leurs affaires personnelles, et à ne recourir aux bons offices des agents de leur nation, qu'après avoir inutilement fait ou fait faire en France, par leurs parents, amis ou correspondants, les démarches nécessaires pour se procurer les actes en question. Il est évident que, dans ce dernier cas et dans tous ceux où la demande directe de ces Français devrait échouer devant des obstacles qu'il ne dépendrait pas d'eux de surmonter, les consuls devraient intervenir en leur faveur. La règle, comme on le voit, n'est point absolue; ajoutons qu'elle ne saurait s'appliquer au cas où des actes de l'état civil dressés en France sont réclamés, soit par les autorités territoriales, soit dans un but d'utilité publique quelconque, ni lorsque la position des réclamants ne leur permet absolument pas d'acquitter les frais; dans ce dernier cas les consuls sont autorisés

(1) Circulaires des affaires étrangères du 12 août 1831.
(2) Lettre du ministre de la justice à celui des affaires étrangères du 1er septembre 1849.

à recevoir leurs demandes accompagnées d'un certificat d'indigence dûment constatée, et à les transmettre au département (1).

## 12. — Actes concernant des étrangers.

Les consuls doivent s'abstenir de donner suite aux demandes faites directement par des étrangers domiciliés dans leur résidence pour obtenir des actes de l'état civil. Il importe, en pareil cas, que ces étrangers se pourvoient près de leur gouvernement, qui réclame alors, par la voie diplomatique, les actes dont il s'agit, et qui, après les avoir obtenus gratuitement de l'administration française, ne serait pas fondé à refuser la même faveur à notre gouvernement, s'il se trouvait dans le cas de la réclamer pour ses nationaux. Du reste, ceci ne peut s'appliquer aux actes de décès, attendu que, par une induction tirée de l'article 80 du Code civil, qui prescrit l'envoi à la mairie de leur arrondissement d'une expédition de l'acte de décès des individus qui meurent hors de leur domicile, les actes de décès de tous les étrangers morts en France sont transmis par les soins des préfets au ministre des relations extérieures, qui les adresse aux différentes légations étrangères à Paris (2). Il suit évidemment de ce qui précède, que, pour se procurer, *en France*, des actes ou des renseignements quelconques concernant leurs parents, les étrangers en général doivent, *s'ils résident dans leur pays d'origine*, s'adresser à leur gouvernement ; mais si, *fixés sur le territoire français*, ils ont besoin de faire venir de leur pays des actes et des renseignements de même nature, ils devront recourir directement à l'intervention des agents politiques ou consulaires de leur nation accrédités près du gouvernement français (3).

(1) Circulaire des affaires étrangères du 15 septembre 1849.
(2) *Id.* des 1er avril 1815 et 26 janvier 1836.
(3) *Id.* du 17 juillet 1848.

### 13. — Communications de procédures judiciaires.

Ainsi que nous le dirons au livre VIII, en nous occupant de l'exercice du droit de juridiction attribué aux consuls, ceux de ces agents qui remplissent leurs fonctions dans les échelles du Levant et de Barbarie, doivent envoyer au département, sous le timbre du bureau de la chancellerie, par duplicata, et dans le délai d'un mois à partir de leur date, l'extrait des ordonnances et jugements correctionnels rendus par eux, afin qu'il puisse être transmis en temps utile au ministère de la justice (1).

### 14. — Actes de l'état civil.

Le bureau de la chancellerie centralisant au département dès affaires étrangères tout ce qui concerne l'état civil des Français résidant à l'étranger, c'est lui qui examine les questions relatives à l'état civil dont la solution appartient à l'autorité administrative, et qui instruit celles dont la solution est du ressort de l'autorité judiciaire ; c'est sous son timbre que doivent être adressées au département les demandes d'autorisation pour contracter mariage dans le Levant, celles qui ont pour objet les dispenses de mariage entre beau-frère et belle-sœur ou autres, la rectification d'actes de l'état civil, et enfin les expéditions d'actes de l'état civil, de naturalisation, de réintégration dans la qualité de citoyen français, etc., etc.

### 15. — Envoi du registre et des expéditions des actes de l'état civil, ainsi que du registre des actes notariés.

C'est également à ce bureau qu'il est prescrit aux agents extérieurs de transmettre une expédition de tous les actes de l'état civil de nos nationaux dressés par eux ou déposés dans leur chancellerie conformément aux articles 60 et 87 du Code civil, après avoir légalisé, toutefois, la signature des officiers instrumentaires (2).

Conformément aux prescriptions de l'ordonnance du 23 oc-

(1) Loi du 28 mai 1836, art. 78.
(2) Circulaire des affaires étrangères du 31 août 1848.

tobre 1833, le département doit encore recevoir sous le même
timbre : 1° l'un des doubles des registres de l'état civil clos
et arrêtés par les agents à la fin de chaque exercice, ou, à défaut de registre, un certificat constatant que pendant le cours
de l'année, il n'a été reçu aucun acte de cette nature (1);
2° un des doubles du registre des actes notariés qui est déposé
aux archives, afin que des expéditions ou extraits puissent en
être délivrés aux personnes intéressées en nom direct, et à
leurs héritiers ou ayants droit, en vertu d'une autorisation
spéciale du ministre (2).

### 16. — Renseignements relatifs aux successions et envoi des dépôts.

Enfin, c'est également au bureau de la chancellerie que
doivent être transmises toutes les informations recueillies par
les consuls relativement aux successions des Français morts à
l'étranger; en communiquant au ministère les renseignements qui leur sont parvenus à ce sujet, les consuls doivent
joindre à leur dépêche : 1° l'acte de décès du défunt, en ayant
soin d'indiquer le lieu de sa naissance ou de son ancien domicile en France, afin que l'on puisse faire rechercher immédiatement ses héritiers; 2° une copie régulière de son testament, s'il en a fait un; 3° enfin, une copie également
régulière de l'inventaire des valeurs mobilières et immeubles,
ou, s'ils ne pouvaient se procurer cette dernière pièce, un
état approximatif de l'actif et du passif de la succession (3).
Le strict accomplissement de ce devoir est surtout essentiel
dans les pays où, soit d'après nos traités, soit d'après la législation locale, le soin d'administrer ces successions n'est pas
laissé aux consuls, car ce n'est qu'ainsi que les héritiers ou
autres intéressés peuvent être régulièrement avertis, par l'entremise du département, du besoin qu'ils peuvent avoir d'assurer leurs droits en les faisant valoir promptement (4).

(1) Ordonnance du 23 octobre 1833, art. 2, 4 et 9.
(2) Instruction du 30 novembre 1833. — Circulaire des affaires
étrangères du 28 juillet 1850.
(3) Ordonnance du 3 mars 1781, titre 2, art. 88.
(4) Circulaire des affaires étrangères du 31 juillet 1813. — Instruction particulière du 8 août 1814.

Les consuls peuvent recevoir dans leur chancellerie, à titre de dépôt, et non autrement, soit des autorités locales, soit des mandataires que les héritiers ont constitué sur les lieux, le produit de ces successions, comme ils reçoivent le produit de celles qu'ils ont eux-mêmes administrées et liquidées d'office, ainsi que tous autres dépôts volontaires ou litigieux.

Ils sont autorisés à garder ces dépôts pendant cinq ans ; mais ils ont la faculté, lorsque les intéressés sont domiciliés en France, et quand il n'a été formé entre leurs mains aucune opposition, de les transmettre, avant l'expiration de ce délai, à la caisse générale des consignations à Paris, par l'intermédiaire du ministère des affaires étrangères, sous le timbre du bureau de la chancellerie.

Le produit des successions des marins décédés, de la vente des navires français naufragés, de leurs agrès et cargaisons, est transmis directement par les consuls au trésorier général des invalides de la marine, sous le couvert du ministre de ce département, ainsi que nous l'expliquerons plus au long au livre V.

Du reste, en nous occupant spécialement au livre VII des dépôts faits dans les chancelleries consulaires, nous rappellerons les diverses formalités qui doivent en accompagner l'envoi en France, selon l'origine et la nature particulière de chacun d'eux. Nous devons nous borner ici à indiquer de quelle manière doit être effectuée la transmission en France des recouvrements faits à l'étranger pour compte de Français, et en vertu de mandats spéciaux adressés aux consuls par le bureau de la chancellerie.

**17. — Recouvrements de créances de particuliers sur particuliers.**

Nous avons déjà dit que l'intervention du département était souvent sollicitée par des Français mis dans l'impossibilité de faire valoir eux-mêmes leurs droits à l'étranger ou de s'y faire payer par leurs débiteurs. Dans ce cas, les réclamants doivent joindre aux titres originaux de leur créance dont ils font la remise au bureau de la chancellerie, après les avoir fait régulariser, s'il y a lieu, par les autorités françaises compétentes, une procuration sur laquelle le nom du mandataire est laissé *en blanc*, et qui est ensuite adressée au consul (*qui doit toujours en accuser réception immédiatement au ministère*), afin que celui-ci puisse la remettre contre un récépissé, soit à une personne de confiance, soit à un homme de loi chargé, sous sa surveillance, des démarches nécessaires pour obtenir le payement des sommes réclamées. Cette marche est la seule que les consuls doivent suivre pour opérer les recouvrements qui leur sont recommandés par le ministère des affaires étrangères, attendu qu'il leur est expressément interdit d'accepter aucun mandat ou procuration, et d'en faire personnellement usage, sans l'autorisation spéciale et préalable du ministre (1). Cependant, il importe qu'ils appuient, par une intervention non pas officielle, mais *officieuse*, les démarches du mandataire dont on leur a laissé le choix, dans tous les cas où, pour en assurer le succès, cette intervention leur semblera nécessaire. Du reste, ils manqueraient à leur devoir s'ils n'usaient de tous les moyens d'influence dont ils peuvent disposer pour rendre à ceux de leurs nationaux qui ont sollicité leurs bons offices le service qui leur est demandé.

Si les consuls remarquent, après avoir inutilement épuisé tous les moyens de conciliation pour décider le débiteur à se libérer, que le payement de la créance à recouvrer ne peut avoir lieu sans l'intervention des tribunaux du pays où ils résident, ils doivent, sur-le-champ, *avant d'exercer aucune poursuite judiciaire*, en informer le ministre des affaires étrangères sous le timbre du bureau de la chancellerie; lui indiquer, en même temps, d'une manière approximative, sinon exactement, le montant de la provision nécessaire soit pour payer la caution qu'en sa qualité d'étranger demandeur, le créancier sera tenu de fournir, soit pour assurer le payement des frais de procédure et les honoraires de l'avocat qui sera chargé de suivre le procès à intenter. Ces frais seraient certainement mis à la charge des consuls si ces agents en faisaient l'avance sans l'autorisation préalable du département ou du créancier.

Lorsque le recouvrement est effectué et que le montant en a été déposé dans leur chancellerie, les consuls doivent l'envoyer immédiatement au ministère, en bonnes traites sur France, à

(1) Instruction générale du 29 novembre 1833.

l'ordre des intéressés (1). Ces traites sont accompagnées d'un bordereau indiquant distinctement et séparément : l'origine et la nature de la créance; le montant en principal et en frais des sommes à recouvrer; les payements faits selon qu'ils ont eu lieu partiellement ou intégralement; le compte des frais de recouvrement; le droit de dépôt dû au chancelier; les frais d'acquisition de la traite; et enfin, tant en monnaie du pays qu'en monnaie de France, le produit net remis au département (2). Ce bordereau est dressé en double expédition par le chancelier, vérifié et visé par le consul, et transmis au bureau de la chancellerie, qui renvoie l'une des expéditions au consul pour sa décharge après l'avoir fait quittancer par les ayants droit.

En somme, toute la correspondance des consuls ayant trait à des affaires particulières d'état civil, de successions, recouvrements, réclamations, informations, demandes de pièces ou actes, doit donc porter le timbre du bureau de la chancellerie.

### 18. — Transmission du bulletin des lois.

Enfin, c'est également par les soins du bureau de la chancellerie que le Bulletin des lois est transmis aux agents du service extérieur; tous les numéros doivent en être classés par ordre de date et conservés dans les archives par les soins des chanceliers. Lorsque, par un motif quelconque, la collection d'un poste vient à se trouver incomplète, le titulaire doit sur-le-champ réclamer au département les numéros qui lui manquent ou qui ne lui sont pas parvenus, afin qu'elle soit toujours tenue au courant (3).

### 19. — Recommandation générale.

Nous croyons devoir terminer ce chapitre en donnant aux consuls le conseil de ne jamais perdre de vue les réclamations qui leur sont adressées par le bureau de la chancellerie, et qui, par cela même qu'elles touchent à l'intérêt privé de leurs nationaux, se recommandent plus spécialement à leurs soins et

(1) Circulaire des affaires étrangères du 1er janvier 1837.
(2) *Formulaire à l'usage des consulats*, n° 60.
(3) Instruction du 20 février 1829.

à leur sollicitude éclairée. Ils ne sauraient trop s'empresser d'y donner suite dès qu'ils les reçoivent, s'en occuper avec trop d'activité, ni trop souvent écrire au ministère pour le tenir constamment au courant des démarches qu'ils font dans le but d'accélérer la marche et la conclusion de ces nombreuses affaires. Du reste, ils doivent savoir que les intérêts privés sont exigeants et généralement peu disposés de leur nature à tenir compte aux agents du service extérieur des difficultés et des obstacles souvent fort sérieux que ceux-ci ont à vaincre pour leur procurer la satisfaction qu'ils sont impatients d'obtenir. De là des plaintes plus ou moins vives dont le ministère ne peut pas toujours se dispenser de se rendre l'interprète, et que les consuls feront certainement cesser en suivant la marche que nous venons de leur indiquer.

# CHAPITRE VI.

### RAPPORTS DES CONSULS AVEC LA DIRECTION DE LA COMPTABILITÉ ET DU CONTENTIEUX.

**Attributions générales. — Classement des dépêches.**

Toutes les dépêches ayant trait à une question pécuniaire, quelle qu'elle soit, sauf pour ce qui tient à la comptabilité des chancelleries consulaires, doivent être adressées au département des affaires étrangères, sous le timbre de la direction de la comptabilité et du contentieux (1). C'est également sous le timbre de cette direction que doivent être adressées au ministre toutes les demandes des agents tendant à obtenir pour leurs fils une bourse nationale dans les lycées, conformément aux prescriptions de l'article 2 de la loi du 27 novembre 1848 (2), ou ayant pour objet, quant à ceux qui appartiennent à l'ordre de la Légion d'honneur, de faire admettre leurs filles à l'établissement de Saint-Denis.

Comme ces dépêches se rapportent nécessairement à des

(1) Circulaire des affaires étrangères du 12 janvier 1850.
(2) *Id*. du 28 août 1850.

questions qui ne sont pas traitées dans le même bureau, et qu'il n'y a, par exemple, aucune connexité entre le payement des traitements des agents et le remboursement de leurs frais de service, elles ne doivent pas être réunies et classées à la suite les unes des autres, et n'ont par conséquent pas besoin d'être numérotées. Mais les agents ne sauraient se dispenser d'ajouter en marge l'analyse sommaire du sujet qui y est traité, ainsi que cela leur est, du reste, comme nous l'avons déjà dit, prescrit pour leur correspondance avec les trois autres directions du département (1).

Suivant la marche que nous avons adoptée en traitant des rapports des consuls avec la direction commerciale, nous devons, en nous occupant de ceux qu'ils entretiennent avec celle de la comptabilité et du contentieux, distinguer ce qui est purement personnel de ce qui est exclusivement relatif au service indépendamment de la personne de l'agent, et par conséquent examiner séparément les questions relatives aux traitements, aux retraites, aux frais de premier établissement ou de voyage, et enfin celles qui ont trait au remboursement des avances des consuls à l'étranger et des dépenses faites par ordre et pour compte du département. Il nous restera ensuite, pour épuiser ce que nous avons à dire au sujet de la direction de la comptabilité et du contentieux, à ajouter quelques mots sur ses attributions contentieuses et sur les rapports exceptionnels que les consuls peuvent avoir avec elle à ce sujet. Nous commencerons toutefois par donner quelques indications sur les règles générales de la comptabilité du ministère des affaires étrangères.

## SECTION I.

Comptabilité générale du ministère des affaires étrangères.

### 1. — Budget du ministère des affaires étrangères.

Le budget est fixé annuellement par la loi de finances qui

(1) Circulaires des affaires étrangères des 10 avril 1852 et 16 mai 1849.

ouvre les crédits nécessaires aux dépenses des divers services publics. Les crédits ouverts pour chaque exercice, c'est-à-dire une période de douze mois, du 1er janvier au 31 décembre, ne peuvent être employés aux dépenses d'un autre.

## 2. — Comptabilité par exercice.

Les dépenses d'un exercice, qui devaient autrefois être ordonnancées avant le 30 septembre de l'année suivante, doivent l'être aujourd'hui avant le 31 juillet, c'est-à-dire deux mois plus tôt, et les ordonnances émises ne sont payables que jusqu'au 31 août suivant ; passé ce terme, qui est celui de la clôture définitive de l'exercice, toutes les créances arriérées qui s'y rapportent ne peuvent plus être ordonnancées qu'à titre de rappel sur exercice clos et d'après les règles spéciales déterminées par les règlements généraux sur la comptabilité publique (1).

Les retards apportés par les agents extérieurs à l'accomplissement de ces formes protectrices de la fortune publique ne peuvent être qu'une cause d'embarras pour le trésor et de dommage pour eux-mêmes : d'embarras pour le trésor, parce qu'il lui importe toujours qu'une dépense qui engage l'Etat soit connue et apurée dans les délais voulus par la loi ; de dommage pour les agents, à cause des lenteurs inséparables des formalités auxquelles sont soumises les créances arriérées, et de la déchéance qui peut les atteindre lorsque le montant n'en a pas été réclamé ou acquitté, faute de justifications, dans le délai de cinq ans à partir de l'année de leur origine (2). Il dépend donc des agents d'éviter ce double inconvénient, en apportant à l'apurement de leur comptabilité et à la justification de leurs dépenses l'exactitude et la régularité nécessaires pour qu'ils ne soient pas exposés à voir une dépense, régulièrement faite ou autorisée, tomber dans les exercices clos, et augmenter ainsi les charges déjà très-réelles que leur impose

(1) Ordonnance du 31 mai 1838, art. 3, 4, 12, 30, 91, 92 et 103. — Règlement général sur la comptabilité des affaires étrangères du 6 novembre 1840, art. 1, 2, 3, 31, 49 et 75. — Décret du 11 août 1850, art. 2. — Circulaire des affaires étrangères du 15 septembre 1850.

(2) Circulaire des affaires étrangères du 12 novembre 1840.

l'obligation de faire des avances pour le compte du gouvernement (1).

### 3. — Ordonnancement des dépenses.

Aucune dépense faite pour le compte du département des
affaires étrangères ne peut être acquittée si elle n'a été préalablement ordonnancée par le ministre. Les ordonnances en
vertu desquelles le ministre dispose des crédits qui lui sont
ouverts doivent toujours être signées par lui-même ; elles sont
adressées au ministre des finances, auquel il appartient de
prendre les mesures nécessaires pour en faire effectuer le payement ; des extraits de ces ordonnances de payement, indica-
tifs de la nature de la dépense et de la somme à payer par le
trésor, sont en même temps délivrés aux parties prenantes
ou à leurs fondés de pouvoirs par les soins de la direction de la
comptabilité. Ces extraits d'ordonnance sont le titre qui les
autorise à se présenter aux caisses publiques dans les délais
réglementaires.

### 4. — Fondés de pouvoirs des agents.

Les agents politiques et consulaires sont représentés auprès
du ministère des affaires étrangères par des agents spéciaux ou
fondés de pouvoirs, librement choisis par chacun d'eux pour
recevoir tous les extraits des ordonnances signées en leur faveur, et en toucher le montant au trésor sur l'exhibition de
la procuration spéciale qui les y autorise.

Les fondés de pouvoirs des consuls doivent être autorisés
par leurs constituants à reverser au trésor, sur la demande
du ministre des affaires étrangères, toutes les sommes qui
auraient été irrégulièrement ordonnancées en leur nom ou
imputées par erreur sur tel ou tel exercice, ou sur tel ou tel
chapitre du budget.

Autrefois, lorsqu'une ordonnance de payement avait été
expédiée au nom d'un agent, soit pour son traitement, soit à
titre de remboursement quelconque, il lui en était directement

(1) Circulaire des affaires étrangères du 12 janvier 1850.
(2) *Id.* du 15 septembre 1850.

donné avis par la direction des fonds (1). Il est regrettable
que l'accroissement des affaires et les réductions successives
du personnel de l'administration centrale aient mis le département des affaires étrangères dans la nécessité de renoncer à
un usage qui avait pour résultat de faciliter aux agents éloignés leurs rapports avec leurs fondés de pouvoirs, et de leur
donner, pour leurs émissions de traites ou mandats, une sécurité qu'ils ne sauraient avoir aujourd'hui que d'une manière
indirecte et souvent incomplète.


## SECTION II.

Des traitements et des pensions de retraite des agents.

### § 1er. — DES TRAITEMENTS D'ACTIVITÉ.

#### 1. — Mode de rétribution des consuls.

Les consuls n'ont pas toujours été directement rétribués
par l'Etat; anciennement, ils l'étaient même d'une manière
différente suivant les pays dans lesquels ils étaient établis.
Ainsi, en pays de chrétienté, tantôt ils recevaient un traitement spécial payé sur les fonds du ministère de la marine ou
de celui des affaires étrangères; tantôt ils étaient autorisés à
prélever, à leur profit et à titre d'honoraires, certains droits
sur le commerce français de leur résidence, et ce indépendamment de leurs émoluments pour les actes passés devant eux
par leurs nationaux; tantôt, enfin, ils réunissaient la perception de ces divers droits à la jouissance d'un traitement
fixe (2).

En Levant et en pays de Barbarie, ils ont été également

(1) Circulaire des affaires étrangères du 17 brumaire an XI.
(2) Arrêts du conseil des 24 mai 1656, 20 janvier 1666 et 22 mai
1671. — Règlement du roi du 8 décembre 1720. — Ordonnances des
24 mai 1728 et 2 novembre 1743. — Circulaire des affaires étrangères
du 8 mars 1762. — Ordonnance du 13 décembre 1764. — Circulaire de
la marine du 8 avril 1766. —Ordonnance du 18 mai 1767.— Circulaire
de la marine du 18 mai 1767.

tour à tour payés soit sur les fonds de l'Etat par les trésoriers généraux de la marine, soit sur les fonds et par les soins de la chambre de commerce de Marseille; quelquefois même ils n'ont eu d'autre rétribution que les droits qu'ils étaient autorisés à percevoir sur le commerce, en vertu de tarifs aussi nombreux que variés, et qui différaient le plus souvent dans chaque consulat (1).

**2. — Des traitements actuels et de leur insuffisance.**

La Convention nationale a établi dans ce service et pour tous les pays de consulat une uniformité que l'ordonnance de 1781, applicable seulement au Levant et à la Barbarie, n'avait pas étendue aux consulats de chrétienté (2). Aujourd'hui, tous les consuls reçoivent un traitement fixe, inscrit, comme celui de tous les fonctionnaires publics, au budget de l'Etat, et calculé approximativement d'après les exigences de chaque poste et la valeur relative de l'argent dans chaque pays.

Jusqu'en 1833, les fonds provenant de la perception des droits de chancellerie étaient affectés au payement des frais de bureau et aux honoraires des chanceliers, jusqu'à concurrence du cinquième du traitement du consul, et les produits excédant ces dépenses appartenaient, savoir : les deux tiers au consul, et l'autre tiers au chancelier (3). Les ordonnances des 23 et 24 août 1833 ont fait, comme nous l'avons déjà vu, cesser un état de choses qui, outre qu'il s'écartait trop des règles générales de notre législation financière, portait encore atteinte à la considération dont nos consuls doivent jouir, en exposant souvent leur conduite à être entachée d'un reproche ou d'un soupçon de partialité, par des redevables qui pouvaient se croire lésés par eux, ou atteints de droits trop élevés.

(1) Arrêts du conseil des 31 juillet et 24 novembre 1691, 27 janvier et 8 septembre 1694, 9 juillet 1710, 10 janvier 1718, 21 avril 1720, 21 janvier, 14 juillet et 2 septembre 1721. — Règlement du 28 février 1732. — Ordonnance du 27 mai 1733. — Arrêt du conseil du 27 novembre 1779. — Ordonnance du 3 mars 1781.

(2) Décret de la Convention du 22 août. — 2 septembre 1793. — Règlement de germinal an III.

(3) Ordonnance du 8 août 1814, art. 9.

Les consuls n'ont donc plus aujourd'hui aucune part dans les recettes de leur chancellerie; et si cette modification du régime antérieur à la réforme de 1833 a été pour eux la cause de sacrifices plus ou moins considérables, ils y trouvent déjà une compensation par l'accroissement de prestige et d'indépendance personnelle qui en résulte. Le gouvernement a, du reste, pris soin de les indemniser dans la mesure des ressources dont notre situation financière lui a permis de disposer (1).

Qu'il nous soit cependant permis de dire ici, en nous appuyant sur une expérience déjà longue, et acquise tant en Europe qu'en Afrique et en Amérique, que les traitements de nos consuls sont en majeure partie insuffisants. « Il est, » a dit un écrivain qui appartenait, lui aussi, à la carrière des consulats, « un certain degré de bienséance au-dessous duquel un « agent extérieur ne peut rester sans perdre la considération « qui lui est nécessaire, soit à l'égard de l'autorité territoriale « qui mesure le cas qu'on fait d'elle par la tenue de l'agent « qu'on lui envoie, soit à l'égard des agents des autres nations « placés près de lui, et avec lesquels il a à lutter d'influence « et de considération (2). » Disons que ces obligations de représentation ne peuvent plus, dans la plupart des cas, être remplies aujourd'hui par nos consuls qu'en suppléant à l'insuffisance de leur traitement par des sacrifices personnels qui leur sont impérieusement commandés pour se créer à eux-mêmes une existence honorable, et pour satisfaire en même temps à des exigences auxquelles ils ne sauraient se soustraire sans nuire à leur position officielle.

### 3. — Époque et mode de payement.

Les traitements des consuls sont ordonnancés d'office par quartier et à la fin de chaque trimestre, pour être payés vers le milieu du mois suivant.

Il peut cependant être payé par avance, à tout agent qui se rend à une nouvelle destination, une somme équivalente à

(1) Rapport du ministre des affaires étrangères au roi du 23 août 1833.

(2) Borel, *Origine et fonctions des consuls*, chap. 7, art. 5.

trois mois de son traitement, dont le quartier suivant n'est naturellement liquidé qu'après échéance (1). Pour les agents envoyés dans des résidences très-éloignées du continent européen, cette avance peut même être portée au double, en vertu d'une autorisation spéciale du ministre.

Des ordonnances de payements anticipés sont également délivrées pour des frais de voyage, de courrier et de missions extraordinaires. Les avances auxquelles ces dernières donnent lieu doivent, du reste, être appuyées d'une décision spéciale du ministre lorsqu'elles ne s'élèvent pas à 20,000 fr., et d'une décision du chef du pouvoir exécutif, toutes les fois qu'elles atteignent ou dépassent cette somme (2).

#### 4. — Ouverture et cessation du droit au traitement.

Jusqu'en 1848, le traitement de tout agent consulaire qui allait remplir un poste *non occupé* commençait à partir du mois de son départ de Paris ou du lieu de sa résidence, savoir : pour le mois entier, s'il partait avant le 16 ; et pour la moitié du mois seulement, s'il partait après le 15 (3) : aujourd'hui cette disposition est abrogée. Le comité des finances de l'Assemblée constituante ayant en effet demandé que les traitements des agents ne courussent que du jour de leur entrée en fonctions, et non de celui de leur nomination ou de leur départ, cette modification aux règlements antérieurs a été prescrite, d'une manière impérative, par l'Assemblée elle-même, en 1849, *pour tous les agents placés en Europe ;* quant aux agents placés dans les autres parties du monde, la Constituante a également décidé qu'ils recevraient la moitié de leur traitement seulement, à compter du jour de leur départ jusqu'à celui de leur arrivée (4). Lorsqu'un agent quitte son poste par suite de rappel, il cesse d'avoir droit au traitement de ce poste à partir du jour où il a reçu la lettre qui lui notifie son rappel ; s'il s'absente,

(1) Arrêté du Directoire du 24 vendémiaire an VI.
(2) Règlement général du 6 novembre 1840, art. 55.
(3) Arrêtés du Directoire des 27 germinal an IV et 24 vendémiaire an VI.
(4) Rapport de la commission du budget sur les dépenses du ministère des affaires étrangères en 1849.

au contraire, par congé autorisé, il conserve son traitement
entier jusqu'au jour de son départ. L'agent qui revient à son
poste après un congé a droit à son traitement intégral du jour
de la date du procès-verbal de prise de possession du service. Si
quelque cause étrangère à sa volonté vient à retarder l'accomplissement de cette formalité, le ministre décide d'une manière
spéciale si l'agent doit recevoir son traitement à partir du jour
de son arrivée.

### 5. — Traitement de congé.

Les agents consulaires absents par congé régulièrement
autorisé jouissent de la moitié de leur traitement, à compter
du jour où ils remettent le service au gérant intérimaire du
poste jusqu'à celui où ils reprennent leurs fonctions (1). Toutefois, la durée de la jouissance de ce demi-traitement est limitée à six mois de séjour en France (2); les agents qui dépassent ce terme légal avant de retourner à leur poste perdent
tout droit à recevoir un traitement quelconque, et ne le recou-
vrent que du jour de leur arrivée dans leur résidence pour les
agents en Europe, ou de leur départ de France pour ceux
établis dans les autres parties du monde.

### 6. — Traitement des gérants.

La moitié du traitement des consuls absents de leur poste
est allouée aux gérants intérimaires que le ministre a nommés
ou dont il a approuvé le choix (3). Tout compromis entre les
agents du service extérieur pour la liquidation de leur traitement en cas de gérance, et tout arrangement dont le résultat
serait de restreindre, dans une proportion plus ou moins forte,
la part qui revient légalement au gérant sur le traitement de
l'agent dont il remplit provisoirement les fonctions, sont ex-

---

(1) Ordonnance du 3 mars 1781, titre 1er, art. 62. — Circulaire de la
marine du 17 février 1785. — Arrêtés du Directoire des 27 germinal
an IV et 24 vendémiaire an VI.

(2) Ordonnance du 7 juillet 1834, art. 4.

(3) Arrêtés du Directoire des 27 germinal an IV et 24 vendémiaire
an VI.

pressément prohibés, et une juste sévérité atteindrait les agents qui se laisseraient aller à ces transactions (1).

Si un gérant est suppléé lui-même dans les fonctions qu'il cesse d'exercer pour gérer un consulat, son remplaçant a également droit à la moitié du traitement attaché à ses fonctions.

Les élèves consuls appelés à gérer un consulat conservent en entier le traitement de leur grade, qu'ils cumulent alors avec le demi-traitement du poste qu'ils gèrent; ils ne sauraient en effet perdre, dans ce cas, la jouissance d'un traitement attaché à leur titre, et qui n'est pas, comme celui des consuls, attaché à telle ou telle résidence (2).

Lorsqu'un consul, déjà titulaire d'un poste, est chargé d'en gérer un autre, il touche à la fois le demi-traitement du poste dont il est titulaire, si ce dernier demi-traitement est libre, et la moitié du traitement du poste dont la gestion lui est conférée.

### 7. — Avis à donner par les consuls.

Les agents sont tenus de faire connaître officiellement au ministre tout changement survenu dans leur position qui serait de nature à modifier la quotité du traitement auquel ils ont droit. Ainsi, il leur est prescrit de ne jamais s'absenter de leur poste, pour une cause quelconque, sans faire connaître au département, sous le timbre de la direction de la comptabilité et par un avis spécial et direct, la date précise de leur départ : il doit en être de même pour l'époque de leur retour (3).

Il est également prescrit à tous les agents du service extérieur d'adresser au département, à la fin de chaque trimestre, une note qui rappelle avec exactitude les changements survenus dans la position des personnes placées sous leurs ordres à quelque titre que ce soit. Cet envoi, qu'un trop grand nombre d'agents se sont donné le tort de perdre de vue, doit être fait en même temps que celui de l'état des frais de service du trimestre. Quant aux agents consulaires dont les fonctions ne comportent pas de frais de ce dernier genre, les notes qui les

(1) Circulaire des affaires étrangères du 26 août 1850.
(2) Ordonnance du 3 mars 1781, titre 1er, art. 64.
(3) Circulaires des affaires étrangères des 28 août 1827 et 30 avril 1850.

concernent personnellement doivent être adressées au département par le consul dans l'arrondissement duquel ils résident, de telle sorte qu'à l'échéance de chaque trimestre le département ait une connaissance exacte et complète des positions individuelles, sous tous les rapports qui intéressent le service de sa comptabilité. Il arrive, sans doute, souvent que ces notes trimestrielles ne font mention d'aucun changement ; mais l'utilité qu'elles peuvent avoir en certains cas suffit pour que leur envoi périodique doive être fait avec exactitude (1).

### 8. — Traitement des drogmans, des chanceliers et des agents vice-consuls.

Les règles que nous venons d'exposer relativement au mode de payement, soit intégral, soit partiel, des traitements des consuls, sont également applicables : 1° aux drogmans ; 2° à ceux des chanceliers qui reçoivent directement un traitement sur les fonds généraux du budget ; 3° aux agents vice-consuls qui touchent une indemnité fixe sur n'importe quel chapitre du budget.

### § 2. — DES TRAITEMENTS D'INACTIVITÉ ET DES TRAITEMENTS SPÉCIAUX ALLOUÉS AUX AGENTS EN CERTAINS CAS.

### 1. — Traitement d'inactivité.

Le droit au traitement ne varie pas seulement pour les consuls lorsqu'ils sont en congé volontaire ou retenus à Paris par ordre supérieur, il se modifie également lorsqu'ils sont rappelés en France pour des causes étrangères au mérite de leurs services. Sous l'empire, le droit des agents placés dans cette situation à réclamer un dédommagement de leur inactivité forcée, avait déjà été formellement reconnu (2). Mais le décret de 1808, tout en établissant un principe salutaire pour les agents dont la carrière ne se trouvait plus dès lors exposée à être brisée selon les vicissitudes ou les nécessités politiques,

(1) Circulaire des affaires étrangères du 28 août 1827.
(2) Décret du 21 décembre 1808.

avait laissé en dehors de leur application des cas nombreux qui appelaient le développement de ses conséquences. La guerre n'est pas en effet la seule cause du rappel des agents extérieurs : un simple refroidissement dans les relations d'État à État, la suppression permanente ou momentanée de l'emploi, un changement, une modification de système peuvent aussi déterminer le rappel d'un agent auquel le gouvernement a conservé toute la plénitude de sa confiance (1). Les diverses circonstances donnant droit à un traitement d'inactivité peuvent être résumées ainsi : 1° suppression permanente ou momentanée de l'emploi; 2° rappel de l'agent pour des causes étrangères au mérite de ses services.

Les traitements d'inactivité ont été fixés par l'ordonnance réglementaire du 22 mai 1833 :

à 4,000 fr. pour les consuls généraux;
à 2,400 fr. pour les consuls de première classe ;
à 1,800 fr. pour les consuls de seconde classe (2).

Toutefois, le droit au traitement d'inactivité n'est acquis aux agents que lorsqu'ils comptent plus de dix ans d'activité de service avec traitement annuel et personnel dans le département des affaires étrangères. En outre, ceux qui sont rappelés doivent, pour avoir droit à la jouissance d'un traitement d'inactivité, y être admis par la décision même qui prononce leur rappel, disposition qui est pour eux une garantie contre l'insuffisance des motifs qui pourraient le provoquer. Les gérants intérimaires ne sont point assimilés aux agents titulaires, et n'ont droit en aucun cas au traitement d'inactivité (3).

La durée du traitement d'inactivité est limitée à trois ans pour les agents qui comptent moins de quinze ans d'activité de service, et à cinq ans pour ceux qui en comptent quinze (4).

L'ordonnance du 22 mai 1833, que nous venons d'analyser, laissait encore quelques positions indécises ; les droits

(1) Rapport du ministre des affaires étrangères au roi du 22 mai 1833.
(2) Ordonnances du 22 mai 1833, art. 4, et du 20 août 1833, art. 9.
(3) *Id.* du 22 mai 1833, art. 1, 2 et 3.
(4) *Id.*     *Id.*      art. 5.

inhérents à ces diverses positions ont été déterminés par les ordonnances postérieures des 7 juillet 1834, 1er août 1835, 30 octobre 1843 et 27 juillet 1845.

## 2. — Traitements spéciaux.

Les agents dont les fonctions ont été suspendues pour une cause étrangère au mérite de leurs services, et qui ne sont pas admissibles au traitement d'inactivité faute par eux de remplir les conditions exigées par l'ordonnance du 22 mai 1833, peuvent, en vertu d'une décision spéciale émanée du chef du pouvoir exécutif, recevoir la moitié du traitement assigné au poste dont ils étaient titulaires pendant un espace de temps qui, sauf des circonstances particulières, ne doit pas excéder une année. Cette allocation ne peut, du reste, être réclamée par l'agent rappelé que dans le cas où il ne serait pas remplacé et où le traitement de l'emploi continuerait d'être porté au budget (1).

Les agents en congé qui, après un séjour de six mois en France, reçoivent du chef du pouvoir exécutif, sur le rapport motivé du ministre des affaires étrangères, l'ordre de rester à Paris pour une affaire de service, touchent la moitié du traitement de leur emploi jusqu'au terme du travail dont ils ont été chargés, ou jusqu'à nouvelle décision émanée du chef du pouvoir exécutif (2).

Lorsqu'au contraire un agent est rappelé et retenu en France pour un motif politique, sans être autorisé à rompre l'établissement qu'il a formé dans le lieu de sa résidence officielle, une partie de son traitement peut lui être conservée en indemnité de ses dépenses obligées, telles que loyer, entretien de mobilier, chevaux, domestiques, etc. (3). Cette quotité ne peut jamais excéder la moitié du traitement pendant les six

(1) Ordonnances du 7 juillet 1834, art. 1 et 2 et du 27 juillet 1845, art. 1 et 2.

(2) Ordonnances du 1er août 1835, art. 1, et du 27 juillet 1845, art. 5. — Rapport du ministre des affaires étrangères, approuvé par le roi, du 30 octobre 1843.

(3) Ordonnances du 7 juillet 1834, art. 3, et du 27 juillet 1845, art. 5.

premiers mois, et après ce terme elle est réduite dans les proportions suivantes :

Les consuls généraux ayant un traitement de quarante à quarante-cinq mille francs reçoivent 15,000 fr.

Même grade de vingt-cinq à trente-six mille fr., 12,000 fr.

Les consuls de première classe ayant un traitement de quarante mille fr., 12,000 fr.

Même grade de vingt-cinq à trente mille fr., 10,000 fr.

Même grade de quinze à dix-huit mille fr., 6,000 fr.

Même grade de dix à douze mille fr., 5,000 fr.

Les consuls de seconde classe ayant un traitement de vingt mille fr., 6,000 fr.

Même grade de quinze à dix-huit mille fr., 5,000 fr.

Même grade de huit à douze mille fr., 4,000 fr.

Les agents consulaires non compris dans les catégories ci-dessus reçoivent le traitement de congé (1).

Les agents consulaires qui ont été réformés du 25 février au 25 juillet 1848, pour cause de suppression d'emploi, de réorganisation ou pour toute autre mesure administrative n'ayant pas le caractère de révocation ou de destitution, et qui ne comptaient pas la durée de services suffisante pour être admis à la retraite, reçoivent une indemnité temporaire calculée pour chaque année à raison du soixantième de leur traitement moyen pendant les quatre dernières années d'activité, et dont la jouissance est limitée à un temps égal à celui de la durée de leurs services (2). Cette disposition n'ayant été consacrée qu'à titre de mesure exceptionnelle et transitoire, aucun agent rappelé ou révoqué postérieurement au mois de juillet 1848 ne serait fondé à l'invoquer et à s'en prévaloir comme d'un précédent.

§ 3. — DISPOSITIONS GÉNÉRALES RELATIVES A TOUTE ESPÈCE DE TRAITEMENTS.

### 1. — Cumul des traitements et pensions.

Aucun traitement d'inactivité ne peut être cumulé avec un

(1) Ordonnance du 27 juillet 1845, art. 3.
(2) Décret du Gouvernement provisoire du 2 mai 1848, art. 2.

traitement quelconque payé par le trésor public, ni avec une pension à la charge du budget de l'Etat ou sur les fonds de retenue, si ce n'est pour services militaires (1).

Aucun traitement d'activité ne peut également être cumulé avec une pension de retraite servie soit sur les fonds de l'Etat ou des communes, soit sur les fonds de retenue, en tant que l'un et l'autre réunis dépassent la somme de sept cents francs (2).

Les anciens militaires ou marins jouissant à la fois d'une pension de retraite et d'un traitement actif comme employés civils, sont soumis à une retenue sur leur traitement, calculée selon le chiffre de leur pension, et qui, dans aucun cas, ne peut excéder la moitié du chiffre le plus faible de la pension de retraite ou du traitement civil (3).

### 2. — Déclarations à fournir.

Pour assurer l'exécution de cette prescription, tout fonctionnaire de l'Etat jouissant d'un traitement civil d'activité est tenu de déclarer s'il réunit ou ne réunit pas à ce traitement une pension, dotation, demi-solde cu autre allocation payée sur les fonds généraux de l'Etat, ou sur un fonds de retenue quelconque. Cette déclaration est reçue par l'autorité administrative chargée de la liquidation et de l'ordonnancement des traitements, et mention doit en être faite sur les mandats de payement (4).

Appliquée aux agents extérieurs du département des affaires étrangères, cette mesure eût rencontré des difficultés d'exécution à peu près insurmontables, si leurs déclarations avaient dû être produites et renouvelées à des époques déterminées. Ces agents ont, en conséquence, été affranchis de cette obligation ; mais, pour que les droits du trésor fussent sauvegardés, il leur a été demandé une déclaration qui contînt de leur part l'engagement de faire connaître immédiatement soit au mi-

(1) Ordonnance du 22 mai 1836, art. 6.
(2) Lois des 25 mars 1817 et 15 mai 1818. — Décret du Gouvernement provisoire du 15 mars 1848.
(3) Décret de l'Assemblée nationale du 12 mars 1848, art. 1 et 2.
(4) Arrêté du chef du pouvoir exécutif du 14 octobre 1848.

nistre des affaires étrangères, soit à toute autre autorité administrative dont ils viendraient à dépendre, celles des allocations spécifiées dans le décret du 12 août 1848, dont ils pourraient jouir ou qu'ils viendraient à obtenir postérieurement.

Cette obligation n'est pas imposée seulement aux consuls, elle s'applique encore à tous les employés, quelle que soit d'ailleurs la nature ou l'origine de leurs émoluments, taxations ou autres. Elle concerne donc aussi les chanceliers tant titulaires qu'intérimaires, les gérants et les commis ayant une rétribution à la charge de l'Etat; les consuls manqueraient dès lors à leur devoir s'ils ne tenaient strictement la main à leur exécution, en ce qui concerne les divers fonctionnaires placés ou qui viendraient à se trouver placés sous leurs ordres, même d'une manière provisoire.

### 3. — Saisies-arrêts et oppositions sur les traitements.

Les traitements des fonctionnaires publics et employés civils sont saisissables jusqu'à concurrence du cinquième sur les premiers mille francs et toutes les sommes au-dessous, du quart sur les cinq mille francs suivants, et du tiers sur la portion excédant six mille francs, à quelque somme qu'elle s'élève, et ce jusqu'à l'entier acquittement des créances (1).

Les sommes que reçoivent les agents diplomatiques employés à l'extérieur ont pendant longtemps été considérées moins comme un traitement que comme une indemnité pour subvenir aux frais indispensables de représentation qu'exige le rang qu'ils occupent, et il avait en conséquence été décidé qu'elles étaient insaisissables.

Mais l'avis rendu à cet égard par le conseil d'Etat le 25 novembre 1810 n'ayant pas été inséré au Bulletin des lois, a depuis lors été considéré comme non avenu, et le garde des sceaux ayant reconnu l'impossibilité d'en remettre les dispositions en vigueur, les traitements diplo-

_____

(1) Loi du 21 ventôse an IX.

14

matiques sont désormais soumis à la règle générale (1).

Les saisies-arrêts ou oppositions sur les sommes dues par l'Etat aux agents consulaires sont soumises aux mêmes formalités que celles exercées sur les traitements de tous autres fonctionnaires civils. Elles doivent être faites à Paris à la diligence des intéressés, en vertu d'un titre exécutoire, entre les mains du conservateur des oppositions au ministère des finances, et non ailleurs : toutes oppositions signifiées directement au ministère des affaires étrangères seraient nulles et non avenues ; elles n'ont, du reste, d'effet que pendant cinq ans à compter de leur date, et sont rayées d'office des registres sur lesquels elles ont été inscrites si elles n'ont pas été renouvelées dans ledit délai (2).

**4. — Retenue sur les traitements pour la caisse des retraites.**

Les agents du département des affaires étrangères dont les traitements sont payés directement sur les fonds du budget supportent, au profit de la caisse des retraites du ministère, diverses retenues dans les proportions suivantes :

1° Une retenue proportionnelle sur tous les traitements, à raison de cinq pour cent sur les premiers vingt mille francs desdits traitements, de quatre pour cent sur les seconds vingt mille francs, de trois pour cent sur les troisièmes, de deux pour cent sur les quatrièmes, et enfin de un pour cent sur les cinquièmes et suivants ;

2° Une retenue calculée d'après la même proportion décroissante sur les gratifications, suppléments de traitement, et généralement toutes les sommes payées à ces agents, autres que frais de voyage et d'établissement et remboursements d'avances pour le service ;

3° Une retenue extraordinaire sur le premier mois de tout premier traitement, ainsi que de toute augmentation d'un ancien traitement, obtenu soit dans le même emploi, soit dans un autre, laquelle est égale au montant de celle que devra

(1) Règlement général du 6 novembre 1840, art. 65.
(2) Ordonnance du 31 mai 1858, art. 125 et 126.

supporter ce traitement ou cette augmentation de traitement dans le cours d'une année (1).

§ 4. — DES RETRAÎTES DES CONSULS ET DROGMANS.

**1. — Mise à la retraite.**

Le produit des diverses retenues exercées sur les traitements des agents est destiné à acquitter la dette du gouvernement envers ceux qui sont laborieusement parvenus au terme de leur carrière, et constitue les recettes de la caisse des retraites du département des affaires étrangères, à laquelle, du reste, l'État accorde chaque année une subvention destinée à suppléer à l'insuffisance des retenues exercées sur les traitements des agents.

Le droit à la pension de retraite est acquis à tout agent dont le traitement est passible d'une retenue, après trente années de services rétribués, ou seulement après vingt-cinq ans, en cas d'infirmités graves contractées au service, reconnues et dûment constatées.

**2. — Quotité des retraites.**

La pension des consuls, ainsi que celle des drogmans, se calcule sur les grades dont ils ont été revêtus pendant les quatre dernières années de leurs services, et en prenant le terme moyen des pensions fixées pour chacun de ces grades après trente années de service, ainsi qu'il suit :

Pour les consuls généraux, à 6,000 fr.; pour les consuls de première classe et les premiers drogmans de Constantinople, à 5,000 fr.; pour les consuls de seconde classe, les seconds drogmans de Constantinople et les premiers drogmans des consulats généraux, à 3,000 fr.; pour tous les autres drogmans, à 2,400 fr. (2).

Toute pension accordée avant trente années de service, et

(1) Ordonnance du 19 novembre 1823, art. 1er. — Règlement général du 6 novembre 1840, art. 61.

(2) Ordonnances du 19 novembre 1823, art. 2 et 3, et du 20 août 1833, art. 9.

dans le cas d'infirmités graves, doit subir autant de trentièmes
de diminution qu'il manque d'années à ce terme.

En vertu du décret du gouvernement provisoire du 2 mai
1848, sur la réorganisation des services publics, quelques
pensions ont été accordées à des agents extérieurs après vingt
ans de service, mais, comme nous l'avons déjà dit, l'application
de ce décret ne saurait être considérée que comme une dérogation aux règlements généraux sur la matière, faite en vue
de circonstances et de nécessités politiques exceptionnelles.

Les seuls services qui donnent droit à la pension de retraite
sur les fonds de retenue des affaires étrangères, soit qu'ils
aient été rendus dans le ministère ou dans toute autre administration de l'Etat, étant ceux dont le payement est directement effectué sur les fonds du budget, les chanceliers de
consulats ou de missions diplomatiques qui n'ont pas, indépendamment de leurs taxations ou minimum d'honoraires,
un traitement fixe sur le budget n'ont droit en cette qualité
à aucune pension de retraite (*voir* livre II, chap. 5).

Les services ne sont comptés dans la liquidation des retraites qu'à partir de l'âge de vingt ans, et leur durée totale, qu'elle soit de trente années ou seulement de vingt-
cinq, doit toujours en comprendre une de quinze années
au moins dans le département des affaires étrangères. Le
temps d'inactivité avec traitement dans le département compte
comme temps de service actif; seulement il ne peut être admis,
quelle qu'ait été sa durée, dans la liquidation des pensions,
que pour cinq ans en totalité. La pension des agents qui arrivent à la retraite avec un traitement d'inactivité est également calculée sur le grade dont ces agents étaient revêtus pendant les quatre dernières années de leurs services effectifs (1).

Les demi-traitements de congé, comme tous ceux alloués
aux agents dans des cas spéciaux, autres que ceux d'inactivité,
comptent comme traitements actifs pour la liquidation des
retraites.

Toutes les liquidations de pensions accordées sur la caisse
des retraites des affaires étrangères sont révisées par le comité

(1) Ordonnances du 19 novembre 1823, art. 6, 7 et 8, et du 22 mai
1833, art. 5.

des finances du conseil d'Etat (1). Les formes de cette révision
,sont, du reste, les mêmes que celles en usage pour toutes les
autres pensions, civiles et ont été déterminées par la loi du 15
germinal an xi, le règlement général du 12 janvier 1825 et
la loi de finances du 19 mai 1849.

Les pensions affectées sur les fonds de retraite du ministère
des affaires étrangères et leurs arrérages sont incessibles et
insaisissables, excepté dans les cas prévus par les articles 203,
205 et 214 du Code civil, relatifs aux obligations réciproques
des époux entre eux et à celles des descendants envers leurs
père, mère et autres ascendants qui sont dans le besoin (2).

### 3. — Pensions de veuves et d'orphelins.

La veuve d'un pensionnaire, aussi bien que celle d'un
agent décédé dans l'exercice de ses fonctions après trente
années de service, peut obtenir, si elle est dénuée de fortune, une pension égale au quart de celle dont jouissait ou à
laquelle avait droit le défunt; mais pour cela, elle est tenue
de justifier qu'elle était mariée avec lui cinq années avant
l'obtention de sa retraite ou l'ouverture de son droit à l'obtenir. Dans le même cas de défaut de fortune, chacun des
orphelins de père et mère issus des mariages spécifiés ci-
dessus peut obtenir une pension égale au vingtième de celle
dont jouissait ou à laquelle avait droit leur père; cette pension,
dont la durée peut être limitée à un nombre d'années quelconque, ne saurait d'ailleurs leur être payée passé l'âge de
dix-huit ans, et n'est point susceptible de reversibilité (3).

### 4. — Secours.

Les veuves des agents morts dans l'exercice de leurs fonctions, avant d'avoir acquis par trente années de services le
droit à la jouissance d'une pension de retraite, peuvent aussi,
lorsqu'elles sont dénuées de ressources, obtenir un secours du

(1) Règlement du conseil d'État du 15 juin 1850, art. 17.
(2) Loi du 24 ventôse an ix. — Arrêt de la Cour de cassation du 28
août 1815. — Ordonnance du 27 août 1817.
(3) Ordonnance du 19 novembre 1823, art. 12.

département des affaires étrangères sur les fonds spéciaux portés à cet effet au budget de chaque exercice ; mais l'obtention de ce secours ne dérive pas d'un droit acquis, et n'est qu'une simple faveur dont la continuation pendant un certain espace de temps est subordonnée à la quotité du chiffre des crédits mis à la disposition du département, ainsi qu'à la décision du ministre.

## SECTION III.

### Des frais d'établissements alloués aux agents consulaires.

#### 1. — Règles générales.

Les agents politiques et consulaires sont tenus d'avoir un établissement conforme à leur rang dans le lieu de leur résidence officielle. Le caractère dont ils sont revêtus, la dignité de la nation qu'ils représentent à l'étranger, l'intérêt de la mission qui leur est confiée, leur imposent une représentation honorable, quoique renfermée dans de sages limites. Cette obligation exige de la part des agents une dépense de première mise pour l'acquisition de tous les objets qui doivent composer leur établissement, tels que meubles, cristaux, linge de table, voitures, chevaux, etc., suivant leur grade. L'État, pour le service duquel ces dépenses sont faites, leur facilite les moyens d'y pourvoir ; de là, les allocations qui figurent au budget des affaires étrangères sous le titre de frais d'établissement (1).

Les agents qui ont été nommés chefs titulaires d'un poste politique ou consulaire à l'étranger, et qui ont reçu l'ordre de se rendre à leur résidence officielle, ont droit à recevoir, avant leur départ, une indemnité de frais d'établissement. Les agents chargés seulement de remplir des fonctions intérimaires n'ont droit à aucune indemnité de cette nature (2).

(1) Rapport du ministre des affaires étrangères au chef du pouvoir exécutif du 14 décembre 1848.
(2) Arrêté du président de la République du 15 juin 1849, art. 1 à 3.

Tout ce qui concerne les frais d'établissement était autrefois réglé par l'arrêté du Directoire du 28 vendémiaire an VI,
et les ordonnances des 12 janvier 1837 et 7 avril 1842. Le
décret du chef du pouvoir exécutif du 14 décembre 1848
avait apporté à l'ancienne législation des modifications radi-
cales, qui ne furent toutefois pas sanctionnées lors du vote du
budget de 1849 (1). Un arrêté du président de la République,
en date du 15 juin 1849, a depuis abrogé ce décret lui-même,
en donnant une forme légale et exécutoire aux vues développées au sein de l'Assemblée nationale.

L'indemnité allouée aux agents consulaires pour frais
d'établissement est aujourd'hui réglée d'après les bases suivantes :

1º Quand l'agent nommé chef d'un poste consulaire se
trouve promu pour la première fois par cette nomination à
l'un des grades suivants :

Consul général,
Consul de première classe,
Consul de seconde classe,

l'indemnité est du tiers du traitement assigné à l'agent
lorsque ce traitement n'excède pas soixante mille francs ;
quand le traitement dépasse soixante mille francs, l'indemnité est composée : 1º d'un tiers des premiers soixante mille
francs ; 2º d'un quart de la somme suivante, depuis soixante
mille francs jusqu'à cent mille ; 3º d'un cinquième de la portion de traitement qui excède cent mille francs : dans l'état
actuel aucun traitement consulaire n'est, du reste, supérieur
à soixante mille francs.

2º En ce qui concerne les agents qui, ayant déjà été antérieurement revêtus de l'un des grades ci-dessus mentionnés,
sont nommés avec le même grade à un autre poste :

Si l'agent, à l'époque de sa nomination nouvelle, se trouve
en disponibilité et a passé trois mois au moins en inactivité,
depuis la cessation de ses fonctions dans son poste précédent
jusqu'à celui de sa nomination nouvelle, l'indemnité qui lui est
accordée pour son nouveau poste est également réglée d'après
les bases déjà indiquées ;

(1) Rapport de la commission du budget sur les dépenses du ministère des affaires étrangères en 1849.

Si, au contraire, l'agent nommé avec le même grade à un nouveau poste est encore en activité dans un autre, ou si, n'étant pas en activité, il n'a pas passé trois mois au moins en inactivité à partir du jour de la cessation de ses fonctions précédentes jusqu'au jour de sa nouvelle nomination, l'indemnité qui lui est accordée pour son nouveau poste est seulement des deux tiers de celle résultant des fixations précédentes (1).

### 2. — Rapport et décompte des indemnités.

Cette indemnité n'est définitivement acquise aux concessionnaires qu'après trois ans de résidence dans le poste pour lequel elle leur a été attribuée (2).

Lorsqu'un agent occupant un poste pour lequel il a reçu une indemnité d'établissement est nommé, avant trois ans de résidence dans ce même poste, à une nouvelle destination, il subit, par précompte sur l'indemnité allouée pour cette nouvelle destination, la déduction d'une somme représentant autant de trente-sixièmes de l'indemnité non complétement acquise qu'il lui manque de mois pour parfaire les trois ans de résidence : les fractions de mois sont comptées pour un mois entier en faveur de l'agent (3).

Si un agent rappelé avant un séjour de trois ans pour être mis en inactivité rentre dans le service actif, le laps de temps qui s'est écoulé entre le jour de la cessation de ses fonctions et la date de sa nomination nouvelle lui est compté pour moitié, par voie de compensation, dans le règlement de ses droits définitifs à l'indemnité précédemment reçue, c'est-à-dire, par exemple, que si le laps de temps passé dans l'inactivité est de six mois, il lui est tenu compte de trois mois ou trois trente-sixièmes de compensation, sans que toutefois le temps de

---

(1) Arrêté du Directoire du 28 vendémiaire an VI, art. 2. — *Id.* du président de la République du 15 juin 1849, art. 2.

(2) Arrêté du Directoire du 28 vendémiaire an VI, art. 3. — *Id.* du président de la République du 15 juin 1849, art. 4.

(3) Ordonnance du 12 janvier 1837. — Arrêté du président de la République du 15 juin 1849, art. 5.

compensation ainsi accordé puisse jamais excéder dix-huit mois, c'est-à-dire moitié de l'indemnité. En conséquence, lorsque la durée de la résidence et le temps de compensation ne forment pas, par leur réunion, les trois années voulues, la différence manquante est précomptée sur l'indemnité attribuée à la nouvelle destination (1).

Les agents qui, avant un séjour de trois ans dans leur poste, sont rappelés pour cesser d'appartenir à la carrière diplomatique ou consulaire (et non, par conséquent, s'ils passent de l'une dans l'autre) sont également admis à compter jusqu'à concurrence de dix-huit mois de compensation en sus du droit acquis par la durée effective de la résidence, c'est-à-dire dix-huit trente-sixièmes, dans le règlement de leurs droits définitifs à l'indemnité reçue. Quand la réunion du temps de résidence et des dix-huit mois de compensation ne complète pas les trois années voulues, ils ont à restituer au trésor, sur la simple demande du ministre des affaires étrangères, et dans le délai de trois mois à partir de la date de cette demande, la somme qui ne leur est pas acquise. La réquisition en restitution peut être faite par le ministre dès qu'il le juge nécessaire, et même immédiatement après la mesure du rappel, tout agent rappelé par le ministre pouvant être considéré comme ne devant pas être réemployé à l'extérieur. Mais si, après l'exécution de la mesure qui lui a accordé une compensation anticipée jusqu'à concurrence de dix-huit trente-sixièmes, un agent vient à être remis ultérieurement en activité avant un laps de temps égal à celui qui lui aurait été alloué en compensation, la différence reçue en trop est précomptée sur l'indemnité afférente à son nouveau poste (2).

Tout agent maintenu, à la suite de son rappel, dans une situation d'expectative, et qui néanmoins n'est pas employé de nouveau à l'extérieur, dans l'espace de trois ans à partir du jour de la cessation de ses fonctions, doit, dans le délai d'un mois après l'expiration de ces trois ans, et nonobstant

(1) Décret du chef du pouvoir exécutif du 14 décembre 1848, art. 6. — Arrêté du président de la République du 15 juin 1849, art. 6.
(2) Décret du chef du pouvoir exécutif du 14 décembre 1848, art. 7. — Arrêté du président de la République du 15 juin 1849, art. 7 et 8.

toute probabilité de son rappel ultérieur à l'activité, restituer au trésor la somme qui ne lui est point acquise sur l'indemnité précédemment reçue (1).

Lorsqu'un agent, après avoir pris possession du poste auquel il a été nommé, vient à décéder en pleine activité de service ou pendant un congé temporaire, l'indemnité qu'il a reçue pour frais d'établissement est considérée, dans tous les cas, comme définitivement acquise à sa succession (2).

L'agent destitué pour cause d'inconduite n'a droit à aucune compensation en dehors des trente-sixièmes acquis par la durée effective de ses services (3).

Enfin, dans le cas où un agent qui a reçu son indemnité est remplacé avant son départ et nommé à une autre résidence donnant droit pour frais d'établissement à une indemnité moindre, il restitue immédiatement la différence.

Si l'agent remplacé avant son départ n'est pas en même temps appelé à une autre destination, il est tenu de reverser au trésor, sans délai, la totalité de ce qu'il a perçu. Toutefois, lorsque son remplacement provient de causes extraordinaires, instantanées ou indépendantes de son fait, et qu'il est régulièrement constaté que l'indemnité dont il s'agit a déjà, de bonne foi, été employée à l'acquisition du mobilier destiné à son établissement dans le poste qu'il devait occuper, le ministre des affaires étrangères apprécie et détermine, selon l'équité, la portion de l'indemnité qui doit lui être laissée en compensation des pertes à subir sur la revente ou sur la reprise par les marchands des objets achetés, et, à titre de remboursement des frais accessoires de transport et d'expédition des objets composant son établissement. Cette compensation ne peut néanmoins excéder la moitié de toute indemnité ne dépassant pas quinze mille francs, et le tiers s'il s'agit de sommes plus fortes (4).

(1) Arrêté du président de la République du 15 juin 1849, art. 9.
(2) Décret du chef du pouvoir exécutif du 14 décembre 1848, art. 10.
— Arrêté du président de la République du 15 juin 1849, art. 10.
(3) Arrêté du président de la République du 15 juin 1849.
(4) Décret du chef du pouvoir exécutif du 14 décembre 1848, art. 11.
— Arrêté du président de la République du 15 juin 1849, art. 12.

Les consuls qui, après avoir passé dix ans dans un même poste, y sont maintenus dans un intérêt de service, peuvent, suivant les circonstances et par décret rendu sur la proposition du ministre des affaires étrangères, obtenir une seconde indemnité de frais d'établissement. Cette indemnité n'est, toutefois, que du tiers de celle à laquelle aurait droit un nouveau titulaire, et elle est soumise aux mêmes conditions de précompte et de restitution que la première (1).

Les frais d'établissement sont liquidés d'office, sur ordonnances individuelles, d'après la quotité du traitement qui sert de base à leur fixation, le grade et la position au service des ayants droit : destinés à subvenir à l'acquittement des premières dépenses des agents dans leur résidence, ils sont payés avant le départ de ceux-ci pour leur destination, en tant cependant que l'insuffisance des crédits ouverts au budget ne s'y oppose pas, auquel cas ils ne sont payés que plus tard et sur les crédits supplémentaires.

### 3. — Indemnité en cas de pertes par incendie, naufrage, etc.

Quelquefois, en cas de pertes résultant d'événements de force majeure, une indemnité extraordinaire peut être accordée par le ministre : le chiffre de ces indemnités est toutefois très-faible, le crédit spécial destiné à y pourvoir étant annuellement limité à douze mille francs.

Les indemnités pour pertes résultant de force majeure, comme naufrage, révolution, incendie, etc., etc., varient forcément selon la nature même de la perte ; elles sont accordées aux agents en vertu d'une décision du ministre et selon la limite des crédits. A défaut de crédit, une demande spéciale doit être présentée à la législature. Il est bon d'ajouter que la réclamation à fins d'indemnité doit toujours être dûment justifiée par la preuve du fait pouvant donner lieu à indemnité, et être accompagnée : 1° d'un inventaire général et détaillé de tous les objets dont le remboursement est de-

(1) Décret du chef du pouvoir exécutif du 14 décembre 1848, art. 12 et 13.—Arrêté du président de la République du 15 juin 1849, art. 13 et 14.

mandé ; 2° de l'estimation de leur valeur ; et 3°, le cas échéant, des comptes mêmes d'achat et de déboursés.


## SECTION IV.

Des frais de route et de voyage des agents consulaires.


### 1. — Du droit aux frais de déplacement.

Les frais de route des agents politiques et consulaires envoyés en mission ou revenant en France, ou voyageant pour affaires de service, sont remboursés par le département (1).

Tous agents rappelés pour être admis au traitement d'inactivité ou à faire valoir leurs droits à la retraite, ont également droit au remboursement de leurs dépenses pour rentrer en France (2).

Les familles des agents morts à l'étranger dans l'exercice de leurs fonctions sont rapatriées aux frais de l'État.

Les frais de route sont, au contraire, considérés comme une charge personnelle et non remboursable lorsque les agents voyagent pour leurs propres affaires, qu'ils rentrent en France en congé volontaire, ou qu'ils retournent dans leur résidence après l'expiration d'un congé (3).

Lorsqu'un agent, se trouvant en congé à Paris, reçoit une nouvelle destination, il ne lui est pas tenu compte des dépenses qu'il a faites pour se rendre en France, et il reçoit uniquement le montant de ses frais de route de Paris à sa nouvelle destination.

Pour les voyages effectués dans des pays où les voies postales, les messageries et les chemins de fer offrent des moyens de transport régulièrement organisés, la dépense en est réglée par le département à *tant* par myriamètre, d'après les tarifs par grade. Les voyages effectués dans les contrées

---

(1) Arrêté du Directoire du 28 vendémiaire an vi, art. 7.
(2) *Id.* du 27 germinal an iv, art. 1er.
(3) *Id.* du 27 germinal an iv, art. 3, et du 28 vendémiaire an vi, art. 7.

où ces moyens de transport n'existent pas sont liquidés sur
état et pièces justificatives de la dépense faite (1).

## 2. — Tarif des frais de voyage.

Le tarif des frais de voyage alloués aux agents politiques et
consulaires a été calculé d'après les appréciations de la moyenne
des dépenses selon les exigences de chaque grade, en y comprenant tous les menus-frais accessoires, ainsi que le transport
d'un poids proportionné de bagage; il est divisé en deux catégories, dont la première s'applique uniquement aux voyages
d'agents se rendant pour la première fois à leur résidence
officielle ou la quittant définitivement, et ayant en conséquence
à transporter avec eux leur famille, leurs gens, leurs bagages
et leur établissement; la seconde concerne les voyages dits
de service, c'est-à-dire ceux des agents se déplaçant temporairement de leurs postes pour affaires de service.

L'allocation allouée, par myriamètre parcouru, aux agents
du service consulaire, varie encore selon que le voyage
s'effectue en poste ou par chemin de fer; le tarif arrêté par
le ministre des affaires étrangères le 25 avril 1849 l'a fixé
ainsi qu'il suit :

| | 1re CATÉGORIE. | | 2e CATÉGORIE. | |
|---|---|---|---|---|
| | EN POSTE. | EN CHEMIN de fer. | EN POSTE. | EN CHEMIN de fer. |
| | fr.   c. | fr.   c. | fr.   c. | fr.   c. |
| Consuls généraux............. | 16   » | 12   80 | 12   » | 7   » |
| Consuls de première classe..... | 12   50 | 10   » | 10   » | 5   50 |
| — de seconde classe...... | 12   » | 9   50 | 9   50 | 5   » |
| Premier drogman, secrétaire in-terprète et second drogman à Constantinople, premiers drog-mans des consulats généraux et chanceliers de missions di-plomatiques revêtus du titre de consul honoraire......... | 10   » | 8   » | 9   » | 4   50 |
| Élèvesconsuls, agents consulair., drogmans et autres chanceliers que ceux désignés ci-dessus.. | 9   » | 6   40 | 9   » | 4   50 |

(1) Circulaire des affaires étrangères du 1er juin 1851.

Ces prix renferment tous frais quelconques de transport de personnes et de mobilier, ainsi que tous frais et commission de banque.

### 3. — Frais de route en courrier.

Quoique les consuls ne puissent se trouver que très-rarement dans le cas d'expédier en courrier un des officiers attachés à leur poste, ils ne doivent pas négliger de se rappeler, le cas échéant, qu'aucune dépense pour course de courrier ou d'agent expédié en courrier ne saurait être remboursée sur les fonds du département, si elle n'est appuyée, indépendamment des pièces justificatives de la dépense, d'un certificat délivré par le chef de la mission, et constatant que la course prescrite, et qui doit être spécifiée, a été uniquement et absolument motivée par une nécessité de service (1).

Les voyages qui appartiennent à la seconde catégorie du tarif doivent être préalablement prescrits et autorisés par le ministre, et ne sauraient être entrepris par les agents sous leur propre responsabilité, que lorsqu'il y a urgence et impossibilité absolue pour eux d'attendre l'autorisation de se déplacer, mais dans ce cas, le remboursement n'en est effectué qu'après que leur nécessité a été duement constatée et reconnue par le ministre (2).

### 4. — Passage à bord de bâtiments de guerre, de paquebots ou de navires marchands.

Lorsque les agents extérieurs du ministère des affaires étrangères doivent se rendre à leur destination par mer, il leur est accordé passage sur les bâtiments de l'État, et la dépense en est remboursée au ministère de la marine par celui des affaires étrangères.

A défaut de bâtiments de guerre, ils sont autorisés à s'em-

(1) Circulaire des affaires étrangères du 19 mai 1849.
(2) *Id*. *Id*. du 15 septembre 1850.

barquer sur des paquebots ou des navires du commerce, et le montant de leur passage, ainsi que celui de leur famille et de leurs domestiques, leur est remboursé sur un état produit par eux et appuyé des pièces justificatives de chaque article de dépense. Nous indiquerons au livre V, en nous occupant des rapports des consuls avec la marine militaire, les conditions spéciales relatives à leur passage et à leur embarquement sur les bâtiments de l'État.

Tout état de frais de voyage dont le remboursement est réclamé doit être accompagné des preuves de la dépense, c'est-à-dire du reçu de chaque partie prenante; en outre, pour toute somme résultant d'un mémoire ou d'un compte, ce mémoire ou ce compte doit être produit à l'appui du reçu. De même, à l'égard de sommes résultant de contrats quelconques, ces contrats et le compte de règlement constatant la somme à payer en vertu des conditions stipulées, doivent également appuyer le reçu; tels sont, par exemple, pour les voyages qui ne peuvent s'effectuer qu'au moyen de bêtes de selle ou de somme, les marchés faits avec les conducteurs, muletiers ou tous autres entrepreneurs qui ont fourni ces bêtes de selle ou de somme, soit à tant par jour ou par monture, soit à telle autre condition. Ces marchés et le compte détaillé auquel ils donnent lieu doivent être fournis avec la quittance du payement.

Tels sont encore, pour les transports d'objets mobiliers : les lettres de voiture, relativement aux transports par terre; les connaissements des capitaines pour les transports par navigation maritime ou fluviale.

Les lettres de voiture et les connaissements doivent être conformes aux prescriptions légales; ainsi, les connaissements délivrés par les capitaines de navires français doivent contenir toutes les énonciations voulues par l'article 281 du Code de commerce ; l'article 102 du même Code détermine également ment pour les commissionnaires français les indications que doit contenir la lettre de voiture.

En résumé, l'État, de même que tout particulier, doit recevoir, non pas simplement la preuve d'un payement fait, mais aussi les titres réguliers qui constatent l'origine, les éléments, ainsi que l'exactitude de la somme payée et dont on lui réclame le remboursement.

Quant aux menus frais, aux donatives et aux dépenses pour lesquelles il peut y avoir impossibilité de se procurer quittance, il en doit être justifié par une déclaration de l'agent dans laquelle il certifie la réalité de la dépense, et explique les motifs qui s'opposent à la production du reçu. Cette déclaration doit contenir un bordereau détaillé, toutes les fois que la somme totale se compose d'éléments partiels (1).

Les quittances ou bordereaux quittancés des banquiers ou *tiers intermédiaires* qui ont avancé pour un agent le payement d'une dépense quelconque ne peuvent dispenser cet agent de produire les reçus des ayants droit qui ont été désintéressés par des tiers.

Toute pièce justificative en langue étrangère doit être accompagnée de sa traduction *littérale*, complète, certifiée véritable et signée par l'agent.

Les dates de l'ère musulmane et de toute ère ou manière d'énoncer les jours, mois et années doivent, après leur traduction littérale, être représentées, entre parenthèse, par leur date correspondante selon l'almanach grégorien.

L'état de dépense doit être envoyé au ministre en double expédition (2). Il doit énoncer dans la teneur de son titre, non-seulement le nom et le grade de l'agent, le lieu du premier point de départ, celui de la destination et la période de temps pendant laquelle le voyage s'est effectué, mais encore le nombre des personnes que l'agent a emmenées avec lui, et la qualité de chacune de ces personnes, l'âge des enfants (nécessaire à connaître pour apprécier s'ils ont dû payer place entière ou seulement demi-place), le sexe des domestiques et leur nationalité (attendu que les prix de leur passage à bord de beaucoup de bâtiments varient en raison de ces circonstances) ; enfin, le nombre des colis, le sommaire de leur contenu, leur poids total et leur volume cube d'après les connaissements, et l'affirmation que tous les objets qu'ils contenaient étaient uniquement destinés à l'usage de l'agent et de sa famille.

(1) Circulaire des affaires étrangères du 15 avril 1848.
(2) *Formulaire à l'usage des consulats*, n° 14.

Toute dépense d'une nature différente doit former, dans cet état, un article distinct.

Il doit présenter pour chaque article, par colonnes et suivant l'ordre de succession des faits accomplis : 1° le numéro d'ordre ; 2° la date de la dépense ; 3° le lieu où elle s'est effectuée ; 4° la nature de cette dépense et la dénomination en toutes lettres des monnaies étrangères avec lesquelles elle a été acquittée ; 5° la somme en monnaie étrangère ; 6° le taux du change en francs, justifié autant que possible par un certificat de deux banquiers ou négociants ; 7° le produit en francs d'après le taux du change ; 8° les numéros d'ordre et la désignation sommaire des pièces justificatives, écrits en regard de chaque article qu'elles concernent respectivement ; 9° les observations explicatives.

Cet état doit être certifié au bas sincère et véritable, et ce certificat doit mentionner en toutes lettres la somme totale réclamée. Il doit être daté, signé par l'agent, et revêtu du sceau du consulat (1).

### 5. — Frais de séjour et dépenses extraordinaires.

Les frais de séjour dans tel ou tel lieu pendant le cours du voyage ne sont pas remboursés par le département : c'est aux agents à prendre les mesures nécessaires pour les éviter.

Toutes dépenses extraordinaires ou résultant d'événements de force majeure doivent être l'objet d'explications spéciales qui en fassent connaître la cause et la nécessité ; elles ne sont remboursées, en tout ou en partie, qu'autant que le ministre, non-seulement les a reconnues indispensables, mais encore a jugé qu'elles ne doivent pas rester à la charge de l'agent.

## SECTION V.

### Comptabilité des frais de service.

#### 1. — Classification et justification des dépenses.

Les instructions générales pour les agents du service exté-

(1) Circulaire des affaires étrangères du 1er juin 1851.

rieur sur les rapports pécuniaires que leurs fonctions font
naître entre eux et le département des affaires étrangères,
étaient éparses dans une foule d'actes du gouvernement et de
circulaires ministérielles publiées à diverses époques sur les
frais de service (1) : un règlement spécial, en date du 20 septembre 1838, les a toutes réunies et coordonnées, en y ajoutant les dispositions complémentaires nécessaires pour mettre
cette matière en harmonie avec les principes généraux qui
régissent aujourd'hui la comptabilité et la justification des
dépenses publiques. Les prescriptions de ce règlement, con-
firmées par celui du 6 novembre 1840, ont été depuis lors,
sinon modifiées, du moins expliquées par de nombreuses circulaires qui toutes ont eu pour but soit d'appeler l'attention
des agents sur des irrégularités signalées par la cour des
comptes dans la comptabilité des frais de service de plusieurs
résidences ou sur l'insuffisance des justifications produites
dans certains cas, soit de circonscrire les dépenses dans les limites du crédit fort restreint porté au budget pour le remboursement des frais de service (2).

Le maximum de la dépense pour frais de service de chaque
poste est fixé par le ministre, selon les exigences de chacun
d'eux ; mais ce maximum n'est pas un abonnement à forfait,
ce n'est bien plutôt qu'un crédit ouvert que les agents
doivent même s'efforcer de ne pas atteindre (3).

Toute dépense faite par un agent sous sa responsabilité,
c'est-à-dire sans autorisation préalable, est soumise par le dé
partement à une appréciation rigoureuse : si la dépense n'est
pas jugée avoir été nécessaire, elle est complétement rejetée ;

_____

(1) Circulaire de la marine du 17 août 1756. — Arrêt du Conseil du
27 novembre 1779. — Règlement du ministre des affaires étranger
du 5 ventôse an II. — Arrêté du directoire du 24 vendémiaire an VI. —
Circulaires des affaires étrangères des 16 décembre 1810 et 25 novembre 1819. — Règlement approuvé par le roi du 18 mars 1832. —
Circulaires des affaires étrangères des 1er avril 1832 et 20 janvier
1857.
(2) Circulaires des affaires étrangères des 1er avril 1843, 8 septembre
1846, 29 mai 1847, 15 avril et 1er octobre 1848, 12 janvier et 15
septembre 1850.
(3) Id. des 1er avril 1832 et 15 avril 1848.

si elle dépasse, au point de vue d'utilité, les limites que l'agent aurait dû s'imposer, elle est réduite de toute la portion qui fait excédant (1).

Les classifications des dépenses que les agents sont autorisés à faire comme frais de service, les conditions qui les régissent, les justifications auxquelles elles sont soumises, se résument de la manière que nous allons successivement faire connaître.

### 2. — Frais de correspondance.

Les frais de ports de lettres et paquets de service, et les étrennes aux facteurs, sont remboursés aux agents comme frais de service sur la justification résultant d'un bordereau quittancé des directeurs des postes ou d'un compte des lettres reçues et affranchies, certifié par l'agent dans les résidences qui n'ont point de bureau de poste ou dont les usages ne se prêtent pas à cette formalité (2). Ce mode de justification ne saurait être remplacé par une simple déclaration des sommes dépensées par les agents pour frais de correspondance, car dans les résidences où soit l'usage, soit la loi, ne permettent pas de demander à l'administration des postes une quittance en règle, il n'est pas d'agent qui, avec l'assistance d'un employé quelconque, ne puisse tenir un compte régulier des lettres qu'il reçoit et de celles qu'il expédie (3).

### 3. — Courriers, messagers, guides et escortes.

Ces frais sont remboursés par le ministère sur la demande motivée de l'agent, appuyée, soit de la quittance des parties prenantes, soit, à son défaut, d'une déclaration supplétive de l'agent (4). Cette déclaration, indiquant les motifs qui, dans les cas exceptionnels, empêchent les agents de produire une

(1) Circulaires des affaires étrangères des 15 avril 1848 et 15 septembre 1850.

(2) *Formulaire à l'usage des consulats*, n° 18.

(3) Règlement du 20 septembre 1858. — Circulaire des affaires étrangères du 29 mai 1847.

(4) *Formulaire à l'usage des consulats*, n° 19.

justification d'une autre nature, doit être dûment motivée
et signée par l'agent sous la responsabilité duquel la dépense
qu'elle atteste est effectuée. On comprend, du reste, avec quelle
réserve les agents doivent user de ce mode de justification, qui
n'a, par le fait, aucune valeur légale, puisque ce n'est, à vrai
dire, qu'un titre que l'agent se donne à lui-même. En admettant ces déclarations comme preuves comptables, le gouvernement a placé les rares exceptions pour lesquelles il est
permis aux agents de justifier ainsi leurs dépenses, sous la
garantie de leur probité, et il a dû compter qu'ils n'useraient
de cette faculté que dans les cas où il leur serait absolument
impossible de mettre le véritable créancier de l'État en présence du trésor (1).

#### 4. — Journaux et documents étrangers.

Les journaux, lorsqu'ils ne sont pas à l'usage personnel des
agents, mais se rattachent, au contraire, d'une manière directe,
à l'exercice de leurs fonctions officielles, sont payés comme
frais de service; la demande de remboursement du coût de leur
abonnement doit être appuyée de la quittance du libraire ou
des éditeurs. Les journaux français ne sont pas compris dans
cette allocation; le prix des documents statistiques ou commerciaux transmis au ministère ou acquis avec l'autorisation
du ministre pour l'usage ou les collections des agences, est
également remboursé aux agents sur les quittances des parties prenantes. Les relevés commerciaux ou autres, destinés
à servir d'élément aux états de commerce et de navigation
demandés aux consuls, sont aussi payés comme frais de service sur le reçu des ayants droit ou la déclaration motivée de
l'agent; mais cette dépense spéciale ne peut être faite qu'en
vertu d'une autorisation préalable du ministère.

Nous rappellerons ici que, dans tous les cas où il y a eu à
l'étranger acquisition d'un objet mobilier quelconque ou de
documents destinés au poste, la demande en remboursement
du prix d'acquisition ne peut être accueillie si elle n'est
accompagnée d'un certificat de l'inscription de cet objet ou de

---

(1) Règlement du 20 septembre 1838. — Circulaires des affaires
étrangères des 12 novembre 1840 et 15 avril 1848.

ces documents sur l'inventaire du mobilier ou des archives du poste (1). .

### 5. — Objets d'art et modèles transmis par les agents.

Il arrive fréquemment que les agents sont sollicités à l'étranger pour transmettre au département des affaires étrangères ou à d'autres départements ministériels, notamment à celui de la guerre ou du commerce, des modèles, plans ou objets d'art, inventions plus ou moins réelles ou prétendues, qui donnent lieu à des frais de transport considérables. Dans aucun cas les agents ne doivent faire d'envoi de ce genre avant d'avoir demandé et obtenu l'assentiment du ministère, et toute dépense résultant des frais de transport ou à plus forte raison des frais d'acquisition qui n'aurait pas été préalablement autorisée, serait laissée à leur charge (2).

### 6. — Actes intéressant des particuliers demandés par le ministère.

Nous avons déjà dit, en nous occupant au chapitre précédent des rapports des consuls avec la direction des archives, que les agents, en transmettant au bureau de la chancellerie les actes qui leur ont été demandés pour des particuliers, devaient en faire connaître le coût par la dépêche même de transmission. Ils doivent, en outre, faire dresser tous les trois mois un état de tous les actes transmis par eux au département, et qui indique la date de la demande faite par le ministre, le numéro et l'année du dossier, la date de l'envoi au ministère, la nature des actes et les noms des individus qu'ils concernent, le coût en monnaie du pays et en argent de France, et les numéros d'ordre ou la désignation des pièces à l'appui. Cet état doit, en outre, être daté, certifié sincère et signé par les agents, et annexé, en double expédition, aux pièces justificatives de leurs frais de service ; enfin, son total doit former un des articles de leur état général de dépenses (3).

(1) Règlement du 20 septembre 1838.—Circulaire des affaires étrangères du 1er octobre 1848.

(2) Circulaire des affaires étrangères du 8 septembre 1846.

(3) *Id*. du 12 janvier 1850.

### 7. — Frais de bureau.

Ces frais sont à la charge des agents, de même que les gages des garçons de bureau, à moins qu'ils n'aient été autorisés par une décision formelle, auquel cas ils seraient imputés sur les produits de la chancellerie (1).

### 8. — Frais de culte.

Dans les pays non catholiques, les dépenses que le ministère a jugées nécessaires au culte sont payées comme frais de service, mais toujours sur la production de la quittance des parties prenantes. Dans les résidences catholiques, les loyers des bancs d'église, aumônes, etc., sont payés par les agents (2).

### 9. — Loyers et réparations.

Les loyers des maisons d'habitation sont à la charge des agents, qui doivent également subvenir à l'achat et à l'entretien de leur mobilier. Dans les résidences où il est, par exception, alloué aux agents un dédommagement à titre de loyer de chancellerie, cette dépense est imputée sur les produits de cet office. Les grosses réparations de clôture et de toiture des maisons appartenant à l'État sont remboursées aux agents ; mais elles ne sauraient être exécutées, hors le cas d'urgence constatée, sans l'approbation préalable par le ministre du devis desdites réparations, dressé par un architecte et affirmé par l'agent. L'exécution en est surveillée par un délégué spécial qui dresse et certifie l'état des travaux exécutés et du montant de la dépense. Cet état, vérifié et visé par l'agent, doit être joint par lui à l'état des frais de service dans lequel la dépense a été comprise (3).

(1) Circulaire des affaires étrangères du 31 mai 1838. — Règlement du 20 septembre 1838.
(2) Règlement du 20 septembre 1838.
(3) *Id. Id.*

**10. — Gages des concierges et autres gens de service.**

Les gages des concierges des habitations appartenant à l'Etat, ainsi que le salaire des gardiens du mobilier qui les garnit, lorsque l'établissement de ces concierges ou gardiens a été autorisé, sont à la charge du ministère et remboursés aux agents sur les quittances des parties prenantes. Les gages de tous les autres domestiques sont payés par les agents (1).

**11. — Solde, habillement, éclairage, chauffage et logement des janissaires, et prisons.**

Les frais ordinaires de cette nature, spéciaux aux consulats du Levant et de Barbarie, sont à la charge du ministère. Ils doivent être justifiés, savoir : les frais pour la solde, par un bordereau détaillé indiquant la somme payée à chaque ayant droit et certifié tant par le drogman que par le consul; l'habillement, le chauffage et l'éclairage des janissaires, par les reçus ou quittances des ayants droit ou fournisseurs, ou, en cas d'impossibilité de se procurer ces pièces, par l'attestation du drogman pour chaque espèce de dépense, certifiée par l'agent titulaire du poste ; enfin, les frais pour loyer du logement des janissaires, des prisons et des magasins, par les quittances des propriétaires ou l'attestation du drogman, également certifiée par le titulaire du poste (2).

**12. — Traitements et allocations personnelles de toute nature.**

Aucun traitement, de quelque nature qu'il soit, ne doit être alloué, sur les frais de service, sans une autorisation spéciale du ministère ; à plus forte raison, les indemnités ou traitements accordés, sur le chapitre des frais de service ou des missions extraordinaires, à quelques agents consulaires, ne peuvent-ils leur être payés par les consuls sous les ordres desquels ils sont placés qu'en vertu d'une décision préalable et spéciale du gouvernement. Dans tous les cas, la demande de remboursement de toute dépense pour payement de traitement

(1) Règlement du 20 septembre 1838.
(2) *Id. Id.*

quelconque, imputable soit sur les frais de service, soit sur
le fonds de missions extraordinaires, doit être appuyée de la
quittance des parties prenantes et de l'extrait ou tout au moins
de l'indication de la décision ministérielle qui l'autorise.

Nous rappellerons ici que s'il arrivait que des consuls, des
drogmans ou des chanceliers, s'appuyant sur des considérations plus ou moins fondées de localité ou d'usages, ne lais-
sassent aux commis ou employés dans leurs chancelleries
qu'une portion de leur traitement, en exigeant cependant de
ceux-ci, pour être produits comme pièces comptables, des reçus
pour la totalité de ce traitement, ces faits ne seraient pas seulement contraires aux principes de morale et de délicatesse
qui doivent animer tous les agents de l'administration, mais
qu'ils seraient encore en opposition avec les dispositions formelles des règlements. La sévérité du ministre atteindrait en
conséquence les agents qui lui seraient signalés comme s'étant
laissé entraîner à de semblables transactions, et le devoir des
consuls n'est pas seulement de s'en abstenir, mais l'intérêt
personnel qu'ils ont à sauvegarder leur responsabilité les
oblige à faire connaître au ministre ceux de leurs subordonnés
qui contreviendraient, par des arrangements de cette nature,
à une disposition générale qui s'étend aux agents de tout
grade, comme elle est applicable aussi à tous les employés ou
salariés quelconques, garçons de bureau, domestiques, janissaires en Levant, etc. (1).

### 13. — Entretien du pavillon.

Le ministère rembourse aux agents les frais de cette nature lorsqu'ils sont justifiés par les factures des fournisseurs,
ou les mémoires des ouvriers dûment certifiés, et qu'ils ne
dépassent point les bornes d'une rigoureuse économie (2).

### 14. — Fêtes et cérémonies.

Les bals, illuminations, dîners, etc., à l'occasion des fêtes
et cérémonies ordinaires, sont à la charge des agents; les dé-

(1) Circulaire des affaires étrangères du 26 août 1850.
(2) Règlement du 20 septembre 1838.

penses pour fêtes et cérémonies extraordinaires sont à celle du ministère lorsqu'elles ont été préalablement ordonnées par lui. Le remboursement s'en effectue sur un état spécial appuyé des pièces justificatives analogues à chaque espèce de dépense, à moins que la totalité des frais n'ait été autorisée à forfait par le ministère, auquel cas l'extrait certifié de la décision du ministre sufût pour toute justification (1).

### 15. — Etrennes et donatives.

Les présents qu'un agent envoyé en Levant ou en pays de Barbarie peut être dans le cas de faire selon l'usage du pays en arrivant dans sa résidence, ou à l'occasion, soit de certaines visites officielles, soit de certains anniversaires, lui sont remis par le ministère. Lorsqu'il y a lieu d'agir autrement, la somme affectée aux présents est toujours fixée d'avance et ne saurait être dépassée. Le remboursement s'en effectue sur la production de l'extrait de la décision du ministre et d'un état détaillé de distribution certifié par l'agent. Il en est de même pour les donatives ordinaires faites dans les mêmes pays, à des époques fixes, ou toutes autres donatives accidentelles faites pour le service et que le département prend à sa charge lorsque leur nécessité est suffisamment justifiée (2).

### 16. — Secours et aumônes.

Aucune pension ne peut être accordée sur les frais de service; aucun secours annuel ne doit être donné sans une autorisation préalable du ministère. En principe, ces secours ne sont dus qu'aux Français indigents qui désirent rentrer dans leur patrie, ou qui se trouvent dans l'impossibilité d'y revenir. La dépense doit toujours être appuyée non-seulement de tous les reçus qu'il est possible de se procurer, mais encore d'un état spécial indiquant les nom, age, qualité ou profession, lieux de naissance ou de destination, ainsi que les motifs d'expatriation des personnes secourues, et ceux qui peuvent les empêcher, de se rapatrier, lorsque ce sont des Français

(1) Règlement du 20 septembre 1838.
(2) *Id. Id.*

sédentaires qui ont été secourus. Cet état doit être arrêté à la
fin de chaque trimestre et certifié véritable par les agents ;
s'il mentionne quelque secours annuel, un extrait de la décision du ministre qui en autorise le payement doit y être annexé (1).

### 17. — Frais de rapatriement.

Ces frais ne concernent le département des affaires étrangères que dans les cas très-rares où il s'agit de personnes
dépendant de son service ou que leur position fait rentrer dans
ses attributions (2). Diverses ordonnances et décisions ministérielles ont établi en principe que cette sorte de dépense
serait remboursée par le département ministériel auquel appartiennent les rapatriés. Ainsi, le ministère de la guerre
paye pour les militaires, les Algériens et toutes autres personnes qui dépendent de son administration ; celui de la marine, pour les matelots et autres gens de mer, etc. ; et celui de
l'intérieur, dans les attributions duquel rentrent les secours
aux indigents, supporte les frais de rapatriement des Français dépourvus de toutes ressources qui sont étrangers aux
services publics (3).

Mais évidemment, chacun de ces ministères n'accepte une
semblable dépense que lorsqu'il a pu vérifier, au moyen des
pièces justificatives, et *constater* qu'elle lui incombe réellement. Il importe donc que ces pièces indiquent avec soin le
nom et les prénoms de chaque rapatrié ; le lieu de sa naissance,
avec la désignation de l'arrondissement et du département ;
son âge, sa profession ou sa qualité ; le régiment, le bataillon
ou l'escadron et la compagnie de chaque militaire ; le nom du
bâtiment de guerre ou de commerce à bord duquel avait été
embarqué chaque marin, ainsi que le port d'attache s'il s'agit
d'un bâtiment marchand ; la tribu, localité ou ville à laquelle
appartenait chaque Algérien ; enfin, les motifs qui ont nécessité
le rapatriement. A défaut ou en cas d'inexactitude de ces in-

---

(1) Règlement 20 septembre 1838. — *Formulaire à l'usage des
consulats*, n° 15.

(2) Règlement du 20 septembre 1838.

(3) Circulaire des affaires étrangères du 20 septembre 1844.

dications, la dépense n'est pas remboursée par le ministère auquel on la réclame, et la responsabilité de l'agent qui l'a faite est forcément compromise.

Ainsi que nous le verrons au chapitre deuxième du livre suivant, les avances faites pour le compte du département de la marine par les consuls leur sont directement remboursées sur un état fourni par eux à la fin de chaque trimestre. Quant à celles qu'ils effectuent pour les départements de la guerre, de l'intérieur ou tout autre, avec lesquels ils ne sont pas autorisés à correspondre, ils doivent en dresser, tous les trois mois, un bordereau particulier qu'ils transmettent au ministère des affaires étrangères en l'annexant à l'état trimestriel de leurs frais de service, pour que le remboursement en soit demandé au ministère compétent.

Un état général dressé par les soins de l'administration des affaires étrangères est transmis, chaque trimestre, à chacun des autres départements compétents, avec les bordereaux particuliers et pièces justificatives à l'appui, et le remboursement s'effectue entre les mains du fondé de pouvoirs de l'agent qui a fait les avances (1).

Nous ferons remarquer en dernier lieu que les frais de rapatriement *des indigents n'appartenant à aucun service public* doivent toujours être renfermés dans les limites les plus étroites ; qu'en principe, cette faveur du rapatriement, n'étant due à personne, ne doit être accordée que très-rarement, et engage toujours la responsabilité de l'agent qui l'ordonne si elle n'a pas été préalablement autorisée. S'il fallait, en effet, que l'État rapatriât à ses frais tous ceux qui, conduits par de folles espérances sur des bords étrangers, finissent par s'y trouver sans ressources, ce serait là une de ses charges les plus lourdes, et qui tendrait à s'accroître tous les jours d'une manière funeste pour les intérêts du trésor.

### 18. — Avances pour le ministère de la guerre.

Les dépenses que les consuls sont autorisés à faire pour le compte du département de la guerre consistent en secours

(1) Règlement général du 6 novembre 1840.

et frais de route ou de passage accordés aux militaires français qui peuvent se trouver isolés à l'étranger. Nous nous occuperons spécialement au dernier chapitre du livre VII des devoirs et des attributions des consuls à l'égard des militaires français à l'étranger; disons seulement que toutes les dépenses qu'ils effectuent à leur sujet doivent être portées, à la fin de chaque trimestre, sur un état certifié par eux, et qui présente distinctement, pour chacun des militaires qui y figurent, la nature du secours qu'il a reçu et la somme qui y est afférente, ainsi que le montant des avances qui peuvent lui avoir été faites, et le prix de son passage lorsque, rapatrié par mer et navire étranger, le prix a dû être acquitté avant le départ (1). Lorsque des secours ont été accordés à des militaires voyageant par détachement, les états nominatifs de demande adressés aux consuls par les commandants de ces détachements doivent être annexés aux états trimestriels dressés dans les consulats, sans qu'il soit, du reste, nécessaire d'y ajouter aucune pièce justificative (2).

La marche à suivre dans les consulats lorsqu'il s'agit du rapatriement d'Algériens au compte du département de la guerre, est absolument la même que pour les militaires.

Le département de la guerre a plusieurs fois demandé, par l'intermédiaire de celui des affaires étrangères, aux consuls en résidence dans le bassin de la Méditerranée et sur les côtes de l'Amérique du Sud, de lui faire l'envoi des plantes et graines d'arbres forestiers, fruitiers et d'agrément, ainsi que des plantes industrielles dont l'introduction et la culture en Algérie leur paraîtraient pouvoir être tentées avec succès et profit pour la colonie. Tous les frais auxquels donnent lieu la recherche, l'achat et le transport de ces objets, sont remboursés aux consuls par le département de la guerre, sur un état de dépense dressé par eux et appuyé des quittances des fournisseurs ou marchands dont la production est prescrite par les règles générales de la comptabilité, et qu'ils transmettent, avec l'avis de leurs envois dans un port de mer,

(1) *Formulaire à l'usage des consulats*, n° 17.
(2) Ordonnance du 20 décembre 1837, art. 90 à 104.

au département des affaires étrangères, lequel les remet à celui
de la guerre (1).

### 10. — Avances pour le ministère de l'intérieur.

Ces avances consistent presque uniquement dans les frais de
rapatriement de Français nécessiteux qui, quoique ne relevant
directement, ni à raison de leurs antécédents, ni par leur position actuelle, d'aucun département ministériel; sont cependant dignes, par leur moralité et leur manque complet de
ressources, de l'intérêt et de l'appui du gouvernement (2). Les
consuls doivent dresser tous les trois mois un état récapitulatif
indiquant les nom, profession, âge, lieux de naissance et de
destination des individus rapatriés par leurs soins, ainsi que
l'allocation payée à cet effet et les circonstances particulières
qui ont pu mériter à chacun d'eux la faveur exceptionnelle de
rentrer en France aux frais de l'Etat (3). Cet état doit être
accompagné, pour les rapatriements par voie de terre, des
quittances des Français rapatriés eux-mêmes, et pour ceux
effectués par voie de mer, des quittances des capitaines des
bâtiments à bord desquels ils ont été opérés; les unes et les
autres sont jointes aux états trimestriels des frais de service ;
celles relatives aux rapatriements par voie de mer en sont
ensuite détachées dans les bureaux du département et transmises à celui de l'intérieur, sur les fonds duquel le remboursement final en est effectué.

Quant aux rapatriements par voie de terre, le département
de l'intérieur ayant refusé, il y a quelques années, de continuer à les prendre à sa charge, c'est celui des affaires étrangères qui est forcé d'en supporter la dépense à titre de secours
de route. Ces secours à des Français nécessiteux ne sauraient
donc être accordés par les consuls qu'avec la plus grande réserve et seulement pour le trajet à faire jusqu'à la plus prochaine résidence d'un autre agent français, lequel continue
l'allocation ou la modifie, eu égard à la valeur des denrées

(1) Circulaires des affaires étrangères des 21 octobre 1842 et
7 avril 1843.
(2) *Id.* du 5 mai 1849.
(3) *Formulaire à l'usage des consulats*, n° 16.

dans le pays à traverser et à la longueur de la route à parcourir.

En ce qui touche les rapatriements par voie de mer, les
capitaines de bâtiments sont tenus de recevoir à leur bord,
ainsi que nous l'établirons au livre suivant, tout passager
sans ressources dont l'embarquement est requis par un consul
à titre de rapatriement. Dans les Échelles du Levant et de
Barbarie, le prix du passage des indigents doit être fixé
à un franc par jour pour tous frais, par application des articles 31 et 32 du titre 3 de de l'ordonnance du 3 mars 1781 ;
quant aux autres régions du globe, le département de la
marine a récemment exprimé l'avis que l'induction tirée de
l'ordonnance du 12 mai 1836, combinée avec les dispositions
de celle du 3 mars 1781 sur le rapatriement des individus
sans ressources, n'était pas fondée ; qu'en conséquence le prix
du passage des indigents n'appartenant à aucun service public
devait, ailleurs qu'en Levant et en Barbarie, être réglé à

autres objets de commerce et de documents divers, sont remboursés à leurs fondés de pouvoirs, par la caisse de ce département ministériel, sur un état de dépenses dressé et signé par eux, et dûment appuyé des reçus des fournisseurs, qu'ils adressent directement, avec la note des objets qui ont donné lieu à la dépense, au ministère des affaires étrangères, auquel est laissé le soin de le transmettre à celui du commerce (1). Il est seulement recommandé aux agents de bien spécifier, sur ces états et pour chacun des articles de dépense qui y figure, la division et le bureau du ministère du commerce qui en a sollicité l'achat ou l'envoi.

### 21. — Avances pour le ministère de la justice.

Les frais de justice que les consuls peuvent être dans le cas d'avancer dans les échelles du Levant et de Barbarie en exécution de la loi du 28 mai 1836 sur la poursuite et la répression des crimes et délits qui y sont commis par des Français, leur sont remboursés par le ministère des affaires étrangères au compte de celui de la justice. Mais ce remboursement s'effectue sur la production d'états distincts de ceux des frais de service avec lesquels ils ne doivent jamais être confondus (2). Toute demande de remboursement de dépenses de cette nature faite seulement sur l'état des frais de service serait considérée comme non avenue.

Cette prescription s'applique à tous les consulats indistinctement lorsqu'il s'agit de dépenses faites à l'occasion du renvoi en France d'individus inculpés de crimes ou délits commis à bord de nos bâtiments et dont l'arrestation à terre ou la détention en prison jusqu'à l'époque où ils ont pu être embarqués pour France, ont nécessité une avance de fonds de la part des consuls. Ceux-ci doivent, le cas échéant, se rembourser de leurs avances sur le ministère des affaires étrangères, chargé d'exercer la répétition contre qui de droit (3) ; mais ce remboursement est indépendant des frais de service, et nous n'en

(1) Circulaire des affaires étrangères du 19 novembre 1840.
(2) *Id.* du 15 juillet 1836.
(3) Ordonnance du 29 octobre 1833, art. 51.

faisons ici mention que pour rappeler qu'il ne doit pas être confondu avec ceux-ci sur un seul et même état de comptabilité.

### 22. — Bonification pour frais de recouvrement.

Les agents ne pouvant recouvrer les avances faites pour le service qu'au moyen d'une opération de banque qui entraîne un droit de commission, il leur est alloué pour cet objet une bonification de 2 pour 100 sur toutes les sommes portées dans leurs états de frais de service ou avancées pour le compte de tous autres départements ministériels (1).

### 23. — États de dépenses.

Au commencement de chaque trimestre, les consuls doivent transmettre à la direction de la comptabilité un état présentant le relevé de leurs dépenses pour frais de service pendant le trimestre précédent (2).

Cet état doit toujours être dressé sur deux colonnes dans l'une desquelles sont indiquées les sommes payées en monnaie du pays; ces mêmes sommes converties en francs, au change indiqué sur l'état lui-même, sont également reportées dans l'autre (3).

L'administration centrale du département des affaires étrangères étant tenue de produire au trésor les états de frais de service, ainsi que les pièces de dépense au moment même de l'émission des ordonnances de remboursement, les agents doivent en faire l'envoi en double expédition, dont l'une reste déposée à la direction de la comptabilité (4). Cette obligation d'une expédition par duplicata ne s'applique pas aux pièces justificatives dont les agents feront bien toutefois, pour parer aux pertes et aux accidents, de garder toujours un double dans leurs archives.

Il n'existe pas de règle fixe pour le classement des dépenses

(1) Règlement du 20 septembre 1838.
(2) *Formulaire à l'usage des consulats*, n° 13.
(3) Circulaire des affaires étrangères du 20 janvier 1837.
(4) Règlement du 20 septembre 1838.

sur les états de frais de service ; les articles qui ont entre eux
de l'analogie doivent cependant se suivre, autant que possible;
il est bon de faire figurer en première ligne les dépenses personnelles et de n'inscrire les dépenses matérielles qu'à la suite.
Il faut surtout éviter de confondre ensemble des articles de
dépense d'une nature différente; la quotité de chaque article
doit toujours être indiquée séparément, afin que la liquidation
puisse également la saisir et l'apprécier distinctement (1).

Chaque article de dépense doit invariablement être appuyé
de sa justification : toute pièce quelconque produite par un
agent doit 1° être certifiée par lui . sincère et véritable ;
2° être traduite en français, et les sommes auxquelles elle
s'applique être converties en monnaie de France, lorsqu'elle
est libellée en langue et monnaies étrangères ; 3° être accompagnée d'un tableau de conversion en dates du calendrier Grégorien lorsqu'il s'agit d'énonciations empruntées aux calendriers grec, musulman ou autre (2).

Les quittances des banquiers ou autres intermédiaires qui
ont payé des dépenses faites ou prescrites par un agent ne
dispensent pas de produire les reçus ou mémoires donnés à
ces intermédiaires par les ayants droit qu'ils ont désintéressés;
en règle générale, quelles que soient les dispositions des règlements, les déclarations des agents ou de leurs subordonnés
ne sont admises aujourd'hui en remplacement des quittances
des parties directes pour toute espèce de dépense que lorsqu'il
y a eu pour l'agent qui a désintéressé ou fait désintéresser les
ayants droit *impossibilité absolue* de se procurer leurs reçus.
Les motifs de cette impossibilité doivent être expliqués et certifiés par l'agent, et le département, auquel l'appréciation en
est réservée, admet ou écarte la dépense en raison de l'appréciation faite. Lorsque la somme constatée par la déclaration
se compose d'éléments partiels, celle-ci doit toujours être
accompagnée d'un bordereau détaillé indiquant séparément
la nature et la quotité de chacun des articles qui forment la
somme totale; l'absence de ce bordereau donnerait lieu à l'a-

(1) Circulaires des affaires étrangères des 1er avril 1843 et 15
avril 1848.

(2) *Id.* des 20 janvier 1837, 1er avril 1843 et 15 avril 1848.

16

journement de la liquidation jusqu'à sa production ; car ni le trésor ni la cour des comptes ne peuvent admettre que l'Etat paye sans examen une somme dont le créancier réclamant ne le met pas à même de vérifier et discuter les éléments tout autant que le chiffre total (1).

Toutes les pièces justificatives doivent porter un numéro d'ordre qui est ensuite indiqué sur l'état ; elles sont réunies et attachées ensemble de manière à ce qu'aucune d'elles ne puisse s'échapper de l'enveloppe lorsque la dépêche est décachetée (2).

Enfin, lorsqu'une dépense faite pendant l'année qui donne sa dénomination à l'exercice est payée dans le courant de l'année suivante, elle ne change pas pour cela d'origine, et doit figurer sur un état séparé et supplémentaire dont le montant, après liquidation, est ordonnancé sur le crédit de l'exercice auquel appartient réellement la dépense (3).

### 24. — Dépenses secrètes.

Les dépenses pour le *service secret* que les consuls peuvent être autorisés par le ministère à faire dans leur résidence, ne doivent jamais être comprises dans les frais de service. La nature de ces dépenses ne comporte aucun développement ; il doit en être dressé des états séparés dont il est fait mention dans la lettre d'envoi, laquelle doit contenir en outre les éclaircissements nécessaires à leur justification ; les ordonnances de payement sont délivrées au nom des ayants droit, c'est-à-dire des agents qui ont fait la dépense, et sont payées à leurs fondés de pouvoirs sur leurs acquits (4).

(1) Circulaire des affaires étrangères du 15 avril 1848.
(2) *Id.* du 1er avril 1843.
(3) Règlement du 20 septembre 1838.
(4) *Id.* général du 6 novembre 1840.

## SECTION VI.

Du mobilier appartenant à l'État dans les postes consulaires.

### 1. — Inventaire.

Nos lois n'accordent pas seulement à la cour des comptes le contrôle de toutes les recettes et dépenses de l'Etat, mais encore celui des valeurs matières qui lui appartiennent.

Le mobilier fourni par l'Etat à certains agents du département des affaires étrangères doit être l'objet d'un inventaire comprenant tous les objets mobiliers dont il se compose.

Cet inventaire énonce : 1° le numéro d'ordre ; 2° la date de l'inscription ; 3° la désignation de l'objet ; 4° le montant du prix d'achat ; 5° la destination et le lieu d'emplacement ; 6° enfin, dans une colonne réservée aux observations, les mutations, détériorations, etc., avec indication des motifs.

Dans les résidences politiques et consulaires où le mobilier appartenant à l'Etat se compose non-seulement des objets affectés au service de la chancellerie et des archives, mais aussi de meubles meublants et de valeurs mobilières de diverse nature, le mobilier de la chancellerie doit être rassemblé dans l'inventaire en une section séparée, de telle sorte que les meubles meublants et valeurs mobilières forment une catégorie complétement distincte qui doit elle-même, s'il y a lieu, être subdivisée par sections, suivant l'analogie des objets et l'ordre des lieux d'emplacement.

Cet inventaire doit être récolé à la fin de chaque année et à chaque mutation de fonctionnaire responsable ; les accroissements et diminutions survenus dans l'intervalle d'un récolement à un autre doivent être consignés dans le procès-verbal qui en est dressé. Un double de chacun de ces procès-verbaux doit être chaque fois envoyé au département (1).

(1) Ordonnance du 31 mai 1838, art. 162. — Règlement général du 6 novembre 1840, art. 97. — Arrêté du ministre des affaires étrangères du 1ᵉʳ octobre 1848, art. 1, 2 et 3.

### 2. — Inscription des objets nouvellement acquis.

Tout objet acquis aux frais de l'Etat, qu'il ait été payé sur le chapitre des frais de service, sur le produit des droits de chancellerie ou enfin sur tout autre fonds, doit être immédiatement porté sur l'inventaire. Un certificat du chef du poste constatant cette inscription est envoyé au département avec les pièces justificatives du prix d'achat Nous avons déjà dit à la section précédente, qu'à défaut de ce certificat d'inscription, la dépense, lors même qu'elle aurait été autorisée ou qu'elle serait de nature à être approuvée par le département, ne serait pas admise à remboursement (1).

### 3. — Responsabilité des agents.

Les agents sont responsables de tout le mobilier appartenant à l'Etat dans le poste qu'ils occupent. Ils ne peuvent en vendre, échanger, supprimer ni acheter aucune partie sans autorisation préalable.

Dans le cas où il y a suppression ou translation d'un poste politique ou consulaire, le chef du poste supprimé ou transféré doit·compte du mobilier. Lorsque ce mobilier ou une portion quelconque de ce mobilier à dû être vendu, l'agent est tenu de justifier du produit par procès-verbal de vente en forme authentique. Le montant de ce produit, après vérification et approbation par le département des pièces justificatives, est versé au trésor, et l'agent en est déchargé sur la remise faite à la direction de la comptabilité, par lui-même ou par son fondé de pouvoirs en son nom, du récépissé du caissier central (2).

(1) Arrêté du ministre des affaires étrangères du 1er octobre 1848, art. 4.

(2) *Id.*, art. 5. — Circulaire des affaires étrangères du 1er octobre 1848.

## SECTION VII.

### Des affaires contentieuses.

Le bureau du contentieux, dont la création au ministère des affaires étrangères remontait à l'époque où, sous le directoire exécutif, l'administration centrale de ce département reçut une organisation complète et définitive, fut supprimé en 1829, et le soin de traiter les affaires contentieuses fut laissé à chacune des deux directions entre lesquelles tout le travail des bureaux était alors partagé, selon que chaque affaire appartenait par son caractère particulier à l'une ou à l'autre de ces directions.

L'expérience ayant fait reconnaître qu'il serait plus avantageux aux intérêts du service et à la prompte expédition des affaires contentieuses elles-mêmes que le travail fût centralisé, celles-ci furent réunies en 1835 aux attributions de la direction commerciale où elles étaient traitées dans un bureau spécial (1).

Le bureau du contentieux centralisait tout ce qui était relatif à la discussion des réclamations pécuniaires d'un caractère contentieux, et qui devaient être appréciées d'après des conventions diplomatiques, telles que les questions de liquidations ou d'indemnités à la suite de blocus, embargo, expéditions militaires ou guerres civiles, lorsqu'elles étaient devenues l'objet d'arrangements internationaux, soit que ces réclamations fussent formées par des Français contre des gouvernements étrangers, soit enfin qu'elles fussent faites par des étrangers contre le gouvernement français.

Le chef du bureau du contentieux remplissait les fonctions de secrétaire près le comité consultatif du contentieux attaché au département des affaires étrangères.

Le bureau du contentieux est aujourd'hui supprimé (2), et nous avons déjà dit au chapitre premier de ce livre que ses

(1) Circulaire des affaires étrangères du 20 juin 1835.
(2) Arrêté du ministre des affaires étrangères du 11 avril 1848.

attributions avaient été réunies à celles de la direction de la comptabilité.

Les consuls ont rarement à s'occuper dans leur correspondance des affaires de la nature de celles dont la connaissance, autrefois réservée au bureau du contentieux, appartient aujourd'hui à la direction de la comptabilité des fonds et du contentieux. Les règles générales que nous avons déjà tracées pour leur correspondance avec les autres directions sont naturellement applicables à celle qui a trait à des affaires contentieuses ; cette correspondance, destinée à être classée par dossiers, ne doit pas être numérotée.

# LIVRE CINQUIÈME.

## DES FONCTIONS DES CONSULS

### DANS LEURS RAPPORTS AVEC LA MARINE MILITAIRE ET LA MARINE MARCHANDE.

---

## CHAPITRE PREMIER.

### DE LA CORRESPONDANCE DES CONSULS AVEC LE MINISTÈRE DE LA MARINE.

#### 1. — Objet de la correspondance.

Nous avons dit au livre I$^{er}$ que, quoique les consuls fussent exclusivement placés depuis 1793 sous la dépendance du ministère des affaires étrangères, ils entretenaient néanmoins avec celui de la marine une correspondance directe pour tout ce qui concerne le service maritime en pays étranger.

Cette correspondance doit porter principalement sur les mouvements des forces navales françaises et étrangères, les armements et expéditions militaires dont les consuls peuvent avoir connaissance, les événements de mer, les nouvelles institutions maritimes adoptées par les puissances étrangères, la police de la marine marchande, les sauvetages, l'administration des prises en temps de guerre, la conduite tenue par les navigateurs français dans les ports de la résidence des consuls, les ressources que ces mêmes ports peuvent offrir pour l'approvisionnement des bâtiments de la flotte ou des arsenaux en munitions de différentes espèces, les découvertes et ouvrages utiles aux progrès des différentes parties de l'art nau-

tique et de l'architecture navale, de l'installation des bâtiments
de mer, etc.

Les consuls doivent encore avoir soin d'adresser au ministre de la marine les nouvelles cartes, plans, avertissements
et autres documents hydrographiques qui sont publiés dans
le pays de leur résidence. Ils doivent également lui donner
avis de l'établissement ou de la suppression des phares,
tonnes, balises et de tous les changements notables qui peuvent survenir dans les bancs, amers et courants des ports de
leur consulat. Enfin, ils doivent lui communiquer, en même
temps qu'au ministère des affaires étrangères, tous les renseignements qu'ils peuvent recueillir sur l'apparition des maladies épidémiques ou contagieuses dans le pays de leur résidence, et sur les changements introduits dans les règlements
sur la police des ports et sur la santé publique (1).

Les consuls en résidence dans les colonies des nations euro-
péennes doivent également recueillir et transmettre au ministère de la marine toutes les informations ou données qu'ils
peuvent être à même de se procurer sur ces mêmes colonies
et de nature à faire connaître leur situation réelle sous les
points de vue administratifs, maritimes, agricoles, industriels et commerciaux (2).

### 2. — Division de la correspondance.

Cette correspondance des consuls doit être, ainsi que nous
l'avons déjà indiqué pour celle qu'ils entretiennent avec le
ministère des affaires étrangères, divisée d'après l'organisation
centrale du ministère de la marine. Toute autre manière de
procéder serait vicieuse, et il y aurait des inconvénients d'autant plus grands à confondre dans une même dépêche des
affaires de nature différente, ressortissant par conséquent à
plusieurs directions du même ministère, qu'il en résulterait,
par suite de la longueur des extraits à faire en France et de
la complication des écritures, sinon une impossibilité, du moins
un retard souvent très-préjudiciable tant pour la rapidité de

(1) Circulaires de la marine des 13 messidor an 10 et 1er octobre
1814.

(2) *Id*. de novembre 1817.

leur expédition que pour la réception par les consuls des instructions dont ils peuvent avoir besoin (1).

A cette recommandation expresse doit être encore ajoutée celle de rappeler dans la citation des dépêches antérieurement écrites ou reçues par les consuls, le timbre de la direction et du bureau qu'elles concernent, si ce timbre n'est pas le même que celui de la lettre qui contient la citation (2).

Nous croirions superflu d'énumérer ici les attributions des nombreux bureaux du ministère de la marine, suivant l'organisation intérieure de ce département, laquelle se trouve d'ailleurs indiquée tous les ans dans le journal officiel de la marine et dans la nomenclature du budget dont l'envoi est fait à tous les consuls. Nous nous bornerons à faire connaître les attributions des bureaux dans la spécialité desquels rentre la correspondance des consuls.

DIRECTION DU PERSONNEL MILITAIRE ET DES MOUVEMENTS DE LA FLOTTE. — *Bureau de l'inscription maritime et de la police de la navigation.* L'immatriculation des gens de mer, la police de la navigation commerciale, du pilotage et des naufrages, les règlements concernant les armements en course, les prisonniers de guerre, la police des pêches. — *Bureau des corps organisés.* L'état civil et les mouvements des divers corps organisés du département de la marine. — *Bureau des mouvements.* La correspondance générale des arsenaux, les mouvements des forces navales et opérations maritimes, les phares, les reconnaissances hydrographiques, l'achat des documents relatifs à la navigation.

DIRECTION DES COLONIES. — *Bureau du régime politique et du commerce.* L'exécution des lois et des traités concernant la répression de la traite des noirs, les questions relatives à l'esclavage.

DIRECTION DU SECRÉTARIAT GÉNÉRAL ET DE LA COMPTABILITÉ. — *Bureau des dépenses d'outre-mer.* L'apurement et l'ordonnancement de toutes les dépenses du service *marine* acquittées par traites de bord ou traites consulaires, les comptes ouverts avec les consuls pour les avances à la marine, les rè-

(1) Circulaires de la marine des 24 septembre 1821, 8 janvier 1838 et 28 décembre 1840.

(2) *Id.* du 16 février 1850.

glements et instructions sur le service financier d'outre-mer.

**Directon des invalides.** — *Bureau central des invalides et des pensions.* L'administration et la comptabilité de la caisse des invalides, la liquidation et le payement des pensions des invalides.—*Bureau des prises, bris et naufrages.* La liquidation et le contentieux administratif des prises et des naufrages (1).

### 3. — Analyses marginales.

Il n'est pas prescrit aux consuls de numéroter leurs dépêches adressées au ministère de la marine; mais il leur est recommandé d'inscrire à la marge de chacune d'elles une analyse sommaire du contenu (2).

### 4. — Signature du ministre.

Les dépêches adressées par le ministère de la marine aux consuls ne sont signées personnellement par le ministre que lorsqu'elles contiennent décision ou instruction sur une question importante; les simples demandes d'informations et les accusés de réception sont signés, sous l'autorisation du ministre, par le chef de la direction dont elles portent le timbre. Il va sans dire, néanmoins, que toutes les réponses doivent être adressées directement au ministre.

### 5. — Envoi de pièces à la marine.

Les pièces de service que les consuls ont à transmettre au ministère de la marine doivent toutes également et invariablement être mises sous le couvert du ministre, et non sous celui de fonctionnaires ou d'agents de l'administration centrale qui, ne jouissant pas de la franchise, ne sauraient être tenus de les recevoir, et ne doivent d'ailleurs en être légalement saisis que par l'intervention directe du ministre (3).

(1) Ordonnance du 25 décembre 1844. — Arrêté du ministre de la marine du 15 juin 1848.
(2) Circulaires de la marine des 28 décembre 1840 et 16 février 1850.
(3) *Id.* du 4 septembre 1840.

### 6. — Conservation des dépêches.

Quant à la conservation et à l'enregistrement à l'étranger de la correspondance des consuls avec le département de la marine, les règles à suivre à cet égard sont les mêmes que celles que nous avons indiquées au livre précédent pour leur correspondance avec celui des affaires étrangères.

# CHAPITRE II.

## DE LA COMPTABILITÉ DES CONSULS AVEC LE MINISTÈRE DE LA MARINE.

## SECTION I.

De l'intervention des consuls dans l'acquittement des dépenses de la flotte à l'étranger.

### 1. — Comptabilité relative aux bâtiments de guerre.

Le service de la comptabilité des consuls avec le département de la marine est aujourd'hui beaucoup moins important qu'il ne l'était autrefois.

L'ordonnance de 1776 sur les fonctions des officiers de marine à bord des bâtiments de l'État, relativement aux consommations et remplacements des munitions et des effets en cours de campagne, avait chargé les consuls de pourvoir, dans les ports étrangers, au ravitaillement de ces bâtiments et à leurs besoins de toute nature (1).

Ce mode de procéder, fort compliqué dans son application, avait entraîné des inconvénients aussi graves que nombreux, et en 1841, à la suite d'une correspondance échangée sur cette matière entre les deux ministres des affaires étrangères et de la marine, il dut être abandonné. Les consuls furent en conséquence exonérés de l'obligation qui leur était antérieurement imposée de pourvoir, à l'aide de traites sur le trésor

(1) Ordonnance du 27 septembre 1776, art. 19 et 24.

public, aux dépenses qu'occasionnent, dans les ports de leur résidence les bâtiments de l'Etat, et d'en justifier selon les formes réglementaires.

Cette disposition a été définitivement sanctionnée en 1845; les traites concernant les bâtiments de guerre à l'étranger sont aujourd'hui émises par le capitaine, conjointement avec l'officier chargé du détail et le commis d'administration. Ce n'est que dans des circonstances exceptionnelles et lorsque le départ subit des bâtiments a mis les officiers chargés du soin de tirer ces traites dans l'impossibilité absolue de liquider la totalité des dépenses faites par eux que les consuls sont chargés de les acquitter; mais ils ne peuvent même plus tirer de traites sur le caissier central du trésor public en remboursement de ces avances; ils doivent seulement en comprendre le montant dans leur propre comptabilité avec le département de la marine, et ils en sont remboursés sur le vu des pièces, c'est-à-dire des états de prise en charge à bord et des reçus des fournisseurs à terre, au moyen d'ordonnances directes délivrées à Paris à leur profit, et payables entre les mains et sur l'acquit de leurs fondés de pouvoirs (1).

En dispensant les consuls d'intervenir dans les opérations relatives à l'acquittement et à la justification des dépenses de la flotte en pays étranger, on ne pouvait cependant pas exempter ces agents de l'obligation de participer aux opérations qui s'y rattachent, et de contribuer, par tous les moyens en leur pouvoir, à assurer le service des approvisionnements des bâtiments de l'Etat aux meilleures conditions possibles pour le trésor. Ils doivent donc aider de leur concours les commandants des bâtiments pour les éclairer sur les usages de la localité, les moyens de ravitaillement qu'elle présente et les garanties qu'offrent les soumissionnaires des marchés, ainsi que pour faciliter aux officiers le placement de leurs traites et les moyens de justifier leurs dépenses (2).

### 2. — Passation des marchés.

La passation des marchés, qui était autrefois dévolue aux

(1) Ordonnance du 7 novembre 1845, art. 8 et 9.
(2) Circulaire des affaires étrangères du 5 juin 1841.

consuls, appartient, comme de raison, aujourd'hui aux administrations de bord; mais comme celles-ci ne sauraient recueillir de la part des consuls que d'utiles notions, non pas seulement sur les moyens de ravitaillement, mais encore sur le plus ou moins. de probabilité d'obtenir un bon service de tels ou tels soumissionnaires, c'est en leur présence et dans leur chancellerie que tous les marchés doivent être passés. L'acte qui en est dressé doit expressément faire mention de l'accomplissement de cette formalité, être signé par le consul et timbré du sceau officiel du consulat (1). On le dresse en quintuple expédition dont une reste déposée en chancellerie avec un certificat du conseil d'administration du bord constatant la manière dont le soumissionnaire a rempli ses engagements, pour que ces documents puissent être consultés et servir de renseignements aux commandants des bâtiments qui pourront ultérieurement aborder dans les mêmes parages (2). Les quatre autres expéditions du marché se répartissent entre les officiers du bord et les fournisseurs.

Nous croyons utile d'ajouter ici une observation relative à la passation de ces marchés dans les consulats. Le système d'adjudication publique a pour but d'appeler, pour la soumission des fournitures, une concurrence utile aux intérêts du trésor. Néanmoins, on s'astreint rarement, à l'étranger, à ce mode de procéder dans l'espoir d'obtenir un meilleur service. C'est souvent un abus, et nous croyons qu'afin de dégager leur responsabilité, les consuls devraient toujours insister pour que les marchés passés dans leur chancellerie eussent lieu par adjudication publique. Dans les ports de station, les instructions générales du ministère de la marine veulent du reste qu'il en soit toujours ainsi, à moins que des circonstances inhérentes à la localité et d'une nature exceptionnelle n'y mettent obstacle (3); mais, dans ce cas, les consuls, aussi bien que les officiers commandants, sont tenus de rendre compte des motifs qui ont pu nécessiter une semblable dérogation à la règle.

Les consuls savent que les administrations de bord ne sont

---

(1) *Formulaire à l'usage des consulats*, n° 56.
(2) Circulaire de la marine du 22 avril 1841.
(3) *Id*. du 30 novembre 1845.

tenues de passer de marchés que pour les fournitures dont le
montant excède la somme de cinq cents francs (1), ils ne
sauraient donc prétendre à aucune intervention dans les conventions verbales concernant les dépenses inférieures à ce
chiffre.

Mais il peut arriver qu'un bâtiment ayant besoin de fournitures dont la valeur dépasse le taux de cinq cents francs, ne
puisse pas, par des motifs d'une urgence extrême, passer un
marché. Dans ce cas, les fournitures peuvent, s'il y a à cet
égard accord entre le conseil d'administration du bord et le
soumissionnaire, être faites d'après les clauses et conditions
du dernier marché passé par un autre bâtiment. C'est au
consul à apprécier s'il n'y a pas d'inconvénient pour le trésor à prêter les mains à cet arrangement, et dans le cas affirmatif, comme il ne suffit pas que la date du marché soit
indiquée sur les états de comptabilité dressés à bord, pour la
justification régulière des dépenses, et qu'il faut que le marché lui-même les accompagne, le consul doit en délivrer au
commissaire du bâtiment trois expéditions certifiées conformes, une pour être conservée à bord, et les deux autres pour
être transmises au département de la marine (2).

### 2. — Régularisation des pièces justificatives.

Indépendamment de leur assistance à la passation des marchés, l'attache des consuls est encore nécessaire pour donner
à certaines pièces justificatives à produire par les administrations de bord un caractère d'authenticité et de régularité
convenable.

Ainsi, les signatures des agents de change ou négociants
qui délivrent les certificats constatant le cours du change,
doivent toujours être légalisées par les consuls ; et, à ce sujet,
nous rappellerons que, comme ces certificats du cours du
change sont presque toujours fournis aux administrations de
bord par l'intermédiaire des chancelleries, les consuls doivent avoir soin de prendre les informations les plus précises
sur la réalité du cours déclaré, et s'assurer que les certificats

(1) Circulaire de la marine du 11 novembre 1844.
(2) *Id.* du 30 novembre 1845.

visés par eux ont tout le caractère de la sincérité. Comme les traites de bord tirées sur le trésor national jouissent partout avec raison du premier crédit, la négociation doit s'en faire à un taux supérieur ou au moins égal au meilleur papier de commerce et de banque. Le ministère de la marine a donc le droit d'exiger que la comparaison des certificats de change légalisés dans les consulats et fournis à l'appui de la comptabilité des bâtiments de guerre avec le cours officiel du commerce, fasse ressortir constamment la preuve de la vigilance exercée à cet égard par les consuls (1).

Quant aux reçus ou pièces probantes de toute nature écrites en langue étrangère, les règlements prescrivent d'y joindre toujours une traduction faite par le drogman ou le chancelier. Les consuls ne doivent pas négliger de légaliser sur ces pièces ainsi traduites la signature de leurs subordonnés (2); car l'inaccomplissement de cette formalité serait relevé par la cour des comptes, et ces pièces elles-mêmes devraient être renvoyées par le ministre de la marine aux consuls pour qu'ils y apposent leur légalisation.

## SECTION II.

Des dépenses effectuées dans les consulats pour le service du département de la marine.

### 1. — Nature des dépenses.

La modification capitale qui a été apportée il y a quelques années, ainsi que nous venons de le dire, aux relations des consuls avec le département de la marine sous le rapport de la comptabilité, a nécessairement beaucoup restreint l'application des règles qui leur avaient été tracées à diverses époques en ce qui concerne ce service. Nous allons indiquer les dispositions des anciens règlements qui sont encore en vigueur, et auxquelles les consuls sont, par conséquent, tenus de se conformer avec soin.

(1) Circulaire de la marine du 15 octobre 1833.
(2) *Id.* du 22 avril 1841.

Dans l'état de choses actuel, les agents français à l'extérieur sont spécialement appelés à subvenir non-seulement aux frais de subsistance, d'entretien, de maladie et de rapatriement des marins naufragés ou délaissés, et aux dépenses d'arrestation des déserteurs ou autres personnes dépendant de la marine marchande, mais encore à certaines avances que dans des cas exceptionnels les administrations des bâtiments de l'État seraient dans l'impossibilité de régler et de payer, telles que frais de pilotage, loyers de magasins ou de bateaux, achat de charbon, etc., etc. (1).

### 2. — Mode de remboursement.

Les agents sont remboursés par le département de la marine de ces différentes dépenses, après production et apurement des pièces justificatives, au moyen d'ordonnances directes délivrées à leur profit entre les mains de leurs fondés de pouvoirs avec bonification de 2 pour 100 (à titre de frais de recouvrement) sur les sommes par eux avancées (2).

### 3. — Classification des dépenses.

Pour faciliter les liquidations et pour éviter les retards qu'éprouvent parfois les remboursements lorsque les pièces produites sont irrégulières ou insuffisantes, il est nécessaire que les avances des consuls soient toujours constatées selon les règles de la comptabilité publique et d'après un mode uniforme.

Les consuls n'ont pas de meilleur guide à suivre en cela que la nomenclature par chapitre des dépenses de la marine qui leur est régulièrement transmise par ce département ; elle contient toutes les indications propres à les diriger, soit dans la classification, soit dans la justification de leurs dépenses ; et comme le prompt ordonnancement de celle-ci dépend de l'observation rigoureuse de ces prescriptions, ils ne sauraient apporter trop de soin à s'y conformer.

(1) Circulaire de la marine du 31 mars 1849.
(2) *Id.* du 22 avril 1841. — Ordonnance du 7 novembre 1845, art. 10.

#### 4. — Spécialité des exercices.

La spécialité des exercices et des chapitres du budget étant de règle fondamentale, il doit être dressé par exercice autant d'états séparés qu'il se trouve de chapitres sur lesquels les dépenses sont imputables. Conséquemment, c'est au titre de l'exercice pendant lequel les droits ont été acquis ou le service exécuté que les dépenses doivent être classées, alors même que le payement s'en effectuerait dans le cours d'un exercice subséquent, ce qui peut arriver en quelques circonstances.

#### 5. — États par chapitre.

Chacun de ces états, distinct par chapitre et dûment daté, arrêté et signé par le consul, doit être dressé de manière à présenter en regard de chaque article de dépense qui y figure, tant en monnaie du pays qu'en monnaie française, l'énonciation de son objet et le nombre de pièces fournies à l'appui.

Quoique parmi les dépenses à comprendre dans ces états, les unes, celles du *personnel*, soient assujetties à la retenue de 3 pour 100 en faveur de la caisse des invalides de la marine, tandis que les autres, celles du *matériel*, en sont exemptes (1), elles doivent néanmoins y être portées toutes indistinctement en sommes *nettes*, afin d'obvier à toute erreur dans la perception de cette retenue. Le soin d'en ajouter le produit, lorsqu'il y a lieu, dans une colonne spéciale laissée en blanc à cet effet sur les états dressés dans les consulats, est réservé au bureau liquidateur, qui veille de son côté à ce qu'au moment de l'ordonnancement il soit tenu compte à la caisse des invalides de la remise à laquelle elle a droit, et dans le prélèvement de laquelle les consuls sont dispensés de toute intervention (2).

Quant à l'indication des chapitres sur les états, il ne suffit pas de rappeler les numéros qui leur sont attribués dans la nomenclature générale, qui, comme on sait, varie d'une année à l'autre; pour prévenir toute erreur, le titre même de cha-

(1) Loi du 11 juin 1842, art. 3.
(2) Circulaire de la marine du 31 mars 1849.

17

que chapitre doit être inscrit au-dessous du numéro qui y correspond, sauf en cas de doute à laisser le chiffre en blanc.

### 6. — Justification des dépenses.

Les justifications à rattacher à ces états partiels varient forcément selon la nature de chaque dépense; elles sont du reste déterminées par les instructions du département de la marine, et nous allons les indiquer sommairement, en présentant en même temps la classification des chapitres du budget de la marine auxquels peuvent se rapporter les dépenses effectuées dans les consulats.

CHAPITRE III, OFFICIERS MILITAIRES ET CIVILS. — *Solde à terre.* — Aucun payement de cette nature ne peut être fait sans une autorisation spéciale du ministre, ou, par exception, sans un ordre écrit de l'officier général ou supérieur commandant en chef une escadre ou division. Une copie certifiée de la dépêche ministérielle ou de l'ordre de service autorisant la dépense doit être jointe à la demande de remboursement, ainsi qu'un état nominatif émargé ou une quittance des parties prenantes.

CHAPITRE IV, HÔPITAUX. — *Journées de malades et frais de sépulture des marins provenant des bâtiments de l'État.* — Cette dépense doit être appuyée sur les états dressés dans les consulats de la demande faite par le commandant du bâtiment pour le traitement des marins à l'hôpital, et d'un mémoire acquitté par les directeurs ou économes des établissements où les malades ont été traités. On doit y joindre en outre un état indicatif des noms, prénoms et grades des marins traités, ainsi que des bâtiments d'où ils proviennent, afin qu'il soit bien constaté qu'ils appartiennent à la marine militaire et non à celle du commerce, cas dans lequel, ainsi que nous le verrons ailleurs, il y aurait contre les armateurs recours pour les dépenses faites pour leur compte (1).

*Frais de quarantaine.* — Ils se justifient par un certificat de l'autorité du bord constatant le service fait et les reçus des gardes de santé, ou à leur défaut une déclaration motivée,

_____

(1) Circulaire de la marine du 9 février 1819.

dûment certifiée par l'agent qui a effectué le payement.

CHAPITRE VII, VIVRES. — *Achats de vivres pour les bâtiments de l'Etat, et autres dépenses s'appliquant aux vivres, telles que fournitures d'eau, de combustible, etc.* — Les consuls, ne devant intervenir dans le payement de ces fournitures que dans les cas rares où le compte n'aurait pas pu en être réglé avant le départ du bâtiment, ils ont à réclamer, avant d'y pourvoir, un état détaillé de la fourniture faite, certifié par le commis d'administration, l'officier en second et le commandant, et constatant la prise en charge par le commis comptable ou le maître chargé des vivres embarqués ; au moment de le transmettre au ministère de la marine, on joint à cet état, avec la quittance du fournisseur, une expédition ou extrait du marché dûment certifié en chancellerie.

CHAPITRE VIII, JUSTICE MARITIME. — *Frais de recherche et de capture des déserteurs provenant des bâtiments de l'Etat.* — La demande en remboursement de dépenses de cette nature doit être appuyée du signalement du déserteur par l'autorité du bord, ou d'une déclaration de l'agent expliquant la non-production de cette pièce.

*Frais de geôlage.* — Ils doivent être justifiés par la quittance des parties ayant droit au payement, soit pour la capture, soit pour les frais de prison, et, dans les cas d'impossibilité, par des déclarations motivées qui y suppléent. Lorsque le déserteur a été ramené à bord, on doit également produire le certificat de l'officier chargé du détail attestant la réception du déserteur.

*Frais de procédure.* — Ils sont justifiés par la copie ou l'extrait certifié du jugement et les mémoires acquittés des parties prenantes.

CHAPITRE IX, SALAIRES D'OUVRIERS. — *Façons d'ouvrages pour le service de la flotte, matières et main-d'œuvre comprises.* — Les dépenses de ce chapitre doivent toujours être soldées en traites de bord : ce n'est que dans des cas exceptionnels qu'elles le sont par les consuls ; le mode de procéder pour leur acquittement, ainsi que pour leur justification, est alors le même que pour celles du chapitre VII.

CHAPITRE X, APPROVISIONNEMENTS GÉNÉRAUX DE LA FLOTTE. — *Achats de matières (bois, métaux, etc., etc., et objets confec-*

*tionnés*). — Nous ne saurions que répéter ici la même observation que pour les dépenses du chapitre ix.

*Sauvetage de munitions.* — S'il a été passé des marchés ou conventions pour cet objet, le consul en produit une copie certifiée qu'il appuie 1º de l'état détaillé des objets sauvés, avec spécification de leur provenance ; 2º des quittances des parties prenantes, ou de déclarations motivées destinées à en tenir lieu.

CHAPITRE XI, TRAVAUX HYDRAULIQUES ET BATIMENTS CIVILS. — *Achats de matières (pouzzolane, etc).* — Ces achats ne peuvent être effectués qu'en vertu d'un ordre spécial du ministre. La demande de remboursement doit être appuyée d'une copie de cet ordre, d'une expédition du marché ou convention passé à ce sujet, et de l'état des objets fournis, au pied duquel doit être donné l'acquit du fournisseur.

*Loyer de maisons, de magasins, de terrains pour le service de la marine.* — Il faut encore fournir, à l'appui de la demande de remboursement, la copie de la décision ministérielle qui a autorisé la dépense, celle des baux, et la quittance du propriétaire.

CHAPITRE XV, AFFRÉTEMENTS ET TRANSPORTS PAR MER. — *Affrétements de navires pour le service de la marine.* — On justifie cette dépense 1º par le contrat d'affrétement, ou simplement le connaissement ; 2º par la quittance du capitaine du navire affrété, ou par celle de la partie ayant droit au payement.

*Frais de déchargement et de rechargement.* — Ces dépenses doivent ressortir d'un état des journées employées, avec indication des prix et des quittances des parties prenantes, ou, à leur défaut, d'une déclaration motivée.

*Loyers de bâtiments, de gabares et d'embarcations dans les ports et rades.* — Les demandes de payement sur cet article doivent toujours être appuyées d'un état indiquant les motifs de la location, le but du voyage et le prix arrêté, ainsi que des quittances des parties prenantes ou d'une déclaration motivée de l'agent.

*Frais d'avaries.* — Ces dépenses doivent être justifiées par une copie certifiée des procès-verbaux d'avarie et d'expertise, ou, à leur défaut, par une déclaration motivée, l'une ou l'autre devant toujours être appuyée de la production des mémoires acquittés des parties prenantes.

CHAPITRE XVIII, FRAIS DE VOYAGE, VACATIONS ET DÉPENSES DIVERSES. — *Frais de voyage des officiers militaires ou civils, vacations allouées pour missions spéciales.* — Aucun payement ne peut être fait sur cet article dans les consulats sans la production de la dépêche ministérielle ou de l'ordre de service dont est porteur l'officier militaire ou civil en voyage ou en mission. Une copie de l'une de ces deux pièces doit, selon qu'il y a lieu, être produite à l'appui de toute demande de remboursement, en même temps que le reçu de la partie prenante.

*Frais de rapatriement de marins naufragés, déserteurs ou délaissés.* — Cet article de dépense comprend les frais de subsistance, de logement, d'habillement, ainsi que les frais de conduite, de maladie, ou tous autres occasionnés dans les consulats par des marins du commerce qui sont à rapatrier. En indiquant à la section VIII du chapitre cinquième les règles à suivre par les consuls pour le rapatriement des hommes de mer naufragés ou délaissés en pays étrangers, nous reviendrons en détail sur la nature et la quotité des avances que ces agents peuvent avoir à faire à cet égard. Nous devons nous borner à dire ici que toute dépense faite dans un consulat sur cet article doit être appuyée d'un état spécial et nominatif des marins naufragés, déserteurs ou autres, qui ont motivé les avances. Cet état, ayant pour objet de mettre le département de la marine en mesure de faire apostiller sur les matricules des ports d'armement les mouvements des marins, et de poursuivre, lorsqu'il y a lieu, le recouvrement des avances faites pour le compte des armateurs des navires auxquels appartenaient les marins rapatriés, doit indiquer les noms, prénoms et grades des marins secourus, leur quartier d'inscription, le nom et le port d'armement du dernier bâtiment sur lequel ils étaient embarqués, les ports sur lesquels ils ont été désignés, et enfin le montant total des dépenses qu'ils ont occasionnées, tant en monnaie du pays qu'en argent de France. Il doit en outre y être fait mention, pour chaque marin, de la cause de son délaissement en pays étranger, s'il est déserteur, ou s'il a été débarqué pour cause d'insubordination, ou bien s'il provient d'un navire vendu ou naufragé ; et dans ce derniér cas, il doit être spécifié s'il existe ou non des produits de vente ou de sauvetage.

A l'appui de cet état nominatif, les consuls doivent fournir tous les reçus ou factures des parties prenantes, les mémoires acquittés des fournisseurs, ou, à défaut, une déclaration motivée et certifiée destinée à y suppléer.

Si les marins secourus proviennent de navires naufragés ayant donné lieu à des opérations de sauvetage, il faut encore, pour que le remboursement des avances faites par les consuls à leur occasion puisse être ordonnancé, que la demande en soit appuyée d'un état de la liquidation du sauvetage. Mais les consuls n'ont pas à faire eux-mêmes directement l'envoi de cet état de liquidation à la direction de la comptabilité. Ainsi que nous le verrons au chapitre cinquième, tous les comptes de sauvetage, soit qu'il en résulte un excédant de recettes au profit des armateurs ou assureurs, ou un excédant de dépenses à la charge du trésor, doivent toujours être transmis en France sous le timbre de la direction des invalides. Dans ce dernier cas, le renvoi des pièces constatant ledit excédant est fait après examen par cette direction à celle qui est chargée de l'ordonnancement. Les consuls doivent simplement se borner à mentionner dans leur état de comptabilité l'excédant qui leur est dû, en indiquant sur l'état nominatif des marins la date précise à laquelle ils ont fait l'envoi des pièces y relatives.

Parmi les dépenses que nécessitent les marins disgraciés ou délaissés, quelle que soit la cause du délaissement, il en est qui sont de nature à être répétées contre les armateurs ou contre les marins eux-mêmes, et notamment : les frais faits pour la subsistance, l'entretien, etc., des équipages des navires naufragés dont les liquidations de sauvetage présentent, après le prélèvement des salaires dus, des produits applicables au remboursement de ces frais ; les dépenses auxquelles donnent lieu les marins débarqués pour cause de maladie, d'insubordination ou de mauvaise conduite ; enfin, les frais de capture, de geôlage et autres occasionnés par les déserteurs. Les agents par les soins desquels s'effectuent ces diverses dépenses doivent en conséquence fournir au ministère de la marine, en en réclamant le remboursement, toutes les indications propres à en assurer plus tard, en France, le recouvrement ou la retenue dans les proportions réglementaires (1).

*Frais de pilotage des bâtiments de l'État.* — Cette dépense doit être justifiée par un certificat de l'autorité du bord constatant le service fait, et par le reçu du pilote, ou, à son défaut, une déclaration motivée soit de l'agent, soit du capitaine du port.

*Fournitures de bureau.* — A l'appui de cet article de dépenses, on doit invariablement produire les factures ou mémoires acquittés des marchands ou fournisseurs.

*Récompenses pour faits de sauvetage; gratifications diverses.* — A l'exception des donatives en usage dans quelques localités du Levant, il ne doit être fait de payement sur cet article qu'en vertu d'une autorisation spéciale; auquel cas toute demande de remboursement doit être appuyée d'une copie de la décision ministérielle et des reçus des parties prenantes, ou de déclarations motivées de l'agent qui en tiennent lieu.

*Abonnements aux journaux étrangers, frais d'insertions, d'annonces dans les journaux et frais d'affiches.* — Les abonnements aux journaux étrangers ne doivent avoir lieu qu'en vertu d'une décision ministérielle. On les justifie par la production de la copie de la dépêche qui a autorisé la dépense et de la quittance des parties prenantes. Les frais d'insertions, d'annonces et d'affiches se justifient également par la production de la quittance des parties prenantes. Seulement les frais de cette nature, relatifs à la justice maritime ou aux bâtiments naufragés, ne doivent pas être classés sous cet article de dépenses. Les premiers doivent être portés au chapitre vııı, art. 1$^{er}$, et les autres au chapitre vııı, art. 2.

*Frais de correspondance.* — Ces frais doivent être détaillés dans un état spécial dressé par le chancelier, indiquant la date et le timbre de chaque dépêche reçue, ou le destinataire si le pli est adressé sous le couvert du consul, soit à un officier commandant un bâtiment de l'État, soit à un fonctionnaire quelconque de la marine en mission dans l'arrondissement

(1) Circulaires de la marine des 25 avril 1820 et 31 mars 1849.

du consulat. Il en est de même pour les affranchissements que peuvent nécessiter les lettres ou paquets expédiés par les consuls. On doit, autant que possible, joindre à cet état la quittance de la direction des postes, ou, à son défaut, une déclaration certifiée, faisant mention des motifs de la non-production d'un reçu.

*Dépenses diverses dans les consulats.* — Sous cette rubrique se classent tous les menus frais qui ne trouveraient pas d'analogie parmi les articles mentionnés dans ce chapitre. Ce sont ordinairement, dans les consulats, les frais d'embarcation ou de bateau, les fournitures de bureau, les gratifications pour avis divers aux vigies sur les côtes et autres menus frais d'administration. Toutes ces dépenses, qui ne sauraient être mises à la charge du département de la marine, qu'autant qu'elles concernent exclusivement son service, doivent être justifiées isolément. En ce qui est des frais d'embarcation, le chancelier doit en dresser un état spécial énonçant le but de chaque déplacement ou de chaque voyage, et qui doit être revêtu de l'attache du consul, et, autant que possible, appuyé des reçus des patrons ou canotiers. Quant aux fournitures de bureau et autres dépenses à la charge de la marine, elles doivent être détaillées également dans un état dressé et signé par le chancelier, mais certifié par le consul et appuyé des reçus ou mémoires quittancés des parties prenantes, ou des déclarations motivées et certifiées qui en tiennent lieu.

CHAPITRE XXI, SCIENCES ET ARTS MARITIMES. *Achats d'objets d'art et d'instruction pour le service de la marine.* — Aucune dépense ne peut être imputée sur ce chapitre sans une autorisation spéciale dont la copie doit être jointe à la demande de remboursement, avec les factures ou mémoires acquittés des parties prenantes.

SERVICE COLONIAL. — Les consuls n'ayant que fortuitement à faire des avances pour le service colonial, ils doivent les comprendre toutes, quelle qu'en soit la nature, et sauf classement régulier par le bureau liquidateur, sous le titre de : *Abonnement aux journaux étrangers et autres dépenses concernant le service des colonies.* Ils en justifient le payement par la production d'une copie de la dépêche ministérielle qui a autorisé la dépense, et par les factures ou mémoires acquittés des parties prenantes.

Indépendamment de ces indications sur l'ensemble des justifications que les consuls doivent rattacher à leurs états *par chapitre* de dépenses pour le service du département de la marine, nous croyons utile de consigner ici quelques explications complémentaires.

Au nombre des justifications demandées à l'appui des dépenses faites en pays étranger, la plus essentielle consiste dans l'acquit des parties prenantes. Si celles-ci sont illettrées, elles doivent, suivant l'usage, apposer une croix en bas de leur quittance dressée dans la chancellerie, en présence de deux témoins qui attestent qu'elles ne savent pas signer, et cette pièce doit toujours être visée par les consuls.

Dans le cas où il serait absolument impossible de se procurer aucune espèce d'acquit, les consuls sont autorisés à y suppléer par une déclaration énonçant les motifs de l'empêchement. Nous n'avons pas besoin de répéter ici ce que nous avons déjà dit au livre précédent, à propos de la justification des frais de service des consuls pour les affaires étrangères, quant à la réserve avec laquelle ils sont tenus, dans l'intérêt même de leur responsabilité, d'user de ce moyen de preuve, qui n'est en définitive qu'un reçu qu'ils dressent eux-mêmes pour une dépense acquittée par eux.

Lorsque des factures ou mémoires sont, en l'absence ou par empêchement des créanciers réels, quittancés par des mandataires ou associés, la qualité de ces derniers doit être constatée. Il est de règle qu'elle le soit par un extrait de l'acte légal en vertu duquel ils sont aptes à recevoir les sommes dues. Mais à défaut de cette constatation, qui peut parfois rencontrer des obstacles insurmontables, les consuls doivent certifier au pied de la quittance même que la partie prenante est notoirement accréditée par le titulaire de la créance.

En ce qui est des dépenses acquittées par les vice-consuls ou agents consulaires dépendants des consuls, outre les pièces justificatives ordinaires, les consuls doivent toujours joindre à leurs propres comptes soit le reçu des agents, soit la traite acquittée, que ceux-ci auraient tirée sur eux pour se couvrir, toute omission à cet égard étant de nature à arrêter en France remboursement direct et final au profit des consuls.

Le trésor public et la cour des comptes n'admettant comme valables que les pièces comptables originales, ce serait une erreur de penser que les copies de ces pièces peuvent en tenir lieu. Il convient donc qu'elles soient établies à l'étranger en double expédition, dont l'une est adressée au ministère, et l'autre reste déposée dans la chancellerie, pour être également transmise en France, si la première venait à se perdre.

Il faut, en outre, se pénétrer soigneusement de ce principe que toute surcharge et tout grattage sont rigoureusement interdits sur ces mêmes pièces; ce serait d'ailleurs une cause de rejet des comptes si l'on ne remédiait à l'erreur commise par une rectification expresse dûment approuvée et signée en marge.

Quelle que soit la nature des documents à produire, s'ils sont écrits en langue étrangère, il est indispensable qu'ils soient accompagnés d'une traduction dont le consul doit constater la fidélité. Toutefois, lorsque le document est d'une trop grande étendue, il suffit d'en donner en français un résumé analytique clair et précis.

### 7. — Dépenses extraordinaires remboursées en traites.

Dans les circonstances où les consuls reçoivent exceptionnellement l'autorisation d'acquitter certaines dépenses extraordinaires à l'aide de traites sur le caissier central du trésor agissant pour compte de l'agent comptable des traites de la marine, comme, par exemple, lorsqu'il s'agit soit d'achats spéciaux d'approvisionnements pour nos arsenaux, soit d'affrétements de navires pour ramener en France les équipages de bâtiments de l'État naufragés, soit enfin de missions politiques ou scientifiques données à des officiers ou autres agents de la marine, ces dépenses doivent être portées sur des états semblables à ceux dressés par les consuls pour leurs dépenses ordinaires, mais arrêtés alors ainsi qu'il suit : « *Arrêté à la somme de......... comprise dans la traite n°......... émise le......... à l'ordre de M.........* »

Nous dirons seulement qu'il n'y a pas lieu de comprendre dans ces sortes de traite la bonification de 2 pour 100, qui n'est allouée aux consuls qu'autant qu'il s'agit d'une avance de fonds dont ils sont remboursés par voie d'ordonnancements directs payables entre les mains de leurs fondés de pouvoir à Paris. Si cependant la négociation de leurs traites avait occasionné des frais de banque ou de courtage, il devrait en être fait article de dépense au chapitre XVIII, *frais de voyage, etc.*, *et dépenses diverses*, sauf à rapporter à l'appui le bordereau de négociation.

Ces traites, tirées sur le caissier payeur central du trésor public à Paris, et soumises à l'acceptation du ministre de la marine (bureau de dépenses d'outre-mer), doivent être émises à un mois de vue par première et deuxième, et présenter en marge la division par chapitre de la somme qui en forme le montant. En outre, chaque traite doit être numérotée; la série des numéros commençant et finissant avec l'exercice dont la traite porte le timbre.

L'avis à donner au ministre de la marine de toute traite émise, pour le service de son département, sur le caissier-payeur central du trésor public, doit lui être transmis par les tireurs et par la plus prochaine occasion de terre ou de mer. Il est indispensable que les motifs des dépenses et la somme formant le montant de la traite y soient indiqués, et qu'il y soit également fait mention de l'imputation par chapitres distincts des diverses fractions dont se compose le total (1).

**8. — Avances pour des bâtiments qui sont dans l'impossibilité d'acquitter eux-mêmes leurs dépenses.**

Les instructions du département de la marine ont également prévu les cas où des navires arrêtés, comme négriers ou pirates, par des bâtiments de la flotte, ou bien quelque prise faite en temps de guerre, seraient amenés dans un port étranger sous le commandement d'un seul officier marinier, et donneraient lieu à des dépenses de ravitaillement ou de réparation d'avaries. Comme, dans une telle circonstance, les formalités à remplir ne pourraient l'être par l'autorité du bord que d'une manière insuffisante, l'intervention du consul résidant

(1) Circulaire de la marine du 31 mars 1849.

en ce port deviendrait nécessaire ; il aurait à pourvoir, avec le concours du capitaine, à la passation des marchés et à l'acquittement desdites dépenses, au moyen de traites ; mais outre sa signature, les traites émises devraient porter celle de l'officier conducteur de prise. L'avis collectif de ces émissions serait immédiatement adressé au ministère, auquel les pièces justificatives devraient être également transmises dans le plus bref délai possible.

### 9. — Acquits des payements en traites.

Dans tous les cas exceptionnels où un consul se rembourse de ses dépenses pour le service du département de la marine au moyen de traites, si celles-ci sont données en payement aux fournisseurs titulaires des marchés, il suffit que ceux-ci apposent au bas de chaque état de dépense le reçu de la traite qui s'y trouve mentionnée, ce reçu constituant alors un acquit régulier.

Mais si les dépenses sont payées au moyen de fonds réalisés dans les mains des agents tireurs, outre le reçu des traites émises à exiger des bailleurs des fonds, il est indispensable de produire les factures ou mémoires quittancés des fournisseurs directs, c'est-à-dire des créanciers réels du trésor.

A l'égard des marchés, les règlements exigent, comme nous l'avons déjà dit, qu'il en soit toujours passé pour les fournitures dont le montant excède la somme de cinq cents francs ; il y a lieu, même dans ces cas exceptionnels, de se conformer à cette prescription, à moins cependant que les circonstances n'y missent un obstacle absolu, ce qu'il faudrait alors constater par une déclaration sur la pièce de dépense.

### 10. — États récapitulatifs des dépenses.

Indépendamment des états de dépenses dressés par chapitres, les consuls sont encore tenus, en transmettant leur comptabilité au ministère de la marine, de fournir un état récapitulatif sur lequel toutes leurs dépenses doivent être reproduites par chapitres seulement, et avec l'indication du nombre de pièces justificatives se rapportant à chacun d'eux. Cet état récapitulatif est arrêté à la somme totale des dépenses effectuées, et doit toujours être accompagné d'un certificat authentique du cours du change à la date de l'envoi en France.

### 11. — Époques de l'envoi des états.

Les comptes des consuls avec le département de la marine doivent être adressés au ministre tous les trois mois et à la fin de chaque trimestre ; toutefois, si la quotité de leurs dépenses leur paraissait exiger un plus prompt remboursement, il leur est facultatif d'abréger ce délai.

Quant à certaines dépenses spéciales que les consuls ont encore à faire pour le département de la marine, mais qui se rattachent au service particulier de l'établissement des invalides, elles ne sauraient jamais être confondues avec le service *marine* proprement dit. Nous allons nous en occuper dans le chapitre suivant.

# CHAPITRE III.

## DU SERVICE DES CONSULS COMME TRÉSORIERS DES INVALIDES DE LA MARINE A L'ÉTRANGER.

## SECTION I.

Des recettes des consuls pour compte de l'établissement des invalides.

### 1. — Recettes des trois caisses.

Les consuls remplissent en pays étranger les fonctions de trésoriers des invalides et perçoivent en cette qualité tous les produits revenant à l'établissement (1).

L'administration des invalides de la marine est formée de trois services distincts, savoir : caisse des prises, caisse des gens de mer, caisse des Invalides.

_____

(1) Édit de juillet 1720, titre X. — Ordonnance du 22 mai 1816, art. 12.

Les circonstances du service peuvent amener les consuls à opérer des recettes au profit et pour compte de chacune de ces trois caisses.

Ainsi, par exemple, ils perçoivent, pour la caisse des prises, le montant des produits de prises qui sont réalisés dans l'étendue de leur arrondissement, avant le prononcé des jugements et confiscations ; ils doivent même faire recette de ces produits après les jugements, lorsque les armateurs n'ont pas sur les lieux un fondé de pouvoirs spécial.

Les recettes de la caisse des gens de mer dans les consulats se composent des produits des successions maritimes, des sommes revenant aux marins absents lors des payements après désarmement, et du produit des bris et naufrages.

En général, les sommes qui se rapportent aux deux caisses des prises et des gens de mer donnent ouverture à tant de droits différents, qu'il importe de les rendre les plus liquides possible, en prévenant, par l'intervention des consuls, tous les incidents qui pourraient les exposer à des litiges.

Quant à la caisse des invalides proprement dite, les recettes qui peuvent être faites pour son compte en pays étranger ne portent plus aujourd'hui que sur les articles suivants, et seulement encore dans les cas exceptionnels où la perception ne peut en être ajournée, et le soin de l'effectuer réservé à l'administration en France : droits sur les armements du commerce et moitié de la solde ou des parts et gratifications des déserteurs du commerce.

Nous indiquerons successivement dans les divers chapitres de ce livre les circonstances dans lesquelles les consuls, en leur qualité de trésoriers des invalides de la marine à l'étranger, peuvent être appelés à effectuer les recettes que nous venons d'énumérer.

Les sommes appartenant aux trois services sont déposées à la chancellerie du consulat.

### 2. — Tenue de la comptabilité.

La comptabilité doit être tenue par chapitre et article spécial de recettes, soit sur des registres séparés par service si l'importance des recettes l'exige, soit sur un même registre proportionnellement divisé si le service des trois caisses peut y être centralisé sans confusion. Les registres sont tenus par le chancelier, mais ils doivent être arrêtés tous les trois mois par le consul (1).

### 3. — État trimestriel à adresser au ministère.

Tous les trois mois aussi, les consuls doivent transmettre au ministère de la marine sous le timbre de la direction des Invalides, bureau des Invalides, le compte des fonds appartenant aux trois caisses, lequel doit toujours être appuyé des pièces justificatives de recettes (2) ; il leur est même recommandé, dans le cas où ils n'auraient pas eu de recette pendant l'intervalle d'un trimestre, d'adresser toujours au ministère un compte pour mémoire du trimestre expiré, afin qu'ayant la certitude qu'il n'y a pour cet objet ni retard ni omission, le ministre puisse répondre aux demandes de renseignements et aux réclamations qui lui sont journellement adressées, soit par les armateurs ou les chambres d'assurances, soit par les commissaires de l'inscription maritime dans l'intérêt des familles de leur quartier (3).

### 4. — Remise des fonds en France.

Quant à l'envoi des fonds versés dans la caisse des consulats, il faut distinguer ceux qui appartiennent à la caisse des prises de ceux qui reviennent aux deux autres.

Nous verrons, en nous occupant spécialement au chapitre huitième de ce livre des prises conduites à l'étranger dans les ports où résident des consuls, que ceux-ci ne doivent pas, sans ordre exprès du ministre de la marine, déplacer les fonds en dépôt dans leur caisse. Conséquemment, les produits de vente de prises doivent être conservés à l'étranger et reportés sur chaque compte trimestriel comme excédant de recette, jusqu'à ce que la remise en soit ordonnée.

(1) Circulaire de la marine du 10 février 1817.
(2) *Id.* des 10 février 1817, 21 septembre 1821 et 4 décembre 1835. — *Formulaire à l'usage des consulats,* n^os^ 40, 41, 42, 44 et 45.
(3) Circulaire de la marine du 15 octobre 1833.

Quant aux autres produits, et notamment à ceux des successions maritimes et des bris et naufrages, nous verrons également au chapitre cinquième qu'il est, au contraire, recommandé spécialement aux consuls de les transmettre en France dès que la liquidation en est achevée, et sans attendre l'expiration du trimestre pendant lequel il a été procédé à cette opération.

Le compte trimestriel dressé dans chaque consulat n'est donc qu'un état récapitulatif général indiquant toutes les opérations qui ont été effectuées isolément pour le service des trois caisses, et il doit toujours se solder par néant, sauf dans le cas spécial où il y a report d'un trimestre à un autre de fonds appartenant à la caisse des prises.

### 5. — Taxations attribuées aux consuls et aux chanceliers.

Les consuls ont pour toute indemnité, à raison du recouvrement de fonds appartenant aux trois caisses, une prestation de 2 1/2 p. 100, déduction faite des frais relatifs à chaque produit (1). Ce droit, qui n'est, du reste, pas prélevé par la plupart des consuls, n'est pas à la charge de l'établissement; mais, ainsi que nous aurons occasion de le répéter, il doit être porté en compte comme dernier article de dépense sur la liquidation de chaque produit auquel il se rapporte, puisqu'il représente l'indemnité allouée à ces agents pour leurs peines et soins, et qu'à ce titre il ne saurait retomber à la charge de l'établissement des invalides (2).

Les chanceliers des consulats ont également droit à une rétribution fixée à 15 centimes par 100 francs sur le dépôt dans leur caisse des sommes provenant de prises ou de bris et naufrages (3). Cette rétribution se perçoit encore sur le produit, et fait article dans la liquidation comme dans les comptes généraux de recette de la chancellerie.

(1) Règlement du 17 juillet 1816, art. 80.
(2) Circulaire de la marine du 31 août 1848.
(3) Règlement du 17 juillet 1816, art. 82. — Tarif du 6 novembre 1842, art. 44.

## SECTION II.

Des dépenses des consuls pour compte de l'établissement des invalides.

#### 1. — Dépenses au compte des caisses des prises et des gens de mer.

Les dépenses des consuls pour le service de la caisse des prises et des gens de mer consistent principalement dans le prélèvement des frais et attributions ou remises proportionnelles ; mais elles peuvent également provenir de remboursements faits aux parties intéressées de sommes déposées par ou pour elles (1). Ces cas, il est vrai, ne peuvent se présenter que difficilement à l'étranger, puisque les consuls doivent aujourd'hui remettre immédiatement et sans attendre l'expiration du trimestre, comme cela leur était autrefois permis, les sommes dont ils sont dépositaires en leur qualité de caissier des gens de mer. Nous reviendrons sur cette question en nous occupant des successions maritimes et de la liquidation des sauvetages.

#### 2. — Payements pour la caisse des invalides.

Les seules dépenses réelles que les consuls aient à faire pour compte des invalides sont donc relatives à la caisse administrative de cet établissement, et se bornent, du reste, au payement, sur l'ordre spécial du ministre, des arrérages dus aux invalides ou autres pensionnaires de l'armée de mer résidant en pays étranger.

#### 3. — Pensionnaires de la marine résidant à l'étranger.

Les pensionnaires de la marine ne pouvaient autrefois résider à l'étranger qu'en vertu d'une autorisation spéciale du chef du pouvoir exécutif, et leurs pensions étaient en outre frappées d'une retenue du tiers au profit du trésor public pendant

(1) Circulaire de la marine du 31 août 1848.

toute la durée de leur résidence hors du territoire français (1).
La loi du 15 avril 1831, sur les pensions de l'armée de mer,
a modifié l'ancienne législation en abrogeant cette retenue du
tiers; mais elle a maintenu pour les pensionnaires l'obligation
de solliciter et d'obtenir l'autorisation expresse de résider à
l'étranger (2). Dans l'application de ce principe, on devait
toutefois tenir compte de certaines circonstances particulières
au service de la marine, et c'est ce qu'a fait l'ordonnance du
11 septembre 1832.

Ainsi, une première exception a été consacrée pour les ab-
sences prolongées résultant de voyages de longs cours. Ce
n'est pas en effet de semblables voyages que la loi a eus en vue
lorsqu'elle a imposé la formalité d'une demande d'autorisation, et il n'y avait dès lors pas lieu d'exiger les mêmes justifications que pour une absence ordinaire, puisque, pour le
marin naviguant sous le pavillon national, son navire représente et continue fictivement le territoire français (3).

En second lieu, comme la caisse des invalides paye à la fois
les pensions militaires et les pensions civiles du département
de la marine, l'ordonnance a fait une autre distinction, et a
établi : 1° que les titulaires de soldes de retraite et de pensions dites demi-soldes sont seuls astreints à demander une
autorisation pour résider en pays étranger ; 2° que les titulaires
des autres pensions payées par la caisse des invalides, et spécialement les veuves (même celles des officiers et autres individus ayant appartenu aux corps militaires de la marine),
sont de droit affranchies de cette formalité, sauf pourtant
l'obligation commune à toutes les parties de justifier qu'elles
n'ont pas perdu la qualité de Français (4).

#### 4. — Demandes d'autorisation de séjour à l'étranger.

Les demandes d'autorisation de résidence à l'étranger sont
adressées au ministre de la marine en France par l'intermédiaire des commissaires de l'inscription maritime dans les

(1) Ordonnance du 27 août 1817, art. 4.
(2) Loi du 18 avril 1831, art. 28.
(3) Circulaire de la marine du 12 octobre 1832.
(4) Ordonnance du 11 septembre 1832, art. 1 et 9.

quartiers, et des préfets dans l'intérieur, et à l'étranger par celui des consuls.

Les titulaires des pensions militaires qui, se trouvant à l'étranger, veulent y prolonger leur résidence au delà d'une année, doivent en conséquence, en remettant au consul accrédité dans leur résidence ou dans le lieu le plus voisin leur demande écrite de prolongation d'absence, justifier en due forme des causes qui peuvent la nécessiter, et s'obliger en outre à ne rien entreprendre qui puisse leur faire perdre la qualité de Français. Cette déclaration, reçue par-devant deux témoins et dressée dans la forme des actes de notoriété (1), se transmet ensuite par les soins des agents au ministre de la marine, conjointement avec la demande en autorisation et l'avis motivé du consul (2).

### 5. — Certificats de vie.

Quant aux certificats de vie que les consuls ont à délivrer aux pensionnaires de la marine établis dans la circonscription de leur poste, ils sont indépendants des demandes d'autorisation et des actes de notoriété ou déclarations dont nous venons de parler : l'obligation de les produire est imposée indistinctement à tous les pensionnaires militaires ou civils (3).

Nous indiquerons au livre VII, en nous occupant de la délivrance des certificats de vie dans les chancelleries consulaires, la forme dans laquelle ces actes doivent être libellés. Nous rappellerons seulement ici que les veuves sont tenues de déclarer qu'elles n'ont point contracté un second mariage qui les ait privées de leur qualité de Françaises (4).

C'est d'ailleurs la perte seule de la nationalité, et non le fait du second mariage, qui entraîne pour la veuve qui se remarie la déchéance du droit à sa pension sur la caisse des invalides. Cette question ne peut plus faire l'objet du moindre doute, depuis qu'une décision ministérielle, en date du 21 no-

(1) *Formulaire à l'usage des consulats*, n° 322.
(2) Ordonnance du 11 septembre 1832, art. 4.
(3) *Id., Id.*, art. 6 et 9. — *Formulaire à l'usage des consulats*, n°s 325 et 326.
(4) Code civil, art. 19.

vembre 1837, a expressément consacré que le droit à une pension de veuve subsiste aussi longtemps que le lien moral entre le citoyen et la patrie ne se trouve pas rompu.

### 6. — Payement de pensions fait par les consuls.

Le ministre de la marine accorde quelquefois à des pensionnaires non militaires de la caisse des invalides, et surtout à des veuves, la faveur de leur faire directement payer les arrérages de leurs pensions par les soins des consuls. Il va sans dire qu'aucun payement de cette nature ne peut être fait dans les consulats sans un ordre spécial du ministre.

En principe, les arrérages des pensions payées à l'étranger pour le compte de la caisse des invalides sont acquittés par trimestre ou par semestre sur le vu du titre même de la pension. Ils doivent être exactement calculés d'après la quotité en francs de la pension annuelle, indiquée par le titre produit, et la partie prenante doit toujours supporter les frais ou profiter du bénéfice de la conversion en monnaie du pays; mais il n'y a pas lieu de faire figurer cette opération dans les écritures.

Les consuls étaient autorisés autrefois à fournir des traites sur le trésorier général des invalides de la marine en remboursement de leurs avances pour payement des arrérages de pensions : ce mode de procéder serait aujourd'hui irrégulier (1). Les consuls n'ont plus qu'à adresser au ministre par lettres spéciales, sous le double timbre de la direction et du bureau des Invalides, l'état certifié des payements effectués par eux, appuyé des certificats de vie et des quittances légalisées des parties prenantes ; puis, sur le vu de ces pièces, on ordonnance à Paris, entre les mains de leurs fondés de pouvoirs, le montant des avances faites et de la bonification de deux pour cent admise en pareil cas (2).

(1) Décision du ministre de la marine du 19 août 1843.
(2) Circulaire de la marine du 12 mars 1844.

# CHAPITRE IV.

### DES FONCTIONS DES CONSULS DANS LEURS RAPPORTS AVEC LA MARINE MILITAIRE.

Les rapports de service avec la marine militaire et marchande constituent l'une des parties les plus importantes des fonctions consulaires, et touchent à plusieurs questions graves et délicates. Ils sont régis, depuis 1833, par deux ordonnances réglementaires, élaborées par une commission spéciale, et qui ont toutes deux été revêtues du double contre-seing des ministres des affaires étrangères et de la marine.

D'après leur nature évidemment complexe, ces ordonnances contiennent des prescriptions dont les unes sont adressées aux consuls, et les autres, soit aux commandants des bâtiments de l'Etat, soit aux capitaines des navires du commerce ; il eût été difficile de scinder ces prescriptions ; et, en admettant même que cette division fût praticable, elle n'eût pas conduit aussi sûrement au but que se proposait le gouvernement. Il ne pouvait, au contraire, qu'y avoir avantage à ce qu'une action double de sa nature fût réglementée simultanément, et à ce que les consuls, aussi bien que les capitaines des navires de guerre ou de commerce, trouvassent dans un seul et même acte l'indication complète de leurs devoirs et de leurs obligations réciproques (1).

Nous allons examiner dans ce chapitre la nature particulière des rapports des consuls avec la marine militaire, et nous traiterons en détail et séparément dans le suivant des attributions de ces agents qui concernent en particulier les navires de commerce.

---

(1) Rapport du ministre des affaires étrangères au roi du 29 octobre 1833.

## SECTION I.

### De l'arrivée et du séjour des bâtiments de l'État.

#### 1. — Arrivée des navires.

Lorsque des bâtiments de l'État se disposent à entrer dans une rade ou dans un port étranger, le consul, s'il a connaissance de quelque maladie épidémique ou contagieuse, doit en donner promptement avis aux officiers commandants. Il doit, au surplus, faire toutes les démarches nécessaires pour préparer et maintenir le bon accord entre les officiers commandants et les autorités locales, et éclairer, par conséquent, les premiers sur les honneurs à rendre à la place d'après les règlements ou les usages, en les instruisant des précédents consacrés à cet égard par les bâtiments de guerre des autres nations (1).

#### 2. — Salut à l'arrivée.

On attachait autrefois une grande importance à certaines pratiques du cérémonial maritime international, que l'on considérait, non pas comme une simple politesse, mais comme une marque d'infériorité ou de déférence de la part de ceux qui s'y soumettaient. Il n'en est plus ainsi de nos jours ; la question du salut fait par les navires de guerre aux places et forteresses étrangères est réduite aujourd'hui à un pur acte de courtoisie. Il doit toujours être rendu coup pour coup, parce qu'il est, à proprement parler, le salut d'une nation à une autre, et que toutes deux, étant également souveraines, ont les mêmes droits et occupent le même rang. On comprend aisément pourquoi, dans ce cas, les bâtiments arrivant doivent saluer les premiers, et pourquoi le salut, avant d'être fait, est d'abord traité à terre par l'intermédiaire des consuls, qui peuvent seuls s'assurer qu'une fois effectué, il sera immédiatement rendu (2).

(1) Ordonnance du 7 novembre 1833, art. 1er.
(2) *Id.*, du 31 octobre 1827, art. 107.

Ce salut est presque de rigueur; cependant il est reçu maintenant que les bâtiments à vapeur et les bâtiments à voiles qui n'ont qu'une artillerie peu nombreuse en soient dispensés La courtoisie internationale veut seulement que, dans ce cas, les consuls et les commandants des bâtiments fassent connaître à l'autorité territoriale compétente les motifs d'abstention, et empêchent ainsi que le défaut de salut puisse être interprété comme un manquement aux convenances, et encore moins comme une offense.

Les consuls sont, du reste, tenus de rendre compte aux deux ministres des affaires étrangères et de la marine de toutes les difficultés qui pourraient s'élever dans les ports de leur résidence au sujet du salut, soit qu'il n'ait pas été fait, soit qu'il n'ait pas été rendu à la commune satisfaction des deux pavillons (1).

Nous avons dit plus haut que de nos jours les commandants des bâtiments de l'Etat étaient dans l'obligation, en vertu de leurs simples instructions générales, de saluer les forts et places des puissances amies dans les rades desquelles ils abordent (2) : il n'y a aucune exception à cette prescription. L'article 1er du titre iv de l'ordonnance de 1781 avait établi que dans le Levant nos bâtiments de guerre ne salueraient les forteresses du Grand-Seigneur qu'après en avoir été salués les premiers; cette disposition n'est plus aujourd'hui susceptible d'application, et il a été prescrit aux commandants de nos bâtiments de guerre de saluer les premiers lorsqu'ils relâchent dans les ports de la domination du Grand-Seigneur, comme ils le font partout ailleurs, en pays de chrétienté. Mais il est enjoint à ces commandants de se concerter toujours préalablement avec les consuls, afin de s'assurer que le salut sera exactement rendu, et que notre pavillon sera traité avec tout le respect qui lui est dû (3).

Anciennement, le pavillon national arboré sur la maison consulaire était salué en Levant de vingt et un coups de canon à l'arrivée de tout bâtiment de guerre (4); cet usage est

(1) Ordonnance du 7 novembre 1833, art. 2.
(2) Circulaire de la marine du 9 frimaire an x.
(3) *Id.* des affaires étrangères du 31 août 1817.
(4) Ordonnance du 3 mars 1781, titre 4, art. 1 et 2.

tombé en désuétude, et, sous ce rapport encore, les résidences dans les pays musulmans sont complétement assimilées aujourd'hui à celles des pays de chrétienté.

### 3. — Visites officielles à terre.

Les consuls doivent également faire connaître aux commandants des bâtiments de l'Etat en relâche dans les ports de leur résidence les usages relatifs aux visites officielles à faire aux autorités territoriales. Il est prescrit à ces officiers de se conformer sous ce rapport aux usages généralement reçus dans le pays où ils abordent (1) ; et, en fait, ils se bornent d'ordinaire à faire au gouverneur ou au commandant supérieur de la place une première visite, qui est rendue tantôt en personne, tantôt par l'envoi à bord d'un aide de camp, suivant le rang des personnes et les usages consacrés dans chaque pays.

Mais, sur certains points, notamment lorsque le séjour des bâtiments sur rade doit se prolonger assez pour donner lieu à des rapports plus fréquents, soit avec les autorités, soit avec les habitants du pays, cette première visite ne suffit pas toujours, et il peut être utile ou simplement d'usage d'en faire d'autres à diverses autorités, soit militaires, soit civiles (2). Les officiers commandants ne sauraient que suivre les indications fournies à cet égard par les consuls, qui les accompagnent, du reste, dans toutes les visites officielles et les présentent eux-mêmes. Leurs instructions ne leur en font pas une obligation, mais celle-ci résulte pour eux du devoir qui leur est imposé de s'attacher à conserver dans leurs relations avec les commandants des bâtiments de l'Etat et dans les affaires où leur action se combine avec celle de ces officiers le bon accord sans lequel il serait impossible d'accomplir régulièrement la tâche commune qui leur est imposée.

### 4. — Fêtes nationales.

Le cérémonial maritime prescrit encore aux commandants

(1) Ordonnance du 1er juillet 1851, art. 3.
(2) Circulaire de la marine du 1er octobre 1814.

des navires de guerre mouillés dans les rades et ports étrangers de prendre part aux fêtes nationales, et de s'associer aux démonstrations publiques, soit de réjouissance, soit de deuil, de l'Etat dans les eaux duquel ils se trouvent, ainsi qu'à celles que les navires de guerre d'une puissance tierce font dans certaines solennités particulières. Les commandants des bâtiments de guerre doivent régler leur conduite, en pareille circonstance, de manière à prévenir tout ce qui pourrait blesser l'amour-propre des gouvernements étrangers; ils ont le droit de compter pour cela sur l'assistance des consuls, qui doivent les fixer, sinon sur les convenances, du moins sur les coutumes locales, dont l'inobservation est toujours d'une haute gravité lorsqu'il s'agit de relations de peuple à peuple.

### 5. — Pavoisement.

La disposition des pavillons dans les pavois usités dans ces occasions à bord des navires de guerre a souvent donné lieu à des démêlés fâcheux à l'étranger. Nos navires, lorsqu'ils pavoisent, ne peuvent arborer, à tête de mât, que des pavillons français ou des pavillons de signaux; les postes d'honneur pour les pavillons étrangers sont à tribord de la grande vergue, et à bâbord en second rang, à la vergue de misaine ensuite et à la vergue barrée dans le même ordre, et s'il y a un plus grand nombre de pavillons à arborer, aux vergues de hune, toujours dans le même ordre que pour les basses vergues : il est défendu de placer aucun pavillon de nation sous le beaupré. A l'étranger, le pavillon de la nation dans les eaux de laquelle se trouvent les bâtiments qui pavoisent doit être arboré au premier poste d'honneur, ensuite les pavillons des bâtiments de guerre étrangers qui sont au même mouillage, puis ceux des nations étrangères dont les consuls résidant dans le pays arborent simultanément leurs couleurs (1).

(1) Ordre du ministre de la marine du 26 avril 1827. — Circulaire des affaires étrangères du 31 juillet 1827.

### 6. — Exhibition du pavillon national en l'honneur des navires de guerre.

Dans les pays où l'usage l'autorise, le pavillon national doit être arboré au consulat, tant à l'arrivée qu'au départ de tout bâtiment de guerre.

### 7. — Échange de visites avec les consuls.

Les consuls et les officiers de la marine militaire doivent échanger entre eux, à l'arrivée de chaque bâtiment, une visite officielle. La première visite doit être faite, par les consuls généraux et consuls, aux commandants en chef de stations, d'escadres ou de divisions pourvus de commissions; ces mêmes agents la reçoivent, au contraire, de tout officier commandant un bâtiment isolé ou détaché. Si, néanmoins, ce commandant est capitaine de vaisseau, des délégués du consulat doivent le recevoir au débarcadère.

Toutes les fois que le temps le permet, ces visites doivent être rendues dans les vingt-quatre heures; elles se font de part et d'autre en uniforme, mais n'ont lieu qu'à la première arrivée d'un bâtiment de l'État sur une rade ou dans un port où réside un consul (1).

Les consuls qui se rendent officiellement à bord d'un bâtiment de l'État pour y faire ou rendre une visite au commandant doivent porter le pavillon national à l'arrière de leur canot (2); ce dernier, dans la plupart des circonstances, est, à titre gracieux, mais non obligatoire, fourni par le bord.

### 8. — Honneurs rendus aux consuls à bord des bâtiments de guerre.

Lorsque les consuls arrivent sur le pont, ils y sont reçus, savoir : les consuls généraux au haut de l'escalier, par le capitaine du bâtiment, la garde ayant l'arme au pied et le tambour étant prêt à battre; les consuls de première classe sur le gaillard d'arrière, par le capitaine du bâtiment, la garde étant

(1) Ordonnance du 7 novembre 1833, art. 6.
(2) *Id*. du 3 mars 1781, titre 4, art. 9.

formée en haie et sans armes; enfin, ceux de seconde classe sur le gaillard d'arrière, par l'officier en second du bâtiment, la garde ne s'assemblant pas.

Quand ils quittent le bord, ils sont salués, les consuls généraux, de neuf coups de canon ; les consuls de première classe, de sept, et ceux de seconde, de cinq.

Ces honneurs ne sont pas seulement rendus aux consuls en fonctions lorsqu'ils font une visite officielle à bord d'un bâtiment de l'Etat, mais également lorsqu'ils s'y embarquent à l'étranger pour revenir en France, ou lorsqu'ils quittent le bâtiment qui les a conduits à leur destination, toutes les fois, bien entendu, qu'il n'y a pas sur les lieux un agent d'un rang plus élevé (1).

Les distinctions réglementaires établies entre les consuls de différente classe pour les honneurs qui leur sont rendus à bord des bâtiments de l'Etat, ne sont pas toujours rigoureusement observées, et, dans la plupart des circonstances, il est maintenant d'usage que les consuls de tous grades soient indistinctement salués de sept coups de canon. Quant aux gérants intérimaires qui n'ont pas rang de consul, tels que élèves consuls, chanceliers, drogmans ou autres officiers consulaires, ils n'ont droit à aucun cérémonial en vertu de leur grade personnel, mais ils sont généralement traités par courtoisie comme le serait un consul de deuxième classe.

Lorsqu'un bâtiment de guerre, par tout autre motif qu'une raison politique, n'a pas, à l'arrivée dans un port étranger, salué le pavillon du pays, il est bien évident que le consul, lorsqu'il se rend officiellement à bord, ne doit pas non plus recevoir le salut dû à son grade.

**9. — Allocations aux consuls pour le service de la marine.**

Les consuls ne peuvent obtenir aucune allocation directe ou indirecte sur le budget de la marine pour le service dont ils sont chargés en ce qui concerne les bâtiments de l'Etat (2). Cependant, lorsque le séjour prolongé d'une escadre ou d'une

(1) Ordonnances du 31 octobre 1827, art. 697 et 698, et du 7 novembre 1833, art. 6.

(2) *Id.* du 7 novembre 1833, art. 5.

division a constitué un consul en dépenses extraordinaires, il en est quelquefois indemnisé, après concert préalable entre les deux départements des affaires étrangères et de la marine, sur les fonds de l'un ou l'autre ministère. Nous ajouterons à ce sujet, qu'il est depuis longtemps entendu que les consuls ne sont tenus ni de traiter les officiers de marine pendant leurs relâches, ni de faire aucune espèce de dépense à leur occasion. Un acte de politesse de leur part ne doit pas dégénérer en une source de dépenses pour l'État, et les consuls ont dès lors à s'abstenir de toute demande d'indemnité, sauf dans les circonstances réellement extraordinaires qui intéressent essentiellement le service, et à l'égard desquelles ils reçoivent, du reste, habituellement des instructions spéciales ou tout au moins des avertissements officieux. L'apparition fortuite de bâtiments de guerre dépendant d'une station navale voisine ou envoyés en croisière pour protéger le commerce, ne rentre évidemment pas dans ce cas (1).

#### 10. — Respect des priviléges des bâtiments de guerre.

Les consuls doivent tenir la main à ce que les bâtiments de guerre soient traités partout avec les égards auxquels a droit le pavillon national, et à ce qu'on leur concède toutes les immunités et tous les priviléges qui découlent des principes généraux du droit des gens, et que nous accordons invariablement dans nos ports au pavillon de guerre de toutes les marines étrangères. De ce nombre est notamment l'exterritorialité du bord, et, comme conséquence forcée, l'exemption de toute descente de justice et la dispense de toute visite de douane ou de police (2).

#### 11. — Communications réciproques entre les consuls et les commandants.

Les consuls et les officiers commandants des bâtiments de guerre doivent se communiquer réciproquement toutes les

---

(1) Ordonnance du 3 mars 1781, titre 4, art. 4. — Circulaire de la marine du 1er octobre 1786.

(2) Circulaire des douanes du 27 mars 1840.

informations et tous les renseignements qui peuvent intéresser le service de l'Etat et le commerce maritime (1).

### 12. — Droit de police sur les navires de commerce en rade.

Nous verrons au chapitre suivant que les consuls sont directement et spécialement chargés, à l'étranger, de surveiller
et d'inspecter les marins et les navires du commerce français.
Cependant, lorsque des bâtiments de l'Etat se trouvent sur la
rade de leur résidence, les consuls doivent déférer aux commandants l'exercice du droit de police sur les navires marchands mouillés près d'eux (2); mais ils conservent la police
des navires qui font leur chargement ou déchargement dans
l'intérieur des ports. Cette disposition doit, du reste, être entendue dans le sens que l'ordonnance de 1781 donnait à une
semblable prescription, c'est-à-dire que dans les échelles et
pays où il n'y a pas de port, les consuls conservent la police
sur les bâtiments marchands mouillés sur les rades à portée
des douanes et se livrant à des opérations de commerce (3).

Lors même que la police sur les bâtiments en rade est
exercée par un bâtiment de l'Etat, l'officier qui le commande
ne doit permettre aux équipages de descendre à terre qu'après
s'être assuré qu'il ne saurait en résulter aucun inconvénient (4). Il est en effet bien plus facile à un consul qu'à un
officier de marine de se rendre compte à l'avance des suites
fâcheuses que peut entraîner à terre l'inconduite des matelots
permissionnaires ou les désordres et excès commis par eux.

Cette espèce de partage de prérogatives établi pour des circonstances purement éventuelles, oblige donc les consuls et
les commandants militaires à se prêter un mutuel appui pour
faire respecter la force destinée à protéger le commerce national et l'autorité chargée de défendre les intérêts des navigateurs français dans les ports étrangers. Les consuls et les

(1) Ordonnance du 7 novembre 1833, art. 9.
(2) Id., Id., art. 10.
(3) Id. du 3 mars 1781, titre 4, art. 26. — Circulaire des affaires
étrangères du 18 novembre 1833.
(4) Ordonnance du 3 mars 1781, tit. 4, art. 25.

commandants méconnaîtraient, en effet, le vœu 'des ordonnances sur la matière s'ils renfermaient leur action d'une
manière trop absolue dans les limites qui leur sont respectivement assignées, au lieu de chercher à confondre ces limites
toutes les fois que le bien du service l'exige. Ainsi, lorsque
l'officier commandant un bâtiment de l'État est dans la nécessité de reprendre la mer dans un délai de moins de huit
jours, il s'abstient généralement de revendiquer l'exercice du
droit de police sur les navires marchands mouillés en rade,
et les consuls en demeurent investis, à moins que, dans l'intérêt de la discipline et du bon ordre, ils ne jugent indispensable que le commandant en soit chargé, et ils en font alors
l'objet d'une demande écrite. Il en est de même si les consuls
croient devoir, pour des motifs analogues, inviter les officiers
de la marine militaire à les seconder dans l'exercice de leur
droit de police sur les navires de commerce stationnés dans
l'intérieur des ports. Ce dernier fait se renouvelle souvent à
l'étranger, et les consuls, sûrs de trouver chez les commandants des bâtiments de l'État une parfaite conformité de vues,
sont trop heureux de pouvoir recourir à eux, même pour la
répression des manquements commis dans le port par les
marins du commerce, dont ce mode de procéder sauvegarde
d'ailleurs parfaitement et les droits et les intérêts.

### 13. — Dépôt des actes de l'état civil.

Lorsqu'un bâtiment de l'État relâche dans un port où réside un consul, l'officier d'administration doit, conformément
aux prescriptions du Code civil, déposer en chancellerie
deux expéditions de tous les actes de naissance ou de décès
rédigés à bord pendant la traversée, ainsi qu'un des deux
originaux des testaments qu'il a pu être appelé à dresser (1).

Nous dirons au livre VII, en nous occupant spécialement des
actes de l'état civil et des testaments reçus dans les consulats,
quelle est la suite à donner par les consuls à ces dépôts d'actes
rédigés en mer. Rappelons seulement ici que, toutes les fois
qu'un bâtiment de l'État se trouve en relâche dans un port

---

(1) Code civil, art. 60, 87 et 991.

étranger où réside un consul, et qu'il survient à bord une naissance ou un décès, l'officier d'administration doit en donner avis par écrit au consul, auquel seul il appartient d'en dresser acte, à moins toutefois que le bâtiment mouillé sur rade ne puisse communiquer avec la terre. Dans ce dernier cas, l'acte doit bien être dressé à bord, mais il est prescrit d'y mentionner les causes qui ont empêché sa rédaction en chancellerie (1), et deux expéditions doivent alors en être remises au consulat dès que les communications sont rétablies.

### 14. — Procès-verbaux de disparition.

Lorsqu'au lieu d'un décès, il y a simplement à constater la disparition d'un homme tombé à la mer sans qu'il ait été possible de le sauver ou de retrouver son cadavre, et soit que l'accident ait eu lieu en mer ou en rade, les consuls ne sont jamais compétents pour rédiger les procès-verbaux, ceux-ci devant toujours alors être dressés à bord par l'officier d'administration, en présence des témoins du fait.

Si l'accident a eu lieu en mer, l'officier d'administration doit, à la première relâche, si elle a lieu à l'étranger dans un port où réside un consul, déposer en chancellerie, en temps de paix, trois expéditions, et en temps de guerre, quatre du procès-verbal dressé par lui. L'une de ces expéditions est conservée en chancellerie, et les autres sont successivement envoyées au ministre de la marine, qui les fait passer au port d'armement du bâtiment et dans le quartier d'inscription du marin disparu.

Si, au contraire, l'accident a lieu pendant une relâche dans un port étranger, et que toutes les recherches faites pour retrouver le cadavre de l'individu disparu aient été infructueuses, l'officier d'administration doit encore en dresser immédiatement procès-verbal, et remettre au consul deux expéditions authentiques de cet acte.

Si, à la suite des recherches faites par les gens du bord, ou à terre sur les bords de la mer par ordre du consul, le cadavre

(1) Instruction de la marine du 2 juillet 1828.

est retrouvé, son inhumation et la rédaction de l'acte de décès concernent l'officier de l'état civil à terre, c'est-à-dire le consul.

S'il n'y avait pas d'agent français dans le port où a lieu un événement de cette nature, et qu'au moment du départ du bâtiment le cadavre n'eût pas été retrouvé, il est prescrit au commandant d'inviter les autorités locales, dans le cas où le sauvetage en aurait lieu plus tard, à envoyer une expédition de l'acte de décès dressé par leurs soins au port le plus voisin où réside un agent français ; et pour rendre cette mesure plus efficace, le commandant doit adresser une expédition du procès-verbal de disparition au consul ou autre agent résidant dans ledit port, afin que celui-ci puisse au besoin réclamer des autorités compétentes l'envoi de l'expédition de l'acte dont il s'agit.

Dès que les consuls sont mis en possession des actes dressés par les autorités étrangères, ils doivent déposer les originaux dans leur chancellerie, et en faire faire des copies littérales, accompagnées au besoin de traductions dûment certifiées, qu'ils transmettent au ministre des affaires étrangères, en se bornant à aviser le département de la marine de la date de leurs envois (1).

### 15. — Arrestation des déserteurs.

Si pendant la relâche d'un bâtiment de guerre des hommes désertent du bord, le commandant en donne avis au consul par la remise d'une dénonciation signée et indiquant le signalement du déserteur, son nom, son âge, son lieu de naissance, son quartier et son numéro d'inscription.

Les consuls interviennent auprès des autorités locales pour que les déserteurs qui leur sont ainsi dénoncés puissent être poursuivis et arrêtés, selon les formes particulières de la législation de chaque pays et les stipulations du droit conventionnel.

Nous n'énumérerons pas ici les nombreuses conventions qui stipulent pour nos consuls le droit de réclamer l'extradition des marins déserteurs ; c'est un principe passé aujourd'hui

(1) Instruction de la marine du 2 juillet 1828.

dans le droit des gens positif, que les autorités locales doivent, sur la réclamation des consuls, employer tous leurs efforts pour appréhender les déserteurs des bâtiments étrangers. L'intérèt de la marine tant militaire que commerciale de toutes les nations exige qu'il ne soit jamais méconnu.

Lorsque l'arrestation des déserteurs a donné lieu à quelques dépenses, ou que d'après la législation locale il est dû une prime pour leur appréhension, ces frais sont immédiatement payés par les consuls, à charge de retenue ultérieurement imposée aux marins. D'après les règlements en vigueur, cette retenue ne doit cependant pas excéder douze francs (1), sauf pour les déserteurs des bâtiments de l'Etat sur les côtes occidentales de l'Amérique, qui supportent la totalité des frais occasionnés par leur désertion· (2).

Ces frais sont, du reste, dans tous les cas, réglés de gré à gré avec les consuls ou avec les autorités locales, et avancés par les premiers si le bâtiment auquel l'homme appartenait n'est plus en rade, ou, dans l'hypothèse inverse, acquittés avec les autres dépenses du bord.

Le déserteur arrêté doit être reconduit à son bord si le bâtiment auquel il appartient n'a pas repris la mer. S'il est, au contraire, parti, et qu'il y ait en rade d'autres bâtiments de guerre, le déserteur doit être mis à la disposition de l'officier commandant en chef : à défaut d'un bâtiment de guerre, le consul doit laisser le déserteur en prison à terre, en pourvoyant à ses besoins, c'est-à-dire à sa nourriture, jusqu'à ce qu'il ait pu être embarqué sur un navire de commerce destiné soit pour la France, soit pour l'une de nos colonies. Dans ce cas, outre la mention sur le rôle de la qualité de déserteur,· il doit être donné au capitaine par le consul un ordre écrit pour la remise du marin à la disposition de l'autorité maritime du port de destination : il va sans dire que le ministre de la marine doit être informé de toutes les circonstances se rattachant à ces sortes d'affaires.

Les frais de passage alloués aux capitaines français pour le rapatriement des déserteurs de la marine militaire sont fixés

(1) Décision impériale du 30 brumaire an XIII.
(2) Décret du président de la République du 14 juin 1850.

à un franc cinquante ou à un franc par jour, selon leur grade. Si le passage a lieu sur un bâtiment étranger le prix est réglé de commun accord entre le consul et le capitaine (1), sans que jamais le soin de faire des conventions de cette nature doive être laissé à l'administration en France, qui est seulement chargée d'acquitter le prix stipulé à l'étranger, quand il n'a pas été payé d'avance par le consul. Nous avons déjà dit au chapitre deuxième que tous les frais faits par les consuls pour l'arrestation des marins de l'Etat déserteurs, leur geôlage, leur rapatriement, etc., étaient remboursés directement sur état par le département de la marine.

Nos lois déclarent que le délit de désertion est imprescriptible, et n'est pas couvert par la prescription décennale (2). Le marin déserteur qui est resté à l'étranger, et qui est reconnu comme tel dans le pays même où il a commis son délit, devrait donc rigoureusement, dès que son identité a été constatée, être arrêté et envoyé en France. Mais, en réalité, il n'en est pourtant pas ainsi, d'abord parce que la jurisprudence de tous les pays sur les délits successifs ne s'accorde pas avec la nôtre, et ensuite parce que la plupart des traités stipulent un terme fatal, passé lequel la réclamation d'un déserteur ne peut plus avoir lieu, ni produire aucun effet. Aussi les consuls doivent-ils soigneusement s'abstenir de réclamer l'arrestation des marins établis dans le pays, en se fondant sur ce qu'ils auraient à une époque plus ou moins reculée déserté d'un bâtiment de guerre, et laisser, le moment venu, à nos tribunaux maritimes, le soin d'apprécier si ces mêmes individus à leur rentrée en France, peuvent encore être poursuivis et punis comme déserteurs.

### 16. — De la protection des Français.

On sait qu'en temps ordinaire nos bâtiments de guerre sont essentiellement chargés à l'étranger d'offrir une protection tutélaire à tous les intérêts français. Lorsque ces navires se

---

(1) Ordonnance du 29 octobre 1833, art. 36 et 37, et du 7 novembre 1833, art. 15.

(2) Décret du 14 octobre 1811. — Arrêt de la Cour de cassation du 7 février 1840. — Circulaire de la marine du 18 août 1847.

trouvent en station ou en relâche dans un pays livré à la
guerre civile, et où l'autorité locale est elle-même hors d'état
de protéger les étrangers, la présence seule de la flamme militaire est souvent une garantie suffisante pour nos nationaux ;
quelquefois le bâtiment de guerre se transforme en asile, et
l'humanité exige alors que cet asile ne s'ouvre pas seulement
pour les Français, mais encore pour tous les étrangers privés
d'une égale protection de la part des forces navales de leur
nation et pour les sujets mêmes du pays qui, victimes des
dissensions civiles, voudraient se réfugier à l'abri de notre
pavillon. Nous n'avons pas à rappeler ici combien cette protection toute d'humanité, et renfermée dans les limites d'une
stricte neutralité, a été efficace dans une foule de circonstances
et à la suite d'événements dont le souvenir n'est pas encore
effacé; mais nous dirons qu'elle ne saurait s'exercer d'une
manière utile, complète et surtout juste, que par une entente
pleine et entière, une communauté de vues absolue entre les
commandants et les consuls.

Autant la situation des consuls au milieu des désordres
de la guerre civile est grave, à cause de la responsabilité tout
exceptionnelle qui pèse sur eux, autant les déterminations
qu'ils peuvent avoir à prendre demandent de prudence et de
réflexion. Ils ne sauraient, sans danger pour leurs nationaux
et les intérêts généraux de leur pays, se laisser aller à des
mesures extrêmes qu'une impérieuse nécessité peut seule
excuser et légitimer; mais ils ne doivent pas non plus hésiter
à les prescrire lorsque la gravité des circonstances le commande. L'attention avec laquelle ils doivent suivre le cours
des événements, leur connaissance acquise du caractère et des
dispositions des chefs, ainsi que des habitants du pays où
ils résident, sont à cet égard les meilleurs guides de leurs
déterminations; et, en entretenant toujours avec les officiers
de la marine militaire des rapports faciles et conformes en tout
à l'intérêt du service, ils trouvent en eux, au moment du
danger, l'accord et le concours empressé qu'ils peuvent
désirer, et l'efficace protection réclamée par leurs nationaux
et par eux-mêmes.

**17. — Intervention des bâtiments de guerre dans les troubles locaux.**

Nos bâtiments de guerre sont quelquefois appelés à intervenir officieusement dans les luttes intérieures d'un pays en proie à la guerre civile, non-seulement dans l'intérêt de nos nationaux, mais encore dans celui des habitants mêmes du pays. Dans des circonstances exceptionnelles, cette intervention peut même revêtir un caractère actif et officiel. La conduite à tenir par les consuls dans les cas tout à fait exceptionnels d'intervention directe du gouvernement français dans les luttes politiques intérieures d'une nation étrangère, leur est naturellement tracée par les instructions spéciales qu'ils reçoivent alors du département des affaires étrangères. Mais la marine elle-même est souvent appelée dans ces circonstances à concourir au but que le gouvernement se propose par son intervention. Son concours se traduit d'ordinaire par une surveillance plus active à l'égard des bâtiments étrangers, et plus immédiatement encore à l'égard des navires français dont ils contrôlent les mouvements, les cargaisons ou destinations; enfin, par un secours effectif prêté aux autorités territoriales, soit en facilitant leurs communications, soit en aidant au succès de leurs opérations militaires, tantôt par des transports de troupes ou de munitions, tantôt par les entraves qu'ils suscitent aux mouvements de leurs ennemis. Pour bien remplir un mandat si délicat, les commandants de nos bâtiments de guerre ne sauraient mettre trop de soin à s'aider de l'assistance des consuls, et à tenir ceux-ci au courant de tous les événements de nature à influer sur les déterminations qu'ils pourraient avoir à prendre de concert. Si ces cas sont heureusement rares, ils n'en créent pas moins, lorsqu'ils se présentent, tant aux consuls qu'aux commandants des bâtiments de guerre, une obligation impérieuse d'entretenir ensemble les meilleurs rapports de bonne harmonie.

## SECTION II.

### Des passages sur les bâtiments de l'État.

#### 1. — Embarquement des consuls.

Nul officier militaire ou civil, fonctionnaire ou agent quelconque d'un service public, ne peut être embarqué comme passager à bord d'un bâtiment de l'État s'il n'est muni d'une lettre de service ou de tout autre titre en due forme (1).

Le passage sur les bâtiments de l'État est accordé aux consuls qui se rendent à leur destination, sur la demande que le ministre des affaires étrangères en adresse à celui de la marine. Il doit, autant que possible, en être de même lorsque les consuls sollicitent passage sur les bâtiments de l'État, soit pour satisfaire à des ordres de permutation, soit pour revenir en France. Toutefois, en cas de décès d'un consul à l'étranger, aucune justification analogue n'est exigée pour assurer, s'il y a lieu, le retour de sa famille dans une colonie française ou dans un port de la métropole (2).

Les consuls qui croient devoir réclamer à l'étranger, soit pour eux, soit en faveur de tierces personnes, un passage sur un bâtiment de guerre pour revenir en France ou pour se rendre dans un port étranger en dehors de leur résidence, doivent toujours en faire la demande par écrit (3), en indiquant les rang, grade ou qualité de la personne pour laquelle le passage est requis, la position qu'elle occupera à bord, ainsi que le département ministériel auquel incombera ultérieurement le soin d'en acquitter les frais.

#### 2. — Position des passagers à bord des bâtiments de guerre.

Les diverses positions des passagers à bord des bâtiments de l'État sont déterminées de la manière suivante :

(1) Ordonnance du 1er mars 1831, art. 9. — Règlement du 1er décembre 1833, art. 2.
(2) Ordonnance du 7 novembre 1833, art. 1er.
(3) Id., art. 3.

Table du commandant;

*Id.* de l'état-major;

*Id.* des aspirants de marine ou des aides-chirurgiens;

*Id.* des maîtres;

*Id.* des simples rationnaires (1).

Les consuls généraux et les consuls de première et deuxième classe, les secrétaires interprètes pour les langues orientales, et le premier drogman de l'ambassade de Constantinople, sont placés à la table du commandant.

Les élèves consuls, les chanceliers de missions diplomatiques, même ceux pourvus du titre de consul honoraire, qui, comme nous l'avons déjà dit ailleurs, ne leur confère ni droit ni rang distincts, les seconds et troisièmes drogmans de l'ambassade de Constantinople, les premiers et seconds drogmans de consulat général, les drogmans chanceliers et drogmans sans résidence sont placés à la table de l'état-major.

Les élèves drogmans passent à la table des aspirants de marine.

Le tableau de classement des agents des différents services publics passagers à bord des bâtiments de l'Etat ne mentionne ni les agents vice-consuls, ni les chanceliers des consulats. Par l'assimilation du grade de ceux-ci à celui des drogmans chanceliers, il est évident qu'ils doivent, comme ces derniers, passer à la table de l'état-major. Il doit en être de même des agents vice-consuls, car il ne saurait leur être concédé à bord des bâtiments de l'Etat un rang supérieur à celui qu'y occupent les élèves consuls, officiers hiérarchiquement plus élevés en grade.

Les gens de mer et toutes autres personnes à rapatrier, notamment les Français dénués de ressources, sont embarqués à bord des bâtiments de l'Etat sur la réquisition des consuls (2). Ils y sont admis à la simple ration. Les personnes appartenant à l'inscription maritime sont reçues sans frais, sauf, pour les naufragés du commerce, le recours légal et la reprise ultérieure sur le produit des débris des navires et le montant du fret. Quant aux indigents étrangers à tout service public,

(1) Règlement du 1er décembre 1833, art. 1er.

(2) *Formulaire à l'usage des consulats*, n° 335.

c'est le ministère de l'intérieur qui rembourse en fin de compte les frais de passage (1).

### 3. — Des réquisitions de passage par les consuls.

Lorsqu'un passage annoncé sur un bâtiment de guerre n'a pas eu lieu, il doit être payé, suivant les cas, à l'officier commandant ou à l'état-major, une indemnité égale à la moitié de l'allocation qui aurait été due d'après les tarifs si le fait du passage se fût accompli ; cette dépense est supportée par le département des affaires étrangères dans tous les cas où l'incident est résulté soit d'une révocation de ses ordres, soit de ce que le passager annoncé n'a pas été rendu à bord à l'époque indiquée pour le départ (2). Cette prescription suffit pour démontrer aux consuls la nécessité de ne former qu'avec beaucoup de circonspection, surtout en faveur de personnes tierces, des demandes qui, si le passage accordé n'avait pas lieu, pourraient faire retomber à leur charge personnelle le payement de l'indemnité légalement due (3).

Aucun passage n'est accordé sur les bâtiments de l'Etat à des particuliers voyageant pour des motifs quelconques d'intérêt privé, alors même qu'ils proposeraient de rembourser au trésor le montant des allocations réglementaires. Tout passage du même genre avec engagement de se nourrir en nature est formellement interdit (4).

Toutes les fois que les bagages d'un passager excèdent mille kilogrammes, les commandants ont le droit d'exiger pour les recevoir l'autorisation écrite des préfets et chefs maritimes en France ou des consuls dans les ports étrangers (5). Néanmoins, lorsqu'il s'agit du bagage d'un consul passager se rendant à sa destination ou changeant de résidence, cette autorisation n'est pas habituellement réclamée, et si elle devenait nécessaire, l'autorité compétente pour l'accorder ne saurait la refuser, à moins de circonstances de force majeure.

(1) Ordonnance du 1er mars 1831, art. 9.
(2) *Id.* du 7 novembre 1833, art. 4.
(3) Circulaire des affaires étrangères du 18 novembre 1833.
(4) Ordonnance du 1er mars 1831, art. 10.
(5) *Id.*, art. 16.

Quant aux passages requis directement par les consuls en
faveur d'autorités ou de personnes notables du pays de leur
résidence, on comprend que c'est là une question sur laquelle
il ne saurait leur être donné d'instructions générales. Des
raisons de politique ou de convenance peuvent, dans plusieurs
circonstances, les porter à demander aux commandants des
bâtiments de guerre la faveur de passages de cette nature,
et l'on n'a pas à craindre que ceux-ci n'y fassent pas droit.
Nous croyons, du reste, que les consuls agiront toujours prudemment en n'usant qu'avec une extrême réserve de cette
faculté, à laquelle ils ne doivent d'ailleurs jamais recourir sans
faire connaître, tant au ministre des affaires étrangères qu'à
celui de la marine, les motifs de leur détermination.

## SECTION III.

### De l'appel aux forces navales.

#### 1. — Cas où cet appel peut avoir lieu.

Lorsque, d'après la situation politique du pays, un consul le croit nécessaire dans l'intérêt de l'Etat, ou par suite
de danger manifeste, soit pour la sûreté des personnes, soit
pour la conservation des propriétés françaises, il peut faire
appel aux forces navales qui se trouvent en rade ou dans des
parages peu éloignés. Si les bâtiments sont réunis en escadre
ou division, cet appel est adressé à l'officier général ou supérieur commandant en chef (1).

#### 2. — De la forme de l'appel.

Tout appel aux forces navales doit avoir lieu par écrit.
Les consuls doivent spécifier en détail dans ces communications les motifs qui les portent à faire une pareille démarche,
et y formuler, autant que possible, la durée approximative
du temps pendant lequel ils auront besoin de l'assistance

(1) Ordonnance du 7 novembre 1833, art. 16 et 17.

qu'ils requièrent. Ces indications doivent, comme de juste, aider le commandant de la division ou du bâtiment isolé qui reçoit la réquisition à se décider à prendre sous sa responsa-. bilité une décision immédiate, soit en acquiesçant à la demande du consul, soit, au contraire, en la déclinant, si en y obtempérant il pouvait craindre de compromettre le succès d'ordres antérieurs ou l'issue de la mission spéciale dont il serait chargé.

Les consuls doivent rendre compte à la fois au ministre des affaires étrangères et à celui de la marine de toutes les circonstances qui peuvent les obliger à faire appel aux forces navales, que leur demande ait été ou non accueillie par les officiers commandants auxquels elle était adressée (1). La responsabilité qui résulte pour eux des conditions. mises à l'exercice du droit de faire appel aux forces navales leur impose, du reste, le devoir de n'en user qu'avec la plus grande mesure et dans les seuls cas de nécessité bien constatée.

### 3. — Effets de l'appel aux forces navales.

Hâtons-nous de répéter ici, ainsi que nous l'avons déjà indiqué au livre III, que lorsque des consuls se trouvent dans le cas d'appeler à leur aide les forces navales de la France, comme, par exemple, à la suite de graves conflits survenus entre eux et le gouvernement ou les autorités de leur résidence, ils ne doivent jamais aller jusqu'à provoquer de la part des commandants des bâtiments de guerre des mesures violentes ou coercitives dans le but d'obtenir immédiatement le redressement des griefs dont ils croiraient avoir à se plaindre, car ce serait là empiéter sur l'initiative du gouvernement et engager par avance sa liberté d'action. On peut d'ailleurs admettre que si un consul en venait à dépasser ainsi la limite vraie de ses attributions, et à abandonner de son propre mouvement le terrain de la discussion pour passer sur celui de l'action, les commandants des bâtiments de guerre manqueraient de leur côté à tous leurs devoirs s'ils ne refusaient pas leur concours jusqu'au moment où le gouvernement aurait

(1) Ordonnance du 7 novembre 1833, art. 22.

donné l'ordre de revendiquer par la force les justes satisfactions qui nous auraient été déniées.

#### 4. — Réquisition des bâtiments de guerre.

Les consuls n'ont pas seulement le droit de faire appel aux
forces navales françaises pour retenir dans le port de leur
résidence les bâtiments qui s'y trouvent de passage , ils peuvent aussi, quoique exceptionnellement, envoyer en mission,
c'est-à-dire requérir dans un but d'utilité publique ceux qui
y sont stationnés. C'est là un moyen de communication,
d'influence et de protection auquel les événements de la politique extérieure peuvent obliger les consuls à avoir recours,
et dont ils ne sauraient par conséquent être privés; mais ils
ne doivent en user qu'avec une réserve d'autant plus grande,
qu'il en résulte souvent pour le trésor, surtout quand des réquisitions de cette nature s'adressent à des bâtiments à vapeur, une dépense considérable.

Les instructions du ministère de la marine prescrivent, d'une
manière toute spéciale, aux officiers commandants éventuellement appelés à recevoir des réquisitions de la part des consuls,
de faire à ces agents, dans toutes les circonstances dont l'appréciation leur est laissée, des représentations écrites dans le
but de leur faire connaître la dépense que devra entraîner le
voyage, et de bien constater le caractère officiel et le degré
d'urgence que présente la mission. Ces observations une fois
faites, si le consul se croit obligé d'insister pour le départ du
bâtiment, l'officier commandant doit exécuter la mission qui
lui est confiée, sa responsabilité se trouvant complétement
dégagée (1), et la dépense retombant, s'il y a lieu, à la charge
de l'agent qui a demandé le départ du bâtiment. Toutes les
fois, du reste, qu'un consul a cru devoir expédier en mission
un bâtiment de la flotte, notamment un navire à vapeur, il
doit immédiatement rendre compte au ministre des affaires
étrangères des circonstances qui ont motivé la mesure (2), en
ayant soin d'ailleurs, pour prévenir toute demande ultérieure

(1) Circulaire de la marine du 5 juin 1849.
(2) *Id*. des affaires étrangères du 7 septembre 1849.

d'explication, d'en instruire simultanément le département de la marine.

## SECTION IV.

Des dispositions éventuelles à prendre après le départ des bâtiments de l'Etat.

### 1. — Des marins laissés malades à terre.

Lorsqu'au moment de son départ un bâtiment de l'Etat laisse à terre, pour cause de maladie, des marins de son équipage, le consul doit pourvoir à l'acquittement des dépenses qui peuvent en être la suite, et assurer le rapatriement ultérieur des matelots, soit sur un autre bâtiment de guerre, soit par la voie des navires de commerce français ou étranger (1).

Nous avons déjà dit au chapitre deuxième que toutes les avances faites à terre par les consuls pour journées d'hôpital ou de rapatriement des marins de l'Etat leur étaient remboursées sur état par le ministère de la marine. Cette disposition ne s'applique d'une manière aussi générale qu'aux officiers et aux hommes de l'équipage, c'est-à-dire aux marins ; relativement aux domestiques embarqués qui peuvent être traités dans les hôpitaux aux frais de la marine, il existe des règlements spéciaux.

### 2. — Domestiques laissés malades.

En principe, tout domestique reconnu avoir été blessé au service doit être reçu dans les hôpitaux maritimes et être traité aux frais de l'Etat ; pour tout autre cas de maladie bien et dûment constatée, les domestiques des officiers généraux et commandants, lorsqu'ils ne sont pas payés par l'Etat et ont seulement droit à la ration, doivent être traités dans les hôpitaux civils aux frais de la marine ; mais ils doivent être renvoyés en France par les occasions les plus favorables dès qu'ils sont en état de supporter la traversée. Ceux de l'état-

(1) Ordonnance du 7 novembre 1833, art. 23.

major qui ont un traitement fixe en sus de leur ration doivent être traités comme les précédents, soit qu'ils continuent à appartenir aux bâtiments, soit que leur débarquement ait entraîné la suppression de leur solde. Tous les autres domestiques payés par l'État doivent être traités, en cas de maladie, aux mêmes titres et conditions que les marins composant les équipages des bâtiments. Hors les cas qui viennent d'être spécifiés, les domestiques des officiers de marine ne peuvent, à l'étranger, être admis dans les hôpitaux, qu'autant que ces officiers se rendent personnellement garants envers le département de la marine du prix des journées de traitement (1).

Ces dispositions sont d'une exécution très-simple ; en s'y conformant, les consuls doivent cependant, lorsqu'ils ont à se rembourser sur la marine d'avances faites pour le traitement à terre de domestiques, avoir soin de ne pas se borner, comme pour les marins, à faire connaître la provenance des malades, mais indiquer encore les conditions spéciales de leur débarquement.

### 3.— Rapatriement des marins provenant des bâtiments de guerre.

L'ordonnance du 12 mai 1836, qui a fixé le prix des passages sur les navires marchands des hommes de mer disgraciés ou délaissés à l'étranger, ne concerne que les matelots provenant des navires du commerce (2). Lors donc qu'il y a lieu de rapatrier des officiers, officiers mariniers ou matelots provenant des bâtiments de l'État et délaissés à l'étranger, le prix de leur passage doit être l'objet d'une stipulation préalable entre l'agent français et le capitaine qui effectue le rapatriement. Si ce capitaine est français, il est payé par l'administration de la marine du port d'arrivée, soit sur l'apostille régulièrement portée au rôle d'équipage, soit sur la production d'une convention en due forme ; s'il s'agit d'un bâtiment étranger, le capitaine peut, s'il le requiert, être payé d'avance par le consul du montant des prix du passage (3).

(1) Circulaires de la marine des 18 juin 1827 et 26 avril 1838.
(2) Dépêche de la marine du 26 juin 1838.
(3) Circulaire de la marine du 31 mars 1849.

Néanmoins, en tant qu'il ne s'agit que de simples matelots, les consuls doivent, toutes les fois qu'ils en ont la possibilité, les embarquer à titre de remplaçants sur les navires français qui opèrent leur retour en France, sauf à mentionner au rôle d'équipage leur position de marins de l'Etat.

#### 4. — Naufrage des bâtiments de l'État.

Les dispositions relatives aux naufrages des bâtiments de commerce sont applicables à ceux des bâtiments de l'Etat (1) : nous les indiquerons à la section VII du chapitre suivant.

#### 5. — Abandon d'effets ou de munitions à l'étranger.

Si un bâtiment de l'Etat a été forcé, par un appareillage précipité ou par toute autre cause, d'abandonner des ancres, des chaînes, des embarcations, ou de laisser à terre des effets et munitions quelconques, les consuls doivent faire retirer les ancres, veiller à la conservation de tous les effets abandonnés ou délaissés (2), et les faire diriger, si cela est possible, sur le port français le plus voisin et par la première occasion qui se présente (3). Dans tous les cas, il doit être rendu compte au ministre de la marine, sous le timbre de la direction des services administratifs, bureau de la comptabilité des matières, de tout fait de cette nature et des résultats qu'il peut avoir eus. S'il s'agissait de denrées laissées à terre et qui n'auraient pu être embarquées avant le départ du bâtiment, les consuls devraient joindre à l'avis donné par eux au ministre un procès-verbal constatant l'importance et la valeur exacte des objets auxquels il se rapporte (4).

Néanmoins, les consuls sont autorisés à faire vendre ceux de ces objets qui leur paraîtraient trop défectueux ou trop avariés pour pouvoir être encore employés ; ils peuvent également les faire vendre, dans le cas où les frais de leur envoi dans un port de France ne devraient pas être au moins com-

---

(1) Circulaire de la marine du 1er octobre 1814.
(2) Ordonnance du 7 novembre 1833, art. 24.
(3) Circulaires de la marine des 1er octobre 1814 et 31 mars 1849.
(4) *Id.* du 14 août 1840.

pensés par l'utilité dont ces objets pourraient encore être pour le service (1).

Toute vente doit avoir lieu publiquement et aux enchères ; il en est dressé un procès-verbal détaillé que le consul est tenu de transmettre au ministère de la marine avec les autres pièces justificatives déterminées par les règlements (2).

Ces procès-verbaux d'adjudication doivent d'ailleurs indiquer la date des ordres ou autorisations en vertu desquelles les ventes ont été faites ; les espèces et quantités des objets mis en vente ; les mesures prises pour assurer aux adjudications la plus grande publicité possible ; le récit circonstancié de ce qui s'est passé aux enchères ; le prix d'adjudication ; les noms et qualités des adjudicataires ; le montant de la vente ; enfin, le détail des frais occasionnés par la vente et le produit net acquis au trésor (3).

Le produit des ventes doit être immédiatement transmis au ministère de la marine, en une traite sur Paris, à l'ordre du caissier central du trésor public (4).

### 6. — Produits de sauvetage.

Les consuls doivent agir de même dans les cas de sauvetage d'effets provenant d'un bâtiment de guerre naufragé, ou lorsqu'un de ces bâtiments a été condamné pour cause d'innavigabilité. Suivant la gravité des circonstances ou la difficulté des transbordements, ils sont tenus d'en rendre compte au ministère de la marine, pour obtenir soit l'autorisation de vendre, soit l'ordre de réexpédier les objets sauvetés (5).

### 7. — Conduite des marins naufragés.

Les marins de l'Etat naufragés à l'étranger sont rapatriés par les consuls, conformément aux règles que nous avons déjà indiquées relativement à ceux qui ont été laissés malades,

(1) Circulaires de la marine des 1er octobre 1814 et 31 mars 1849.
(2) Ordonnance du 7 novembre 1833, art. 25 et 26.
(3) Règlement du 31 octobre 1840, art. 181.
(4) Ordonnance du 14 septembre 1822, titre 1er, art. 3.
(5) *Id.* du 7 novembre 1833, art 27. — Circulaire de la marine du 31 mars 1849.

ou délaissés au dehors par un motif quelconque. A défaut d'occasion de mer, et si les localités le permettent, le renvoi en France, tant des uns que des autres, peut également avoir lieu par terre. Il est payé, dans ce cas, aux gens de l'équipage une conduite proportionnée à la distance qui sépare le lieu du naufrage de celui où ils sont envoyés (1). Cette conduite est réglée conformément aux tarifs annexés à l'ordonnance du 15 août 1838, et d'après la teneur de l'arrêté du 29 pluviôse an ix, pour les hommes dont la position hiérarchique et administrative ne se trouve pas nettement déterminée.

# CHAPITRE V.

## DES FONCTIONS DES CONSULS DANS LEURS RAPPORTS AVEC LA MARINE MARCHANDE.

## SECTION I.

### De la condition et des mouvements des navires français.

### § 1er. — DE LA CONDITION DES NAVIRES.

#### 1. — Obligations des consuls.

Les consuls doivent veiller aux intérêts des navigateurs et des commerçants; mais ils doivent en même temps tenir la main à ce que le pavillon national ne soit employé que conformément aux lois et règlements en vigueur sur la matière. Ils ne peuvent, sous quelque prétexte que ce soit, consentir à aucune dérogation à ces mêmes règlements, et il leur est, au contraire, prescrit de dénoncer les abus qui pourraient exister ou s'introduire à cet égard dans le pays de leur résidence (2).

(1) Règlement du 1er novembre 1784, art. 93.
(2) Ordonnance du 29 octobre 1833, art. 1er.

### 2. — Prohibition de l'importation des navires étrangers.

L'importation en France, sous pavillon national, de bâtiments quelconques de construction étrangère, même à charge
d'y être vendus, est prohibée. Ces bâtiments, sauf l'exception
ci-après mentionnée, ne peuvent en aucun cas jouir des avantages réservés à la navigation française (1). Toute tentative
faite à l'étranger dans le but d'éluder ou de violer cette prohibition, devrait être immédiatement signalée au ministre de
la marine par le consul qui viendrait à en avoir connaissance (2).

### 3. — Bâtiments réputés français.

La loi du 27 vendémiaire an ii réservait exclusivement
les priviléges de la nationalité aux expéditions maritimes qui,
par l'origine du navire, la qualité des propriétaires ou armateurs et la composition des équipages, étaient entièrement
françaises; celle du 9 juin 1845 a abrogé une partie de ces
dispositions. Ainsi, dans l'état actuel de notre législation,
aucun bâtiment ne peut être réputé français, et avoir droit
aux priviléges de la nationalité, s'il n'a été construit en
France ou dans les possessions françaises, déclaré de bonne
prise en cas de capture sur l'ennemi, ou confisqué pour
contravention aux lois françaises, s'il n'appartient pas au
moins par moitié à des nationaux, et si les officiers et trois
quarts de l'équipage ne sont pas Français. Toutefois, un bâtiment étranger jeté sur les côtes de la France ou de ses possessions, et tellement endommagé que le propriétaire ou assureur
ait préféré le vendre, peut être réputé français si la moitié de
la propriété est acquise par des Français, si les frais de radoub
ou réparation atteignent le quadruple du prix d'achat, et s'il
est ultérieurement équipé et commandé dans les conditions
réglementaires (3).

Les navires et embarcations de construction étrangère provenant d'épaves dont le sauvetage en pleine mer donne droit

(1) Loi du 13 mai 1791. — Proclamation du roi du 1er juin 1791.
(2) Ordonnance du 29 octobre 1833, art. 2.
(3) Lois du 27 vendémiaire an ii, art. 7, et du 9 juin 1845, art. 11.

aux intéressés à la délivrance du tiers en nature ou en argent, conformément à l'article 27 du titre 9 du livre ɪᴠ de l'ordonnance de 1681, sont, en cas de vente par l'administration de la marine, susceptibles d'être nationalisés en France, pourvu que les conditions ordinaires de propriété et d'équipage soient dûment remplies (1).

### 4. — Bâtiments possédés par des Français résidant en pays étranger.

Anciennement, les Français résidant en pays étranger n'étaient admis à la possession totale ou partielle d'un bâtiment français qu'autant qu'ils étaient associés d'une maison de commerce ayant son siége soit en France, soit dans une possession française, et qu'ils justifiaient en outre par un certificat d'immatriculation n'avoir perdu ni leur nationalité ni leur esprit de retour (2).

La loi de douane du 9 juin 1845 a modifié cette disposition, et la nécessité de l'immatriculation en chancellerie pour la possession régulière d'un navire français par un citoyen résidant à l'étranger, n'est plus imposée que lorsqu'il s'agit de la propriété entière ou tout au moins d'une portion supérieure à la moitié. Au-dessous de cette limite, le français non immatriculé peut posséder une part d'action dans nos navires, au même titre qu'un étranger (3).

### 5. — Réparations à l'étranger et remplacement d'objets perdus.

Les bâtiments français ne peuvent, sous peine d'être réputés bâtiments étrangers, être radoubés ou réparés en pays étranger, si les frais de radoub ou de réparation excèdent six francs par tonneau, à moins que la nécessité de frais plus considérables ne soit constatée en due forme par un rapport signé et affirmé par le capitaine et autres officiers du bâtiment, vérifié et approuvé par le consul en résidence dans le pays où ont

(1) Décision du ministre des finances du 1ᵉʳ juin 1842.
(2) Loi du 27 vendémiaire an ɪɪ, art. 12. — Circulaire des affaires étrangères du 9 décembre 1833.
(3) Loi du 7 juin 1845, art. 11.

20

lieu lesdites réparations, ou, à défaut d'agent français, par
deux négociants français y établis (1).

La réparation des navires français à l'étranger étant permise
dans les cas de force majeure, il a été décidé, par analogie, que
l'on affranchirait des droits d'entrée les objets de gréement,
tels que câbles, ancres, etc., que les capitaines pourraient se
trouver dans la nécessité d'acheter à l'étranger, en remplacement d'objets similaires perdus par suite d'événements de
mer, et sans lesquels il leur serait impossible de ramener leur
navire en France (2). Mais cette immunité ne saurait s'appliquer qu'aux objets parfaitement semblables à ceux qui ont
été perdus ; car si l'objet acheté à l'étranger excédait en poids
celui qui était sorti de France, le droit d'entrée deviendrait
proportionnellement exigible. Dans tous les cas, la perte des
objets remplacés à l'étranger doit être justifiée par le livre de
bord du bâtiment, par un rapport de mer confirmé et signé
par les gens de l'équipage (3), enfin par un certificat du consul
en résidence dans le lieu où les remplacements sont effectués.

Cette disposition s'applique également aux canots et chaloupes que les capitaines sont dans la nécessité d'acheter à
l'étranger en remplacement de ceux qu'ils ont perdus ; mais
il est bon d'ajouter que si le tonnage est supérieur à celui
des embarcations remplacées, l'excédant est passible du droit
de vingt francs par tonneau établi par la loi du 28 avril
1816 (4).

La douane est tenue en France de reconnaître au départ
de chaque navire l'état de son mobilier, c'est-à-dire des objets
de gréement et de mobilier qui en dépendent, et il en est
dressé un inventaire dont une expédition fait partie des
papiers de bord que tout capitaine doit avoir en sa possession (5).
Si donc quelque doute s'élevait dans l'esprit d'un consul sur
la vérité du rapport d'un navigateur qui déclarerait la perte
de quelques objets faisant partie soit de son gréement, soit de

(1) Loi du 27 vendémiaire an II, art. 8. — Ordonnance du 29 octobre 1833, art. 2.
(2) Décision administrative des douanes du 26 mai 1825.
(3) Id. du 11 novembre 1839.
(4) Id. du 2 avril 1846.
(5) Circulaire des douanes du 18 mars 1823.

son mobilier, il suffirait du simple récolement de l'inventaire pour établir la bonne foi du capitaine ou acquérir la certitude de la fraude.

Ce cas de perte simulée et de remplacement illégal de certaines parties de nos armements maritimes se présentait autrefois assez souvent, surtout à l'égard des câbles en fer que le tarif frappait de prohibition à l'entrée en France; mais qui rentrent aujourd'hui dans la catégorie des objets admissibles en douane (1). La cause principale de la fraude a, pour ainsi dire, disparu. Nous placerons cependant ici une observation essentielle, à laquelle il importe que les consuls aient égard, ne fût-ce qu'à titre de renseignement à donner au besoin à nos navigateurs. En dérogeant, en faveur des chaînes-câbles, à la prohibition dont les chaînes de toute espèce sont frappées à l'entrée comme ouvrage en fer, on a eu en vue seulement les câbles propres à rattacher les ancres, et il a été décidé qu'on n'admettrait au droit d'importation que les seules chaînes qui satisferaient aux conditions ci-après : pour être considérées comme destinées au mouillage des bâtiments, les chaînes doivent 1° avoir 16 millimètres et au-dessus ; 2° être composées de maillons armés de contre-forts, à l'exception de celles d'un calibre au-dessous de 20 millimètres ; 3° avoir au moins 150 mètres de longueur ; 4° être divisées en bouts égaux en longueur, de 25 à 30 mètres, chacun de ces bouts étant garni à l'une de ses extrémités d'une maille de jonction, et l'autre étant disposée de manière à pouvoir se marier avec celle qui porte la maille de jonction ; 5° enfin, sur cinq bouts de 25 à 30 mètres, il doit s'en trouver au moins un garni d'un émerillon ou maille tournante (2).

### 6. — Armes et munitions de guerre.

Aucune arme de guerre ne peut être embarquée sur un navire de commerce qu'en vertu d'une autorisation émanée du chef de service de la marine du port d'armement, et déterminant, d'après la nature et la durée présumée du voyage,

(1) Loi du 2 juillet 1836, section 1re.
(2) Circulaires des douanes des 16 juillet 1836 et 17 mars 1837.

les quantités de munitions à embarquer (1). L'exportation des armes ou des modèles du calibre de guerre étant interdite aux particuliers (2), à moins d'une autorisation spéciale du gouvernement, les armateurs sont tenus de souscrire entre les mains du receveur des douanes du port d'embarquement l'engagement cautionné de rapporter et de représenter les armes et munitions de guerre qu'ils ont été autorisés à embarquer, sauf par eux. à justifier, au moyen de procès-verbaux signés par tous les officiers et au moins trois des principaux marins du bord, de la perte de tout ou partie des armes, ou de l'emploi à l'étranger de tout ou partie des munitions prises en charge. L'accomplissement de cette obligation est constaté, lors du retour du navire, au moyen d'une vérification faite par les soins des agents de la marine concurremment avec ceux des douanes.

A cet effet, le rôle d'équipage des navires doit toujours mentionner exactement le nombre, l'espèce, le calibre et la valeur des armes, ainsi que la quantité, l'espèce et la valeur des munitions qui ont été embarquées au moment de l'armement (3).

Toute infraction à ces dispositions serait poursuivie en France, conformément aux lois sur l'exportation des armes et munitions de guerre. Les consuls doivent donc veiller à ce qu'aucun navigateur en relâche dans les ports de leur arrondissement ne s'en écarte, et signaler, tant au ministère des affaires étrangères qu'à celui de la marine, tout fait dont ils auraient connaissance, et qui tendrait à éluder la loi ou à faire accepter par l'autorité française, comme perte par cas de fortune de mer, une cession ou vente d'armes de guerre faite dans un intérêt mercantile.

Ces dispositions sont exclusivement applicables aux armes et munitions à l'usage des bâtiments de commerce français. Quant aux navires de commerce étrangers arrivant dans nos ports munis d'armes de guerre, la douane est tenue d'exiger des capitaines la déclaration de celles qu'ils ont à bord, et

(1) Ordonnance du 12 juillet 1847, art. 3.
(2) Id. du 24 juillet 1816, art. 13.
(3) Id. du 12 juillet 1847, art. 12.

lorsque, dans un intérêt de police intérieure, leur débarquement est ordonné par l'autorité compétente, elle doit s'assurer, à la sortie des bâtiments, qu'ils réexportent exactement les quantités d'armes et de munitions déclarées à l'arrivée (1).

Cette obligation de débarquement à terre par mesure de police est également imposée, par la législation de certains pays, aux bâtiments de commerce étrangers. Nos consuls ne peuvent ni s'y opposer, ni même demander que, lorsqu'il est requis, on en dispense les bâtiments français, car ceux-ci sont soumis aux lois de police territoriales par le simple fait de leur présence dans des eaux étrangères, et ne sauraient surtout se soustraire à l'application d'une mesure usitée en France dans des circonstances analogues.

### 7. — Marques et noms des navires.

Tout navire ou embarcation de commerce employé à la navigation doit être marqué à la poupe, en lettres blanches d'un décimètre de hauteur sur fond noir, de son nom et de celui du port auquel il appartient.

En cas d'infraction, la loi impose une amende de cinq cents francs solidairement encourue par le propriétaire et le capitaine, et pour sûreté de laquelle le bâtiment peut au besoin être séquestré. Il est défendu, sous les mêmes peines, d'effacer, altérer, couvrir ou masquer ces marques distinctives (2).

Celui qui fait construire un navire a le choix du nom à lui donner pour en certifier l'identité. Ce nom pouvait autrefois être changé après l'accomplissement de certaines formalités, mais dans l'intérêt surtout des assureurs, et afin d'éviter les fraudes et les dangers dont les intéressés pouvaient être victimes, ces changements de noms sont aujourd'hui formellement interdits (3). Quel que soit le nouvel acquéreur ou propriétaire d'un bâtiment français, celui-ci doit conserver le nom sous lequel il a été primitivement inscrit. C'est là une disposition légale à l'observation de laquelle nos consuls sont

(1) Circulaire des douanes du 20 juin 1807.
(2) Loi du 6 mai 1841, art. 21.
(3) *Id.* du 5 juillet 1837, art. 8.

appelés à tenir la main, lors de la vente ou du réarmement sous pavillon national, dans leur résidence, d'un navire de commerce français.

### S. — Actes de francisation.

Tout bâtiment de notre marine marchande doit, pour constater sa nationalité, être porteur d'un document appelé acte de francisation (1).

Ces actes sont délivrés au nom du peuple français et signés de la main du ministre des finances. Si cependant le navire, nouvellement construit, doit mettre à la voile avant d'être muni de son acte de francisation définitif, la douane du port de départ peut lui en délivrer un à titre provisoire, qui est ensuite annulé en temps et lieu (2). De plus, lorsque, avant l'accomplissement des formalités de francisation, on veut conduire un navire neuf du port où il a été construit vers un autre port français auquel il doit être attaché, la douane en permet l'expédition par l'application des dispositions transitoires de l'article 23 de la loi du 27 vendémiaire an II : seulement, la destination du navire est alors assurée à l'aide d'un acquit à caution qui, au lieu d'exiger, pour le cas d'exportation illicite, le payement du quart de la valeur comme le porte cet article, garantit les peines édictées par l'article 2 du titre 3 de la loi du 22 août 1791 concernant les marchandises expédiées par cabotage, c'est-à-dire le double droit de sortie. La douane permet d'ailleurs également que ce navire transporte, sous les formalités ordinaires, des marchandises nationales ou d'entrepôt (3).

Cette disposition générale s'applique aux expéditions de nos ports continentaux à destination de tout port français quelconque, même de ceux situés dans nos possessions d'outremer. Un bâtiment placé dans cette situation, c'est-à-dire non encore français, peut donc, par relâche forcée, entrer dans un port étranger, mais il lui est alors interdit d'y faire aucune opération de commerce.

(1) Loi du 27 vendémiaire an II, art. 22.
(2) Arrêté du ministre des finances du 30 juin 1829.
(3) Décision administrative des douanes du 14 août 1841.

Si l'acte de francisation d'un navire a été perdu, le propriétaire peut, en affirmant la réalité de cette perte, en obtenir un
nouveau, sauf à observer les mêmes formalités et à se soumettre aux mêmes charges et droits que pour l'obtention du
premier (1).

Aucune loi ou instruction réglementaire n'a prévu le cas
où la perte de l'acte de francisation aurait lieu à l'étranger.
Nous pensons que, par analogie avec ce qui a lieu en France
et avec les règles tracées pour les congés, les consuls pourraient, en cas de perte dûment constatée, délivrer aux capitaines qui le requerraient un acte de francisation provisoire,
servant uniquement à effectuer leur retour en France, où il
serait ultérieurement annulé (2). Nous ne saurions accepter,
comme un argument suffisant en faveur de l'opinion contraire,
le silence du tarif des actes délivrés dans les chancelleries
consulaires; il ne résulte pour nous de ce que la mention de
la délivrance d'un acte de francisation n'y figure pas, qu'une
chose, c'est que cet acte devrait, le cas échéant, être délivré
gratis. Tout capitaine est, en effet, tenu, ainsi que nous le
verrons à la section suivante, d'avoir à son bord son acte de
francisation (3), sous peine de n'être plus réputé Français : or,
s'il le perd à la mer, il ne saurait y avoir à l'étranger qu'une
autorité compétente, le consul, pour lui en délivrer un autre
ou pour dresser le titre destiné à en tenir lieu. Si, ainsi que
nous le verrons par la suite, les navires vendus à l'étranger
et réarmés sous notre pavillon naviguent sans acte de francisation, c'est qu'ils opèrent forcément leur retour en France
et que leur nationalité n'est point définitivement reconnue :
tel n'étant pas le cas d'un navire dont le capitaine, par suite
d'un accident de navigation, perd son acte de francisation ou
même tous ses papiers de bord, nous croyons que les consuls
sont aptes à délivrer les documents provisoires qui seuls peuvent régulariser la situation du bâtiment jusqu'à son retour
en France.

(1) Loi du 27 vendémiaire an II, art. 20.
(2) *Formulaire à l'usage des consulats*, n° 282.
(3) Code de commerce, art. 226.

### 9. — Exportation des bâtiments français.

L'exportation des bâtiments français, autrefois prohibée, est aujourd'hui licite (1); la vente peut d'ailleurs s'en faire à l'étranger aussi bien qu'en France.

Si la vente s'effectue en France, la déclaration en est faite à la douane et à la marine pour la radiation des écritures; l'acte de francisation, le congé et le rôle d'équipage, sont rendus aux autorités qui les ont délivrés, et le droit de sortie est acquitté.

Lorsqu'il y a dans le port de vente un consul de la nation de l'acquéreur, celui-ci doit réclamer de cet agent, outre l'autorisation d'arborer le pavillon de son pays, les différentes pièces de bord nécessaires à l'armement. Dans le cas contraire, la douane délivre un congé provisoire, valable seulement pour aller de France au port de destination; à l'arrivée du navire, cette pièce doit être remise au consul de France, lequel la renvoie à l'administration des douanes par l'entremise de la direction commerciale du ministère des affaires étrangères.

L'équipage des bâtiments ainsi destinés à changer de pavillon peut même être formé de marins français, s'il y a impossibilité de se procurer des étrangers, et la marine délivre alors un rôle d'équipage également provisoire, qui est remis au consul dans le port d'arrivée pour être renvoyé à l'administration de la marine du port de départ; mais l'armateur est tenu de s'engager par écrit et sous caution à pourvoir tant à la subsistance de ces marins en pays étranger qu'aux frais de leur retour en France (2).

Dans ces différents cas, les consuls n'ont à intervenir, comme on vient de le voir, que pour recevoir et réclamer, au besoin, les congé et rôle provisoires qui doivent leur être remis, et pour tenir la main à ce que l'équipage soit réellement rapatrié et renvoyé en France. Ils ne peuvent accorder aux marins qui le composent aucune permission de rester dans

(1) Loi du 21 avril 1848, art. 2.
(2) Circulaires de la marine du 1er décembre 1818, des douanes du 23 décembre 1818, de la marine du 11 mai 1819.

le pays, d'y séjourner ou même d'aller, dans un port voisin, chercher un embarquement à salaires. C'est, en effet, une prescription générale que les hommes inscrits ne doivent jamais séjourner à l'étranger, ni naviguer sous un autre pavillon que le nôtre, et les agents de la France au dehors doivent tenir la main à ce qu'elle ne soit point éludée (1). Ainsi, dans l'espèce, ils ne sauraient tolérer que par embauchage ou de toute autre façon ces marins soient détournés de rentrer en France ; pour l'empêcher, ils ne devraient pas hésiter à user des pouvoirs de répression dont ils sont armés par les règlements en cas de désertion, puisque c'est à ce délit seul qu'on pourrait assimiler la conduite des matelots qui, engagés à certaines conditions et pour un voyage déterminé à charge de retour en France, refuseraient d'accomplir leur engagement.

Si l'armateur du bâtiment conduit à l'étranger par un équipage français se refusait à rapatrier ledit équipage, ou apportait même dans l'accomplissement de cette obligation une lenteur ou une temporisation qu'on pourrait présumer avoir pour fondement un dessein coupable, le consul devrait pourvoir d'office au renvoi de l'équipage en France, où le remboursement des dépenses faites serait ultérieurement poursuivi par l'administration contre la caution de l'armateur.

Lorsque la vente a lieu à l'étranger, le consul reçoit les pièces de bord et rapatrie l'équipage aux frais de l'armateur. Nous reviendrons, à la section VI, sur les diverses recommandations faites à cet égard aux consuls, ainsi que sur les formalités qui doivent accompagner à l'étranger la vente volontaire de bâtiments français ou leur vente forcée pour cause d'innavigabilité.

§ 2. — DE LA POLICE DES MOUVEMENTS.

**1. — Congés des navires français.**

Aucun bâtiment français ne peut prendre la mer sans être

(1) Circulaire de la marine du 23 octobre 1817.

muni d'un congé qui lui est délivré par la douane du port où il se trouve au moment de son départ (1).

Les congés sont libellés au nom du peuple français et portent le timbre du ministère des finances; toutefois, ils ne sont signés que par le receveur des douanes du port d'expédition (2).

Les congés n'étaient autrefois valables que pour le voyage; leur durée est aujourd'hui fixée à un an, quel que soit le tonnage ou la destination du navire (3). Tout congé qui, au moment du départ du navire, a plus d'une année de date, doit être renouvelé. Le nouveau congé, daté du jour de sa délivrance, est à son tour valable pour une année, ou jusqu'au retour du navire dans un port de France en cas de destination lointaine, et le droit, quel que soit le laps de temps qui s'est écoulé depuis la date du précédent congé, n'est exigible que pour le congé qui est délivré, sans qu'il y ait à effectuer aucune perception pour l'arriéré (4).

Il n'y a, en conséquence, pas lieu au renouvellement des congés à l'étranger, quoique le terme légal de leur durée soit arrivé; cependant les consuls ont qualité pour remplacer les congés des navires français qui se seraient perdus (5); mais ils ne sauraient le faire qu'après que la perte a été prouvée et lorsque la nationalité du navire pour lequel le congé est demandé est elle-même incontestable. Ils peuvent, par conséquent, exiger au préalable le renouvellement du serment du capitaine (6), s'ils ont lieu de croire que le navire, soit quant à sa forme, soit quant à la composition de l'équipage, n'est plus dans les mêmes circonstances que lorsqu'il a été francisé. Dans tous les cas, la déclaration affirmée et signée du capitaine doit être reproduite en tête du nouveau congé (7).

(1) Loi du 27 vendémiaire an II, art. 22.
(2) Arrêté du ministre des finances du 30 juin 1829.
(3) Lois du 27 vendémiaire an II, art. 5, et du 6 mai 1841, art. 20.
(4) Circulaire des douanes du 14 mai 1841.
(5) Décision du ministre des finances du 18 pluviôse an X. — *Formulaire à l'usage des consulats*, n° 272.
(6) Loi du 27 vendémiaire an II, art. 9.
(7) Tarif du 6 novembre 1842, observation 22.

En nous occupant à la section VI des formalités à remplir pour le réarmement sous pavillon français des bâtiments désarmés et vendus à l'étranger, nous reviendrons d'ailleurs sur cette question de la délivrance en chancellerie des congés provisoires.

Toutes les fois, au surplus, que des congés en blanc auraient été envoyés à des consuls pour servir éventuellement à des expéditions maritimes françaises, ces congés ne seraient que provisoires et valables seulement jusqu'à l'arrivée des navires dans le premier port de France : cette clause doit invariablement être insérée dans les congés dressés par ordre des consuls (1).

Il en est de même des congés consulaires délivrés en temps de guerre aux bâtiments pris par des corsaires français qui, après avoir été conduits dans un port étranger, sont réexpédiés sur France.

La date des sorties successives d'un navire est inscrite dans nos ports sur le congé par l'employé du bureau chargé du service de la navigation ; la même formalité est quelquefois accomplie dans les chancelleries : c'est un tort, car, en principe, la douane a seule le droit de placer sur les congés ces annotations destinées à constater les mouvements des navires ; les opérations effectuées à l'étranger ne doivent s'inscrire que sur les feuilles spéciales annexées aux rôles d'équipages.

### 2. — Composition des équipages.

Le soin de composer l'équipage d'un bâtiment marchand appartient conjointement à l'armateur et au capitaine ; ceux-ci sont seulement tenus de ne choisir pour officiers que des citoyens français, et à n'introduire dans l'équipage, c'est-à-dire les contre-maîtres, matelots et mousses, qu'un tiers au plus d'étrangers (2).

Cette règle a subi quelques exceptions dans l'intérêt des

(1) Décisions du ministre des finances des 18 pluviôse et 13 messidor an x. — Ordonnance du 29 octobre 1833, art. 3.

(2) Décret du 21 septembre 1793, art. 2. — Décision administrative des douanes du 13 juin 1826.

pêches lointaines et des armements en course : nous les signalerons en nous occupant de ces sujets spéciaux.

### 3. — Infractions en matière de commandement.

Il est défendu; sous peine de trois cents francs d'amende, à tout marinier de monter aucun bâtiment en qualité de maître, et à tous propriétaires de navires d'accepter comme tel une personne qui n'aurait pas été reçue en cette qualité, conformément aux ordonnances (1). Cette prescription est souvent violée, et l'emploi abusif des capitaines porteurs d'expéditions est malheureusement très-fréquent dans notre marine marchande. Toutes les fois que le département de la marine a pu recueillir la preuve de ces usurpations de commandement, les délinquants ont été traduits devant les tribunaux, et l'autorité judiciaire n'a jamais manqué de les réprimer (2). Il est, en conséquence, recommandé aux consuls de s'attacher à obtenir la preuve des faits de cette nature qui parviennent à leur connaissance, afin de mettre le gouvernement en mesure de les déférer aux tribunaux (3).

La preuve des arrangements irréguliers à signaler par les consuls peut résulter quelquefois de documents remis en chancellerie ou de pièces fournies aux autorités locales, et il convient alors d'en prendre des copies authentiques et dûment légalisées. Dans d'autres circonstances, l'interrogatoire d'un équipage suffit pour élucider le délit d'usurpation de commandement ; les consuls doivent alors faire déposer les hommes sous la foi du serment, et mentionner expressément dans le procès-verbal d'interrogatoire l'accomplissement de cette formalité, car, sans cela, la valeur légale du rapport d'un consul au point de vue judiciaire pourrait plus tard être contestée en justice (4). La même recommandation s'applique, du reste, à la constatation de tous autres délits susceptibles

---

(1) Ordonnance d'août 1681, livre II, titre 1er, art. 2.

(2) Jugements des tribunaux civils de Bayonnne du 30 décembre 1847, de Pont-l'Évêque du 25 avril 1849, et de Cherbourg du 3 juin 1850.

(3) Circulaire de la marine du 23 juin 1848.

(4) Id. du 28 décembre 1849.

d'entraîner des poursuites pour violation des règlements maritimes. De ce nombre sont les contraventions quant à la qualité du capitaine, et notamment celle qui a lieu lorsqu'un maître au cabotage commande indûment un navire se livrant à des opérations de long cours, soit par des voyages directs de France, soit par des voyages intermédiaires faits à l'étranger et dissimulés à l'aide de relâches forcées. Ces infractions aux règlements doivent toujours être signalées directement au ministère de la marine (1).

#### 4. — Embarquement des mousses.

Les règlements maritimes obligent les armateurs à embarquer à bord de leurs bâtiments un nombre de mousses proportionné à la force de l'équipage. Le mousse doit avoir dix ans accomplis et moins de quinze (2). Il doit en être embarqué au moins un par dix hommes d'équipage (3); c'est-à-dire que tout navire ayant trois hommes d'équipage doit avoir un mousse, mais que le deuxième mousse n'est nécessaire qu'au delà de vingt hommes d'équipage, le troisième au delà de trente, et ainsi de suite (4). Toutefois, les armateurs des navires destinés pour le long cours et le grand cabotage peuvent, en remplacement des mousses et dans la proportion réglementaire établie à l'égard de ceux-ci, embarquer sous la dénomination de novices des jeunes gens de quinze à dix-huit ans révolus, qui, avant d'avoir complété l'âge de quinze ans, auraient déjà fait deux ans de navigation au moins (5). Cette disposition exceptionnelle existe depuis longtemps pour les bâtiments armés pour la pêche de la baleine, à bord desquels les mousses peuvent toujours être remplacés par un nombre égal de novices (6). L'observation rigoureuse de cette disposition est trop conforme aux intérêts vitaux de la marine pour que les consuls ne s'attachent pas avec un soin tout par-

(1) Circulaires de la marine des 14 novembre 1850 et 27 mai 1851.
(2) Décret du 3 brumaire an IV, art. 3.
(3) Ordonnance du 4 juillet 1784.
(4) Décision du ministre de la marine du 13 décembre 1827.
(5) Décision du roi du 3 juin 1835.
(6) Loi du 22 avril 1836, art. 6.

ticulier à contrôler, à l'aide des rôles délivrés au départ, l'effectif des bâtiments qui abordent dans les ports de leur résidence, et à porter à la connaissance du ministère de la marine les infractions qu'ils viendraient à découvrir (1).

### 5. — Embarquement des chirurgiens.

Les armateurs de tout navire armé, soit pour des voyages de long cours, soit pour la pêche de la baleine ou du cachalot, sont tenus d'embarquer un chirurgien lorsque l'équipage est de vingt hommes ou plus, les mousses non compris; la même obligation n'est imposée aux armements de navires pour la pêche de la morue que lorsque l'équipage est de quarante hommes. Sur les navires de long cours dont l'équipage est de quatre-vingt-dix hommes, non compris les mousses, il doit même être embarqué deux chirurgiens; mais il suffit toujours d'un seul pour les navires se rendant à la pêche de Terre-Neuve (2).

Les consuls doivent veiller attentivement à ce que les armateurs ou les capitaines de nos bâtiments, pour s'épargner les frais d'un chirurgien et éluder les obligations qui leur sont imposées, ne fassent pas porter sur leur rôle comme passagers de véritables marins concourant à la manœuvre lorsque le navire est dehors (3). Lorsqu'ils ont acquis la preuve que l'administration de la marine en France a été trompée au moment de l'embarquement de ces prétendus passagers, ils sont tenus d'en instruire le ministre de la marine.

### 6. — Coffre de médicaments.

Les armateurs des navires sur lesquels un chirurgien est embarqué sont tenus de lui fournir le coffre de médicaments, les ustensiles et autres objets dont la composition et le détail ont été prescrits par les règlements. De son côté, chaque chirurgien doit se munir, outre sa trousse, d'une caisse d'instruments dont la composition est déterminée par l'article 9 de l'ordonnance du 4 août 1819.

(1) Circulaires de la marine des 1er octobre 1814 et 31 août 1848.
(2) Ordonnance du 4 août 1819, art. 12 et 13.
(3) Circulaire de la marine du 27 août 1819.

L'embarquement d'un coffre de médicaments est également prescrit lorsque le navire destiné soit pour le long cours, soit pour les grandes pêches, et n'ayant pas le nombre d'hommes requis pour rendre l'embarquement d'un chirurgien nécessaire, a néanmoins à bord plus de huit hommes d'équipage, le mousse compris.

La composition du coffre ou caisse de médicaments est dans ce cas déterminée par l'administration en France, d'après la force de l'équipage, la destination du bâtiment, ou la durée présumée du voyage; et il est remis, en outre, au capitaine une instruction sur l'usage à faire des médicaments qu'il embarque (1).

Cette prescription est de toute rigueur, car le nombre des bâtiments armés pour des voyages lointains et dont l'équipage total n'est pas de vingt-deux hommes, étant très-considérable, il faut au moins que le capitaine soit en mesure de secourir ses malades avant d'atteindre un port de relâche (2). Nous reviendrons ailleurs sur le devoir sacré que l'humanité impose aux capitaines de ne se servir des médicaments dont ils disposent qu'en mer et jamais dans les relâches, les malades devant alors être traités à terre dans les hôpitaux. Disons seulement que les remèdes consommés en cours de voyage doivent être soigneusement remplacés pendant les relâches, et que les consuls doivent veiller à ce que cette obligation ne soit pas éludée.

Quant à la visite du coffre, elle n'a lieu, par ordre des consuls, que dans le cas de réarmement à l'étranger, ainsi que nous l'expliquerons en traitant des formalités spéciales prescrites à cet égard par les règlements en vigueur.

#### 7. — Visite avant de prendre charge.

Aux termes de l'article 225 du Code de commerce, tout capitaine, avant de prendre charge, est tenu de faire visiter son navire; la visite a pour but, en constatant l'état du bâtiment, de s'assurer qu'il peut naviguer et qu'il est muni de tout ce qui lui est nécessaire pour le voyage.

(1) Ordonnance du 4 août 1819, art. 13.
(2) Circulaire de la marine du 27 août 1819.

Cette mesure de précaution a été souvent mal interprétée et mal appliquée à l'étranger. Il est arrivé, en effet, plusieurs fois que des navires, expédiés de France pour l'étranger, ont été soumis à la visite par l'autorité consulaire dans les ports où ils abordaient, bien que la vérification de leur état matériel eût été faite au lieu du départ. Les consuls qui ont cru devoir imposer cette obligation d'une seconde visite dans le cours d'un même voyage, ont été au delà de ce qu'exige, sous ce rapport, la législation sur la matière (1), et il nous paraît dès lors utile de présenter ici quelques explications.

Le Code de commerce, en disposant que le capitaine est tenu de faire visiter son navire avant de prendre charge, ajoute : « *aux termes et dans les formes prescrites par les règlements.* » Les actes dans lesquels il faut chercher le sens de cette réserve sont : 1° la déclaration du 17 août 1779, 2° la loi du 9-13 août 1791.

Or, voici ce qu'on y lit : « Pour les navires destinés au « long cours, il doit être fait deux visites, ou plutôt la visite « est partagée en deux opérations. Lorsqu'un capitaine ou « armateur veut mettre un navire en armement, il est tenu « d'appeler deux officiers visiteurs, qui, après avoir reconnu « l'état du navire, donnent leur certificat de visite, en y expri- « mant brièvement les travaux dont le navire leur a paru avoir « besoin pour être en état de prendre la mer. Une seconde « visite est encore requise quand l'armement est fini, et que « le navire est prêt à prendre charge ; le procès-verbal de la « première expertise est représenté, et le certificat définitif « doit énoncer le bon et dû état dans lequel se trouve alors « le navire (2). » Toutes autres visites sont superflues et sup- primées. Par conséquent, il n'y a lieu dans un port consu- laire de procéder à la visite réglementaire d'un bâtiment de commerce français qu'autant qu'il s'agit ou d'un armement primitif fait dans ce port, ou d'un réarmement après désarme- ment dans le même port, ou bien encore dans le cas excep- tionnel où, pour un navire déjà visité au lieu de départ, l'existence d'avaries majeures survenues depuis serait telle-

(1) Circulaire de la marine du 21 mai 1827.
(2) Loi du 9-13 août 1791, titre 3, art. 12, 13 et 14.

ment notoire, que la prompte réparation après l'expertise aurait été jugée indispensable. Quoique, à proprement parler, il ne doive pas être procédé à la visite avant le départ en cours de campagne, l'usage est que les experts commis pour constater les avaries consacrent une dernière vacation à l'examen des réparations qu'ils ont indiquées, et qu'ils s'assurent de la bonne et complète exécution des travaux.

Pour les navires employés au cabotage, il n'y a lieu d'exiger qu'une seule visite par an, sauf l'existence notoire d'avaries survenues avant l'expiration de ce terme (1). Cette question est cependant controversée, et il a été plusieurs fois jugé que la loi de 1791 ayant abrogé la déclaration de 1779, aucune visite n'était exigée pour le cabotage (2).

Hors les circonstances exceptionnelles que nous venons de rappeler, la visite d'un navire venant de France ou de tout autre lieu d'armement ne peut être régulièrement exigée dans un port consulaire, qu'il y prenne ou non un chargement; car l'effet de la vérification primitive subie dans le port d'expédition et constatée par les procès-verbaux existant à bord (3), avec mention inscrite au rôle d'équipage, s'étend légalement à tout le voyage, c'est-à-dire à l'ensemble des deux traversées d'aller et de retour (4).

Mais cette première visite dans le port d'expédition est-elle suffisante pour le cas où un navire, avant de retourner dans le port où elle a eu lieu, ferait un voyage coupé ou intermédiaire? Cette question est douteuse, et il serait difficile de la résoudre négativement en s'en tenant aux termes précis de la loi de 1791. Nous pensons néanmoins que, si on ne consulte que son esprit, il est nécessaire que dans ce cas, qui se présente fréquemment à l'étranger, il soit procédé à une nouvelle visite ou tout au moins à une visite partielle, c'est-à-dire à celle de prise en charge et non à celle d'armement qui dans l'espèce n'aurait pas de but.

(1) Déclaration du 17 août 1779, art. 3.
(2) Arrêt de la cour de Bordeaux du 27 février 1826. — Jugement du tribunal de commerce de Paris du 21 septembre 1831.
(3) Code de commerce, art. 226.
(4) Circulaire de la marine du 21 mai 1827.

Les experts visiteurs de France n'ont pu en effet constater qu'un fait, celui que le navire visité par eux était en état d'entreprendre un certain voyage, et non toute espèce de navigation ; qu'il était suffisamment muni de rechanges, de provisions, enfin de tout ce qui pouvait lui être nécessaire pour un voyage déterminé et non pour un autre; aussi nous semble-t-il que si le voyage projeté est modifié non pas parce qu'un bâtiment, au lieu de faire son retour précisément dans le port de son expédition, l'effectue dans un autre port de France, mais parce qu'il ne rentre pas directement dans un de nos ports, et qu'il ajoute à la première opération mentionnée sur ses expéditions une nouvelle spéculation qui constitue réellement un nouveau voyage, il doit être procédé à une seconde visite qui constate non plus la navigabilité du bâtiment, mais son aptitude à effectuer le nouveau voyage projeté.

Nous savons bien que cette mesure de précaution de la visite des bâtiments, qui prévient les effets de l'imprudence et de la négligence, ne fait pas obstacle à ce que la mauvaise foi soit poursuivie et que, nonobstant les procès-verbaux de visite, le chargeur prouve, au besoin, contre le capitaine l'innavigabilité du navire au moment du départ (1); mais, à plus forte raison, le capitaine qui n'a pas fait visiter son navire en temps utile, pourrait-il, s'il faisait des avaries en cours de voyage, se trouver dans l'impossibilité juridique d'exercer un recours utile contre les assureurs.

Les consuls sont souvent appelés à éclairer nos capitaines sur l'étendue de leur responsabilité et des obligations que leur impose la loi; dans le doute, ils ne doivent jamais craindre de recommander l'adoption de précautions en apparence superflues.

Toutes les fois qu'un navire doit être visité à l'étranger, le capitaine adresse au consul une requête tendant à la nomination d'experts *ad hoc;* il est fait droit à sa demande par une ordonnance consulaire inscrite au bas même de la requête.

Les experts nommés doivent être d'anciens navigateurs; le plus souvent, ils sont pris parmi les capitaines des autres navires qui se trouvent en même temps dans le port. La loi

---

(1) Code de commerce, art. 297.

exige qu'ils soient âgés de plus de trente ans (1); ils prêtent
serment avant de procéder à la visite et déposent ensuite en
chancellerie le procès-verbal qu'ils en ont dressé et dont une
expédition, dûment collationnée par le chancelier et visée par
le consul, est délivrée au capitaine du navire visité (2).

### 8. — Certificat de visite.

Le certificat de visite d'un bâtiment est un acte taxé d'un
droit spécial par l'article 29 du tarif des chancelleries consulaires. L'ordonnance qui commet les experts, la prestation
de serment de ceux-ci et le dépôt de leur rapport ne donnent,
en conséquence, ouverture à aucun droit de chancellerie;
mais le capitaine a toujours à acquitter, en sus du coût du certificat, le prix de l'expertise proprement dite, c'est-à-dire le
montant des honoraires des experts.

### 9. — Mesures spéciales aux bateaux à vapeur.

Outre ces mesures générales, applicables à tous les navires,
les bateaux à vapeur sont soumis aux obligations spéciales
qu'a consacrées pour eux l'ordonnance du 17 janvier 1846.

Ainsi, aucun bâtiment à vapeur ne peut naviguer sur mer
sans un permis de navigation, et ce, indépendamment des
conditions imposées à tous les navires français, tant par le
Code de commerce que par les lois et règlements sur la navigation.

Dans ce permis de navigation sont énoncés :

1° Le nom du bâtiment et celui du propriétaire;

2° La hauteur de la ligne de flottaison, rapportée à des
points de repère invariablement établis à l'avant, à l'arrière
et au milieu du bateau;

3° Le service auquel le bâtiment est destiné;

4° La tension maximum de la vapeur, exprimée en atmos-
phères et en fractions décimales d'atmosphère, sous laquelle
l'appareil moteur peut fonctionner;

5° Les numéros des timbres dont les chaudières, tubes,

(1) Loi du 9-13 août 1791, tit. 3, art. 11.
(2) *Formulaire à l'usage des consulats*, n° 311.

bouilleurs, cylindres et enveloppes de cylindres ont été frappés ;

6° Le diamètre des soupapes de sûreté et leur charge ;

7° Le nombre maximum des passagers qui peuvent être reçus à bord ;

8° Le nombre des embarcations ainsi que les agrès et instruments nécessaires à la navigation maritime dont le bateau doit être pourvu.

Toutefois, si un bateau a été muni de son appareil moteur dans un département autre que celui où il doit entrer en service, le propriétaire peut obtenir, au lieu du permis de navigation, une simple autorisation provisoire pour faire arriver le bâtiment au lieu de sa destination (1).

Cette dernière disposition, toute exceptionnelle, ne saurait être perdue de vue par nos consuls, si, par accident ou nécessité, un bateau à vapeur, se rendant de son port de construction à son port d'attache, venait à relâcher dans le lieu de leur résidence.

Les permis de navigation sont délivrés par les préfets des départements, après examen, et sur le rapport des commissions de surveillance instituées dans les ports de mer où se trouvent les siéges des entreprises. Ils n'ont pas besoin d'être renouvelés annuellement comme les congés; mais des visites fréquentes, et répétées au moins tous les trois mois, doivent être faites dans les ports par la commission de surveillance, pour constater l'état de l'appareil moteur et celui du bateau (2).

Il doit être dressé procès-verbal de chacune de ces visites. Les mesures à prendre si l'appareil moteur ou le bateau ne présentent plus des garanties suffisantes de sûreté y sont consignées. Sur les propositions de la commission de surveillance, les préfets peuvent ordonner le remplacement de toutes les pièces de l'appareil moteur ou du bateau dont un plus long usage présenterait des dangers, suspendre le permis de navigation jusqu'à l'entière exécution de ces mesures, et le révoquer même si la machine ou le bateau sont déclarés hors de service.

(1) Ordonnance du 17 janvier 1846, art. 10 et 12.
(2) *Id.*, art. 48 et 49. — Circulaire des travaux publics du 6 juin 1846.

Enfin, dans tous les autres cas où, par suite de l'inexécution des dispositions prescrites par les règlements, la sûreté publique serait menacée, l'autorité administrative peut suspendre et au besoin révoquer les permis de navigation (1).

L'exécution de ces mesures dans les ports étrangers devait nécessairement être rattachée aux attributions des consuls. En conséquence, la surveillance exercée en France par les préfets et les commissions spéciales a été dévolue dans les ports étrangers aux consuls assistés de tels hommes de l'art qu'ils jugent à propos de désigner (2).

Les dispositions de l'ordonnance du 17 janvier 1846 sont trop précises et se recommandent d'ailleurs trop par elles-mêmes pour qu'il soit utile d'insister sur la stricte exécution qu'elles réclament de la part des consuls. Nous dirons cependant que les consuls doivent, après avoir reçu les rapports de mer dans les formes que nous indiquerons à la section suivante, se faire représenter par les capitaines les permis de navigation ; vérifier s'ils sont en règle, et s'assurer que les conditions réglementaires relatives au service du bâtiment, à la tension maximum de vapeur sous laquelle il peut naviguer, et au nombre des passagers qui peuvent être embarqués, ont été rigoureusement observées. En cas d'infraction, il en est rendu compte tant au ministre des affaires étrangères qu'à celui de la marine.

Lorsque la visite de l'appareil moteur a lieu à l'étranger, elle doit avoir uniquement pour but d'examiner si la machine est en bon état, et si elle n'a pas éprouvé pendant la traversée des dérangements ou des avaries qui puissent faire craindre des accidents et nécessiter une réparation immédiate; si dans cette opération on reconnaissait des avaries telles, qu'elles ne pussent être réparées sur les lieux, et que la sûreté des passagers fût compromise ou que l'usage du bateau présentât des dangers, le permis de navigation devrait être retiré, et le bateau déclaré innavigable.

En France, les commissions de surveillance se composent non-seulement d'ingénieurs des mines et des ponts et chaus-

(1) Ordonnance du 17 janvier 1846, art. 50, 51 et 52.
(2) *Id.*, art. 57.

sées, mais encore d'officiers du génie maritime, du commissaire de l'inscription maritime et du capitaine du port résidant sur les lieux. Il est difficile et même impossible que les
hommes de l'art dont les consuls peuvent se faire assister à
l'étranger réunissent les mêmes connaissances pratiques que
ces divers et nombreux fonctionnaires. Mais comme les visites
n'ont lieu à l'étranger que dans des cas exceptionnels, c'est-
à-dire lorsqu'il y a avarie, car sans cela les certificats des visites effectuées en France devraient être tenus pour suffisants,
les consuls doivent s'attacher, le cas échéant, à s'entourer
plutôt des lumières d'hommes pratiques, mécaniciens ou con-
structeurs, que d'hommes de science proprement dits. Lors
donc qu'on est privé du concours de personnes capables d'exercer une surveillance sérieuse, il faut s'abstenir d'imposer aux
bateaux à vapeur des visites qui, par le fait, ne pourraient
être efficaces et seraient même de nature à produire de graves
inconvénients.

Tous les procès-verbaux des visites et vérifications effectuées à l'étranger doivent être adressés au ministère des affaires étrangères, afin qu'ils puissent être transmis à celui des
travaux publics, chargé de donner les instructions nécessaires
au préfet qui a délivré le permis de navigation, et auquel il
appartient de prendre, au retour du bateau dans le port
d'armement, les mesures que la situation des choses peut
exiger (1).

Les consuls n'ont droit à aucuns frais de déplacement pour
les visites qu'ils peuvent juger convenable de faire eux-mêmes à bord des bâtiments à vapeur. Ces visites ne sont pas
obligatoires, et les consuls peuvent se borner à s'assurer que
les hommes de l'art ont rempli leur mission; mais lors même
qu'ils assisteraient aux expertises, il ne leur serait point dû
d'émoluments, puisqu'il s'agirait d'un service public et qu'à
ce titre il découle naturellement de l'exercice de leurs fonctions.

Quant à l'indemnité à allouer aux personnes chargées à
l'étranger de la visite des bateaux à vapeur, elle a été fixée
pour chaque résidence par le ministère des affaires étrangères,
sur la proposition des consuls. Ces allocations sont au nombre

_____

(1) Circulaire des affaires étrangères du 15 novembre 1847.

de celles qui figurent sur le tarif-annexe de chaque poste (1). Nous avons déjà dit ailleurs que les reçus de ces experts devaient toujours être joints à l'état de comptabilité de la chancellerie, sur lequel figurent les actes qui ont donné lieu à la dépense, et non au procès-verbal de visite transmis au ministère.

D'après ce que nous venons de dire sur la nature de la mission qu'ont à remplir les personnes commises à l'étranger pour visiter les bateaux à vapeur, on comprend que ces sortes d'expertises ne sauraient en général demander beaucoup de temps. Dans les circonstances exceptionnelles où il faudrait démonter certaines pièces, exiger quelques réparations à l'appareil, et par conséquent prolonger ou renouveler les visites, le taux des frais de vacation doit nécessairement varier : une certaine latitude a donc été laissée aux consuls pour les régler d'après le temps qu'ont duré les visites et les difficultés qu'elles ont pu présenter. Nous n'avons pas besoin d'ajouter qu'en fixant ces indemnités les consuls ne doivent rien négliger pour concilier dans une juste mesure le droit des experts à une équitable rétribution et les ménagements réclamés par une navigation qui a déjà tant et de si fortes charges à supporter (2).

### 10. — Des pavillons de la marine marchande.

La marine du commerce n'a pas le droit d'arborer les couleurs nationales de la même manière que la marine militaire. Elle place le pavillon français à la poupe et, à défaut de mâtereau, il est porté à la corne d'artimon (3). Un capitaine marchand ne peut mettre le pavillon national à la poupe de ses embarcations ; il lui est en outre interdit de se servir de la flamme aux couleurs nationales (4) : il n'y a d'exception qu'à l'égard des navires affrétés pour le service de l'État et commandés par des officiers de marine.

(1) Ordonnances du 6 novembre 1842, art. 3 et 7, et du 17 janvier 1846, art. 57.
(2) Circulaire des affaires étrangères du 15 novembre 1847.
(3) Règlement du 3 décembre 1817, art. 7.
(4) Ordonnance du 21 décembre 1721.

Cependant, dans les rades tant françaises qu'étrangères et en l'absence de tout bâtiment de l'État, le plus ancien des capitaines des navires de commerce réunis au même mouillage peut être autorisé à arborer la flamme au mât de misaine; mais cette flamme doit être amenée dès qu'un bâtiment de l'État se présente au mouillage, à moins que l'officier commandant ce bâtiment ne permette qu'elle soit conservée (1).

Ces dispositions sont parfaitement explicites et ne peuvent donner lieu à aucune interprétation : il est cependant arrivé parfois, que des capitaines de commerce se sont permis d'arborer la flamme en dehors des cas exceptionnels que nous venons de mentionner. Les consuls doivent réprimer de pareils écarts, et il est de leur devoir de signaler au ministre de la marine les capitaines qui s'en rendraient coupables, afin qu'ils puissent être disciplinairement punis à leur retour en France (2).

Tout capitaine marchand doit avoir, outre son pavillon national, le pavillon particulier de son arrondissement maritime, et qui s'arbore à la tête du grand mât (3). Le pavillon d'arrondissement doit être hissé toutes les fois qu'on arbore le pavillon national, et réciproquement on arbore le pavillon national toutes les fois qu'on hisse celui d'arrondissement. Les capitaines sont tenus d'arborer leurs deux pavillons les dimanches et jours de fête, comme aussi toutes les fois qu'à l'étranger, et en raison de circonstances intéressant la police des ports ou rades, les consuls leur en donnent l'ordre.

Les armateurs et capitaines de navires ont en outre la faculté de joindre au pavillon national une ou plusieurs marques de reconnaissance spéciales à leurs navires. Mais ils ne peuvent en faire usage, simultanément d'ailleurs avec le pavillon national, qu'après qu'ils les ont fait connaître au bureau de l'inscription maritime et qu'elles ont été mentionnées sur le rôle d'équipage (4).

(1) Ordonnance du 31 octobre 1827, art. 23.
(2) Circulaire de la marine du 7 juin 1845.
(3) Règlement du 3 décembre 1817, art. 2 et 7.
(4) Ordonnance du 25 mars 1765, titre 19, art. 236.—Règlement du 3 décembre 1817, art. 1, 6 et 9.

Il est expressément recommandé aux consuls de tenir la main à l'exécution de ces dispositions et d'informer le ministère de la marine, des infractions qui pourraient y être commises (1).

### 11. — Registre des mouvements des navires.

Nos douanes tiennent en France un registre d'entrée et de sortie des ports, sur lequel sont énoncés les mouvements des navires, c'est-à-dire la date d'arrivée et de départ, l'espèce et le nom du bâtiment, celui du capitaine, le nombre des officiers et matelots, la nation à laquelle il appartient, le lieu d'arrivée et de destination, et la nature de la cargaison. Les consuls doivent tenir à l'étranger un registre semblable pour les mouvements d'entrée et de sortie des navires français qui abordent dans les rades et ports de leur arrondissement (2).

### 12. — États de navigation.

Tous les trois mois il doit être adressé par les consuls au ministre de la marine, sous le timbre *Police de la navigation*, un extrait de ce registre, présentant un relevé complet de la navigation française non pas seulement dans le port de leur résidence, mais bien dans tous les ports compris dans la même circonscription consulaire : circonstance qui peut occasionner quelquefois une certaine irrégularité dans l'époque de la transmission dudit état, mais qui ne saurait devenir une excuse pour ne pas l'effectuer (3). Il va sans dire que ces états des mouvements de la navigation française ne doivent pas comprendre les bâtiments de guerre, mais seulement les navires de commerce.

### 13. — Informations à transmettre au ministre.

En transmettant au ministre de la marine leur état trimes-

---

(1) Circulaire de la marine du 16 décembre 1817.

(2) Ordonnance du 29 octobre 1833, art. 7. — *Formulaire à l'usage des consulats,* n° 11.

(3) Circulaire de la marine du 15 novembre 1841. — *Formulaire à l'usage des consulats,* n° 75.

triel de navigation, les consuls doivent aussi et par la même dépêche lui faire connaître tout abus ou désordre commis à bord de navires français, et en signaler les auteurs.

A propos des informations à consigner par les consuls dans leurs dépêches d'envoi de ces états relativement à la police des équipages ou autres, nous devons rappeler qu'il leur est recommandé de ne pas se borner à citer les noms des capitaines du commerce, mais d'indiquer au contraire toujours avec le plus grand soin les quartiers et numéros d'inscription : en effet, comme ces informations, de quelque nature qu'elles soient, doivent être reportées sur la matricule à l'article de la personne qu'elles concernent, il est nécessaire pour prévenir toute erreur qu'aucune incertitude ne subsiste quant à l'identité. Lorsqu'il s'agit de renseignements relatifs à des navires de commerce en cours de campagne, renseignements que le département de la marine se fait un devoir de porter à la connaissance des intéressés, il importe également de ne pas laisser ignorer quel est le port d'armement ou d'attache du bâtiment (1).

### 14. — Réquisition des navires.

Le propriétaire d'un navire peut être contraint de le prêter pour le service de l'Etat, sur réquisition de l'autorité administrative (2). Le fret est alors réglé de gré à gré ou d'office, et le contrat entraîne ses conséquences habituelles, sans que l'Etat soit jamais responsable des cas de fortune de mer. Ce devoir imposé aux citoyens d'un pays d'obéir aux réquisitions faites pour les cas de nécessité publique est une conséquence du pouvoir de la société sur chacun des membres qui la composent et existe à l'étranger comme en France. Il peut donc arriver qu'un consul requière le capitaine d'un bâtiment marchand de mettre son navire à sa disposition, c'est-à-dire de le lui louer soit pour lui-même, soit pour effectuer un voyage déterminé. Le capitaine doit obéir, sauf à ses armateurs à réclamer plus tard en France contre le gouvernement ou son agent s'ils se croyaient indûment lésés dans leurs intérêts.

(1) Circulaire de la marine du 6 novembre 1844.
(2) Arrêt du conseil du 24 septembre 1781.

Les cas dans lesquels un consul peut être appelé à faire une réquisition de cette nature sont, du reste, fort rares, et se produisent, par exemple, lorsqu'il s'agit de le recevoir à bord, lui et ses nationaux, par suite de guerre et de péril imminent, ou bien encore s'il était nécessaire de porter rapidement et d'urgence un avis, soit à une escadre qui se trouverait à portée, soit au gouvernement lui-même. Mais dans de semblables circonstances, il ne faut pas perdre de vue que deux considérations doivent surtout empêcher les consuls d'user de leurs pouvoirs à moins du cas extrême de nécessité absolue : la première, c'est qu'il en résulte pour l'État une dépense toujours considérable; et la seconde, c'est que, si leur conduite est désapprouvée, cette dépense est forcément laissée à leur charge personnelle.

§ 3. — DE L'EXÉCUTION, A L'ÉTRANGER, DES LOIS DE DOUANES PROMULGUÉES EN FRANCE.

**1. — Fraudes en matière de douanes.**

Les consuls ne doivent pas seulement tenir la main à l'exécution rigoureuse de nos lois sur les conditions de navigabilité des navires marchands, ils doivent encore veiller à ce qu'il ne se fasse dans les ports de leur arrondissement aucune importation ou exportation contraire à nos lois et ordonnances en matière de douanes, et à ce que toute infraction commise à cet égard soit signalée avec le plus grand soin au ministère des affaires étrangères (1).

L'administration des douanes a reconnu plus d'une fois que des fraudeurs étaient parvenus à se procurer la signature des consuls, sur des rapports de mer controuvés, qu'ils produisaient ensuite pour justifier des retards dont la contrebande avait été la véritable cause. Si les consuls se fussent, comme c'est leur devoir, assurés tout d'abord de l'exactitude des rapports de mer, en contrôlant à bord des navires la réalité des avaries déclarées, ils eussent, sinon toujours prévenu des

(1) Ordonnance du 29 octobre 1833, art. 4.

actes coupables, du moins empêché que la fraude ne se légi-
timât par leur contre-seing ; et l'administration des douanes,
dûment avertie, eût pu prendre toutes les mesures nécessaires
pour en empêcher le renouvellement (1).

### ?. — Surtaxes de navigation.

Ces manœuvres frauduleuses en matière de douanes s'exercent le plus souvent à l'étranger, dans le but d'éluder l'application de nos surtaxes de navigation. Ainsi, par exemple,
des marchandises importées sous pavillon étranger sont retirées de nos entrepôts et réexportées par navires français à la
destination simulée d'un port étranger ; là, le capitaine change
ses expéditions et rapporte dans nos ports la même cargaison,
qui jouit alors de la modération de droits que nos tarifs réservent aux importations sous pavillon national. Les consuls
doivent prêter à l'administration des douanes un concours
actif pour réprimer ce genre de fraude, non moins préjudiciable aux intérêts de notre navigation qu'à ceux du trésor.
S'ils n'ont pas le droit d'arrêter ces opérations, il leur est du
moins prescrit de les signaler au département des affaires
étrangères et de seconder ainsi, autant qu'il est en leur pouvoir, l'action de l'administration pour assurer la rigoureuse
exécution de la loi (2).

### 3. — Tonnage de rigueur pour certaines marchandises.

Nous reviendrons, du reste, plus en détail sur cette question,
en nous occupant, au chapitre huitième du livre VII, de la délivrance des certificats d'origine à l'étranger ; mais nous ne
saurions négliger d'indiquer ici les dispositions législatives
qui ont déterminé le tonnage de rigueur pour l'importation
en France et la réexportation de nos entrepôts de certaines
marchandises, parce que la connaissance approfondie en est
indispensable pour répondre dans l'occasion aux demandes d'informations que les navigateurs et négociants étrangers sont sou-

(1) Circulaire des affaires étrangères du 31 octobre 1817.
(2) *Id.* des 31 mai 1833 et 23 novembre 1844.

vent dans le cas d'adresser à ce sujet aux chancelleries consulaires.

Le tonnage de rigueur que doivent avoir les navires pour l'importation ou la réexportation de certaines marchandises se trouve réglé de la manière suivante :

Sauf les exceptions consacrées au profit de Bayonne et de Marseille et dont il sera parlé plus loin, les marchandises que l'art. 22 de la loi du 28 avril 1816 frappe de prohibition à l'importation en France pour les besoins de la consommation, ainsi que celles qui ont cessé d'être prohibées depuis la loi du 24 mai 1834, ou dont la prohibition serait levée à l'avenir, ne peuvent arriver dans les ports d'entrepôt qui leur sont ouverts que par des navires de quarante tonneaux ou plus ; ces mêmes marchandises, ainsi que celles dont le droit excède dix pour cent de la valeur, ne peuvent pareillement être exportées par des navires jaugeant moins de quarante tonneaux. Les maîtres et capitaines des bâtiments de mer au-dessous de ce tonnage qui aborderaient, hors le cas de relâche forcée, avec les marchandises ci-dessus désignées, même dans les ports ouverts à leur importation, seraient passibles de l'amende de mille francs prononcée par l'art. 23 de la loi du 9 février 1831 pour les marchandises prohibées ; s'il s'agit des articles compris dans l'art. 22 de la loi du 28 avril 1816, l'amende n'est que de cinq cents francs, conformément à l'art. 36 de la loi du 21 avril 1818 (1).

Les marchandises désignées en l'art. 22 de la loi du 28 avril 1816, comme ne pouvant être importées que par les seuls ports d'entrepôt, sont les suivantes : sucres bruts et terrés, café, cacao, indigo, thé, poivre et piment, girofle, cannelle et cassia lignea, muscade et macis, cochenille et orseille, roucou, bois exotiques de teinture et d'ébénisterie, coton et laine, gommes et résines autres que d'Europe, ivoire, caret, nacre de perle, nankin des Indes.

Quant aux articles prohibés à l'entrée ou aux marchandises dont le droit excède dix pour cent de la valeur, les consuls en trouveront la nomenclature au tarif général des douanes déposé dans les archives de chaque poste (2).

(1) Loi du 5 juillet 1836, art. 7.
(2) Circulaires des affaires étrangères des 27 avril 1844, 9 août 1845 et 8 janvier 1851.

Les marchandises prohibées sont admises à Bayonne et peuvent en être réexportées par des navires de trente tonneaux. Ce port peut aussi recevoir, sur des navires de vingt tonneaux seulement, les marchandises dénomméesen l'art. 22 de la loi du 28 avril 1816, lorsqu'elles proviennent du littoral situé entre cette ville et le cap Finistère, et on peut également en réexporter par des bâtiments du même tonnage les marchandises non prohibées expédiées pour les ports d'Espagne en deçà de ce cap (1).

Dans les ports de la Méditerranée, des navires de trente tonneaux suffisent pour l'importation et la réexportation des marchandises comprises dans l'art. 22 de la loi du 28 avril 1816, et de celles dont le droit excède dix pour cent de la valeur ; on peut même se servir de navires de vingt tonneaux pour les marchandises non prohibées, importées des côtes d'Espagne dans la Méditerranée, ou réexportées à destination de ces côtes (2). A Marseille, la réexportation des marchandises prohibées est permise sur des bâtiments de trente tonneaux pour les côtes d'Espagne et d'Italie (3).

Le tonnage de rigueur est réduit des deux cinquièmes en faveur des bateaux à vapeur ; ainsi, il est abaissé de quarante tonneaux à vingt-quatre, de trente à dix-huit, et de vingt à douze (4).

La condition de tonnage n'est pas de rigueur pour les objets que les passagers portent avec eux à titre de provisions de voyage ou d'échantillons. Toute importation, sauf le cas de relâche forcée, de marchandises prohibées, par des navires de moins de cent tonneaux, dans les ports qui ne leur sont pas ouverts, est punie d'une amende de mille francs (5).

Telles étant les dispositions de notre législation dans son état actuel, il est prescrit aux consuls de n'apposer leur visa sur les pièces de bord des navires qui, à raison de leur tonnage, ne se-

---

(1) Décision du ministre des finances du 30 mars 1838. — Circulaire des douanes du 14 avril 1838.

(2) Circulaire des douanes du 14 avril 1838.

(3) Décision du ministre des finances du 30 mars 1838.

(4) Id., du 4 août 1841.

(5) Loi du 9 février 1832, art. 23.

raient pas autorisés à transporter des marchandises prohibées dans nos ports d'entrepôt, qu'après avertissement formel donné aux capitaines (1). Si cet avertissement ne suffisait pas pour arrêter l'expédition projetée, il devrait en être fait mention préalable sur les expéditions du navire, et il en serait en même temps donné connaissance au ministre des affaires étrangères, afin que la douane du port de destination puisse prendre les précautions nécessaires pour déjouer la fraude.

#### 4. — Dispositions relatives aux manifestes.

Ces informations ne sont pas les seules que les consuls soient appelés à donner à la marine marchande sur notre législation douanière : il en est d'autres non moins importantes et qui portent spécialement sur la teneur des règlements relatifs aux manifestes d'entrée; voici les plus essentielles.

Aucune marchandise ne peut être importée en France, soit d'un port étranger, soit d'un port français, sans un manifeste signé du capitaine, qui exprime la nature de la cargaison, les marques et numéros en toutes lettres des caisses, balles, barils, boucauts, etc. (2).

Les marchandises prohibées doivent être portées au manifeste sous leur véritable nom (3); toutefois, on considère comme réguliers des manifestes désignant d'une manière générale la nature des marchandises, lorsque cette désignation suffit pour faire reconnaître les objets prohibés, comme par exemple : les mots draperies, draps, étoffes ou tissus de laine, percales, calicots ou tissus de coton, etc. (4).

Le défaut de présentation à la douane, dans les vingt-quatre heures de l'arrivée des navires, du manifeste de la cargaison est puni d'une amende de cinq cents francs. Les capitaines des navires sur lest doivent pareillement déposer en douane une déclaration constatant l'absence de chargement (5).

(1) Circulaire des affaires étrangères du 26 septembre 1836.
(2) Loi du 4 germinal an II, tit. 2, art. 1er.
(3) Id. du 9 février 1832, art. 4.
(4) Circulaire des douanes du 28 septembre 1839.
(5) Loi du 22 août 1791, tit. 2, art. 5.

Toute omission de marchandises au manifeste, ou toute différence entre les marchandises existant à bord et le manifeste, donne lieu au payement par le capitaine d'une somme égale à la valeur de ces marchandises et à une amende de mille francs (1).

Tout excédant dans le poids, le nombre et la mesure déclarés, donne lieu à la perception du double droit s'il s'agit de marchandises licites et à la confiscation avec amende triple de la valeur pour celles qui sont prohibées (2).

Enfin, tout déficit dans le nombre des colis énoncés au manifeste est puni d'une amende de trois cents francs par colis manquant de marchandises tarifées, et de mille francs si les objets manquants étaient prohibés (3).

## SECTION II.

### De l'arrivée des navires.

#### § 1. — FORMALITÉS GÉNÉRALES A L'ARRIVÉE DES NAVIRES.

##### 1. — Obligations des consuls.

Les consuls doivent prendre les mesures nécessaires pour être promptement instruits de l'arrivée des navires français (4). L'exécution de cette disposition ne saurait présenter de difficultés dans le lieu même de la résidence des consuls ; pour connaître les arrivages dans les ports ou rades faisant partie de leur arrondissement, ces agents ont recours à l'entremise de délégués spéciaux.

Lorsque quelque maladie contagieuse ou épidémique règne dans le pays, comme aussi lorsque celui-ci est momentanément placé en état d'interdiction de commerce, les consuls sont tenus de veiller avec le plus grand soin à ce que les capitaines de navires qui s'y présentent soient prévenus en temps utile et mis au besoin en mesure de

(1) Loi du 4 germinal an II, tit. 2, art. 2.
(2) Id. du 22 août 1791, tit. 2, art. 18, et du 9 février 1832, art. 3.
(3) Id. du 22 août 1791, titre 2, art. 22, et du 9 février 1832, art. 4.
(4) Ordonnance du 29 octobre 1833, art. 8.

se rendre dans un port voisin placé dans des circonstances plus favorables (1).

### 2. — Rapports des capitaines.

Tout capitaine arrivant au lieu de sa destination est tenu, après avoir pourvu à la sûreté de son bâtiment, et au plus tard dans les vingt-quatre heures de son arrivée, de se présenter en chancellerie pour faire viser son registre ou livre de bord et déposer son rapport de mer.

Ce visa du journal de bord dans les vingt-quatre heures de l'arrivée du navire n'est pas moins obligatoire à l'étranger qu'il ne l'est en France ; et si un capitaine négligeait de se présenter en temps utile au consulat pour le requérir, le fait devrait toujours conster de la date même du visa ultérieurement apposé par le consul. Il ne faut d'ailleurs pas oublier que ce visa se borne à la constatation officielle de l'arrivée du navire dans le port, et n'implique en rien affirmation du contenu du journal de bord (2).

Le rapport d'un capitaine français à l'arrivée doit énoncer :

1° Les nom, tonnage et cargaison du navire ;

2° Les noms et domiciles de l'armateur et des assureurs, s'ils lui sont connus ; le nom du port de l'armement et celui du départ ;

3° La route qu'il a tenue ;

4° Les relâches qu'il a faites pour quelque cause que ce soit;

5° Les accidents qui ont pu arriver pendant la traversée;

6° L'état du bâtiment, les avaries, les ventes d'agrès ou marchandises, ou les emprunts qu'il a pu faire pour les besoins du navire, les achats de vivres ou autres objets nécessaires auxquels il a été contraint.

Il doit énoncer en outre : les moyens de défense du bâtiment ; l'état des victuailles existant à bord; la situation de la caisse des médicaments ; les écueils qu'il a découverts et dont il a rectifié le gisement; les vigies, phares, balises, tonnes qu'il a reconnus ou dont l'établissement ou la suppression est par-

(1) Ordonnance du 29 octobre 1833, art. 9.
(2) *Formulaire à l'usage des consulats*, n° 309.

venue à sa connaissance ; les navires et barques abandonnés qu'il a reconnus, et les objets pouvant provenir de bris, jet ou naufrage qu'il a recueillis ou aperçus ; les flottes, escadres, stations, croisières françaises ou étrangères, les navires de tout genre suspects ou autres, les corsaires ou pirates qu'il a rencontrés ; les bâtiments avec lesquels il a raisonné ; les faits qui lui ont été annoncés dans ces communications ; les changements apportés aux règlements de santé, de douane, d'ancrage dans les ports où il a relâché ; enfin tout ce qu'il a appris qui puisse intéresser le service de l'Etat et la prospérité du commerce français.

Ce rapport, après avoir été affirmé, doit être signé par le capitaine, par le chancelier et par le consul (1).

Aucun capitaine ne peut être dispensé de faire son rapport ; cet acte est en effet exigé aussi bien dans l'intérêt particulier des armateurs ou autres intéressés qu'il peut servir à éclairer sur la conduite du capitaine ou le degré de responsabilité encourue vis-à-vis d'eux, que dans l'intérêt général de la marine par les lumières qu'on y puise sur les circonstances remarquables de la navigation.

L'ordonnance du 29 octobre 1833 dit que le rapport des capitaines sera *déposé* par eux ; cette disposition n'est pas rigoureusement observée, le rapport étant le plus souvent fait oralement et dicté au chancelier en présence du consul. Il a été reconnu que ce mode de procéder remplissait également bien le vœu de la loi, et qu'il permettait même aux consuls de faire mieux préciser par les capitaines les questions générales que les règlements prescrivent à ceux-ci d'aborder dans leurs déclarations.

Ces rapports se nomment, dans certaines contrées de la Méditerranée, *consulats* : ce nom est, du reste, conservé par le tarif de 1842 pour les rapports extraordinaires avec audition d'équipage et de passagers qui sont destinés à constater des avaries. Nous reviendrons, à la section v, relative aux procédures d'avaries, sur les formalités qui doivent accompagner la réception en chancellerie de cette dernière espèce d'acte.

(1) Code de commerce, art. 242, 243 et 244. — Ordonnance du 29 octobre 1833, art. 10.—*Formulaire à l'usage des consulats*, n° 292.

Parmi les renseignements à consigner dans ces rapports de mer, il en est plusieurs qui n'intéressent pas, à proprement parler, le navire, et concernent plutôt la police de la navigation en général : de ce nombre sont les informations sur les nouveaux écueils découverts par les capitaines, les nouveaux phares dont ils ont eu connaissance, les flottes ou escadres qu'ils ont rencontrées, les changements aux règlements sanitaires ou douaniers des ports où ils ont relâché, etc.: leur importance exige que les consuls les recueillent avec soin pour les porter immédiatement à la connaissance du ministère de la marine.

### 3. — Dépôt des papiers de bord.

A l'appui de son rapport, le capitaine doit déposer en chancellerie : 1° l'acte de francisation ; 2° le congé ; 3° le rôle d'équipage ; 4° les acquits à caution, connaissements et chartes parties ; 5° le journal de bord ou registre prescrit par l'art. 242 du Code de commerce ; 6° les procès-verbaux dont la rédaction est prescrite par les lois et règlements, comme venant à l'appui des faits énoncés dans le rapport (1).

Les capitaines des bateaux à vapeur doivent en outre représenter aux consuls, à l'appui de leur rapport, leur permis de navigation (2).

L'obligation de déposer l'acte de propriété des navires est également inscrite dans l'art. 11 de l'ordonnance du 29 octobre 1833, et résulte d'ailleurs des termes de l'art. 226 du Code de commerce ; cependant elle est tombée en désuétude : l'acte de francisation, seule pièce délivrée au départ de France, étant en effet libellé de façon à reproduire l'énoncé de l'acte de propriété, celui-ci reste déposé au bureau des douanes, qui n'en délivre d'expédition aux capitaines que sur autorisation expresse de l'administration générale placée sous les ordres immédiats du ministre des finances à Paris.

Nous avons déjà défini, à la section précédente, ce qu'étaient l'acte de francisation et le congé dont tout navire fran-

(1) Ordonnance du 29 octobre 1833, art. 11.
(2) *Id*. du 17 janvier 1846, art. 57.

çais doit être porteur. Il nous reste à expliquer que le rôle d'équipage est une pièce émanant des bureaux de l'inscription maritime qui indique l'époque de l'armement du navire, son port d'attache, les noms, prénoms, domiciles et professions de ses armateurs et de ceux qui le montent, et qui, en outre, a particulièrement pour objet de constater les conditions d'engagement du capitaine et des gens de l'équipage. Il doit être visé à l'arrivée de tout bâtiment par le consul ou agent consulaire comme suppléant à l'étranger l'administration de la marine. Ce visa doit indiquer le jour de l'arrivée du navire, le nombre d'hommes de son équipage et celui de ses passagers, enfin la nature de son chargement.

Les acquits à caution, connaissements, chartes parties, ou autres documents et actes concernant les marchandises et la cargaison du bâtiment, ne sont pas, à proprement parler, déposés en chancellerie; les capitaines se bornent d'ordinaire à les présenter aux consuls, qui les leur rendent immédiatement, afin qu'ils puissent s'en servir vis-à-vis de leurs consignataires.

Quant aux procès-verbaux destinés à venir à l'appui des faits énoncés dans les rapports de mer, tels que procès-verbaux de disparition ou de désertion, actes de l'état civil, expéditions de testaments ou d'inventaires dressés en cours de campagne, ils doivent toujours être déposés en chancellerie; et nous verrons au paragraphe suivant l'usage que les consuls ont à faire de ces dépôts.

L'expérience a démontré que l'exécution littérale des règlements qui prescrivent aux capitaines de la marine marchande de déposer toutes leurs pièces de bord dans les chancelleries consulaires présentait de graves inconvénients sur les rades foraines et peu sûres d'où les navires sont souvent forcés d'appareiller à l'improviste en abandonnant parfois leurs ancres. Les consuls ont donc été autorisés (1) à rendre aux capitaines, après qu'ils leur ont été présentés, les actes de francisation et les congés des navires, en ne conservant par devers eux que les déclarations, le journal de bord et le rôle d'équipage. Mais ces dispositions tout exceptionnelles

(1) Circulaire des affaires étrangères du 22 décembre 1834.

ne sont applicables qu'aux seules rades foraines, c'est-à-dire à celles qui se trouvent en pleine mer et sans abri, et ne doivent jamais s'étendre aux rades ordinaires, bien moins aux lieux où il y a un port proprement dit.

Tout capitaine doit remettre également en chancellerie, dûment signé et certifié, un manifeste ou état exact des marchandises composant sa cargaison (1). Aucun navire français ne pouvant quitter un port de France sans être muni d'un manifeste visé par la douane (2), l'obligation imposée sous ce rapport à nos capitaines est d'une exécution facile, puisqu'il ne s'agit pour eux que de la simple remise d'une copie conforme du manifeste de sortie, dont la teneur est alors transcrite en chancellerie sur le registre spécialement destiné à cet usage.

Cette prescription est d'ailleurs imposée d'une manière générale et absolue à tous les capitaines qui viennent de France ou d'ailleurs : ils n'en sont affranchis que lorsqu'ils ne se livrent à aucune opération de commerce dans le port où ils viennent relâcher.

Les capitaines marchands, à leur départ de France, sont obligés de recevoir jusqu'au moment de mettre sous voiles les dépêches officielles pour les agents français établis dans le pays où ils se rendent : la remise de ces plis est mentionnée au rôle d'équipage. Les consuls, en recevant les paquets qui leur sont remis par les capitaines, doivent, par conséquent, en donner décharge en marge de la mention d'expédition de France ; car en négligeant ce soin ils exposeraient ultérieurement les capitaines au soupçon de détournement ou de perte de plis officiels confiés à leur garde.

Les capitaines étant obligés également de se charger, à leur départ de France, des sacs de lettres qui leur sont confiés par l'administration des postes pour les ports de leur destination, et recevant pour ce transport une indemnité d'un décime par lettre, les consuls doivent veiller à ce qu'immédiatement après leur arrivée, ils fassent la remise de ces

_____

(1) Code de commerce, art. 244. — Ordonnance du 29 octobre 1833, art. 11.

(2) Loi du 2 juillet 1836, art. 2.

sacs au bureau de poste du port, ou à la chancellerie du consulat, si l'usage le permet. Ils doivent s'assurer que les sacs ont été remis intacts, sans qu'aucune lettre en ait été distraite, et que, sauf les lettres destinées à leurs consignataires, dont la remise directe est permise, aucune lettre n'a été transportée en dehors des sacs officiels : de graves abus ayant eu lieu sous ce rapport, les consuls doivent s'attacher à en prévenir le renouvellement, et informer exactement de ceux qu'ils découvrent le ministère des affaires étrangères sous le timbre de la direction politique, afin qu'il puisse en être référé à l'administration des postes.

#### 4. — Simple relâche et relâche forcée.

En cas de relâche simple avant l'arrivée à destination, les capitaines doivent remettre aux consuls une déclaration qui fasse connaître les causes de l'interruption de leur voyage (1). Cette déclaration s'appelle dans la marine marchande *petit rapport*, par opposition au rapport de mer qui est fait au terme d'une campagne. Ce petit rapport est obligatoire, car ce n'est que par lui que le capitaine peut justifier des motifs de ses relâches, et couvrir sa responsabilité tant vis-à-vis de ses armateurs et assureurs que vis-à-vis des chargeurs qui lui ont confié leurs marchandises.

Si, du reste, la relâche se prolongeait au delà de vingt-quatre heures, le capitaine est tenu, en faisant sa déclaration, de remettre au consul son rôle d'équipage, et, de plus, s'il s'agit d'un bâtiment à vapeur, son permis de navigation : c'est là une mesure d'ordre dans l'intérêt général de la police de la navigation.

Quand l'interruption du voyage prend le caractère d'une relâche *forcée*, comme en cas d'avaries par exemple, les formalités à remplir par les capitaines deviennent à la fois plus nombreuses et plus minutieuses : nous en ferons connaître le détail en abordant, dans la section v, tout ce qui se rapporte aux procédures d'avaries.

---

(1) Code de commerce, art. 245. — Ordonnance du 29 octobre 1833, art. 12.

## 5. — Police sanitaire.

Dans les lieux, en bien petit nombre - il est vrai, où les déclarations relatives à la santé publique ne sont pas faites devant les autorités spéciales connues sous les noms de conservateurs de la santé, intendances, bureaux ou magistrats de santé, les capitaines doivent présenter leur patente de santé en chancellerie, et faire connaître au consul, indépendamment des détails contenus dans leur rapport de mer, quel était au moment de mettre sous voile l'état de la santé publique dans le port d'où ils proviennent et dans ceux où ils ont pu relâcher ; s'ils ont eu à se munir de quelque nouveau visa consulaire ; s'ils ont eu pendant la traversée ou dans leurs relâches des malades à bord et s'ils en ont encore ; comment ces malades ont été traités ; quelles mesures de précaution ont été prises par rapport aux couchage, hardes et effets des malades ou des morts ; s'ils ont communiqué avec quelques navires , à quelle nation ils appartenaient, à quelle époque ont eu lieu ces communications, et en quoi elles ont consisté ; s'ils ont eu connaissance de l'état sanitaire de ces navires, ou de toute autre circonstance y relative ; si dans leurs relâches ou dans leur traversée, ils ont embarqué des hommes, des bestiaux, des marchandises ou des effets quelconques. Le consul peut aussi, s'il le juge convenable, interroger sur les mêmes sujets les hommes de l'équipage et les passagers (1).

## 6. — Débarquement des passagers.

Les passagers inscrits sur les rôles d'équipage doivent être *débarqués* par les consuls dans les ports de destination. Ce débarquement est légalement effectué par la simple mention sur le rôle, dans la colonne à ce destinée, de la descente à terre du passager : il va sans dire que ces mentions doivent être signées et datées par les consuls.

## 7. — Gens de mer embarqués en cours de voyage.

Aucun capitaine ne peut à l'étranger engager des gens d

(1) Ordonnance du 29 octobre 1833, art. 13.

mer sans les présenter en chancellerie au consul. Si néanmoins des engagements de ce genre ont eu lieu en cours de
voyage et dans un pays où il n'y avait pas de consul, il suffit que le capitaine en rende compte à l'autorité qui reçoit
son rapport de mer ou sa déclaration, et qui veille alors à ce
que l'inscription en soit régulièrement faite sur le rôle d'é-
quipage (1). Cette obligation est impérative, et tout capitaine
qui viendrait à la méconnaître s'exposerait à être puni conformément aux lois à son retour en France.

Les mêmes formalités doivent d'ailleurs être remplies par
les capitaines pour les passagers qu'ils ont pu embarquer en
cours de voyage.

**8. — Négligence des capitaines à se présenter aux consuls.**

Si un capitaine marchand, à son arrivée dans un port
étranger, néglige de se présenter en chancellerie au plus tard
dans les vingt-quatre heures de son mouillage, le fait est
constaté par un procès-verbal que le chancelier est chargé de
signifier au capitaine soit à bord, soit à terre; au bas de la signification, le chancelier constate la réponse qu'il a reçue, et
le consul en rend compte ensuite tant au ministère des affaires
étrangères qu'à celui de la marine (2). Ces sortes d'infractions, nous sommes heureux de le dire, ne se présentent que
bien rarement aujourd'hui, les capitaines se rendant généralement assez compte de leurs devoirs envers l'autorité consulaire pour se présenter toujours devant elle dans les délais
légaux. Mais lorsque le contraire arrive, et que les motifs
d'excuse invoqués par les capitaines ne reposent pas soit sur
l'obligation impérieuse de pourvoir à la sûreté de leur navire,
soit sur une impossibilité matérielle, le département de la
marine ne manque jamais de prononcer contre eux une punition disciplinaire, qui va parfois jusqu'à les priver, pendant
un certain temps, de la faculté de commander (3).

(1) Ordonnances du 31 octobre 1784, titre 14, art. 13, et du 29 octobre 1833, art. 14.
(2) *Id*. du 29 octobre 1833, art. 18.
(3) Circulaires de la marine des 3 décembre 1814 et 13 juillet 1848.

§ 2. — OBLIGATIONS EXCEPTIONNELLES DES CAPITAINES DANS CERTAINS CAS.

Indépendamment du dépôt de leur rapport de mer et de leurs papiers de bord, les capitaines de navires marchands ont encore, au moment de leur arrivée dans les ports étrangers, à remplir vis-à-vis des consuls certaines obligations exceptionnelles qui dérivent des conditions particulières de la navigation de chacun d'eux.

#### 1. — Remise des actes de l'état civil.

C'est ainsi que les capitaines doivent, quand il y a lieu et conformément aux prescriptions du Code civil, remettre aux consuls 1° deux expéditions des actes de naissance et de décès rédigés par eux en cours de voyage, 2° un des doubles originaux des testaments reçus à leur bord (1). Les obligations imposées à cet égard aux capitaines de la marine marchande sont, comme on le voit, les mêmes que celles des commis d'administration à bord des bâtiments de l'Etat. A ce que nous avons dit au chapitre précédent, nous devons seulement ajouter ici que, dans tous les cas où un capitaine a négligé de dresser acte d'une naissance ou d'un décès survenus à son bord, le consul doit soigneusement rassembler tous les renseignements propres à y suppléer, et en rendre compte à la fois au ministère des affaires étrangères et à celui de la marine (2). Nous reviendrons, au surplus, sur cette question au chapitre troisième du livre VII.

Il est prescrit aux consuls de transmettre en France, par la voie la plus prompte, une expédition dûment légalisée par eux des actes de l'état civil ainsi déposés dans leur chancellerie, au ministre des affaires étrangères s'ils sont relatifs à des passagers, et à l'administration du port où a eu lieu l'embarquement s'ils concernent des marins.

Le ministère de la marine a fait imprimer, à la date du 2 juillet 1828, sur les devoirs des capitaines marchands pour

(1) Code civil. art. 60, 67 et 991. — Ordonnance du 29 octobre 1833, art. 16.

(2) Ordonnance du 23 octobre 1833, art. 6.

la réception des actes de l'état civil et des testaments, une instruction générale concertée avec le département de la justice ; les commissaires de l'inscription maritime sont chargés de veiller à ce qu'un exemplaire de cette instruction et des modèles d'actes qui y sont annexés se trouve à bord de chaque navire au moment de son expédition d'un port de France ; et afin que les agents des affaires étrangères puissent au besoin concourir à l'exécution des dispositions qu'elle prescrit, l'envoi en a également été fait à tous les postes consulaires (1).

Lorsque des actes de l'état civil concernant des personnes embarquées ont été déposés dans un consulat par le capitaine d'un bâtiment marchand ou dressés à terre par les consuls, mention doit en être faite sur les rôles d'équipage, dans la colonne *mutations et mouvements*, de la manière suivante :

S'il s'agit d'une naissance, on inscrit, en marge du nom de la femme passagère, l'heure et la date de la naissance, ainsi que le sexe de l'enfant légitime ou naturel auquel elle a donné le jour pendant la traversée ; enfin les prénoms et nom qui lui ont été donnés ;

S'il s'agit d'un décès, l'heure et la date de l'événement ainsi que le genre de mort.

Dans les deux cas, il faut aussi rappeler la date de la rédaction des actes et celle du dépôt en chancellerie de leurs expéditions (2).

Nous ajouterons que ces mentions, comme, du reste, toute apostille quelconque sur les rôles d'équipage, doivent toujours expressément être datées et signées par les consuls sans abréviations et en toutes lettres (3).

### 2. — Procès-verbaux de disparition ou de désertion.

Relativement aux procès-verbaux de disparition dressés à bord pendant les traversées ou au mouillage dans un port, les capitaines marchands ont les mêmes obligations à remplir que les commis d'administration des bâtiments de guerre.

(1) Circulaire des affaires étrangères du 31 décembre 1828.
(2) Instruction de la marine du 2 juillet 1828.
(3) Circulaires de la marine des 22 juin 1821, 4 décembre 1835 et 31 août 1842.

Nous renvoyons donc à ce que nous avons déjà dit à ce sujet dans le chapitre précédent, en faisant seulement remarquer que pour les navires marchands, c'est au consul que revient le soin de noter sur le rôle d'équipage, et en marge du nom de tout individu disparu, la date et la cause de sa disparition, ainsi que l'endroit où elle a eu lieu (1).

Lorsqu'un homme embarqué sur un navire marchand déserte pendant une relâche dans un port où il n'y a pas de consul, le capitaine doit en dresser un procès-verbal, qu'il fait signer par les principaux de son équipage, et dont il remet ensuite deux expéditions au consul en résidence dans le premier port où il aborde ultérieurement.

### 3. — Inventaires des effets et papiers.

A l'appui des actes de décès, procès-verbaux de disparition ou autres actes constatant l'absence d'un individu embarqué et déposés en chancellerie, les capitaines sont tenus de remettre un procès-verbal, dressé en double expédition, de l'inventaire des hardes et effets appartenant aux décédés ou autres, ainsi que des testaments ou papiers quelconques trouvés dans leurs malles, sacs ou bagages.

En ce qui concerne les testaments, papiers ou autres pièces de même nature reconnues et inventoriées à bord, les règlements défendent à la personne qui en est dépositaire d'en délivrer aucune directement entre les mains d'une autre personne embarquée sur le même navire; les ayants droit doivent, lorsqu'il y a lieu, en faire la réclamation à la première autorité compétente, c'est-à-dire, lorsque le fait se produit à l'étranger, au consul, qui statue sur la demande et en fait au besoin dresser acte. Nous n'avons pas besoin d'expliquer que les consuls doivent dans tous les cas donner aux capitaines décharge préalable de tous les papiers déposés en chancellerie (2).

Pour ce qui est de la conservation ou de l'ouverture des testaments, les consuls n'ont, dans les cas que nous venons

(1) Instruction de la marine du 2 juillet 1828.
(2) Ordonnance du 29 octobre 1833, art. 16.

d'énoncer, qu'à se conformer aux instructions générales sur la matière. (*Voir* livre VIII).

#### 4. — Effets des décédés.

A l'égard des hardes et effets inventoriés après décès, disparition en mer ou désertion, la marche à suivre est déterminée par l'ordonnance de 1681, dont, sous ce rapport, les dispositions sont encore en vigueur.

Ainsi, immédiatement après un décès survenu en mer, l'écrivain, et aujourd'hui le capitaine ou maître qui le remplace, doit, en présence des parents s'il y en a, sinon de deux témoins qui signent, faire faire l'inventaire des effets laissés par le défunt (1).

L'ordonnance précitée imposait aussi au capitaine l'obligation de remettre à son retour en France aux héritiers et ayants droit l'ensemble des objets inventoriés. Cette prescription n'est plus observée depuis longtemps (2) ; mais la responsabilité du capitaine n'en subsiste pas moins tout entière ; et, quelles que soient les personnes entre les mains desquelles il se dessaisisse des effets dont il est demeuré chargé, son devoir est toujours de les accompagner d'un inventaire présentant assez de détails et de garanties pour lui servir de décharge. Il est donc essentiel que cet inventaire soit fait dans le plus bref délai possible par le capitaine lui-même, aussi bien lorsque le décès est survenu en mer que lorsque l'accident a eu lieu au mouillage. Un consul excéderait ses attributions si, dans ce dernier cas, il émettait la prétention de dresser l'inventaire ; son rôle se borne à le recevoir du capitaine, à le récoler, et à en transmettre une expédition au ministère de la marine, afin que les intéressés en France puissent en avoir connaissance (3).

Si les effets délaissés par une personne n'ayant pas fait de testament avaient été chargés à destination d'un pays étranger, le capitaine est autorisé à en assurer le placement et à

---

(1) Ordonnance d'août 1681, livre III, titre 11, art 4 et 5.
(2) Édit de juillet 1720, titre 6, art. 26.
(3) Ordonnance du 29 octobre 1833, art. 38.

en rapporter le produit en France, sauf à réclamer alors son fret et la commission d'usage (1). On peut d'ailleurs, ainsi que Valin le fait remarquer dans son Commentaire, agir de la même manière lorsqu'en cas de testament il n'y a pas eu legs des effets en nature; car, à défaut d'obligation impérative qui n'existe plus, il y a, tout au moins alors de la part des héritiers absents, mandat tacite au profit du capitaine. Celui-ci est sans doute libre de décliner un mandat qu'il ne tient pas de la loi; mais s'il l'accepte, il se trouve lié et engage directement sa responsabilité.

Cette disposition de l'ordonnance de 1681 ne saurait s'appliquer au cas où il existerait soit sur les lieux mêmes du décès, soit dans le port d'arrivée du navire, soit dans le lieu où se trouvent les objets délaissés, une autorité française compétente pour assurer les droits des absents, un consul par exemple. Alors, en effet, le capitaine n'a plus pouvoir de vendre ou de négocier les effets délaissés par un individu décédé à son bord, puisque c'est au consul seul qu'appartient le droit d'en disposer, de les conserver, ou, s'il le juge opportun, de les aliéner, comme, par exemple, lorsqu'il s'agit de marchandises, d'objets de pacotille ou tous autres de nature périssable. Il pourra se faire que dans ce dernier cas un consul, usant de son pouvoir discrétionnaire, charge directement le capitaine d'en opérer la vente au mieux des intérêts des ayants droit; mais ce n'est pas là le mandat auquel se réfère l'ordonnance de 1681, puisque le capitaine agit alors au nom et d'après les instructions du consul, et non plus en vertu d'un droit inhérent à sa qualité de capitaine, et alors sa responsabilité est complétement dégagée vis-à-vis des héritiers du décédé.

La vente en pleine mer des hardes et meubles des mariniers et passagers décédés peut également s'effectuer au pied du grand mât, au profit du plus offrant et dernier enchérisseur (2). Disons seulement que c'est encore là une faculté laissée au capitaine, et non une obligation qui lui soit imposée. Toute vente de ce genre est, du reste, interdite à partir du moment où le bâtiment est arrivé au mouillage, et, même en

(1) Ordonnance d'août 1681, livre IV, titre 11, art. 6.
(2) *Id.*, livre III, titre 11, art. 7.

cours de voyage, il ne doit y être procédé par les capitaines qu'avec une grande prudence ; car le prix qu'elle permet de réaliser demeure presque toujours au-dessous de la valeur réelle des objets ; et pour prévenir toute réclamation ou contestation ultérieure, il est de beaucoup préférable, surtout pour les effets de passagers, de n'aliéner que ceux qui ne pourraient pas être gardés sans danger ou dépérissement manifeste.

Le capitaine qui a ordonné une vente à son bord est tenu, en observant les mêmes formalités que pour l'inventaire, d'en dresser un procès-verbal qu'il dépose ensuite dans la chancellerie consulaire du premier port où il aborde.

Le prix des objets vendus et les objets non vendus doivent être remis par les capitaines avec les inventaires, factures et procès-verbaux, savoir : l'argent au trésorier des invalides de la marine, avec les sommes dues aux défunts s'ils étaient hommes de l'équipage, et les effets au bureau du commissaire de l'inscription maritime, qui remplace aujourd'hui, comme on sait, les anciens greffes de l'amirauté (1). L'art. 16 de l'ordonnance du 29 octobre 1833 en disant que les effets et papiers des décédés, ainsi que le prix des objets vendus et payés comptant, seront déposés en chancellerie, a entendu laisser, sous ce rapport, toute liberté d'action aux consuls, qui peuvent soit ordonner le dépôt d'office, soit accepter ou décliner l'offre qui en est faite par les capitaines.

Le sens véritable de l'édit de 1781, dont l'article précité de l'ordonnance de 1833 n'a fait que reproduire les dispositions en les généralisant, c'est que le dépôt reste à bord quand le navire opère directement son retour en France, et qu'il soit, au contraire, effectué en chancellerie quand le capitaine qui en était chargé a une destination lointaine (2).

Comme il est rare que des matelots payent comptant, en cours de voyage, les hardes qu'ils achètent aux ventes faites à bord, il convient, pour régulariser l'opération, que le prix restant dû soit annoté par les consuls sur les procès-verbaux de vente en marge de chaque article non payé, afin qu'au retour

(1) Règlement du 23 août 1739, art. 2 et 3. — Ordonnance du 31 octobre 1781, titre 14, art. 18.
(2) Ordonnance du 3 mars 1781, titre 3, art. 4.

du navire en France, le montant puisse en être retenu sur la solde des adjudicataires (1).

### 5. — Salaires des matelots décédés.

Ici se présente la question de savoir si les consuls qui font déposer par les capitaines dans leur chancellerie les effets des gens décédés en mer ou pendant le voyage, doivent aussi exiger que le montant des salaires dus à leur succession soit simultanément versé par les capitaines dans la caisse des gens de mer. Suivant nous, rien ne justifie et n'autorise même une disposition qui, dans beaucoup de cas d'ailleurs, serait d'une exécution impossible ; car les capitaines peuvent n'avoir pas de fonds disponibles appartenant à l'armement, ni être en mesure d'établir le décompte des gages acquis au défunt. On sait, en effet, que les gens de mer sont engagés tantôt au voyage, tantôt au mois, tantôt à la part : or, d'après chacune de ces situations, le montant de ce qui leur revient est nécessairement sujet à de grandes variations, et n'est pas toujours appréciable au moment du décès. Ainsi, aux termes des règlements, lorsqu'un matelot meurt en cours de voyage, la loi, par dérogation au droit commun, accorde aux héritiers les loyers du défunt jusqu'au jour du décès s'il était loué au mois, et le prix entier de la campagne s'il était loué au voyage. Cependant, s'il était engagé pour l'aller et le retour, et qu'il fût mort à l'aller, on n'allouerait à sa succession que la moitié du loyer convenu. Lorsque, au contraire, le matelot est au fret ou au profit, sa part entière dans les profits obtenus et dans le fret acquis, même depuis sa mort, est due à ses héritiers. Enfin, si le matelot est tué en défendant le navire, la faveur plus grande qui s'attache alors à lui fait que, dans ce cas, ses héritiers sont payés des loyers jusqu'à la fin du voyage, quand bien même l'engagement aurait été conclu au mois. La liquidation s'opérerait d'une manière identique si le matelot était loué pour le voyage d'aller et de retour, et qu'il fût tué au départ, pourvu, bien entendu, que le navire arrivât à bon port (2). Car, ainsi que

(1) Règlement du 23 août 1739, art. 16.
(2) Code de commerce, art. 265.

nous le verrons plus loin, la perte du navire libère le propriétaire et l'armateur envers les gens de l'équipage.

Les règles que nous venons de rappeler montrent assez que
les sommes dues à un matelot décédé en mer, ou sa quote-
part proportionnelle de salaires, ne peuvent être convenablement liquidées qu'en fin de campagne ou lors du désarmement. Quand celui-ci s'opère à l'étranger, les consuls procèdent au décompte des gens de mer décédés en même temps et
dans la même forme que pour celui des autres matelots de
l'équipage ; mais, dans tous les cas de voyage non encore
achevé, les chancelleries doivent soigneusement s'abstenir
de toute liquidation partielle ; car il pourrait se faire que, si
avant la fin du voyage le bâtiment venait à se perdre, l'équipage survivant perdît tout droit à ses salaires, et qu'alors les
héritiers du défunt, qui ne sauraient être mieux traités que les
matelots ayant couru les chances de la navigation jusqu'à
l'époque du sinistre, n'eussent également plus rien à réclamer (1).

### 6. — Liquidation des successions maritimes.

Quand les effets provenant d'une succession maritime sont
déposés en chancellerie, le consul en fait dresser, en sa présence et celle du capitaine, un procès-verbal qui constate le
récolement de l'inventaire, et dont une expédition est remise
au déposant pour sa décharge (2).

Les familles des individus morts en mer ont un an pour
réclamer les effets dont le dépôt est fait en nature (3). Lorsque cette réclamation a lieu, afin de réduire autant que possible la somme des frais de transport en cas de renvoi des
objets en France, les règlements prescrivent de se servir de
préférence des bâtiments de l'Etat (4).

La marche tracée aux consuls par l'ordonnance du 4 octobre 1833 pour les dépôts faits dans leurs chancelleries ne

(1) Circulaires de la marine des 12 octobre et 14 décembre 1835.
(2) Ordonnance du 29 octobre 1833, art. 16.
(3) *Id.* d'août 1681, livre III, titre 11, art. 10.
(4) Circulaire de la marine du 31 août 1848.

s'applique pas aux dépôts maritimes, expressions par lesquelles il faut entendre tout ce qui a appartenu à des marins ou à des passagers décédés en mer (1) ; cette dernière espèce de dépôt est, ainsi que nous l'avons déjà dit au chapitre 3 de ce livre, régie par une législation spéciale qu'on peut résumer ainsi (2) :

La réclamation des objets existant en nature ou la revendication du produit de leur vente, peuvent être faites légalement : 1° par l'héritier s'il justifie de sa qualité à l'aide d'un acte de l'état civil ou d'un certificat de notoriété ; 2° par le légataire sur la présentation d'un testament entériné en justice ; 3° par le créancier muni d'un jugement rendu contre les héritiers pour la validité d'une saisie-arrêt.

Les consuls peuvent, du reste, dans certains cas et dans certains pays, être appelés à administrer directement des successions maritimes et à les liquider, sans néanmoins s'en constituer juges et arbitres, puisque la succession n'est ouverte qu'au domicile du décédé (3). Il y aurait, par exemple, lieu d'en agir ainsi dans le cas où le passager décédé en mer aurait un établissement fixe quelconque dans le pays où le navire a abordé ; la liquidation partielle et sur place s'opère alors, soit en chancellerie si le droit conventionnel l'autorise, soit par les soins de l'autorité territoriale, mais, dans toute hypothèse, d'après des principes identiques, que le défunt fût marin ou simplement passager.

Si un an après la remise du dépôt les ayants droit n'en ont pas réclamé la délivrance, les effets en nature dont il se compose sont vendus aux enchères.

Les consuls peuvent, même après avoir rendu à ce sujet une décision motivée qui est annexée au dossier de l'affaire, devancer les délais réglementaires, et faire vendre sur-le-champ ce qu'ils reconnaîtraient être dépérissable (4).

Les sommes provenant de la vente, à quelque époque que

(1) Ordonnances d'août 1681, livre III, titre 11, art. 7, 8 et 9, et du 22 mai 1816, art. 3 et 4.

(2) Circulaire de la marine du 23 décembre 1834.

(3) Code civil, art. 110.

(4) Ordonnances d'août 1681, livre III, titre 11, art. 11, et du 29 octobre 1833, art. 37.

celle-ci ait lieu, après l'an et le jour du dépôt, ou d'office avant l'expiration de ce terme, sont versées à la caisse des gens de mer, et transmises à la fin du trimestre ou plus tôt, si faire se peut, au ministère de la marine, en traites à l'ordre du trésorier général des invalides de la marine, caissier des gens de mer (1).

Cet envoi doit avoir lieu exactement, et quelque faible que soit la somme à remettre en France la transmission n'en doit jamais être renvoyée au trimestre suivant. Les consuls ne peuvent ignorer, en effet, que la majeure partie des ayants droit aux produits de successions maritimes appartient à une classe généralement peu aisée, et pour laquelle par cela même le moindre ajournement peut entraîner des souffrances réelles.

Les règlements prescrivent de joindre à chaque envoi de fonds provenant de successions maritimes un compte détaillé de la liquidation de la succession, certifié en due forme, et appuyé tant d'une expédition de l'inventaire que du procès-verbal de vente et de l'ensemble des pièces justificatives des dépenses: toutes ces pièces se délivrent d'ailleurs en chancellerie à titre gratuit.

Nous avons déjà dit au chapitre troisième qu'il était alloué aux consuls à titre d'indemnité une rétribution de 2 1/2 p. 100, sur le montant net de leurs recettes de toute nature pour le compte de l'établissement des invalides de la marine (2). Cette prescription a été souvent mal interprétée. Dans quelques consulats on transmet en France le produit intégral des successions, en imputant sur les fonds particuliers de l'établissement des invalides le montant de la remise allouée aux consuls ; dans d'autres localités, au contraire, le prélèvement de la remise est fait sur les sommes afférant à chaque succession, et l'on n'adresse au ministère de la marine que le montant net, défalcation faite de toutes les dépenses réalisées en chancellerie. Cette dernière manière de procéder est la seule qui soit régulière et conforme aux principes (3). En effet, s'il

(1) Circulaire de la marine du 31 juillet 1845.

(2) Règlement du 17 juillet 1816, art. 82. — *Formulaire à l'usage des consulats*, n° 45.

(3) Circulaire de la marine du 31 août 1848.

est rationnel que l'établissement des invalides supporte les frais pour des recettes qui lui sont propres et dont il doit profiter, il ne saurait en être de même pour des fonds privés (et c'est le cas de l'espèce), qui sont versés à titre de dépôt seulement dans la caisse des gens de mer, et qui n'y séjournent pour ainsi dire pas, puisque l'administration des invalides est dans l'usage de faire immédiatement tenir aux intéressés les fonds qui ont cette origine.

### 7. — Épaves recueillies en mer.

Nous avons vu au paragraphe précédent qu'entre autres informations que les capitaines devaient consigner dans leurs rapports de mer, figurait l'indication des objets provenant de jet, bris ou naufrage qu'ils avaient pu recueillir en mer. A défaut d'instructions spéciales sur la matière, voici les considérations qui nous semblent pouvoir régler la conduite des consuls lorsqu'ils reçoivent des déclarations de cette nature.

En principe, les épaves recueillies en mer n'appartiennent pas intégralement au sauveteur, qui n'a droit, pour tous frais comme pour tous profits, qu'au tiers des objets sauvés (1), le propriétaire conservant ses droits sur les deux autres tiers. Il serait donc contraire à l'équité d'admettre que parce que le sauvetage a été opéré et réalisé à l'étranger au lieu de l'être en France (2), les conditions de la loi qui ont réglé les droits réciproques des sauveteurs et des propriétaires pussent être modifiées. Mais si les conditions de partage restent les mêmes, nous ne pensons pas qu'un consul ait qualité pour obliger un capitaine français à lui faire la remise des épaves qu'il a recueillies en mer; nous pensons, au contraire, qu'elles doivent être rapportées en France, parce que c'est là seulement que les armateurs peuvent faire valoir leurs droits devant l'autorité compétente, et que l'administration peut convenablement prendre la défense des propriétaires inconnus et de la caisse des invalides qui leur est subrogée. Si maintenant le transport en France était impossible, le capitaine aurait à réclamer du consul, par

(1) Ordonnance d'août 1681, livre IV, titre 9, art. 27.
(2) Arrêt de la cour de Rouen du 14 juillet 1832.

une requête spéciale, la vente aux enchères et pour compte de qui de droit des objets sauvetés ; le procès-verbal de la vente dressé en chancellerie dûment transmis au ministère de la marine suffirait alors pour qu'au désarmement du navire, après son retour en France, l'administration maritime pût réclamer sur son produit brut la part excédant le tiers acquis aux sauveteurs. Quant au montant de la vente, il devrait intégralement être versé dans la caisse des gens de mer de la chancellerie, et transmis ensuite à Paris sans décompte ni défalcation autre que celle des frais d'enchère, afin de laisser à l'autorité administrative ou judiciaire toute liberté d'action pour décider les questions que peut soulever sa répartition proportionnelle entre tous les intéressés.

Tout capitaine qui ne déclarerait pas en chancellerie, dans son rapport de mer, les épaves qu'il aurait recueillies en cours de voyage, qui négligerait d'en remettre l'inventaire exact au consul ou enfin les vendrait de son chef, manquerait à ses devoirs, et devrait être dénoncé au ministère de la marine.

### 8. — Crimes et délits commis en mer.

La constatation de tout crime ou délit commis en mer par des matelots ou des passagers appartient au capitaine, lequel a seul qualité pour en dresser des procès-verbaux qui, à l'arrivée dans un port étranger même pour cause de relâche forcée, sont déposés entre les mains des consuls (1).

Lorsque cette obligation n'a pas été remplie, et qu'un capitaine a négligé d'instruire les procédures sommaires ou de prendre les dispositions prescrites par les ordonnances en cas de désordres survenus en cours de campagne (2), le consul qui en a connaissance doit aussitôt se mettre en mesure de vérifier les faits, et d'en dresser un procès-verbal aussi circonstancié que possible afin d'éclairer l'autorité française qui sera ultérieurement appelée à en connaître.

Si la gravité du délit ou la sûreté de l'équipage exigent que les inculpés ne soient pas laissés en état de liberté, les agents

---

(1) Ordonnance du 29 octobre 1833, art. 15.
(2)      *Id.*      d'août 1681, livre II, titre 1er, art. 23.

du gouvernement au dehors ont, comme les capitaines, qualité pour ordonner la détention préventive soit à bord, soit à terre, sauf, dans tous les cas, à assurer par tous les moyens en leur pouvoir le renvoi immédiat des détenus en France. Mais la compétence des consuls ne va nulle part jusqu'au jugement des crimes ou délits commis en pleine mer, et, même en Levant et en Barbarie, où leurs droits sont cependant si étendus, ils ne peuvent que dresser l'instruction préliminaire (1). Nous reviendrons, du reste, sur cette question de compétence dans la section suivante à propos de l'exercice de la juridiction française dans les rades et ports étrangers.

Les comptes rendus officiels que motivent les affaires de cette nature doivent être transmis soit au ministère de la marine (sous le timbre du bureau de la police de la navigation), soit au département des affaires étrangères (sous le timbre de la direction commerciale), suivant qu'il s'agit de marins ou de passagers.

Nous devons ajouter encore que, dans aucun cas, l'autorité du pays dans lequel le capitaine aborde n'est compétente pour connaître des crimes et délits commis à bord pendant la navigation ou pour accueillir les actions civiles qui pourraient en surgir. Dans le premier cas, il faut admettre que, le fait s'étant produit dans le domaine commun de la pleine mer, le principe de l'indépendance du pavillon et la fiction de l'exterritorialité du bord défèrent forcément la compétence aux tribunaux du pays auquel le navire appartient. Dans le second cas, celui d'action civile, il est sans doute vrai qu'un voyageur qui traite avec un capitaine pour son transport d'un point à un autre, ne se donne pas un maître despotique, mais les nécessités de la navigation veulent qu'il en soit ainsi jusqu'à un certain point, et que tout individu qui s'embarque subisse tant au criminel qu'au civil les lois et les juges du bâtiment à bord duquel il prend passage (2).

C'est là, au surplus, une question de compétence généralement résolue dans le même sens par les tribunaux de tous les pays, et il est du plus haut intérêt que, le cas échéant, les

(1) Ordonnance du 3 mars 1781, titre 3, art. 37.
(2) Arrêt de la cour de Bordeaux du 31 janvier 1839.

consuls aident de leurs bons offices et de l'appui de leurs démarches les capitaines français qui se verraient traduits à leur arrivée dans un port étranger devant les tribunaux territoriaux par un de leurs passagers, à raison de faits quelconques survenus en cours de voyage. Après tout cependant, c'est là un point de droit qui, en dernier ressort, ne comporte pas de solution administrative ; si donc l'exception d'incompétence proposée par le capitaine, et soutenue officieusement par le consul, était déclinée par l'autorité judiciaire territoriale qui persisterait à retenir la connaissance de l'affaire, il n'y aurait pas lieu de recourir à la voie extrême d'une protestation officielle, et le capitaine serait tenu de se défendre en justice soit contradictoirement, soit par la voie d'appel, selon le meilleur avis de ses conseils.

Lorsqu'un passager ayant à se plaindre d'un capitaine ou de son équipage, au lieu d'engager une action judiciaire, se borne à porter plainte au consul, celui-ci, à défaut de conciliation amiable, doit en rendre compte directement au ministère de la marine, seul appelé à statuer sur ces matières (1).

**9. — Rapport spécial en cas de capture ou d'abandon de navire.**

Il est deux cas particuliers dans lesquels, outré leur rapport ordinaire, les capitaines, arrivant dans un port étranger, sont tenus de faire au consul qui y réside un rapport spécial plus circonstancié ; l'un est celui de capture ou de pillage en temps de guerre de la part d'un corsaire, l'autre celui d'abandon du navire par fortune de mer ou pour cause d'innavigabilité (2).

Dans le premier cas, le capitaine est tenu de déclarer quel était le pavillon du corsaire ; dans quels parages et à quelle date il a été pris ou rançonné ; quelles ont été les conditions de son traité de rançon ; par qui, quand et comment il a été relâché ou recous : les mêmes explications, éclaircissements et données doivent être fournis lorsqu'il s'agit de rencontres et de pillage par des pirates. La gravité des faits de cette nature

(1) Ordonnance du 29 octobre 1833, art. 20.
(2) Id. Id. art. 17.

exige naturellement que les rapports dans lesquels ils sont relatés soient appuyés du témoignage ou serment des officiers et de l'équipage, et ultérieurement transmis en expédition au ministère de la marine.

Lorsqu'un bâtiment a été abandonné par fortune de mer, et que le capitaine a pu seulement se sauver avec son équipage, comme aussi lorsque le navire a dû être vendu pour cause d'innavigabilité dans un port où ne se trouvait aucune autorité française, le rapport du capitaine doit exactement et minutieusement relater les circonstances de la traversée, le lieu où le sinistre a eu lieu, les particularités de dates ou autres qui s'y rattachent : on joint ensuite au rapport les titres et papiers de bord qui ont pu être sauvés, les procès-verbaux d'expertise ou de vente, etc. Il va sans dire que, dans tous les cas, il est du devoir du consul de ne rien négliger pour recueillir auprès de l'équipage ou autrement toutes les informations propres à contrôler la véracité des déclarations du capitaine et d'assurer ensuite le rapatriement des hommes dans les conditions indiquées ci-après à la section VIII.

### 10. — Du courtage par les chanceliers.

La plupart de nos traités de commerce et de navigation, et notamment ceux avec les républiques de l'Amérique du Sud, accordent réciproquement aux consuls des deux parties contractantes les priviléges et immunités dont jouissent les agents de même rang de la nation la plus favorisée. D'après cette clause générale, les consuls de ces différents Etats avaient réclamé en France le droit d'assister en douane les capitaines de leurs nations respectives et de remplir auprès d'eux les fonctions de courtiers interprètes, à l'égal des consuls espagnols spécialement favorisés à cet égard par les conventions des 2 janvier 1768 et 13 mars 1769, et cette concession leur avait été accordée à la charge, bien entendu, d'une complète réciprocité au profit de nos consuls. Mais d'énergiques réclamations ayant été élevées à ce sujet, il y a quelques années, par les courtiers de nos principaux ports, le gouvernement fit examiner à fond la question, et reconnut que la clause dont il s'agit avait en effet reçu une interprétation inexacte, c'est-à-dire que les consuls espagnols avaient seuls le droit d'assister en douane les capitaines de leur nation, de leur servir d'interprètes et d'exercer intégralement l'office de courtier. Depuis lors, c'est-à-dire depuis 1840, la jouissance de cette concession exceptionnelle a été retirée aux agents étrangers qui en avaient été indûment mis en possession (1), et nos consuls autres que ceux résidant en Espagne ont été prévenus, par le département des affaires étrangères, d'avoir à s'abstenir eux-mêmes, ainsi que leurs chanceliers, de rendre à nos capitaines aucun des services rentrant dans la spécialité des attributions des courtiers interprètes. Nous verrons au livre VII que cette interdiction ne s'applique en aucune façon à la réception des contrats maritimes, actes qui sont autant de la compétence des notaires que des courtiers, et pour lesquels, à ce titre, le droit de nos chancelleries n'a jamais été mis en question *nulle part*.

## SECTION III.

### Du séjour des navires.

§ 1ᵉʳ. — DU DROIT DE POLICE DES CONSULS SUR LES NAVIRES DE COMMERCE.

#### 1. — De l'exercice de l'autorité des consuls.

Les règlements constitutifs de la nationalité et les lois de police ou disciplinaires du bord continuent de régir le navire marchand même pendant son séjour sur une rade ou dans un port étranger. Ce principe d'ordre public ne reçoit son application qu'en tant qu'il s'agit d'actes ne concernant que les personnes abritées par le pavillon national et n'ayant aucun rapport ni avec la souveraineté territoriale ni avec les habitants du pays. En effet, si l'acte ou le fait était de la nature de ceux pour l'exécution et la confection desquels l'équipage a dû quitter le bord et se rendre à terre, la fiction de l'exterritorialité cesserait de pouvoir être invoquée, et les lois du

(1) Circulaire des douanes du 27 février 1840.

pays dans les eaux duquel se trouve le navire reprendraient leur empire.

Comme délégués directs du gouvernement, nos consuls exercent à l'égard des bâtiments de notre marine la plénitude des droits et de l'action que la loi française conserve sur eux pendant leur séjour à l'étranger : à ce titre, et sauf, bien entendu, à se guider d'après la teneur des traités, conventions ou usages consacrés sur la matière, ils ont un droit absolu de police, de contrôle et d'inspection tant sur les navires que sur les hommes qui s'y trouvent embarqués (1). Munis sous ce rapport de la plénitude des pouvoirs qui sont attribués dans nos ports aux commissaires et administrateurs de la marine, ils peuvent, lorsqu'il y a lieu, soit seuls et directement, soit avec le concours et l'assistance des autorités territoriales, faire arrêter et emprisonner les gens de mer, ou prononcer le séquestre des bâtiments (2).

De cette autorité souveraine déférée aux consuls dans l'intérêt de la marine marchande, naît pour les capitaines, pendant la durée de leur séjour au dehors, une série de devoirs particuliers qui viennent compléter ceux que nous avons analysés dans la section précédente comme se rattachant au fait même de l'arrivée du bâtiment dans un port ou sur une rade.

Tant que le navire parcourt le domaine commun de la pleine mer, et se trouve, à proprement parler, en cours de voyage, on conçoit que les exigences mêmes de la navigation aient fait attribuer aux capitaines, pour la discipline du bord et la gestion des intérêts majeurs confiés à leur garde, une autorité absolue et presque sans contrôle. Mais la nécessité de force majeure sur laquelle reposent ces pouvoirs extraordinaires disparaissant par le fait de l'arrivée au mouillage, les capitaines commettraient une grave infraction à leurs devoirs, et s'exposeraient à en être administrativement punis à leur retour en France (3), s'ils manquaient à l'obéissance et à la

(1) Ordonnance du 29 octobre 1833, art. 19.
(2) Instruction générale du 8 août 1814.
(3) Circulaires de la marine des 3 décembre 1814 et 18 juin 1850.

juste déférence que les lois et règlements leur imposent à l'égard des consuls.

Les édits publiés sous le règne de Louis XIV dans l'intérêt de la marine marchande (1) conservaient aux capitaines la plénitude de leurs pouvoirs disciplinaires même pendant le séjour à l'étranger. Mais leurs dispositions ont été modifiées sous ce rapport par l'ordonnance de 1781 (2), dont l'article 19 de celle du 29 octobre 1833 n'a fait que généraliser le principe en établissant qu'au mouillage le droit de police et de répression n'appartient qu'au consul. Toutes les fois donc qu'un matelot du commerce a, par sa conduite à bord du navire sur lequel il sert, encouru une peine grave ou légère, le pouvoir de l'infliger revient au consul, qui statue sur le rapport du capitaine. Disons cependant, de suite, que ce pouvoir ne s'étend pas à ces manquements au service du bord qu'il est d'usage dans la marine de réprimer soit par un retranchement de ration de vin, soit par la consigne de ne point descendre à terre, cas pour lesquels le maintien de la discipline a commandé que les capitaines ou, à leur défaut, les officiers qui les remplacent momentanément, conservassent le droit d'agir instantanément et de leur pleine autorité.

Lorsqu'un capitaine a à se plaindre d'un homme quelconque de son équipage et qu'il y a lieu de le faire punir, les faits à réprimer et les manquements à la discipline qu'il s'agit de redresser sont constatés dans un rapport écrit adressé au consul.

Toutefois, avant de statuer, et d'après ce principe de droit commun que nul ne peut être condamné sans avoir été entendu et sans que le fait qui lui est reproché ne soit prouvé, le consul doit s'assurer du fondement de la plainte; car, sans vouloir encourager l'indiscipline ou suspecter la loyauté des capitaines, on ne saurait cependant se dissimuler qu'au fond le rapport n'est qu'une dénonciation, une simple plainte, un dire dénué de preuve.

Les peines corporelles de la cale, de la bouline et des coups de corde, peines que l'autorité consulaire n'a d'ailleurs

_____

(1) Ordonnance d'août 1681, livre II, titre 1er, art. 22.
(2)    *Id.*      du 3 mars 1781, titre 3, art. 26.

jamais eu pouvoir d'infliger, sont aujourd'hui abolies dans notre marine (1). Les seules punitions disciplinaires qui puissent encore être appliquées à l'étranger sont : le retranchement de vin, les fers sous le gaillard *d'arrière* et la prison (2).

Aucune de ces punitions ne peut être infligée pour plus de trois jours, sauf à les renouveler en cas de récidive.

Ainsi que nous l'avons dit plus haut, la peine du retranchement des rations de vin est la seule des mesures disciplinaires que le capitaine puisse au besoin imposer directement. Pour l'emprisonnement et les fers, la compétence du consul est exclusive, et le ministère de la marine a itérativement décidé qu'un capitaine qui, à l'étranger, mettrait aux fers ou aux arrêts un homme de son équipage sans y avoir été expressément autorisé par décision consulaire, outre-passait ses pouvoirs et encourrait le retrait de ses lettres de commandement (3).

Ce n'est que dans le seul cas de danger imminent, lorsque, par exemple, il y a mutinerie ou révolte à bord, que le capitaine, ou l'officier qui le remplace s'il est absent, peut faire saisir et mettre aux fers un homme de l'équipage, sauf à en rendre compte au consul dans le plus bref délai possible (4).

On comprend sans peine les fâcheuses conséquences que peuvent entraîner en Levant et en Barbarie pour le corps entier de la nation les désordres auxquels des matelots abandonnés à eux-mêmes viendraient à se livrer à terre ; les ordonnances réglementaires y ont sagement pourvu en défendant aux capitaines dans les contrées musulmanes de laisser leurs matelots descendre à terre ou loger dans les auberges du pays sans la permission des consuls, et en leur enjoignant, à moins d'empêchement absolu, de les faire toujours surveiller et accompagner par un officier marinier ou un matelot de confiance (5).

(1) Décret du Gouvernement provisoire du 12 mars 1848.

(2) Lois du 22 août 1790, titre 2, art. 1er et du 2 novembre 1790, art. 2.

(3) Circulaire de la marine du 1er octobre 1814.

(4) Instruction du 6 mai 1781.

(5) Ordonnance du 3 mai 1781, titre 3, art. 19, 20 et 21.

Quoique en pays de chrétienté les conséquences de l'inconduite des matelots soient moins graves et ne puissent jamais, comme en Levant, faire peser de responsabilité directe
sur leurs compatriotes, les consuls n'en doivent pas moins
tenir la main à ce que des permissions trop fréquentes de descendre à terre données par des capitaines à leurs équipages,
ne dégénèrent en abus, et ne facilitent, par exemple, les désertions et les embauchages : c'est à nos agens à apprécier ce
que les circonstances de localité peuvent autoriser, et à user
discrétionnairement du droit qu'ils ont toujours soit d'interdire ou de limiter ces permissions, soit de consigner les équipages entiers à bord. Nous rappellerons, du reste, à ce sujet,
que les capitaines sont responsables de toutes les dépenses et
réclamations de dédommagement occasionnées soit à terre,
soit à bord, par les gens embarqués sous leurs ordres (1).

**2. — Contestations entre les capitaines et les équipages ou autres.**

En cas de contestations entre les capitaines et les équipages
ou les passagers, les consuls sont tout d'abord appelés à prêter
leurs bons offices comme arbitres ou amiables compositeurs (2);
mais lorsque leurs efforts n'ont pu amener de conciliation
entre les parties, la marche à suivre varie suivant les pays
dans lesquels les différends sont survenus. Dans les contrées
musulmanes il ne saurait y avoir à cet égard ni doute ni
difficulté, puisque les règlements défendent à tous navigateurs
et marins français de se pourvoir pour leurs différends devant
les juges du pays (3). La compétence consulaire étant complète et exclusive, le consul, après avoir épuisé son rôle de
conciliateur, doit tout naturellement intervenir et statuer
comme juge.

En pays de chrétienté, au contraire, les consuls n'exerçant
pas de juridiction, la non-conciliation arrête leur intervention.
Mais quel est alors le juge compétent des parties? S'il s'agit
de débats entre le capitaine et les matelots pour le règlement
de leurs salaires, il est évident que c'est le tribunal de com-

(1) Circulaire de la marine du 1er octobre 1814.
(2) Ordonnance du 29 octobre 1833, art. 20.
(3) *Id.* du 3 mars 1781, titre 3, art. 18.

merce du port d'armement ; mais s'il s'agit de contestations avec des passagers, ceux-ci ne voudront-ils pas porter la cause devant la justice du pays dans lequel ils se trouvent ?

En nous occupant ailleurs de la compétence pour la répression des crimes et délits commis en pleine mer, nous avons. déjà eu occasion d'établir que l'autorité étrangère ne pouvait connaître des faits coupables survenus en cours de voyage à bord d'un bâtiment de commerce, ces faits étant alors censés s'être produits en France. Le même principe d'incompétence devant nécessairement s'appliquer aux conventions commerciales, ainsi qu'aux contrats passés sur notre territoire, dont la forme obligatoire et l'exécution ne doivent pas dépasser le bord du bâtiment, il faut bien reconnaître que toute action intentée à un capitaine par ses passagers rentre dans l'appréciation des tribunaux du défendeur, c'est-à-dire, dans l'espèce. le tribunal de commerce du port dans lequel le navire a été armé. Mais, si le fait qui amène le débat a eu lieu à terre et non à la mer, de même que si le contrat ou la convention dont les termes sont discutés étaient exécutoires sur le territoire étranger, contre un passager arrivé au terme de son voyage et n'ayant point de domicile en France, nul doute que le droit d'en connaître n'appartienne alors à l'autorité judiciaire ou administrative du pays, et que le consul ne soit obligé de se dessaisir dès qu'il a échoué dans ses efforts pour concilier les parties.

Les agents ont à suivre des règles analogues pour arranger autant que possible à l'amiable, par l'interposition de leurs bons offices, les contestations qui s'élèvent si fréquemment à l'étranger entre les capitaines et leurs consignataires, chargeurs ou destinataires, relativement au fret, à l'embarquement et au débarquement de leur cargaison (1).

Certains consuls, imparfaitement éclairés sur la limite vraie de leurs obligations, ont cru pouvoir ou devoir même intervenir personnellement devant les tribunaux du pays pour des litiges privés suscités entre des capitaines de notre marine et des négociants français ou étrangers intéressés dans le charge-

(1) Ordonnance du 3 mars 1781, titre 3, art. 18. — Instruction générale du 8 août 1814.

ment des navires. C'est là un écart dont les conséquences financières ou autres restent forcément à la charge des agents qui se le sont permis, et dont le gouvernement, quand il en est saisi, décline invariablement la responsabilité, le trésor ne pouvant à aucun titre être grevé de dépenses qui, loin d'intéresser le service de l'Etat, ne proviennent que de conflits de particulier à particulier (1).

Disons aussi que toutes les fois qu'un consul est appelé à exercer le droit de police ou de surveillance que les règlements lui défèrent à l'égard des navires marchands, soit pour réprimer des actes d'indiscipline de la part des équipages, soit pour faire cesser les mauvais traitements, sévices ou abus de pouvoirs reprochés à des capitaines, soit enfin pour faire punir, en France, même des marins qui, par inconduite, imprévoyance ou ignorance auraient notoirement compromis la sûreté d'un navire ou les intérêts des armateurs, il en doit être adressé au ministère de la marine un compte rendu circonstancié (2). A bien plus forte raison doit-il en être ainsi lorsque, dans les cas prévus par les règlements, entre autres par l'article 42 de l'ordonnance du 29 octobre 1833, il y a eu nécessité de pourvoir à la suspension et au remplacement d'un capitaine.

### 3. — Crimes et délits commis à bord des navires.

Des principes généraux énoncés au commencement de la présente section, il résulte que dans un port étranger le bâtiment de commerce est de plein droit soumis aux lois de police en vigueur dans le pays où il se trouve, et que les gens de l'équipage sont justiciables dès tribunaux locaux, non-seulement pour les délits ou crimes qu'ils peuvent commettre à terre, mais encore pour ceux dont ils se rendraient coupables à bord envers des personnes étrangères à l'équipage, ainsi que pour les conventions civiles qu'ils pourraient faire avec elles. Mais si jusque-là la juridiction territoriale est hors de doute, il n'en

(1) Circulaire de la marine du 21 septembre 1821.
(2) Ordonnances du 5 mars 1781, titre 5, art. 27, et du 29 octobre 1833, art. 21.

est pas de même à l'égard des délits qui se commettent à bord d'un bâtiment étranger de la part d'un homme de l'équipage envers un autre homme du même équipage; en ce cas, la répression prenant le caractère d'un acte de discipline inté-rieure, les droits de la puissance à laquelle appartient le bâti-ment doivent être respectés, et l'autorité locale ne peut inter-venir que si son secours est directement réclamé, ou si la tranquillité du port est exposée à être compromise (1).

En semblable circonstance le rôle des consuls se borne à veiller à l'impartiale application des lois et à la remise entre leurs mains, à titre de déserteurs, des coupables qui se se-raient enfuis du bord sans commettre de nouveau délit pen-dant leur séjour à terre. Dans l'espèce, les principes générale-ment admis veulent que le fait soit considéré comme désertion simple. Si, au lieu de marins, il s'agissait de personnes n'ap-partenant pas à l'inscription maritime ou non inscrites sur le rôle, ce serait alors un cas d'extradition ordinaire qui dé-passerait la compétence directe des consuls. Il n'y a, du reste, pas à distinguer si les gens de l'équipage sont français ou non, la présomption légale étant que, par le fait de leur engage-ment à servir sur un navire français, ils se sont soumis pour tous les actes accomplis, pendant le voyage et la durée du con-trat, au capitaine qui le commande et à la juridiction dont il relève.

Dans les contrées où les consuls ont un droit absolu de ju-ridiction civile et criminelle, l'instruction et, s'il y a lieu, la punition des crimes ou délits commis à bord d'un navire français mouillé sur rade, s'opèrent conformément à la loi du 28 mai 1836, que nous commenterons au livre VIII (2).

Mais en pays de chrétienté, les agents français n'ont en au-cun cas qualité pour procéder à l'instruction des crimes ou délits, bien moins encore pour dresser un acte d'accusation. Leurs obligations, en semblable matière, ne vont pas au delà de celle de dresser une enquête minutieuse pour éclairer les faits dénoncés; de rassembler les pièces de conviction; de

(1) Avis du Conseil d'État du 28 octobre—20 novembre 1806.
(2) Ordonnance du 3 mars 1781, titre 3, art. 37. — Loi du 28 mai 1836, art. 1er. — Circulaire des affaires étrangères du 15 juillet 1836.

rédiger des procès-verbaux en due forme sur tout ce qu'ils parviennent à constater ; de recevoir les dépositions assermentées des gens de l'équipage, et surtout des témoins étrangers au navire ; et, finalement, de transmettre le tout avec un rapport circonstancié, au ministère de la marine. Quant aux inculpés ou délinquants, le pouvoir disciplinaire dont les consuls sont armés à l'égard des gens de mer leur permet de prendre toutes les mesures administratives que les circonstances commandent. Ainsi, ils peuvent ordonner leur arrestation préventive, et les consigner au capitaine du premier bâtiment partant pour France (1), avec ordre de les remettre dès son arrivée soit à l'administration de la marine, soit à l'autorité judiciaire.

Lorsqu'au moment de l'accomplissement d'un acte criminel dans des eaux étrangères, il se trouve sur rade un bâtiment de l'Etat, le consul peut requérir l'assistance de l'officier qui le commande pour l'aider à rétablir le bon ordre et à s'assurer des coupables, afin qu'ils ne puissent pas déserter à terre ou se réfugier à bord d'un autre bâtiment ; mais l'arrestation de ces hommes est purement préventive, et ne peut donner lieu à une instruction criminelle régulière qu'au retour du bâtiment dans l'un de nos ports, la juridiction des conseils de guerre du bord ne s'étendant que sur les seuls hommes embarqués pour le service de l'Etat et naviguant sous la flamme militaire.

Quand, d'après les principes énoncés plus haut, à la suite de voies de fait, délits ou crimes commis soit à terre, soit à bord, mais envers des personnes étrangères à l'équipage, l'autorité territoriale se trouve amenée à procéder contre des marins français, les consuls n'ont sans doute plus à intervenir officiellement ; mais ils manqueraient au devoir général de protection qui leur est imposé à l'égard de leurs nationaux s'ils ne faisaient officieusement les démarches nécessaires pour que les Français ainsi arrêtés et poursuivis soient traités avec humanité, défendus et jugés impartialement (2).

(1) Ordonnance du 29 octobre 1833, art. 51.
(2) *Id.*   *Id.* art. 23.

#### 4. — Décès au mouillage.

Nous avons eu occasion d'indiquer, dans la section II de ce chapitre, les devoirs à remplir par les chancelleries diplomatiques et consulaires pour l'administration des successions maritimes. Il nous reste à expliquer ici que les actes mortuaires des marins français qui décèdent soit à terre, soit dans un port étranger, sont dressés par le consul, et qu'au contraire en cas de décès survenu en rade l'acte est rédigé à bord par le capitaine et déposé ensuite au consulat en double expédition : dans les deux cas, une copie authentique de l'acte se transmet au ministère de la marine avec l'indication du port de matricule du marin décédé et du port d'armement du navire sur lequel il était embarqué (1).

#### 5. — Navires séquestrés ou retenus par l'autorité territoriale.

Lorsque, par les ordres d'un gouvernement étranger, des navires français sont retenus et séquestrés, les consuls doivent employer les moyens convenables, suivant les motifs du séquestre et les circonstances du fait, pour obtenir leur relaxation et des indemnités s'il y a lieu (2). Nous ne reviendrons pas à ce sujet sur ce que nous avons déjà dit, au livre III, des règles de conduite à suivre dans les cas d'embargo ou d'arrêt de prince. Ajoutons seulement que les consuls doivent, en attendant l'issue de leurs réclamations, faire sous leur responsabilité tout ce que peuvent nécessiter la conservation des équipages et leur police à bord, ou la sûreté des hommes qui descendent à terre ; ils sont également tenus de porter tout ce qui se rattache à ces faits exceptionnels à la connaissance du chef de la mission française dans le pays de leur résidence, et d'en rendre compte simultanément tant au ministère des affaires étrangères qu'à celui de la marine.

Dans le cas bien plus fréquent où le bâtiment n'a été saisi ou confisqué qu'à la suite de contraventions aux lois politiques

---

(1) Instruction du 2 juillet 1828. — Ordonnance du 29 octobre 1833, art. 38.

(2) Ordonnance du 29 octobre 1833, art. 27.

ou fiscales du pays, il n'y a évidemment lieu à intervention
de la part des consuls qu'autant qu'il y aurait abus de pouvoir,
violation manifeste des lois générales qui régissent la matière,
ou infraction à des clauses expresses du droit conventionnel ;
quant aux soins à donner à l'équipage et à la surveillance à
exercer à son égard, les devoirs que les règlements imposent
sous ce rapport aux agents restent les mêmes et ne se modifient
pas suivant les circonstances qui ont amené la saisie ou l'embargo.

## § 2. — DES MOUVEMENTS DANS LES ÉQUIPAGES.

### 1. — Débarquement de matelots à l'étranger.

L'article 270 du Code de commerce interdit expressément
aux capitaines de congédier leurs matelots en pays étranger, et
les consuls doivent tenir la main à la stricte exécution de cette
prescription qui repose sur de puissants motifs d'humanité et
d'ordre public. Lorsqu'un fait de cette nature parvient à leur
connaissance, ils sont donc tenus d'en dresser procès-verbal
et d'en donner avis au ministère de la marine (1). Quant aux
marins congédiés ou abandonnés, les règlements veulent qu'ils
soient renvoyés en France par les soins des consuls et dans la
forme déterminée pour les rapatriements ordinaires des marins
disgraciés ou délaissés.

Le consentement des intéressés ne suffit même pas pour
autoriser un capitaine à débarquer à l'étranger un homme
faisant partie de son équipage (2). Il faut en outre la permission ou l'ordre du consul, qui, sauf à en rendre compte au
ministère de la marine, a seul qualité, sur requête ou plainte
et après audition contradictoire des parties, pour décider
s'il y a lieu ou non de prononcer le débarquement.

Tout ce qui se rapporte au débarquement des marins en
pays étranger doit être constaté sur les rôles d'équipage par
des apostilles soigneusement écrites sans abréviations, datées
et signées en toutes lettres par les consuls et non par les

(1) Ordonnance du 29 octobre 1833, art. 24.
(2) *Id.* du 31 octobre 1784, titre 14, art. 15.

chanceliers comme cela a quelquefois été irrégulièrement pra
tiqué ; il est également indispensable de mentionner dans ces
annotations si les salaires des marins débarqués ont été versés
en tout ou en partie dans la caisse des gens de mer du consulat (1).

Lorsque les consuls autorisent ou ordonnent dans l'étendue
de leur arrondissement le débarquement d'un ou plusieurs
matelots, ils doivent, suivant les circonstances, décider si les
frais de retour seront mis à la charge des hommes ou laissés
à celle du capitaine, et dans tous les cas prendre les mesures
nécessaires pour assurer leur renvoi en France (2).

Cette question de l'imputation des frais de retour en cas de
débarquement à l'étranger par ordre ou avec l'autorisation des
consuls est trop délicate de sa nature pour que nous n'exa-
minions pas ici d'une manière séparée les conditions qui régissent la matière suivant la diversité des circonstances qui ont
amené le débarquement.

En premier lieu, un matelot peut, malgré le refus de son
capitaine, quitter le bâtiment sur lequel il est embarqué, lorsque le consul, après avoir apprécié les circonstances, reconnaît
que la demande de débarquement est fondée en droit; mais
comme dans ce cas, ainsi que doit le rappeler l'apostille du
rôle, l'interruption du voyage et l'annulation de l'engagement contracté ont été volontaires, les frais de conduite ne
sont pas dus et l'homme débarqué reçoit seulement sur ses
gages une somme suffisante pour rejoindre son quartier de
matricule (3). Il en serait tout autrement si le matelot avait
été contraint par la faute ou les mauvais traitements du capitaine à demander son débarquement qui, n'étant plus alors le
résultat de son libre arbitre, lui créerait droit à des dommages-intérêts et au règlement anticipé de ses frais de conduite, à moins que le consul n'eût à sa disposition dans le port
de sa résidence un autre bâtiment français à destination de

(1) Circulaires de la marine des 4 décembre 1835, 12 août 1836 et 31
août 1848. — *Formulaire à l'usage des consulats*, n° 274.

(2) Arrêté du 5 germinal an XII, art. 2. — Ordonnance du 29 octobre
1833, art. 24.

(3) Arrêté du 5 germinal an XII, art. 9.

l'un de nos ports sur lequel le matelot pourrait être embarqué en remplacement ou par permutation avec un autre marin ; le tout, bien entendu, du consentement des capitaines intéressés.

En second lieu, le débarquement peut être demandé à l'étranger par le capitaine pour causes valables, telles qu'ivrognerie habituelle, paresse, incapacité ou refus constant de travail. L'appréciation de ces causes appartient en dernier ressort au consul, qui devrait refuser son consentement si les motifs allégués n'avaient pas un caractère suffisant de gravité ou portaient sur des faits susceptibles d'être réprimés à bord même. Mais lorsque le débarquement a lieu, il est subordonné à la possibilité d'un rapatriement immédiat et au payement par le capitaine des frais de conduite.

En troisième lieu, le débarquement qui n'est demandé ni par le capitaine ni par le matelot peut être ordonné d'office par le consul pour des raisons d'ordre public ou dans l'intérêt de la discipline du bord. Suivant les motifs qui ont donné lieu au débarquement, l'apostille mise sur le rôle d'équipage indique si la conduite sera déduite sur les gages des marins ou laissée à la charge des armateurs (1).

Malgré les termes si précis des ordonnances et règlements sur la matière, on a cependant vu se produire des doutes sur l'étendue du pouvoir souverain attribué aux consuls pour le règlement et l'ordonnancement des frais de conduite. La question ayant été portée devant les tribunaux, la cour de cassation, appelée à statuer en dernier ressort, a décidé que le décret d'un consul, qui avait mis à la charge de l'armateur les frais de rapatriement d'un capitaine privé d'office de son commandement et débarqué à la suite de graves sujets de plainte fournis contre lui, était définitif et inattaquable (2). Le pouvoir des consuls, ainsi consacré par un arrêt de la cour suprême dont les considérants peuvent tout aussi bien être invoqués si, au lieu d'un capitaine, il ne s'agissait que d'un simple matelot, est complet, absolu. Mais par cela même que dans ces sortes d'affaires nos agents sont appelés à résoudre et

(1) Arrêté du 5 germinal an xii, art. 2.
(2) Arrêt de la cour de cassation du 8 mars 1832.

à trancher d'une manière irrévocable, comme juges des points de fait et de droit, une question pécuniaire entre deux intérêts rivaux, ils sont tenus de s'imposer pour leur décision la plus grande prudence et la plus complète impartialité.

Il est pour les marins une dernière cause valable de débarquement : la maladie.

### 2. — Traitement des malades.

Lorsque des gens de mer embarqués sur des bâtiments de commerce ont besoin des secours de l'hôpital, ils y sont admis au compte de l'armement ; à défaut d'hôpitaux maritimes ou militaires, les marins malades sont reçus dans les hôpitaux civils (1). Ce droit général et absolu suit les marins en tous lieux et pendant tout le cours de leur navigation.

Le matelot qui tombe malade pendant le voyage sans cause qui lui soit imputable est pansé et traité aux dépens du navire et en outre payé de ses loyers (2). C'est là une dérogation aux principes du contrat de louage, fondée sur le désir d'encourager la marine marchande et d'offrir aux matelots une compensation pour la chance qu'ils courent de perdre le prix de leurs services en cas de perte du navire.

Quand un matelot est blessé au service du navire, il doit être payé de ses loyers, traité et pansé jusqu'à complète guérison. Les frais de traitement et de pansement sont à la charge du navire seul, ou du navire et du chargement, suivant que la blessure a été soufferte pour le service du navire seul ou pour celui du navire et du chargement (3). Dans tous les cas l'avance doit en être faite par l'armement.

Mais si le matelot a été blessé à terre après avoir quitté le navire sans autorisation, non-seulement il n'est pas pansé aux dépens du navire, mais il peut encore être congédié et n'a droit à ses loyers qu'à proportion du temps qu'il a servi (4). Si au départ du navire il n'est pas guéri et ne peut

(1) Arrêtés du 7 vendémiaire an VIII, art. 20 et du 17 nivôse an IX, art. 3.

(2) Code de commerce, art. 262.

(3) *Id.*, art. 263.

(4) *Id.*, art. 264.

continuer le voyage, il n'a droit à aucune conduite et l'autorité consulaire pourvoit à son rapatriement dont les frais sont
imputés sur ses gages acquis.

Toutes les fois qu'il y a à l'étranger contestation entre un
capitaine et un homme de son équipage malade sur la véritable cause de sa maladie, les consuls ont à décider, sur l'avis
écrit d'un médecin, à la charge de qui doivent retomber les
frais de traitement. Lorsque les frais de maladie sont laissés
à la charge du matelot, ils sont avancés par le capitaine, et
dans ce cas le consul le mentionne sur le rôle d'équipage
pour qu'il puisse en être tenu compte lors du désarmement.
C'est du reste là une mesure générale qui, ainsi que nous le
verrons bientôt, s'applique à tous les cas de payements ou
d'avances faits par les capitaines à leurs équipages.

Nous rappellerons à cet égard que, sans se préoccuper du
règlement ultérieur des frais de traitement, l'humanité fait
un devoir aux capitaines d'envoyer promptement leurs malades à l'hôpital. Les consuls doivent tenir la main à ce que
cette prescription soit rigoureusement exécutée et signaler au
ministère de la marine les capitaines qui, dans un but de
sordide économie, compromettraient la santé et la vie de
leurs matelots malades en retardant leur envoi à terre et en
leur administrant à bord même des traitements dont l'emploi
peu judicieux pourrait affaiblir leurs chances de guérison (1).

Lorsque le matelot, traité à terre aux frais de l'armement
pour maladie contractée au service, ne peut suivre le navire
au moment de son départ, il doit être débarqué avec apostille
sur le rôle d'équipage, et le capitaine est tenu de déposer à la
chancellerie la somme que le consul juge nécessaire pour
couvrir les frais éventuels de maladie, de sépulture ou de rapatriement. L'usage est de faire déposer le montant de quarante jours de traitement : si cette somme n'est pas suffisante,
le surplus est avancé par le consul ; si elle laisse un excédant,
remise en est faite au ministère de la marine. Au lieu d'effectuer ce dépôt, le capitaine peut du reste aussi, mais avec l'a-
grément du consul, donner une caution solvable qui s'engage
par écrit à faire face à toutes les dépenses de maladie ou au-

(1) Circulaires de la marine des 27 novembre 1826 et 25 mai 1840.

tres qui peuvent survenir (1). Ce dernier moyen est évidemment préférable au premier; car il prévient toute difficulté présente sur le chiffre des avances à faire et toute
discussion ultérieure sur le remboursement final des dépenses faites pour compte de l'armement.

Il est recommandé aux consuls, comme à tous les administrateurs de la marine, de tenir la main à ce qu'il ne soit pas
dérogé par des conventions particulières aux dispositions si
précises du Code de commerce que nous venons d'analyser (2).

### 3. — Payement du salaire des matelots débarqués.

Sauf le cas de nouvel engagement contracté à bord d'un
autre bâtiment, les salaires d'un marin laissé à terre soit dans
l'intérêt de l'armement, soit pour blessures ou maladies contractées au service, sont dus jusqu'au jour du désarmement
du navire et se liquident toujours dans le port d'attache; il
n'y a donc pas lieu d'exiger que les gages acquis au moment
du débarquement à l'étranger soient versés dans la caisse des
gens de mer du consulat. En effet, comme le navire est le seul
gage des salaires et qu'il n'est rien dû à l'équipage en cas de
perte totale, il ne serait pas équitable, ainsi que nous l'avons
déjà dit en parlant des successions maritimes, de payer même
en partie le marin délaissé pour les causes indiquées ci-dessus,
tandis que le restant de l'équipage pourrait, après avoir sup-
porté jusqu'au moment du sinistre les fatigues et les dangers
de la navigation, se trouver privé de l'intégralité de ses salaires (3).

Lorsque le débarquement a lieu pour toute autre cause
que celle de maladie, le contrat de louage se trouvant de fait
rompu, il y a lieu à liquidation immédiate des salaires acquis,
sauf à en suspendre le payement si le capitaine justifiait en
due forme n'avoir pas les fonds nécessaires pour y faire face.

Dans tous les cas où un homme de mer débarqué en cours

(1) Arrêté du 9 germinal an xii, art. 3. — Ordonnance du 29 octobre
1833, art. 50.
(2) Circulaire de la marine du 12 juillet 1850.
(3) *Id.* du 31 août 1848.

de voyage est payé de ses salaires, le montant de son décompte ne doit jamais lui être remis en mains propres; ce
n'est qu'autant que son rapatriement a été laissé à sa charge
qu'il en reçoit une partie, le reste étant versé par le capitaine
dans la caisse des gens de mer du consulat pour être transmis
au ministère de la marine conformément aux règlements.
Cette mesure, qui protége tous les intérêts, a pour objet de
prévenir les désertions, d'empêcher les marins de dissiper
leurs salaires sans profit pour leurs familles, et de plus elle
donne aux commissaires de l'inscription des ports d'armement le moyen d'opérer la retenue de la prestation des invalides pour les délégations de famille et pour le payement des
dettes privilégiées.

Il est arrivé plusieurs fois que des consuls ont cru devoir
remettre aux capitaines, à titre de dépôt, le montant des salaires
de marins débarqués en cours de voyage. Ce mode de procédé est irrégulier et présente de nombreux inconvénients :
d'une part, le dépôt se trouve ainsi exposé à toutes les éventualités d'un voyage de mer ; et d'autre part, si le dépôt est fait en
monnaies étrangères, la différence du change peut causer une
perte réelle aux marins. Le moyen d'éviter ces inconvénients
consiste à faire déposer au consulat ces décomptes de solde et à
les transmettre ensuite en France dans la même forme que
tous les autres dépôts maritimes.

Nous rappellerons à cette occasion, qu'une disposition
réglementaire, qui s'applique à tous les cas de payement de
solde en pays étranger, ayant interdit aux consuls de faire
aucun recouvrement partiel des droits de la caisse des invalides, les versements faits en chancellerie doivent toujours être
opérés en sommes *nettes*, l'armement restant responsable du
payement ultérieur de la retenue qui n'a pas été exercée (1).

#### 4. — Débarquement des officiers.

Tous les principes que nous venons de rappeler sur le
débarquement des marins en cours de voyage et sur le

(1) Circulaire de la marine du 4 décembre 1835.

règlement des frais de conduite s'appliquent indistinctement aux officiers majors, officiers mariniers et matelots.

Une réserve est toutefois à faire en ce qui concerne les chirurgiens, qui peuvent sans doute être congédiés en pays étranger pour cause valable et sur l'autorisation expresse du consul (1), mais qui doivent forcément alors être remplacés par un autre officier de santé; car il serait dérisoire d'imposer en France une obligation aux armateurs et de leur laisser implicitement la faculté de s'en exonérer dans le premier port de relâche de leur navire.

### 5. — Débarquement de gens non classés.

Nous devons encore ajouter quelques mots relativement à une catégorie de personnes généralement non classées et dont le débarquement peut également avoir lieu au dehors : tels sont les mécaniciens ou chauffeurs des bâteaux à vapeur, les subrécargues, les cuisiniers et les domestiques.

Précisément parce que ces individus ne sont pas marins, ils sont soumis, dans leurs engagements envers l'armement et le capitaine, à toutes les règles des contrats civils. Ceux-ci peuvent donc être rompus du consentement mutuel des parties (2), et, sauf nécessité et possibilité de remplacement, les consuls n'ont alors qu'à ratifier par une apostille en due forme le débarquement convenu de gré à gré. On comprend seulement que l'homme débarqué, n'appartenant pas à l'inscription maritime, a droit de réclamer son décompte immédiat sous déduction de la prestation des invalides dont le capitaine reste toujours responsable; quant aux frais de conduite et de rapatriement, ils ne sont dus qu'en cas de convention expresse des parties.

Lorsque le débarquement, au lieu d'être volontaire, est prononcé d'office par le consul sur la demande des capitaines ou à la requête de la partie lésée, il y a lieu pour celle-ci au règlement des dommages et intérêts qui lui seraient dus pour le fait de l'annulation de son contrat; car les conventions

(1) Ordonnance du 4 août 1819, art. 17.
(2) Code civil, art. 1134.

obligent non-seulement à ce qui y est exprimé, mais encore à toutes les suites que l'équité, l'usage ou la bonne foi donnent à l'obligation d'après sa nature (1). Toutes les dispositions du Code de commerce concernant les loyers, pansements, frais de conduite et de rachat des matelots, étant communes aux officiers et à tous les gens de l'équipage (2), c'est-à-dire à toute personne embarquée pour le service du navire, les consuls doivent résoudre les questions qui s'élèvent pour le débarquement des gagistes, d'après l'analogie des prescriptions réglementaires établies pour les marins inscrits.

Après avoir énuméré les diverses circonstances dans lesquelles, en cours de voyage, un individu faisant partie de l'équipage d'un navire marchand peut être débarqué, il nous reste à indiquer la marche à suivre lorsqu'un équipage tout entier demande son débarquement ou met obstacle à la continuation du voyage par suite de changement d'itinéraire.

### G. — Rupture du voyage par la faute du capitaine.

Les engagements de matelot se contractent ou pour un voyage, ou pour un temps déterminé. Dans le dernier cas il est clair que l'équipage, sous peine de se faire considérer comme en état de désertion ou de révolte ouverte, est tenu, jusqu'à l'expiration de son contrat, de suivre le navire partout où il peut être appelé à se rendre, et qu'en cas de refus d'obéissance le consul devrait, pour le surmonter, user des pouvoirs de contrainte et de discipline dont l'ont armé les règlements sur la police de la navigation.

Mais il en est tout autrement quand les matelots ont été loués au voyage, par exemple pour l'aller et le retour, et qu'en cours de campagne le capitaine se frète pour faire une opération intermédiaire qui retarde ou ajourne indéfiniment sa rentrée au port d'armement. Alors, en effet, l'expédition nettement déterminée qui a servi de base au contrat de louage se trouvant modifiée d'une manière plus ou moins essentielle,

(1) Code civil, art. 1135.
(2) Id. de commerce, art. 272.

l'équité veut qu'un nouvel accord intervienne entre les parties pour en fixer les conditions. Toutes les fois donc que les cas d'escale et de changements éventuels de destination n'ont pas été expressément prévus dans les conditions d'engagement inscrites au rôle, l'équipage dont le navire ne suit pas au retour l'itinéraire primitivement convenu a droit à des indemnités, sous forme de supplément de gages ou de gratification, débattues de gré à gré.

Les consuls n'ont d'ailleurs pas à intervenir directement dans ces sortes d'arrangements, qui sont considérés comme rentrant dans les conventions particulières entre capitaines et matelots. La seule chose qu'ils aient à faire, c'est d'annoter eux-mêmes sur le rôle d'équipage les faits qui ont donné lieu à discussion et les conditions de l'accord arrêté entre les parties, ou, s'il n'y a pas eu d'arrangement amiable, d'en faire l'objet d'un procès-verbal *ad hoc* et de renvoyer les ayants droit à se pourvoir, lors du désarmement du navire, devant les tribunaux compétents (1).

Il est à peine besoin d'ajouter ici que l'équipage d'un navire ne formant pas corps et se composant au contraire de personnes également libres et indépendantes pour déterminer le prix et les conditions de leurs services, chacun des hommes qui en fait partie a droit à demander son débarquement et des dommages-intérêts si les conditions acceptées par la majorité de ses camarades ne lui conviennent pas (2) : le consul statue à cet égard suivant la gravité des circonstances qui se rattachent à chaque cas particulier.

### 7. — Débarquement et remplacement des capitaines.

Pour compléter ce que nous avons à dire sur ce grave sujet du débarquement de marins en cours de voyage, nous n'avons plus à parler que de ce qui concerne spécialement les capitaines.

En principe, tout capitaine engagé pour un voyage est tenu de l'achever sous peine de tous dommages-intérêts envers les

(1) Ordonnance du 29 octobre 1833, art. 41.
(2) Code de commerce, art. 252.

propriétaires et les affréteurs (1), et il ne peut par conséquent être débarqué à l'étranger qu'en cas de nécessité absolue et pour des causes graves, telles que maladie, sévices contre son. équipage, inconduite ou incapacité notoire, en un mot pour crimes ou délits exigeant son remplacement d'office par les soins du consul.

Le capitaine qui tombe malade est débarqué par le consul ; il est traité à l'hôpital, conformément à son grade, aux frais de l'armement, soit qu'il acquitte lui-même ses dépenses sur état visé par le consul, soit que celui-ci en avance le montant au compte du département de la marine, à charge toujours de remboursement ultérieur par les armateurs.

Si un capitaine encourt des soupçons de crimes ou délits et que les gens de l'équipage lésé le dénoncent au consul, celui-ci doit débarquer l'inculpé et le renvoyer en France, après avoir procédé contradictoirement aux enquêtes nécessaires pour établir les faits qui lui sont imputés. Nous reviendrons ailleurs plus en détail sur l'étendue du pouvoir qui appartient dans ce cas aux consuls et sur les obligations particulières qu'ils ont à remplir. (*Voir* liv. V, chap. 7.)

Lorsqu'il y a lieu au remplacement d'un capitaine débarqué pour cause de maladie ou autre, le consul, sur la requête à lui présentée par le consignataire ou par l'équipage et après avoir pris les renseignements qu'il juge convenables, approuve ou rejette la requête par une ordonnance qui doit être signifiée tant au capitaine remplacé qu'aux requérants (2).

Dans ce cas les consuls ne doivent, autant que possible, admettre pour remplaçants que des gens de mer ayant, selon l'espèce de navigation à faire, le grade de capitaine au long cours ou celui de maître au cabotage (3). Lorsque le second du bâtiment a le grade requis, c'est à lui d'ordinaire qu'est confié le commandement du navire, surtout dans les cas où le capitaine, étant débarqué pour cause de maladie, présente luimême son second au consul.

Lorsque la requête de l'équipage ou du consignataire a été

(1) Code de commerce, art. 238.
(2) Ordonnance du 29 octobre 1833, art. 42.
(3) *Id*. du 7 août 1825, art. 33.

rejetée, comme aussi lorsqu'il y a eu nomination d'office d'un capitaine provisoire, le consul rend compte au ministre de la marine des motifs qui l'ont fait agir et de toutes les circonstances qui se rattachent à des changements de capitaine en pays étranger.

Les conditions d'engagement d'un capitaine en cours de voyage doivent être les mêmes que celles qui liaient le capitaine remplacé; un consul qui, à moins d'impérieuse nécessité, viendrait à les modifier outre-passerait ses attributions et engagerait sa responsabilité de la manière la plus grave.

Le capitaine qui meurt en mer est remplacé de droit par son second. Si celui-ci remplit les conditions voulues pour commander un bâtiment de mer, le consul doit, à l'arrivée du navire, le confirmer dans sa situation; sinon, et à moins que les armateurs n'envoient un autre capitaine pour continuer le voyage ou pour ramener le navire, il est procédé comme dans les cas de débarquement.

### 8. — Payement de salaires en cours de voyage.

Les règlements défendent aux capitaines de faire, à l'étranger, aux gens de leur équipage aucune espèce d'avances en argent, hardes ou autrement, sans le consentement exprès du consul (1), qui ne doit donner son autorisation qu'après s'être assuré de la nécessité du payement qu'il s'agit de faire. A plus forte raison a-t-on dû interdire aux capitaines, sous peine de fortes amendes, de payer à leurs matelots en cours de campagne l'intégralité des salaires qui leur sont dus.

Tous les payements d'à-compte de solde doivent être faits en présence du consul, qui veille d'une part à ce que la monnaie du pays dans laquelle ils sont effectués ne soit évaluée qu'au prix réel du change, d'autre part à ce que le montant de l'avance soit inscrit sur le livre de bord et sur le rôle d'équipage (2). Ayant déjà eu occasion d'indiquer la forme que doivent revêtir ces sortes d'apostilles, nous nous bornerons à

(1) Déclaration du 18 décembre 1728. — Arrêt du conseil du 19 janvier 1734.

(2) Ordonnance du 29 octobre 1833, art. 30.

rappeler ici qu'elles ne doivent pas être simplement signées par les consuls, mais qu'il faut encore que la signature de ces agents soit précédée de l'indication de leur qualité et suivie de l'apposition du timbre de leur poste : on comprend, en effet, qu'une apostille qui ne rappellerait pas le titre officiel de celui qui l'a signée serait forcément incomplète et pourrait faire naître des doutes dans l'esprit du commissaire de la marine ultérieurement chargé de faire le décompte du rôle (1).

Les ordonnances et règlements sur la matière (2), dont les termes sont rappelés dans la soumission imprimée au bas des rôles, veulent que le recouvrement des droits de la caisse des invalides ne se fasse que par mesure d'ensemble et à l'époque du désarmement effectif des navires. Les consuls n'ont donc point de retenue à exercer pour les avances ou à-compte payés en cours de voyage et doivent se borner à mentionner dans leur apostille le payement *brut* tel qu'il est effectué (3).

Il arrive souvent que des capitaines demandent aux consuls d'apostiller sur le rôle les payements qu'ils ont faits à leur équipage, en nature ou en argent, soit à la mer, soit dans un port de relâche où il n'existait pas d'autorité française. Les consuls n'ont pas qualité pour contrôler la réalité de semblables dépenses et bien moins encore pour leur donner la sanction légale qui leur manque comme ayant été acquittées contrairement aux prescriptions formelles des règlements (4) ; ils doivent donc invariablement refuser toute apostille du genre de celle dont il s'agit ici, alors même que le matelot intéressé certifierait avoir reçu la somme dont son compte se trouverait crédité.

A plus forte raison doit-il en être ainsi lorsqu'il s'agit de matelots décédés ou de déserteurs. Pour les premiers, en effet, il s'agit d'une question de succession qui ne peut être résolue qu'en France au moment du désarmement ; et pour les derniers, d'une question de décharge que l'autorité maritime peut seule apprécier.

(1) Circulaire de la marine du 12 août 1836.
(2) Édit de juillet 1720, titre 6, art. 5, et titre 10, art. 3. — Règlement du 17 juillet 1816, art. 43.
(3) Circulaire de la marine du 4 décembre 1835.
(4) *Id.* du 12 octobre 1835.

### 9. — Cession de salaires à des tiers.

On sait que la loi a déclaré les salaires insaisissables, si ce n'est pour dettes contractées du consentement du commissaire de l'inscription maritime, par les marins ou par leur famille à titre de loyers, subsistance et vêtements (1). Les décomptes de solde ne peuvent par conséquent être payés qu'aux marins eux-mêmes ou sur des procurations données à des membres de leur famille. Le but de cette disposition est de sauvegarder le pécule des gens de mer contre l'avidité des agioteurs de créances, et si nous la mentionnons ici, c'est pour rappeler aux consuls qu'ils ne doivent en aucun cas admettre ni délivrer des actes pour cession à des tiers de droits de cette nature (2).

### 10. — Embarquement de marins.

L'intervention des consuls est nécessaire aux capitaines pour l'engagement en cours de voyage des gens de mer destinés à remplacer des déserteurs, des morts ou des matelots débarqués pour cause de maladie ou autre.

En principe, les consuls, pleinement assimilés sous ce rapport aux administrateurs de la marine en France, n'ont ni contrôle ni action directe à exercer pour régler les conditions des engagements des marins ; il n'y a à cette disposition d'autre exception que celle relative aux matelots déserteurs, débarqués ou congédiés, auxquels, lorsqu'ils embarquent sur un autre navire à titre de remplaçants, il ne peut être alloué des salaires supérieurs à ceux qu'ils gagnaient sur les bâtiments à bord desquels ils ont servi en dernier lieu (3).

Sauf ce cas exceptionnel, les consuls doivent, en matière d'engagement de marins, se borner à interpeller les parties de leur déclarer si elles sont bien d'accord, à les éclairer sur la portée finale des engagements qu'elles veulent souscrire et, s'il n'y a pas de réclamation, à inscrire sur le rôle d'équipage le résultat des conventions intervenues (4).

(1) Règlement du 17 juillet 1816, art. 37.
(2) Circulaire de la marine du 31 août 1848.
(3) Ordonnance du 31 octobre 1784, titre 14, art. 11 et 16.
(4) *Id.*, titre 14, art. 10, et du 29 octobre 1833, art. 40. — Circu-

Les consuls doivent avoir soin dans leurs mentions d'embarquement de matelots à l'étranger, d'indiquer, pour chacun
d'eux, outre leurs noms, âge, signalement, quartier d'inscription, grade au service, paye et fonctions à bord, le nom du
dernier bâtiment sur lequel ils étaient embarqués et celui tant
du capitaine qui le commandait que du port d'où il avait été
expédié. Cette série d'indications a une grande importance
pour la tenue régulière des matricules maritimes et tend à
prévenir une foule de difficultés en cas de mort, de disparu-
tion ou de désertion (1).

On se rappelle, du reste, qu'une des conditions attachées par
la loi à la nationalité de nos navires consiste dans la composition réglementaire de leur équipage dans lequel les étrangers
ne peuvent figurer que dans la proportion d'un tiers. Toutefois, en cas de force majeure, comme par exemple l'impossibilité absolue de se procurer des matelots français pour remplacer ceux qui ont été débarqués du rôle, les consuls peuvent
exceptionnellement et sauf à en rendre compte tant au ministère
des affaires étrangères qu'à celui de la marine, autoriser l'embarquement de marins étrangers excédant le nombre prévu
par les règlements. (*Voir* liv. V, chap. 6.)

### 11. — Avancements de grade.

Les consuls n'ont pas plus qualité pour changer les conditions des engagements des gens de mer que pour intervenir
dans les avancements de grade ou la répartition des fonctions
qu'un capitaine voudrait effectuer entre les hommes placés
sous ses ordres. Seulement, tout changement dans le cadre de
l'équipage tel qu'il a été réglé au départ de France, ou toute
augmentation de solde consentie en cours de voyage, doit être
expressément noté et apostillé sur le rôle d'équipage dans la
même forme qu'en cas de nouvel embarquement.

### 12. — Dépenses occasionnées par la mauvaise conduite des marins.

Les dépenses occasionnées à l'étranger par l'insubordina-

laires de la marine des 16 septembre 1841, 31 décembre 1847, et 31
août 1848.

(1) Circulaires de la marine des 2 juin 1847 et 31 août 1848.

tion, la désertion ou la mauvaise conduite des équipages des navires de commerce, ne doivent jamais rester à la charge de l'Etat.

Vainement les armateurs, pour décliner le remboursement de dépenses de cette nature, allégueraient-ils qu'il s'agit d'infractions commises par des tiers, et que, d'ailleurs, les moyens employés pour la répression n'étant pas le résultat de leurs ordres directs, on ne peut répéter contre eux les frais qui s'en sont suivis.

En effet, si l'on envisage la question du point de vue des principes généraux du droit civil, il est clair que les armateurs sont tenus de répondre, à titre de commettants, de la conduite de leurs préposés, tout aussi bien qu'un maître est personnellement responsable des dommages que causent les gens à gages qu'il emploie (1). Si, au contraire, on ne veut se préoccuper que des règles particulières du droit maritime, on se trouve en présence, d'une part, de l'ordonnance de 1781, qui statue que toutes les avances et dépenses occasionnées soit à terre, soit à bord, demeureront à la charge des capitaines, maîtres ou patrons solidairement avec les armateurs (2); d'autre part, de l'article 216 du Code de commerce, qui porte que tout propriétaire de navire est civilement responsable des faits du capitaine et tenu des engagements contractés par ce dernier pour ce qui est relatif au navire et à l'expédition.

Mais par cela même que la responsabilité directe de ces sortes de dépenses ne peut être déclinée par l'armement, les consuls doivent, avant de faire aucuns frais, prévenir les capitaines qu'ils auront à les acquitter, ou que tout au moins le remboursement final en sera poursuivi en France contre leurs commettants. Il est d'ailleurs de règle que toute dépense pour acte d'insubordination, désertion, ou autre, soit acquittée sur place par le capitaine, et que la chancellerie n'en fasse l'avance, pour compte des armateurs, que dans les cas tout à fait exceptionnels laissés à l'appréciation des agents.

Le plus communément, du reste, cette responsabilité de l'armement est purement morale, puisque les salaires dus aux

____

(1) Code civil, art. 1384.
(2) Ordonnance du 3 mars 1781, titre 3, art. 25.

marins délinquants servent de gage à sa créance. C'est même
pour faciliter aux armateurs le moyen de se mettre à l'abri de
toute répétition éventuelle de dépenses occasionnées en cours
de campagne (1) après le payement des décomptes de solde,
que les consuls ont été invités à détacher de leur comptabilité
trimestrielle (2), pour en faire l'envoi séparé et immédiat au
ministère de la marine, la note des dépenses qu'ils ont eues à
faire ou des engagements personnels qu'ils ont eus à prendre
pour des navires de commerce. Ces notes, qu'on adresse dans
les ports d'armement, ont le double avantage de faciliter le recouvrement des sommes avancées par l'Etat, et de ménager,
d'un autre côté, aux intéressés le recours direct sur le montant
des salaires non encore liquidés.

Nous n'avons sans doute pas besoin d'ajouter que l'envoi
de ces mêmes notes ne dispense pas les consuls de l'obligation
de consigner sur les rôles d'équipage les sommes avancées
par eux ou déboursées par les capitaines.

### § 3. — DES DÉSERTEURS.

#### 1. — Dénonciation des déserteurs.

Lorsque, pendant le séjour d'un bâtiment dans un port
étranger, un homme de l'équipage vient à déserter, le capitaine est tenu d'en faire, dans les trois jours, la déclaration en
chancellerie. Cette déclaration ou dénonciation doit 1° indiquer les nom, prénoms et signalement du déserteur; 2° énoncer les circonstances et les preuves de la désertion; 3° être
certifiée par trois des principaux de l'équipage (3) : sa réception par le consul ne donne ouverture à aucun droit de chancellerie.

Sur le vu de cette pièce, le consul réclame auprès des
autorités locales l'arrestation et la remise du déserteur, à
moins que celui-ci ne soit sujet du pays dans lequel la déser-

(1) Circulaire de la marine du 30 novembre 1819.
(2) *Id*. du 19 janvier 1819.
(3) Ordonnance du 31 octobre 1784, titre 18, art. 18. — Loi du 22
août 1790, art. 55. — Ordonnance du 29 octobre 1833, art. 25.

tion a eu lieu. Nous avons déjà dit au chapitre précédent, en nous occupant des déserteurs des bâtiments de l'Etat, qu'à défaut de stipulation expresse dans nos traités avec les puissances étrangères, c'était des principes du droit des gens positif que dérivait pour les consuls le droit de poursuivre l'extradition des déserteurs de leur nation. Tout refus de concours, toute difficulté opposée par l'autorité étrangère à une réclamation de ce genre, obligerait donc le consul à en faire l'objet d'une réserve ou protestation formelle, et à en rendre compte tant au ministère des affaires étrangères qu'à celui de la marine (1).

## 2. — Arrestation.

Le déserteur une fois arrêté, c'est au consul à apprécier, de concert avec le capitaine, s'il y a lieu de le renvoyer de suite à son bord ou de le laisser en prison jusqu'au départ du navire sur lequel il était embarqué. Si le bâtiment remet en mer avant que l'arrestation ait pu être effectuée, le consul mentionne sur le rôle d'équipage le jour de la désertion, la dénonciation du capitaine, et l'insuccès des recherches faites pour la capture du délinquant; et dans le cas où le déserteur viendrait ensuite à être arrêté, son renvoi en France serait ordonné et facilité par le consul, dans les mêmes conditions que pour un rapatriement ordinaire de marin.

## 3. — Frais d'arrestation et de geôlage.

Tous les frais faits à l'occasion de l'arrestation ou du geôlage des marins déserteurs du commerce sont à la charge des délinquants; ils sont avancés à l'étranger par les capitaines, et, à leur défaut seulement, par les consuls, sauf le recours légal du ministère de la marine.

## 4. — Soumission des déserteurs.

Nous avons dit au chapitre précédent que les déserteurs de la marine militaire ne pouvaient être arrêtés à la requête des consuls que dans le pays même où ils avaient déserté, et

(1) Ordonnance du 29 octobre 1833, art. 26.

seulement pendant un certain délai après leur désertion. Les mêmes principes s'appliquent aux déserteurs de la marine marchande.

Mais, si le droit de poursuivre au dehors le fait de désertion se prescrit dans certaines conditions, le matelot qui a déserté et qui veut atténuer le délit dont il s'est rendu coupable aux yeux de son pays, peut en tout temps et en tous lieux faire sa soumission volontaire par acte authentique dressé en chancellerie (1). Cet acte, rédigé sous forme de certificat, est remis au déserteur au moment de son départ pour France, où son arrivée doit d'ailleurs être signalée à l'autorité maritime toutes les fois que le marin a appartenu à un bâtiment de l'Etat.

### 5. — Amnistie.

Le bénéfice des amnisties générales, accordé parfois aux déserteurs des armées de terre et de mer, n'est jamais étendu aux marins déserteurs des navires de commerce que sous la réserve des droits des tiers (2). C'est là un principe d'équité dont les consuls ne sauraient, du reste, avoir à faire l'application, dans les délais légaux d'une amnistie, que dans le cas fort rare du désarmement, dans leur arrondissement, des navires à bord desquels auraient eu lieu les désertions.

### 6. — Perte des salaires des déserteurs.

Le marin du commerce qui déserte à l'étranger n'encourt pas seulement les peines disciplinaires établies par la loi, il perd encore l'intégralité des salaires qui lui étaient dus au jour de sa désertion; s'il est arrêté à terre, il est bien remis à son capitaine pour continuer le voyage, mais ses gages sont réduits de moitié (3). Les salaires acquis sont partagés par moitié entre la caisse des invalides et les armateurs à titre d'indemnité pour les frais de remplacement du matelot déserteur (4). Ce décompte

(1) *Formulaire à l'usage des consulats*, n° 328.
(2) Circulaire de la marine du 14 juin 1842.
(3) Ordonnance du 31 octobre 1784, titre 18, art. 16.
(4) Circulaire de la marine du 4 décembre 1835.

de solde n'est versé par le capitaine dans la caisse consulaire que dans le cas de désarmement du navire à l'étranger ; dans tous les autres cas, le payement est retardé jusqu'au retour du bâtiment dans un port de France (1).

Les capitaines qui auraient négligé de dénoncer leurs déserteurs dans le délai prescrit de trois jours ne peuvent plus former contre eux aucune demande ultérieure, ni leur refuser leurs salaires ou parts sous prétexte de désertion (2).

Lorsqu'un homme déserte sans emporter son sac, les effets délaissés par lui sont inventoriés par le capitaine, et déposés en chancellerie au même titre que tous les dépôts maritimes après décès.

### 7. — Marins absents au moment de l'appareillage.

Les marins qui, par leur faute, se sont trouvés absents au moment de l'appareillage du bâtiment de guerre ou de commerce auquel ils appartiennent, sont réputés déserteurs, à moins que, dans le délai de trois jours, ils ne se présentent volontairement en chancellerie. Les consuls, après leur avoir délivré un certificat constatant le fait de leur soumission et assuré leur retour en France, doivent en rendre compte au ministère de la marine (3).

### 8. — Arrestation des déserteurs réfugiés en rade.

Pour compléter ce que nous avons à dire de la désertion en général, il nous reste maintenant à parler de la marche à suivre pour la remise des déserteurs qui, au lieu de se cacher à terre, se sont réfugiés sur d'autres navires mouillés en rade ou dans le port.

Si le bâtiment qui abrite le déserteur porte le pavillon du pays dans lequel la désertion s'est produite, nul doute que l'autorité territoriale ne procède à la recherche et à l'appréhension du déserteur dans les mêmes conditions que si

(1) Ordonnance du 31 octobre 1784, titre 18, art. 19.

(2) *Id.* du 4 juillet 1759, art. 7.

(3) *Id.* du 31 octobre 1784, titre 18, art. 8, et du 29 octobre 1833, art. 54.

celui-ci s'était réfugié à terre. Lorsque'au contraire, le navire appartient à toute autre marine étrangère, la remise du déserteur se débat de gré à gré entre les consuls intéressés et les capitaines, et ce n'est qu'à défaut d'entente amiable que l'agent français introduit auprès de l'autorité compétente une demande formelle d'extradition.

Il suit de là, et des principes généraux qui régissent la matière, que, si le fait de la désertion et celui de l'embarquement sur un bâtiment étranger ont eu lieu dans un pays autre que celui de la résidence du consul, l'arrestation du déserteur ne peut être réclamée ni du consul de la nation dont le navire porte le pavillon, ni de l'autorité locale.

Dans les mêmes conditions, un matelot déserteur ne pourrait être admis à faire sa soumission devant le consul de France, et à demander son rapatriement, qu'autant que le capitaine étranger envers lequel il se serait lié consentirait luimême à son débarquement.

### 9. — Déserteurs étrangers à bord des navires français.

L'hypothèse inverse venant à se présenter, c'est-à-dire si parmi l'équipage d'un navire français il se trouvait des déserteurs étrangers ayant appartenu à la marine du pays dans lequel ce navire a fortuitement abordé, l'autorité locale seraitelle en droit de requérir leur arrestation? Cette question de droit international et de police maritime doit se résoudre conformément aux règles suivies à cet égard en France dans les cas identiques, et dont les consuls ont éventuellement à réclamer l'application réciproque.

Ainsi les navires étrangers qui se trouvent dans nos ports étant soumis à toutes nos lois de sûreté et de police, nos autorités judiciaires ont le droit de faire à bord toutes perquisitions pour rechercher et saisir les hommes coupables de désertion, délit qui, comme on le sait, échappe en principe aux règles de la prescription ; seulement les justes égards qui sont dus au pavillon d'une puissance amie veulent que l'administration maritime chargée de poursuivre un déserteur sur un navire étranger en fasse la demande au capitaine sous les ordres duquel il sert. Si celui-ci se refuse au débarquement du marin, il en est référé au consul de la nation à laquelle appartient le navire, et ce n'est que dans le cas où ce consul n'obtempérerait pas non plus à la demande qu'il y aurait lieu de procéder d'office et d'employer au besoin la force pour obtenir la remise du déserteur (1).

Nos consuls comprendront qu'en cette matière, le droit des autorités territoriales n'étant pas contestable, ils manqueraient à leurs devoirs si, par une appréciation erronée du respect dû au pavillon national, ils refusaient leur concours et leurs bons offices pour la délivrance de déserteurs embarqués ou réfugiés sur des navires de commerce français. Il va d'ailleurs sans dire que le matelot, ainsi débarqué par force, a droit à la liquidation de ses salaires échus, et que ce décompte quand il a lieu doit être apostillé sur le rôle.


## SECTION IV.

### De la sortie des navires.

§ 1er. — DES FORMALITÉS RELATIVES A L'EXPÉDITION DES NAVIRES.

#### 1. — Remise du manifeste.

Tout capitaine.français prêt à quitter un port étranger doit déposer en chancellerie un état exact des marchandises composant sa cargaison, signé et certifié par lui (2). Ce dépôt est d'autant plus nécessaire, qu'il permet au consul de s'assurer si, dans son chargement, il ne se trouve pas des marchandises prohibées par notre tarif, et d'éclairer alors les capitaines sur les conséquences de l'erreur dans laquelle ils auraient pu tomber de bonne foi, ou, en cas de suspicion de fraude, d'en informer le ministère des affaires étrangères.

Les manifestes de sortie sont enregistrés en chancellerie comme ceux d'entrée, et restitués aux capitaines après avoir été revêtus du visa du consul.

Tout manifeste impliquant contravention à nos lois de douane, comme, par exemple, celui d'un bâtiment de moins de

(1) Circulaires de la marine des 26 juillet 1832 et 9 juin 1847.
(2) Ordonnance du 29 octobre 1833, art. 44.

quarante tonneaux à bord duquel se trouveraient des marchandises prohibées, ne doit être visé qu'avec la mention expresse de la notification préalable faite aux capitaines, chargeurs ou courtiers, des dispositions législatives sur la matière (1). Les consuls sont tenus, sous leur responsabilité, de délivrer, en ce qui les concerne, les expéditions aux bâtiments prêts à faire voile dans les vingt-quatre heures qui suivent la remise des manifestes : les capitaines qui ont remis leur manifeste les premiers sont expédiés les premiers (2).

Cette disposition a été souvent mal appliquée. En principe, l'obligation pour les consuls d'expédier les capitaines ne commence qu'à partir du moment de la remise des manifestes, c'est-à-dire à partir du moment où la demande d'expédition se trouve régulièrement formée. Or, vouloir obliger une chancellerie à expédier un navire à l'instant même du dépôt de son manifeste de sortie, ainsi que certains capitaines en ont élevé parfois la prétention, ce serait évidemment sanctionner un abus qui pourrait avoir de graves inconvénients, et mettre dans tous les cas le consul dans l'impossibilité de se rendre compte des marchandises qu'il s'agit d'exporter à destination de France. Lorsqu'il y a urgence, les expéditions des navires doivent, du reste, être faites en chancellerie, même les dimanches et jours fériés (3) ; mais c'est aux consuls seuls à apprécier cette urgence que la simple allégation des capitaines ne suffirait pas pour établir.

**2. — Délivrance des expéditions.**

En expédiant un bâtiment, le consul doit tout d'abord restituer au capitaine les pièces de bord déposées par lui lors de son arrivée, et dont une seule, le rôle d'équipage, réclame le visa consulaire ; ce visa de sortie contient les mêmes indications que celui d'arrivée, et doit, comme celui-ci, être daté, signé et timbré par le consul (4).

(1) Circulaires des affaires étrangères des 15 février 1819 et 26 septembre 1836.
(2) Ordonnance du 29 octobre 1833, art. 46.
(3) Instruction du 30 novembre 1833.
(4) Code de commerce, art. 244. — Ordonnance du 29 octobre 1833, art. 45.

Dans quelques cas particuliers, et en raison de certaines opérations mercantiles, les capitaines peuvent requérir un certificat isolé constatant l'époque de leur arrivée, celle de leur départ, ainsi que la nature et l'état de leur chargement (1): ce certificat se délivre sans frais, conformément à la note 15 du tarif des chancelleries.

Lorsque les capitaines, au lieu de remettre au consulat la note détaillée de leur chargement de sortie, demandent que le manifeste soit rédigé en chancellerie, cet acte, taxé à un droit spécial, est alors dressé sur le vu des connaissements ou contrats d'affrétement, et doit être signé conjointement par le capitaine, le consul et le chancelier (2).

Au moment de la délivrance des expéditions, les consuls doivent s'assurer que le journal de bord et le rôle d'équipage sont en bon état, et contiennent un nombre suffisant de feuillets blancs pour répondre aux éventualités du voyage projeté; dans le cas contraire, ils doivent eux-mêmes y ajouter les feuillets qu'ils peuvent juger nécessaires (3).

### 3. — Patente de santé.

Nos lois exigent que les bâtiments venant de l'étranger soient porteurs d'une patente qui fasse connaître l'état sanitaire des lieux de provenance du navire, ainsi que celui des équipages et des passagers. L'absence de cette pièce pourrait, dans certains cas, exposer un bâtiment à un surcroît de quarantaine.

Les consuls ne délivrent directement les patentes de santé que lorsque les règlements ou usages locaux leur en confèrent le droit. Mais, comme dans la plupart des contrées étrangères, il existe maintenant des administrations spécialement chargées de la police sanitaire, nos agents se bornent en général à viser les pièces qui émanent de ces administrations, et à faire remplir par les capitaines les obligations que les lois territoriales leur imposent en cette matière (4).

(1) *Formulaire à l'usage des consulats*, n° 264.
(2) *Id.*, n° 290.
(3) *Id.*, n° 280.
(4) Ordonnances du 7 août 1822, art. 13, 14 et 15, et du 29 octobre 1833, art. 49. — Décret du 24 décembre 1850, art. 5.

L'ensemble des questions se rattachant à la police sanitaire, et notamment à la délivrance et au visa des patentes, sera traité en détail dans le chapitre 7 du livre VII ; nous indiquerons simplement ici que, lorsqu'un bâtiment prolonge son séjour dans un port ou sur une rade au delà de cinq jours après la délivrance ou le visa de sa patente, il y a nécessité pour le capitaine de réclamer un nouveau visa sanitaire, et de soumettre une seconde fois cette pièce à la légalisation du consulat du pays de destination (1). Cette prescription, toute spéciale aux patentes de santé, ne s'étend pas en général aux autres pièces de bord du navire dont la mise en mer ne suit pas immédiatement l'expédition en chancellerie.

§ 2. — DES INFORMATIONS A DONNER AUX CAPITAINES EN PARTANCE.

**1. — Recommandations à faire aux capitaines et aux chargeurs.**

Tout capitaine, avant son départ d'un port étranger pour revenir en France, doit envoyer à ses propriétaires ou à leurs fondés de pouvoirs un compte signé de lui et contenant l'état de son chargement, le prix des marchandises de sa cargaison, les sommes par lui empruntées, les noms et demeures des prêteurs (2). Le bâtiment pouvant en effet se perdre dans la traversée, le compte envoyé aux propriétaires avant son départ sert éventuellement soit à contrôler les opérations du capitaine, soit à faciliter l'assurance contre les risques de mer ; aussi est-il prescrit aux consuls de s'assurer, lors de la remise des expéditions, si, comme le veut la loi, le compte dont il s'agit a été dressé et expédié en France par le capitaine (3).

La loi (4), dans un intérêt de haute moralité, veut que tout passager et tout homme de l'équipage d'un navire de commerce qui emportent de l'étranger des marchandises assurées en France laissent une copie du connaissement entre les

(1) Ordonnance du 7 août 1822, art. 17. — Décret du 24 décembre 1850, art. 6.

(2) Code de commerce, art. 235.

(3) Ordonnance du 29 octobre 1833, art. 45.

(4) Code de commerce, art. 345.

mains du consul établi dans les lieux où le chargement
s'effectue.

Cette précaution ayant pour but de prévenir toute possibilité de fraude et de collusions coupables en cours de voyage,
et offrant, d'un autre côté, le meilleur moyen de sauvegarder
les droits des compagnies d'assurances maritimes, les consuls
ne doivent pas négliger, quand ils expédient un navire, de
mettre le capitaine en demeure de la faire observer par celles
des personnes embarquées à son bord qu'elle peut con-
cerner (1).

Ces connaissements se déposent en chancellerie, et doivent
s'y conserver avec soin pour être éventuellement produits en
justice, si, après l'arrivée en France, il survenait des contestations entre les chargeurs et les assureurs.

### 2. — Renseignements à donner aux capitaines.

La régularité et la sûreté même de leurs opérations exigent que nos capitaines connaissent avec précision les formalités de tout genre que les législations étrangères leur imposent en matière de douane, de pilotage, de police sanitaire, etc.
La difficulté qu'ils éprouvent à s'éclairer par eux-mêmes sur
ces différents points, les changements qui ont d'ailleurs pu
survenir dans nos propres règlements depuis leur départ de
France, ont fait recommander aux consuls de leur fournir
à cet égard toutes les instructions, tous les renseignements
que, d'une part, l'observation journalière des usages locaux, et,
d'autre part, l'étude suivie des documents officiels fournis par
le gouvernement, les mettent à même de rassembler (2).

Lorsqu'un consul apprend qu'un navire français en relâche
dans un port de son arrondissement se dispose à se rendre
dans un lieu dont l'accès offrirait de graves dangers par suite
de l'état de la santé publique, d'une interdiction de commerce, d'un blocus ou d'autres obstacles de même nature,
il doit en prévenir le capitaine, et lui faire connaître s'il y a
quelque port de la même nation où il puisse aborder en sû-

(1) Ordonnance du 29 octobre 1833, art. 47.
(2) Circulaire des affaires étrangères du 29 septembre 1845.

reté (1). Les circonstances qui peuvent ainsi détourner un navire du port pour lequel il était primitivement destiné, et l'amener soit à relever pour un autre port de la même domination, soit à revenir directement en France, sont, du reste, laissées par la loi à l'appréciation du capitaine (2), le consul n'ayant à lui donner à cet égard que des indications et des conseils, mais jamais des ordres. Il en serait de même si le navire, au lieu de se trouver en état de relâche forcée, devait prendre charge dans un port consulaire à destination d'un port bloqué ou en interdit, les avis à donner au capitaine devant naturellement, dans ce cas, précéder l'embarquement de la cargaison.

### 3. — Avis aux capitaines étrangers.

Dans les contrées étrangères qui admettent encore le principe de l'esclavage, les navires marchands sont quelquefois équipés d'un certain nombre de matelots, de domestiques ou autres gens à gages, privés de leur liberté. Lorsque des bâtiments ainsi armés s'expédient à destination de la France ou de l'une de ses colonies, les consuls sont tenus de prévenir les capitaines qu'en cas de désertion d'un des esclaves embarqués sous leurs ordres, aucune autorité française n'aurait la faculté de leur en accorder l'extradition (3).

### 4. — Obligations spéciales dans le cas de relâche sans opération de commerce.

Les consuls doivent enfin éclairer dans l'occasion les capitaines des bâtiments entrés dans les ports de leur arrondissement en relâche forcée ou volontaire, sur l'obligation qui leur est imposée de se pourvoir en chancellerie des certificats nécessaires pour conserver les priviléges attachés par nos lois à l'importation en droiture sous pavillon national (4).

(1) Ordonnance du 29 octobre 1833, art. 48.
(2) Code de commerce, art. 279. — Arrêt de la cour de Paris du 27 novembre 1847.
(3) Circulaire des affaires étrangères du 14 août 1848.
(4) Id. du 2 juillet 1841.

L'intervention des consuls est requise, à cet égard, dans deux cas différents, savoir : 1° quand, par des événements de mer ou par toute autre cause, les navires à destination de France font escale dans un port intermédiaire ; 2° quand, par suite de naufrage ou d'avarie, les navires étant déclarés innavigables, on a recours à des bâtiments étrangers pour achever le transport de leur cargaison.

Les certificats destinés à régulariser aux yeux de la douane française l'une ou l'autre de ces opérations doivent, dans le dernier cas, spécifier qu'il n'y avait dans le port aucun bâtiment français disponible ou qu'il a été impossible d'en amener un soit de France, soit d'un port voisin ; dans le premier cas, que pendant toute la durée de sa relâche le bâtiment n'a fait aucune opération commerciale ou que les marchandises détachées de sa cargaison ont été vendues pour acquitter les dépenses occasionnées par les frais de sa relâche (1).

Dans l'intérêt de notre commerce maritime, le tarif des douanes a néanmoins établi une dérogation à cette obligation de transport direct pour conserver le bénéfice des modérations de taxes acquises au pavillon national.

Ainsi aujourd'hui, sauf pour les provenances de nos colonies et des contrées situées au delà du détroit de la Sonde, tout bâtiment français expédié des pays hors d'Europe à destination de France peut faire escale dans les ports d'Europe et y débarquer une partie de sa cargaison, sans perdre pour celle qui reste à bord le bénéfice de l'importation directe (2).

La jouissance de cette faveur a été toutefois subordonnée à l'accomplissement de deux conditions, savoir : 1° que le capitaine soit porteur d'un état général de chargement dûment visé par le consul en résidence au port de départ, et indiquant l'espèce et la destination de chaque partie des marchandises dont se compose sa cargaison ; 2° qu'il produise de même des certificats des consuls dans les ports d'escale, constatant qu'il n'y a embarqué aucune marchandise nouvelle (3).

(1) Circulaire des douanes du 15 avril 1840.—*Id.* des affaires étrangères du 2 juillet 1841. — *Formulaire à l'usage des consulats,* nos 295 et 298.

(2) Décision du ministre des finances du 23 février 1843.

(3) Circulaire des douanes du 6 mars 1843.— *Id.* des affaires étran-

§ 3. — DES OBLIGATIONS DES CAPITAINES A LEUR DÉPART.

#### 1. — Matelots laissés malades.

Après ce que nous avons dit à la section précédente , nous croyons superflu de revenir ici sur les obligations imposées aux capitaines en ce qui concerne le traitement des matelots laissés à terre pour cause de maladie au moment de leur départ.

#### 2. — Passagers laissés à terre dans les relâches.

Aucune loi ne prononce de peine pour l'abandon d'un passager en cours de voyage ; lorsqu'un fait de ce genre se produit, il ne peut donc y avoir lieu qu'à une action civile en dommages-intérêts, qui, sortant des limites de la police de la navigation , n'est point de la compétence des consuls, si ce n'est en pays musulman, où sa connaissance rentre dans leurs attributions judiciaires.

#### 3. — Embarquement des passagers.

Un capitaine en partance soit pour France, soit pour un port étranger, ne peut embarquer de passagers à son bord qu'après les avoir fait inscrire en chancellerie sur son rôle d'équipage, et ce, à peine de 60 francs d'amende pour chaque contravention (1) : dans les échelles du Levant et de Barbarie l'amende encourue est de 1,500 francs (2).

Cette prescription est de rigueur, et il est recommandé aux consuls de signaler au ministère de la marine les capitaines qui y contreviendraient , afin qu'à leur retour en France ils puissent être déférés aux poursuites du ministère public (3).

gères du 20 avril 1843. — *Formulaire à l'usage des consulats*, n° 316.

(1) Ordonnance d'août 1681, livre 2, titre 1er, art. 16. — Règlement du 8 mai 1722, art. 3. — Déclaration du 18 décembre 1728, art. 7. — Jugement du tribunal civil du Havre du 19 mars 1850.

(2) Ordonnance du 3 mars 1781, titre 3, art. 34.

(3) Circulaire de la marine du 12 février 1850.

Sauf dans les pays musulmans, les règlements n'imposent nulle part aux passagers l'obligation de se présenter eux-mêmes en chancellerie pour solliciter un permis d'embarquement; leur inscription sur le rôle est, en effet, une mesure d'administration maritime, à l'accomplissement de laquelle ils peuvent rester étrangers, mais qui impose aux capitaines l'obligation de présenter au consulat les passe-ports et autres documents de même nature exigés dans chaque pays pour régulariser la sortie et le départ des voyageurs.

L'annotation des passagers sur le rôle d'équipage des navires autres que ceux spécialement affectés au transport des voyageurs donne ouverture à un droit de chancellerie.

Ce droit, rentrant d'une manière directe dans la catégorie des taxes de navigation, est à la charge du capitaine, et non à celle des passagers, qui ne pourraient être tenus de le rembourser à l'armement que s'il y avait eu à cet égard convention expresse lors de la fixation du prix de passage.

Les exigences particulières de la marine à vapeur ont fait déroger à la sévérité des règlements sur l'embarquement des passagers, en ce qui concerne les paquebots affectés à un service régulier et périodique; ainsi, les capitaines des paquebots à vapeur spécialement employés au transport des voyageurs sont dispensés de la formalité de l'inscription au rôle d'équipage, et sont seulement tenus de faire remettre en chancellerie, dans les vingt-quatre heures au plus tard qui suivent leur départ, une liste affirmée et signée par eux des passagers embarqués à leur bord, et indiquant pour chacun d'eux leurs nom, prénoms, âge, qualité, lieu de naissance et domicile (1).

Les consuls doivent veiller à ce que cette mesure, prescrite dans un intérêt de police générale, et qui n'entrave ni ne retarde en aucune façon les opérations des paquebots auxquels elle s'applique, soit rigoureusement observée dans leur résidence : ils auraient, le cas échéant, à signaler aux deux départements des affaires étrangères et de la marine les capitaines qui auraient négligé de s'y conformer (2).

(1) Décision du ministre de la marine du 25 janvier 1837.
(2) Circulaire des affaires étrangères du 20 février 1837.

#### 4. — Embarquement d'office par les consuls.

Tout capitaine français prêt à faire voile pour la France ou pour l'une de ses colonies, est tenu, à la réquisition du consul, de recevoir à son bord pour les rapatrier : 1° les matelots naufragés ou délaissés ; 2° les prévenus de crimes ou délits commis à bord des navires marchands français dans les ports étrangers ou en mer (1) ; 3° les militaires isolés qui se trouvent à l'étranger (2) ; 4° les indigents auxquels un passage aux frais de l'État a été accordé, et, en pays musulman, les Français expulsés pour inconduite (3), ainsi que les condamnés appelants et les détenus pour crimes (4).

Nous nous occuperons, à la section VIII du présent chapitre, des conditions auxquelles les capitaines sont tenus de recevoir et de rapatrier les gens de mer naufragés ou délaissés en pays étranger, et des obligations des consuls à cet égard.

Les frais de rapatriement des marins et passagers civils prévenus de crimes ou délits commis en mer ou à bord de nos navires dans les rades et ports étrangers, sont réglés à l'avance par les consuls, qui doivent remettre aux capitaines une expédition certifiée conforme des conventions faites avec eux à cet égard, afin que les armateurs puissent, suivant les cas, se pourvoir pour le remboursement soit auprès du ministère de la marine, soit auprès de celui des affaires étrangères (5).

L'ordonnance du 20 décembre 1837 a fixé pour les militaires français rapatriés sur les bâtiments marchands, le prix de passage à 3 francs par jour pour les officiers de tous grades, et à 1 franc par sous-officier ou soldat ; les obligations des capitaines à cet égard sont les mêmes que celles auxquelles ils sont soumis pour le rapatriement des gens de mer (6). Nous reviendrons, du reste, spécialement sur cette question du

(1) Ordonnance du 29 octobre 1833, art. 51.
(2) *Id.* du 20 décembre 1837, art. 101.
(3) *Id.* du 3 mars 1781, titre 3, art. 31.
(4) Loi du 28 mai 1836, art. 80.
(5) Ordonnance du 29 octobre 1833, art. 51.
(6) *Id.* du 20 décembre 1837, art. 101.

rapatriement des militaires au chapitre 8 du livre VII.

Pour les indigents, nous avons dit, au livre précédent, que les frais de leur rapatriement étaient à la charge du ministère de l'intérieur. La question de l'obligation générale imposée à nos capitaines de recevoir à leur bord, sur la réquisition des consuls, les Français dénués de ressources qui demandent à être rapatriés aux frais de l'Etat, a été, comme nous l'avons dit aussi, controversée au sein de l'administration. Quoiqu'à nos yeux les actes législatifs qui régissent la matière, notamment les ordonnances des 3 mars 1781, 1er mars 1831, 29 octobre 1833 et 12 mai 1836, n'autorisent guère d'hésitation sur le droit absolu de réquisition des consuls, nous ne pouvons que former le vœu de voir promptement trancher une difficulté qui entrave dans beaucoup de circonstances l'action tutélaire que le gouvernement exerce à l'égard des Français par l'entremise de ses agents au dehors. Ajoutons néanmoins que si les doutes qui planent encore sur le principe ne permettent plus de faire de ces rapatriements l'objet d'une obligation formelle pour les capitaines, ceux-ci ne se refusent cependant jamais, quand les consuls font un appel à leurs sentiments d'humanité, à recevoir à bord ceux de leurs compatriotes que le malheur a frappés loin de leur pays ; l'indemnité qui leur est dans ce cas acquise pour tous frais ne doit pas, autant que possible, dépasser 1 franc par jour.

Le régime particulier de nos établissements en Levant et en Barbarie a fait imposer aux capitaines de la marine marchande l'obligation de recevoir des consuls, pour les ramener en France, les Français expulsés des échelles par mesure de haute police (1). Si ces individus sont indigents, leur passage est, à ce titre, à la charge de l'Etat ; dans le cas contraire, ils sont tenus d'en acquitter eux-mêmes les frais, en vertu d'un arrangement amiable fait avec les capitaines sous le contrôle des consuls (2).

La même obligation existe quant à l'embarquement des personnes qui interjettent appel des condamnations correc-

(1) Ordonnances d'août 1681, livre I, titre 9, art. 15, et du 3 mars 1781, titre 3, art. 31.
(2) Instruction du 6 mai 1781.

tionnelles prononcées contre elles par les tribunaux consulaires
ou des individus prévenus de crimes. Le capitaine qui refuserait d'obtempérer aux réquisitions qu'un consul lui ferait à cet
égard, ou qui ne consentirait pas à se charger des pièces de
procédure et de conviction qu'il serait invité à porter en
France, encourrait une amende de 500 à 2,000 francs. On ne
saurait évidemment faire à ces passagers spéciaux l'application
du tarif sur le rapatriement des indigents. Leurs frais de passage doivent donc, comme ceux des inculpés de crimes ou
délits commis en mer dans tous les consulats, être l'objet
d'une convention *ad hoc* entre le consul et le capitaine, qui en
reçoit le montant à son arrivée en France.

Les règlements, en prescrivant aux consuls de se diriger
toujours, pour le placement des passagers embarqués d'office
par eux à bord des navires en partance pour France, d'après
la prudence et l'équité (1), ont, du reste, limité le nombre de
ces passagers à deux par cent tonneaux ; il n'y a d'exception
à ce principe général que pour les prévenus de crimes embarqués dans les pays musulmans, que les capitaines sont obligés
de recevoir jusqu'à concurrence du cinquième de l'équipage
de leurs navires (2).

#### 5. — Dépêches remises aux capitaines.

Tout capitaine français est également tenu de recevoir, jusqu'au moment de mettre sous voile, les dépêches ou autres
envois de papiers officiels revêtus par les consuls de leurs sceau
et contre-seing. La remise de ces dépêches doit toujours être
mentionnée au rôle d'équipage (3), sous forme d'apostille datée et signée par les consuls. Lorsque, du reste, les consuls
veulent confier des lettres à un capitaine, et que la remise de
ces expéditions lui a déjà été faite, ils doivent faire eux-mêmes
porter leurs plis à bord (4).

(1) Ordonnance du 29 octobre 1833, art. 52.
(2) Loi du 28 mai 1836, art. 80.
(3) Ordonnance du 29 octobre 1833, art. 53.
(4) Circulaire des affaires étrangères du 18 novembre 1833.

### 6. — Lettres particulières.

Quant aux lettres particulières et du commerce que les administrations postales étrangères voudraient expédier en France par des navires marchands, les capitaines sont tenus de se conformer à leur égard aux règlements particuliers de chaque pays, sans que les consuls aient à y intervenir.


## SECTION V.

### Des avaries.

Parmi les attributions des consuls, l'une des plus délicates et en même temps l'une des plus utiles est assurément celle de l'administration des naufrages et de l'ensemble des opérations connues sous le nom de procédures d'avaries. C'est à l'occasion de ces dernières surtout, qui impliquent tant d'intérêts divers et souvent contradictoires, qui placent le moindre acte des capitaines sous le contrôle direct et la sanction préalable des consuls, qui exigent enfin des soins nombreux, incessants, pour faciliter en France le règlement final des sinistres ou des indemnités, que notre commerce et notre navigation ressentent le plus immédiatement les bienfaits de l'institution consulaire.

Nous ne nous occuperons, du reste, dans cette section que des questions relatives à la constatation, à la réparation et au règlement des avaries, en un mot des procédures d'avaries proprement dites, en réservant pour la section VII, tout ce qui concerne l'administration des naufrages par les consuls.

### § 1er. — DES AVARIES EN GÉNÉRAL.

#### 1. — Classification des avaries.

Le Code de commerce définit l'avarie toute perté arrivée par l'effet de la navigation, toutes dépenses extraordinaires faites pour le navire et les marchandises conjointement ou séparément, tout dommage qui arrive au navire et aux marchandises, depuis leurs chargement et départ jusqu'à leurs retour et déchargement (1).

D'après cela, les avaries se divisent en deux classes : elles sont simples ou particulières, grosses ou communes (2). Tout dommage involontaire, accidentel, est une avarie simple. Tout dommage souffert volontairement, s'il l'a été pour le salut commun du navire et des marchandises, est une avarie grosse.

Quant aux dépenses extraordinaires, elles constituent une avarie simple si elles sont faites pour le navire seul ou pour les marchandises seules, et une avarie commune lorsqu'elles sont faites pour le bien et le salut commun du navire et des marchandises (3).

Les articles 400 et 403 du Code de commerce énumèrent différents cas d'avaries grosses et d'avaries simples ; mais ces cas ne sont pas les seuls : le législateur a simplement voulu indiquer dans ces articles, par forme d'exemple, les avaries les plus ordinaires ; le texte de ces articles n'est donc point limitatif, et les juges doivent toujours apprécier les circonstances pour déterminer la nature propre d'une avarie (4).

Les avaries communes sont supportées par les marchandises et par la moitié du navire et du fret au marc le franc de la valeur. Les avaries particulières sont supportées et payées par le propriétaire de la chose qui a essuyé le dommage ou occasionné la dépense. Toutefois, les propriétaires des marchandises avariées conservent leur recours contre le capitaine, le navire et le fret, si l'avarie provient de la négligence ou de la faute soit du capitaine, soit de l'équipage (5).

### 2. — Règlement des avaries.

Ces premiers principes posés, quelle est l'autorité compétente pour recevoir à l'étranger les déclarations ou protêts des

(1) Code de commerce, art. 397.
(2) *Id.*, art. 399.
(3) *Id.*, art. 400 et 404.
(4) Arrêt de la cour de cassation du 2 août 1841.
(5) Code de commerce, art. 404 et 405.

capitaines français en cas d'avaries? Quelle est celle qui préside au règlement et à la répartition de ces avaries?

Ce sont là deux questions fort graves, la dernière surtout.

Nos règlements, depuis l'ordonnance de 1681 jusqu'à celle de 1833, et toutes les instructions consulaires des autres nations, reconnaissent et concèdent formellement aux consuls le droit de recevoir les rapports d'avaries des capitaines. Mais là s'arrête le droit généralement admis; car, pour la constatation des avaries déclarées et pour leur règlement, c'est-à-dire pour l'imputation des frais auxquels leur réparation donne lieu, la compétence des consuls n'est plus aussi universellement reconnue ni aussi uniformément déterminée.

Disons d'abord que l'avarie qualifiée de simple ou de particulière parce qu'elle retombe à la charge de la chose qui a souffert le dommage, n'a pas besoin d'être réglée; l'avarie grosse demande seule à être constatée et répartie en due forme, puisque c'est la seule dont les frais se couvrent à l'aide d'une contribution; ce règlement toutefois ne devant avoir lieu qu'au port de déchargement (1), les consuls ne sont pas toujours appelés à s'en occuper.

Pour bien préciser les limites de la compétence des consuls et leurs attributions dans les questions d'avaries, il est donc nécessaire de distinguer entre le cas où le bâtiment avarié est en relâche forcée et celui où il est arrivé à destination.

§ 2. — DES AVARIES EN CAS DE RELACHE FORCÉE.

1. — Rapport du capitaine.

Le capitaine entrant en relâche forcée pour cause d'avaries dans un port où réside un consul doit, dans les vingt-quatre heures, faire en chancellerie un rapport détaillé énonçant les motifs de sa relâche et les circonstances qui ont pu occasionner ses avaries. Ce rapport doit être, à la diligence du consul, vérifié et contrôlé par l'audition de l'équipage et des passa-

(1) Code de commerce, art. 414.

gers (1). La déclaration du capitaine et la contre-déclaration de son équipage reçoivent ordinairement le nom de *protêt d'avaries.*

La diversité des intérêts engagés dans toute question d'avaries exige une surveillance active de la part des consuls; ainsi, dans l'interrogatoire du capitaine et de l'équipage, indépendamment de tous autres moyens d'investigation dont ils peuvent disposer, les agents doivent chercher à s'assurer si l'avarie est réelle ou simulée, et si les pertes déclarées ne masquent pas quelque fraude ou acte répréhensible de la part du capitaine ou de l'équipage (2).

### 2. — Constatation des avaries déclarées.

Le capitaine, après avoir remis son acte de protêt, doit adresser au consul une requête tendant à la nomination d'experts pour constater l'état du navire, la possibilité de le réparer, la nécessité de le décharger pour exécuter les réparations jugées indispensables, enfin le devis approximatif des dépenses.

Tout autre mode de procéder de la part du capitaine serait irrégulier. En effet, comme nous l'avons déjà dit ailleurs, un bâtiment français ne peut, sous peine de perdre sa nationalité, être réparé en pays étranger que lorsque la nécessité des réparations a été constatée par un rapport du capitaine et sanctionnée par une décision du consul (3). Un capitaine ne serait donc pas admis à prétendre que son bâtiment n'étant pas assuré ou ne l'étant que pour perte totale, les réparations retomberont à la charge des propriétaires qu'il représente, et qu'il a dès lors le droit d'user de sa chose et de l'améliorer comme il l'entend. Dans l'espèce il y a sans doute limitation du droit de propriété ; mais c'est l'intérêt général de la navigation qui l'a commandée, et qui a fait sentir la nécessité de placer le contrôle consulaire à côté d'actes qui engagent simultanément la responsabilité du capitaine et les droits des armateurs sur un

(1) Code de commerce, art. 413 et 445. — *Formulaire à l'usage des consulats,* nos 267 et 293.

(2) Ordonnance du 29 octobre 1833, art. 28.

(3) Loi du 27 vendémiaire an II, art. 8.

navire qu'il ne peut entrer dans leurs intentions d'exposer
au danger de perdre le privilége de sa nationalité.

Sur le vu et au bas de la requête du capitaine, le consul
rend une ordonnance qui nomme les experts (1). Ceux-ci doivent, autant que possible, être choisis parmi les capitaines français sur rade, et, à leur défaut, parmi les capitaines étrangers.
Suivant les circonstances particulières aux lieux et à l'espèce
d'avaries à constater, on adjoint à ces capitaines des construc-
teurs de navires, des charpentiers, voiliers, forgerons ou cal-
fâts. Ces experts, qui ne doivent en aucun cas dépendre du
consul à titre de chancelier, commis ou secrétaire, doivent
tous être âgés de plus de trente ans, et prêtent serment avant
de remplir leur mandat (2).

L'expertise effectuée, le procès-verbal en est déposé en chancellerie par acte signé conjointement par le consul et les
experts (3); il est communiqué au capitaine sans déplacement,
à moins que celui-ci n'en requière une expédition.

### 3. — Autorisation de réparer.

Après avoir pris connaissance du rapport d'expertise, le capitaine doit adresser une nouvelle requête au consul pour se
faire autoriser à exécuter les réparations dont la nécessité a
été constatée ; il y est fait droit par une seconde ordonnance
consulaire, et ce n'est qu'après que toutes ces formalités ont
été rigoureusement accomplies qu'il peut être procédé aux
travaux destinés à mettre le navire en état de reprendre
la mer.

Les consuls doivent apporter une surveillance toute particulière dans cette expertise des avaries; avant d'autoriser la
réparation des dommages quelconques éprouvés par un navire et de sanctionner implicitement les dépenses qui en pour-·
ront résulter, ils doivent toujours s'assurer de la réalité de
l'avarie, s'enquérir si elle provient de fortune de mer ou si

(1) *Formulaire à l'usage des consulats*, n° 279.
(2) Arrêt de la cour de cassation du 9 mars 1831. — Circulaire des
affaires étrangères du 5 septembre 1831. — *Formulaire à l'usage des
consulats*, n° 280.
(3) *Formulaire à l'usage des consulats*, n° 281.

elle est la conséquence du vice propre de la chose, et tenir exactement la main à ce que l'opinion impartiale des experts à cet égard soit expressément consignée dans leur rapport ; sauf au capitaine, dans le cas où les experts auraient exprimé l'opinion que les avaries sont le résultat de la vétusté du navire ou qu'elles proviennent soit de fraude, soit de négligence, à requérir, pour sauvegarder sa responsabilité, telle contre-expertise qu'il croirait être nécessaire. Il y aurait dans ce cas déni de justice évident à ne pas faire droit à une semblable requête, bien que le consul conserve, même alors, le droit exclusif de nommer les nouveaux experts, et ne soit jamais tenu d'accepter ceux qui lui seraient présentés par le requérant.

Si ces deux expertises amenaient des déclarations contradictoires, il y aurait lieu d'en ordonner une troisième, tous les experts réunis et en présence du consul ou du chancelier délégué, lequel en dresserait alors lui-même un procès-verbal circonstancié, exprimant non plus l'opinion collective des experts, mais énonçant séparément et avec les mêmes détails l'avis motivé tant de la minorité que de la majorité.

### 4. — Cas où il y a eu jet à la mer.

Lorsqu'il y a eu jet à la mer, et que, par suite des réparations prévues dans l'expertise, il est procédé au débarquement de la cargaison et à son emmagasinage à terre, le chancelier doit assister à l'opération pour en dresser un procès-verbal que le capitaine est tenu de signer, et dans lequel on consigne l'indication exacte de la partie du chargement encore existante. Cette formalité sert, jusqu'à preuve ultérieure de vol ou fraude, à constater, à la décharge du capitaine, quelles sont les marchandises qui ont disparu.

### 5. — Surveillance des consuls.

Le capitaine autorisé à réparer son navire doit être, pendant qu'il procède à cette opération, l'objet de la surveillance constante du consul. Si celui-ci découvre qu'il a été commis quelque fraude au préjudice des armateurs ou des assureurs, il doit recueillir et transmettre tant au ministère des affaires étrangères qu'à celui de la marine, tous les renseignements propres à constater la vérité. En cas d'urgence, il peut même donner directement les avis convenables aux intéressés (1).

### 6. — Intervention des agents des assureurs.

C'est ici le cas d'examiner une question importante, et qui, plus d'une fois, si elle n'a pas dû faire naître des doutes sérieux dans l'esprit des consuls, leur a néanmoins suscité de graves embarras. Quelle intervention légale peuvent exercer à l'étranger en matière de procédures d'avaries les délégués des assureurs? Nous n'hésitons pas à répondre qu'officiellement ils ne sauraient en avoir aucune (2).

A quel titre, en effet, un consul agit-il en matière de réparations et de procédures d'avaries? Évidemment comme magistrat conservateur des droits des absents. Lorsqu'il reçoit le rapport ou le protêt d'un capitaine, qu'il commet des experts, qu'il autorise des réparations, il intervient d'office au nom de la loi, non pas dans l'intérêt exclusif des propriétaires, armateurs ou chargeurs, mais bien dans leur intérêt commun à tous et pour compte de qui il pourra plus tard appartenir. Il est évident que, s'il y a assurance, l'assuré, couvert par sa police, ne court de risque que s'il y a eu abus ou fausse direction dans une procédure d'avaries, et tout autant que l'assureur parviendra plus tard en France à en fournir judiciairement la preuve et à dégager sa garantie morale. Mais est-ce une raison pour admettre que l'assureur ait un droit légal d'ingérence immédiate et directe dans le mode de réparation des avaries qu'il a garanties? Nous ne saurions le penser.

Si ce droit d'ingérence est dénié aux assureurs, à plus forte raison ne peut-on pas soutenir que leurs agents ont un droit absolu de contrôle sur les actes d'administration du consul; car ce serait admettre que, dans une question débattue entre des intérêts opposés, l'une des parties peut se rendre juge dans sa propre cause, et peser plus ou moins directement sur les actes d'administration auxquels la loi l'oblige à se soumettre.

(1) Ordonnance du 29 octobre 1833, art. 29.
(2) Lettre du ministre de la marine à celui des affaires étrangères du 28 février 1849.

Cette prétention a quelquefois été élevée à l'étranger, mais elle a toujours été repoussée par les consuls, comme contraire à la fois à nos règlements et aux instructions particulières dont les compagnies d'assurance françaises sont dans l'usage de munir leurs agents au dehors.

Ces compagnies recommandent bien, il est vrai, à leurs délégués de faire constater et régler, autant que possible, sans intervention de justice, les avaries résultant d'événements maritimes; mais ces instructions ont un caractère de généralité, et ont bien plus en vue les agents établis dans les ports de France que les cas de sinistres qui se réalisent à l'étranger; car, outre que, dans les contrées étrangères, l'intervention du consul est forcément imposée par la loi, il est évident qu'au moment d'un sinistre, l'agent des assureurs ne peut pas savoir s'il intéresse ou non ses mandataires, qui, la plupart du temps, n'en reçoivent avis que lorsque toutes les mesures ont été prises et qu'il n'y a plus à revenir sur des actes consommés.

Toutes ces considérations montrent assez que la présence sur les lieux d'un agent des assureurs ne peut, ni ne doit, en semblable circonstance, amoindrir l'autorité tutélaire et suprême des consuls. Ce que les compagnies d'assurance ont le droit de demander, et ce qui ne leur est jamais refusé, c'est l'acceptation à titre officieux, mais jamais officiel, du concours de leurs agents, et la prise en considération par les consuls de leurs avis et de leurs conseils dans l'intérêt des tiers, le tout de la même manière que les absents seraient en droit de le réclamer s'ils se trouvaient présents. La prétention d'intervenir plus directement dans les actes résultant d'un sinistre serait, il ne faut pas l'oublier, on ne peut plus dangereuse pour les assureurs eux-mêmes, qui, pour conserver intacts leurs droits à discuter ultérieurement l'étendue de leur responsabilité, doivent toujours se tenir dans une sage réserve, et s'abstenir de rien faire qui puisse être interprété contre eux comme acte de propriété.

En résumé, le mandat confié à l'étranger aux agents des compagnies d'assurance ne crée à ceux-ci aucun droit pour s'immiscer dans la direction des procédures d'avaries, quelle que soit, du reste, l'importance du sinistre; et les consuls n'ont vis-à-vis de ces délégués d'autres devoirs à remplir que de leur communiquer officieusement en chancellerie le dossier des affaires, et d'entendre leurs observations, pour y avoir tel égard que de raison. Ajoutons néanmoins qu'à partir du moment où les agents ont fourni la preuve que leurs mandants sont intéressés dans la question d'avarie, ils sont en droit de demander l'autorisation d'assister comme témoins à toutes les opérations d'expertise.

### 7. — Vérification des réparations effectuées.

Les réparations jugées nécessaires et autorisées par le consul étant terminées, le capitaine requiert que les mêmes experts se transportent de nouveau à son bord pour constater la manière dont les travaux ordonnés ont été exécutés.

Il est fait droit à cette demande par une ordonnance consulaire. Les experts, sous la foi du serment déjà prêté, procèdent à la vérification des réparations effectuées, et déposent ensuite en chancellerie le procès-verbal de leur nouvelle expertise. Selon les résultats consignés dans ce procès-verbal, il y a lieu d'ordonner un complément de réparations, ou, ce qui est le cas le plus habituel, le bâtiment est jugé en état de reprendre la mer pour continuer son voyage. Dans ce dernier cas, il en est donné acte au capitaine par le visa du consul apposé au bas du rapport d'expertise qui le constate. Le capitaine n'a plus alors qu'à réembarquer sa cargaison si elle avait été mise à terre, et à dresser ensuite le compte de ses dépenses dont il est tenu de fournir la quittance pour se faire expédier en chancellerie.

### 8. — Payement des dépenses.

Le payement des frais occasionnés par les réparations et de toutes les autres dépenses auxquelles a donné lieu la relâche, s'effectue soit à l'aide des fonds que le capitaine avait à sa disposition, soit au moyen de ceux que la loi l'autorise à se procurer sur les lieux par la voie d'un emprunt à la grosse ou de la vente d'une partie de sa cargaison.

Lorsqu'un bâtiment n'est pas assuré ou qu'il ne l'est que pour perte totale, nul doute que le capitaine, pour diminuer autant que possible les charges de ses armateurs et éviter le recours à la voie toujours onéreuse d'un emprunt à la grosse ou d'une vente de marchandises, ne doive, de préférence, acquitter ses dépenses de radoub en pays étranger soit avec les fonds de l'armement qu'il a en sa possession, soit en tirant sur ses armateurs des traites causées en règlement de compte du navire (1).

Lorsqu'il y a assurance, il faut établir une distinction : l'objet du contrat d'assurance est de garantir et d'indemniser l'assuré des pertes et dommages qu'il peut éprouver par fortune de mer dans les choses assurées; l'armateur et le capitaine d'un navire assuré, obligés, comme ils le sont, de pourvoir aux réparations des avaries survenues pendant le voyage, doivent bien agir en bon père de famille pour ne pas aggraver les charges des assureurs, mais ils ne sont tenus ni moralement ni légalement de faire le sacrifice de leurs intérêts personnels pour alléger les obligations de ceux qui ont couvert leurs risques. Il suit de là que, lorsque le capitaine possède entre ses mains des fonds disponibles appartenant à l'armement, tels, par exemple, que le produit d'un fret acquis dans un voyage intermédiaire, il doit les employer au payement des réparations dont le navire a eu besoin, plutôt que de recourir à un emprunt à la grosse qui grèverait les assureurs d'une prime plus ou moins considérable; mais si, au contraire, ces fonds ont une destination spéciale, s'ils sont, par exemple, destinés à faire les frais du chargement de retour, le capitaine ne saurait être tenu de s'en dessaisir, parce que ce serait léser les intérêts de ses armateurs, et il peut valablement emprunter pour réparer les avaries qu'il a éprouvées (2).

### 9. — Autorisation de vendre ou d'emprunter.

Le capitaine qui, n'ayant pas de fonds à sa disposition pour payer les dépenses occasionnées par sa relâche et le radoub de son bâtiment, veut, ainsi que la loi l'y autorise, mettre en gage ou vendre des marchandises, ou bien emprunter à la

(1) Arrêt de la cour de Bordeaux du 3 avril 1844.
(2) *Id.* de la cour de Paris du 20 mars 1841.

grosse sur les corps, quille et cargaison de son bâtiment, doit, à l'étranger, après en avoir constaté la nécessité par un procès-verbal signé des principaux de son équipage, s'y faire autoriser par le consul ou, à son défaut, par le magistrat des lieux (1).

Ces formalités sont de rigueur pour tout emprunt à la grosse fait à l'étranger, et leur observation est indispensable pour lui conserver le privilége accordé par l'article 312 du Code de commerce (2). Toutefois, le propriétaire du navire étant responsable des faits du capitaine qui est son mandataire, si celui-ci empruntait sans remplir les formalités légales requises, le premier n'en serait pas moins obligé envers les prêteurs de bonne foi (3).

La demande d'un capitaine afin d'autorisation de vente ou d'emprunt doit être présentée sous forme de requête appuyée du compte détaillé des dépenses dont le remboursement nécessite la vente ou l'emprunt. Ce compte doit être soigneusement vérifié et contrôlé par le consul avant de faire droit par ordonnance sommaire à la requête du capitaine (4).

Cette vérification préalable du compte des dépenses est indispensable pour constater la nécessité de la mesure réclamée, mais elle n'enlève ni aux assureurs ni aux chargeurs le droit d'attaquer ultérieurement le capitaine en dommages-intérêts, s'il a soit emprunté de l'argent ou vendu des marchandises sans nécessité, soit fait figurer dans ses comptes des avaries ou des dépenses supposées.

**10. — Avis à donner en France.**

Lorsqu'un consul a donné à un capitaine l'autorisation soit d'emprunter à la grosse, soit de mettre en gage ou de vendre des marchandises pour les besoins du navire, il doit sur-le-champ en donner avis au commissaire des classes du port d'armement qui en prévient les parties intéressées (5).

(1) Code de commerce, art. 234.
(2) Arrêt de la cour de Rouen du 28 novembre 1818.
(3) *Id.* de la cour de cassation du 28 novembre 1821.
(4) *Formulaire à l'usage des consulats*, n⁰ˢ 283 et 284.
(5) Ordonnance du 29 octobre 1833, art. 31.

### 11. — Vente de marchandises.

Pour la vente des marchandises, le capitaine est libre de
vendre celles qu'il juge convenable et n'est pas astreint à
choisir les unes plutôt que les autres. Mais ces ventes, lorsqu'elles n'ont pas lieu publiquement et avec concurrence,
doivent être surveillées par le consul ; car il doit en être tenu
compte aux propriétaires d'après le cours des marchandises
de mêmes nature et qualité dans le lieu de la décharge du navire à l'époque de son arrivée, et il ne faudrait par conséquent pas qu'une vente faite intentionnellement à perte en
pays étranger pût entraîner les assureurs, lors du règlement
définitif du voyage et des avaries, dans la restitution injuste
d'une somme exagérée.

Dans tous les cas, l'affréteur unique ou les chargeurs divers
qui seraient tous d'accord, peuvent s'opposer à la vente ou à
la mise en gage de leurs marchandises en les déchargeant, et
en payant le fret en proportion du degré d'avancement du
voyage. A défaut du consentement d'une partie des chargeurs,
celui qui veut user de cette faculté de débarquement est tenu
d'acquitter l'intégralité du fret de ses marchandises (1). Ce
cas, assez rare au surplus, ne se présente guère à l'étranger
que lorsque l'affréteur ou l'un des chargeurs se trouve en
même temps être passager à bord du navire avarié.

### 12. — Emprunt à la grosse.

Quant à l'emprunt à la grosse, il se fait soit publiquement,
soit par acte sous seing privé. Le taux de la prime sur les
emprunts de grosse souscrits à l'étranger avec l'autorisation
des consuls est un point délicat sur lequel les instructions
ministérielles ont souvent appelé l'attention des agents du service extérieur. Il n'est que trop vrai que ces emprunts sont
parfois un moyen de fraude employé par les capitaines, qui,
sous le nom de tiers, se prêtent à eux-mêmes ; les consuls doivent donc veiller scrupuleusement à ne sanctionner des contrats de grosse qu'avec la certitude de leur absolue nécessité

(1) Code de commerce, art. 234.

et de l'accomplissement de toutes les conditions nécessaires pour arriver à une concurrence sérieuse (1).

Le meilleur moyen d'atteindre ce but est assurément la conclusion de ces sortes de contrats par acte public et leur adjudication par la voie des enchères. Les usages établis sur chaque place de commerce indiquent aux agents si cette mise aux enchères doit se faire par le chancelier ou par un courtier du pays intervenant alors comme officier ministériel.

Mais, dans tous les cas, l'adjudication a lieu en chancellerie, en présence du consul, et il en est dressé procès-verbal (2). Le contrat de grosse est ensuite rédigé par le chancelier ou par le courtier, c'est-à-dire par celui des deux qui a fait l'adjudication, et il est signé en duplicata par l'officier instrumentaire, par le capitaine emprunteur, et par le négociant ou banquier qui prête les fonds.

L'acte doit énoncer le capital prêté et la somme convenue pour le profit maritime, les objets sur lesquels le prêt est affecté, les noms du navire et du capitaine, ceux du prêteur et de l'emprunteur, si le prêt a lieu pour un voyage, pour quel voyage et pour quel temps, enfin l'époque du remboursement (3).

D'après la loi française, les emprunts à la grosse peuvent être affectés sur les corps et quille du navire, sur ses agrès et apparaux, sur son armement et ses victuailles, sur son chargement, sur la totalité de ces objets conjointement ou sur une partie déterminée de chacun d'eux; mais ils ne peuvent être hypothéqués sur aucun autre objet. Ainsi, un capitaine ne pourrait ajouter aux garanties offertes ses biens présents et personnels ; car le prêt, ne reposant plus uniquement sur des risques maritimes, cesserait d'être un emprunt à la grosse, et, se transformant en un emprunt particulier, le profit stipulé deviendrait usuraire. Quant au fret à gagner et au profit espéré des marchandises, leur insertion au nombre des choses données en garantie vicierait également

---

(1) Circulaire de la marine du 23 juillet 1838.

(2) *Formulaire à l'usage des consulats*, n° 285.

(3) Code de commerce, art. 311. — *Formulaire à l'usage des consulats*, n° 286.

le contrat, et est formellement interdite par la loi (1).

### 13. — Remise aux capitaines d'une expédition de la procédure.

Après avoir acquitté ses dépenses avec les fonds qu'il s'est procurés en vertu de l'autorisation du consul, le capitaine reçoit une expédition complète de la procédure à laquelle sa relâche et ses avaries ont donné lieu depuis son premier rapport de mer jusques et y compris le procès-verbal de l'adjudication de son emprunt ou le compte de vente de ses marchandises. Cette expédition est faite par le chancelier, qui doit traduire en français les pièces minutées en langue étrangère et faire légaliser le tout par le consul.

### 14. — Condamnation du bâtiment.

Nous n'avons pas parlé de l'hypothèse dans laquelle un navire, ne pouvant être réparé, serait déclaré innavigable, et condamné comme tel , parce que nous reviendrons spécialement sur cette question à la section suivante, où sa discussion sera mieux placée ; disons seulement ici que le capitaine n'est pas exonéré de toute obligation envers les chargeurs par le fait de l'abandon de son navire, et qu'il est, au contraire, tenu de continuer son voyage en transbordant sa cargaison sur un autre navire affrété *ad hoc* (2) : cette opération s'effectue en vertu d'une ordonnance consulaire expresse. Dans ce cas, comme le voyage n'est pas censé accompli, il n'y a pas lieu à règlement d'avaries, et nos tribunaux ont même jugé que le capitaine pouvait, au besoin, bien que son navire n'existât plus, emprunter à la grosse pour payer ses frais de relâche, d'avarie ou d'affrétement, en donnant en garantie les marchandises qui lui ont été confiées (3).

### 15. — Règlement des avaries.

Mais, et cela se produit surtout en cas d'avaries communes,

(1) Code de commerce, art. 315 et 318.
(2) *Id.*, art. 291 et 296. — *Formulaire à l'usage des consulats*, n° 302.
(3) Arrêt de la cour de Rouen du 29 décembre 1831.

on peut aussi admettre que le navire ayant été gravement endommagé par la perte de sa mâture, de ses voiles et de ses ancres, ou par le jet à la mer de ses rechanges, il est impossible de le réparer avantageusement, et qu'il devient préférable de le vendre comme innavigable. Si alors le capitaine n'a pu se procurer un autre bâtiment pour continuer son voyage, ou si les affréteurs et chargeurs présents refusent d'accepter celui qu'il leur propose, on considère qu'il y a véritable force majeure, et la loi, déclarant le voyage rompu, laisse à la charge de chaque partie les inconvénients qui en résultent.

C'est là un cas spécial de relâche forcée, qui, étant assimilé au débarquement dans le port de destination, rend indispensable le règlement et la répartition proportionnelle des avaries. Quelle est l'autorité compétente pour ordonner ces deux mesures et pour en assurer la réalisation?

Le Code de commerce résout expressément la question en disant que l'état des pertes et dommages est fait dans le lieu du déchargement du navire, à la diligence du capitaine et par experts. Ceux-ci, ajoute-t-il, sont nommés à l'étranger par le consul, et, à son défaut, par le magistrat du lieu; ils prêtent serment avant d'opérer. Les marchandises jetées sont estimées suivant le prix courant de la place. La répartition pour le payement des pertes et dommages est faite par les experts sur les effets jetés et sauvés, et sur la moitié du navire et du frêt à proportion de leur valeur dans le lieu où il est procédé; le règlement est rendu exécutoire par le consul ou, à son défaut, par le tribunal compétent du pays (1). Indiquons encore ici, à titre de renseignement, qu'il a été jugé que l'évaluation d'un navire pour la contribution ne devait pas avoir lieu seulement sur ses parties non avariées, mais bien sur l'ensemble de celles-ci et du montant des indemnités qui représentent fictivement les parties avariées (2).

Nul doute que, dans l'espèce, la compétence du consul, aussi nettement formulée par la loi, ne soit complète pour nommer les experts répartiteurs et homologuer l'état des pertes

---

(1) Code de commerce, art. 414, 415, 416 et 417.
(2) Arrêt de la cour de Rouen de février 1843.

et dommages qu'ils sont chargés de dresser. L'autorité locale ne peut intervenir qu'à son défaut, puisque les intéressés ne sont pas sur les lieux ou ne relèvent pas de sa juridiction, et que le navire, n'étant pas parvenu à sa destination, n'a déchargé sa cargaison et réglé ses avaries que par force majeure.

Il faut bien reconnaître cependant que, si l'affréteur unique ou les chargeurs sont présents, et si, ailleurs qu'en Levant et en Barbarie, il survient des contestations entre eux et le capitaine au sujet de ces mêmes avaries, le consul serait incompétent pour statuer sur le plus ou moins de fondement de leurs prétentions respectives, et qu'alors, à moins de transaction amiable par arbitres, il y aurait lieu de se pourvoir devant le juge territorial.

Sauf ce cas exceptionnel, nous nous croyons autorisés à soutenir que le consul est seul compétent pour faire régler les avaries des navires de sa nation. Il ne faut pas perdre de vue, en effet, que le règlement fait en pareille circonstance par un tribunal étranger ne peut pas être rendu exécutoire sur les lieux, du moins à l'égard des marchandises dont les propriétaires ou réclamateurs sont absents. Or, une répartition décrétée judiciairement dans un autre pays demeurerait sans effet en France, dans le port d'armement ou de chargement, c'est-à-dire là où doivent être liquidées et réparties les avaries qui n'ont pu l'être dans le lieu de déchargement (1); car nos tribunaux ne pourraient donner leur homologation à un règlement d'avaries fait par une autorité étrangère, alors que nos lois donnent sous ce rapport à nos consuls une compétence directe et exclusive. Si, cependant, pour cause de force majeure, il y avait lieu à faire exécuter immédiatement en pays étranger un règlement d'avaries fait par l'autorité territoriale, cette exécution pourrait être effectuée par provision en vertu de l'homologation du consul et nonobstant toute réclamation à faire valoir ultérieurement devant l'autorité judiciaire de France.

Les circonstances de relâche forcée en vue desquelles nous venons de raisonner admettent une dernière hypothèse qui

(1) Arrêt de la cour de cassation du 13 août 1840.

devrait faire modifier les règles de conduite indiquées plus haut. C'est celle où le navire avarié serait frété à destination d'un autre port du même Etat que celui dans lequel il a relâché. Comme dans ce cas il est assez probable que des négociants du pays seraient intéressés dans la cargaison et dans la répartition contributive dont celle-ci serait l'objet, nous croyons qu'à moins de stipulations contraires dans les chartes parties, polices d'assurances, etc., ou à moins de dispositions expresses résultant du droit conventionnel ou des lois territoriales, le consul doit abandonner aux magistrats du pays le soin de régler l'avarie, et veiller seulement à ce qu'au moment de son départ le capitaine fasse légaliser, par l'officier ministériel compétent, l'ensemble de la procédure instruite en chancellerie.

Par la même considération des intérêts tiers engagés dans la question, nous sommes d'avis que lorsque le navire dûment réparé, au lieu de s'expédier pour France, se rend dans un autre port étranger, il y a lieu de soumettre la procédure d'avaries à la légalisation de l'agent consulaire du pays dans lequel se fera le règlement final.

§ 3. — DES AVARIES A L'ARRIVÉE DU NAVIRE DANS LE PORT DE DESTINATION.

Nous n'avons encore examiné qu'un côté de la question, le cas où les avaries sont constatées et réparées en cours de voyage par suite de relâche : il nous reste à indiquer la marche à suivre lorsque le fait se produit dans le port de destination du navire.

#### 1. — Avaries particulières dans la cargaison.

Il peut arriver qu'un capitaine, sans avoir éprouvé un sinistre, soit autorisé à craindre que les mauvais temps essuyés en mer aient occasionné des avaries à tout ou partie de sa cargaison. Il doit alors en faire la déclaration au consul dans son rapport, et requérir ensuite la nomination d'experts pour constater que ses écoutilles étaient bien fermées et que les dommages arrivés aux marchandises, s'il y en a, ne sauraient lui être imputés.

L'ouverture des panneaux se fait, dans ce cas, en présence

des experts assermentés commis par le consul, lesquels, après avoir constaté l'état du navire et celui des écoutilles, prennent note des caisses ou colis qui peuvent leur paraître avariés ou mouillés, et les inscrivent selon leurs marques et numéros sur le procès-verbal qu'ils dressent de leurs opérations, et qui demeure déposé en chancellerie à telles fins que de droit.

Si les experts découvrent des marchandises avariées, les réclamateurs de celles-ci peuvent, après le déchargement et le dépôt en douane, s'adresser soit au consul, soit au juge territorial compétent, pour faire constater la nature et l'importance de l'avarie.

Cette constatation doit se faire en douane ou tout au moins en présence des agents du fisc et au moment même de l'ouverture des colis, autrement les ayants droit ne seraient plus recevables à prétendre que l'avarie a eu lieu en cours de voyage, et non à terre après le débarquement de la marchandise.

Quand c'est le consul qui est saisi de la demande d'expertise, cet agent, au bas de la requête qui lui est adressée dans ce but, rend une ordonnance dans laquelle, visant toujours le procès-verbal dressé à bord au moment de l'ouverture des écoutilles pour constater avant leur mise à terre l'état des marchandises présumées avariées, il commet des experts chargés de se rendre à la douane, d'assister à la vérification des colis ou ballots, et de constater, sous la foi du serment, 1° la nature du dommage et de la détérioration, 2° la valeur de la marchandise dans l'état d'avarie où elle se trouve, et 3° le prix vénal qu'elle aurait eu si elle eût été en bon état.

Ce simple procès-verbal peut suffire aux réclamateurs qui consentent à recevoir la marchandise avariée sous réserve de leur action en avarie contre les assureurs ; mais, lorsqu'il y a abandon de la marchandise pour compte de qui de droit, il devient indispensable d'en requérir la vente aux enchères, soit par l'entremise du chancelier, soit par celle d'un officier ministériel du pays. La vente une fois effectuée, les intéressés s'en font remettre le produit, et se pourvoient ensuite contre les assureurs devant les tribunaux compétents, pour être remboursés de la différence entre la somme nette réalisée par la vente et la valeur garantie par la police. Pour faciliter cette dernière réclamation, la chancellerie remet aux parties une expédition complète de la procédure à laquelle l'affaire a donné lieu, depuis la première requête pour la vérification en douane jusqu'au procès-verbal de vente aux enchères, et un bordereau des frais de toute sorte.

## 2. — Avaries particulières aux navires.

Quant aux avaries particulières qu'un bâtiment peut avoir à réparer dans le port de sa destination, les formes de constatation et de règlement ou liquidation sont les mêmes que celles qui sont consacrées pour le cas de relâche forcée. Nous rappellerons seulement qu'un capitaine ayant dû ou devant toucher son fret après avoir accompli son voyage, en a vraisemblablement gardé le montant entre ses mains; il n'y a donc lieu pour le consul à autoriser un emprunt de grosse qu'autant que la destination spéciale à laquelle les armateurs auraient d'avance affecté le fret ne permettrait pas d'appliquer celui-ci à l'extinction des dépenses de relâche et d'avarie.

## 3. — Règlement et répartition des avaries communes.

Il ne nous reste plus qu'à examiner comment se font, dans le port de destination, le règlement et la répartition des avaries communes essuyées par un navire en cours de voyage, qu'elles aient ou non été déjà constatées dans un port de relâche.

La décision qui règle l'avarie grosse, c'est-à-dire qui en répartit proportionnellement le montant par parts contributives entre tous les intéressés, est un acte essentiellement judiciaire. Le droit d'intervenir en semblable matière dérive donc directement du droit de juridiction; pour l'attribuer à nos consuls, et admettre que ceux-ci ont qualité pour procéder à un règlement d'avaries, on peut dire que le caractère de juges commerciaux a été conféré aux agents des affaires étrangères par les articles 414 et 416 du Code de commerce, qu'a rappelés l'article 28 de l'ordonnance du 29 octobre 1833. Mais il est bon de faire observer, en même temps, que ce principe n'est pas admis par toutes les nations, ni par toutes les législations étrangères, et on peut dès lors se demander si la compétence

des consuls est aussi incontestable lorsque des étrangers sont
intéressés dans l'avarie. Ceux-ci peuvent-ils être valablement
engagés et tenus d'accepter une décision consulaire, sans
recours ni appel à leurs juges naturels? En d'autres termes,
hors le cas où les intéressés, armateurs, chargeurs et réclamateurs sont tous Français, et où les prescriptions du Code
de commerce sont susceptibles de recevoir une application
littérale, un consul est-il compétent pour nommer les experts
appelés à régler l'avarie et pour homologuer l'état de répartition dressé par eux ? Nous ne le pensons pas.

Quelques traités (1) ont bien, il est vrai, formellement consacré cette compétence des consuls, mais toujours en établissant une réserve expresse pour le cas où des habitants du
pays seraient parties intéressées dans la liquidation de l'avarie.
Sauf donc dans les contrées musulmanes, où les consuls ont
un droit de juridiction absolu, et dans les pays de chrétienté
conventionnellement liés envers nous par des stipulations positives sur la matière, les consuls ne peuvent régler leur conduite que d'après les usages et les lois particulières du pays
dans lequel ils résident. Or, sous ce rapport, il y a une uniformité assez grande et un trop petit nombre d'exceptions pour
que nous ne nous croyions pas autorisés à établir ici qu'en
principe, lorsque des avaries communes n'ont pas été réglées
d'un commun accord par les arbitres que les intéressés ont
eux-mêmes choisis à l'amiable ou par ceux qu'a pu nommer
le consul après compromis formel signé par tous les ayants
droit pour lui constituer une juridiction officieuse, le règlement et la répartition des avaries doivent être déférés à l'autorité territoriale compétente.

Il faut seulement bien se rappeler que le payement des
dépenses par contribution proportionnelle est tout à fait distinct de la constatation des avaries qui appartient exclusivement au consul, et que dans tous les cas le protêt fait en
chancellerie par le capitaine n'a pas absolument besoin d'être

---

(1) Traité avec le Mexique, du 8 mai 1827, art. 13. — *Id.* avec la Boli-
vie, du 9 décembre 1834, art. 27. — *Id.* avec le Vénézuéla, du 25 mars
1843, art. 26. — *Id.* avec l'Équateur, du 6 juin 1843, art. 25. — *Id.*
avec l'Amérique centrale, du 8 mars 1848, art. 25. — Ordonnance du
gouvernement espagnol, du 8 mai 1827, art. 2.

renouvelé ou confirmé devant l'autorité territoriale, quoique dans certains cas cette formalité puisse avoir d'excellents résultats.

La seule formalité que le capitaine ait à remplir devant les tribunaux du pays se borne à demander par requête : 1° la nomination d'experts ou d'arbitres répartiteurs chargés d'établir la répartition de l'avarie entre le navire et la cargaison; 2° l'homologation nécessaire pour rendre exécutoire l'état de contribution.

Si l'une des parties, avant d'acquitter la dépense mise à sa charge, exigeait la preuve authentique de la réalité de l'avarie, le capitaine devrait se faire remettre par la chancellerie et produire devant le tribunal une expédition certifiée de son protêt d'avaries et du procès-verbal de l'expertise ordonnée par le consul.

Ce qui précède suffit pour montrer combien la matière est délicate, et avec quelle facilité il en peut surgir des conflits d'attribution entre nos agents et l'autorité territoriale; c'est aux agents, en se tenant sur une sage réserve et sans rien sacrifier de leurs droits, à ne jamais oublier que si, en pays étranger, ils sont toujours pour un capitaine la première autorité, néanmoins ils ne doivent pas, par une résistance non justifiée et extra-légale contre l'immixtion de l'autorité territoriale dans un règlement d'avaries, compromettre les intérêts mêmes qu'ils ont mission de protéger.

Nous reviendrons, du reste, sur cette question de la compétence des consuls comme juges commerciaux, en nous occupant au livre VIII de la juridiction en général.

### § 4. — DES AVARIES PAR SUITE D'ABORDAGE.

Le dernier cas d'avaries dont nous ayons à nous occuper ici, et qui se présente souvent à l'étranger, est celui des abordages entre deux ou plusieurs navires en mer ou lorsqu'ils sont mouillés dans un même port ou sur la même rade.

#### 1. — Diverses espèces d'abordage.

La loi française, d'accord en cela avec la législation de la

plupart des autres nations, distingue trois cas d'abordage :
1° celui qui est l'effet d'une force majeure, c'est-à-dire purement fortuit, comme, par exemple, lorsque deux navires sont
jetés l'un contre l'autre par la violence des vents : chacun
étant tenu de courir les risques de sa chose, on admet que
dans ce cas le dommage est réciproquement compensé et qu'il
n'y a lieu à aucun recours en répétition ; 2° celui qui provient
de la faute d'un des capitaines ou de tous les deux : dans le
premier cas, le dommage est réparé par celui qui l'a occasionné, et dans le second, chaque capitaine est tenu de supporter le préjudice éprouvé à son bord ; 3° celui où il y a doute
sur les causes de l'abordage, c'est-à-dire lorsque le fait ne
provient ni de force majeure, ni de la faute de l'un des deux
capitaines : le dommage doit être alors réparé, à frais communs
et par égales portions, par les navires qui l'ont fait et souffert (1).

En thèse générale, l'abordage étant toujours présumé fortuit, c'est à celui qui prétend le contraire à le prouver en dé-
montrant que le dommage provient de la faute de tel ou tel
capitaine ou de tous les deux.

### 2. — Intervention des consuls.

Dans tous les cas d'abordage entre un navire français et un
autre navire quelconque, les consuls doivent interposer leurs
bons offices pour empêcher, autant que possible, que la question de l'imputation des dommages causés ne dégénère en
question judiciaire. Quand l'abordage a lieu entre deux navires français, le consul peut facilement amener les capitaines à
transiger, en décidant au besoin entre eux, à titre d'arbitre
conciliateur, après toutefois avoir fait constater le dommage
par experts ; mais à défaut de conciliation amiable, il ne pourrait que renvoyer les deux parties à se pourvoir en France devant le tribunal de commerce compétent, sauf en Levant et en
Barbarie où il appartiendrait au tribunal consulaire d'en
connaître.

Lorsqu'au contraire l'abordage a eu lieu avec un navire ap-

(1) Code de commerce, art. 407.

partenant au pays même dans lequel l'accident est arrivé ou à toute autre nation étrangère, le consul n'a plus qu'une intervention officieuse, et doit se borner à provoquer une transaction, soit par l'entremise du capitaine de port, soit par entente amiable avec le consul de la puissance dont le navire abordé porte le pavillon. Si ces deux voies de conciliation n'ont pas amené de résultat, l'autorité judiciaire territoriale reste seule compétente pour prononcer sur la contestation.

Quant à la réparation même des dommages causés à un navire français par le fait d'un abordage, nous n'avons pas besoin de dire qu'il y est toujours procédé sous le contrôle et avec l'assistance du consul, dans la même forme que pour les avaries ordinaires.

## SECTION VI.

Des désarmements et réarmements de navires français dans les consulats.

### § 1er. — DES DÉSARMEMENTS.

Toutes les fois qu'un navire français a été vendu, abandonné, démoli ou détruit à l'étranger pour quelque cause que ce soit, il y a lieu de procéder à la formalité du désarmement. Cette opération consiste 1° dans le retrait et le renvoi en France des papiers de bord; 2° dans la revue, le payement et le rapatriement de l'équipage.

Avant d'indiquer comment les consuls ont à remplir les obligations générales qui leur sont imposées à cet égard, nous devons faire connaître les prescriptions réglementaires propres à chaque cas particulier de désarmement.

**1. — Livraison au dehors d'un bâtiment construit ou vendu en France pour l'exportation.**

Ce premier cas de désarmement est le plus simple et celui qui engage le moins la responsabilité des agents. Le bâtiment vendu en France livrable à l'étranger, cessant d'être bâtiment français dès son arrivée à sa destination et par le fait de la remise qui en est faite par le capitaine à ses nouveaux propriétaires, le consul n'a pas d'autre soin à prendre que celui de lui retirer ses expéditions, de faire payer et rapatrier son équipage. Ce que nous avons dit à la section i de ce chapitre nous dispense de revenir en détail sur cette question particulière.

**2. — Vente volontaire.**

Sauf le cas de force majeure donnant lieu à abandon, un navire français ne peut être vendu volontairement à l'étranger que d'après l'autorisation expresse des propriétaires (1). Le capitaine qui hors de France veut vendre son navire doit donc en faire la déclaration préalable en chancellerie, et présenter au consul le pouvoir spécial qu'il tient à cet effet de ses propriétaires(2). Toute infraction à cette disposition, que la loi punit de la réclusion (3), doit être signalée tant au ministère de la marine qu'à celui des affaires étrangères.

Si la vente s'effectue hors de la chancellerie, le capitaine est même tenu de se munir d'un certificat du consul attestant que son pouvoir est régulier.

Dans le cas, au contraire, où les chanceliers sont appelés à dresser l'acte de vente du navire, il suffit que le pouvoir de vendre dont le capitaine est porteur y soit visé et annexé, mais il est toujours nécessaire que le procès-verbal de vente relate en entier le texte de l'acte de francisation (4).

Les consuls n'ont, du reste, pas à percevoir le droit de sortie ou d'exportation sur les navires français dont la propriété est transférée à des étrangers (5), la douane étant en mesure de le faire en France au moyen des soumissions de francisation.

**3. — Vente forcée.**

Il peut arriver qu'un capitaine soit contraint d'aliéner son navire pendant son séjour à l'étranger. Si, par exemple, le

(1) Code de commerce, art. 237.
(2) Ordonnance du 29 octobre 1833, art. 32.
(3) Loi du 10 avril 1825, art. 14.
(4) *Id.* du 27 vendémiaire an ii, art. 18. — Ordonnance du 29 octobre 1833, art. 32. — *Formulaire à l'usage des consulats,* n° 304.
(5) Circulaire de la marine du 10 octobre 1820.

contrat de grosse hypothéqué sur son bâtiment n'était pas
soldé à l'arrivée à destination, le porteur de l'obligation serait,
aux termes de la loi, en droit de requérir la vente judiciaire
du navire. Il n'y aurait évidemment plus lieu alors à exiger du
capitaine la production d'un pouvoir spécial de vente, la
simple déclaration en chancellerie du cas de force majeure
suffisant pour régulariser l'opération.

Tel serait encore le cas où un capitaine resté dans un port
étranger avec des avaries et ayant été autorisé à réparer son
navire, ne pourrait plus, par suite de circonstances exceptionnelles, une fois ses réparations effectuées, trouver à emprunter la somme nécessaire pour payer ses dépenses. Ce
serait là une cause légitime d'abandon par le capitaine et de
vente aux enchères par ordre du consul.

#### 4. — Confiscation et saisie.

Un bâtiment peut être confisqué par mesure administrative ou saisi judiciairement : après avoir essayé tous les
moyens de le faire relâcher, le consul, en cas d'insuccès de
ses démarches, n'a plus en dernier lieu qu'à en provoquer l'a-
bandon, et à procéder à son désarmement dans les formes
réglementaires; la question de droit reste évidemment réservée dans tous les cas, soit qu'elle continue à être discutée
judiciairement, soit qu'elle doive seulement être débattue
par la voie diplomatique.

#### 5. — Arrêt de prince.

L'arrêt de prince peut encore donner lieu à l'étranger à l'a-
bandon d'un navire dans un délai déterminé que la loi
accorde aux intéressés pour le faire relâcher (1). Lorsque, au
lieu de restituer le navire, la puissance qui l'a arrêté en paye
la valeur, soit parce qu'il a souffert une détérioration quelconque, soit parce qu'il a donné lieu à un arrangement diplomatique, ce bâtiment doit, comme dans le cas d'abandon par
le capitaine, être désarmé par le consul dans la forme ordinaire.

(1) Code de commerce, art. 387.

### 6. — Condamnation pour cause d'innavigabilité.

La loi veut également que la vente d'un navire pour cause d'innavigabilité ne puisse avoir lieu à l'étranger qu'en vertu de l'autorisation consulaire (1). Avant de pouvoir procéder à la vente, le capitaine doit donc se pourvoir devant le consul pour faire constater, par experts assermentés, l'état de son bâtiment, la nature et l'importance des réparations qu'il peut nécessiter, et enfin, s'il y a lieu, son innavigabilité. Sur le vu du rapport des experts, le consul donne acte au capitaine de l'état d'innavigabilité du navire, ou dit qu'il n'y a pas lieu, et qu'il doit être réparé pour compte de qui de droit. La marche à suivre est la même que pour la constatation de toute espèce d'avaries.

Les consuls ne sauraient perdre de vue, dans ces sortes d'affaires, que leur mission est de protéger les intérêts des absents avec le même soin que ceux des personnes présentes dont les obsessions ne tendent que trop souvent à léser les intérêts des premiers. Ce sont surtout les estimations de réparations faites ou à faire sur les lieux qu'il est essentiel de surveiller et contrôler de très-près. Tout en prenant les mesures convenables pour que la sûreté des équipages et les intérêts des armateurs et des chargeurs ne soient pas compromis, les consuls doivent donc, lorsqu'il y a de leur part la moindre suspicion de fraude, ordonner d'office une contre-expertise dont les résultats ne peuvent qu'ajouter à la régularité de la procédure (2).

Il ne sera pas inutile de rappeler à ce propos que, lorsqu'une assurance porte sur un navire évalué de gré à gré dans la police, et que le délaissement est motivé sur la perte ou la détérioration des trois quarts, la quotité de l'une ou de l'autre ne doit pas se déterminer par la comparaison de la valeur estimative portée dans la police avec celle du navire après le sinistre, mais bien par la comparaison de la même valeur estimative portée dans la police avec le montant de la dépense jugée nécessaire pour réparer le navire (3).

(1) Loi du 15 août 1791.
(2) Circulaire de la marine du 23 juillet 1838.
(3) Arrêts de la cour de Paris des 4 décembre 1839 et 19 mai 1840.

Les consuls n'ont, du reste, pas à intervenir dans l'action en délaissement, pas plus pour un navire que pour des marchandises ; en effet, le capitaine n'a pas, en général, mandat de ses armateurs pour délaisser son navire ; et l'eût-il, un consul n'a pas lui-même qualité pour accepter ce délaissement au nom et pour compte des assureurs, le pouvoir de statuer à cet égard étant réservé par la loi aux tribunaux du domicile des parties (1).

Lorsque l'innavigabilité d'un navire est légalement constatée, le capitaine n'a plus qu'à en requérir la vente pour qui de droit ; il l'abandonne bien par le fait en agissant ainsi, mais le droit des assureurs absents est réservé. Cette règle est d'autant plus absolue et impérative, que la cour suprême a décidé (2) que le juge du domicile des parties, saisi de la question de validité d'un délaissement pour cause d'innavigabilité, pouvait rejeter le délaissement, nonobstant la déclaration d'innavigabilité rendue en pays étranger par un consul.

L'action en délaissement à la suite d'un naufrage ne saurait elle-même être préjugée par un consul ; c'est toujours aux tribunaux, et non à l'autorité administrative, à juger s'il y a lieu au délaissement ou simplement à l'action d'avarie ; aussi, bien qu'un consul eût déclaré qu'un échouement a eu lieu avec bris, les tribunaux ne seraient pas liés, et pourraient, d'après les preuves appréciées par eux, décider le contraire (3).

La vente d'un navire condamné pour cause d'innavigabilité doit toujours être faite aux enchères et autant que possible en chancellerie. Lorsque, d'après la législation locale, l'intervention d'un courtier est requise, il est bon que le chancelier assiste à la vente et en dresse un procès-verbal séparé que le capitaine et deux témoins sont tenus de signer.

Aucun texte de loi n'a déterminé l'usage qui doit être fait à l'étranger du produit de la vente d'un bâtiment condamné comme innavigable. Si cependant on tient compte de l'esprit qui a évidemment inspiré la rédaction de l'article 77 de l'ordonnance du 29 octobre 1833, il est difficile de n'en pas in-

(1) Code de commerce, art. 369.
(2) Arrêt de la cour de cassation du 1er août 1843.
(3) *Id. Id.* du 3 août 1821.

duire pour le consul le droit de faire verser en chancellerie le
produit de la vente forcée d'un navire français. Sur quels motifs, en effet, le capitaine s'appuierait-il pour retenir entre ses
mains le produit de la vente? Le fait d'innavigabilité constaté
par les experts n'est-il pas immédiatement suivi de sa part
d'une déclaration d'abandon, pour compte de qui de droit,
déposée entre les mains du consul? Cette déclaration d'abandon, l'une des bases de la condamnation et de la vente, ne
fait-elle pas virtuellement cesser le commandement, en d'autres termes l'action du capitaine, sur la coque de son navire?
N'est-ce pas dès l'instant même de l'abandon et de la condamnation que cessent de courir les gages de l'équipage, et que
l'action exclusive, souveraine du consul est substituée à celle
du capitaine? Si, comme il nous paraît qu'on ne peut en dou-
ter, ces questions doivent se résoudre par l'affirmative, il nous
semble incontestable qu'en thèse générale, le consul a le droit
d'imposer telles clauses ou conditions qu'il juge convenable à
la vente des navires dont il a légalement prononcé la condamnation, et qu'il peut notamment obliger les acheteurs à
verser en chancellerie le montant de l'adjudication faite à leur
profit. Par une conséquence de ce même principe, nous ne
saurions admettre que le capitaine d'un navire déclaré innavigable pût être fondé à s'opposer à l'action administrative du
consul, et à réclamer, comme un droit, la conservation entre
ses mains et la libre disposition des fonds réalisés par la vente
de son bâtiment.

#### 7. — Vente après naufrage.

En nous occupant spécialement, à la section suivante, des
navires naufragés, nous verrons quelles sont les formalités
qui doivent accompagner la vente à l'étranger des produits de
sauvetage. Les opérations du désarmement sont les mêmes
dans le cas de naufrage que dans celui de condamnation pour
cause d'innavigabilité.

#### 8. — Retrait et renvoi en France des papiers de bord.

La retenue par le consul des papiers de bord déposés en
chancellerie, c'est-à-dire de l'acte de francisation, du rôle

d'équipage, du congé et de la feuille d'inventaire, doit avoir lieu dans tous les cas de désarmement et quand bien même cette opération serait suivie d'un réarmement immédiat sous pavillon national ; quoique les règlements prescrivent l'envoi immédiat de ces papiers à l'administration du port d'attache du navire désarmé, il est d'usage que les consuls les adressent directement au ministère de la marine, par les soins duquel ils sont ensuite transmis à qui de droit. De quelque manière qu'ait, du reste, lieu cet envoi, le point essentiel est qu'il soit effectué le plus promptement possible et sans attendre l'achèvement des opérations de désarmement et le rapatriement de l'équipage. On sait en effet que la loi (1) impose aux propriétaires des navires français vendus, démolis ou détruits à l'étranger, l'obligation de rapporter l'acte de francisation au bureau de la douane, dans un délai qui varie selon l'éloignement du lieu de la vente ou du sinistre. Les consuls ne sauraient donc, sans compromettre les intérêts des propriétaires et sans engager leur propre responsabilité, retarder l'envoi en France des papiers de bord des bâtiments désarmés dans leur chancellerie.

### 9. — Opérations complémentaires du désarmement.

Ce n'est qu'après l'accomplissement de ces formalités préliminaires que commencent, à proprement parler, les opérations de désarmement prescrites par l'article 33 de l'ordonnance du 29 octobre 1833. Elles consistent pour les consuls : 1° à passer la revue de l'équipage ; 2° à veiller à ce que le décompte des salaires acquis soit fait et payé, s'il est possible, avec le produit de la vente de la coque ou des débris du navire et, lorsqu'il y a lieu, avec le montant du fret acquis ; 3° à faire verser en chancellerie le montant de ce décompte, ainsi que les frais approximatifs de rapatriement, lorsque l'intégralité du produit de la vente n'est pas versée entre leurs mains ; 4° enfin, et après que l'équipage a été rapatrié, à transmettre au département de la marine le reliquat des fonds disponibles.

(1) Loi du 27 vendémiaire an II, art. 16.

### 10. — Envoi des fonds en France.

'L'ordonnance du 29 octobre 1833, en disant que les fonds provenant de navires désarmés devaient être transmis au trésorier général des invalides, n'a pas entendu préciser que c'était à ce comptable directement que l'envoi devait en être fait, mais bien en son nom et à son ordre. Les règles générales que nous avons indiquées au chapitre 3 de ce livre pour la transmission de valeurs à la caisse des invalides sont, en effet, de tous points applicables aux envois de fonds ayant cette origine spéciale. Aussi, tout en faisant leurs remises en France par traites libellées à l'ordre du comptable chargé d'en suivre l'encaissement, c'est-à-dire du trésorier général des invalides, les consuls doivent-ils adresser directement ces traites au ministère de la marine avec les pièces destinées à établir la provenance et la distribution des différents produits dont elles représentent la valeur (1).

A plus forte raison, les fonds provenant de bris ou naufrages ne doivent-ils jamais être transmis au ministère des affaires étrangères, ni endossés à l'ordre personnel du ministre de la marine, qui est seulement chargé de les faire tenir, avec les pièces justificatives à l'appui, au trésorier général des invalides.

### 11. — Payement des sommes dues aux équipages.

Dans les cas autres que ceux de vente volontaire, lorsqu'il est nécessaire que le fret acquis soit, en totalité ou en partie, employé au payement des salaires de l'équipage et à ses frais de rapatriement (2), le montant doit en être versé par le capitaine dans la caisse des gens de mer du consulat, et forme alors en recettes, sur l'état de liquidation, l'article second, le produit de la vente du navire devant toujours être le premier. Si, par suite du refus du capitaine ou pour toute autre cause, le versement du fret n'a pas eu lieu, le consul en donne avis au ministère de la marine, afin que le recouvrement puisse être

(1) Circulaire de la marine du 31 juillet 1845.
(2) Code de commerce, art. 271.

poursuivi contre les armateurs, par l'administration du port d'armement.

Lorsqu'une circonstance de force majeure, autre qu'un naufrage complet, par exemple une vente pour cause d'innavigabilité, vient brusquement interrompre un voyage commencé, les loyers de l'équipage se liquident, d'après le rôle, jusqu'au jour de la condamnation sans supplément ni gratification d'aucune sorte. Quand, au contraire, l'interruption du voyage est volontaire, c'est-à-dire le fait des propriétaires, affréteurs ou capitaines, la loi veut que les matelots en soient indemnisés (1). Le chiffre de cette indemnité varie suivant les conditions d'engagement. Ainsi, pour les hommes loués au voyage, et congédiés à la suite de la vente volontaire du navire sur lequel ils servaient, la gratification consisterait dans le payement intégral des salaires convenus pour le voyage entier. Pour ceux engagés au mois, on liquiderait d'abord les loyers échus, et l'on y ajouterait, comme indemnité, la moitié des salaires qui auraient pu être gagnés pendant le temps présumé qu'eût employé l'achèvement de la traversée (2). Ce calcul s'établit de gré à gré entre le consul, le capitaine et l'équipage, ou, à défaut d'accord amiable, est réservé à l'appréciation ultérieure de l'autorité maritime en France. Dans ce dernier cas, il y aurait seulement lieu pour le capitaine à fournir, au profit de l'équipage, une caution valable, ou à verser en chancellerie une somme suffisante pour répondre des sommes qui pourraient plus tard être mises à la charge de l'armement.

La règle d'après laquelle les salaires acquis par les gens de mer ne doivent jamais leur être payés intégralement à l'étranger, s'applique à tous les cas de désarmement ; les matelots d'un navire désarmé doivent d'ailleurs être nourris et défrayés de leurs besoins aux frais de l'armateur jusqu'après leur rapatriement. Les avances sur salaires, ou à tout autre titre, qui peuvent exceptionnellement leur être faites par les consuls se renferment naturellement dans des limites très-restreintes.

(1) Circulaire de la marine du 31 août 1848.
(2) Code de commerce, art. 252.

28

Soit qu'il s'agisse d'un navire vendu ou d'un navire détruit, le produit du décompte des salaires versés en chancellerie par les capitaines doit toujours être transmis en France par les consuls, *brut*, c'est-à-dire sans retenue d'aucune sorte pour la caisse des invalides (1).

Le seul cas dans lequel les consuls puissent avoir à prélever directement et sur place la prestation des invalides pour des décomptes de solde, est celui où parmi l'équipage de navires français vendus, démolis ou détruits dans la circonscription de leur arrondissement, il se trouverait des marins étrangers vis-à-vis desquels, à moins d'engagements contraires inscrits sur le rôle, ils n'ont d'autre devoir à remplir, après payement de leurs loyers, que de les diriger vers le consul de la nation à laquelle ils appartiennent (2). Quant à la retenue au profit de la caisse des invalides, elle s'élève, comme on sait, à trois centimes par franc sur les gages des marins naviguant à salaire, et pour les gens de mer qui naviguent à la part, à 1 franc par mois pour chaque officier marinier, 75 centimes pour chaque matelot, 50 pour les novices, et 25 pour les mousses (3). Toutefois, les marins loués exceptionnellement à la part du fret sur les navires destinés aux voyages de long cours sont assimilés, par les règlements, à ceux qui sont engagés au mois, et ils contribuent, en faveur de la caisse des invalides, à raison de trois centimes par franc sur le montant des parts qui, d'après le rôle, peuvent leur revenir lors du désarmement (4). Le montant total de cette retenue se joint au décompte des gages dus aux matelots français, et se transmet en France par un seul et même envoi avec les pièces justificatives, c'est-à-dire avec les reçus des parties prenantes pour les sommes directement payées par les consuls.

(1) Circulaire de la marine du 31 août 1848.

(2) Ordonnance du 29 octobre 1833, art. 24.

(3) Édit de juillet 1720. — Loi du 13 mai 1791. — Arrêté du 27 nivôse an ix. — Règlement du 17 juillet 1816. — Ordonnance du 9 octobre 1837.

(4) Circulaire de la marine du 21 décembre 1841.

## 12. — États de décompte de solde.

A l'appui de leur bordereau de recettes des fonds envoyés
à la caisse des invalides en cas de désarmement, les consuls
sont tenus de joindre un état de décompte de solde (1) pour
la somme *brute* revenant tant à l'équipage qu'à la caisse des
invalides, et en même temps un rôle séparé de désarmement
du navire.

Lorsqu'il a été fait sur place des payements directs, soit à
des Français, soit à des étrangers, l'état de décompte doit le
constater, et être alors émargé par chacune des parties prenantes à côté de la mention de son nom.

## 13. — Rôles de désarmement.

Les agents du service extérieur ont reçu du ministère de la
marine un modèle réglementaire des formules à suivre pour
la rédaction des rôles de désarmement commun aux trois
sortes d'engagement de matelots (2). Nous ne pouvons que
leur recommander de s'y conformer avec la plus scrupuleuse
exactitude, et surtout de ne pas perdre de vue, en dressant
ces rôles, qu'ils ne doivent accepter les apostilles destinées à
constater des payements d'à-comptes faits en cours de voyage
qu'autant qu'elles sont inscrites sur les pièces de bord dans
la forme indiquée par les règlements, toutes celles qui seraient
irrégulières devant être laissées à l'appréciation de l'autorité
maritime du port d'armement (3).

Les expéditions des rôles de désarmement se transmettent
au ministère de la marine à la fin de chaque trimestre, sous
le timbre de la direction des invalides, avec toutes les pièces
ou avis qui se rapportent aux navires désarmés. Ils servent à
l'administration : 1° à tenir au courant dans chaque quartier
la matricule des navires ; 2° à vérifier si la caisse des invalides
a perçu le montant intégral de ce qui lui est dû ; 3° à constater

(1) *Formulaire à l'usage des consulats,* n° 37.

(2) Circulaire de la marine du 12 août 1856. — *Formulaire à l'u-
sage des consulats,* n° 298.

(3) Circulaires de la marine des 21 septembre 1821 et 31 août 1846.

pour chaque matelot la durée du temps de navigation qui doit lui donner des droits à la pension de retraite (1).

### § 2. — DES RÉARMEMENTS.

#### 1. — Avis à donner au ministère de la marine.

Lorsqu'il y a lieu au réarmement, hors de France, d'un navire désarmé dans un consulat, il doit en être donné avis au ministère de la marine, auquel se transmettent simultanément les décomptes de solde et le rôle de désarmement du même navire (2).

A la fin du trimestre pendant lequel l'opération a été effectuée, il en est fait mention sur l'état du mouvement général des navires français armés ou désarmés (3).

#### 2. — Expéditions provisoires.

Dans tous les cas de réarmement d'un navire français à l'étranger, le consul doit se borner à délivrer au capitaine un congé et un rôle d'équipage provisoires (4) sur lesquels il mentionne les changements de propriétaires et les conditions de réexpédition. Cette prescription réglementaire a pour objet de faciliter à l'autorité maritime et à l'administration des douanes le moyen de statuer en pleine connaissance de cause sur la question de francisation lorsque le navire sera revenu en France.

Pour prévenir, du reste, l'abus qu'un capitaine placé dans cette position pourrait faire du rôle d'équipage et du congé provisoires qui lui auraient été délivrés, il est prescrit aux consuls de mentionner expressément sur ces pièces qu'elles cesseront de plein droit d'être valables si le navire auquel elles se rapportent n'effectue pas son retour en France dans un délai dont la durée se détermine à l'avance d'après une

---

(1) Circulaires de la marine des 4 décembre 1835, 12 août 1836 et 31 août 1848.

(2) Circulaire de la marine du 4 décembre 1835.

(3) *Formulaire à l'usage des consulats*, n° 77.

(4) *Id.*, n°ˢ 272 et 297.

appréciation équitable des chances ordinaires du voyage projeté et avec faculté pour le navire de faire une ou deux esca-
les (1).

### 3. — De la visite avant de prendre charge.

Les consuls doivent tenir la main à ce que les navires français réarmés dans les ports de leur arrondissement et destinés
pour des voyages de long cours soient, avant de prendre
charge, soumis à la visite prescrite tant par l'article 225 du
Code de commerce que par la loi du 9 août 1791, titre III,
art. 11 et 14 (2).

Nous avons dit à la section ɪ de ce chapitre comment
s'exécutait cette visite réglementaire ; nous n'y reviendrons pas
ici, et nous nous bornerons à dire qu'en cas de réarmement le
navire doit subir les deux reconnaissances prescrites par la
loi de 1791. S'il arrivait qu'un capitaine refusât de se soumettre à cette obligation, le consul manquerait à ses devoirs
s'il ne commettait directement des experts pour procéder
d'office à une visite que la loi impose pour la sûreté de l'équipage, autant que pour la sauvegarde des intérêts des affréteurs, chargeurs et autres ayants droit.

### 4. — Embarquement du chirurgien et du coffre de médicaments.

Les consuls doivent également veiller à ce que les prescriptions des règlements sur l'embarquement des chirurgiens,
ou, à leur défaut, d'un coffre de médicaments, soient rigoureusement exécutées par les capitaines des bâtiments réarmés
dans leur arrondissement. Aucune loi n'a édicté de peine
contre le capitaine qui, dans les cas où l'embarquement d'un
homme de l'art est exigé, partirait sans chirurgien ou tout au
moins sans s'être muni d'un coffre de médicaments ; par analogie avec la marche suivie en France dans les mêmes circonstances, nous pensons qu'à moins d'impossibilité absolue
pour le capitaine, le consul serait alors en droit de refuser la

(1) Circulaires des affaires étrangères des 24 novembre 1845, 12 octobre 1846 et 28 juillet 1848, et de la marine du 31 août 1848.
(2) Ordonnance du 29 octobre 1833 art. 43.

délivrance du rôle d'équipage, pièce indispensable pour la mise en mer du bâtiment.

Pour rester dans les termes de l'ordonnance de 1819, un capitaine armant à l'étranger est tenu, trois jours au moins avant son départ, de déposer en chancellerie son coffre de médicaments après l'avoir fait compléter dans les mêmes proportions qui avaient été déterminées par la commission spéciale du port d'armement, lors de son départ primitif de France, et de requérir la vérification de son contenu.

Le consul commet dans ce but un médecin, un chirurgien et un pharmacien, celui-ci ne devant jamais être le même que celui qui a vendu les médicaments. Ces experts, en présence du capitaine et du chirurgien, quand il en est embarqué, procèdent à la visite réclamée, admettent les médicaments ou les rejettent, et les font alors dûment remplacer (1).

Il est dressé du tout, pour être remis au capitaine, avec le visa du consul, un procès-verbal présentant l'inventaire exact du coffre (2).

En France, il est alloué quinze francs de vacations à la commission qui procède à ce genre de visites : à l'étranger, lorsque le droit à payer n'est pas fixé par le tarif annexe de la chancellerie, il est réglé à l'amiable entre le capitaine et les experts, sous le contrôle du consul. Le visa consulaire apposé sur le procès-verbal de visite se délivre sans frais.

### 5. — Composition de l'équipage.

Ainsi que nous l'avons déjà dit à la section I de ce chapitre, toutes les lois et ordonnances relatives tant à la composition qu'à la nationalité des équipages des navires marchands, sont exécutoires à l'étranger comme en France. Les consuls doivent donc dans les cas de réarmement veiller à ce qu'il n'y soit point dérogé.

(1) Ordonnance du 4 août 1819, art. 10.
(2) *Formulaire à l'usage des consulats*, n° 312.

## SECTION VII.

### Des navires naufragés.

§ 1<sup>er</sup>. — DEVOIRS ET OBLIGATIONS GÉNÉRALES DES CAPITAINES ET DES CONSULS DANS TOUS LES CAS DE NAUFRAGES.

#### 1. — Principes généraux.

Les obligations générales imposées aux capitaines de la marine marchande, dans tous les cas de bris ou de naufrages à l'étranger, découlent des principes consacrés par le Code de commerce. Quant à la compétence des consuls et à leur droit d'intervention en cette matière, ils résultent des lois et règlements qui leur confèrent les mêmes pouvoirs qu'aux administrateurs de la marine en France (1). Pour les uns et les autres le résumé de leurs obligations et de leurs droits se trouve dans le titre V, art. 55 à 77 de l'ordonnance du 29 octobre 1833, dont nous allons présenter ici l'analyse succincte.

#### 2. — Obligations des capitaines.

Tout capitaine qui a fait naufrage et qui s'est sauvé seul ou avec une partie de son équipage, est tenu de faire ou d'adresser à l'agent français le plus rapproché du lieu du sinistre un rapport détaillé sur les circonstances de la perte de son bâtiment (2). La loi, tenant compte de la force majeure, n'a fixé aucun terme fatal pour le dépôt de ce rapport, à la rédaction duquel le capitaine doit seulement, dans l'intérêt même de sa responsabilité, apporter le moins de retard possible (3).

(1) Instruction générale du 8 août 1814.—Circulaire de la marine du 12 mars 1830.—Ordonnance du 12 mars 1836, art. 1<sup>er</sup>.—Circulaire de la marine du 31 mars 1849.

(2) Code de commerce, art. 246.

(3) Arrêt de la cour de cassation du 1<sup>er</sup> septembre 1813.

La forme de ce rapport varie naturellement suivant qu'il s'agit d'un véritable naufrage ou d'un simple échouement. Dans le premier cas, le capitaine énonce, avec toute la précision nécessaire, le lieu du sinistre ; les noms des marins ou passagers qui auraient péri ; l'état du navire et des canots, embarcations ou autres objets qui en dépendaient ; enfin la nature des effets, marchandises, papiers ou espèces qu'il aurait sauvés. Dans le second, c'est-à-dire lorsqu'il y a eu bris, le capitaine ajoute à cet énoncé toutes les indications qui pourraient faciliter le renflouement et le sauvetage, soit du navire, soit de la cargaison ; s'il y avait lieu, il compléterait son rapport en précisant les circonstances, telles que les cas de fortune de mer, de voie d'eau, d'incendie, de poursuite par l'ennemi ou par un pirate, qui l'auraient forcé ou déterminé à jeter son navire à la côte (1).

Hors le cas de péril imminent, la loi défend au capitaine, sous peine d'être puni comme coupable de baraterie, de décharger aucune marchandise avant d'avoir fait le rapport destiné à constater son sinistre (2). C'est là un principe fort sage, dicté d'une part par l'intérêt même des chargeurs dont la propriété serait exposée à être détériorée, perdue ou détournée dans le premier trouble occasionné par un naufrage, et d'autre part par des considérations d'ordre public de la dernière gravité, si, par exemple, la cargaison était de la nature de celles dont l'admission est subordonnée à certaines précautions sanitaires.

### 3. — Droits et devoirs généraux des consuls.

Dès qu'un consul a connaissance du naufrage ou de l'échouement d'un navire français sur un point quelconque de son arrondissement, il doit se hâter de prendre ou de provoquer les mesures convenables pour qu'il soit porté secours aux naufragés et procédé au sauvetage. Si les premiers avis parviennent à un vice consul ou agent consulaire, celui-ci est tenu, en prenant les mesures provisoires que l'état des choses

---

(1) Ordonnance du 29 octobre 1833, art. 55.
(2) Code de commerce, art. 268. — Loi du 10 avril 1825, art. 14.

peut réclamer, de rendre compte de l'événement sans le moindre retard au consul sous la direction duquel il est placé, et de se conformer ultérieurement aux ordres et instructions qui lui seraient adressés (1).

Toutes les opérations relatives aux naufrages et sauvetages pouvant être considérées comme impliquant l'exercice extérieur d'une certaine juridiction sur un territoire étranger, et comme devant tantôt annuler, tantôt affaiblir les droits administratifs ou autres qui appartiennent aux autorités territoriales, on conçoit que nos consuls, pour remplir les devoirs généraux que les règlements leur imposent à cet égard, ont avant tout à se guider d'après l'usage ou d'après les principes du droit conventionnel qui régit les relations entre la France et le pays dans lequel ils résident (2). L'utilité de l'intervention exclusive de l'autorité consulaire en semblable matière a été si universellement reconnue, qu'on peut établir que toutes les puissances maritimes l'ont consacrée, sous la seule condition de réciprocité, soit expressément par des traités, soit tacitement par l'usage qu'elles ont laissé s'établir dans leurs ports. Dans certaines contrées, en Danemark par exemple, l'action des consuls ne peut s'exercer que de concert avec l'autorité locale ; dans d'autres pays, comme en Angleterre et aux États-Unis, elle ne va pas au delà de la réunion des papiers de bord des navires échoués et de l'encaissement du produit de la vente des objets sauvés.

Dans les contrées, aujourd'hui en petit nombre, où la direction et la gestion des sauvetages ne sont pas rangées parmi les attributions consulaires, les agents français n'ont évidemment, dans la limite des usages consacrés et des instructions spéciales dont ils sont munis, d'autre rôle à jouer que celui de surveillants et de protecteurs officieux des intérêts de leurs nationaux (3). Il va sans dire, au contraire, que partout où, soit en vertu de traités, soit en vertu du principe de réciprocité, les consuls sont autorisés à donner exclusivement des ordres en matière de bris et naufrages, ces agents doivent

(1) Ordonnance du 29 octobre 1833, art. 56 et 57.
(2) Circulaire de la marine du 27 mai 1825.
(3) Ordonnance du 29 octobre 1833, art. 75.

faire auprès de l'autorité territoriale qui les aurait devancés sur les lieux du sinistre les réquisitions nécessaires pour être admis à opérer directement et en toute liberté, et pour que toute personne non agréée par eux soit immédiatement obligée de se retirer et de leur remettre les objets déjà sauvés moyennant, bien entendu, le remboursement de tous les frais faits à leur occasion (1).

Cette prescription réglementaire n'est cependant point absolue; elle ne met donc point obstacle à ce que le consul laisse volontairement la procédure du sauvetage entre les mains de l'autorité qui s'en est trouvée saisie avant son arrivée sur les lieux, s'il juge que l'opération est régulièrement conduite et trop avancée pour que son intervention tardive doive offrir un avantage sérieux aux ayants droit absents. C'est là une question d'appréciation qui découle directement du droit absolu conféré au consul, et que celui-ci résout en raison des circonstances en face desquelles il se trouve placé (2).

Le pouvoir administratif de nos agents au dehors, en matière de bris et naufrages, ayant pour fondement invariable le principe de la réciprocité la plus complète, nous ne croyons pas inutile de rappeler ici, d'une manière sommaire, la marche qui s'observe en France à l'égard des consuls étrangers admis dans nos ports à diriger le sauvetage des bâtiments de leur nation.

Aussitôt que le commissaire de l'inscription maritime dans le quartier duquel a lieu un naufrage a reconnu l'authenticité des pièces de bord, il doit en prévenir le consul de la nation à laquelle appartient le bâtiment (3). Toutefois, jusqu'à l'arrivée de cet agent sur les lieux du sinistre, il est tenu de prendre d'office toutes les mesures nécessaires pour la conservation des effets naufragés; mais dès que le consul se trouve présent, l'intervention directe de l'autorité administrative change de caractère, et ne doit plus avoir pour objet que de maintenir l'ordre, de garantir les intérêts des sauveteurs s'ils sont étrangers aux équipages naufragés, et d'assurer l'exécu-

(1) Ordonnance du 29 octobre 1833, art. 59 et 75.
(2) Circulaire de la marine du 11 août 1845.
(3) *Id.* du 6 avril 1818.

tion des dispositions douanières pour l'entrée et la sortie des marchandises sauvées (1).

En France, le droit de procéder au sauvetage s'applique au navire aussi bien qu'à la cargaison, quelle que soit la nationalité des propriétaires de celle-ci. Dans tous les cas donc où les commissaires de l'inscription maritime ne sont pas appelés à intervenir, c'est au consul saisi de l'opération que les intéressés, quels qu'ils soient, ou leurs fondés de pouvoir, doivent s'adresser pour les détails de l'affaire et pour la remise éventuelle des objets qui leur appartiennent (2). Tels sont les principes généraux dont, à moins de pouvoirs et d'attributions encore plus nettement définis par des dispositions conventionnelles, nos agents ont, le cas échéant, à se prévaloir et à invoquer l'application à leur profit.

**4. — Soins à donner aux naufragés et constatation des décès.**

Nous avons dit que le premier devoir des consuls après avoir reçu l'avis d'un naufrage, était de se transporter sur les lieux du sinistre, et de s'occuper des soins à donner à l'équipage en faisant administrer tous les secours nécessaires aux personnes blessées ou noyées.

Lorsque les efforts faits pour rappeler ces derniers à la vie sont demeurés infructueux, les consuls doivent se concerter, s'il y a lieu, avec l'autorité territoriale pour faire constater en due forme l'identité des décédés, dresser les actes mortuaires, et assurer l'inhumation des corps (3). Les effets des défunts qui sont recueillis pendant le cours du sauvetage se déposent d'office en chancellerie (4), et l'on procède ultérieurement à leur égard conformément aux règles générales tracées pour la liquidation des successions maritimes.

Si un individu appartenant à l'équipage ou un passager a disparu au moment du naufrage, sans que le cadavre ait

(1) Ordonnance du 26 juillet 1837, art. 28.
(2) Circulaire de la marine du 27 mai 1823.
(3) Ordonnance du 29 octobre 1833, art. 60.
(4) Règlement du 17 juillet 1816, art. 21. — Ordonnance du 29 octobre 1833, art. 38.

pu ensuite être retrouvé, la disparition est constatée par le
consul au moyen d'un procès-verbal qu'il signe conjointement avec les témoins de l'événement (1).

Tous les papiers, tels que chartes parties, connaissements,
patentes de santé ou autres titres écrits, et surtout les papiers
de bord, l'acte de francisation, le congé, le rôle d'équipage, etc.,
provenant d'un naufrage, se déposent en chancellerie. Celles
de ces pièces qui ont trait aux opérations commerciales du
navire doivent en outre être cotées et paraphées par le consul (2).

### 5. — Procès-verbaux circonstanciés du sinistre.

Le rapport que le capitaine est tenu de faire sur les circonstances de son naufrage, au moment même où il arrive à
terre, peut difficilement entrer dans tous les détails nécessaires pour éclairer d'une manière complète la religion du
consul qui le reçoit. Celui-ci, en arrivant sur le lieu du sinistre,
doit donc se mettre en mesure de contrôler l'exactitude des
faits qui lui sont dénoncés, et d'en compléter, au besoin, l'exposé, en interrogeant scrupuleusement les gens de l'équipage
et les passagers qui auraient échappé au naufrage, pour dresser
ensuite un procès-verbal circonstancié de leurs dires et déclarations (3). Dans cette espèce d'enquête sur les causes et particularités du naufrage ou de l'échouement, enquête dont les
résultats doivent être immédiatement notifiés au ministère de
la marine, les consuls ont ordre de s'attacher spécialement à
vérifier si le sinistre provient de crime ou délit, en un mot
d'une baraterie de patron, et s'il ne s'y rattache pas quelque
manœuvre frauduleuse destinée à tromper les assureurs (4).

Nous indiquerons au chapitre 7 du présent livre la marche
qu'il y aurait à suivre dans le cas où ces investigations con-
duiraient à la découverte de faits et d'actes pouvant entraîner
une répression criminelle.

Les consuls manqueraient à l'une des obligations qui leur

(1) Instruction de la marine du 2 juillet 1828.
(2) Ordonnance du 29 octobre 1833, art. 61.
(3) *Formulaire à l'usage des consulats*, n° 299.
(4) Ordonnance du 29 octobre 1833, art. 62.

sont le plus impérieusement prescrites dans ces sortes d'affaires si, après les premiers soins donnés aux naufragés et à l'achèvement de l'enquête dont nous venons de parler, ils ne se hâtaient d'instruire les armateurs, chargeurs ou assureurs établis en France, du sinistre qui les concerne. Le nom de tous les intéressés pouvant difficilement être connu à l'origine même des opérations de sauvetage, les ordonnances veulent (1) que les avis concernant les naufrages soient adressés simultanément, par les voies les plus promptes, aux administrations maritimes et aux chambres de commerce, tant du port de départ que de celui de destination, et au ministère de la marine, sous le timbre de la direction des invalides (bureau des prises, bris et naufrages). Ces avis doivent, du reste, se borner à l'indication des noms du bâtiment naufragé, du capitaine, des armateurs et du port d'expédition, avec un aperçu sommaire du chargement, le tout accompagné, quand faire se peut, d'une expédition du rapport du capitaine et du résultat des informations recueillies sur les causes du sinistre. Les envois de pièces, comptes ou valeurs, s'il y avait lieu d'en faire, ne s'opéreraient naturellement que par l'entremise du ministère de la marine (2).

### § 2. — OPÉRATIONS DE SAUVETAGE PROPREMENT DITES.

#### 1. — Observations générales.

Ce n'est qu'après l'accomplissement des devoirs généraux et des formalités préliminaires que nous venons d'indiquer que commence, à proprement parler, le sauvetage. Avant cependant d'expliquer en détail la marche que les consuls ont à suivre à cet égard, soit qu'ils dirigent eux-mêmes l'opération, soit que, sous leur contrôle immédiat et incessant, ils en délèguent le soin au chancelier de leur poste ou à tout autre agent placé sous leurs ordres, nous avons encore à consigner ici quelques observations essentielles qui

(1) Ordonnance du 29 octobre 1833, art. 64.
(2) Circulaires de la marine des 1er octobre 1814, 21 février 1832, 8 octobre 1839 et 31 août 1848.

découlent de la différence même des circonstances qui en cette matière peuvent provoquer l'intervention officielle de l'autorité consulaire.

Le sinistre d'un bâtiment marchand peut provenir ou d'échouement ou de naufrage; l'échouement lui-même peut être accompagné de bris. Dans ce dernier cas, les opérations administratives qu'il motive se confondent avec celles d'un naufrage ordinaire, tandis que, dans le premier cas, c'est-à-dire lorsque le bâtiment échoue sur une plage, dans une rivière, sur un bas-fond quelconque, et s'engrave sans être brisé, la marche à suivre est infiniment moins compliquée.

Nous établirons donc tout d'abord qu'en principe, lorsqu'il y a échouement simple, le capitaine n'est point démonté, et que le consûl n'est alors appelé à intervenir, comme dans les cas de procédures d'avaries, que pour faciliter les opérations nécessaires au renflouage du navire, et seconder le capitaine dans les mesures qu'il peut être amené à prendre, soit pour empêcher que sa cargaison ne s'avarie, soit pour débarquer et bonifier à terre la partie du chargement qui aurait déjà souffert (1).

Si maintenant, par la position qu'il occupe, le bâtiment engravé obstruait l'entrée d'un port et n'était pas jugé susceptible d'être relevé, et si, par suite, il y avait lieu d'en ordonner la démolition sur place, le consul, sur la réquisition des autorités territoriales ou du capitaine, et d'après l'avis d'experts assermentés, devrait en faire l'objet d'un décret spécial dûment motivé (2) : seulement le caractère de l'échouement change alors de nature, le capitaine se trouve dessaisi, et tout ce qui se rattache au sauvetage des débris du navire dépecé rentre dans les attributions directes et exclusives du consul.

En dehors du cas spécial d'échouement simple que nous venons de caractériser, toutes les opérations résultant d'un échouement avec bris ou d'un naufrage sont identiquement les mêmes.

(1) Circulaire de la marine du 30 juin 1820.
(2) Ordonnance du 29 octobre 1833, art. 69.

**2. — Sauvetage et emmagasinement.**

Le premier soin du consul en procédant au sauvetage est d'appeler autour de lui, pour renforcer l'équipage qui doit être employé de préférence (1), les ouvriers et manœuvres nécessaires pour accélérer le plus possible les travaux qu'il s'agit d'exécuter. Il passe, dans ce but, tous marchés et contrats à forfait, et règle de gré à gré les prix des journées à fournir et de la location des voitures, charrois ou ustensiles que les circonstances réclament.

Le sauvetage porte d'abord sur tout ce que la mer a pu amener à la côte, et s'étend ensuite à la cargaison, aux apparaux, et finalement à la coque du navire naufragé.

Pour assurer la conservation des objets ainsi recueillis, les consuls ont soit à faire établir des abris provisoires, soit à se procurer des magasins, en instituant en même temps les dépositaires ou gardiens d'office et en se concertant au besoin avec l'autorité locale pour obtenir l'appui de la force publique (2).

Nous n'avons sans doute pas besoin d'ajouter que si, à raison de sa provenance ou de la nature de sa cargaison, le bâtiment naufragé devait tomber sous l'application du régime sanitaire, il y aurait lieu, avant de procéder à l'emmagasinement, à s'entendre avec les administrations spécialement chargées de veiller au maintien de la santé publique (3); le concours de l'autorité douanière du pays est également obligatoire pour la garantie des droits du fisc à l'égard des marchandises sauvetées, quelle que doive être la destination que celles-ci seront ultérieurement appelées à recevoir.

Au fur et à mesure du sauvetage, il doit être dressé un inventaire exact et détaillé des objets recueillis et emmagasinés avec indication des numéros et des marques des colis, caisses ou ballots de marchandises (4). Cet inventaire, dont les énonciations serviront en fin de compte à reconnaître ou à contrôler

(1) Code de commerce, art. 259.
(2) Ordonnance du 29 octobre 1833, art. 63 et 66.
(3) Id. Id., art. 67.
(4) *Formulaire à l'usage des consulats*, n° 500.

les réclamations de chaque ayant droit, et à opérer la répartition proportionnelle des dépenses et des produits du sauvetage, est dressé par le consul ou par son délégué, et signé par
celui-ci conjointement avec le capitaine et le gardien des effets
emmagasinés (1).

Les opérations qu'entraîne la direction d'un sauvetage
affectent des intérêts trop nombreux et souvent trop diver-
gents pour que les agents qui s'en trouvent chargés au dehors
ne comprennent pas la nécessité d'y donner les soins les plus
attentifs et les plus scrupuleux; mais nous pensons aussi
qu'ils sont en droit de prendre toutes les précautions nécessaires pour sauvegarder complétement leur responsabilité, et
que dans ce but ils feront bien, indépendamment des inventaires dont nous venons de parler, de dresser jour par jour et
vacation par vacation, des procès-verbaux circonstanciés des
particularités du sauvetage qu'ils administrent. Cette espèce
de journal quotidien des opérations effectuées sous leurs yeux
ou par leurs ordres se rédige dans la forme ordinaire des
procès-verbaux d'enquête (2), et spécifie notamment les heures
employées à chaque vacation, le nombre de journaliers et de
charrois mis en réquisition, la nature des objets sauvetés, et
le lieu ou l'emplacement où ils ont été mis en dépôt, ainsi que
l'état plus ou moins avarié dans lequel on les a trouvés. Il
va sans dire qu'il doit être signé à la fois, comme les procès-
verbaux d'inventaire, par l'agent instrumentaire, par le capitaine et par les gardiens ou dépositaires d'office.

### 3. — Sauvetage laissé aux parties intéressées.

Si, lors de l'échouement avec bris ou après, les propriétaires
ou assureurs du navire et de la cargaison ou leurs correspondants munis de pouvoirs suffisants, c'est-à-dire représentant tous les intéressés sans exception, se présentent pour opérer le sauvetage par eux-mêmes, en acquittant les frais déjà
faits et donnant caution pour ceux qui resteraient à faire, le

_____

(1) Ordonnance d'août 1681, livre IV, titre 9, art. 11 et 12. — Déclaration du 10 janvier 1790, art. 11 et 12.—Circulaires de la marine des
1er octobre 1814 et 31 août 1848.

(2) _Formulaire à l'usage des consulats_, nos 108, 299 et 300.

consul peut leur laisser le soin de gérer le sauvetage. Il en est de même lorsque le capitaine, le subrécargue ou quelque passager justifie de pouvoirs spéciaux pour procéder au sauvetage en cas de sinistre (1). Si le consul refuse d'obtempérer à ces demandes, sa décision doit être motivée ; et si les parties le requièrent, il leur est donné acte de leurs dires et réquisitions.

Cette disposition de l'ordonnance du 29 octobre 1833, quoique libellée de façon à ne point laisser le moindre doute sur le caractère absolu des droits qu'elle confère aux consuls, a cependant plus d'une fois soulevé au dehors de regrettables discussions, tantôt de la part des capitaines, tantôt de la part des armateurs ou chargeurs. Ce qui a pu y donner lieu, c'est la différence que les règlements ont établie entre les devoirs des commissaires de la marine en France et ceux des agents consulaires. En effet, tandis que pour les premiers l'obligation de se dessaisir de la direction du sauvetage est impérative lorsque tous les intérêts engagés sont représentés sur les lieux du sinistre, les exigences particulières du service extérieur et d'une action publique exercée sur un territoire étranger ont voulu que les consuls fussent investis de pouvoirs discrétionnaires dont ils régleraient l'usage suivant l'appréciation des circonstances : d'où la conséquence que ce qui est obligatoire pour les premiers est demeuré purement facultatif pour les derniers.

Quant aux compagnies d'assurances dont les représentants ou agents dans les ports étrangers ont prétendu parfois s'ingérer dans la gestion d'un sauvetage, et diriger en quelque sorte le consul par les soins duquel il était opéré, elles n'ont évidemment aucun titre légal pour formuler de pareilles exigences, car leur droit de propriété sur la chose sauvetée ne saurait résulter que d'un acte d'abandon régulièrement signifié et accepté. Quelle est d'ailleurs la portée réelle du brevet d'institution donné par les compagnies à leurs agents au dehors ? Il suffit d'en parcourir le texte pour reconnaître qu'il ne crée pas un mandat absolu et ne dispense pas celui qui en est porteur de produire pour chaque bâtiment ou

_____

(1) Ordonnance du 29 octobre 1833, art. 65.

cargaison naufragés les titres sur lesquels reposent les droits
de ses mandants. Les instructions générales imprimées d'ordinaire à la suite de ce brevet ou de cette commission lèvent
même tous les doutes, puisqu'elles rappellent, en termes exprès, que les compagnies n'entendent pas être conduites contre
leur gré et intempestivement à faire acte de propriétaires, et
n'autorisent leur agent à se présenter devant l'autorité consulaire qu'à titre *de conseil*, sauf à faire toutes réserves et
protêts dans le cas où leurs avis ne seraient pas suivis. En
droit comme en fait, l'agent des assureurs n'a donc point en
matière de sauvetage un droit égal, bien moins encore supérieur à celui des consuls, et son rôle, essentiellement officieux,
reste toujours subordonné à la confiance personnelle qu'il
peut inspirer : les principes généraux que nous avons eu
occasion d'énoncer à cet égard en parlant des procédures
d'avaries sont de tous points applicables aux questions de
naufrages.

Les développements dans lesquels nous venons d'entrer
conduisent naturellement à se demander si un consul, après
s'être dessaisi de l'administration d'un sauvetage, conserve
néanmoins le pouvoir d'en reprendre la direction et d'en
concentrer de nouveau tout le détail entre ses mains. Ce
pouvoir ne nous paraît pas contestable ; car, dans des affaires
si complexes et si délicates, il peut inopinément surgir telle
ou telle circonstance, sans parler même de fraudes ou de con-
nivences coupables, qui menacent les intérêts du trésor ou
détruisent l'accord établi à l'origine entre tous les ayants
droit : le consul manquerait évidemment à ses devoirs si,
en face de semblables éventualités, qui se présentent rarement,
il est vrai, et veulent toujours être appréciées avec modération
et sang-froid, il n'interposait pas son action d'arbitre souverain et impartial.

Les règlements, en exigeant qu'avant d'abandonner aux
intéressés le soin d'administrer le sauvetage de ce qui leur
appartient, les dépenses faites ou à faire soient dûment cautionnées, ont eu en vue de sauvegarder les droits du trésor,
le ministère de la marine étant d'ordinaire appelé à faire
l'avance des frais d'entretien et de rapatriement des équipages
naufragés. Toutes les fois donc que les consuls ont en cette

matière jugé convenable de se dessaisir de l'administration du naufrage, qui en principe leur est conférée à titre exclusif, ils doivent continuer d'exercer une active surveillance sur toutes les opérations de détail qui s'y rattachent, et se préoccuper avant tout de conserver intacts les gages de la créance de l'Etat (1).

Nous avons déjà indiqué que les comptes rendus circonstanciés des sauvetages se transmettaient dans tous les cas au ministère de la marine, sous le timbre de la direction des invalides (bureau des prises, bris et naufrages). La copie certifiée des obligations cautionnées souscrites par les ayants droit pour les dépenses de nourriture et de renvoi en France des marins provenant d'un navire naufragé, est adressée au même département ministériel, mais sous le timbre de la direction des fonds et du secrétariat général, bureau des dépenses d'outre-mer (2).

### 4. — Payement des dépenses matérielles de sauvetage.

Il est assez difficile au moment même d'un naufrage d'apprécier si les produits qu'on a l'espoir de recueillir suffiront pour solder les dépenses qu'entraîne forcément leur sauvetage. Les consuls qui se sont réservé le soin de diriger ces sortes d'opérations doivent s'imposer dans tous leurs détails l'économie la plus sévère, et se préoccuper incessamment de la crainte de laisser en fin de compte à la charge du trésor des excédants de dépenses pour le rapatriement des équipages (3).

Nous avons déjà dit que les dépenses matérielles de sauvetage devaient, autant que possible, se régler à l'avance et de gré à gré entre ceux qui y sont employés (4) : ajoutons ici, quant aux matelots naufragés, que, de quelque manière qu'ils aient été engagés au port d'armement, ils sont payés à la journée pour tout le temps qu'ils donnent à sauver les débris

---

(1) Circulaires de la marine des 21 septembre 1818 et 31 août 1848.
(2) *Id.* des 29 janvier 1819 et 8 octobre 1839.
(3) *Id.* du 31 août 1848.
(4) Ordonnance du 29 octobre 1833, art. 70.

ou la cargaison du bâtiment sur lequel ils servaient (1). Le
naufrage ayant en effet détruit l'engagement qui existait
entre eux et les armateurs en qualité de matelots, leurs services
doivent être placés sur la même ligne que ceux d'un travailleur
ordinaire et rétribués au même titre.

A défaut d'accord préalable, et en cas de contestations sur
le prix du travail fourni par des journaliers, les consuls doivent ou se conformer aux tarifs légaux qui existeraient en
semblable matière dans le pays de leur résidence, ou requérir
de l'autorité territoriale compétente la taxation des frais.

### 5. — Secours aux équipages.

On a vu plus haut que nos agents étaient tenus de pourvoir à l'entretien, à la nourriture et au rapatriement des équipages naufragés (2), ainsi qu'au traitement des hommes
malades ou blessés (3). Nous devons toutefois faire remarquer
ici que cette obligation de nourrir les matelots cesserait d'exister si ceux-ci recevaient un salaire régulier à titre de journaliers employés au sauvetage.

Quant aux fournitures d'effets d'habillement, elles doivent
être renfermées dans la limite des besoins indispensables ; car,
s'il y a pour les consuls obligation d'accorder aux gens de
mer dénués de ressources l'assistance qu'exige leur position,
ce serait outre-passer ce devoir au détriment du double intérêt de l'Etat et des armateurs, que d'étendre ces secours au
delà du strict nécessaire. Du reste, dans la distribution de ces
fournitures, la différence hiérarchique entre les capitaines et
les hommes de leur équipage demande à être exactement
observée, et les consuls doivent, autant qu'il dépend d'eux,
s'attacher à concilier ce qu'indiquent les convenances avec
ce que réclame l'intérêt bien compris de la discipline (4). Ce
sont des considérations du même ordre qui veulent que les
effets à distribuer, au lieu d'être acquis par les capitaines, soient

(1) Code de commerce, art. 261.
(2) Ordonnance du 29 octobre 1833, art. 35.
(3) Code de commerce, art. 262.
(4) Circulaire de la marine du 2 décembre 1834.

achetés par les soins directs des agents, et remis par eux en nature aux hommes à qui ils sont destinés (1).

En résumé, les consuls doivent comprendre que la sévère économie qui leur est imposée par les règlements pour tout ce qui se rattache aux frais et déboursés à l'occasion des sauvetages, intéresse tout à la fois les équipages, parce que, le plus ordinairement dénués de toutes ressources après le naufrage, ils n'ont d'autre garantie pour le payement des salaires échus que le produit net des débris du navire et le fret dû par les marchandises sauvées; les armateurs, parce que toute dépense inutile ne peut qu'ajouter encore aux pertes que le sinistre entraînera pour eux; enfin l'Etat, parce que, si les produits sont insuffisants pour solder les dépenses, le découvert et les frais de rapatriement de l'équipage disgracié resteront en définitive à sa charge (2).

**G. — Revendication et remise partielle des objets sauvés.**

Lorsque, après l'achèvement d'un sauvetage, les propriétaires, les assureurs ou leurs fondés de pouvoirs revendiquent en due forme les objets qui leur appartiennent, la délivrance en nature, moyennant l'acquittement proportionnel des frais, ne peut leur être refusée (3).

Cette prescription réglementaire n'est toutefois absolue qu'en tant qu'il s'agit du navire et de ses débris; car pour les marchandises sauvées, il peut avant d'effectuer la remise, outre le remboursement des dépenses matérielles de sauvetage, y avoir lieu de faire liquider et payer le montant du fret (4). Cette fixation du fret par espèces de marchandises et par marques ou colis devient l'objet d'un état spécial dressé et signé par le consul, et dont les résultats devront plus tard se trouver reproduits sur le compte général de la liquidation du sauvetage.

(1) Circulaire de la marine du 31 mars 1849.
(2) *Id.* du 31 août 1848.
(3) Ordonnances d'août 1681, livre IV, titre 9, art. 25, et du 29 octobre 1833, art. 71.
(4) Code de commerce, art. 303. — Circulaires [de la marine des 8 octobre 1839 et 31 août 1848.

La remise en nature des objets sauvés ne peut être reven-
diquée que par les propriétaires seuls, soit directement, soit
par un fondé de pouvoirs qui, outre sa procuration, est tenu de
produire le titre justificatif des droits de son mandant. Pour
des marchandises, ce seraient, par exemple, les connaissements, factures ou autres pièces semblables, le manifeste ne
pouvant à lui seul établir la propriété. S'il s'agissait de la
coque d'un navire ou de ses débris, il ne suffirait pas d'exhi-
ber un contrat d'affrétement ; car on peut affréter un bâtiment
sans en être propriétaire unique : il faudrait encore, pour en
obtenir la délivrance, produire l'acte de propriété ou de francisation (1).

Par la même raison, le capitaine, démonté de droit par le
fait du naufrage, ne devant plus être considéré *de plano* comme
le délégué des propriétaires, n'est admis à réclamer les débris
sauvés qu'autant qu'il justifie d'une procuration en bonne et
due forme soit de chaque intéressé, ou tout au moins de la
majorité d'entre eux, soit de l'armateur, qui en droit représente tous les propriétaires (2).

Quant aux marchandises composant la cargaison et qu'il
voudrait transborder sur un autre navire pour achever son
voyage, le capitaine conserve le droit absolu de les revendiquer (3); toutefois la remise n'en peut avoir lieu que sur inventaire et expertise, après l'achèvement du sauvetage et le payement des frais.

Lorsque, à défaut du capitaine, la revendication est exercée
au nom des propriétaires du navire ou de la cargaison par un
mandataire spécial, il n'est pas nécessaire que celui-ci soit
porteur d'une procuration notariée. Les pouvoirs donnés sous
seing privé ou simplement énoncés dans une correspondance
commerciale doivent être regardés comme suffisants. Le
correspondant du chargeur peut même se faire reconnaître
comme mandataire, par la seule production de lettre qui le

---

(1) Ordonnance d'août 1681, livre IV, titre 9, art. 25.

(2) Circulaire de la marine du 17 nivôse an 13. — Code de commerce, art. 220.

(3) Code de commerce, art. 238 et 296. — *Formulaire à l'usage des
consulats,* n° 302.

désigneraient en cette qualité sans d'ailleurs porter commission expresse et spéciale pour suivre les intérêts relatifs à tel ou tel événement déterminé (1). L'endos du connaissement par le chargeur serait aussi un titre valable pour substituer le réclamant qui le présente au chargeur ou à l'assureur.

Quand la délivrance des marchandises sauvées est requise par les assureurs, le consul, pour être en règle à l'égard des propriétaires ou chargeurs indiqués par les connaissements ou autres pièces de bord, doit exiger de l'assureur, dans les formes déterminées par le Code de commerce, la justification de l'abandon qui lui a été fait (2).

Les agents des compagnies d'assurance régulièrement institués dans les ports étrangers et munis de pouvoirs généraux de leurs mandants, n'ont pas besoin d'un mandat spécial pour chaque nouveau cas de sauvetage, mais ils doivent toujours, et comme tous autres mandataires, justifier des droits de propriété de leurs mandants sur les objets revendiqués par eux.

Pour ce qui est des prêteurs à la grosse, leurs droits jusqu'à concurrence des sommes par eux fournies, primant ceux des propriétaires, ils ont privilége sur ceux-ci pour se porter réclamateurs des objets sauvés ou du produit de leur vente. Il est à peine besoin de faire remarquer que le droit de revendication ne peut s'exercer, dans ce cas, que sur les seuls objets affectés à l'emprunt, déduction faite des frais de sauvetage (3). Si cependant il y avait eu simultanément contrat de grosse pour une partie de la valeur, et assurance pour le surplus sur le même navire ou sur le même chargement, le produit des effets sauvetés serait alors partagé entre le prêteur pour son capital seulement et l'assureur pour les risques couverts, au marc le franc de leur intérêt respectif (4).

Les pièces à produire par le prêteur à la grosse pour obtenir la mainlevée sont naturellement, pour le navire le contrat de prêt, et pour les marchandises le même contrat

---

(1) Code civil, art. 1985. — Circulaire de la marine du 17 juin 1820.

(2) Code de commerce, art. 285. — Circulaire de la marine du 17 juin 1820.

(3) Code de commerce, art. 327.

(4) *Id.* art. 331.

et de plus les connaissements ou autres pièces propres à prouver que les marchandises sauvées sont bien celles qui ont été spécifiées dans le contrat de grosse.

Pour toute espèce de revendication en nature, et quels que soient les réclamateurs, les pièces justificatives ne doivent pas être seulement exhibées et rendues, mais elles doivent, au contraire, rester déposées en chancellerie, en original, ou tout au moins sous forme de copies certifiées, afin de servir au besoin de décharge au consul (1), que les règlements obligent à faire dresser sans frais les actes destinés à constater la remise des produits de sauvetage (2).

Lorsque les marchandises de divers chargeurs sont confondues sans pouvoir être distinguées, elles sont partagées proportionnellement et d'après les actes constatant leur chargement.

**7.— Répartition proportionnelle des frais en cas de revendication.**

Après avoir sommairement indiqué les formalités à l'accomplissement desquelles est subordonné l'exercice du droit de revendication, il nous reste à parler du mode de répartition des frais généraux et communs du sauvetage.

La répartition des frais entre le navire et la cargaison s'établit en raison de la valeur des parties sauvées, tant de l'un que de l'autre, à moins que les circonstances du sauvetage n'aient permis de tenir compte de l'affectation spéciale de chaque article de dépense.

Pour l'imputation des frais incombant aux marchandises, la seule base rationnelle et équitable à suivre est celle de leur valeur, et non celle de leur volume, qui ouvrirait évidemment la porte à des appréciations arbitraires et à des difficultés pratiques souvent insurmontables (3).

Il est bien entendu, toutefois, que les épaves qui auraient été sauvées isolément et après coup devraient donner lieu à un compte spécial de dépenses.

(1) Circulaire de la marine du 17 juin 1820.
(2) Déclaration du 10 janvier 1770, art. 21.
(3) Circulaire de la marine du 30 juin 1820.

Mais si, en principe, c'est la valeur des marchandises sauvées qui est prise pour base de répartition, comment s'en établit l'estimation? Quand il y a vente, c'est évidemment le produit net réalisé par les enchères; dans le cas contraire, l'évaluation est confiée aux experts assermentés que commet le consul par une ordonnance *ad hoc* rendue soit d'office, soit à la requête des intéressés. Il est procédé à cette expertise lors du règlement des frais de sauvetage, et en ayant égard aux effets de la bonification dont les marchandises auront été jugées susceptibles.

Quoique ce ne soit généralement qu'en France, au port d'armement et par les soins de l'administration maritime, que se fasse le règlement définitif des opérations d'un naufrage, il y a néanmoins lieu pour les consuls à une liquidation provisoire toutes les fois qu'ils sont mis en demeure de remettre directement aux ayants droit tout ou partie des objets sauvés.

Pour la répartition proportionnelle des frais, il faut distinguer si le règlement fait en chancellerie est accepté par les intéressés présents, ou s'il soulève contestation. Dans ce dernier cas, le débat qui n'aurait pu être réglé à l'amiable serait abandonné à l'appréciation du tribunal de commerce du port d'armement du navire, et les objets réclamés seraient retenus jusqu'après la décision judiciaire à intervenir, à moins que les parties ne préférassent se les faire livrer en payant sous toutes réserves la quote-part des frais mis à leur charge. Si, au contraire, la répartition est admise, le consul doit toujours faire souscrire aux intéressés présents lors de la remise des objets sauvés l'obligation cautionnée de verser ultérieurement en France, entre les mains du trésorier des invalides du port d'armement du navire, sans frais et à première demande, toute somme excédant la quote-part de frais déjà payée par eux, et que la liquidation définitive du sauvetage viendrait en fin de compte à mettre à leur charge (1).

#### 8. — Recouvrement des effets de commerce.

Lorsque parmi les effets sauvés d'un naufrage il se trouve

(1) Circulaire de la marine du 30 juin 1820. — *Formulaire à l'usage des consulats*, n° 34.

des effets de portefeuille, les consuls doivent les faire présenter
à l'encaissement sans attendre l'avis des intéressés, parce que
tout délai pourrait en compromettre le recouvrement ; mais
ils ne sauraient intervenir dans ce qui se rapporte à la réalisation de ces valeurs que pour en donner quittance et en verser
le montant dans la caisse des gens de mer, sauf, en cas de contestation, à conserver le titre en chancellerie à la disposition
des ayants droit (1).

### 9. — Vente des débris du navire et de la cargaison.

Pour acquitter les frais et dépenses des sauvetages, les consuls sont autorisés, selon que l'urgence ou les circonstances
peuvent l'exiger, à faire procéder à la vente publique de tout
ou partie des débris, agrès et apparaux sauvés. Ils peuvent
également faire vendre les marchandises avariés, mais seulement après avoir fait constater par experts assermentés l'é-
tat d'avarie dans lequel elles se trouvent et l'impossibilité
d'en opérer la bonification ou de les conserver en magasin sans
que leur valeur soit à peu près absorbée par une détérioration reconnue inévitable ou par les frais de loyer (2). En tout
autre cas, les marchandises doivent être conservées en nature,
et les consuls ont à s'abstenir de les aliéner jusqu'à ce que les
parties intéressées aient pu faire connaître leurs intentions.
Ce principe, destiné à sauvegarder les intérêts du commerce,
n'est pourtant pas absolu; car, si le produit des débris du navire
était insuffisant pour acquitter les dépenses du sauvetage, les
consuls seraient pleinement en droit de faire vendre des marchandises avariées ou non, jusqu'à concurrence de leur quote-
part dans les frais généraux de sauvetage.

Ni l'ordonnance du 29 octobre 1833, ni les circulaires postérieures du ministère de la marine qui en ont expliqué et
précisé les dispositions, ne disent l'usage qui doit être fait de
ceux des objets provenant de sauvetage qui n'ont pas été réclamés par leurs propriétaires dans le délai d'un an. D'a-
près les règles qui sont observées à cet égard en France,

(1) Circulaire de la marine du 7 août 1829.
(2) Ordonnance du 29 octobre 1833, art. 72. — Circulaires de la marine des 5 mai 1857 et 31 août 1848.

nous n'hésitons pas à penser que les consuls, comme les commissaires de l'inscription maritime, ont le droit de faire vendre, après le délai d'un an et un jour, tous les objets provenant de sauvetage qui n'ont pas été réclamés dans ce délai (1).

La vente des objets provenant de naufrage ou échouement rentre dans les attributions personnelles et directes des consuls assistés de leurs chanceliers, toutes les fois que la législation ou les usages du pays n'y mettent pas obstacle. Ces agents peuvent aussi prêter leur ministère, ou celui des chanceliers qui instrumentent par leurs ordres, aux propriétaires ou intéressés qui, après avoir revendiqué soit la direction intégrale du sauvetage, soit la remise des objets qui leur appartiennent, solliciteraient l'intervention du consulat pour éviter les frais ordinaires des ventes par l'entremise des commissaires-priseurs, courtiers ou autres agents territoriaux.

Toute vente faite en chancellerie doit avoir lieu avec concurrence et publicité, et être, par conséquent, annoncée à l'avance par des affiches qui en spécifient les conditions (2). Les règlements défendent d'ailleurs de procéder à aucune vente en bloc, sauf pour le bâtiment, ses agrès, apparaux et ustensiles. Les lots doivent être établis de manière à faciliter la concurrence et les enchères. Lorsque, par suite de collusion entre les acheteurs, les marchandises n'atteignent pas leur valeur d'estimation, le consul peut, dans l'intérêt des ayants droit, ajourner l'adjudication.

Il est interdit aux consuls et chanceliers de se rendre directement ou indirectement acquéreurs ou adjudicataires de quelque partie que ce soit des objets provenant de sauvetage ou autres vendus d'après leurs ordres ou par leur entremise (3).

Avant de procéder à la vente d'un navire échoué avec bris, et afin de faciliter la justification ultérieure du délaissement vis-à-vis des assureurs, le consul doit toujours, sur la requête

_____

(1) Règlement du 23 août 1739, titre II, art. 2. — Déclaration du 10 janvier 1770, art. 24. — Circulaire de la marine du 1er octobre 1814. — Règlement du 17 juillet 1816, art. 24.

(2) *Formulaire à l'usage des consulats,* n° 303.

(3) Ordonnance du 29 octobre 1833, art. 73.

du capitaine, nommer des experts pour constater l'état absolu d'innavigabilité du navire, et l'impossibilité de le relever et de le réparer. Il devrait en être de même si le bâtiment naufragé, après avoir été abandonné par son équipage, venait à la côte et était reconnu comme français.

Lorsqu'il s'agit de la vente des marchandises, les consuls sont tenus d'en donner avis à l'administration des douanes du pays, afin qu'elle puisse se faire représenter et assister à la vente pour assurer le payement des droits dont les objets sauvés seraient passibles. Il leur est également prescrit d'interposer leurs bons offices pour que dans la liquidation de ces droits on ait, autant que possible, égard à l'état d'avarie de la marchandise vendue, et pour que celle-ci jouisse du bénéfice de réfaction qui, à l'exemple de ce qui se pratique en France, serait consacré par la législation territoriale.

Toute vente en cas de naufrage doit d'ailleurs donner lieu à la rédaction d'un procès-verbal circonstancié (1), énonçant le lieu, le jour et l'heure où la vente est faite; la date de l'ordonnance consulaire qui l'a autorisée; celle des affiches qui l'ont précédée; les conditions des enchères; enfin la présence du consul, de son chancelier et d'un agent des douanes, qui doivent tous trois y apposer leur signature après la clôture de chaque vacation, dont la durée réglementaire est de trois heures (2).

Les objets vendus sont inscrits au procès-verbal à la suite les uns des autres, avec indication des noms et qualités des adjudicataires; le prix doit y être écrit en toutes lettres et tiré hors ligne en chiffres (3).

La délivrance des objets vendus doit se faire au lieu où était, au temps de la vente, la chose qui en a fait l'objet, s'il n'en a été autrement convenu (4). L'adjudicataire est mis en possession sur l'exhibition du reçu des droits de douane et après versement en chancellerie du montant de l'adjudication. Faute par l'adjudicataire de prendre livraison dans le délai déterminé

(1) *Formulaire à l'usage des consulats*, n° 307.
(2) Tarif du 6 novembre 1842, 4° observation générale.
(3) Loi du 22 pluviôse an VII, art. 5 et 7.
(4) Code civil, art. 1609.

par les conditions de la vente, la marchandise est vendue sur folle enchère à ses risques et périls, trois jours après la sommation de recevoir qui lui est faite d'office par le chancelier ou l'agent territorial qui a fait les criées (1). Si la revente dépasse le prix de l'adjudication primitive, le premier acquéreur n'a pas le droit de réclamer l'excédant : dans le cas contraire il doit payer la différence.

Le produit brut de la vente de débris de navires et de marchandises provenant de sauvetages est versé de suite par les consuls dans la caisse des gens de mer, au chapitre *bris et naufrages*, sauf à imputer ensuite sur ces produits les dépenses qui s'y rapportent (2).

### 10. — Indemnités aux consuls et chanceliers.

Lorsque les consuls ou les chanceliers sont obligés de se déplacer pour des opérations relatives à un naufrage, il leur est alloué des frais de voyage et de séjour, conformément aux articles 68 et 69 du tarif des chancelleries (3). Mais pour que ces indemnités leur soient acquises, il faut que la distance parcourue de la résidence consulaire à l'endroit du sinistre ne soit pas moindre de cinq kilomètres (4). S'il y a plus de cinq kilomètres, la distance est intégralement comptée à partir de la résidence consulaire pour les frais de route, et ceux de séjour sont alors payés en sus, d'après le tarif, à raison d'une vacation par jour (5).

Le dépôt dans la caisse des gens de mer de sommes provenant de vente de bris et naufrages donne ouverture à un droit spécial de 15 centimes par 100 francs (6).

Toute autre perception de chancellerie pour l'administration des sauvetages et les actes qui en sont la conséquence est interdite : ainsi, la rédaction et l'expédition des procès-verbaux

(1) Décret du 17 avril 1812, art. 9.
(2) Circulaire de la marine du 27 novembre 1823.
(3) Ordonnance du 29 octobre 1833, art. 76.
(4) Décret du 20 floréal an XIII, art. 4.
(5) Circulaire de la marine du 8 octobre 1839.
(6) Règlement du 17 juillet 1816, art. 82. — Tarif du 6 novembre 1842, art. 44.

de sauvetage ou de vente au consulat, les comptes de liquidation, la taxe et la répartition des frais, etc., doivent, comme
cela a lieu en France dans les mêmes circonstances, s'opérer
sans frais ni rétribution d'aucune sorte (1).

§ 3. — DE LA LIQUIDATION DES SAUVETAGES.

#### 1. — Compte de liquidation.

Le compte de liquidation sur lequel repose le règlement de
tant d'intérêts rivaux ne saurait être dressé avec trop de soin
dans les chancelleries consulaires. Les points que les agents
doivent surtout s'attacher à y faire ressortir sont : 1° la distinction claire et précise entre les opérations afférentes au navire et celles qui concernent la cargaison ; 2° la classification
exacte des frais généraux et particuliers, et leur imputation
proportionnelle, partielle ou totale, sur le produit ou la valeur
de chaque espèce d'objets sauvés. Il est en effet souvent arrivé
que, faute de données suffisamment circonstanciées, le partage
des produits envoyés en France n'a pu se faire entre les ayants
droit qu'après de longues discussions et de pénibles transactions (2).

La liquidation peut faire ressortir soit un excédant de recettes, soit, au contraire, un excédant de dépenses à la charge
du département de la marine. Le compte qui en est dressé
s'applique dans le premier cas au service *invalides*, et dans
le second au service *marine*, deux branches du même ministère tout à fait indépendantes l'une de l'autre. Le double modèle annexé à la circulaire du 31 août 1848 fournit aux
agents toutes les indications dont ils ont besoin pour l'accomplissement de cette partie de leurs obligations (3).

#### 2. — Ordre de payement des créances.

La circulaire du 23 octobre 1824 et tous les actes qui l'ont

(1) Ordonnance du 29 octobre 1833, art. 76. — Circulaires de la marine des 8 octobre 1839 et 31 août 1848.
(2) Circulaire de la marine du 8 octobre 1839.
(3) *Formulaire à l'usage des consulats*, nos 31, 32 et 33.

suivie avaient déterminé l'ordre à suivre pour le payement des dépenses privilégiées, et, suppléant au silence de la loi, avaient donné aux dépenses d'entretien et de rapatriement la priorité sur les salaires de l'équipage naufragé. Cette jurisprudence, qui découlait de l'esprit des articles 259 du Code de commerce et 7 de l'arrêté du 5 germinal an XII, a fourni dans ces derniers temps matière à de sérieuses objections. Le département de la marine, après les avoir soumises à un examen attentif, a reconnu qu'en imputant tout d'abord sur le double produit des débris du navire et du fret les frais de rapatriement par préférence aux salaires des marins naufragés, c'était condamner ceux-ci, dans la plupart des cas, à être privés du prix de leurs travaux pour décharger l'État d'une dépense qu'en dernière analyse il est toujours tenu de supporter. Il a, en conséquence, décidé, au mois de mai 1848 (1), que les dispositions de la circulaire du 23 octobre 1824 seraient modifiées en ces termes : A l'avenir, dans les liquidations de sauvetages, l'imputation des dépenses dont est passible le double produit des débris du navire et du fret s'effectuera ainsi qu'il suit : 1° Journées employées au sauvetage, quels que soient ceux qui y auront travaillé, et tous les frais y relatifs ; 2° loyers des équipages échus au jour du sinistre, déduction faite des avances payées; 3° tous frais de subsistance, d'entretien, de passage, de conduite ou autres, occasionnés par les marins naufragés et classés sous le titre général de frais de rapatriement.

Les dépenses de la seconde catégorie ne sont que fictives ; il ne peut en effet y avoir lieu à leur acquittement que partiellement et dans le seul cas où une partie des matelots seraient étrangers, parce qu'alors, au lieu d'être renvoyés en France, ces marins sont simplement adressés au consul de leur nation, après avoir été payés de leurs salaires et indemnisés, s'il y a lieu, de leurs frais de retour (2). Quant au payement de l'équipage français, il n'a lieu qu'en France dans les quartiers d'inscription (3), le montant des salaires

(1) Circulaire de la marine du 19 mai 1848.
(2) Ordonnance du 29 octobre 1833, art. 34.
(3) *Id.* d'août 1681, livre III, titre 4; du 17 juillet 1742, et du 1er août 1743.

acquis devant alors figurer sur le compte de liquidation à la fois en recette et en dépense. Si toutefois il arrivait qu'après le prélèvement des dépenses de sauvetage l'excédant net des recettes fût insuffisant pour payer intégralement les salaires de l'équipage, la répartition s'en ferait au marc le franc, et les frais de rapatriement seraient seuls mis à la charge du trésor.

Cette défense de payer les salaires ailleurs qu'au port d'armement est toute dans l'intérêt des marins, comme dans celui de leurs familles ; ils n'ont besoin de rien à l'étranger, puisqu'ils sont logés, nourris, habillés même à titre de secours, et l'intégralité de leurs salaires doit, par conséquent, lorsqu'il y a lieu, être remise en France avec les autres produits du sauvetage, pour que la distribution en soit effectuée par l'administration de la marine conformément aux règlements (1). Quant aux dépenses matérielles de sauvetage et aux frais d'entretien et de rapatriement des équipages naufragés, les consuls doivent pourvoir aux premières avec les fonds provenant de la vente du navire et de la cargaison, et aux secondes avec le produit des débris du navire et du fret acquis sur les marchandises sauvées.

### 3. — Mode de justification des dépenses.

Toutes les dépenses doivent être justifiées par des pièces régulières, dressées en double expédition, dont l'une est transmise au ministère de la marine à l'appui de la liquidation, et l'autre reste déposée aux archives du consulat ; les justifications sont : 1° pour toutes les fournitures ou dépenses nominatives, un mémoire acquitté de la partie prenante ; 2° pour toutes les dépenses collectives, un état nominatif d'émargement signé de chacune des parties (2).

Dans le cas où l'une des parties est illettrée, le consul doit certifier sur l'état nominatif d'émargement, en regard de son nom, que le payement a été fait en sa présence ; il en est de même pour les payements individuels sur mémoires et dans

(1) Circulaire de la marine du 21 février 1833.
(2) *Formulaire à l'usage des consulats*, nos 35 et 36.

tous les cas où les parties ne savent pas signer. Cette mesure
d'ordre est prescrite par les règlements sur la comptabilité
publique, et son application est aussi nécessaire dans les consulats qu'en France (1).

Les états de journées et ceux de frais de transport, loyers
de magasins, etc., doivent, autant que possible, indiquer séparément ce qui est applicable au navire et ce qui incombe à la
cargaison; lorsque la distinction n'a pas été faite, c'est au
consul à l'établir sur la somme totale d'après les travaux
exécutés.

Tous les calculs doivent être faits en monnaie de France;
les reçus libellés en argent du pays doivent en présenter la
conversion en francs. Tous les documents, tels que rapports,
procès-verbaux, inventaires, pièces de dépense, etc., qui seraient rédigés en langue étrangère doivent être traduits et
dûment légalisés.

Les comptes de sauvetage doivent être accompagnés d'une
liste des marins rapatriés indiquant la provenance de chaque
homme, les navires chargés de les ramener en France, et les
ports de destination dans lesquels les frais de passage devront
être soldés.

Dans certains cas de sinistre, on a vu des capitaines, après
le renvoi en France des équipages, prolonger leur séjour à
l'étranger pour y suivre leurs propres affaires ou celles des
armateurs, chargeurs ou assureurs. Il est évident que les dépenses d'entretien et de logement qui peuvent en être la suite
ne sauraient être légalement portées au compte du département de la marine, à moins que la présence du capitaine ne
se justifie par l'utilité des services qu'il serait appelé à rendre
pour l'achèvement du sauvetage. Sauf dans ce cas exceptionnel, laissé à l'appréciation du consul, les frais de rapatriement
d'un capitaine doivent se liquider dans les mêmes conditions
réglementaires que pour l'équipage, et la différence, quand il
y en a, est mise à sa charge personnelle ou à celle de l'armement par l'administration de la marine du port de débarquement sur l'avis qui lui en est donné par le consul (2).

(1) Circulaire de la marine du 31 août 1848.
(2)          *Id.*          du 31 mars 1849.

30

Les frais matériels de sauvetage ne sont passibles d'aucune retenue au profit de la caisse des invalides. Quant aux autres dépenses pour salaires de l'équipage et frais de rapatriement, la retenue des invalides n'étant exercée que dans les ports, les consuls n'ont pas davantage à s'en occuper. Tout ce que nous avons dit à cet égard dans la section précédente pour les cas de désarmement à l'étranger est d'ailleurs de tous points applicable aux cas de naufrage.

C'est pareillement en France, dans le port d'armement, que s'établit le règlement général et définitif des opérations relatives au naufrage; il a pour base : 1° les résultats consignés dans la liquidation provisoire du consulat; 2° les décomptes des payements faits dans les ports pour le passage et les frais de conduite des marins rapatriés (1).

#### 4. — Envoi en France des comptes de sauvetage.

Lorsque les diverses opérations de détail que nous venons de faire connaître sont terminées, il ne reste plus au consul qu'à transmettre au ministère de la marine, accompagné de l'ensemble des pièces destinées à le justifier, l'état de liquidation provisoire dressé en chancellerie.

Cet envoi se fait sous le timbre de la direction de la comptabilité (bureau des dépenses d'outre-mer) toutes les fois que les dépenses n'ont pas été couvertes par les produits du sauvetage. Nous avons déjà dit au chapitre deuxième de ce livre comment les avances faites à cette occasion étaient remboursées aux consuls par l'entremise de leurs fondés de pouvoirs avec la bonification de 2 pour 100 (2), les dépenses concernant un navire ne pouvant dans aucun cas être acquittées sur place avec des fonds provenant d'un autre.

Dans le cas, au contraire, où la liquidation fait ressortir un excédant de recettes, l'état s'en transmet sous le timbre de la direction des invalides (bureau des prises, bris et naufrages), en même temps que le net produit réalisé. C'est à tort que quelques consuls ont parfois envoyé directement aux ports

(1) Circulaire de la marine du 31 août 1848.

(2) Ordonnances des 29 octobre 1833, art. 74, et 7 novembre 1845, art. 9 et 10. — Circulaire de la marine du 31 août 1848.

d'armement des navires naufragés les comptes de leurs sauvetages, en y joignant pour remise de leurs produits des traites tirées à l'ordre des administrateurs de la marine, qui,
n'ayant point le caractère de comptable, ne sauraient être
chargés d'aucun maniement de fonds (1).

L'article 77 de l'ordonnance du 29 octobre 1833 prescrivait
aux consuls d'adresser tous les trois mois au ministère de la marine un compte présentant par bâtiment le résultat des opérations relatives au service des bris et naufrages. Ce compte devait être appuyé de tous les procès-verbaux de sauvetage et de
vente, de toutes les pièces justificatives concernant les recettes
et les dépenses propres à chaque bâtiment, et accompagné en
outre de l'envoi du solde en numéraire. Pour faire cesser les
inconvénients qui, dans la pratique, résultaient souvent au
préjudice des ayants droit de ce mode d'envoi périodique, le
ministère de la marine a décidé (2) qu'à l'avenir la remise
des produits de sauvetage aurait lieu immédiatement après
chaque liquidation, et non plus à l'expiration du trimestre.

Cet envoi peut s'opérer de diverses manières : tantôt en
espèces par des bâtiments de l'Etat se rendant en France,
tantôt en traites de bord pour fournitures à la marine militaire et passées à l'ordre du trésorier général des invalides, tantôt enfin en traites de commerce passées à l'ordre
du même comptable. Toutefois, avant de prendre des
effets de commerce, les consuls doivent s'enquérir de l'état
de la place et n'accepter que ceux dont les tireurs présentent des garanties suffisantes de solvabilité en cas de
non-payement en France ; autant que possible, lesdits effets
doivent être tirés à de courtes échéances. Dans le cas où il
existerait des doutes sur la solvabilité des garanties, les
consuls doivent conserver les fonds en chancellerie, et en
informer de suite le département de la marine, qui mettrait alors les ayants droit en demeure de faire connaître
leurs intentions sur le mode d'envoi desdits fonds (3).

(1) Circulaire de la marine du 12 mars 1830.
(2) *Id.* de la marine des 8 octobre 1839 et 31 juillet 1845, et des
affaires étrangères du 28 mars 1850.
(3) *Id.* de la marine du 31 octobre 1848.

## SECTION VIII.

Du rapatriement des marins.

### 1.— Devoirs des consuls.

Comme on l'a vu dans les sections précédentes, les consuls ont ordre de faire rentrer le plus promptement possible dans leurs quartiers d'inscription les gens de mer qui, pour cause de maladie, de désertion, de débarquement volontaire ou forcé, de désarmement ou de naufrage, peuvent se trouver délaissés en pays étranger.

L'assistance que, dans ces diverses positions, nos règlements garantissent aux marins, et pour laquelle les commandants des navires de guerre doivent prêter un concours empressé aux consuls (1), n'est pas seulement un acte d'humanité, c'est aussi une mesure d'intérêt public, puisqu'elle tend à nous conserver de précieux éléments pour le recrutement de notre personnel naval.

Toutefois, les consuls n'ont pas à cet égard de pouvoir coercitif direct sur les capitaines qui refuseraient péremptoirement de recevoir à leur bord des matelots à rapatrier ; dans l e cas de désobéissance, comme dans celui de simple représentation, ils doivent se borner à faire dresser en chancellerie un procès-verbal qu'ils transmettent au ministère de la marine (2), afin que les capitaines délinquants puissent, s'il y a lieu, être punis disciplinairement à leur retour en France.

### 2. — Étendue des obligations des capitaines.

L'étendue des obligations imposées aux capitaines de commerce pour le rapatriement des marins délaissés en pays étranger n'a pas toujours été sainement appréciée, et des navigateurs ont souvent cherché à s'y soustraire.

Ainsi, par exemple, lorsqu'il s'est agi de marins provenant

(1) Ordonnance du 12 mai 1836, art. 1er.
(2)    *Id.*     du 29 octobre 1833, art. 52.

d'un bâtiment vendu comme innavigable, lesquels en principe doivent toujours être rapatriés à la charge des armateurs, des capitaines ont plusieurs fois prétendu que le retour en France de ces individus ne s'effectuant pas à la charge de l'Etat, devait être l'objet d'une convention particulière, d'un marché à forfait. C'est là une erreur qu'un consul ne saurait en aucun cas ratifier par son acquiescement. En effet, l'ordonnance du 29 octobre 1833 n'a fait que confirmer le principe établi par l'ancienne législation qui impose aux capitaines des navires français prêts à faire voile pour un de nos ports l'obligation de recevoir des consuls les marins à rapatrier, quelle que soit leur provenance; et celle du 12 mai 1836, qui a réglé les frais de passage à payer quand l'embarquement des marins ne peut pas avoir lieu en remplacement, statue également pour tous les marins, quel que soit le motif qui donne lieu à leur rapatriement. D'ailleurs, il ne saurait appartenir en aucun cas à un capitaine, dont la responsabilité, loin d'être engagée est, au contraire, couverte par la réquisition consulaire, de faire une réclamation de cette nature, ni de vouloir établir une distinction sur le droit au rapatriement plus ou moins réel des hommes de mer embarqués à son bord (1).

Quant aux déserteurs qui sont aussi fort souvent refusés par les capitaines, et aux matelots débarqués à l'étranger disciplinairement, la règle à suivre à leur égard est la même; car si l'ordonnance du 12 mai 1836 ne les mentionne pas nommément, les anciens règlements qu'elle vise et confirme (2) les ont formellement compris au nombre de ceux dont le rapatriement sur l'ordre des consuls est obligatoire pour les capitaines : c'est là d'ailleurs l'interprétation qui a été invariablement sanctionnée par le ministère de la marine.

### 3. — Secours accordés aux matelots à rapatrier.

Le premier devoir des consuls est de pourvoir aux besoins

(1) Circulaire de la marine du 8 octobre 1838.
(2) Ordonnance du 25 juillet 1719 et du 3 mars 1781, titre 3, art. 32. — Circulaire de la marine du 1er octobre 1814.

urgents des marins à rapatrier, tant pour leur subsistance que pour leurs vêtements, chaussures et autres objets indispensables. Ces dépenses, auxquelles doit présider la plus sévère économie, leur sont remboursées sur état nominatif par le département de la marine (1).

#### 4. — Rapatriements par navires français.

Autant que faire se peut, les rapatriements de marins doivent s'effectuer par voie de mer et par navires français; à défaut de ceux-ci, par bâtiments étrangers. Lorsqu'il n'y a pas d'occasion de mer assez prochaine, et que les localités le permettent, les marins sont dirigés sur France par terre et par voie d'étapes.

Quand le rapatriement a lieu par navires français, les marins rapatriés sont embarqués tantôt comme remplaçants, tantôt comme matelots gagnant leur passage, tantôt enfin comme passagers (2).

Le nombre des matelots embarqués en remplacement que les capitaines sont tenus de recevoir sur la réquisition des consuls ne peut naturellement dépasser celui des hommes dont le navire a réellement besoin; et, dans la limite du cadre réglementaire de l'équipage arrêté lors de l'armement, nous pensons qu'un capitaine ne serait pas fondé à refuser les matelots que l'autorité consulaire embarquerait à son bord à titre de remplaçants.

Relativement aux salaires de ces matelots, il faut distinguer, pour en régler le taux, si le bâtiment à bord duquel ils sont embarqués en remplacement effectue son retour en France ou poursuit son voyage à destination d'une contrée étrangère plus ou moins lointaine. Dans le premier cas, les règlements veulent (3) que le matelot ne puisse exiger une solde excédant celle qu'il avait sur le navire d'où il provient. Dans le second cas, au contraire, il y a lieu, sous le contrôle du consul,

---

(1) Ordonnance du 29 octobre 1833, art. 35.—Circulaire de la marine du 31 mars 1849.

(2) Ordonnance du 29 octobre 1833, art. 51.

(3) *Id.* du 31 octobre 1784, titre XIV, art. 16. — Circulaire de la marine du 31 août 1848.

à une convention amiable entre le marin et le capitaine.

Les matelots ainsi embarqués d'office sont portés comme tels au rôle d'équipage par une apostille mentionnant le nom et le port d'armement du dernier navire à bord duquel ils servaient, ainsi que le taux des salaires qu'ils doivent gagner (1).

Un ordre d'embarquement en due forme, et relatant les mêmes indications, est en outre remis au capitaine pour couvrir sa responsabilité vis-à-vis de ses armateurs.

L'embarquement à titre de passager d'un marin disgracié n'a lieu également qu'en vertu d'une réquisition du consul (2) qui indique la provenance du passager, les motifs pour lesquels il se trouve à l'étranger, et enfin l'indemnité de rapatriement qui sera payée au capitaine à son arrivée dans un port français. Les mêmes indications doivent être également reproduites sur le rôle d'équipage (3).

L'indemnité pour prix de passage est fixée par homme et par jour : à trois francs pour les capitaines commandant au long cours lorsqu'ils proviennent d'un navire ayant fait soit la pêche de la baleine, soit la grande navigation dans les mers au delà des caps Horn et de Bonne-Espérance ; deux francs cinquante pour les mêmes provenant de la navigation d'Europe ; deux francs pour les seconds capitaines, lieutenants et chirurgiens, provenant soit de la pêche de la baleine, soit de la grande navigation dans les mers au delà des caps Horn et de Bonne-Espérance ; un franc cinquante pour les mêmes provenant d'ailleurs, et pour les maîtres au petit cabotage ; un franc pour tous les autres marins de l'équipage (4).

Toutefois le nombre des passagers qui peuvent légalement être embarqués à ce taux réglementaire sur les bâtiments de commerce revenant en France ou dans une colonie française, est limité à deux hommes par cent tonneaux (5). S'il y avait

(1) Ordonnance du 31 octobre 1784, titre XIV, art. 16. — Circulaire de la marine du 31 août 1848.

(2) *Formulaire à l'usage des consulats*, nos 276 et 277.

(3) Circulaire de la marine du 25 avril 1820.

(4) Ordonnance du 12 mai 1836, art. 3.

(5) Arrêté du 27 prairial an x, art. 1er. — Circulaire de la marine du 17 octobre 1837.

nécessité de dépasser pour un même bâtiment le nombre légal de passagers résultant du chiffre de son tonnage, la règle veut expressément que, dans ce cas, le prix du passage soit préalablement débattu et arrêté avec le capitaine. Ce soin ne doit jamais être laissé à l'administration du port de destination, qui demeure seulement chargée de pourvoir au payement de la dépense, soit sur l'apostille régulièrement inscrite au rôle, soit sur la production de la convention faite en chancellerie (1).

Du reste, pour le rapatriement à titre de passagers réglementaires de marins disgraciés, les consuls doivent toujours se guider d'après la prudence et l'équité, et se préoccuper du soin de réduire autant que possible les dépenses qui peuvent finalement retomber à la charge de l'Etat.

Aucune ordonnance n'a statué sur le rapatriement par voie de mer des subrécargues, sans doute parce que ordinairement ils n'appartiennent pas à l'inscription maritime. De ce silence de la loi faut-il induire que les subrécargues ne doivent pas être rapatriés ? Nous sommes portés à résoudre cette question par la négative, d'après le principe d'assimilation du subrécargue à tout autre individu non marin inscrit comme lui au rôle d'équipage, et dont la solde subit au même titre la retenue des invalides. Il ne faudrait cependant pas conclure de là qu'en cas de débarquement à l'étranger pour affaires de la cargaison, le subrécargue puisse réclamer son rapatriement aux fais de l'Etat, car alors la dépense cesserait d'être justifiée. Au surplus, comme le débarquement ne peut avoir lieu qu'avec l'autorisation du consul, les conditions auxquelles il s'effectue, et qui sont relatées sur le rôle d'équipage, préviennent forcément toute discussion ultérieure, soit en France, soit au dehors.

### 5. — Rapatriements par navires étrangers.

Lorsqu'à défaut de navires français, le rapatriement a lieu par navires étrangers en destination d'un de nos ports, le consul traite directement avec le capitaine, et débat avec lui

(1) Circulaire de la marine du 31 mars 1849. .

le prix du passage; il est alors dressé en chancellerie une convention en due forme, dont une expédition reste déposée dans les archives, et dont une autre est remise au capitaine, afin qu'à son arrivée à destination le prix stipulé soit acquitté par les soins de l'administration de la marine. Lorsque le capitaine l'exige, le prix du passage peut même lui être payé d'avance, soit par à-compte, soit en totalité, et le consul en est alors remboursé directement par le département de la marine (1).

### 6. — Rapatriements par voie indirecte.

Un dernier mode de rapatriement par voie de mer auquel on peut encore recourir quand il n'y a pas possibilité de renvoyer les hommes directement en France, est celui de l'embarquement sur un navire se rendant dans un autre port étranger à proximité de la frontière française. Le passage se règle alors de gré à gré ou conformément au tarif suivant la nationalité du navire; mais les gens de mer ainsi rapatriés par voie indirecte doivent toujours être adressés et consignés à l'agent consulaire de France établi sur les lieux, avec invitation écrite d'assurer leur rapatriement définitif.

### 7. — Rapatriements par terre.

Enfin, s'il ne devait pas se présenter d'occasion de mer assez prochaine, et si les localités le permettaient, les consuls pourraient rapatrier les marins par terre, en leur délivrant une feuille de route avec allocation de l'indemnité réglementaire pour frais de conduite, qui est fixée, par myriamètre, à 3 francs pour les capitaines au long cours et au grand cabotage; 2 francs pour les capitaines en second, lieutenants, subrécargues, chirurgiens et écrivains; 1 franc 50 centimes pour les maîtres de navires au petit cabotage, et les premiers maîtres dans les navires au long cours; 80 centimes pour les officiers mariniers, pilotes côtiers et maîtres ouvriers; 60 centimes pour les matelots et ouvriers mariniers; 50 centimes

(1) Circulaire de la marine du 13 avril 1832. — Ordonnance du 29 octobre 1833, art. 37. — Circulaire de la marine du 31 août 1848.

pour les volontaires, novices, mousses, coqs et surnuméraires (1).

Cette indemnité se subdivise par étapes, et n'est avancée par les consuls que jusqu'à la résidence de l'agent français le plus rapproché, et devant lequel les gens de mer rapatriés sont tenus de se présenter pour obtenir de nouveaux secours de route (2).

On s'est parfois demandé à l'étranger si ces frais de conduite des marins voyageant par terre devaient être payés intégralement ou sous déduction de la retenue des invalides. Le ministère de la marine, qui a été saisi de la question, ayant reconnu qu'en s'en tenant aux anciens principes, ces sortes de dépenses, supportées tantôt par l'État, tantôt par l'armement, entraînaient des modes de liquidation différents et une inégalité souvent blessante pour les ayants droit, dont la position reste dans tous les cas la même, a décidé que les frais de conduite seraient payés par les consuls intégralement et sans retenue (3).

Ajoutons encore, pour répondre à des doutes qui se sont produits dans certains postes, que le taux des frais de conduite se calcule d'après la qualité ou la nature de l'emploi des marins à bord des navires auxquels ils ont appartenu, et non d'après leur grade au service de l'État. Ce principe découle des termes précis des articles 3 et 4 de l'ordonnance du 12 mai 1836, d'après lesquels les fonctions remplies et la provenance déterminent seules la base des allocations à payer pour frais de passage sur un navire de commerce, et la table à laquelle sont admis les capitaines et officiers mariniers sur les bâtiments de guerre; il ne saurait donc être rationnel de prendre pour base, dans le règlement des frais de conduite, le grade acquis au service, au lieu des fonctions exercées et du genre de navigation (4).

(1) Arrêté du 5 germinal an XII, art. 8. — Ordonnance du 12 mai 1836, art. 1er.
(2) Circulaire de la marine du 1er octobre 1814.
(3) *Id.* du 31 mars 1849. — Décret du président de la République du 3 septembre suivant.
(4) Circulaire de la marine du 31 mars 1849.

**8. — Rapatriements par les bâtiments de l'État.**

Lorsque le rapatriement des gens de mer disgraciés s'effectue par la voie des bâtiments de l'Etat, le passage est réclamé par le consul dans la forme ordinaire des réquisitions que nous avons déjà indiquée au chapitre 4 ; il ne donne lieu à aucune demande de remboursement.

Les capitaines provenant de toute navigation au long cours sont admis à la table de l'état-major, et les seconds capitaines, lieutenants, maîtres au petit cabotage et chirurgiens, à celle des élèves ou à celle des premiers maîtres (1). Les consuls ne sauraient perdre de vue ces dispositions, ni par conséquent négliger d'indiquer sur leurs réquisitions de passage, ainsi que cela leur est prescrit, la table à laquelle doivent être admis les passagers embarqués sur leur demande, c'est-à-dire les fonctions qu'ils remplissaient sur les bâtiments à bord desquels ils ont servi en dernier lieu.

# CHAPITRE VI.

### DES PÊCHES LOINTAINES.

Les consuls concourent en ce qui les concerne à l'exécution des lois et ordonnances relatives aux pêches lointaines, et doivent se conformer à cet égard aux instructions spéciales qui leur sont adressées par les ministres des affaires étrangères et de la marine (2).

Les grandes pêches auxquelles notre législation actuelle accorde des encouragements, et qui sont soumises à une police spéciale, sont au nombre de deux, celle de la morue et celle de la baleine et du cachalot (3). Nous allons indiquer, dans les deux sections de ce chapitre, les obligations particulières qui sont imposées aux consuls à leur égard. Disons au-

(1) Ordonnance du 12 mai 1836, art. 4.
(2) *Id.* du 29 octobre 1833, art. 5.
(3) Loi du 22 juillet 1851.

paravant que toutes les conditions générales du mouvement des navires de commerce français que nous avons énumérées dans le chapitre précédent sont également applicables aux navires employés à la grande pêche et à l'exportation de ses produits.

## SECTION I.

### De la pêche de la morue.

#### 1. — Primes en faveur de la pêche de la morue.

Les encouragements réservés à la pêche de la morue sont de plusieurs sortes ; les uns, et ce sont les plus importants, consistent dans le payement par l'Etat de primes, soit pour l'armement, soit pour la mise en consommation des produits de pêche ; les autres sont relatifs à l'emploi des sels étrangers, au grade des capitaines et à la composition réglementaire des équipages.

Les primes n'étant en aucun cas liquidées à l'étranger, nous n'avons pas plus ici à en faire connaître le taux qu'à préciser les obligations particulières imposées aux armateurs pour leur obtention.

#### 2. — Importation de morues à l'étranger.

A son arrivée dans une contrée donnant droit au bénéfice de la prime d'exportation, le capitaine d'un bâtiment chargé de morues françaises doit, après l'accomplissement des formalités réglementaires prescrites à l'entrée, justifier en chancellerie de l'origine et de la nationalité de sa cargaison.

Suivant que le bâtiment provient directement des lieux de pêche ou d'un port de France, cette justification a lieu de la manière suivante : dans le premier cas, à l'aide d'un certificat spécial dont, au moment de sa présentation, le capitaine et les trois principaux de son équipage doivent attester la sincérité ; ce certificat pour la pêche à Saint-Pierre et Miquelon, émane du commandant de ces îles ; pour celle effectuée sur le grand banc ou sur les côtes de Terre-Neuve, il est délivré, soit par le commandant de l'un des bâtiments de guerre en station dans ces parages, soit par le capitaine prud'homme du havre où a lieu l'embarquement, ou, à son défaut, par trois capitaines pêcheurs n'appartenant pas au même armateur que le navire chargeur : il doit, pour être valable, indiquer : 1° les nom et destination du navire; 2° les noms de ses armateurs et capitaine; 3° le poids net de la morue; 4° les noms des navires pêcheurs qui ont fourni la cargaison; et 5° enfin, attester la bonne qualité du poisson au moment de son embarquement (1). Lorsque, au contraire, la morue est tirée des entrepôts métropolitains, le capitaine n'a d'autre justification à produire qu'un certificat émanant de la douane du port de départ, lequel fait connaître : 1° les noms du navire, du capitaine et de l'expédition; 2° la destination et le poids, tant brut que net, de la morue embarquée; 3° la saison de pêche dont celle-ci provient, et le lieu où elle a été pêchée; 4° enfin, la bonne qualité du poisson constatée à dire d'expert (2).

Quelle que soit d'ailleurs la provenance du chargement, la morue qui le compose doit toujours, à l'arrivée, être reconnue et pesée en totalité par les soins du consul, c'est-à-dire en présence de son chancelier assisté de deux négociants choisis, autant que possible, parmi les négociants français établis dans le lieu où l'opération s'effectue. Cette vérification est constatée par la rédaction en chancellerie d'un certificat (3) qui indique les poids bruts et nets en kilogrammes du poisson débarqué et atteste en même temps sa bonne qualité alimentaire. La délivrance de cette pièce aux ayants droit a lieu en même temps que la restitution, après visa par le consul, du certificat de chargement (4).

Nous avons déjà dit au chapitre 4 du livre précédent que les consuls devaient, pour les chargements de morues reconnus par leurs soins, tenir un registre énonçant tous les détails

---

(1) Ordonnance du 26 avril 1833, art. 6.
(2) *Id. Id.*, art. 7.
(3) *Formulaire à l'usage des consulats*, nᵒˢ 313 et 314
(4) Ordonnance du 26 avril 1833, art. 8, 9 et 10. — Circulaire des affaires étrangères du 15 novembre 1843.

nécessaires pour pouvoir délivrer, au besoin, des duplicata des certificats qui viendraient à se perdre dans la traversée, et en adresser tous les trois mois le relevé au ministère des affaires étrangères.

· Toutes ces dispositions réglementaires ne s'appliquent pas seulement aux consuls, mais encore aux agents placés sous leurs ordres dans la résidence desquels viendraient à s'effectuer des importations de morues. Les chefs d'arrondissement doivent donc veiller à ce qu'elles soient scrupuleusement observées par leurs subordonnés (1).

### 3. — Non-débarquement et réexportation.

Nos armateurs peuvent encore expédier par mer et en vrac des morues à destination de l'Espagne et du Portugal, avec jouissance de la prime pour les quantités consommées au dehors, et faculté de retour pour ce qui n'a pu être vendu.

Les obligations à remplir dans ce cas sont les suivantes, savoir :

Au port de départ, la douane ajoute au certificat ordinaire de bonne qualité et de chargement la mention que les morues ont été embarquées en vrac, et sous réserve de réimportation, pour la partie de la cargaison qui resterait invendue. L'expédition est complétée par un passavant qui doit être présenté en chancellerie en même temps que le certificat de nationalité (2).

Au port de destination, les agents consulaires, après s'être conformés, pour les quantités vendues, aux prescriptions générales que nous avons déjà indiquées, constatent au dos du passavant, qu'ils enregistrent dans leur chancellerie après l'avoir visé, les quantités restées à bord. Pour prévenir, sous ce rapport, toute espèce de fraude, ils doivent, du reste, veiller à ce que les produits dont ils certifient le non-débarquement soient bien identiquement les mêmes que ceux qui ont été importés de France, et non des produits de pêche étrangère qui auraient été substitués à de la morue française non marchande et invendable.

(1) Circulaire des affaires étrangères du 9 octobre 1833.
(2) *Id.* des douanes du 23 juin 1843.

#### 4. — Vente en cas de relâche forcée.

Les bâtiments expédiés des lieux de pêche avec un chargement de morues à destination de France peuvent être contraints, par fortune de mer, à relâcher dans un pays où il y aurait pour eux possibilité de vendre leur cargaison. Les expéditions qui se trouveraient dans ce cas ont été dispensées de l'obligation à laquelle, par le fait de leur déchargement en pays étranger, elles devraient être soumises pour l'obtention des primes en France, c'est-à-dire celle de représenter aux consuls un certificat de nationalité délivré sur les lieux mêmes de pêche (1).

Les consuls n'ont, dans ce cas spécial, qu'un moyen de s'assurer de la nationalité des morues importées dans leur résidence, celui de la vérification du livre de bord, et de la déclaration faite devant eux par le capitaine et les trois principaux de son équipage, que lesdites morues sont bien réellement de pêche française, soit de la leur, soit de celle d'autres navires pêcheurs dont ils ont alors à faire connaître les noms.

Cette formalité, qui est invariablement prescrite, mais qui, dans les cas ordinaires, n'est qu'une preuve accessoire de la nationalité des expéditions, devient par le fait l'unique garantie contre la fraude dans les cas exceptionnels de relâche forcée, et son accomplissement doit dès lors être expressément rappelé dans le certificat de débarquement délivré en chancellerie pour la liquidation ultérieure de la prime.

#### 5. — Emploi des sels étrangers.

Les armateurs des navires destinés pour la pêche de la morue ne sont pas tenus de faire leurs approvisionnements en sel français; ils peuvent employer du sel étranger pris dans nos entrepôts, ou transporté directement des pays de production aux lieux de pêche, le droit de douane étant alors perçu au retour du navire sur le vu du certificat délivré par le consul ou agent consulaire en résidence dans le port d'embarquement.

La morue transportée directement des lieux de pêche à

(1) Circulaire des affaires étrangères du 29 novembre 1828.

l'étranger n'a droit à la prime d'exportation qu'autant qu'il est justifié de l'origine française du sel ou de l'obligation dûment soumissionnée entre les mains de l'autorité consulaire de payer le droit s'il s'agit de sel étranger (1).

Les consuls établis sur les points où nos navires terreneuviers peuvent aller s'approvisionner de sel pour la pêche, doivent donc veiller exactement à ce qu'il ne soit embarqué d'autres ni de plus fortes quantités de sel que celles qui sont relatées au permis d'embarquement, et pour lesquelles l'engagement d'acquitter ultérieurement le droit de douane aura été pris conformément à la loi (2).

### 6. — Conditions spéciales des armements pour la pêche de la morue.

Nous croirions superflu d'indiquer les conditions spéciales imposées par les règlements aux armements pour la pêche de la morue quant au nombre des équipages et à l'embarquement des chirurgiens, car ces conditions ne sont pas applicables aux bâtiments non pêcheurs uniquement affectés au transport des morues. Nous consignerons seulement ici une observation sur un encouragement particulier donné à la pêche de la morue par les lois des 21 juin 1836 et 22 juillet 1851.

Les capitaines des navires destinés à la pêche de la morue devaient tous, autrefois, être revêtus du grade de capitaine au long cours; depuis 1836, les maîtres au cabotage ont été autorisés à commander exceptionnellement les navires pêcheurs qui doivent effectuer leur retour en France (3). Aujourd'hui, tout marin qui a fait cinq voyages, dont les deux derniers en qualité d'officier, à la pêche de la morue sur les côtes de l'Islande, est admissible au commandement d'un navire expédié pour cette même pêche, s'il justifie de connaissances suffisantes pour la sécurité de la navigation (4). Mais cette faveur n'ayant été concédée que pour faciliter les arme-

(1) Loi du 23 novembre 1848, art. 1 et 2.
(2) Circulaire des affaires étrangères du 23 décembre 1848.
(3) Loi du 21 juin 1836, art. 1er.
(4) *Id.* du 22 juillet 1851, art. 6.

ments de pêche pour les côtes d'Islande, et non les transports de ses produits dans les lieux où ils sont primés, il est prescrit aux consuls de signaler au ministre de la marine toute infraction aux règlements maritimes commise dans le port de leur résidence par des navigateurs qui n'auraient pas qualité pour commander un navire non pêcheur (1).

## SECTION II.

### De la pêche de la baleine et du cachalot.

Les prescriptions réglementaires concernant ces deux pêches à l'exécution desquelles les consuls sont appelés à concourir, sont bien moins nombreuses que celles qui concernent la pêche de la morue : nous pourrions même dire qu'elles sont à peu près nulles. Nous croyons cependant devoir consigner ici quelques dispositions que les agents en résidence dans les pays baignés par les mers où se pratiquent ces pêches spéciales doivent connaître et dont ils ont à surveiller l'accomplissement.

#### 1. — Interdiction de toute opération commerciale.

Aucun navire, soit baleinier, soit cachalotier, expédié pour se livrer à une des pêches encouragées par des primes, ne peut, à son départ de France, charger des marchandises pour l'étranger. C'est à condition qu'ils se rendront directement à leur destination et qu'ils s'occuperont exclusivement de la pêche, que des primes sont accordées aux armateurs; et ceux-ci perdraient leurs droits à cet encouragement si, en allant à la pêche où en en revenant, ils se livraient à des opérations commerciales quelconques (2). Il est du devoir des consuls de tenir la main à ce que cette prescription ne soit pas éludée à l'étranger.

(1) Circulaire de la marine du 15 février 1845.
(2) *Id.* des douanes du 25 septembre 1837.

31

## 2. — Transport des passagers.

Néanmoins, les navires baleiniers et cachalotiers peuvent prendre des passagers à leur bord (1); mais ces passagers ne sauraient embarquer autre chose que les effets destinés à leur usage personnel. Cette restriction est indispensable, autrement les dispositions de la loi qui défendent l'embarquement des marchandises à bord des navires pêcheurs pourraient être trop facilement éludées, puisqu'il suffirait d'attribuer à chaque passager une partie des marchandises mises à bord, alors même qu'elles auraient été chargées pour le compte de l'armement.

## 3. — Composition des équipages.

L'équipage des navires baleiniers et cachalotiers est ou exclusivement français ou mixte; dans ce dernier cas, la proportion des étrangers est au plus du tiers des officiers, harponneurs et patrons, sans que toutefois le nombre total puisse excéder deux pour la pêche du sud et cinq pour celle du nord (2).

Cette disposition est absolue, et ne saurait être éludée à l'étranger par la condescendance des consuls à débarquer des officiers français et à permettre aux capitaines, à moins de force majeure, de les remplacer par des étrangers.

Les mousses peuvent être remplacés à bord des navires baleiniers ou cachalotiers par un nombre égal de novices âgés de quinze à dix-huit ans révolus, et dans la proportion réglementaire de un par dix hommes d'équipage (3).

## 4. — Grade des capitaines.

Tout marin âgé au moins de vingt-quatre ans qui a fait cinq voyages, dont les deux derniers en qualité d'officier, à la pêche de la baleine, est admissible au commandement d'un navire

(1) Loi du 22 juillet 1851, art. 10.— Décret du 22 août 1851, art. 1.
(2) Loi du 22 juillet 1851, art. 11.
(3) *Id. Id.*

baleinier s'il justifie de connaissances suffisantes pour la sécurité de la navigation (1).

### 5. — Obligations des armateurs.

L'armateur d'un navire baleinier ou cachalotier est tenu de s'engager à faire suivre à son navire la destination portée en sa soumission, sous peine, en cas de contravention, de payer le double de la prime reçue ou demandée (2). Les consuls doivent veiller, dans la limite de leurs attributions, à ce que cette prescription de la loi ne soit pas éludée.

### 6. — Transbordement des produits de pêche.

Les navires baleiniers et cachalotiers sont autorisés aujourd'hui, sous les conditions et dans les lieux déterminés par le gouvernement, à opérer le transbordement de tout ou partie du produit de leur pêche sur des navires français effectuant directement leur retour en France.

Les navires non pêcheurs qui ont reçu par transbordement une partie d'huile peuvent toujours compléter leur chargement en embarquant dans un port quelconque des marchandises autres que des produits de pêche (3).

Ces deux opérations, soit de transbordement de produits de pêche, soit d'embarquement de marchandises sur des navires non pêcheurs chargés d'huile, ne sauraient avoir lieu qu'avec l'assistance de l'autorité consulaire, auprès de laquelle les capitaines doivent toujours se munir de certificats constatant la nature des opérations auxquelles ils se sont livrés (4).

### 7. — Rapport spécial à faire aux consuls.

En cas de relâche dans un port où se trouve un consul

(1) Loi du 22 juillet 1851, art. 13.
(2) Id. Id.
(3) Id. Id. — Décret du 20 août 1851, art. 3.
(4) Circulaire des affaires étrangères de septembre 1851.

français, tout capitaine de navire baleinier ou cachalotier est tenu de lui déclarer les principaux faits de sa navigation et de sa pêche, et d'en prendre acte sur son journal de bord (1). Il n'est pas nécessaire que cette déclaration soit faite en dehors du rapport de mer du capitaine, et il suffit que toutes les indications soient consignées dans ce rapport, dont il est donné acte au capitaine par le visa apposé sur son journal.

Dans le cas où une circonstance de force majeure aurait empêché le navire de suivre sa destination ou d'effectuer son retour en France, la loi oblige l'armateur à en justifier dans un délai déterminé (2). Les consuls peuvent être appelés, dans les limites de leurs attributions, à fournir aux armateurs ou aux capitaines des navires empêchés par un événement de mer de continuer leur voyage les justifications qui doivent être produites en France pour la décharge des premiers. Nous n'avons pas besoin de rappeler ici que ces agents doivent, dans cette circonstance, savoir concilier ce qui est dû au respect de la loi et aux intérêts du trésor avec ce qui l'est également à ceux de nos navigateurs et du commerce national.

# CHAPITRE VII.

### DE LA PIRATERIE, DE LA BARATERIE ET DE LA TRAITE DES NOIRS.

## SECTION I.

### De la piraterie.

La loi du 10 avril 1825, comblant les lacunes que l'expérience avait fait reconnaître dans l'ordonnance générale de la marine d'août 1681, a défini les caractères de la piraterie, déterminé la compétence des tribunaux appelés à en connaître,

(1) Décret du 20 août 1851, art. 6.
(2) Id. Id. art. 10.

et édicté les peines qui doivent atteindre ce crime (1). En prenant cette loi pour base de leur action, les consuls ne doivent cependant pas perdre de vue, dans leurs rapports avec des autorités étrangères, que le crime de piraterie est avant tout un crime du droit des gens (2).

### 1. — Compétence des consuls.

Nous avons déjà indiqué quels étaient les devoirs d'un consul lorsque, à l'arrivée dans le port de sa résidence, le capitaine d'un navire français déclarerait dans son rapport de mer avoir été attaqué, pris ou poursuivi par un pirate, et les indications qu'il devait dans ce cas transmettre tant au gouvernement qu'aux commandants des forces françaises qui pourraient se trouver dans son voisinage. Si un consul recueillait par toute autre voie des renseignements analogues, son devoir serait également de chercher à contribuer à la capture du pirate, en le signalant de la même manière et en faisant connaître les parages dans lesquels il a été rencontré, ainsi que son origine et sa nationalité. Un avis analogue devrait être donné à l'autorité territoriale, car la répression du crime de piraterie intéresse toutes les nations.

Si un bâtiment portant pavillon français soulevait contre lui, dans le port étranger où il se trouve en relâche, des soupçons de piraterie, le consul n'aurait qu'à se conformer aux prescriptions des règlements sur la poursuite et la répression des crimes commis en mer. Il convient seulement de rappeler ici que la piraterie étant un crime exceptionnel puni par une loi particulière qui a posé, quant à la compétence, des règles précises, les consuls n'auraient pas plus qualité en Levant qu'en pays de chrétienté pour procéder à l'instruction judiciaire d'un crime de cette nature (3). Ainsi, en tout pays, un consul devrait tout d'abord recueillir les preuves qui établiraient le fondement de ses soupçons, et procéder ensuite à une enquête minutieuse dans le but de constater les faits par tous procès-verbaux ou interrogatoires nécessaires. Dans le cas

(1) Loi du 10 avril 1825, art. 1, 2, 3 et 4.
(2) Voir la *Dissertation sur la piraterie*, par M. le duc de Broglie.
(3) Loi du 28 mai 1836, art. 82.

où sa conviction arriverait à être formée, usant alors des pouvoirs disciplinaires et de police que la loi de 1825 a expressément maintenus (1), il arrêterait, s'il y avait lieu, le capitaine et l'équipage, et, sous la conduite d'un nouveau capitaine choisi par lui, renverrait le bâtiment, avec les prévenus arrêtés, à Toulon ou à Brest, selon que le fait incriminé aurait eu lieu dans la Méditerrannée ou dans l'Océan. Il va sans dire que s'il se trouvait sur rade ou dans le voisinage un bâtiment de l'Etat, le consul devrait laisser au commandant le soin de procéder à l'arrestation des coupables et au renvoi en France du bâtiment saisi.

Quant à la piraterie exercée par des Français sous pavillon étranger, à l'égard d'un autre bâtiment étranger, il nous paraît superflu d'insister ici sur l'incompétence absolue des consuls pour en connaître ; leur rôle se borne dans ce cas à prêter leur concours pour en faciliter l'arrestation, et à veiller ensuite à leur égard à l'administration d'une justice impartiale.

### 2. — Navires pirates amenés dans les ports consulaires.

Lorsque des navires arrêtés par des bâtiments de l'Etat relâchent dans un port étranger où réside un consul, celui-ci doit, dans les formes indiquées par nous au chapitre deuxième de ce livre, pourvoir à leurs besoins, conjointement avec l'officier conducteur.

Si ces navires, par suite d'avaries ou autres cas de force majeure, étaient hors d'état de reprendre la mer, le consul aurait à faire constater leur innavigabilité, et à procéder à leur vente après débarquement de la cargaison ; il devrait en même temps rendre compte de tous ces faits au ministère des affaires étrangères et à celui de la marine, et transmettre à ce dernier les papiers de bord avec toutes les pièces relatives à l'instruction préparatoire (2).

L'officier et l'équipage conducteur, ainsi que les prévenus arrêtés, seraient naturellement renvoyés dans un de nos ports par les soins du consul, soit sur un bâtiment de l'Etat, soit sur un navire du commerce.

(1) Loi du 10 avril 1825, art. 21.
(2) Ordonnance du 7 novembre 1833, art. 29.

Jusqu'à ce qu'il ait été statué par le tribunal compétent sur la validité de la prise, les fonds provenant de la vente du navire doivent être conservés à titre de dépôt dans la caisse des prises du consulat; il devrait en être de même du produit de la cargaison dans le cas où l'état de détérioration des marchandises qui la composent obligeraient à en faire la vente (1).

Si une prise faite sous prévention de piraterie par un bâtiment de commerce, était également conduite dans un port où réside un consul, et que son état d'innavigabilité constatée exigeât qu'elle fût vendue et démolie, il devrait, comme dans tous les autres cas de capture de pirate, être procédé conformément aux prescriptions réglementaires sur l'administration des prises, les navires de commerce et leurs équipages étant, dans ce cas spécial, assimilés par la loi à des bâtiments pourvus de lettres de marque et à leurs équipages (2).

## SECTION II.

### De la baraterie.

Nos lois distinguent deux sortes de baraterie, l'une criminelle, et entraînant pénalité (3), l'autre, que l'on appelle civile ou baraterie de patron, et qui ne donne lieu qu'à une action en dommages-intérêts contre le capitaine.

#### 1. — Poursuite et répression en Levant et en Barbarie.

Dans les deux cas, la baraterie étant un fait coupable dirigé exclusivement contre les intérêts privés des propriétaires, armateurs, chargeurs ou assureurs d'un navire, elle est toujours poursuivie et jugée en France dans les formes et devant les tribunaux ordinaires (4); à l'étranger il faut dis-

(1) Ordonnance du 7 novembre 1833, art. 30.
(2) Loi du 10 avril 1825, art. 10.
(3) *Id. Id.*, art. 11, 12, 13, 14 et 15.
(4) *Id. Id.*, art. 20.

tinguer si le fait punissable a eu lieu dans les contrées musulmanes ou en pays de chrétienté.

La loi du 28 mai 1836 sur la poursuite et le jugement des crimes et délits commis par les Français dans les échelles du Levant et de Barbarie, et que nous avons vue ne pas régir la piraterie, est, au contraire, expressément applicable à la baraterie. L'instruction s'il y a crime, le jugement s'il n'y a que délit, sont donc, dans ces pays, de la compétence des consuls, dont nous ferons connaître en détail les fonctions judiciaires au livre VIII.

### 2. — Instruction en pays de chrétienté.

Les consuls n'ayant en pays de chrétienté aucune juridiction criminelle sur leurs nationaux, ils n'ont pas qualité pour dresser l'acte d'accusation des marins prévenus de baraterie, cet acte étant de la compétence absolue du parquet qui en France sera chargé de poursuivre la répression du crime dénoncé. Le rôle des consuls se borne à éclairer les faits à l'aide d'une minutieuse enquête, à rassembler tout ce qui peut servir ultérieurement de pièces de conviction, et à procéder enfin à tous procès-verbaux et interrogatoires préliminaires pour arriver à la constatation de la vérité. S'il y a lieu, ils peuvent et doivent même ordonner l'arrestation des prévenus, et les remplacer par des Français, même par des étrangers, pour que le bâtiment puisse être conduit à sa destination. Ils renvoient ensuite les prévenus en France, en les adressant à l'autorité maritime et non à l'autorité judiciaire, avec toutes les pièces de conviction, documents ou papiers saisis, soit à bord, soit même à terre.

L'exercice de ces attributions, quelque restreintes qu'elles soient, est encore assez délicat pour que les consuls comprennent la nécessité de se garantir, dans des circonstances de cette nature, contre toute précipitation qui compromettrait, sur de simples soupçons, l'honneur des inculpés et souvent aussi les intérêts des armements. Ils ne doivent pas perdre de vue, qu'exerçant leurs fonctions dans l'intérêt de la loi et de la société, ils sont fonctionnaires publics et non agents des armateurs ou des assureurs. Ainsi, lorsqu'un fait de baraterie se produit sans intention frauduleuse, par ignorance ou par impéritie, la loi de 1825 ne l'atteignant pas, c'est aux parties lésées à faire valoir leur recours civil, sans que les consuls aient à intervenir d'office; mais si, au contraire, il y a crime ou délit, et non plus seulement faute, ils ne doivent pas hésiter, dès que des informations approfondies auront changé leurs soupçons en certitude, à prendre immédiatement toutes les mesures que les circonstances peuvent exiger.

Toutes les fois, du reste, qu'il se trouve un bâtiment de l'Etat sur une rade ou dans un port où un fait de baraterie a été constaté par un consul, celui-ci doit, aux termes des instructions du département de la marine, se concerter avec le commandant de ce bâtiment, lui communiquer l'ensemble des pièces et des faits sur lesquels sa conviction a pu être formée, et réclamer, s'il y a lieu, son concours pour les mesures que l'état des choses peut le déterminer à prendre.

Lorsqu'il y a lieu dans un cas de baraterie, en vue de circonstances particulières ou exceptionnelles, à ce qu'un consul demande en France des instructions, c'est au département de la marine ou à celui des affaires étrangères qu'il doit s'adresser, selon que le fait incriminé est imputé à un homme de mer ou à un passager.

Enfin, il doit être également adressé, non-seulement au département de la marine, mais encore à celui des affaires étrangères, un rapport circonstancié et détaillé de tous les faits de baraterie contre lesquels il pourrait avoir été instruit à l'étranger, même lorsqu'une première instruction sommaire aurait fait abandonner l'affaire.

## SECTION III.

### De la traite des noirs.

Les consuls sont chargés spécialement d'assurer, par tous les moyens en leur pouvoir, l'exécution des lois pour la répression de la traite des noirs (1).

(1) Ordonnance du 29 octobre 1833, art. 6.

### 1. — Arrestation des négriers.

Si, à l'arrivée dans le port de sa résidence d'un navire couvert du pavillon français, le consul venait à apprendre que ce bâtiment a été employé à la traite, il devrait constater le fait par un procès-verbal, saisir ensuite le navire et les noirs trouvés à bord, et les faire conduire soit en France, soit dans la colonie la plus voisine, en requérant à cet effet l'assistance des bâtiments de l'Etat qui se trouveraient à portée, ou, à leur défaut, en employant tout autre moyen d'expédition. Rien n'empêcherait, par exemple, de substituer à l'équipage un équipage nouveau, avec un agent de confiance ayant mission de remettre à l'autorité maritime supérieure du port de destination le navire et les noirs. L'équipage du bâtiment saisi, s'il ne pouvait sans danger être laissé à bord, devrait être renvoyé en France par les occasions les plus promptes et les plus économiques; les dépenses qui pourraient en résulter, et que le capitaine n'aurait pas le moyen d'acquitter, seraient avancées au compte du département de la marine, sauf répétition contre qui de droit après jugement (1).

Dans le cas où le navire soupçonné d'avoir fait la traite n'aurait plus de noirs à bord, le consul devrait tâcher, par l'interrogatoire du capitaine et de l'équipage, de découvrir la vérité, et si la contravention demeurait constante, il devrait faire également conduire le navire en France, à moins que le capitaine ne s'engageât sous caution à l'y ramener lui-même (2).

Dans les deux cas, les papiers de bord, procès-verbaux et toutes les pièces utiles à l'instruction de la procédure, seraient adressés en France au ministère de la marine ou au gouverneur si le navire était dirigé sur une de nos colonies.

La loi exempte de toute peine les hommes de l'équipage autres que les capitaines, officiers et subrécargues, qui, avant toute poursuite connue d'eux et au plus tard dans les quinze

_____

(1) Circulaire de la marine du 7 juillet 1823.— Loi du 4 mars 1831, art. 13 et 14.

(2) Circulaire de la marine du 7 juillet 1823.

jours après leur débarquement, soit dans les ports de France ou des colonies, soit dans ceux des pays étrangers , auront déclaré aux agents du gouvernement, ou à leur défaut devant les autorités du lieu , les faits relatifs à la traite auxquels ils ont participé (1). Il est essentiel que le département de la marine soit informé des révélations de cette nature qui pourraient être faites devant les consuls; ceux-ci doivent, par conséquent, lorsqu'il y a lieu, lui faire parvenir par duplicata les procès-verbaux constatant les dépositions qu'ils ont été à portée de recevoir (2).

Il est un troisième cas dans lequel les consuls peuvent encore être appelés à saisir un négrier, celui où un armement pour la traite sous pavillon français, ou, pour mieux dire, un affrétement dans ce dessein aurait lieu dans leur résidence. L'armement sans aucun achat ou vente d'esclaves est en effet une part prise au trafic, et constitue un délit (3). Mais la poursuite ne peut avoir lieu que lorsque la preuve du but de l'armement paraît résulter soit des dispositions faites à bord, soit de la nature du chargement. Quoique les consuls n'aient pas qualité pour commencer une poursuite judiciaire, leur devoir n'en est pas moins de recueillir les preuves du but criminel de l'armement. On sait que ces preuves se déduisent de la condition spéciale du navire, de son genre d'armement, de son accastillage, de son arrimage et de ses autres dispositions intérieures, enfin de la réunion à bord de chaînes, colliers de fer, menottes, bidons, gamelles, etc.

Le devoir rigoureux du consul dans la résidence duquel aurait lieu un armement de cette nature serait encore de saisir le navire, car le fait seul de son armement pour la traite suffit pour qu'il puisse être confisqué (4), et de le faire conduire en France avec son chargement dans l'état dans lequel il aurait été saisi; un procès-verbal détaillé de cet état du chargement, signé à la fois par le consul et le capitaine arrêté, ainsi que par le capitaine conducteur, devrait dans ce

(1) Loi du 4 mars 1831, art. 6.
(2) Circulaire de la marine du 29 avril 1831.
(3) Loi du 4 mars 1831, art. 1er.
(4) Id. Id., art. 5.

cas être transmis au département de la marine, en même temps que tous les autres actes, interrogatoires ou enquêtes faits au consulat à cette occasion.

Les devoirs que les consuls ont à remplir lorsque des navires arrêtés par des bâtiments de l'Etat sous prévention de traite sont amenés dans leur résidence sont les mêmes que dans le cas où l'arrestation a eu lieu pour fait de piraterie. Nous devons ajouter seulement que, si le navire capturé venait à être condamné pour cause d'innavigabilité, les noirs trouvés à bord ne pourraient être débarqués qu'autant que les lois du pays le permettraient et que leur liberté ne serait pas menacée : autrement, ils devraient être embarqués sur un bâtiment affrété *ad hoc*, et envoyés soit en France, soit dans la colonie la plus voisine.

### 2. — Transport des esclaves.

La loi du 4 mars 1831, ne parlant que de la traite des noirs, ne s'applique qu'au trafic qui a lieu sur les côtes d'Afrique, et, comme toutes les lois pénales, elle ne saurait être étendue.

Cependant l'attentat à la liberté n'existe pas seulement contre les noirs des côtes d'Afrique, il est tout aussi criminel lorsqu'il est commis en Amérique, dans le Levant, dans l'Inde, ou ailleurs, quelle que soit la couleur des hommes qui en sont les victimes. Il faut pour ces cas divers recourir à l'ordonnance du 18 janvier 1823, qui prononce l'arrestation de tout navire français employé au transport des esclaves, la conduite de ceux-ci en un lieu où leur sûreté et leur liberté soient garanties, le retour en France du capitaine coupable, et son interdiction perpétuelle du commandement.

Il est expressément recommandé aux consuls d'assurer, par tous les moyens en leur pouvoir, l'exécution de cette ordonnance, tout autant que celle des lois qui prohibent la traite, et de s'opposer au transport pour compte d'autrui, sous pavillon français, d'individus vendus ou destinés à être vendus comme esclaves (1). La marche qu'ils ont à suivre pour atteindre ce but est la même que dans les cas ordinaires de traite des noirs.

(1) Ordonnance du 29 octobre 1833, art. 6.

L'ordonnance précitée ne s'applique, du reste, en aucune façon, au transport des esclaves que les Turcs en Levant et les Américains dans les pays où l'esclavage est légalement admis, emmènent avec eux en voyage pour leur service personnel.

# CHAPITRE VIII.

### DES ARMEMENTS EN COURSE ET DES PRISES.

Nous nous sommes occupés, dans les chapitres précédents, des fonctions des consuls dans leurs rapports avec la marine militaire et commerciale; il nous reste à envisager le droit consulaire sous les rapports exceptionnels que fait naître l'état de guerre, c'est-à-dire à nous occuper des armements en course et des prises.

Le titre 9 du livre III de l'ordonnance de 1681, la déclaration du 24 juin 1778, le règlement du 28 juillet de la même année, celui du 8 novembre 1779, et les arrêtés des 6 germinal an VIII, 9 ventôse an IX et 2 prairial an XI, constituent l'ensemble de notre législation actuelle sur les prises, et c'est dans leurs dispositions que les consuls puiseraient leurs règles de conduite si, en cas de guerre maritime, il y avait lieu dans leur arrondissement à autoriser des armements en course sous pavillon français, ou si des prises faites soit par des bâtiments de l'Etat, soit par des corsaires, venaient à y être conduites (1).

# SECTION I.

### Des armements en course.

#### 1. — Des armements et lettres de marque.

La course pour être légale doit être autorisée; nul ne peut

(1) Ordonnances du 29 octobre 1833, art. 78, et du 7 novembre 1833, art. 31.

armer vaisseau en guerre sans commission de l'amiral, dit l'ordonnance de 1681 ; celui qui arme en course doit donc être muni d'une commission authentique du pouvoir exécutif de la nation à laquelle il appartient, sans quoi il serait, avec juste raison, traité comme pirate.

Il y a deux sortes d'armements, la course proprement dite, et l'armement particulier qu'on appelle en guerre et marchandises.

En temps de guerre maritime, les armements en course sous pavillon français peuvent avoir lieu en France comme à l'étranger ; mais nul ne peut obtenir de lettres de marque s'il n'est citoyen français, et en outre, quand il réside à l'étranger, s'il n'est immatriculé dans un consulat (1).

Les lettres de marque sont délivrées au nom du peuple français par le ministre de la marine,

Lorsque nos traités autorisent en principe des armements de cette nature, ceux qui veulent obtenir des lettres de marque à l'étranger doivent s'adresser aux consuls, qui transmettent leur demande au ministre de la marine en lui faisant connaître la solvabilité de l'armateur, la réputation du capitaine qui doit commander, l'espèce et le port en tonneaux du bâtiment, la force de l'équipage qui le montera, le nombre et le calibre des canons qu'il doit porter.

Si le bâtiment doit être armé en guerre et marchandises, les consuls doivent en outre indiquer par aperçu la nature et la valeur de la cargaison, ainsi que la destination du bâtiment.

Les capitaines désignés pour commander des corsaires sont tenus de prouver leur moralité et leurs talents par la production de certificats émanant des officiers sous les ordres desquels ils ont servi ou des armateurs qui les ont déjà employés (2).

Lorsque le ministre a expédié aux consuls les lettres de marque demandées par eux, celles-ci doivent être visées et enregistrées sommairement en chancellerie ; leur durée commence du jour où a lieu cet enregistrement : les consuls

(1) Arrêté du 2 prairial an XI, art. 16.
(2) *Id. Id.*, art. 18. — Circulaire de la marine du 1er octobre 1814.

doivent toujours avoir soin d'en faire connaître la date au ministre (1).

D'après la nature des croisières et sur la proposition des consuls, la durée des lettres de marque est fixée à six, douze, dix-huit et même vingt-quatre mois. La seule autorité qui a le droit de conférer des lettres de marque peut seule aussi avoir celui d'en prolonger la durée. Il est en conséquence expressément interdit aux consuls de prolonger la durée d'une lettre de marque sans y être spécialement autorisés par le ministre de la marine, et cette autorisation, lorsqu'elle a été accordée, doit être, ainsi que sa date, mentionnée sur la lettre de marque (2).

Chaque lettre de marque est accompagnée d'un nombre suffisant de commissions de conducteurs de prises, et il doit y être joint un exemplaire de l'arrêté du 2 prairial an XI; les frais de port de ces lettres et des pièces qui y sont annexées sont à la charge des armateurs. Lorsqu'un consul délivre une lettre de marque dont le ministre de la marine lui a fait l'envoi, il doit, en conséquence, exiger le remboursement de ces frais, et en donner un reçu à l'armateur pour que celui-ci puisse comprendre la dépense dans son compte d'armement (3).

### 2. — Cautionnements des armateurs.

Tout armateur de bâtiment armé en course ou en guerre et marchandises est tenu de fournir par écrit un cautionnement qui sert d'une part à ménager au propriétaire illégalement capturé la possibilité d'un recours efficace contre le capteur, et de l'autre à garantir les droits des équipages et de la caisse des invalides.

Ce cautionnement est de 37,000 fr., et du double lorsque l'équipage comprend plus de cent cinquante hommes. Dans ce dernier cas, le cautionnement doit être fourni solidairement par l'armateur, par deux cautions non intéressées dans l'armement et par le capitaine (4).

(1) Circulaire de la marine du 19 germinal an XII.
(2) Arrêté du 2 prairial an XI, art. 19 et 22.
(3) Circulaire de la marine du 9 brumaire an VII.
(4) Arrêté du 2 prairial an XI, art. 20.

Les cautions sont reçues à l'étranger par acte authentique dressé en chancellerie. Les individus présentés comme cautions d'un armement doivent être Français, et offrir en France des garanties positives de solvabilité ; s'ils ne sont pas domiciliés dans le port où l'armement a lieu, ils peuvent se faire représenter, mais seulement en vertu d'un pouvoir en forme, appuyé d'un certificat du président du tribunal de commerce ou du consul du lieu de leur domicile, attestant leur solvabilité, et ces pièces doivent alors être annexées à l'acte de cautionnement.

Il est à observer que celui qui a déjà servi de caution pour plus de trois armements non liquidés ne peut être admis à être caution pour un quatrième ; à chaque cautionnement, celui qui le souscrit est en conséquence tenu de déclarer ceux qu'il aurait déjà pu souscrire (1).

### 3. — Responsabilité des consuls.

Les règlements déclarent les consuls personnellement responsables de l'emploi des lettres de marque qu'ils remettraient aux armateurs avant que toutes les formalités que nous venons d'indiquer n'aient été remplies et que le rôle d'équipage n'ait été arrêté. Ils leur défendent en outre, de la manière la plus expresse et sous les peines les plus sévères, de prendre directement ou indirectement aucune part ni intérêt dans les bâtiments armés en course ou en guerre et marchandises (2).

### 4. — Compte ouvert en chancellerie pour chaque croisière.

Les consuls doivent établir dans leur chancellerie, pour chaque croisière des corsaires armés dans leur arrondissement, un compte spécial, sur lequel ils apostillent leurs diverses opérations et notent leurs mouvements et leurs prises (3).

---

(1) Arrêté du 2 prairial an xi, art. 21.

(2) Ordonnances d'août 1681, livre III, titre 9, art. 34, et du 5 mai 1693. — Arrêtés du 13 termidor an vi, art. 3, et du 2 prairial an xi, art. 122.

(3) Circulaire de la marine du 19 germinal an xii.

## 5. — Composition des équipages.

L'arrêté du 2 prairial an xi a tracé des règles particulières et exceptionnelles pour la composition des équipages des corsaires : ainsi les consuls ne peuvent, à moins d'autorisation expresse du ministre de la marine, laisser embarquer sur ces navires des matelots inscrits et en état de servir sur les bâtiments de guerre que dans la proportion d'un huitième de l'équipage entier ; quant aux marins étrangers, ils peuvent être employés jusqu'à concurrence des deux cinquièmes, les états-majors restant en dehors de cette disposition (1).

Les capitaines des bâtiments armés pour la course sont tenus, sous peine d'amende, de présenter au consulat pour être portés sur le rôle d'équipage tous les marins qu'ils ont engagés (2).

Quant aux conditions des engagements, les consuls n'ont pas plus à les régler quand il s'agit d'armements en course que lorsqu'il s'agit d'armements commerciaux ; ils se bornent donc à inscrire sur le rôle les conventions que les parties leur déclarent avoir librement admises ou consenties et à mentionner les avances reçues. Aucune part dans les prises à faire ne peut être, avant l'embarquement, promise à qui que ce soit ; toute mention à cet égard inscrite par un consul sur le rôle d'équipage serait nulle, comme contraire à la loi.

L'armateur et le capitaine en recevant le rôle d'équipage doivent s'engager expressément, au bas même de cette pièce, à faire revenir le navire au port d'armement.

Les dispositions de l'ordonnance du 4 août 1817 sur l'embarquement des chirurgiens et le coffre de médicaments dont doivent être munis les bâtiments naviguant à la mer sont applicables à tous les navires armés en course ou en guerre et marchandises.

(1) Arrêté du 2 prairial an xi, art. 9 et 10.
(2) Ordonnance du 31 octobre 1784, titre 4, art. 1er. — Arrêté du 2 prairial an xi, art. 11.

32

### 6. — Police des équipages.

La discipline à bord des corsaires est la même que celle prescrite pour les bâtiments de l'État; les marins embarqués sur ces bâtiments doivent être, suivant la nature de leurs délits, punis d'après les lois pénales et par les tribunaux militaires maritimes (1).

Les déserteurs des corsaires doivent être arrêtés par les soins des consuls, sur la dénonciation des capitaines, comme ceux de tous autres bâtiments; s'ils sont repris avant le départ de leur navire, ils continuent la croisière à demi-salaire, sinon ils perdent tous leurs droits acquis pour gages, gratifications et parts de prises (2).

### 7. — Retrait des lettres de marque.

Les armateurs étant civilement et solidairement responsables avec leurs capitaines des infractions que les corsaires peuvent commettre contre les ordres du gouvernement, soit sur la navigation des bâtiments neutres, soit sur les pêcheurs ennemis, les consuls doivent exercer à leur égard la surveillance la plus attentive, et ils sont même autorisés à retirer provisoirement les lettres de marque à ceux qui en auraient abusé (3).

## SECTION II.

### De la police de la course.

### 1. — Captures faites sous pavillon tiers ou sans lettre de marque.

Il est défendu à tout corsaire de tirer à boulet sur un bâti-

---

(1) Déclaration du 24 juin 1778, art. 27. — Circulaire de la marine du 28 brumaire an vii. — Arrêté du 2 prairial an xi, art. 31. — Circulaire de la marine du 1er octobre 1814.

(2) Ordonnance du 31 octobre 1784, titre 18, art. 16 et 17. — Arrêté du 2 prairial an xi, art. 15.

(3) Arrêté du 2 prairial an xi, art. 52. — Circulaire de la marine du 1er octobre 1814.

ment chassé avant d'avoir arboré le pavillon national ; toute infraction à cet égard exposerait l'armement à perdre ses droits au produit de la prise si le bâtiment capturé était ennemi, et à encourir des dommages-intérêts envers les propriétaires si le navire était neutre. L'équipage seul conserverait intact son droit aux parts qu'il aurait eues si la prise déclarée bonne avait été adjugée aux armateurs (1).

Toute prise faite par un bâtiment non muni d'une lettre de marque est confisquée au profit de l'Etat et peut même donner lieu à des poursuites criminelles contre le capitaine capteur, à moins que la prise n'ait été opérée dans un cas de légitime défense par un navire de commerce d'ailleurs pourvu de son congé et d'expéditions régulières (2).

Un capitaine de corsaire qui combattrait sous un pavillon autre que celui de l'Etat dont il a commission, qui serait convaincu d'avoir fait la course sous plusieurs pavillons ou d'être muni de commissions de deux ou plusieurs puissances différentes, se rendrait coupable du crime de piraterie (3).

Sont aptes à être saisis et déclarés de bonne prise tous les bâtiments appartenant aux ennemis de l'Etat et tous ceux dont la neutralité n'est pas justifiée conformément aux règlements ou aux traités (4).

### 2. — Bâtiments neutres.

D'après les principes de notre droit maritime à l'égard des neutres, le pavillon couvre toujours la marchandise, la contrebande de guerre exceptée. Les seuls cas dans lesquels un navire neutre peut être capturé sont les suivants : 1° s'il y a eu refus d'amener les voiles ou de mettre en travers après la semonce qui lui en a été faite (5) ; 2° si la contrebande de

---

(1) Ordonnances des 7 mars 1696 et 18 janvier 1704. — Arrêté du 2 prairial an XI, art. 33.

(2) Arrêté du 2 prairial an XI, art. 34.

(3) *Id.*, art. 34 et 52. — Loi du 10 avril 1825, art. 1er.

(4) Arrêté du 2 prairial an XI, art. 51 et 55.

(5) Ordonnance d'août 1681, livre III, titre 9, art. 13. — Arrêt du Conseil du 23 janvier 1706. — Arrêté du 2 prairial an XI, art. 57.

guerre qui se trouve à bord forme au moins les trois quarts
de la valeur du chargement (1); 3° s'il est constaté qu'il y a
eu jet à la mer, suppression ou destruction de papiers, lettres
ou autres pièces de bord (2); 4° s'il y a eu violation d'un blocus régulièrement notifié et rendu effectif par la présence
sur les lieux bloqués d'un ou plusieurs bâtiments de guerre
capables d'en interdire l'accès (3).

### 3. — Captures dans les mers territoriales.

Un navire, même ennemi ou chargé de marchandises de
contrebande, ne peut être capturé dans les eaux d'une puissance neutre, c'est-à-dire dans ses rades, dans ses baies, ni
dans un rayon de deux lieues marines de ses côtes (4). Il est
même défendu, tant par le droit des gens universel que par
les lois et les traités de toutes les nations, de continuer des
voies de fait contre un navire quelconque dans l'enceinte de
la juridiction maritime d'un Etat neutre.

Ce respect pour les droits des neutres et les mers territoriales est souvent méconnu en temps de guerre par des corsaires qui ne craignent pas de poursuivre un bâtiment jusque
sous le canon des forts d'une puissance réputée faible ou con-
descendante pour l'un des belligérants. C'est un abus que les
consuls ont ordre de réprimer et qui les autoriserait pleinement à retirer leur lettre de marque aux corsaires qui s'en
rendraient coupables (5).

### 4. — Envoi des prises au port d'armement des capteurs.

Les capitaines qui ont fait des prises doivent les amener ou
les renvoyer, autant qu'il est possible, dans le port d'armement du corsaire. S'ils sont forcés par des causes majeures
de conduire ou d'envoyer leurs prises dans quelque autre port,

(1) Règlement du 26 juillet 1778, art. 1er.
(2) Id., art. 3. — Arrêté du 29 frimaire an VIII, art. 2.
(3) Ordonnance du 22 décembre 1847.
(4) Décision du conseil des prises du 27 thermidor an VIII.
(5) Circulaire de la marine du 2 fructidor an VII.

ils sont tenus d'en prévenir immédiatement leurs armateurs (1).

Si le chef conducteur d'un navire capturé fait dans sa route
quelques autres prises. celles-ci appartiennent à l'armement
dont il fait partie ou à la division navale à laquelle il est attaché. Si au contraire sa prise est reprise par l'ennemi, il est
dans ce dernier cas jugé à son retour comme le sont dans les
mêmes circonstances les commandants des bâtiments de
l'État (2).

Il est défendu, sous peine de la vie, à tous individus faisant
partie de l'état-major ou de l'équipage d'un corsaire, de couler
à fond des bâtiments pris et de débarquer des prisonniers
sur les îles ou côtes éloignées, dans le but de celer la prise.
Lorsque les preneurs, ne pouvant se charger du navire pris,
enlèvent seulement les marchandises ou relâchent le tout par
composition, ils sont tenus de se saisir des papiers et d'amener
au moins les deux principaux officiers du navire pris, afin
que ceux-ci puissent être interrogés sur le fait de la prise; en
cas de contravention, ils perdent ce qui peut leur appartenir
en la prise si elle est déclarée valide.

### § 2. — DES RECOUSSES.

#### 1. — Reprises [faites par les corsaires ou par les bâtiments de l'État.

La recousse est soumise aux mêmes règles que la prise directe; mais le profit qui revient au libérateur varie suivant
que la prise est restée plus ou moins longtemps entre les mains
du capteur, que le navire a été repris sur des ennemis ou sur
des pirates et qu'il l'a été par des corsaires ou par des bâtiments de l'Etat.

Si un navire français ou allié est repris sur l'ennemi par un
corsaire après être resté vingt-quatre heures entre les mains

_____

(1) Ordonnance d'août 1681, livre III, titre 9, art. 17. — Arrêté du
2 prairial an XI, art. 61.

(2) Loi du 3 brumaire an IV, art. 4 et 5. — Arrêté du 2 prairial an
XI, art. 62 et 63.

du capteur, il appartient en entier au corsaire ; mais lorsque la reprise a été faite avant les vingt-quatre heures, le droit de recousse n'est que du tiers de la valeur du navire recous et de sa cargaison.

Lorsque la reprise est faite par un bâtiment de l'Etat, elle est restituée à ses propriétaires moyennant allocation, aux équipages preneurs, d'une indemnité égale au trentième de la valeur, si elle a été faite avant les vingt-quatre heures, et au dixième, si elle a été faite après (1).

### 2. — Reprises sur les pirates.

S'il s'agit d'une reprise faite sur les pirates, ceux-ci n'ayant point de titre pour acquérir, il n'y a plus lieu à distinguer si elle est restée plus ou moins de vingt-quatre heures en leur pouvoir, et elle est rendue aux propriétaires en payant pour frais de recousse le tiers de la valeur du navire et de la cargaison (2).

### 3. — Bâtiments repris par leurs équipages.

Lorsque l'équipage d'un navire pris se révolte et, se délivrant lui-même, soustrait le navire au pouvoir du corsaire qui s'en était emparé, il n'y a jamais reprise, et les équipages n'ont droit qu'à une simple gratification au compte de l'armement.

### 4. — Bâtiments pris par des prisonniers.

Si au contraire un corsaire a lui-même été enlevé par des marins prisonniers à son bord, ou si un navire ennemi a été, de quelque manière que ce soit, pris et conduit en France par des Français prisonniers, il n'y a pas non plus recousse, mais il y a prise, et celle-ci est valable au profit des capteurs (3).

(1) Ordonnances d'août 1681, livre III, titre 9, art. 8, et du 15 juin 1779. — Arrêté du 2 prairial an xi, art. 54.

(2) Ordonnances d'août 1681, livre III, titre 9, art. 10, et du 5 septembre 1718. — Arrêté du 2 prairial an xi, art. 56.

(3) Décret de la Convention du 18 vendémiaire an ii.

§ 3. — DES RANÇONS.

#### 1. — Des cas où il peut y avoir lieu à rançon.

Lorsqu'un corsaire a pris un navire ennemi et prévoit ne pouvoir l'amener à son port d'armement, il peut le rançonner, c'est-à-dire le relâcher moyennant composition ; mais comme le bien de l'Etat veut qu'on affaiblisse l'ennemi autant qu'il est possible, et que de très-graves abus pourraient résulter du rançonnement, les corsaires français ne sont autorisés à rançonner qu'en cas de nécessité absolue et si les circonstances ne leur permettent pas d'amariner leur prise (1).

Pour rançonner un bâtiment ennemi, il faut d'ailleurs que le capitaine du corsaire en ait reçu pouvoir exprès de ses armateurs et qu'il soit muni de traités de rançon en blanc rédigés dans les formes réglementaires (2).

#### 2. — Traités de rançon.

Les traités de rançon doivent relater les noms, pavillons, ports d'armement, tonnages, etc., du capteur et de la prise, les circonstances et détails de la capture et les circonstances du rachat ; ils sont rédigés en double exemplaire dont l'un est conservé par le corsaire et l'autre remis au capitaine rançonné en échange d'une copie de son passe-port ou congé de mer.

#### 3. — Otages.

Le capitaine de corsaire qui rançonne à la mer est tenu de prendre pour otages de la rançon et d'amener à son port d'armement au moins un des officiers du bâtiment rançonné et en outre cinq hommes en sus lorsque l'équipage du navire rançonné est de trente hommes ou plus, trois lorsqu'il n'est que de vingt à vingt-neuf hommes et deux pour les autres cas (3).

(1) Déclaration du 24 juin 1778, art. 41. — Arrêt du Conseil du 11 octobre 1780.

(2) Arrêté du 2 prairial an XI, art. 57, 40 et 47.

(3) Id., art. 43.

#### 4. — Navires pris après avoir été rançonnés.

Un navire qui a déjà été rançonné ne peut l'être une seconde fois par le même corsaire; mais s'il est rencontré par un
second corsaire, il peut être pris et amariné. Dans ce dernier
cas le prix de la rançon n'est plus exigible du bâtiment pris,
mais le capteur doit en tenir compte à l'armement du corsaire
en faveur duquel elle avait été stipulée, à moins qu'il n'aime
mieux lui abandonner la prise. Les otages sont, dans le cas de
prise faite postérieurement à la rançon, rédimés des charges
attachées au titre d'otage, mais ils deviennent alors prisonniers
de guerre (1).

#### 5. — Remise des otages.

Au retour des croisières et lors du désarmement des corsaires dans un port étranger, les traités de rançon dont il n'a
pas été fait usage sont déposés de nouveau en chancellerie;
ceux qui ont pu être souscrits à la mer par les navires
rançonnés sont soumis au visa du consul, auquel le capitaine
est tenu de présenter en même temps les otages qu'il s'est fait
livrer (2).

Le consul procède immédiatement à l'interrogatoire des
otages ainsi qu'à celui des officiers et de l'équipage du corsaire,
pour s'assurer si la rançon a été légalement exercée et si,
outre les valeurs portées aux traités de rançon, le capitaine
n'a pas exigé d'autres sommes ou détourné à son profit des
effets particuliers : le résultat de cet interrogatoire est consi-
gné dans un procès-verbal que les déclarants sont requis de
signer.

Les actes, billets et obligations que les capitaines de corsaire auraient fait souscrire en contravention à ces dispositions doivent être paraphés par le consul et demeurent déposés en chancellerie jusqu'au jugement définitif (3).

Quant aux otages dont la liste est régulièrement envoyée au

(1) Arrêté du 2 prairial an xi, art. 44.
(2) *Id.*, art. 45.
(3) *Id.*, art. 46.

ministère de la marine, ils doivent être dirigés sur France par la voie la plus directe et la plus sûre, à moins que leur évasion à l'étranger n'étant pas à redouter ils puissent être laissés libres sur parole jusqu'après le payement de la rançon dont ils sont les garants.

Au surplus, toutes les règles prescrites pour l'instruction, le jugement, la liquidation et la répartition des prises sont communes aux rançons (1).

### § 4. — DES PRISONNIERS DE GUERRE.

#### 1. — Obligation de conserver les prisonniers.

Tout capitaine de corsaire qui fait des prisonniers à la mer est tenu de les garder jusqu'au lieu de sa première relâche dans un port de France.

Lorsqu'il y a manque de vivres ou quand le nombre des prisonniers de guerre excède celui du tiers de l'équipage, le capitaine d'un corsaire est cependant autorisé à transborder l'excédant de ses prisonniers sur les navires neutres qu'il peut rencontrer à la mer : ce transbordement ne doit toutefois s'effectuer qu'après que le capitaine du bâtiment capturé et les principaux prisonniers se sont engagés par écrit à faire échanger et renvoyer un pareil nombre de prisonniers français de même grade.

#### 2. — Remise des prisonniers aux consuls.

Les capitaines de corsaire qui relâchent dans les ports des puissances neutres n'y peuvent débarquer leurs prisonniers et les remettre aux consuls que lorsque ceux-ci ayant reconnu la nécessité du débarquement leur en ont donné l'autorisation par écrit. Le capitaine et un des officiers du bâtiment capturé servant d'otages doivent forcément être retenus à bord et conduits en France (2).

(1) Arrêté du 2 prairial an xi, art. 50.

(2) Ordonnances du 7 novembre 1703 et du 4 octobre 1760, art. 1, 2, 3 et 4. — Arrêtés du 5 vendémiaire an vi, art. 1er, et du 12 prairial an xi, art. 35, 36, 37 et 38.

Les consuls sont en droit d'exiger que les commandants des bâtiments de guerre et les capitaines corsaires déposent en chancellerie les hardes et effets à l'usage personnel des prisonniers qu'ils veulent laisser à terre (1), sauf à pourvoir ensuite par les moyens les plus convenables et les plus économiques à la subsistance de ces mêmes prisonniers, qu'ils peuvent ou faire passer en France, ou consigner sous condition d'échange à leur collègue de la nation ennemie à laquelle ils appartiennent.

### 3. — Échange des prisonniers.

Cette remise des prisonniers de guerre aux consuls des nations ennemies n'est pas rigoureusement subordonnée à un échange immédiat ; elle s'effectue au contraire le plus souvent par anticipation contre simple récépissé, mais avec soumission formelle de rendre un nombre égal de Français de même grade détenus dans leur pays ou dans les Etats des puissances ennemies (2).

Les consuls doivent adresser exactement au ministère de la marine l'état des prisonniers qu'ils ont remis aux agents des puissances ennemies, les soumissions souscrites entre leurs mains, ainsi que la liste des hommes qui peuvent leur avoir été rendus en échange. Cette disposition saurait d'autant moins être négligée, que c'est seulement sur l'état fourni par les consuls que le gouvernement peut faire réclamer l'acquittement des soumissions retirées pour l'échange des prisonniers livrés aux agents des puissances ennemies (3).

L'échange des prisonniers de guerre ayant lieu non-seulement par tête, mais par grade, les soumissions reçues par les consuls et les listes transmises par eux en France doivent toujours indiquer les nom, prénoms, âge, lieu de naissance et grade de chaque prisonnier, ainsi que le nom, l'espèce et le port d'armement du bâtiment duquel ils proviennent.

(1) Règlement du 8 novembre 1779, art. 13.
(2) *Id.*, art. 25. — Circulaire de la marine du 17 fructidor an ix. — Arrêté du 2 prairial an xi, art. 37.
(3) Arrêté du 6 germinal an viii, art. 9, 11, 12 et 23. — Circulaire de la marine du 15 messidor an xi.

#### 4. — Prisonniers français remis aux consuls.

Quant aux prisonniers de guerre français qui arriveraient dans leur résidence ou qui leur seraient également remis sous condition d'échange par les agents des puissances ennemies, les consuls n'ont d'autre devoir à remplir à leur égard que celui de pourvoir à leur subsistance et d'assurer leur rapatriement dans la forme déterminée par les règlements (1).

## SECTION III.

### Des prises.

§ 1er. — DES ATTRIBUTIONS DES CONSULS EN MATIÈRE DE PRISES.

Pendant les premières guerres de la République, les consuls avaient été assimilés aux magistrats chargés en France de l'instruction et du jugement des prises. L'arrêté du 6 germinal an VIII, en instituant à cet égard un tribunal spécial dont les attributions sont aujourd'hui dévolues au conseil d'Etat, a naturellement mis fin à cette compétence des agents du service extérieur; car, s'il leur avait encore exceptionnellement conservé le droit de juger les prises faites sur l'ennemi, les instructions du département des affaires étrangères (2) les ont irrévocablement dépouillés de toute action judiciaire directe dans ces sortes d'affaires pour limiter leur rôle à celui de simples magistrats instructeurs.

Les directions dont ils peuvent avoir besoin pour l'exercice de ces dernières attributions leur sont fournies par le département des affaires étrangères ou par celui de la marine, suivant que les questions qui les provoquent se rattachent soit au contentieux diplomatique, soit à l'application de nos lois particulières sur la course et les prises.

(1) Règlement du 8 novembre 1779, art. 23.
(2) Arrêté du 6 germ. an VIII, art. 9, 11, 12 et 23. — Circulaire des affaires étrangères du 10 germinal an VIII.

§ 2. — DE LA PROCÉDURE RELATIVE AUX PRISES DANS LES CONSULATS.

### 1. — Rapport du chef conducteur de prise.

Dès que la prise a été admise en libre pratique, le chef conducteur est tenu : 1° de faire son rapport au consul; 2° de lui
représenter et remettre sur inventaire et sur récépissé les
papiers et autres pièces trouvés à bord, ainsi que les prisonniers du navire capturé ; 3° de déclarer le jour, l'heure et le
lieu de la capture, si le capitaine a fait refus d'amener ses
voiles ou de faire voir sa commission ou son congé , s'il a
attaqué ou s'il s'est défendu, quel pavillon il portait, et les
autres circonstances de la prise et de son voyage (1).

Ce rapport est reçu en chancellerie dans la forme ordinaire
des rapports de mer et est signé par le consul, le chancelier
et le déclarant (2). Nous n'avons pas besoin d'insister ici sur
le soin qui doit être apporté à la rédaction de cette pièce; il
suffit de rappeler qu'elle est la base de la procédure et que
tous les faits dont le détail y est contenu doivent être expressément affirmés par le déclarant.

### 2. — Transport du consul à bord.

Après avoir reçu le rapport du conducteur de la prise, le
consul doit se transporter sur-le-champ à bord, assisté de son
chancelier, et, si faire se peut, de deux assesseurs français
immatriculés et établis dans le pays de sa résidence. Son
premier devoir est de dresser procès-verbal de l'état de la
prise et de procéder ensuite, en présence du capitaine pris ou
de deux officiers ou matelots de son équipage, du capitaine
capteur ou du chef conducteur de la prise et même des réclamants s'il s'en présente, à l'apposition des scellés sur tous
fermants, écoutilles, chambres et objets quelconques qui peuvent en être susceptibles, en se bornant à inventorier ce qui
ne pourrait être mis sous scellés (3).

(1) Ordonnance d'août 1681, livre III, titre 9, art. 21. — Loi du 3
brumaire an IV, art. 6. — Arrêté du 2 prairial an XI, art. 66.
(2) *Formulaire à l'usage des consulats*, n° 294.
(3) Règlement du 8 novembre 1779, art. 1er. — Arrêtés du 6 germi-

Il est de toute nécessité que l'administration des douanes du pays soit dûment prévenue par le consul de son transport à bord, afin qu'un agent délégué par elle pour la représenter puisse assister à l'apposition des scellés et signer au procès-verbal qui en est dressé.

Il doit être ensuite établi à bord un gardien des scellés chargé de veiller en même temps à la conservation des effets simplement inventoriés. La nomination de ce gardien et la fixation de son salaire appartiennent au consul et sont mentionnées au procès-verbal d'apposition des scellés (1).

L'apposition des scellés s'opère d'office et même sans réquisition dans tous les cas où une prise est conduite dans un port consulaire, au plus tard dans les vingt-quatre heures qui suivent son admission en libre pratique (2). Si donc le chef conducteur d'une prise ne se présentait pas immédiatement en chancellerie pour y faire son rapport, le consul devrait passer outre et se rendre lui-même à bord pour procéder aux formalités que nous venons d'indiquer, après l'accomplissement desquelles il recevrait à bord sans désemparer la déclaration des capteurs.

Le consul procède ensuite au récolement de l'inventaire déposé à l'appui de son rapport par le chef conducteur de la prise, des congé, passe-port, lettre de mer, rôle d'équipage, charte partie, manifeste, connaissements, lettres particulières et autres papiers quelconques dont le capitaine du corsaire a dû s'emparer au moment de la capture, et que le conducteur de la prise doit représenter dans un coffre ou sac scellé des cachets des capitaines des bâtiments capteur et capturé. Tous ces papiers doivent être représentés au capitaine capturé pour qu'il les reconnaisse, et, après avoir été dûment décrits et traduits avec l'intervention d'un interprète désigné par le consul et assermenté, annexés au procès-verbal de récolement du premier inventaire qui en a été dressé.

nal an VIII, art. 8 et 23, et du 2 prairial an XI, art. 69. — Circulaire de la marine du 1er octobre 1814.

(1) Règlement du 8 novembre 1779, art. 1er. — Loi du 3 brumaire an IV, art. 8. — Arrêté du 2 prairial an XI, art. 71.

(2) Règlement du 8 novembre 1779, art. 1er. — Arrêté du 9 ventôse an IX, art. 40.

### 3. — Envoi des lettres en France.

Les lettres particulières doivent, s'il s'agit d'une prise ennemie, être envoyées immédiatement au ministère de la marine, sans être ouvertes, et sans attendre qu'il ait été procédé aux opérations réglementaires de l'instruction. Si, au contraire, il s'agit d'une prise neutre, les lettres doivent être ouvertes et lues en présence de l'armateur s'il est sur les lieux, ou du conducteur de la prise ; celles qui sont de nature à donner des éclaircissements sur la validité de la prise sont jointes à la procédure, et toutes les autres sont adressées au ministère de la marine (1).

### 4. — Interrogatoire des équipages capteurs et capturés.

Le complément de toute instruction en matière de prise consiste dans l'affirmation du rapport du chef conducteur de la prise, tant par les gens de son équipage que par le capitaine du navire capturé et les autres prisonniers qui l'accompagnent (2).

Le consul procède à cet interrogatoire dans les formes ordinaires (3). Si les comparants ne savent pas le français, on leur adjoint un interprète dont la prestation de serment est mentionnée au procès-verbal. Le capitaine est interrogé le premier ; les questions qui doivent lui être posées varient selon que la prise est ennemie ou neutre, qu'elle a été faite en mer ou devant un port bloqué, après ou sans combat ; c'est au consul à poser avec la plus grande impartialité toutes celles qui peuvent conduire à la constatation de la vérité, et à recevoir pareillement toutes les déclarations tendantes au même but. Si l'interrogé refuse de répondre à toutes ou à une partie des questions qui lui sont posées, il en est fait mention au procès-

(1) Circulaire de la marine du 28 août 1778. — Arrêtés du 7 messidor an VI, art. 1 et 2, et du 2 prairial an XI, art. 68.

(2) Règlement du 8 novembre 1779, art. 3 et 5. — Loi du 3 brumaire an IV, art. 8.—Arrêtés du 6 germinal, an VIII, art. 8 et 24, et du 2 prairial an XI, art. 73.

(3) *Formulaire à l'usage des consulats,* n° 287.

verbal ainsi que de son refus de signer, s'il y a lieu. L'interrogatoire des hommes de l'équipage capturé ou des passagers doit, lorsqu'il est jugé nécessaire par le consul, avoir lieu sans désemparer, soit séparément, soit en commun, mais toujours sans que leur capitaine ait pu communiquer avec eux.

Si les assertions de l'équipage du bâtiment capturé présentaient avec la déclaration contenue au rapport du capitaine capteur, de telles différences que l'appréciation de la validité de la prise pût en être rendue difficile, il serait du devoir du consul de ne rien négliger pour arriver à la complète révélation de la vérité. Ainsi, il devrait interroger de nouveau les deux capitaines et leurs équipages, mais sans jamais, toutefois, les mettre en présence les uns des autres pour discuter contradictoirement les faits allégués par eux.

Les règlements ont prévu le cas où une prise serait amenée sans prisonniers, charte partie ni connaissements, et veulent qu'alors l'équipage du navire capteur soit interrogé séparément et avec le plus grand soin sur les circonstances de la prise, pour faire connaître, s'il se peut, sur qui elle a été faite et si l'état dans lequel elle se trouve n'est pas le résultat d'un crime (1).

### 5. — Transmission de la procédure en France.

Aussitôt que l'instruction de la procédure telle qu'elle vient d'être tracée se trouve terminée, le consul adresse les actes dont elle se compose, avec les pièces de bord à l'appui, au ministère de la marine, qui les fait parvenir au secrétariat général du conseil d'État; dans la prévision de leur perte en mer, les agents doivent conserver dans leur chancellerie une copie collationnée de chacun d'eux (2).

Cet envoi de la procédure doit être fait au plus tard dans les dix jours à partir de celui où il a été procédé à l'apposition des scellés; et la remise au capitaine qui en est chargé, lorsque

(1) Ordonnance d'août 1681, livre III, titre 9, art. 25. — Loi du 3 brumaire an IV, art. 12. — Arrêté du 2 prairial an XI, art. 74.

(2) Arrêté du 6 germinal an VIII, art. 20 et 24. — Circulaires des affaires étrangères du 4 thermidor an VIII, de la marine des 9 thermidor an VIII, 10 floréal an XII et 1er octobre 1814.

l'envoi a lieu par mer, doit être constatée par un récépissé, indépendamment de la mention qui en est faite sur le rôle d'équipage.

### 6. — Transactions en matière de prises.

Les transactions en matière de prises ont de tout temps été prohibées, et les règlements actuels défendent encore sous les peines les plus sévères les reventes en mer de prises faites sur l'ennemi. Les transactions souscrites dans les ports avec les propriétaires des prises peuvent à juste titre, si elles n'ont pas été approuvées par l'autorité compétente, être considérées comme des reventes et sont à ce titre contraires aux lois. Néanmoins on ne peut disconvenir qu'il est telles circonstances où ces transactions sont indispensables ; mais le conseil d'Etat est le seul juge des cas où elles peuvent être tolérées et de ceux où elles doivent continuer d'être proscrites. Aussi les consuls ne sauraient-ils permettre la mise à exécution d'aucune transaction de ce genre sans que les parties aient justifié devant eux de son approbation par une décision du conseil d'Etat (1).

### 7. — État des prises à transmettre en France.

A la fin de chaque mois, les consuls doivent adresser au ministère de la marine un état de toutes les prises arrivées dans les ports de leur arrondissement, avec des notes et des observations sur l'état des procédures et les motifs qui peuvent occasionner des retards. Les prises mentionnées sur cet état doivent y figurer jusqu'à ce qu'elles aient été liquidées (2).

### 8. — Correspondance avec les ports d'armement des corsaires.

Indépendamment des informations de toute nature que les consuls doivent transmettre en France relativement aux prises conduites dans les ports de leur arrondissement, il leur est prescrit d'entretenir une correspondance exacte et détaillée avec l'administration de la marine dans les ports d'armement

(1) Circulaire de la marine du 10 nivôse an XIII.
(2) *Id.* du 1er octobre 1814.

de ces prises, de les tenir au courant des ventes et des liquidations provisoires auxquelles il peut être procédé par leurs ordres, et de leur fournir enfin toutes les pièces et tous les documents nécessaires pour qu'il puisse être procédé régulièrement à la liquidation définitive et à la répartition de chaque croisière, opérations qui, ainsi que nous le dirons bientôt, doivent toujours être faites au port d'armement (1).

### 9. — Levée des scellés et débarquement de la cargaison.

Lorsque les marchandises provenant de prises ont, au moment de l'arrivée du navire capturé, été déclarées et reconnues sujettes à dépérissement, les consuls sont autorisés, après l'envoi en France de la procédure d'instruction, et sans attendre la décision du Conseil d'Etat, à procéder à la levée des scellés, au débarquement de la cargaison, à son estimation et à sa mise en magasin. Il ne peut d'ailleurs être procédé à ces opérations qu'en présence du conducteur de la prise et du représentant des armateurs, et avec l'autorisation de la douane territoriale. Les marchandises emmagasinées doivent être mises à terre dans des magasins fermant à trois clefs, dont l'une reste au pouvoir du consul, l'autre est remise à l'administration des douanes, et la troisième à l'armateur ou à son représentant (2).

### 10. — Vente provisoire des prises.

Il doit être procédé sans délai à la vente provisoire des effets sujets à dépérissement, soit d'office par ordre du consul, soit à la requête de l'armateur ou de son représentant. Lorsque la prise est évidemment ennemie, le consul peut même permettre la vente, tant du navire que de la cargaison, sans attendre le jugement du Conseil d'Etat. Mais, s'il s'agit d'une prise neutre ou qui ne soit pas évidemment ennemie, la vente même provisoire ne peut avoir lieu sans le consentement du capitaine capturé, et, en cas de refus, s'il y a nécessité absolue de vendre, cette nécessité doit être constatée par une visite

(1) Circulaire de la marine du 10 floréal an XII.
(2) Arrêté du 2 prairial an XI, art. 78.

d'experts nommés conjointement par l'armateur ou son représentant et ce même capitaine, ou bien d'office par le consul (1).

Aucune vente d'effets provenant de prises ne peut avoir lieu qu'aux enchères, avec publicité et après affiches dans le port ou les ports voisins. A l'exception du navire, qui seul peut être vendu en bloc, les marchandises doivent l'être par parties ou par lots, réglés de gré à gré par les intéressés ou à leur défaut par le consul (2). C'est, comme on le voit, la même marche que celle qui est prescrite par les règlements pour les ventes de produits de sauvetages, et nous n'avons pas besoin de rappeler à cette occasion qu'il est interdit aux consuls et chanceliers de se rendre directement ou indirectement acquéreurs ou adjudicataires de quelque partie que ce soit des objets ainsi vendus d'après leurs ordres ou par leur entremise (3).

Le produit de ces ventes provisoires est immédiatement versé en numéraire dans la caisse des prises du consulat (4), la loi interdisant d'accepter en échange des acquéreurs, quels qu'ils soient, aucune soumission ni caution.

§ 3. — DE L'EXÉCUTION DES DÉCISIONS DU CONSEIL D'ÉTAT.

#### 1. — Compétence des consuls.

Les consuls sont chargés de l'exécution des décisions du Conseil d'Etat en matière de prises, et leur concours est nécessaire dans tous les actes qui en sont la suite (5).

Les décisions sur la validité des prises sont exécutées à la diligence des intéressés, le ministre de la marine agissant pour le compte des capteurs lorsqu'il s'agit de prises faites par les bâtiments de l'Etat.

(1) Règlement du 8 novembre 1779, art. 9. — Arrêtés du 6 germinal an VIII, art. 15; et du 2 prairial an XI, art. 79 et 80.

(2) Arrêté du 2 prairial an XI, art. 76 et 85. — Circulaire de la marine du 1er octobre 1814.

(3) Arrêté du 2 prairial an XI, art. 122.

(4) Id. du 6 germinal an VIII, art. 15. — Circulaire de la marine du 13 fructidor an IX. — Arrêté du 2 prairial an XI, art. 76. — Circulaire de la marine du 10 février 1817.

(5) Arrêté du 6 germinal an VIII, art. 25.

### 2. — Restitution ou vente définitive de la prise.

Lorsque la capture a été invalidée, la prise est rendue aux propriétaires ; si, au contraire, elle a été déclarée valable, il est procédé à la levée des scellés, au débarquement de la cargaison et à sa vente, ainsi qu'à celle du navire, à moins que ces opérations n'aient déjà eu lieu à titre provisoire. Quoique par la décision du Conseil d'Etat le capteur soit devenu légitime propriétaire, les règlements n'en exigent pas moins que la vente définitive soit précédée et accompagnée des mêmes formalités que les ventes provisoires, sauf la présence du capitaine capturé, qui serait alors évidemment superflue.

Toutefois et lorsqu'il s'agit de prises faites par un corsaire, s'il se trouve sur les lieux un représentant des armateurs, muni de pouvoirs spéciaux en bonne forme, le soin de requérir la vente définitive des prises, d'en fixer les conditions, de déterminer les lots et d'y faire enfin procéder, doit lui être laissé, à la charge de remettre à la chancellerie, dans le mois qui suivra la livraison complète des effets vendus, le compte du produit de la prise avec toutes les pièces justificatives ; mais l'intervention du consulat serait toujours nécessaire pour la validité des procès-verbaux de vente, aucune vente à l'amiable ne pouvant avoir lieu pas plus après qu'avant la condamnation d'une prise. Ce cas se présente, du reste, rarement à l'étranger, et les consuls font alors recette des ventes auxquelles ils ont fait procéder d'office, en en versant le produit dans la caisse des prises (1).

Des états des produits de ventes des prises, visés et certifiés par les consuls, doivent toujours être transmis par ces agents au ministère de la marine et au port d'armement des capteurs (2).

On doit se rappeler que les bâtiments pris sur l'ennemi sont réputés être devenus français et peuvent par conséquent être réarmés sous notre pavillon s'ils ont été acquis par des Français (3).

(1) Arrêté du 2 prairial an XI, art. 88. — Circulaire de la marine du 10 février 1817.

(2) *Formulaire à l'usage des consulats*, nos 305 et 306.

(3) Loi du 27 vendémiaire an II, art. 2.

### 3. — Des cas où la vente ne peut avoir lieu.

Il peut arriver qu'un gouvernement qui, en temps de guerre, autorise la relâche dans ses ports.des corsaires et des prises conduites par les belligérants, ne permette cependant pas la vente de ces dernières sur son territoire. Pour sauvegarder, dans ce cas, les droits et les intérêts des capteurs, les consuls, après en avoir instruit les départements des affaires étrangères et de la marine, n'ont que deux alternatives : ou autoriser l'emmagasinement des produits, ou permettre leur extraction sous pavillon neutre.

Selon que les intéressés, à qui appartient le droit exclusif de choisir entre ces deux moyens, se prononcent pour l'emmagasinement ou pour l'extraction, le consul doit dans le premier cas faire dresser un inventaire détaillé des objets mis en dépôt et placés sous sa surveillance immédiate ; dans le deuxième s'assurer que toutes les conditions légales d'exportation ont été remplies, et tenir la main à ce que les cargaisons qui ne peuvent être dirigées que sur un port français soient assurées contre tous les risques ou événements de mer (1).

### § 4. — DE LA LIQUIDATION ET DE LA RÉPARTITION DES PRISES.

#### 1. — Liquidation des prises.

En matière de prises on distingue la liquidation particulière et la liquidation générale. La première est celle qui se fait pour établir le produit net de chaque prise. La seconde est celle qui a pour but de déterminer par la comparaison du compte de mise hors .des frais de croisière d'un bâtiment armé en course avec les liquidations particulières de ses prises, la perte ou le bénéfice qui en résulte, ainsi que la répartition de cette perte ou de ce bénéfice entre les divers intéressés à l'armement.

L'administration de la marine est seule chargée des liquidations tant générales que particulières des prises faites par

_____
(1) Circulaire de la marine du 27 messidor an xii.

les bâtiments de l'Etat seuls ou concurremment par ceux-ci et par des corsaires (1).

Les liquidations générales des croisières des corsaires s'effectuent toujours au port d'armement, tandis que la liquidation particulière de chaque prise se fait dans le port, soit français, soit étranger, où le navire a été amené et vendu.

Si la vente définitive d'une prise conduite en pays étranger par un corsaire a eu lieu par un fondé de pouvoir spécial des armateurs, nous avons déjà dit que le compte général des frais et produits de cette vente, qui en constitue par le fait la liquidation, devait être déposé en chancellerie. Les consuls sont tenus d'adresser, immédiatement après l'avoir reçu, une copie de ce compte tant au ministère de la marine qu'au port d'armement du bâtiment capteur pour mettre l'administration en mesure de faire rendre compte aux armateurs des sommes dévolues à la caisse des invalides.

Les réglements ne permettent pas, dans ce cas, qu'il soit procédé à la répartition des produits, laquelle ne peut légalement avoir lieu que lors du désarmement du corsaire; les armateurs sont seulement autorisés à donner ou faire donner à leurs équipages des à-compte de parts de prises ou de salaires, pourvu toutefois que les payements en soient effectués en chancellerie et apostillés sur le rôle d'équipage (2).

Lorsqu'au contraire la vente et la liquidation provisoire de la prise ont eu lieu d'office à la diligence du consul et sans que les armateurs fussent représentés, le compte de liquidation se dresse au consulat et se transmet également tant au ministère de la marine qu'au port d'armement du bâtiment capteur (3).

Quant aux prises faites par les bâtiments de l'Etat, leur liquidation générale s'effectue bien dans le port d'attache du capteur; mais la liquidation particulière de chacune d'elles, lorsqu'elles ont été pour une cause quelconque conduites et

(1) Arrêté du 6 germinal an VIII, art. 16, 17 et 18.
(2) Arrêt du conseil du 15 décembre 1782. — Circulaires de la marine des 19 germinal et 10 floréal an XII, et du 1er octobre 1814.
(3) Arrêté du 6 germinal an VIII, art. 26.—*Formulaire à l'usage des consulats*, n° 46.

vendues à l'étranger, s'établit toujours en chancellerie, et il doit en être adressé au ministère de la marine un état en double expédition indiquant tant le détail des dépenses de toute nature que le produit net des prises, et accompagné de toutes les pièces justificatives nécessaires (1).

**2. — Répartition partielle des prises faites par des bâtiments de guerre.**

Dans le cas où un bâtiment de l'État qui a conduit une prise dans un port étranger se trouve encore dans ce port lorsque la décision du Conseil d'État qui la condamne parvient au consul, et pourvu que l'état-major et l'équipage n'aient pas été changés dans l'intervalle, il peut être procédé à la répartition du produit de la vente en cas de nécessité dûment constatée par le commandant. Cette répartition ne peut cependant être que provisoire, et ne doit en aucun cas excéder la moitié de la valeur de la prise (2).

Le produit des prises faites par les bâtiments de l'État est partagé, savoir : un tiers entre les officiers généraux, commandants et officiers ou autres personnes composant les états-majors, et les deux autres tiers entre les équipages (3).

Le tiers attribué aux officiers et les deux autres tiers revenant à l'équipage sont eux-mêmes répartis en nombre de parts et par grades, conformément aux articles 10 et 12 de l'arrêté du 9 ventôse an IX.

Avant la répartition des parts, les droits des invalides doivent être réservés : ils sont dans l'espèce de deux et demi pour cent du produit brut de toutes les prises quelconques, et en outre du tiers du produit net des corsaires, bâtiments et cargaisons pris sur le commerce ennemi (4).

(1) Circulaires de la marine des 19 germinal an XII et 1er octobre 1814.

(2) Règlement du 7 novembre 1779, art. 17. — Circulaire de la marine du 1er octobre 1814.

(3) Arrêté du 9 ventôse an IX, art. 9.

(4) Loi du 13 mai 1791, art. 3. — Arrêté du 9 ventôse an IX, art. 2. —Ordonnance du 22 mai 1816, art. 5.—Règlement du 17 juillet 1816, art. 40.

La répartition de la moitié au plus de la part revenant aux capteurs s'opère sur un état spécial dressé en double expédition par les soins du consul, conjointement avec l'officier d'administration du bâtiment, et qui doit être émargé par chacune des parties prenantes. Les parts des marins décédés, celles des absents et des déserteurs sont réservées et restent déposées dans la caisse des prises de la chancellerie. Ces états de répartition sont ensuite retenus par le consul, et l'un d'eux est ensuite annexé en original au compte final de liquidation de la prise transmis au ministère de la marine.

### 3. — Envoi des fonds en France.

Sauf ce cas particulier, le produit intégral des liquidations de prises faites par des navires de guerre doit rester déposé en chancellerie jusqu'à ce que le ministre de la marine en ait autorisé le déplacement (1).

Quant aux produits des prises des corsaires , comme ils ne sont susceptibles d'aucune répartition provisoire ou partielle, ils sont remis en sommes brutes directement et intégralement aux armateurs sur l'exhibition d'un titre en bonne forme , la retenue des droits revenant à la caisse des invalides ne s'effectuant qu'en France lors de la liquidation générale de la croisière (2).

### 4. — Taxations allouées aux consuls.

Il est attribué aux consuls, pour toute indemnité à raison de l'administration des prises dont ils sont chargés , une allocation de deux et demi pour cent du montant de leurs recettes, déduction faite des frais y relatifs ; les chanceliers perçoivent en outre 15 centimes pour 100 francs sur le dépôt fait dans leur caisse des sommes provenant des ventes de prises (3). Cette double taxation tient lieu de toute autre perception de chancellerie pour les actes de toute nature que peut motiver l'administration d'une prise; elle est prélevée au moment de

(1) Circulaire de la marine du 10 février 1817.
(2) *Id.* du 25 fructidor an xi.
(3) Règlement du 17 juillet 1816, art. 82. — Tarif du 6 novembre 1842, art. 44.

l'envoi des fonds en France ou de leur remise aux intéressés , mais reste toujours subordonnée à la régularisation des comptes .provisoires de liquidation dressés à l'étranger (1).

## SECTION IV.

### Des liquidations définitives des croisières.

#### 1. — Parts revenant aux équipages.

La liquidation définitive des croisières et la répartition du produit des prises qui en est la suite devant toujours avoir lieu au port d'armement des corsaires, les consuls sont appelés à intervenir dans celles qui concernent les corsaires armés dans leur résidence.

Le tiers du profit des prises appartient à l'équipage du bâtiment qui les a faites : mais le montant des avances payées à l'armement ou en cours de voyage doit être déduit sur les parts de ceux qui les ont reçues. Les équipages des bâtiments armés en guerre et marchandises n'ont que le cinquième des prises, sans déduction aucune pour avances déjà reçues (2).

Le coffre du capitaine pris, ni les pacotilles ou marchandises qui peuvent lui appartenir, dans quelque endroit du bâtiment qu'elles soient chargées, ne peuvent en aucun cas être réclamés par le capitaine du corsaire qui a fait la prise. Les armateurs sont seulement autorisés à accorder en dehors de la répartition , aux capitaines des navires et aux conducteurs des prises, une gratification de deux pour cent sujette à retenue en faveur des invalides (3).

#### 2. — Retenues en faveur des invalides.

La retenue exercée au profit de la caisse des invalides, tant

(1) Circulaire de la marine du 10 février 1817.
(2) Déclaration du 24 juin 1778, art. 22 et 25. — Arrêté du 2 prairial an XI, art. 91 et 92.
(5) Déclaration du 24 juin 1778, art. 29. — Arrêtés du 17 floréal an XI, art. 9, et du 2 prairial an XI, art. 93.

sur les prises faites par les corsaires que sur le montant des
rançons imposées en mer, est de cinq pour cent du produit
net (1).

### 3. — Compte de liquidation.

Dans le mois qui suit l'achèvement de la croisière, ou lorsque la perte du corsaire est, sinon certaine, du moins présumée, l'armateur doit déposer en chancellerie les comptes des
frais de relâche et de désarmement, ainsi que les liquidations
particulières de chacune des prises du même corsaire, afin que
le consul assisté, si faire se peut, de deux assesseurs, puisse
procéder à la liquidation générale et définitive de la croisière.

Cette liquidation doit être faite dans le mois de la remise de
ces différentes pièces, sauf à laisser pour mémoire et à réserver
pour un complément de liquidation les articles qui pourraient
donner lieu à un trop long retard (2).

S'il survenait des réclamations entre les armateurs et les
équipages au sujet de cette liquidation, les consuls devraient
surseoir à toute exécution et en référer au ministère de la
marine (3).

### 4. — Répartition des produits.

Cette opération effectuée, il est procédé à la répartition des
parts entre le capitaine, les officiers majors, officiers mariniers, volontaires, matelots, soldats ou autres composant
l'équipage.

Il y est procédé par un conseil composé du capitaine et
d'officiers dont le nombre est limité à six ; les uns et les autres
prêtent serment d'agir et décider en leur âme et conscience,
et se réunissent ensuite au consul pour faire le règlement
définitif des parts. Celui-ci, signé par tous ceux qui ont

(1) Loi du 13 mai 1791, art. 3. — Arrêté du 2 prairial an xi, art. 95.
—Ordonnance du 22 mai 1816, art. 5.—Règlement du 17 juillet 1816,
art. 40.

(2) Circulaire de la marine du 1er octobre 1814.

(3) Arrêt du conseil du 15 décembre 1782. — Arrêté du 2 prairial
an xi, art. 99 et 104.

coopéré à sa rédaction, est exécutoire sans recours possible devant les tribunaux (1).

Si, par l'effet de la perte du corsaire, de son absence sans nouvelles ou de la prise qui en aurait été faite par l'ennemi, les officiers majors ne peuvent être rassemblés pour faire le règlement des parts, il y est procédé, sur requête des arma-teurs, par le consul assisté de ses deux assesseurs, ou même seul en cas d'impossibilité (2).

Le nombre de parts qui peut être attribué à chaque grade est déterminé par l'article 101 de l'arrêté du 2 prairial an xi.

Le règlement des parts doit assigner en outre sur le produit des prises une gratification aux officiers et autres gens de l'é-quipage blessés ou estropiés dans les combats, et aux veuves et enfants de ceux qui ont été tués ou qui sont morts des suites de leurs blessures. Ces sommes sont payées à ceux auxquels elles sont accordées en sus de leurs parts de prises, pourvu que la gratification n'excède pas le double de la valeur des-dites parts (3).

### 5. — Encouragements aux équipages.

La loi accorde en outre au capitaine et à son équipage une prime pour chaque prisonnier et pour chaque canon dont ils se sont rendus maîtres. Ces gratifications, dont la totalité est répartie entre les équipages proportionnellement à la quotité des parts revenant à chacun, sont payées sur les fonds de la caisse des invalides (4) : elles ne sont donc comprises que pour mémoire dans la répartition faite à l'étranger.

### 6. — Versements en chancellerie.

Dans les huit jours qui suivent la répartition, l'armateur est

(1) Arrêt du conseil du 15 décembre 1782. — Arrêté du 2 prairial an xi, art. 99 et 104.

(2) Circulaire de la marine du 10 novembre 1781. — Arrêté du 2 prairial an xi, art. 100.

(3) Déclaration du 24 juin 1778, art. 34. — Arrêté du 2 prairial an xi, art. 103.

(4) Arrêté du 2 prairial an xi, art. 26, 27 et 28. — Ordonnance du 12 mai 1816, art. 7.

tenu de verser à la chancellerie le montant intégral des droits
dus à la caisse des invalides et celui des parts revenant aux
marins de l'équipage à un titre quelconque, sous peine d'y être
contraint sur son cautionnement. Le tout doit être adressé
immédiatement au trésorier général des invalides de la marine,
sous le couvert du ministre, sauf les à-compte que le consul a
pu faire donner et émarger en sa présence pour des sommes
qui ne doivent pas excéder la moitié de ce qui est dû à chaque
individu. Quant aux parts revenant aux marins étrangers,
elles leur sont intégralement payées par les soins des consuls.

### 7. — Cession des parts de prises.

Les règlements interdisant de la manière la plus formelle
tout achat et vente des parts de prises, les consuls ne sauraient
accepter comme valable aucun titre de cession tendant à éluder ces sages prescriptions, ni à plus forte raison prêter leur
ministère à la rédaction d'aucun acte pouvant conduire au
même résultat (1).

### 8. — Compte à rendre au ministère de la marine.

Les consuls sont tenus de transmettre au ministère de la
marine un compte-rendu circonstancié de toutes leurs opérations en matière de prises, et de lui envoyer avec les fonds
destinés à la caisse des invalides : 1° les pièces justificatives de
l'origine de ces fonds ; 2° la lettre de marque du corsaire
désarmé ; 3° une expédition du compte de liquidation et du
rôle de désarmement ; 4° l'état de répartition dûment émargé
par les parties prenantes.

### 9. — Libération des armateurs.

Le dernier acte de la liquidation d'une croisière consiste
dans la libération des armateurs par la décharge de leurs
cautions. Il ne doit y être procédé qu'après l'apurement
total de la course, et il ne saurait jusque-là être demandé

---

(1) Arrêtés du 9 ventôse an IX, art. 42, et du 2 prairial an XI, art. 110
et 111. — Règlement du 17 juillet 1816, art. 37. — Circulaire de la
marine du 31 août 1848.

au ministère de la marine de nouvelle lettre de marque
en remplacement de celle qui a été restituée, ou de prolongation de celle-ci en faveur du même corsaire (1). La décharge
des cautions a lieu ou par un acte spécial de chancellerie, ou
par la restitution contre récépissé de l'acte original de cautionnement.

(1) Circulaire de la marine du 19 germinal an xii.

# LIVRE SIXIÈME.

## DES RAPPORTS DES CONSULS

### AVEC LES AUTORITÉS FRANÇAISES.

---

## CHAPITRE PREMIER.

RAPPORTS GÉNÉRAUX DES CONSULS AVEC LES MISSIONS DIPLOMATIQUES, LES CONSULS GÉNÉRAUX ET LEURS COLLÈGUES.

### SECTION I.

Correspondance des consuls avec les chefs d'établissements consulaires et les agents diplomatiques.

#### 1. — Objet de cette correspondance.

Les consuls ne correspondent pas seulement d'une manière directe avec les ministres des affaires étrangères et de la marine : ils ont encore à entretenir avec l'agent diplomatique ou le consul général chef de l'établissement consulaire dont ils font partie, une correspondance que nous appellerons locale.

L'objet de celle-ci est : 1° de donner au chef de l'établissement consulaire toutes les informations d'intérêt politique ou commercial qui sont recueillies dans chaque poste particulier, et dont il peut avoir besoin pour s'acquitter des devoirs de surveillance générale dont il est chargé; 2° de réclamer une intervention officielle auprès du gouvernement territorial, lorsque l'agent subordonné rencontre des obstacles dans l'exercice de ses fonctions; 3° de demander une direction dans les cas douteux, ou de provoquer soit une autorisation, soit une solution immédiate, lorsque l'urgence des circonstances ne permet pas d'attendre la décision du gouvernement de la République (1).

Toutes les fois que les attributions du consulat général ne sont pas concentrées entre les mains de la légation établie dans le même pays, les rapports de service des consuls avec l'agent diplomatique empruntent l'intermédiaire du chef d'établissement, et leur correspondance directe avec la légation se borne alors à l'envoi de renseignements généraux sur la situation politique de leur arrondissement, l'appréciation des affaires purement maritimes et commerciales rentrant dans les attributions exclusives des consuls généraux.

Si l'activité plus ou moins grande que comporte cette correspondance demeure naturellement subordonnée à l'importance de chaque poste, il n'en est pas de même de la forme et du protocole qui se règlent, dans tous les cas, d'après les principes que nous avons développés au livre IV. Ainsi, par exemple, lorsqu'un consul croit devoir réclamer l'intervention du chef de l'établissement auprès du gouvernement territorial, il doit le faire par un rapport motivé et circonstancié, appuyé de toutes les pièces nécessaires pour élucider les faits et justifier le fondement de ses réclamations.

### 2. — Maintien du principe de la subordination.

Les chefs d'établissement n'ont pas seulement un droit d'inspection, de surveillance, de centralisation à l'égard des consuls de tout grade qui relèvent d'eux : ils sont encore auprès du ministère des affaires étrangères l'intermédiaire nécessaire de toutes les affaires contentieuses qui, n'ayant pu être terminées sur les lieux, sont déférées en dernier ressort à l'appréciation du gouvernement (2).

Ce ne serait donc que par oubli des traditions et de leurs devoirs de subordination que des consuls, au lieu de soumettre tout d'abord à leur chef immédiat la solution des doutes qu'ils

_____

(1) Ordonnance du 3 mars 1781, tit. 2, art. 11 et 12. — Circulaire des affaires étrangères du 3 nivôse an vii.

(2) Circulaire des affaires étrangères du 22 fructidor an ii.

auraient conçus, soit sur l'application des lois ou règlements
en matière commerciale et maritime, soit sur des affaires se
rattachant au service courant de leur consulat, recourraient
directement à l'administration pour des questions de détail
dont la solution est en général plus facile et plus prompte sur
les lieux mêmes où l'affaire a surgi. En se pénétrant bien de
l'esprit qui a inspiré les ordonnancés réglementaires des con -
sulats, les agents comprendront d'eux-mêmes que l'inobservation des principes que nous venons de rappeler ne peut que
détruire et l'ensemble et le concert de vues d'où dépendent
la régularité de la marche de l'administration et le succès des
affaires. Tout zèle qui tendrait à s'isoler, des services qui ne
se rattacheraient pas au bien commun de l'établissement
consulaire exposeraient ceux qui s'en rendraient coupables au
blâme mérité du gouvernement (1).

### 3. — Personnel des agents.

Nous avons déjà dit, au chapitre premier du livre II, que les
chefs d'établissement devaient exercer une inspection particulière sur toutes les branches du régime intérieur de l'administration consulaire placée sous leurs ordres. Il suit de là
qu'avant de solliciter du gouvernement l'autorisation de
pourvoir dans leur arrondissement particulier à la création
ou à l'institution d'agences consulaires, les consuls doivent en
avoir obtenu l'agrément de leur chef immédiat, qui doit également être saisi par eux de tout acte d'insubordination, de
tout fait répréhensible à la charge de l'élève-consul ou du
chancelier attaché à leur poste ; à plus forte raison devrait-il
en être ainsi s'il s'agissait de provoquer la suspension provisoire d'un agent en sous-ordre.

### 4. — Communication des travaux commerciaux.

Les documents commerciaux et statistiques demandés aux
divers consuls établis dans un même pays n'auraient pas toute
l'utilité pratique que le gouvernement peut s'en promettre,

(1) Circulaires des affaires étrangères des 31 août 1833 et 16 mai
1849.

s'ils n'étaient centralisés entre les mains d'un seul agent chargé d'en totaliser les résultats partiels et d'en tirer des inductions comparatives. Les règlements prescrivent donc aux consuls en sous-ordre de communiquer exactement au chef de l'établissement dont ils relèvent un double de tous les états et de tous les travaux d'ensemble, mémoires, etc., qu'ils adressent au département des affaires étrangères (1). La pensée qui a dicté cette prescription se justifie trop bien d'elle-même pour que les agents ne sentent pas tout ce que pourrait entraîner d'inconvénients pour le service la moindre négligence à s'y conformer (2).

### 5. — Affaires judiciaires en Levant.

Les exigences propres à l'administration de la justice en Levant ont créé une obligation toute spéciale pour les consuls établis dans ces parages ; c'est celle d'informer directement l'ambassadeur de France à Constantinople de toutes les circonstances des affaires judiciaires dont l'appréciation peut se rattacher de près ou de loin à nos intérêts politiques et commerciaux dans les Etats ottomans (3).

## SECTION II.

### Correspondance des consuls entre eux.

Les consuls, quel que soit leur grade, peuvent et doivent même se donner réciproquement toutes les informations qu'ils jugent avoir de l'intérêt pour le service dans leurs résidences respectives (4). Nous n'avons pas de règles générales à tracer pour la correspondance motivée par ces sortes de rapports, et qui varie naturellement selon les pays, les relations communes de services des consuls placés dans un même

(1) Circulaire des affaires étrangères du 3 septembre 1833.
(2) *Id.* du 16 mai 1849.
(3) *Id.* du 13 juillet 1836.
(4) Instruction générale du 8 août 1814.

établissement et le concours que, dans certaines circonstances, ils peuvent être appelés à se prêter mutuellement.


# CHAPITRE II.

### RAPPORTS DES CONSULS AVEC LES AUTORITÉS ADMINISTRATIVES EN FRANCE.

En nous occupant au livre IV des rapports des consuls avec le département des affaires étrangères, nous avons dû rappeler les principes qui interdisent à ces agents non-seulement d'écrire à des autorités françaises et à des particuliers sur des affaires de service, mais encore de répondre à toute demande d'intervention ou de renseignement qui ne leur parviendrait pas par la voie officielle et hiérarchique. Les exigences mêmes de certaines branches du service des consulats ont nécessité quelques dérogations à ce que ce principe avait de trop absolu : peu de mots suffiront pour les faire comprendre.


## SECTION I.

### Rapports avec les commissions sanitaires.

#### 1. — Nature des communications des consuls.

Les commissions sanitaires qui sont établies dans nos ports, se trouvant placées sur les lieux les plus exposés à l'invasion des maladies contagieuses, et étant en outre chargées du soin de prendre les mesures nécessaires pour en préserver notre territoire, doivent être les premières prévenues du péril; ainsi, quoiqu'il importe que le gouvernement soit directement informé, par la correspondance des consuls avec le ministère des affaires étrangères, de tous les renseignements relatifs à la santé publique, il a été de tout temps prescrit aux agents extérieurs d'adresser aux commissions sanitaires les informations qui intéressent leur service, et de ne rien négliger pour que ces communications leur parviennent avec autant de promptitude que de régularité.

3 1

L'ordonnance du 7 août 1822 et le décret du 24 décembre 1850 sur la police sanitaire, en confirmant à cet égard les prescriptions des anciens règlements, recommandent aux consuls d'avertir, *en cas de péril*, l'autorité française la plus voisine ou la plus à portée des lieux qu'ils pourraient juger menacés (1). Or, comme on peut estimer qu'il y a péril dans tous les cas où les informations ne sont pas purement négatives, la vigilance des consuls ne doit pas seulement se porter sur l'état de la santé publique dans leur résidence, il faut encore qu'elle s'étende aux données générales et aux faits accessoires, qui quelquefois n'ont pas moins d'intérêt. Ainsi, par exemple, leurs observations doivent comprendre tous les changements qui peuvent survenir dans la législation sanitaire ou le régime quarantainaire du pays de leur résidence (2).

Il est évident qu'il serait superflu que les consuls entretinssent de semblables relations avec nos diverses commissions sanitaires ; il suffit qu'ils correspondent avec celle qui, par sa position, se trouve plus habituellement en relation avec leur résidence, et ce n'est que dans des cas urgents qu'ils pourraient s'adresser à la commission la plus voisine du lieu de destination du bâtiment partant. Afin, toutefois, de prévenir les inconvénients qui pourraient résulter des lenteurs de la navigation ou de tout autre événement de mer, il leur est prescrit de renouveler leurs avis jusqu'à trois fois (3).

### 2. — Forme de ces communications.

La correspondance des consuls avec les commissions sanitaires de France s'adresse à M. le directeur de la santé ou à M. le président de la commission sanitaire de...... Pour conserver à ces correspondances la franchise que leur accordent les règlements de l'administration des postes, les consuls ne doivent l'expédier que sous bandes croisées et contre-signées (4).

(1) Ordonnance du 7 août 1822, art. 78. — Décret du 26 décembre 1850, art. 56.
(2) Circulaire des affaires étrangères du 17 décembre 1824.
(3) *Id.* du 2 mars 1847.
(4) *Id.* des 19 septembre 1831, et 17 février 1837.

## SECTION II.

Rapports avec les autorités maritimes dans nos ports.

### 1. — Nature et objet de ces rapports.

Les cas dans lesquels l'ordonnance réglementaire du 29 octobre 1833 sur les rapports des consuls avec la marine marchande a exceptionnellement autorisé les agents à correspondre sans intermédiaire avec l'administration maritime des ports de France, se rattachent, soit au service de l'inscription maritime, soit à celui de la police de la navigation.

Ainsi, lorsque, conformément à l'article 87 du Code civil, un capitaine a déposé en chancellerie des actes de décès de marins, une des deux expéditions déposées doit immédiatement être adressée par les soins du consul à l'administration du port d'armement du navire ou du quartier d'inscription du décédé, si celui-ci avait été engagé hors de France (1).

Lorsque des matelots ont déserté à l'étranger, et que leur arrestation et leur remise n'ont pas pu être obtenues des autorités territoriales avant le départ du navire sur lequel ils étaient embarqués, les consuls sont tenus de les signaler nominativement à l'administration du port d'armement dudit navire (2).

Quant aux rapports de correspondance directe entre les consuls et les ports pour le service de la police de la navigation, nous avons déjà fait connaître au livre V les circonstances particulières qui peuvent les motiver. Ce sont, d'une part les avis relatifs aux contrats de grosse sur corps et quille des navires, les engagements hypothécaires sur marchandises et les ventes de bâtiments ou cargaisons; d'autre part, les envois aux ports d'armement des papiers de bord originaux des navires vendus, naufragés, démolis ou désarmés à l'étranger à un titre quelconque (3).

(1) Ordonnance du 29 octobre 1833, art. 16.
(2) *Id. Id.*, art. 26.
(3) *Id. Id.*, art. 31, 32 et 64.

### 2. — Transmission des lettres et contre-seing.

Certains consuls sont dans l'usage de transmettre leurs correspondances en France sous le couvert des chefs du service maritime dans les ports; ce mode d'expédition n'a rien d'irrégulier en tant que les lettres ainsi transmises concernent le service de l'État : mais pour que ces correspondances aient droit à la franchise de taxe que les règlements de l'administration des postes leur réservent, il est indispensable qu'elles soient revêtues simultanément du timbre et du contre-seing du consul qui en a fait l'envoi (1).

Le contre-seing consiste dans la désignation des fonctions de l'envoyeur suivie de sa signature. La désignation des fonctions peut être imprimée sur l'adresse ou indiquée par un timbre sec; mais la signature placée au-dessous doit toujours être apposée *de la main* même de l'envoyeur (2).

### 3. — Communications à faire aux commissaires de l'inscription maritime.

Il est utile de rappeler ici que les seuls fonctionnaires du ministère de la marine autorisés à correspondre en franchise avec les consuls sont les préfets maritimes, les chefs du service et les commissaires généraux ou principaux de la marine. Ni l'instruction générale sur le service des postes du 3 mars 1832, ni l'ordonnance du 17 novembre 1844, n'accordent la franchise aux commissaires de l'inscription maritime : la correspondance des consuls avec ces derniers fonctionnaires doit donc toujours s'effectuer sous le couvert des préfets maritimes dans les cinq ports militaires, ou sous celui des chefs du service de la marine à Dunkerque, le Havre, Saint-Servan, Nantes, Bordeaux, Bayonne et Marseille (3).

### 4. — Limitation du poids des paquets contre-signés.

Les fonctionnaires qui sont autorisés à expédier leur cor-

(1) Circulaire des affaires étrangères du 1er février 1858.
(2) Ordonnance du 17 novembre 1844, art. 13.
(5) Circulaire de la marine du 24 mai 1857.

respondance sous contre-seing sont tenus de circonscrire dans certaines limites le poids de leurs paquets officiels. Cette obligation ne doit pas être perdue de vue par les consuls qui ont parfois à adresser en France des dossiers de pièces assez volumineux; par exemple, des papiers de bord, des registres, etc. Sauf les envois destinés aux autorités jouissant d'une franchise illimitée, tels que les ministres, et pour lesquels il n'existe pas de restriction, le maximum de poids pour les paquets expédiés en franchise est fixé ainsi qu'il suit :

1° A cinq kilogrammes, lorsque le transport doit en être opéré jusqu'à destination, soit par un service en malle-poste ou un bateau à vapeur, soit sur un chemin de fer ou par un service d'entreprise en voiture.

2° A deux kilogrammes, lorsqu'ils doivent être dirigés sur une route desservie, en quelque point que ce soit, par un service d'entreprise à cheval.

3° A un kilogramme, lorsqu'ils doivent être transportés, sur une portion quelconque du trajet à parcourir, par un service d'entreprise à pied (1).

Cette prescription se trouve sanctionnée par le droit accordé aux directeurs des postes de refuser à présentation tous les paquets contre-signés dont le poids excéderait le maximum réglementaire. Toutefois, afin de préserver un paquet volumineux des avaries auxquelles il pourrait être exposé, surtout lorsque le transport doit en être effectué par mer, les consuls peuvent le mettre sous toile en le liant par une ficelle, à la condition expresse que cette toile soit simplement pliée et la ficelle nouée, de manière à ce qu'après l'arrivée du paquet en France l'une et l'autre puissent être facilement détachées par les soins de l'administration des postes (2). Tout paquet plus volumineux devrait être expédié comme marchandise ou comme article de messagerie.

(1) Ordonnance du 17 novembre 1844, art. 60.
(2) Id. Id., art. 26.

## SECTION III.

Rapports avec les préfets des départements.

### 1. — Nature de ces rapports.

Plusieurs consuls ont à tort adopté l'usage de se servir, pour expédier leurs correspondances, de l'intermédiaire des préfets et sous-préfets des départements frontières. La transmission des dépêches, comme l'expédition des estafettes, appartenant exclusivement aux directeurs des postes, l'intervention directe pour ces sortes d'envois de fonctionnaires d'un autre ordre nécessairement obligés de recourir eux-mêmes aux directeurs des postes, ne peut qu'entraîner des retards et des complications inutiles (1).

### 2. — Forme des correspondances.

Quant aux rapports de correspondance que certains consuls sont autorisés à entretenir avec les préfets des départements limitrophes ou voisins de leurs arrondissements, ils concernent le plus communément de simples renseignements de police ou l'expédition à Paris de dépêches télégraphiques (2).

L'ordonnance du 17 novembre 1844 a déterminé par ses articles 22 et 23 la forme extrinsèque de ces correspondances qui, suivant leur origine et leur destination, doivent tantôt être placées sous bandes croisées, tantôt être fermées avec ou sans la mention *de nécessité de fermeture*.

## SECTION IV.

Rapports avec l'agence du ministère des affaires étrangères à Marseille.

Le ministère des affaires étrangères a eu pendant quelques

(1) Circulaire des affaires étrangères du 5 novembre 1844.
(2) Instruction générale du 8 août 1814.

années au Havre et à Marseille des agents particuliers chargés spécialement de faciliter les rapports de correspondance des consuls, de réunir les lettres et dépêches qui leur étaient adressées, et de les leur transmettre par la voie des navires de commerce.

Cette institution devait être étendue à d'autres ports; mais la facilité des relations postales actuelles et l'établissement de nombreux services de bateaux à vapeur ont conduit à renoncer à ce projet et même à supprimer l'agence du Havre. L'agence de Marseille a seule été conservée, parce qu'à ses attributions postales elle a de tout temps réuni et continue de réunir certains devoirs de protection à l'égard des Levantins et des autres étrangers privés sur ce point de l'assistance directe d'un consul de leur nation : elle servait aussi autrefois d'intermédiaire entre les consuls du Levant et la chambre de commerce de Marseille, alors que les dépenses consulaires étaient en tout ou en partie payées sur le droit de 2 p. 100 dont était frappé le commerce français au Levant, et dont la comptabilité appartenait à cette chambre.

Nous n'avons pas, au surplus, à nous occuper ici des attributions toutes spéciales de l'agence de Marseille ; quant à ses rapports avec nos consuls dans la Méditerranée et en Orient, ils se réduisent à la réexpédition des correspondances officielles qui leur sont destinées ou qui proviennent de leurs postes pour le département des affaires étrangères.

Chaque échange de plis officiels entre l'agence et un consulat est accompagné d'un bulletin de transmission qui en fait connaître le détail et la destination; ce bulletin, après avoir été vérifié et signé par le destinataire, est ensuite renvoyé à l'expéditeur.

D'après l'ordonnance du 17 novembre 1844, cette transmission devrait avoir lieu sous bandes croisées ; elle s'effectue néanmoins presque toujours sous enveloppes contre-signées : mais dans ce cas la suscription doit indiquer que la dépêche a été fermée par nécessité ; l'inobservation de cette formalité entraînerait à Marseille la taxation de tout pli pour lequel elle aurait été négligée.

# CHAPITRE III.

La loi du 8 juillet 1851 relative à l'exploitation du service postal de la Méditerrannée a confié à une compagnie particulière le service des paquebots-poste du Levant, placé jusqu'alors dans les attributions du ministère des finances. Par suite les consuls se sont trouvés exonérés de la part d'intervention, de surveillance et de contrôle qui leur avait été déférée à l'égard de ces paquebots par le règlement spécial du 10 avril 1837 et l'ordonnance du 23 février 1839.

Néanmoins, aux termes du cahier des charges annexé à la loi précitée, les agents du service extérieur sont encore appelés à coopérer, quoique d'une manière moins directe, à la bonne exécution du service postal que le gouvernement fait exécuter pour son compte dans divers parages de la Méditerranée et des mers du Levant.

### 1. — Surveillance et protection des paquebots.

Le droit de surveillance et de protection déféré aux consuls en cette matière a pour objet de maintenir le meilleur ordre possible dans les diverses branches du service postal accompli sur chaque point d'escale.

Les obligations qui en découlent consistent : 1° à faciliter par tous les moyens en leur pouvoir, le débarquement et l'embarquement des valises de correspondances ; 2° à prévenir tout retard et toute difficulté dans l'expédition des paquebots soit à l'arrivée, soit au départ ; 3° à informer le gouvernement de tous les faits d'intérêt général ou particulier se rattachant à l'exploitation du service, aux abus qui s'y seraient introduits et aux améliorations dont il serait susceptible.

Les correspondances officielles relatives à cette partie des attributions consulaires ne doivent parvenir au ministère des finances que par l'entremise de celui des affaires étrangères et sous le timbre de la direction politique.

## 2. — Informations à donner aux capitaines.

Les renseignements que les consuls ont à donner aux capitaines des paquebots sur les règlements sanitaires ou de police auxquels ils sont tenus de se conformer, les avis qu'ils doivent leur fournir, si l'un d'eux se disposait à entrer dans un port où régnerait quelque maladie épidémique ou contagieuse, sont les mêmes que ceux qui dans les cas analogues doivent être fournis aux commandants et capitaines de tout bâtiment de guerre ou de commerce.

## 3. — Débarquement et embarquement des passagers.

A l'arrivée de chaque paquebot, le capitaine remet par duplicata à la chancellerie la liste de tous les passagers embarqués à son bord. Au départ la liste des passagers est dressée à terre par l'agent de la compagnie : au moment d'appareiller, le capitaine doit faire l'appel des passagers sur la liste qu'il a reçue à terre et qu'après avoir rectifiée, s'il y a lieu, il renvoie à l'agent de la compagnie établi dans le port, chargé d'en faire la remise au consul. (*Voir* livre V, chapitre 5.)

## 4. — Transport des esclaves.

Les dispositions des lois et ordonnances qui défendent le transport des esclaves à bord des navires français sont applicables aux paquebots-poste. Les consuls doivent donc veiller de concert avec les capitaines à ce qu'aucun trafic ou commerce d'esclaves n'ait lieu par leur intermédiaire.

Un avis affiché dans toutes les chancelleries défend expressément le transport des esclaves, et rappelle qu'en cas de plainte, la liberté de tout passager serait placée sous la sauvegarde du capitaine, et l'esclave mis à l'abri de l'autorité du maître. Il ne saurait cependant en résulter pour les capitaines des paquebots, pas plus que pour les agents de la compagnie à terre, l'obligation de s'enquérir de la qualité des domestiques que les Levantins emmènent avec eux (1).

(1) Circulaire des affaires étrangères du 27 septembre 1844.

### 5. — Embarquements d'office par les consuls.

Lorsque les consuls ont à requérir les capitaines des paquebots de recevoir à leur bord quelque passager embarqué d'office, soit fonctionnaire civil ou militaire, soit indigent, déserteur ou criminel, ils doivent le faire par écrit ; il en est de même lorsqu'ils ont à demander qu'un objet quelconque soit reçu à bord d'un paquebot pour être transporté à Marseille au compte de l'Etat (1).

Les militaires et marins ont le droit absolu d'être rapatriés sur les paquebots-poste aux frais de l'Etat. Quant aux indigents de l'ordre civil, la faculté d'en requérir l'embarquement est laissée aux consuls sous leur responsabilité (2) ; mais la destination de ces passagers doit toujours être Marseille, sans qu'ils puissent être transportés d'une station étrangère à une autre.

Les ordres d'embarquement à bord des paquebots délivrés par les consuls doivent toujours indiquer non-seulement les nom, prénoms et âge des passagers ou autres personnes rapatriées, mais encore le lieu de leur naissance, leur état, profession ou qualité, la désignation des régiments ou navires auxquels appartiennent les militaires ou marins, enfin le lieu où chaque passager ou rapatrié doit se rendre après débarquement sur le sol français. L'absence de ces indications serait une irrégularité d'autant plus grave, qu'elle mettrait obstacle à ce qu'on put en France vérifier quel est le département ministériel qui doit en fin de compte rembourser la dépense (*Voir* livre IV, chapitre 6.)

La correspondance que les consuls peuvent avoir à entretenir avec le département des affaires étrangères au sujet des frais de passage et des rapatriements par les paquebots-poste, doit être timbrée : *Direction de la comptabilité.*

### 6. — Passage des consuls sur les paquebots.

Les agents du département des affaires étrangères n'ont

(1) *Formulaire à l'usage des consulats*, n° 336.
(2) Cahier des charges annexé à la loi du 8 juillet 1851, art. 31.

droit à être embarqués d'office sur les paquebots-poste que quand ils se déplacent pour affaires de service. Ils y sont reçus en France sur la réquisition directe du ministre dont ils relèvent, ou en son nom sur celle du commissaire du gouvernement ou de l'agent des affaires étrangères à Marseille ; à l'étranger, la réquisition adressée au capitaine émane directement de l'agent en faveur duquel elle est faite ou de son chef immédiat.

Dans tous les autres cas, ces agents payent eux-mêmes leurs frais de passage, sauf, s'il y a lieu, à se pourvoir ultérieurement auprès du ministre des affaires étrangères pour le remboursement de la dépense.

### 7. — Transport des correspondances officielles.

Les correspondances officielles des agents politiques et consulaires sont transportées en franchise par les paquebots ; mais, à l'exception des dépêches portant le contre-seing d'un ministre ou de celles adressées à Paris à un fonctionnaire jouissant de la franchise illimitée, ces correspondances doivent être placées sous bandes croisées, et il ne peut être inséré sous ces bandes aucune pièce cachetée ou revêtue de secondes bandes ou portant une seconde adresse. Cependant, comme cette condition est souvent incompatible avec la nature des communications que les fonctionnaires du département des affaires étrangères échangent habituellement entre eux, ceux-ci sont autorisés à fermer sous enveloppe ou sous pli, *en cas de nécessité*, les lettres et paquets qu'ils expédient par la voie des paquebots, à la charge par eux de les contre-signer, et de constater par la suscription de chaque lettre ou paquet, au-dessus de leur signature, qu'il y a eu nécessité de clore la dépêche (1).

Il est expressément recommandé aux agents de veiller à ce que leur contre-seing ne couvre pas des correspondances privées, et il leur est également prescrit, pour prévenir tout abus à cet égard, de remettre à l'agent de l'administration des postes pour être taxées conformément aux règlements, toutes

(1) Décisions du ministre des finances des 13 juillet et 20 novembre 1837.

les lettres étrangères au service qui pourraient arriver sous leur couvert.

Le contre-seing attribué aux consuls étant expressément limité à leur propre correspondance de service, ils ne doivent jamais, sous aucun prétexte, en revêtir les dépêches que les agents étrangers en résidence dans les parages de la Méditerranée échangent par la voie de nos paquebots (1).

Les paquets et plis officiels que les agents du département des affaires étrangères ont à s'adresser réciproquement par la voie des paquebots sont transportés à découvert et en dehors des paquets de la poste; à cet effet, ces agents les remettent directement à l'agent de l'administration des postes, qui leur en donne un reçu. Cette formalité équivaut à l'inscription sur le rôle d'équipape des plis de service remis aux capitaines des bâtiments marchands.

### 9. — Retards apportés aux départs des paquebots.

Nous ajouterons en terminant que si les agents du département des affaires étrangères ont le droit de retenir des paquebots dans des circonstances tout à fait exceptionnelles, et lorsque un intérêt majeur de service l'autorise, les inconvénients qu'entraîne l'exercice de ce droit sont trop graves pour que la durée du retard ou des retards successifs apportés aux départs d'un paquebot n'ait pas du être limitée. Il a, en conséquence, été établi que, sauf dans des circonstances politiques extraordinaires, ces retards ne pourraient excéder douze heures, et devraient être notifiés à l'agent de la compagnie six heures à l'avance (2). Il va sans dire que le consul qui a requis une suspension ou un retard de cette nature est tenu de rendre compte au département des affaires étrangères par une dépêche spéciale des motifs qui l'y ont déterminé.

(1) Circulaire des affaires étrangères du 14 septembre 1855.
(2) Cahier des charges annexé à la loi du 8 juillet 1851, art. 5.

# LIVRE SEPTIÈME.

## DES FONCTIONS DES CONSULS

### DANS LEURS RAPPORTS AVEC LEURS NATIONAUX.

---

## CHAPITRE PREMIER.

### DE LA RÉSIDENCE DES FRANÇAIS EN PAYS ÉTRANGER.

### SECTION I.

Des lois auxquelles sont soumis les Français en pays étranger.

#### 1. — Action de la puissance française à l'étranger.

L'autorité et la protection du gouvernement et des lois françaises suivent les nationaux en pays étranger pour tout ce
qui concerne le statut personnel (1); mais il va sans dire que
dans son application aux cas particuliers l'action de nos lois
reste subordonnée à l'exercice de la souveraineté territoriale.

Quant au statut réel, il est, au contraire, de principe, dans
toutes les législations, de le faire régir par les lois du pays
dans lequel les biens sont situés, et d'étendre uniformément
l'action de ces dernières sur les étrangers aussi bien que sur
les nationaux.

#### 2. — Des lois qui régissent les actes.

La forme extérieure des actes par lesquels se produit l'ex-

(1) Code civil, art. 3.

pression libre et licite de la volonté d'un individu est déterminée par la loi du lieu où ils sont passés; c'est l'application
du principe *locus regit actum*. La matière ou la solennité de
ces actes est, au contraire, simultanément et conjointement
régie par la loi du lieu dans lequel les contrats sont célébrés,
de celui de leur exécution, et quelquefois aussi par la législation du domicile de leurs auteurs.

### 3. — Soumission aux lois de police et de sûreté.

Les lois de police et de sûreté, c'est-à-dire celles qui répri-
ment les crimes, les délits, les contraventions, etc., obligent
tous ceux qui habitent le territoire (1). Protégé par elles, l'é-
tranger doit les respecter à son tour, et il ne saurait à cet
égard exister aucune différence entre les citoyens et les étrangers, car ceux-ci, devenus temporairement les sujets de la loi
du pays dans lequel ils passent ou dans lequel ils résident,
sont soumis à la souveraineté territoriale. Les traités des puissances chrétiennes avec les peuples musulmans ou orientaux
ont, il est vrai, consacré une exception à ce principe; mais on
sait à quelles raisons d'Etat et de croyances religieuses celle-ci
doit être attribuée.

## SECTION II.

### Des droits et des obligations des Français en pays étranger, et de l'intervention des consuls à leur égard.

### 1. — Des conditions d'admission des étrangers.

Les conditions générales de l'admission des Français dans
les différentes contrées du globe varient suivant la législation
particulière de chaque Etat, ou les stipulations des traités qui les lient avec la France, et qui quelquefois modifient
plus ou moins leurs lois relatives aux étrangers.

Partout où il y a des consuls, il est permis aux citoyens de

(1) Code civil, art. 3.

la nation que ceux-ci représentent de s'établir et de commercer, à la condition de se conformer aux lois du pays.

Certains Etats demandent en outre aux étrangers de prouver qu'ils ont des moyens d'existence; d'autres leur font payer
des droits d'entrée et de séjour déguisés le plus souvent sous
le nom de cartes de sûreté ou de visas de passeports, mais
qui n'en sont pas moins un impôt exclusivement établi sur
les étrangers.

### 2. — Payement des impôts.

La charge des impôts fonciers et des contributions indirectes pèse sur les Français comme sur les indigènes. Quant
aux impôts directs et personnels, les Français y sont également soumis de plein droit, à moins de stipulation contraire
dans les traités.

### 3. — Jouissance des droits civils.

Dans tous les pays l'exercice des droits politiques est exclusivement réservé aux nationaux. Quant à la jouisssance des
droits civils, le principe de la réciprocité est aujourd'hui reconnu par presque toutes les législations et consacré par de
nombreux traités.

### 4. — Des droits d'aubaine et de détraction.

Le droit d'aubaine proprement dit n'existe plus nulle part
aujourd'hui; mais les droits de détraction et de traite foraine,
en vertu desquels un droit de sortie est prélevé sur les héri-
tages laissés ou déférés à des étrangers, existent encore dans
quelques législations. A moins de clauses formelles dans notre
droit conventionnel, les Français en subissent l'application
comme tous autres étrangers.

Pour éclairer au besoin leurs nationaux sur l'étendue plus
ou moins grande des charges ou des restrictions qui sous ce
rapport peuvent peser sur eux, les consuls doivent étudier
avec soin et connaître à fond les lois particulières du pays de
leur résidence relatives aux étrangers.

### 5. — Du droit de faire le commerce.

La faculté de faire le commerce étant sanctionnée en principe par le droit des gens universel, les étrangers jouissent partout du droit de former des établissements commerciaux fixes ou passagers, et d'importer, colporter ou vendre directement sur place, en gros ou en détail, les marchandises qui leur appartiennent, en payant les taxes douanières établies par la législation de chaque contrée.

L'application plus ou moins rigoureuse et éclairée des tarifs et règlements de douane, surtout en matière de contraventions, de saisies et de contrebande, est, on ne le sait que trop, une source fréquente de discussions et de conflits de toute sorte entre les agents du fisc et leurs justiciables.

L'une des attributions les plus importantes et en même temps les plus délicates des consuls est de veiller à ce que dans la pratique leurs nationaux n'aient pas à souffrir de l'interprétation ou de l'application des lois fiscales. Mais dans l'accomplissement des devoirs particuliers qu'ils ont à remplir à cet égard, il y a certaines considérations que les agents du service extérieur ne doivent jamais perdre de vue.

Ainsi, il est tout d'abord de principe que leur qualité de délégués du gouvernement interdit aux consuls de se constituer les mandataires et commissionnaires directs des commerçants. Par une conséquence nécessaire, ils protégent le particulier lésé dans la défense de ses intérêts, dirigent et appuient ses demandes, mais sans jamais le dispenser de suivre personnellement ses réclamations par les voies légales.

En second lieu, il ne suffit pas que la réclamation existe et se produise avec une apparence de fondement pour donner droit *de plano* à la protection consulaire. Il faut encore que l'agent dont l'appui est invoqué reconnaisse que la plainte repose sur une base légale, et que la justice ou l'équité militent en sa faveur autant que la saine morale. Ne pas subordonner les démarches qu'on attend de lui à ce contrôle préalable, serait pour un consul manquer à la prudente réserve que sa position commande, nuire au but même de sa mission officielle, et s'exposer enfin à compromettre l'estime et la considération personnelle dont il doit avant tout chercher à s'entourer.

Nous pensons aussi que lorsqu'une réclamation particulière qui leur est déférée a pour origine des actes contraires à la bonne foi et aux lois du pays de leur résidence, les agents accompliraient imparfaitement la tâche qui leur est imposée s'ils se bornaient à refuser leur concours pour en assurer la solution : leur devoir est plus noble, plus élevé, et ils ne doivent pas hésiter à user de leur influence morale et même de leur pouvoir coercitif dans les contrées où la loi les en investit, pour combattre des écarts nuisibles aux intérêts politiques et commerciaux de leur pays (1).

### 6. — De l'expulsion des étrangers.

Si le droit de pénétrer, de voyager, de résider à titre temporaire et de s'établir définitivement dans les contrées étrangères est partout de nos jours acquis aux citoyens français, ce n'est, comme nous l'avons dit plus haut, que sous la réserve expresse de se conformer aux lois territoriales, de tenir une conduite prudente et régulière, et de ne prendre aucune part aux troubles ou aux affaires politiques du pays qui leur a offert l'hospitalité. Ceux qui, sous l'un ou l'autre de ces rapports, manqueraient aux devoirs que leur impose leur qualité d'étrangers, ne pourraient donc s'en prendre qu'à eux-mêmes si le gouvernement du pays dans lequel ils se trouvent, usant des droits et du pouvoir souverain qui lui appartiennent, venait à les expulser de son territoire. Le rôle du consul, après s'être assuré que l'acte d'expulsion n'a rien d'arbitraire, et repose, au contraire, soit sur une sentence judiciaire, soit sur une mesure de haute police ou sur des exigences politiques dûment justifiées, se borne à provoquer dans l'exécution tous les adoucissements et ménagements que peuvent réclamer les intérêts de l'expulsé (2).

Ces principes généraux, qui s'accordent avec ceux qu'a sanctionnés parmi nous la loi du 3 décembre 1849, sont ceux que les consuls doivent prendre pour règle de conduite lors-

(1) Instruction générale du 8 août 1814.
(2) Vattel, *Droit des gens*, livre II, § 101.

qu'un de leurs nationaux se trouve, par force majeure, obligé de quitter le pays de leur résidence.

Mais si l'expulsion était reconnue constituer un abus de pouvoir ou même une infraction au texte formel de nos traités, le consul serait tenu de couvrir de sa protection le Français qui en aurait été victime; et s'il était impuissant à faire revenir l'autorité territoriale sur sa décision, il aurait immédiatement à en rendre compte au ministre des affaires-étrangères sous le timbre de la direction politique, et à mettre au besoin le gouvernement de la République en mesure de provoquer les satisfactions qui pourraient légitimement être dues.

## SECTION III.

### Du droit à la protection française en pays étranger et du respect dû par les Français à l'autorité consulaire.

#### 1. — Preuve de la nationalité.

Tous les Français ont un droit égal à la protection consulaire en pays étranger ; mais aucun d'eux ne peut la réclamer qu'après s'être mis par lui-même en mesure d'administrer la preuve de sa qualité de citoyen français. Toute dérogation à ce principe serait un abus préjudiciable aux intérêts mêmes que les consuls sont appelés à protéger et à défendre.

Le passeport dont doit être porteur tout citoyen français qui se rend à l'étranger est le titre le plus habituellement présenté aux consuls par nos nationaux pour justifier de leur qualité. Nos lois prescrivent même à tout Français arrivant à l'étranger de soumettre cette pièce au visa des agents du gouvernement, afin de s'assurer leur protection (1). Dans beaucoup de résidences, et particulièrement dans les échelles du Levant et de Barbarie, ces passe-ports sont conservés en chancellerie, et ne sont rendus aux déposants que lorsqu'ils les requièrent pour quitter le pays.

De cette disposition il ne faut cependant pas induire qu'un

_____
(1) Ordonnance du 25 octobre 1833, art. 2.

consul serait fondé à dénier sa protection au citoyen qui n'aurait pas réclamé en chancellerie le visa de son passeport ; mais si l'absence de ce visa avait entraîné quelque inconvénient, la responsabilité n'en pourrait peser que sur celui qui, par sa négligence, se serait momentanément privé de l'appui de l'agent de son gouvernement (1).

A défaut de passe-port délivré par une autorité française , nos nationaux peuvent encore se faire reconnaître comme tels en présentant aux consuls soit un acte de naissance ou de mariage, soit un congé de libération du service, ou toute autre pièce authentique, telle, par exemple, qu'un certificat d'immatriculation dans une autre résidence consulaire.

### **2. — Obéissance due aux consuls.**

Les provisions du Président de la République, en vertu desquelles les consuls exercent leurs fonctions, enjoignent aux navigateurs , commerçants et autres citoyens français , de les reconnaître et de leur obéir.

L'autorité consulaire ainsi proclamée est sans doute incontestable en droit ; mais il faut bien reconnaître qu'en fait elle est privée de tout moyen coercitif.

Le droit de haute police, confié autrefois à tous les consuls sur leurs nationaux, n'existe plus aujourd'hui qu'en Levant et en Barbarie (2), les principes de liberté qui forment la base de notre droit civil s'opposant d'ailleurs à ce qu'un consul donne des ordres à ses nationaux relativement à leurs actes personnels. Ce n'est donc pas dans ce sens que l'obéissance due aux consuls doit être entendue ; les Français ne leur sont soumis que relativement aux lois à l'exécution desquelles ils sont préposés. Aussi, plus est grande, selon les circonstances et les pays, l'autorité confiée aux consuls sur leurs nationaux, plus ces agents doivent apporter de sagesse et de modération dans son exercice, en fondant le respect et l'obéissance qui leur sont dus bien plus sur la confiance et l'estime personnelles qu'ils doivent inspirer que sur leur seule qualité officielle.

(1) Circulaire des affaires étrangères du 4 novembre 1833.

(2) Ordonnance d'août 1681, livre I, titre 9, art. 15. — Instruction du 29 novembre 1833.

### 3. — De la répression du délit d'outrage commis par un Français contre un consul.

Ici se présente une question importante : si un Français manquait à l'étranger au respect dû au consul, s'il lui manquait publiquement, et allait jusqu'à l'outrager à raison ou dans l'exercice de ses fonctions, quel serait le tribunal compétent pour connaître de ce délit, prévu par les articles 222 à 233 du Code pénal ?

Ce genre de délit rentrant dans la sanction d'une loi française dont l'application ne peut appartenir à l'autorité judiciaire étrangère, c'est évidemment aux tribunaux français que revient le droit de statuer soit sur la plainte du consul, soit d'office s'il n'y a pas eu de plainte.

Toutefois, si l'autorité territoriale informée du fait voulait intervenir pour protéger et faire respecter l'agent accrédité d'une puissance amie, nul doute qu'elle ne fût fondée à punir le délinquant par mesure administrative et même par voie judiciaire si la loi du pays le comporte.

Quant à la compétence des tribunaux français, elle peut, il est vrai, soulever cette objection, qu'en principe un simple délit commis hors du territoire français ne donne pas ouverture à action publique devant nos tribunaux. Mais il nous semble que cette objection, plus spécieuse que juste, tombe devant l'étude approfondie de la question.

En effet, les fonctions des consuls ont cela de particulier, que les actes de ces agents, et notamment ceux d'administration et de juridiction, s'accomplissant tous hors de notre territoire, les délits d'outrage ou de violence dans l'exercice de leurs fonctions ne peuvent être commis envers eux qu'à l'étranger. Or, à moins de vouloir placer les consuls en dehors du droit commun acquis à tous les fonctionnaires publics français, il faut bien admettre que la seule circonstance de la perpétration sur un territoire étranger du délit commis à leur égard ne saurait mettre obstacle à ce qu'il soit réprimé en France.

D'un autre côté, la fiction de l'exterritorialité, en vertu de laquelle les agents diplomatiques et consulaires sont censés n'avoir pas quitté le territoire de la nation qu'ils représentent, peut faire considérer l'outrage dont ils ont été l'objet comme ayant été accompli en France même et comme tombant à ce titre sous l'application directe de nos lois.

Cette question a, du reste, récemment été jugée et décidée dans ce sens par un arrêt de la cour d'appel de l'île de la Réunion, qui a appliqué les articles 222 et 223 du Code pénal à un Français coupable d'outrages envers un consul de la République dans l'exercice de ses fonctions (1).

Il est à peine besoin d'ajouter qu'en Levant et en Barbarie les consuls sont armés de pouvoirs judiciaires suffisants pour faire réprimer sur les lieux, dans la forme déterminée par la loi du 28 mai 1836, les délits dont un Français se serait rendu coupable à leur égard.

## SECTION IV.

### Des conditions spéciales de la résidence des Français en Levant et en Barbarie.

#### 1. — Des anciens règlements sur la résidence des Français en Levant.

Quoique depuis quelques années les conditions de la résidence des Français dans les échelles du Levant et de Barbarie aient été tellement modifiées qu'il ne subsiste presque plus rien de l'ancienne législation à cet égard, nous devons néanmoins nous en occuper dans une section spéciale, surtout à cause du droit de haute police qui dans ces pays est conféré aux consuls sur leurs nationaux, et des quelques règles exceptionnelles au droit commun qui y régissent encore l'établissement et la résidence des Français.

Les anciens règlements sur le commerce du Levant et de la Barbarie appartenaient à une époque où les Français avaient seuls dans ces contrées des établissements permanents; alors que le commerce des échelles avec l'Europe était presque exclusivement renfermé dans ces établissements, sorte de co-

(1) Arrêt de la cour de l'île de la Réunion du 30 août 1849.

lonies dont Marseille pouvait être considérée comme la métropole.

Le régime légal avait naturellement pour objet le maintien de cet état de choses. Conserver intacts nos priviléges, soustraire notre commerce à la concurrence, réunir en un seul corps tous les Français du Levant, et les soumettre à une même impulsion, tel était son but. Aucun commerçant ne pouvait s'établir dans les échelles sans l'autorisation de la chambre de commerce de Marseille, et sans avoir préalablement fourni un cautionnement qui variait de quarante à soixante mille francs ; aucun artisan ne pouvait y aller exercer sa profession sans qu'un acte passé au consulat de la résidence où il avait l'intention de se fixer constatât que le corps de la nation se soumettait à être sa caution ; enfin les personnes mêmes que le seul désir de visiter ces pays pouvait y attirer n'en recevaient l'autorisation qu'après une enquête préventive sur leur moralité et le véritable but de leur voyage (1).

Mais les progrès naturels du commerce, la concurrence des autres peuples, les événements qui ont tantôt rompu, tantôt altéré nos relations avec la Porte, les changements survenus dans l'état politique du Levant, tout s'était réuni pour modifier ce régime de restrictions et de priviléges (2). Aussi, en 1835, le gouvernement ayant soumis ces dispositions exceptionnelles à un nouvel examen, reconnut-il sans peine que l'autorisation préalable et le cautionnement n'étaient plus qu'une formalité contraire à nos principes de liberté commerciale, et qui ne pouvait, en favorisant leurs rivaux étrangers, qu'éloigner les Français du commerce dans les échelles. Cette double formalité fut en conséquence abolie par une ordonnance dont les dispositions avaient été concertées entre les deux départements des affaires étrangères et du commerce, et qui fit, en même temps, cesser la perception de l'ancien droit dit *de consulat* qui frappait à leur entrée à Marseille les marchandises originaires du Levant (3).

---

(1) Ordonnance du 3 mars 1781, titre II, art. 1 à 9. — Arrêté du 4 messidor an XI, art. 1 à 7.

(2) Rapport du ministre du commerce au roi du 18 avril 1835.

(3) Ordonnance du 18 avril 1835, art. 1, 2 et 4.

Notre ancienne législation contenait encore une série de dispositions exceptionnelles sur le commerce dans les contrées musulmanes qui n'ont été abrogées par aucun texte de loi, mais qui n'en sont pas moins considérées comme tombées en désuétude et comme ayant perdu toute force obligatoire. De ce nombre sont notamment celles relatives à l'emploi exclusif du pavillon français par nos nationaux, à la police du commerce des draps, etc. (1).

### 2. — Délivrance des passe-ports pour le Levant.

Nos relations commerciales avec le Levant sont aujourd'hui placées dans les mêmes conditions que notre commerce avec les autres pays. Cependant la sûreté de nos nationaux, l'intérêt du commerce, celui même de l'Etat exigeaient que des précautions spéciales fussent prises pour que cette liberté introduite dans nos relations avec le Levant ne dégénérât pas en un abus d'autant plus dangereux que l'on sait avec quelle facilité les désordres et les écarts d'un seul particulier peuvent, dans ces contrées, devenir la cause de vexations et d'avanies pour tous les étrangers. Le gouvernement ne pouvant en conséquence ouvrir les échelles au libre accès des personnes privées de toutes ressources, ou dont la mauvaise conduite pourrait y être nuisible au maintien du bon ordre, a décidé que les passe-ports des Français qui voudraient se rendre en Levant et en Barbarie continueraient, comme sous l'empire de l'ancienne législation, à ne leur être délivrés, après informations recueillies sur leur compte, que par les préfets pour les départements des Bouches-du-Rhône et de l'Hérault, par le ministre des affaires étrangères pour le reste du territoire, et par les consuls pour les Français établis dans leur résidence (2).

Par une conséquence forcée de cette même réserve et de ces sages précautions, l'admission de tout Français dans une échelle a été impérieusement subordonnée à la production

(1) Ordonnances des 4 août 1688, 16 juin 1689, 10 juillet 1719, 3 mars 1781, titre III, art. 2 et 16, et 20 février 1815, art. 2, 7 et 28.
(2) Circulaires des affaires étrangères des 30 mai 1835 et 23 février 1843.

d'un passe-port régulier, et quiconque serait dépourvu de ce titre devrait être contraint par le consul à repasser immédiatement en France (1).

### 3. — De la police des échelles.

Les conditions toutes particulières que les traités ou des usages traditionnels ayant presque acquis force de lois ont faites aux étrangers et aux populations chrétiennes disséminés dans les contrées musulmanes, exigeaient impérieusement la concentration entre les mains des consuls de certains droits de police et de surveillance à l'égard de leurs nationaux ; rien n'a été changé sur ce point dans les dispositions consacrées par les anciennes ordonnances sur l'établissement des Français en Levant : nous en ferons ressortir l'esprit en peu de mots.

L'ordonnance de 1781, dont le titre II réglemente et sanctionne le pouvoir exceptionnel de répression attribué aux consuls en Orient et en Barbarie, recommande tout d'abord aux Français établis dans les pays musulmans d'être réservés dans leur conduite, sous peine de punition exemplaire contre ceux qui compromettraient la tranquillité de la nation et troubleraient l'ordre public. Elle leur interdit aussi, à moins d'autorisation expresse du consul, de se réunir en assemblées sous quelque prétexte que ce soit ; de visiter seuls les autorités du pays ; de se marier sans l'agrément préalable du gouvernement ; d'adopter le costume musulman ; de se livrer aux jeux de hasard ; d'entreprendre certaines spéculations, telles que le fermage des impôts publics, etc.; le tout sous peine d'être renvoyés en France, ou tout au moins condamnés à l'amende (2).

En dehors de ces prescriptions générales, résultant des anciens édits, il en est d'autres qui découlent du règlement particulier de police fait pour chaque échelle par le consul, et auquel tous les Français sont également tenus de se conformer (3).

(1) Arrêté du 4 messidor an xi, art. 9.
(2) Ordonnance du 3 mars 1781, titre II, art. 24, 25, 32, 33, 34 et 40.
(3) Loi du 28 mai 1836, art. 75.

La possession d'immeubles dans les domaines du Grand Seigneur était défendue autrefois à tous les Français de la manière la plus absolue (1). Il fut dérogé à cette prohibition par l'ordonnance de 1781, qui autorisa nos nationaux à acquérir les propriétés nécessaires pour leur logement et pour leurs effets et marchandises (2). Le maintien de cette disposition exceptionnelle pourrait difficilement se justifier aujourd'hui, et nous pensons qu'en présence des progrès que la civilisation a faits dans l'empire ottoman et des changements réalisés dans sa législation, les Français, libres désormais de s'établir dans les échelles et d'y commercer comme partout ailleurs, doivent également pouvoir y posséder des immeubles et des biens-fonds, à la seule exception des édifices publics, bateaux, etc. (3), dont la propriété ou l'exploitation serait de nature à les placer sous la dépendance trop directe de l'autorité territoriale.

Aucun Français établi en Levant ne peut quitter le lieu de sa résidence sans un passe-port du consul, qui est toujours libre de le refuser ; cette règle, qui découle du régime particulier sous lequel nos nationaux sont placés pour la juridiction, a pour objet d'empêcher que les débiteurs de mauvaise foi ne cherchent à se soustraire par leur éloignement aux obligations pécuniaires ou autres qu'ils auraient contractées dans le pays.

Tout Français qui, pour échapper à l'autorité consulaire, se mettrait sous la protection de l'agent d'une autre puissance, se rendrait coupable de désobéissance, et pourrait être renvoyé en France (4).

#### 4. — Expulsion et renvoi des Français en France.

Cette peine de l'expulsion des échelles et du renvoi en France par mesure de haute police et sans jugement des individus dont la conduite ferait naître de justes sujets de plainte et serait de nature à compromettre nos intérêts politiques ou commerciaux, est en quelque sorte la seule sanction pénale

(1) Ordonnance du 6 juillet 1749.
(2) *Id.* du 3 mars 1781, titre II, art. 26.
(3) *Id. Id.*, titre II, art. 30.
(4) Édit de juin 1778, art. 82.

attachée à la non-exécution des ordonnances qui déterminent les conditions de la résidence des Français en Levant et en Barbarie.

Lors de la discussion par nos assemblées parlementaires de la loi du 28 mai 1836 sur la poursuite et la répression des contraventions, délits et crimes commis par les Français en Levant et en Barbarie, la question de savoir si ce pouvoir exceptionnel, anciennement attribué aux consuls et rappelé par l'édit de 1778, devait être maintenu, fut longuement et solennellement traitée.

L'édit de 1778 ne se bornait pas, en effet, à consacrer d'une manière abstraite le droit d'expulsion conféré aux consuls; il établissait encore que les Français ainsi renvoyés en France seraient remis dans le port d'arrivée à l'autorité maritime, qui les ferait détenir jusqu'à ce qu'elle eût reçu les ordres du gouvernement. Cette dernière prescription surtout parut aux meilleurs esprits incompatible avec les principes de notre droit constitutionnel, et d'autant plus difficile à conserver que les faits de mauvaise conduite et d'intrigues d'un Français à l'étranger ne sont punissables par aucune loi pénale.

Voici, du reste, comment se trouvent résumées les explications relatives aux articles 82 et 83 de l'édit de 1778 dans le rapport fait à la chambre des députés sur le projet de loi dont il s'agit :

« L'article dont nous venons de parler plus spécialement, et qui est le quatre-vingt-deuxième de l'édit, autorise les consuls à faire embarquer tout Français qui, par sa mauvaise conduite et par ses intrigues, pourrait être nuisible au bien général. En 1826 on avait demandé l'abrogation de cet article et du suivant, qui prescrit les mesures à prendre au moment de leur débarquement en France envers les Français expulsés.

« Répondant à cette demande, le ministre de la justice convint que l'article 83 ne pourrait plus s'exécuter. Mais quant à l'article 82, dit-il, cette exception au droit commun, fondée sur la loi, et contre laquelle aucune réclamation ne s'est élevée jusqu'à ce jour, est indispensable au salut des échelles dans un pays dont le gouvernement se porte si facilement à faire retomber la faute d'un seul sur la totalité des nationaux, et où le fait le plus léger, s'il n'était suivi d'une prompte répression, pourrait entraîner à l'instant même une avanie générale.

« Ces sages réflexions n'ont pas permis d'insister ; elles n'ont aujourd'hui rien perdu de leur force, et nous ne pouvons dès lors demander une réforme qu'on a eu raison de ne pas nous proposer (1). »

Ces conclusions furent adoptées, et le texte définitif de la loi a maintenu par sa disposition finale le droit des consuls à expulser de leur échelle les Français coupables d'intrigues ou de mauvaise conduite (2). Ce droit, qu'une loi spéciale pourrait seule détruire, subsiste donc intact, et il faut espérer qu'il n'y sera porté aucune atteinte.

Du reste, toutes les fois qu'un consul use des pouvoirs dont il est armé, son devoir est de rendre au ministre des affaires étrangères, sous le timbre de la direction politique ou de la direction commerciale, suivant qu'il s'agit d'une question politique ou d'une question de simple administration consulaire, un compte exact et circonstancié des faits et des motifs qui l'y ont déterminé.

## SECTION V.

### Des corps de nation en Levant et en Barbarie.

#### 1. — De la nation.

On appelle *nation* le corps des Français groupés dans chaque échelle à l'entour du consul. Anciennement, la nation avait en tout pays de consulat son organisation particulière ; elle nommait des députés pour la représenter, et se réunissait en assemblées délibérantes, soit pour répondre à des demandes d'informations adressées au consul par le gouvernement, soit pour provoquer ou prendre d'urgence les mesures nécessaires à la protection du commerce français.

(1) Rapport de M. Parant à la chambre des députés, *Moniteur* du 20 février 1836.

(2) Loi du 28 mai 1836, art. 82.

Depuis fort longtemps cette organisation en corps de nation n'existe plus en pays de chrétienté, et ce n'est qu'en Levant et en Barbarie qu'elle a été maintenue par l'ordonnance de 1781. Mais là encore, sous la double influence des incontestables progrès de la civilisation et de la modification radicale des conditions de la résidence de nos nationaux, elle tend tous les jours à s'affaiblir et même à disparaître. Les nouveaux règlements sur les consulats, en restreignant sensiblement la compétence et les fonctions des députés de la nation, n'ont pas peu contribué non plus à amener sur plusieurs points leur disparition, et ce n'est plus aujourd'hui que dans les grands centres de commerce où la colonie française présente une masse compacte, comme à Constantinople, à Smyrne, à Alexandrie, que nos nationaux forment encore un corps de nation particulier.

C'est cependant une institution éminemment utile que celle de cette espèce de régime municipal donné à nos établissements du Levant par la réunion des assemblées nationales et par l'élection que font ces assemblées de députés chargés d'étudier et de discuter sur place les intérêts de la communauté.

Là où les circonstances locales ont permis de la conserver, les consuls doivent, dans la forme prévue par l'ordonnance de 1781, chercher à lui faire produire les résultats avantageux qu'on peut encore s'en promettre en maintenant à cette institution la régularité et la consistance qu'elle doit avoir, et en provoquant, toutes les fois qu'il y a lieu, les délibérations des assemblées sur les questions d'intérêt général pour le commerce de leur résidence.

### 2. — Tenue des assemblées nationales.

Les assemblées de la nation ont lieu toutes les fois que le consul le juge convenable ou qu'il en est sollicité par la nation elle-même (1).

Tous les citoyens français, négociants et autres, convoqués aux assemblées nationales, et qui n'ont pas d'excuse jugée valable par le consul pour s'en dispenser, sont tenus de s'y

_____
(1) Ordonnance du 3 mars 1781, titre II, art. 41 et 42.

rendre sous peine de 10 francs d'amende, applicables autrefois à la rédemption des captifs, et aujourd'hui aux pauvres de l'échelle.

Les assemblées ordinaires sont composées des négociants établis dans l'échelle, et il n'y est admis qu'un seul associé d'une maison : le failli ne peut y prendre part. Dans les cas extraordinaires, les consuls peuvent y appeler les capitaines et autres personnes qu'ils jugent convenable (1).

Les assemblées se tiennent au consulat (2). L'impartialité et le plus grand esprit de justice doivent diriger les consuls dans la tenue des assemblées nationales, dont la présidence et la police leur sont dévolues de plein droit; ils n'y ont pas voix délibérative, et, pour laisser aux délibérants toute la liberté dont ils doivent jouir, les ordonnances leur défendent de faire pressentir le parti pour lequel ils penchent.

La liberté de discussion ne doit cependant pas dégénérer en abus; il est interdit, en conséquence, aux assemblées de s'occuper d'intérêts ou d'affaires autres que celles que les consuls défèrent à leur appréciation, et surtout de discuter sur des matières politiques, quelle qu'en soit la nature; toute infraction à cet égard, toute délibération contraire aux lois, édits, ordonnances et règlements particuliers des échelles, ou de nature à compromettre les intérêts nationaux, mettrait le consul dans l'obligation d'user du droit qui lui appartient de rompre immédiatement l'assemblée (3).

Le drogman chancelier remplit les fonctions de secrétaire, et dresse de chaque réunion un procès-verbal qui doit être signé par tous ceux qui y ont assisté (4).

L'ordonnance prescrit en outre que tous les procès-verbaux des assemblées soient inscrits les uns à la suite des autres sur un registre coté et paraphé par le consul, et spécial aux délibérations de la nation.

(1) Ordonnance du 3 mars 1781, titre II, art. 43, 44 et 45.
(2) *Id. Id.*, titre II, art. 46.
(3) Instruction du 6 mai 1782.
(4) Ordonnance du 3 mars 1781, titre II, art. 47.

### 3. — Élection des députés.

Le 1er décembre de chaque année, la nation procède dans une assemblée spéciale, et toujours sous la présidence du consul, à l'élection du ou des députés qui doivent entrer en fonctions au 1er janvier suivant. L'élection a lieu au scrutin. Il est interdit aux consuls de proposer aucun négociant pour être élu député ; ils doivent à cet égard laisser une complète liberté aux électeurs ; seulement, en cas de partage entre deux ou plusieurs négociants, ils décident ce partage en faveur de celui qu'ils jugent le plus capable. Dans les échelles où la nation est composée de six établissements, il doit y avoir toujours deux députés dont l'exercice dure deux ans. Il n'en est élu qu'un chaque année, de sorte que le plus ancien devienne premier député, et que le second le remplace en cette qualité l'année suivante. Dans les échelles où la nation se compose de moins de six négociants, il n'y a qu'un député, qui est remplacé tous les ans. En cas de mort ou de retour en France d'un député en exercice, il est procédé à son remplacement immédiat. Aucun député n'est rééligible que deux ans après être sorti d'exercice, à moins que sur l'échelle il n'y ait pas d'autre sujet éligible. Lorsqu'un négociant s'est élu lui-même député ou s'est servi de moyens illicites pour assurer son élection, il doit être exclu pour toujours de la députation (1).

L'ordonnance de 1781, après n'avoir admis aux assemblées de la nation que les notables, c'est-à-dire les négociants chefs d'établissement, ne pouvait conférer la qualité d'éligible à d'autres qu'à ces mêmes notables : elle exige même qu'ils aient vingt-cinq ans accomplis (2).

### 4. — Fonctions et rang des députés.

Les fonctions de député de la nation étaient autrefois plus importantes qu'elles ne le sont aujourd'hui, et les ordonnances de 1833 les ont considérablement amoindries. Le plus ancien

---

(1) Ordonnance du 3 mars 1781, titre II, art. 49, 52, 53, 54, 55, 56 et 57.

(2) *Id. Id.*, titre II, art. 50.

devait jadis remplacer le consul quand le consulat venait à vaquer ; cette disposition a été abrogée, et le droit de substitution appartient aujourd'hui à l'officier le plus élevé en grade de la résidence. Nous pensons toutefois, qu'en l'absence de toute personne désignée par les règlements ou par le chef de l'établissement consulaire, le premier député se trouverait encore naturellement appelé à remplir la vacance.

Les députés avaient le maniement des deniers nationaux et étaient les trésoriers de la nation ; les recettes spéciales qu'ils administraient n'existent plus aujourd'hui, depuis qu'il n'y a plus d'autre perception que celle des droits de chancellerie, dont le drogman chancelier est seul comptable sous le contrôle du consul. Enfin, les Français de conduite et de |vie scandaleuses ne pouvaient être expulsés que de l'avis des députés ; ceux-ci rendaient avec le consul les jugements civils et criminels, et le plus ancien d'entre eux cotait même et paraphait avec le consul les registres du chancelier.

Toutes ces dispositions ont été abrogées par l'édit de 1781 en ce qui concerne la tenue des registres de chancellerie, et par la loi de 1836 pour ce qui est relatif à l'exercice de la juridiction.

Le rôle des députés se borne donc aujourd'hui à veiller, sous le contrôle direct du consul, aux intérêts du commerce français dans l'échelle, à provoquer la réunion des assemblées de la nation lorsqu'ils le croient nécessaire, et à donner au consul leur avis officieux sur les matières commerciales, sur les questions de tarif, et sur tous les objets autres que ceux ayant trait à la politique qui peuvent intéresser le corps de la nation (1). Quelque restreintes qu'elles soient, ces fonctions ont encore leur degré d'utilité lorsqu'elles sont convenablement remplies.

Dans les visites officielles, et généralement dans toutes les cérémonies publiques où le consul est accompagné de la nation, les députés prennent rang immédiatement après lui et marchent à la tête de la nation (2).

(1) Ordonnance du 3 mars 1781, titre II, art. 58.
(2) *Id. Id.*, titre 1er, art. 148.

# CHAPITRE II.

## SECTION I.

### De la jouissance et de la perte de la qualité de Français.

#### 1. — De la qualité de Français.

La qualité de Français résulte du fait de la naissance ou du bienfait de la loi. Les individus nés en France ou en pays étranger d'un Français qui n'a pas perdu cette qualité sont Français par droit de naissance; ceux qui, après avoir rempli plusieurs formalités, dont la principale est la résidence en France pendant dix années avec autorisation, obtiennent du Président de la République des lettres de naturalisation, sont Français par le bienfait de la loi.

La qualité de Français peut encore être acquise par l'individu né en France d'un étranger, s'il la réclame dans l'année qui suit sa majorité, pourvu que, dans le cas où il réside en France, il déclare que son intention est d'y fixer son domicile, et que, dans le cas où il résiderait en pays étranger, il fasse sa soumission de fixer en France son domicile, et qu'il l'y établisse dans l'année à compter de l'acte de soumission. Cette disposition est applicable aux enfants de l'étranger naturalisé, quoique nés en pays étranger, s'ils étaient mineurs lors de la naturalisation de leur père. A l'égard des enfants nés en France ou à l'étranger qui étaient majeurs à cette même époque, la disposition leur est applicable dans l'année qui suit celle de ladite naturalisation.

L'enfant né en France d'un étranger est Français de plein droit quand cet étranger y est né lui-même, à moins que, dans l'année qui suit sa majorité, il ne réclame la qualité d'étranger par une déclaration faite soit devant l'autorité municipale du lieu de sa résidence, soit devant les agents diplomatiques ou consulaires accrédités en France par le gouvernement de leur pays (1). L'enfant né à l'étranger d'un individu qui a perdu cette qualité peut également recouvrer la nationalité française en remplissant les mêmes formalités ; seulement il le peut toujours et à tout âge : c'est une faveur spéciale que la loi lui accorde (2). Dans tous les cas, du reste, où la loi dit *l'enfant né d'un Français*, elle ne distingue pas s'il y a eu mariage ou non ; ainsi l'enfant né en pays étranger d'un père français qui le reconnaîtrait et d'une mère inconnue, ou d'une mère française et d'un père inconnu, est Français.

Les déclarations de l'étranger devenant Français, ou plutôt réclamant cette qualité, sont faites en France à la municipalité du lieu où il veut établir son domicile (3). Aucune loi ne détermine les formes dans lesquelles doit avoir lieu la soumission de celui qui se trouve au moment de sa majorité hors du territoire, ni l'autorité compétente pour la recevoir. Il nous semble que celle-ci ne saurait être autre que l'autorité consulaire.

Enfin, l'étrangère qui épouse un Français suit la condition de son mari (4) : elle est naturalisée de plein droit par son mariage.

### 2. — Perte de la qualité de Français.

La qualité de Français se perd : 1° par la naturalisation acquise en pays étranger ; 2° par l'acceptation non autorisée par le chef du pouvoir exécutif de fonctions publiques conférées par un gouvernement étranger ; 3° par tout établissement, autre qu'un établissement de commerce, fait en pays étranger sans esprit de retour (5).

### 3. — Naturalisation en pays étranger.

La naturalisation en pays étranger, même du consente-

(1) Loi du 7 février 1851.
(2) Code civil, art. 9 et 10.
(3) *Id.*, art. 104.
(4) *Id.*, art. 12.
(5) *Id.*, art. 17.

ment et avec l'autorisation du chef du pouvoir exécutif, fait-elle perdre la qualité de Français? Cette question, importante par l'application qui peut en être faite dans les discussions qui se rattachent au statut personnel des Français à l'étranger, a été depuis longtemps résolue dans un sens affirmatif. Personne, en effet, ne peut avoir deux patries, et les décrets des 6 avril 1809 et 26 août 1811, concernant les Français naturalisés en pays étranger, n'ont modifié en rien les dispositions du Code civil : le dernier de ces décrets statue que le Français naturalisé en pays étranger avec l'autorisation du chef du pouvoir exécutif conserve le droit de posséder et de succéder en France. Mais ces prescriptions sont sans application maintenant; car le droit de propriété n'est dénié à personne, et la loi du 14 juillet 1819, en abolissant les droits d'aubaine et de détraction, a étendu à tous les étrangers la faculté de transmettre leurs biens et de succéder. Ce même décret prononce la confiscation des biens du Français qui se naturalise en pays étranger sans l'autorisation préalable du gouvernement; mais on sait que la confiscation des biens a été abolie par la charte de 1814. Il n'y a donc pas lieu de s'attacher aux conditions dans lesquelles s'est opérée la naturalisation à l'étranger : elle ôte dans tous les cas à celui qui l'a obtenue le droit d'invoquer sa qualité de Français.

Mais en matière de naturalisation il faut essentiellement distinguer le fait en lui-même, lorsqu'il est positif et constant, de tous les autres actes par lesquels un Français obtiendrait à l'étranger la jouissance de certains droits civils : le Français qui n'aurait obtenu à l'étranger qu'une naturalisation imparfaite ne pourrait donc être considéré comme ayant perdu sa nationalité d'origine. C'est là un point de droit d'autant plus important à bien établir, que le consul qui refuserait sa protection à un Français qui n'aurait pas réellement encouru la perte de sa nationalité commettrait un abus de pouvoir, un véritable déni de justice. Ainsi, par exemple, la naturalisation ne peut être conférée en Angleterre que par un acte du parlement en présence duquel l'individu naturalisé doit prêter le serment *of allegiance and supremacy;* cependant le souverain peut octroyer directement aux étrangers des lettres patentes qui leur confèrent le droit de transmettre leurs biens, soit *ab intestat*, soit par donation ou testament. Ce n'est pas une naturalisation véritable que confèrent ces lettres, ce n'est qu'une *denization*, parce qu'elles n'attribuent à celui qui les obtient aucun des droits politiques qui appartiennent aux citoyens anglais, et ne confèrent que la jouissance de certains droits civils. Cette naturalisation incomplète n'entraîne donc point la perte de la qualité de Français (1).

Les droits de bourgeoisie, indispensables dans certaines villes pour exercer le commerce ou certains actes de commerce, fournissent un autre exemple de naturalisation imparfaite.

### 4. — Acceptation de fonctions publiques.

L'abdication tacite de la patrie a lieu par l'acceptation à l'étranger, sans l'autorisation du gouvernement français, de fonctions publiques. Cette restriction, d'après laquelle l'exercice de fonctions publiques en pays étranger par un Français n'entraîne la perte de sa nationalité qu'autant qu'elle n'a pas été autorisée par le chef du pouvoir exécutif, est fondée sur les considérations politiques les plus justes. Si la France n'a pu vouloir priver ses citoyens du droit de porter leurs talents à l'étranger, d'aider ses alliés de leurs lumières ou de leur expérience, elle a pu exiger, d'un autre côté, qu'ils ne le fissent pas clandestinement et dans un but caché, qui pourrait être contraire aux intérêts de la patrie ou incompatible avec la fidélité et la subordination dues par chaque individu à son propre gouvernement.

Du reste, les seules fonctions exercées chez l'étranger, et pour lesquelles l'autorisation préalable du Président de la République est nécessaire, sont, comme l'établit le Code civil, les fonctions administratives et politiques. On a demandé à ce sujet si toutes les fonctions se rattachant au service d'un gouvernement, quoique n'étant pas directement conférées par ce même gouvernement, telles, par exemple, que le travail dans les bureaux d'une administration publique, rentraient dans la prohibition portée par la loi, et le conseil d'État a été

_____

(1) Arrêt de la cour de cassation du 19 janvier 1819.

d'avis qu'aucune fonction dans une administration publique étrangère ne pouvait être acceptée par un Français qu'après autorisation expresse (1).

Quant aux fonctions dites libérales, telles que celles d'avocat, de médecin, de professeur, etc., auxquelles on peut se livrer sans que l'on soit en les exerçant aucunement lié au gouvernement, ce ne sont pas des fonctions publiques dans le sens que la loi attache à ce mot (2). Il en serait autrement si l'on exerçait la profession de médecin dans un hôpital étranger ou de professeur dans une faculté étrangère.

Quoique cette exception ne se rattache qu'indirectement au sujet que nous traitons, nous rappellerons ici qu'une décision ministérielle du 28 vendémiaire an XI porte que l'acceptation du titre de consul d'une puissance étrangère en France ne fait pas perdre la qualité de Français. Cette décision est, il est vrai, antérieure à la publication du Code civil ; mais sa solution doit être la même aujourd'hui, à raison de la nature spéciale des fonctions consulaires, qui, n'éloignant pas d'ailleurs de leur patrie ceux qui les acceptent, les laissent ainsi dans la dépendance des lois de la République. Mais, par la même raison, cette exception ne peut s'étendre aux Français résidant à l'étranger ; pour ceux-là l'acceptation du titre de consul d'une puissance tierce entraînerait la perte de leur nationalité si elle n'avait pas été précédée de l'autorisation expresse du chef du pouvoir exécutif.

### 5. — Service militaire à l'étranger.

L'autorisation préalable du gouvernement, toujours nécessaire pour l'acceptation de fonctions publiques étrangères, est plus indispensable encore lorsqu'il s'agit d'entrer au service militaire étranger. Dans ce cas, en effet, le Français peut éventuellement se trouver placé dans une position hostile à l'égard de son pays, et c'est avec raison que la loi traite celui qui sert à l'étranger sans autorisation plus défavorablement que tous les autres Français devenus étrangers, en ne lui accordant la faculté de rentrer en France qu'avec la permission du

(1) Avis du conseil d'État des 14-21 janvier 1812.
(2) Arrêt de la cour de Montpellier du 12 janvier 1826.

chef du pouvoir exécutif, et en subordonnant pour lui la récupération de la qualité de Français à l'accomplissement des conditions imposées à l'étranger d'origine pour devenir citoyen ; sans préjudice, bien entendu, des peines édictées contre celui qui aurait porté les armes contre sa patrie, et qui y rentrerait sans permission (1). Il s'ensuit qu'un consul ne peut, sans autorisation spéciale, délivrer ou viser un passeport pour faciliter sa rentrée en France à un Français qui s'est ainsi dénationalisé.

### 6. — Établissement sans esprit de retour.

Il serait difficile de définir ce que le législateur a entendu par établissement fait en pays étranger sans esprit de retour ; ce n'est donc que d'après les circonstances que les magistrats peuvent statuer, et nous pensons qu'en aucun cas un consul ne pourrait être compétent pour prononcer sur cette question, dont l'appréciation appartient exclusivement au pouvoir judiciaire. On peut donc dire que la présomption de l'esprit de retour doit toujours être considérée comme acquise aux Français résidant à l'étranger, et que les consuls ne sauraient, en préjugeant le contraire, refuser leur protection à aucun de leurs nationaux.

Quant à la disposition qui ne permet pas de regarder les établissements de commerce comme ayant été faits sans esprit de retour, elle est puisée dans la nature même des opérations commerciales ; celles-ci exigent souvent, en effet, qu'un citoyen s'établisse en pays étranger ; mais son but n'étant que d'y acquérir des richesses pour revenir en jouir ensuite dans sa patrie, il serait injuste à son égard et nuisible au développement et à la multiplication des entreprises commerciales qu'il ne conservât pas, quelle que soit la durée de son absence, une nationalité dont il est d'autant plus digne que la patrie retire souvent un bénéfice réel du succès de ses propres spéculations.

### 7. — Possession d'esclaves.

Un décret du gouvernement provisoire en date du 27 avril

(1) Code civil, art. 21.— Code pénal, art. 75.

1848, complétant sous ce rapport les principes de notre législation sur les conditions de la nationalité, a attaché la perte de la qualité de Français à l'achat, à la vente et à toute participation, même indirecte, au trafic des esclaves. Les Français qui à l'avenir deviendraient possesseurs d'esclaves en pays étranger, soit par héritage ou par mariage, sont tenus sous la même peine, de les affranchir ou de les aliéner dans le délai de dix ans, à partir du jour de leur possession (1).

### 8. — De la Française mariée à un étranger.

Nous avons déjà dit que l'étrangère qui épouse un Français devenait Française par le fait de son mariage. Par la même raison, la femme française qui épouse un étranger perd sa nationalité ; mais si elle devient veuve, elle recouvre la qualité de Française à partir du jour de sa rentrée en France avec l'autorisation du gouvernement et de la déclaration qu'elle fait de son intention de s'y fixer (2). La veuve d'un étranger née Française, et qui réside en France, recouvre, au contraire, de plein droit, sa nationalité à la mort de son mari, sans formalité ni condition (3).

## SECTION II.

De l'immatriculation des Français dans les consulats.

### 1. — But de l'immatriculation.

Pour rendre plus efficace la protection consulaire et la surveillance que les agents sont tenus d'exercer sur leurs nationaux, et pour fournir en même temps à ceux-ci un moyen pratique de justifier que leur établissement à l'étranger est fait avec esprit de retour, il a été de tout temps recommandé aux Français de se faire inscrire et reconnaître comme tels

(1) Décret du Gouvernement provisoire du 27 avril 1848, art. 8. — Loi du 11 février 1851.
(2) Code civil, art. 19.
(3) Arrêt de la cour de cassation du 19 mai 1830.

dans les chancelleries consulaires du pays où ils vont s'établir. Cette inscription, de l'accomplissement de laquelle on avait autrefois fait dépendre d'une manière absolue le droit à la protection nationale, est aujourd'hui purement facultative.

Un consul qui refuserait son appui à un Français par la seule raison qu'il aurait négligé de se faire inscrire sur le registre matricule tenu dans sa chancellerie, se rendrait donc coupable d'un véritable déni de justice (1).

Mais par cela même que l'ordonnance du 28 novembre 1833 sur l'immatriculation des Français est privée de toute sanction pénale, les agents ne doivent négliger aucun soin, aucun effort pour convaincre leurs nationaux de l'utilité de se faire volontairement immatriculer, pour prévenir de la part des autorités locales tout doute ou toute incertitude sur la conservation de leur qualité de Français. Ils doivent aussi leur faire remarquer qu'en s'abstenant de remplir une formalité conçue dans leur intérêt même, et pour faciliter en tout temps le succès de l'intervention consulaire, ils s'exposent éventuellement à ce qu'aux termes de l'article 17 du Code civil, leur établissement à l'étranger soit considéré comme formé sans esprit de retour.

### 2. — Privilèges attachés à l'immatriculation.

L'instruction sur la réception des actes et contrats dans les chancelleries consulaires réserve, à moins d'impossibilité absolue, aux seuls Français immatriculés le droit de servir de témoins instrumentaires (2). D'un autre côté, les lois sur la navigation marchande établissent que, pour devenir propriétaire unique d'un bâtiment portant notre pavillon (3), ou pour obtenir en temps de guerre des lettres de marque pour les armements en course, le Français qui réside à l'étranger doit fournir la preuve qu'il est immatriculé dans une chancellerie diplomatique ou consulaire (4). Tels sont, à notre

(1) Ordonnance du 28 novembre 1833, art. 1er.
(2) Instruction du 30 novembre 1833.
(3) Lois du 27 vendémiaire an II, art. 12, et du 9 juin 1845, art. 11.
(4) Arrêté du 2 prairial an XI, art. 16.

connaissance, les seuls priviléges expressément attachés au
fait de l'immatriculation, qui a dans la pratique de trop nombreux avantages pour que nous n'exprimions pas le vœu d'en
voir généraliser le principe dans les actes législatifs qui pourront à l'avenir avoir pour objet de régler la position de nos
nationaux au dehors.

### 3. — Conditions de l'immatriculation.

La seule condition imposée aux Français pour obtenir leur
immatriculation est la preuve de leur nationalité (1). Sous ce
rapport, les règlements ne laissent rien au libre arbitre des
consuls; l'exercice des droits civils ou politiques étant indépendant de la qualité de Français (2), la loi ne prive pas de
cette qualité ceux auxquels elle retire les premiers en tout ou
en partie; l'inscription sur le registre matricule ne saurait
donc être refusée à ceux qui seraient privés, par suite de condamnations judiciaires, de tout ou partie de leurs droits civils
ou politiques; mais il doit être essentiellement fait mention de
cette circonstance dans l'acte d'immatriculation de ces individus (3).

### 4. — Acte d'immatriculation.

L'immatriculation des Français se constate par leur inscription sur un registre spécial dûment ouvert, coté, paraphé et
clos par les consuls, et dont la tenue est obligatoire dans tous
les consulats. L'acte d'immatriculation doit indiquer les nom
et prénoms du requérant, son âge, son lieu de naissance, sa
profession, son dernier domicile en France ou celui de ses auteurs, sa position quant au mariage, s'il est marié ou veuf, le
nombre, les prénoms, âge et sexe de ses enfants; enfin il doit
être signé de lui et de deux témoins constatant son identité, et
mentionner les pièces justificatives de sa nationalité produites
à l'appui de sa demande (4). Les diverses pièces produites par

(1) Ordonnance du 28 novembre 1833, art. 1.
(2) Code civil, art. 7.
(3) Circulaire des affaires étrangères du 9 décembre 1833.
(4) *Formulaire à l'usage des consulats*, n° 8.

les requérants au moment de l'immatriculation sont conservées en chancellerie après avoir été paraphées par le consul et le déposant.

### 5. — Immatriculation d'office.

Lorsqu'un Français non immatriculé vient à décéder à l'étranger laissant des enfants mineurs, le consul peut procéder d'office à l'immatriculation de ces derniers ; l'acte qui en est dressé doit rappeler les circonstances exceptionnelles dans lesquelles a lieu l'immatriculation.

### 6. — Certificat d'immatriculation.

Il n'est perçu aucun droit pour l'inscription des Français sur le registre matricule (1); la délivrance des certificats d'immatriculation aux personnes qui les requièrent est seule soumise à l'application du tarif des chancelleries.

Ces certificats doivent rappeler toutes les indications énoncées sur l'acte d'immatriculation, et sont signés tant par le consul que par le chancelier (2).

### 7. — Cas où un Français peut être rayé des registres d'immatriculation.

Les Français qui, d'après nos lois, ont encouru la perte de leur nationalité, doivent être rayés du registre matricule (3). Aucune instruction n'a tracé à cet égard aux consuls de règle de conduite précise. Nous pensons que, pour concilier le vœu de la loi avec le respect dû aux intérêts des citoyens, 1° nul ne doit être rayé du registre d'immatriculation qu'après avoir été mis en mesure de fournir ses excuses ; 2° si la position du Français soulève des doutes dont l'appréciation est du domaine des tribunaux, il y a lieu de surseoir ; 3° la décision du consul doit dans tous les cas être formulée dans une ordonnance spéciale dûment motivée et rendue sur des preuves irréfragables ; 4° il doit être rendu compte au mi-

(1) Ordonnance du 28 novembre 1833, art. 2.

(2) *Formulaire à l'usage des consulats,* n° 318.

(3) Ordonnance du 28 novembre 1833, art. 4.

nistre des affaires étrangères, sous le timbre de la direction commerciale, de tous les faits de cette nature qui peuvent se présenter dans les consulats.


## SECTION III.

### De la protection à accorder aux Algériens.

#### 1. — Distinction des Algériens en diverses catégories.

Les instructions du département des affaires étrangères qui tracent aux consuls la ligne de conduite à tenir à l'égard des musulmans et juifs algériens aujourd'hui placés sous la protection française, rangent ces individus dans cinq classes distinctes : 1° ceux qui, depuis l'époque de notre conquête, ont été déportés de l'Algérie ; 2° ceux qui l'ont abandonnée volontairement par des motifs de religion ou autres ; 3° ceux qui, établis ou voyageant dans le Levant ou en Barbarie à l'époque de notre occupation, n'annoncent pas l'intention de revenir en Algérie ; 4° ceux qui, dans la même position, manifestent l'intention contraire ; 5° ceux que depuis notre conquête leurs affaires ont conduits hors de l'Algérie.

Les individus compris dans les trois premières classes ne peuvent plus être considérés comme appartenant à l'Algérie ; que leur éloignement d'Alger ait été l'effet de leur propre mouvement ou la suite de menées coupables, ils n'en doivent pas moins subir toutes les conséquences d'une expatriation volontaire ou de la déportation. Dans le premier cas, ils ont renoncé eux-mêmes au bénéfice de la nationalité : dans le second, ils ont nécessairement perdu tous leurs droits, et sous l'un ou l'autre de ces rapports ils n'ont plus aucune espèce de titre à la protection française.

La position des individus compris dans les deux autres classes est toute différente ; ils ont conservé leur qualité d'Algériens, et sont, en conséquence, fondés à invoquer l'appui de nos consuls (1).

____

(1) Circulaire des affaires étrangères du 31 janvier 1834.

Lorsqu'ils sont établis en pays de chrétienté, ils doivent être immatriculés comme tous les Français; mais dans le Levant et en Barbarie, l'immatriculation doit être faite sur un registre spécial, parce que là il n'est pas possible de les confondre entièrement avec les citoyens chrétiens de la métropole : ils y sont seulement considérés comme protégés de droit.

### 2. — Constatation de la nationalité.

Quant à la constatation de leur origine et de leur nationalité, laquelle doit toujours forcément précéder leur inscription sur les registres des consulats, rien de plus simple pour ceux qui ont quitté le territoire de l'Algérie depuis que nous nous en sommes rendus les maîtres , puisqu'ils doivent être munis de passe-ports en règle émanés de nos autorités. A l'égard de ceux qui, déjà établis à l'étranger avant 1830, ont conservé l'esprit de retour en Algérie , on sait que les usages de l'Orient ne permettent guère d'exiger d'eux des preuves par écrit; la conviction des consuls ne peut donc se former dans ce cas que sur l'appréciation des faits et des circonstances locales, et ces agents ne sauraient examiner avec trop d'attention les titres ou les allégations de ceux qui réclament leur protection.

En Levant et en Barbarie cette attention à n'accorder la protection française qu'aux seuls vrais Algériens est d'autant plus nécessaire, que ce serait violer nos traités avec la Porte et les Régences que de soustraire à la juridiction territoriale des personnes qui n'auraient point de droits réels à notre protection.

## SECTION IV.

### De la protection française accordée aux étrangers.

La protection de nos consuls ne couvre pas seulement nos nationaux, elle peut encore être étendue dans certains cas spéciaux à des étrangers, et dans les pays musulmans, en vertu de nos capitulations ou conventions, aux sujets territoriaux eux-mêmes.

§ 1ᵉʳ. — DE LA PROTECTION EN PAYS DE CHRÉTIENTÉ.

### 1. — Limites de la protection.

L'intervention officielle des consuls ne doit et ne peut même être employée, en pays de chrétienté, qu'en faveur de leurs nationaux ; ni le droit des gens universel, ni nos traités, ni nos lois et règlements sur le service consulaire, n'autorisent une dérogation à ce principe général. Il est cependant quelques cas spéciaux où nos consuls peuvent être appelés à exercer sur des étrangers une protection officieuse, mais collective, c'est-à-dire, étendue à tous les individus d'une même nation, et non pas restreinte, comme en Levant, à certains membres isolés d'une nation quelconque ; encore faut-il, pour rendre cette protection effective, le consentement sinon exprès, du moins tacite, du gouvernement territorial.

Les circonstances dans lesquelles cette action peut se produire sont au nombre de trois : 1° lorsque des étrangers n'ont ni consul ni aucun agent de leur nation dans le pays ; 2° lorsque, les rapports diplomatiques entre leur gouvernement et celui du pays de leur résidence étant suspendus, ils se trouvent privés de leurs protecteurs naturels ; 3° lorsqu'au milieu de troubles et en présence de faits de guerre, soit extérieure, soit intérieure, ils se réfugient sous notre pavillon.

### 2. — Étrangers privés de consul de leur nation.

En principe général, lorsque les étrangers qui sollicitent la protection française sont privés d'un agent de leur pays et appartiennent à une nation amie et alliée de la France, nos consuls doivent la leur accorder. Mais l'exercice de cette protection, qui n'est cependant due qu'autant qu'elle ne porterait pas préjudice aux intérêts français, varie forcément selon qu'il s'agit soit d'actes relatifs à la personne des étrangers protégés ou destinés à être invoqués ou produits dans leur pays, soit de l'intervention de nos consuls en leur faveur auprès des autorités territoriales.

Dans le premier cas, nous ne saurions admettre la compétence de nos consuls pour tout ce qui est relatif à la réception des actes concernant l'état des personnes, soit actes de l'état civil, soit actes administratifs, parce que nos consuls ne peuvent agir dans l'espèce qu'au nom de la loi française, et que celle-ci ne saurait être appliquée à des étrangers. Quant aux actes du ministère du notariat, nos chanceliers sont bien autorisés à prêter leur assistance aux étrangers pour dresser des actes exécutoires en France, mais nous ne pensons pas qu'on puisse les considérer comme également compétents pour recevoir des actes qui devraient être exécutés hors de notre territoire.

Il n'y a pas d'ailleurs ici nécessité évidente et forcée, puisque les actes dressés par un officier ministériel du pays et légalisés par nos consuls à défaut d'agent de la nation des requérants, suffisent parfaitement pour sauvegarder les intérêts des parties. L'exercice de la protection française en faveur des étrangers, se réduit donc, à vrai dire, aux actes concernant la navigation. Ici, le droit et la compétence des consuls sont consacrés par les lois commerciales de la plupart des puissances maritimes, qui établissent que les diverses formalités imposées à leurs navigateurs à l'étranger peuvent, à défaut de consulat national dans le pays où ils abordent, être accomplies devant le consul d'une nation amie. Tels sont le visa des papiers de bord, la délivrance ou le visa des patentes de santé, la délivrance des certificats d'arrivée et de départ, de chargement ou de déchargement, de relâche, d'origine, etc. ; ces actes doivent être faits par nos consuls conformément aux prescriptions de la loi française, et les perceptions de chancellerie à exercer sont les mêmes que pour les bâtiments français dans les cas analogues. Le tarif du 6 novembre 1842, fait, il est vrai, mention, sous les nᵒˢ 47, 52 et 53, d'un droit spécial pour la délivrance de certains actes aux navires étrangers ; mais ces articles ne concernent que les navires étrangers qui ne requièrent de nos chancelleries que le visa de leur patente de santé ou de leur manifeste. Quant aux bâtiments dont les capitaines, à défaut de consul de leur nation, se sont adressés au nôtre pour obtenir leurs expéditions, les prescriptions générales du tarif pour les actes relatifs à la navigation leur sont seules applicables.

L'intervention de nos consuls en faveur des étrangers

privés de représentant de leur nation, auprès des autorités
territoriales, quoique tolérée dans certains pays, ne saurait
nulle part être réclamée comme un droit; en la limitant
à de simples bons offices, les consuls allieront toujours ce
qu'ils doivent à des peuples amis ou alliés de la France
avec la réserve que leur imposent leur propre situation et la
nécessité dans laquelle ils se trouvent de reporter sur leurs
nationaux tous les avantages qu'ils peuvent retirer de l'inti-
mité de leurs rapports avec les autorités de leur résidence.
Nous n'avons pas besoin de définir ce que nous entendons ici
par bons offices; on comprend qu'ils doivent s'étendre à tout
ce qui n'implique que protection ou aide officieux, mais qu'ils
s'arrêtent là où commence l'intervention officielle, c'est-à-dire
là où une question internationale peut se trouver engagée ou
même soulevée; car il ne faut pas perdre de vue que cette
protection des étrangers, n'étant fondée sur aucune stipulation
conventionnelle, pourrait, après avoir été admise par le gouvernement du pays, être plus tard déclinée, ce qui serait une
atteinte fâcheuse portée à notre considération.

### 3. — Rupture entre deux gouvernements.

Des étrangers peuvent encore solliciter la protection française lorsque, par suite de la rupture ou de la suspension
des relations diplomatiques de leur gouvernement avec celui
du pays dans lequel ils résident, ils se trouvent momentanément privés de leurs protecteurs naturels. Toutefois,
nos consuls ne sauraient alors prendre sur eux une initiative de protection que dans les cas extrêmes, et, autant que possible, ils doivent même avant d'accorder la protection qui leur
serait demandée, solliciter les ordres du ministre des affaires
étrangères et ceux du chef de la mission française dans le pays
de leur résidence. Provisoirement, ils peuvent bien assister
les navigateurs de cette nation; mais on comprend que tout
autre acte de leur part, surtout un acte d'intervention auprès
des autorités territoriales, pourrait être considéré comme
violant la neutralité qu'il peut être dans la politique de notre
gouvernement de conserver d'une manière absolue, quoique dans ces circonstances l'usage ait généralement établi
qu'une nation tierce prenne sous sa protection les membres

de celle qui se trouve momenlanément privée de représentant officiel.

#### 4. — Protection en cas de guerre.

Dans les cas de troubles, de guerre civile ou même de guerre èxtérieure, les étrangers ont aussi parfois recours à notre protection et à celle de nos bâtiments de guerre; cet appel à l'influence française est trop conforme aux principes traditionnels de notre politique et à nos sentiments d'humanité et de générosité pour avoir jamais été refusé.

### § 2. — PROTECTION EN LEVANT ET EN BARBARIE.

#### 1. — Base du droit de protection des consuls.

Nos capitulations avec la Porte et avec les Etats barbaresques reconnaissent à nos consuls un droit de protection à l'égard de certains étrangers et même à l'égard des sujets territoriaux. Cette protection, qui assimile ceux auxquels elle est accordée aux Français eux-mêmes, dont ils partagent et les priviléges et les obligations, a été réglementée par l'ordonnance de 1781.

#### 2. — Protection accordée aux prêtres et aux religieux.

La France a toujours été la protectrice de la religion catholique dans les Etats du Grand Seigneur et des Princes de Barbarie. Nos capitulations avec la Porte, et surtout celle de 1740, nous reconnaissent le droit de couvrir de notre protection tous les religieux francs établis à Jérusalem, en Syrie et dans tout l'empire ottoman, à raison de leur caractère et quand bien même ils ne seraient pas Français. Aussi l'ordonnance de 1781 prescrit-elle aux consuls dans les échelles de protéger tous les prêtres séculiers et réguliers fixés dans leurs résidences à titre de missionnaires ou chapelains, et ils doivent les faire jouir des égards dus à leur caractère et des priviléges qui leur sont accordés par nos capitulations ; mais ces prêtres ou autres religieux sont tenus de se conduire avec décence et suivant les règles et les devoirs de leur état : il leur est défendu de s'immiscer dans les affaires de la nation,

des particuliers et des gens du pays, d'avoir des liaisons suspectes, d'intriguer, de causer du scandale et de troubler le
bon ordre, à peine d'être renvoyés en chrétienté (1).

Quoique la protection française soit de droit acquis pour
tous les religieux établis en Levant, il est évident que son
exercice suppose entre le protecteur et le protégé des rapports
d'autorité et de subordination. Les changements apportés de
nos jours dans les conditions de la résidence des étrangers en
Levant, et surtout de celle des ministres des cultes chrétiens,
n'ont altéré en rien les rapports de subordination et d'autorité entre ceux-ci et nos consuls. Les consuls doivent apporter dans leurs relations avec les religieux protégés des
sentiments de bienveillance et une intention soutenue de
maintenir la France en possession d'une prérogative à laquelle sa politique n'a pas cessé d'attacher une haute importance. Une protection inefficace pourrait en effet rejeter ceux
qui ne se croiraient pas suffisamment protégés dans les bras
d'une autre puissance. Mais cette bienveillance ne saurait
néanmoins dégénérer en une condescendance débile. Étrangers aux tracasseries et aux mouvements d'amour-propre qui
n'agitent que trop souvent les missions du Levant, les consuls doivent en apprécier les circonstances avec une impartiale dignité, et si une trop grande tolérance devait compromettre un intérêt général, ils ne devraient pas hésiter, après
en avoir référé à l'ambassadeur de France à Constantinople,
à prendre les mesures que la loi les autorise à employer contre
tous ceux qui troublent l'ordre (2).

### 3. — Protection des indigènes.

Les consuls du Levant accordaient autrefois leur protection
à tous les indigènes qui étaient employés à leur service ou
même en relations avec les censaux de la nation. Cette protection octroyée légèrement ne pouvait que compromettre le
respect qui est dû au nom de la France lorsqu'il est employé
pour des rayas qui n'ont ni droit ni titre pour être nos protégés. Dans le but de faire cesser cet abus, l'ordonnance de

(1) Ordonnance du 3 mars 1781, titre 1, art. 134 et 135.
(2) Circulaire des affaires étrangères du 18 janvier 1816.

1781 avait déterminé les bornes de la protection qui pouvait être accordée aux sujets du Grand Seigneur et les conditions dans lesquelles celle-ci pouvait être obtenue. Ainsi les lettres de protection ne devaient plus être données que dans le cas d'un intérêt réel pour le commerce, d'après une délibération du corps de nation et sous la caution de ce corps où d'un négociant ; les consuls étaient même autorisés à refuser la lettre de protection, la demande en fût-elle appuyée par le corps de la nation, s'ils jugeaient qu'il y eût inconvénient à y déférer (1). Sauf l'obligation du cautionnement qui n'existe plus en Levant, nous pensons que ces dispositions réglementaires doivent encore être suivies partout où leur exécution est possible, que là où la nation a son organisation et ses assemblées délibérantes, son avis doit être pris avant qu'aucune lettre de protection ne soit accordée à un sujet du Grand Seigneur, et que là, au contraire, où le petit nombre de Français résidant ne suffit pas pour former un corps de nation, les consuls ne doivent accorder leur protection qu'aux seuls individus pour lesquels cette exception au droit commun est d'une utilité incontestable pour le service de leur consulat ou pour le bien des intérêts français. C'est, du reste, ce qui a lieu aujourd'hui : les seuls indigènes protégés par nos consuls sont les employés de leur chancellerie, les talebs ou scribes turcs ou arabes, les censaux, espèce d'agents chargés de la petite police, d'aider et d'accompagner les capitaines, et les autres gens à gages, portiers, domestiques, janissaires, etc.

#### 4. — Protection des étrangers qui n'ont pas de consul.

Nos capitulations avec la Porte Ottomane et les puissances barbaresques nous conservent le droit de protéger les sujets ou citoyens des nations qui n'ont ni ambassadeur à la Porte, ni consul en Levant ou en Barbarie. Anciennement cette protection était très-étendue, car elle couvrait toutes les nations dites ennemies, c'est-à-dire qui n'avaient pas de traités avec le Grand Seigneur ou les Régences barbaresques ; elle est,

(1) Ordonnance du 3 mars 1781, titre Ier, art. 144 et 145. — Instruction du 6 mai suivant.

au contraire, aujourd'hui très-restreinte par suite des nombreux traités conclus dans ces derniers temps.

Cette protection accordée aux étrangers qui n'ont pas de consul est isolée et individuelle ; elle n'est pas accordée collectivement à un corps de nation comme en pays de chrétienté, mais aux membres de cette nation qui la sollicitent et qui paraissent en être dignes. La protection peut, du reste, être retirée à tout individu qui perdrait par son inconduite les droits qui auraient pu lui être précédemment reconnus pour l'obtenir, et par une extension naturelle du droit de police conféré aux consuls sur leurs nationaux, ces agents pourraient même expulser de leur échelle les protégés qui en compromettraient la tranquillité (1).

Dans aucun cas, un consul ne peut accorder sa protection à un étranger qui a dans le pays de sa résidence un représentant de sa nation, car ce serait enlever à sa juridiction naturelle un individu qui ne peut invoquer aucun motif fondé pour recourir à la nôtre. Un pareil abus provoquerait d'ailleurs entre celui de nos consuls qui le commettrait et le consul de la nation du protégé un conflit dont les conséquences seraient d'autant plus préjudiciables aux intérêts de tous les Français eux-mêmes et au maintien de la bonne police, qu'il pourrait en résulter qu'un consul étranger se crût à son tour autorisé à recevoir sous sa protection un de nos nationaux, fait qui exposerait le Français qui aurait ainsi recours à une protection étrangère à être immédiatement renvoyé en France par mesure de répression.

#### 5. — Délivrance et retrait des patentes de protection.

Tous les protégés français sont inscrits sur un registre spécial, analogue à celui dont il est fait usage pour l'immatriculation des Français : leur inscription a lieu également sans frais. Un extrait de ce registre sous forme de patente ou lettre de protection (2) est délivré à chacun des protégés pour lui servir de titre et le faire reconnaître par les autorités musulmanes. Les protégés relèvent des consuls au même titre

(1) Ordonnance du 3 mars 1781, titre II, art. 11.
(2) *Formulaire à l'usage des consulats*, n° 334.

que les citoyens français, et ils sont soumis à la juridiction consulaire tant civile que criminelle.

Le retrait des lettres de protection implique pour celui auquel elles sont retirées l'exclusion de la protection française, et entraîne de plein droit la perte de tous les priviléges que nos capitulations y ont attachés. Il va sans dire qu'elles ne sauraient être retirées aux individus pour lesquels l'ordonnance de 1781 a établi un droit acquis à notre protection, tels que les religieux et missionnaires, mais bien à ceux-là seuls pour lesquels la protection est facultative, et dépend simultanément de la demande qu'ils en font et du consentement du consul.

# CHAPITRE III.

### DE L'INTERVENTION DES AGENTS FRANÇAIS A L'ÉTRANGER RELATIVEMENT AUX ACTES DE L'ÉTAT CIVIL DE LEURS NATIONAUX.

La loi offre aux Français absents de leur pays deux moyens de constater leur état civil; en effet, tout acte de cette espèce qui est passé en pays étranger fait foi en France s'il a été rédigé dans les formes usitées dans ledit pays, ou s'il a été reçu conformément aux lois françaises par les agents diplomatiques ou par les consuls (1). C'est l'application simultanée de la maxime *locus regit actum*, et du principe que les agents diplomatiques et consulaires sont toujours censés se trouver sur le territoire de la nation qu'ils représentent.

Avant la promulgation du Code civil, le conseil d'État, consulté sur la question de savoir si les consuls pouvaient recevoir les actes de l'état civil des Français établis dans leur résidence, avait déjà répondu affirmativement. Son opinion était basée 1° sur ce que, si l'ordonnance de 1681 et les lois et règlements qui ont déterminé les attributions des consuls à l'étranger n'y ont pas compris les actes de l'état civil, c'est parce qu'alors les ministres des cultes étaient exclusivement chargés de les recevoir; 2° sur ce que la loi du 20 septembre

(1) Code civil, art. 47 et 48.

1792, qui a confié à l'autorité civile la rédaction de ces actes, a fait disparaître l'obstacle qui s'opposait en principe à la compétence des consuls ; 3° sur ce que cette attribution résulte évidemment de l'étendue et de la nature des fonctions consulaires qui comprennent la juridiction et la réception de tous actes et contrats ; 4° enfin, sur ce qu'il est juste et conforme à nos lois de faire jouir les Français qui se trouvent en pays étranger du bénéfice de la loi civile nationale (1).

La précision et la clarté qui règnent dans la rédaction du Code civil rendent en général inutile toute explication sur ses dispositions ; mais le législateur ayant considéré habituellement les actes de l'état civil comme devant être reçus par des officiers résidant sur le territoire français, les agents eussent pu conserver des doutes, vû leur position particulière, sur la manière dont ils doivent procéder pour remplir suffisamment le vœu de la loi, si diverses instructions n'avaient successivement réglé l'exercice des fonctions qui leur sont attribuées comme officiers de l'état civil (2). Ces instructions ont été elles-mêmes résumées et reproduites dans l'ordonnance spéciale du 23 octobre 1833 qui a réglementé l'intervention de ces agents dans la réception des actes de l'état civil de leurs nationaux.

La loi, en déléguant aux consuls les fonctions d'officiers de l'état civil, leur a imposé un devoir d'autant plus important que les premiers intérêts des familles reposent sur la régularité avec laquelle ils remplissent ce ministère ; ils doivent donc se conformer aux règles tracées par le titre 2 du livre I$^{er}$ du Code civil, et qui sont obligatoires non-seulement dans les municipalités françaises, mais encore dans toutes les chancelleries à l'étranger (3).

(1) Avis du conseil d'État du 4 brumaire an XI.

(2) Instructions des 18 septembre 1806, 8 août 1814 et 14 février 1829.

(3) Ordonnance du 23 octobre 1833, art. 1.

# SECTION I.

Dispositions générales et communes à tous les actes de l'état civil.

**1.— Indications communes à tous les actes de l'état civil.**

Les actes de l'état civil sont destinés à constater d'une manière authentique les faits qui établissent l'état des personnes en constituant la famille, tels que la naissance, le mariage et le décès; on doit également mettre au rang de ces actes les déclarations de maternité et de paternité, les reconnaissances d'enfants naturels, les adoptions, et en général tous les jugements qui prononcent sur des questions d'état.

Tous les actes de l'état civil doivent énoncer l'année, le jour et l'heure où ils ont été reçus, ainsi que les prénoms, nom, âge, profession et domicile de toutes les personnes qui y sont dénommées; on ne peut y insérer, soit par note, soit par énonciation quelconque, que ce qui doit être déclaré par les comparants (1). Les témoins appelés doivent être tous du sexe masculin, majeurs, parents ou autres; ils peuvent être Français ou étrangers, et sont choisis par les intéressés (2).

Les actes, après qu'ils ont été rédigés, doivent être lus aux parties et aux témoins; il doit y être fait expressément mention de l'accomplissement de cette formalité; ils sont ensuite signés par l'officier de l'état civil, par les comparants et les témoins, à moins que ces derniers ne puissent ou ne sachent le faire, auquel cas la cause qui les en empêche doit également y être relatée (3).

Il est recommandé aux consuls de veiller à ce que ces actes soient toujours écrits lisiblement, que les noms des lieux soient exactement désignés, et accompagnés, quand il s'agit de lieux situés en France, de l'indication du département (4).

(1) Code civil, art. 34 et 35.
(2) *Id.*, art. 37.
(3) *Id.*, art. 38 et 39.
(4) Circulaire des affaires étrangères du 30 septembre 1826.

## 2. — Registres de l'état civil.

L'inscription des actes se fait sur un ou plusieurs registres tenus doubles (1), c'est-à-dire que par le fait il est dressé deux originaux identiques de chaque acte.

Toute inscription d'actes de l'état civil faite sur une feuille volante et autrement que sur les registres à ce destinés, peut donner lieu contre le contrevenant à une demande de dommages-intérêts par les parties, sans préjudice des peines portées par le Code pénal (2).

Les consuls peuvent n'avoir qu'un seul registre tenu double pour la réception de tous les actes de l'état civil proprement dits, tels que ceux de naissance, mariage, décès, etc.; mais ils doivent toujours tenir un registre spécial et particulier pour les publications de mariage (3).

On peut composer ces registres de quelques feuilles réunies au moyen d'une faveur cachetée sur l'une de ses extrémités, et les intituler sur la première page : *Registre des actes de l'état civil ou des publications de mariage reçus au consulat de France à..... pendant l'année.....*

Ces registres, dont le format réglementaire et uniforme a été fixé à 32 centimètres de haut sur 21 de large, en laissant sur chaque feuillet une marge de 8 centimètres (4), doivent être ouverts, cotés par première et dernière, et paraphés par les consuls (5). Les actes doivent y être inscrits à la suite les uns des autres, par ordre de date et sans aucun blanc; les ratures et les renvois doivent être approuvés et signés de la même manière que le corps de l'acte : il ne suffirait pas de les parapher. Lorsque les parties intéressées ne sont pas tenues de comparaître en personne et qu'elles se font représenter par un fondé de procuration spéciale et authentique, ces procurations, dûment paraphées par le consul et les personnes qui les

---

(1) Code civil, art. 40. — Ordonnance du 23 octobre 1833, art. 2.
(2) Code civil, art. 50. — Code pénal, art. 192.
(3) Code civil, art. 62.
(4) Circulaire des affaires étrangères du 28 juillet 1850.
(5) Code civil, art. 42. — Ordonnance du 23 octobre 1833, art. 2.—
*Formulaire à l'usage des consulats*, n° 1.

produisent, sont annexées aux actes auxquels elles se rapportent, après y avoir été énoncées, et restent ensuite déposées en chancellerie (1).

### 3. — Envoi d'un des registres en France.

Le 1er janvier de chaque année, les registres sont clos et arrêtés par les consuls (2). L'un des doubles reste déposé à la chancellerie, et l'autre, ou un certificat pour néant qui en tienne lieu, doit être expédié dans le mois, si faire se peut, au ministère des affaires étrangères, sous le timbre de la direction des archives, bureau de la chancellerie (3).

Lorsque l'envoi a lieu par voie de mer, le consul doit consigner le registre au capitaine qui en est chargé, en dresser procès-verbal en chancellerie, et faire mention du dépôt sur le rôle d'équipage. Si, au contraire, l'envoi a lieu par terre, les consuls doivent prendre toutes les précautions convenables, selon les lieux et les circonstances, pour le prémunir contre toute perte.

Ces registres sont vérifiés en France dans les bureaux du ministère, et, en cas de contravention, le ministre est autorisé à prendre contre le consul qui l'aurait commise telle mesure qu'il appartiendrait (4).

Le registre des publications de mariage doit demeurer déposé dans la chancellerie du consulat (5).

L'envoi du double des registres ne dispense pas les agents du service extérieur de transmettre au département des affaires étrangères une expédition de chaque acte de l'état civil, immédiatement après sa réception, afin que la transcription puisse en être provoquée en France conformément au vœu de la loi (6).

(1) Code civil, art. 36, 42 et 44. — Ordonnance du 23 octobre 1833, art. 16.
(2) *Formulaire à l'usage des consulats*, n° 1.
(3) Code civil, art. 43. — Ordonnance du 23 octobre 1833, art. 9.— Circulaire des affaires étrangères du 30 septembre 1826.
(4) Ordonnance du 23 octobre 1833, art. 10, 11 et 12.
(5) Code civil, art. 63.
(6) Ordonnance du 23 octobre 1833, art. 2.

#### 4. — Destruction des registres par accident.

En cas d'accident qui aurait détruit les registres de l'état civil à l'étranger, il doit en être dressé un procès-verbal que le consul transmet au ministre des affaires étrangères en lui demandant ses instructions sur les moyens à prendre pour réparer cette perte (1).

#### 5. — Obligations des officiers de l'état civil.

Les agents extérieurs, comme tous dépositaires des registres de l'état civil, sont civilement responsables des altérations qui peuvent y être faites, sauf leur recours, s'il y a lieu, contre les auteurs du délit. Toute altération ou tout faux dans les actes de l'état civil donnent lieu à des dommages-intérêts envers les parties, sans préjudice des peines portées au Code pénal (2).

Lorsqu'il y a urgence, les consuls sont obligés de recevoir les actes de l'état civil, même les dimanches et jours fériés (3).

La rédaction des actes de l'état civil et leur inscription sur les registres ne donnent lieu à aucune perception ; mais un droit de chancellerie est dû pour les expéditions réclamées par les parties (4). Ces expéditions légalement faites par les chance-liers et visées par les consuls font foi en France jusqu'à inscription de faux (5).

#### 6. — Actes dans lesquels les agents sont partie.

Enfin les agents diplomatiques et les consuls, comme tous les autres officiers de l'état civil, ne peuvent valablement re-cevoir aucun acte de cette nature dans lequel ils sont appelés à figurer soit comme partie, soit comme déclarants, ou à la ri-gueur comme témoins ; ils doivent dans ce cas déléguer leurs fonctions à l'élève consul ou au chancelier attaché à leur poste.

(1) Ordonnance du 23 octobre 1833, art. 13.
(2) Code civil, art. 51 et 52. — Code pénal, art. 145, 146 et 147.
(3) Instruction du 30 novembre 1833.
(4) Décret du 13 juillet 1807. — Tarif du 6 novembre 1842.
(5) Code civil, art. 45. — Ordonnance du 23 octobre 1833, art. 3.

# SECTION II.

### Des actes de naissance.

#### 1. — Déclaration de naissance.

Les déclarations de naissance doivent être faites à l'officier de l'état civil dans les trois jours de l'accouchement par le père ou, à son défaut, par les chirurgien, sage-femme ou autres personnes qui ont assisté à l'accouchement ou chez qui il a eu lieu (1).

Ce délai de trois jours ne peut être dépassé, car tout retard plus considérable pourrait compromettre les droits de l'enfant et ceux qui peuvent lui advenir. Les officiers de l'état civil ne peuvent en conséquence inscrire les enfants qui leur sont tardivement présentés que d'après un jugement qui le leur prescrive et que les parents doivent obtenir (2).

#### 2. — Présentation de l'enfant.

L'enfant doit être présenté à la chancellerie ; cette prescription a pour but de prévenir, par exemple, l'abus de l'inscription d'un enfant né depuis longtemps comme étant né récemment, ou une erreur dans le sexe. Si cependant l'état de l'enfant ou toute autre circonstance ne permet pas de le porter en chancellerie, il peut être passé outre, et l'officier de l'état civil peut même être requis de se rendre au lieu dans lequel il se trouve; mais il doit être fait dans l'acte mention expresse de cet empêchement.

#### 3. — Rédaction de l'acte.

L'acte de naissance doit énoncer le jour, l'heure et le lieu de la naissance, le sexe de l'enfant et les prénoms qui lui sont

(1) Code civil, art. 55 et 56.
(2) Avis du conseil d'État du 12 brumaire an XI. — Arrêt de la cour de Colmar du 25 juillet 1828. — Ordonnance du 23 octobre 1833, article 7.

donnés ; les prénoms, nom, profession et domicile des père et
mère et ceux des témoins (1).

Le nom *propre* de l'enfant ou nom de famille n'est pas
donné dans l'acte : il résulte des énonciations que celui-ci
renferme et spécialement de l'indication des noms des père
et mère. Quant aux prénoms, ils sont indiqués par la personne
qui fait la déclaration, ou, à son défaut, par l'officier de l'état
civil. Ils doivent être pris parmi les noms en usage dans les
divers calendriers ou parmi ceux des personnages connus de
l'histoire ancienne : il est interdit aux officiers de l'état civil
d'en admettre aucun autre dans leurs actes (2).

Il doit également être fait mention dans les actes de naissance du dernier domicile des pères en France ; si cette indication ne peut avoir lieu, on y supplée par celle du lieu de
naissance (3).

S'il s'agit d'un enfant né hors mariage, on doit se borner à
indiquer les nom, prénoms, profession et domicile de la mère.
Le père ne saurait être indiqué qu'autant qu'il ferait lui-même
ou par un fondé de procuration spéciale et authentique la déclaration de naissance.

Les consuls ne doivent recevoir aucune déclaration d'où
résulterait une naissance incestueuse ou adultérine (4).

Les officiers de l'état civil n'étant chargés que de constater
des faits matériels, ne sauraient rien ajouter aux déclarations
qui leur sont faites ; il en résulte : 1° que si les déclarants, en
présentant l'enfant, refusaient d'indiquer la mère à laquelle
il appartient, l'officier de l'état civil, après leur avoir fait sentir l'importance dont il est pour l'enfant de connaître sa mère,
devrait, sans pousser plus loin ses investigations, l'inscrire
sur ses registres comme né de père et mère inconnus ; le
prénom qui lui serait donné deviendrait alors son nom patronymique, à moins que les déclarants ne voulussent lui donner
un nom patronymique composé arbitrairement ; 2° que si le
père se présente en refusant de faire connaître la mère, la dé-

(1) Code civil, art. 57.
(2) Loi du 11 germinal an XI.
(3) Circulaire des affaires étrangères du 30 septembre 1826.
(4) Code civil, art. 335.

claration doit être également reçue, sauf l'action de la justice criminelle en suppression d'état, car avant tout l'acte de nais-sance a pour objet de faire foi du fait de l'accouchement (1).

#### 4. — De l'enfant qui a été exposé.

Si l'enfant a été exposé, l'officier de l'état civil auquel il est présenté par la personne qui l'a trouvé doit dresser procès-verbal des déclarations de ladite personne, en y énonçant l'âge apparent de l'enfant, son sexe, les noms qui lui sont donnés, l'autorité ou la personne à laquelle il en fait remise, et in-scrire ce procès-verbal sur ses registres (2).

S'il arrivait, du reste, qu'à défaut des renseignements né-cessaires, l'une des formalités que nous venons d'indiquer ne pût être remplie, l'officier de l'état civil aurait à en faire men-tion à l'endroit de l'acte où cette formalité devrait être ac-complie (3).

## SECTION III.

### Des actes de reconnaissance d'un enfant naturel.

#### 1. — Déclaration de reconnaissance.

La reconnaissance d'un enfant naturel doit être faite par acte authentique, lorsqu'elle ne l'a pas été dans son acte de naissance; les parties ne sont pas obligées de comparaître en personne, et elles peuvent se faire représenter par un fondé de procuration spéciale et authentique (4).

#### 2. — Rédaction de l'acte.

L'acte de reconnaissance d'un enfant doit être inscrit sur les registres de l'état civil, à sa date, et il doit en être fait mention en marge de l'acte de naissance, s'il en existe un. A

(1) Arrêt de la cour de Rouen du 20 mai 1809.
(2) Code civil, art. 58.
(3) *Formulaire à l'usage des consulats*, nº 78.
(4) Code civil, art. 36 et 334.

compter de cette époque, le consul ne peut plus délivrer d'expédition de cet acte sans la mention inscrite en marge (1).

Cet acte doit énoncer : 1° les noms, prénoms, professions et domiciles des parents ou de celui d'entre eux qui fait la reconnaissance, si un seul se présente ; 2° leur déclaration indiquant qu'ils ont donné le jour à l'enfant dont la naissance a été constatée par l'officier de l'état civil de tel endroit, sous telle date et sous tel nom, et qu'ils le reconnaissent pour être leur enfant naturel (2).

S'il y avait eu précédemment reconnaissance faite par le père ou la mère, et que le déclarant le fît connaître, il devrait en être fait mention dans l'acte dressé en chancellerie.

La reconnaissance n'a nullement besoin d'être attestée par témoins : l'acte qui la constate est seulement signé par l'officier de l'état civil et les comparants, lorsque toutefois ceux-ci savent ou peuvent le faire ; dans le cas contraire, l'officier quérir que selon les règles expressément posées par la loi (1). Ces règles sont tracées au chapitre premier du titre 8 du livre premier du Code civil; nous n'avons pas à les indiquer ici, l'intervention des officiers de l'état civil se bornant, à l'étranger, à la transcription sur leurs registres des arrêts des cours d'appel qui ont autorisé l'adoption, sauf l'exception pour les postes du Levant et de Barbarie, que nous indiquerons au livre suivant.

### 2. — Transcription des arrêts d'adoption.

En France l'adoption doit, sous peine de rester sans effet, être inscrite dans les trois mois qui suivent l'arrêt, et à la requête de l'une ou de l'autre des parties, sur le registre de l'état civil du domicile de l'adoptant (2). A l'étranger ce délai est forcément augmenté en raison des distances légales et conformément à l'article 93 du Code de procédure civile.

### 3. — Forme du procès-verbal de transcription.

Le procès-verbal qui constate cette transcription constitue, à proprement parler, l'acte d'adoption; il doit indiquer les nom, prénoms, profession et domicile du requérant, c'est-à-dire de l'adoptant ou de l'adopté, reproduire *in extenso* l'arrêt de la cour qui a autorisé l'adoption, et être signé par l'officier de l'état civil et le requérant (3). Cette transcription a lieu en double expédition et sur chacun des registres de l'état civil ; l'expédition de l'arrêt doit être annexée à l'exemplaire qui reste déposé dans les archives du poste.

Nous rappellerons à cet égard que les agents du service extérieur ne doivent mettre à exécution aucun arrêt de cour d'appel qui n'aurait pas été revêtu préalablement de la légalisation du ministère des affaires étrangères (4).

(1) Arrêt de la cour de cassation du 22 novembre 1825.
(2) Code civil, art. 359.
(3) *Formulaire à l'usage des consulats*, n° 80.
(4) Circulaire des affaires étrangères du 24 avril 1822. — Ordonnance du 25 octobre 1833, art. 10.

## SECTION V.

### Des actes de mariage.

§ 1er. — DE LA COMPÉTENCE DES AGENTS FRANÇAIS.

**1. — Prescriptions du Code civil sur le mariage des Français
à l'étranger.**

Le droit des agents diplomatiques et consulaires de célébrer
le mariage des Français établis dans leur résidence découle
de la compétence absolue que leur confère l'article 48 du Code
civil pour la réception de tous les actes de l'état civil.

L'article 170 du même Code, en déclarant valable le mariage contracté en pays étranger entre Français et entre Français et étrangers, lorsqu'il a été célébré dans les formes usitées dans le pays, précédé des publications légales, et que le
Français n'a pas contrevenu aux dispositions générales de la
loi, n'a pas établi d'exception au principe posé par l'article 48 ;
il a seulement voulu donner aux citoyens français une faculté
de plus pour la célébration de leur mariage hors du territoire
national.

**2. — Mariages entre Français et étrangers.**

Lorsque les contractants sont tous deux Français, il leur
est donc loisible de se marier devant l'agent de leur pays ou
conformément aux usages locaux. Si, au contraire, l'un d'eux
était étranger, l'agent français cessant d'être compétent, le
mariage devrait forcément être célébré dans les conditions
prévues par l'article 170 du Code civil (1). A plus forte raison, un mariage contracté à l'étranger entre deux étrangers
devant un agent français serait-il radicalement nul, à raison
de l'incompétence absolue de l'officier de l'état civil devant
lequel il aurait été célébré (2).

(1) Arrêt de la cour de cassation du 10 août 1819. — Circulaires des
affaires étrangères des 4 novembre 1833 et 28 juillet 1850.

(2) Jugement du tribunal civil de la Seine du 6 mars 1833.

§ 2. — DES MARIAGES CÉLÉBRÉS PAR LES AGENTS FRANÇAIS.

### 1. — Compétence des agents.

Conformément à l'article 74 du Code civil, le mariage doit être célébré en France dans la commune où l'un des époux a son domicile. Ce domicile s'établit, quant au mariage, par six mois d'habitation continue dans la même commune. L'observation de cette prescription à l'étranger est absolue. Ainsi un agent français n'a pas qualité pour marier des Français dont l'un d'eux ne serait pas établi dans le lieu de sa résidence depuis au moins six mois, car l'acte qu'il célébrerait dans ces conditions pourrait être attaqué, même par les époux, et déclaré nul (1).

### 2. — Publications de mariage.

Aucun mariage ne peut non plus être célébré par un agent diplomatique ou consulaire s'il n'a été précédé des publications prescrites par nos lois (2).

Les publications de mariage sont au nombre de deux ; elles ont lieu à huit jours d'intervalle, un jour de dimanche, et doivent être faites dans le lieu le plus apparent de la chancellerie (3). Elles sont rédigées sous la forme d'un procès-verbal qui énonce les jours, lieux et heures auxquelles elles ont été faites ; les prénoms, noms, professions et domiciles des futurs époux ; leur qualité de majeur ou de mineur ; les prénoms, noms, professions et domiciles de leurs pères et mères (4) : elles sont inscrites sur un registre spécial. (*Voir* section i de ce chapitre.)

Ces publications ne doivent pas être faites seulement dans la chancellerie du lieu où le mariage doit être célébré, mais pareillement et conjointement à la chancellerie du lieu où chacune des parties a son domicile ; lorsque celui-ci n'est pas

(1) Code civil, art. 74 et 191.
(2) *Id.*, art. 192. — Ordonnance du 23 octobre 1833, art. 15.
(3) Code civil, art. 63. — Ordonnance du 23 octobre 1833, art. 14.
(4) *Formulaire à l'usage des consulats*, n° 81.

établi pour l'une des parties par plus de six mois de résidence, il doit en être fait à la municipalité de son dernier domicile s'il était en France, ou à la chancellerie de sa dernière résidence si elle se trouvait à l'étranger. Dans ce dernier cas, les parties doivent présenter à l'officier de l'état civil qui les marie un certificat de publications et de non-opposition délivré par l'agent dans la chancellerie duquel cette formalité a été remplie (1).

Indépendamment des publications que nous venons d'indiquer, lorsque les Français qui se marient à l'étranger se trouvent sous la puissance de leurs parents, c'est-à-dire jusqu'à l'âge de vingt-cinq ans pour les hommes et de vingt et un pour les filles, et que ces parents ont leur domicile en France, il faut aussi que des publications y soient faites, pour que ces derniers puissent s'opposer au mariage s'ils le jugent à propos (2).

Dans les pays du Levant et de Barbarie, lorsqu'un mariage est contracté entre Français nés en Levant de familles françaises qui y sont établies depuis plusieurs générations et qui n'ont pas en France de domicile actuel ni de dernier domicile connu, ou entre des étrangers d'origine devenus Français par la naturalisation avec dispense de résidence, et qui par conséquent n'ont jamais eu de domicile en France, il n'y a pas lieu, d'après l'avis du conseil d'État, de faire en France la publication dudit mariage (3).

Par une induction tirée de l'article 169 du Code civil, nos agents sont autorisés, pour des cas graves dont l'appréciation est confiée à leur prudence, à dispenser de la seconde publication, lorsque toutefois il n'y a pas eu d'opposition à la première ou qu'une mainlevée leur en a été présentée (4). Cette dispense se constate par un acte spécial, lequel demeure déposé en minute dans les archives de la chancellerie, et dont une expédition est annexée à l'acte de célébration du mariage, dans lequel il doit être expressément mentionné (5).

(1) *Formulaire à l'usage des consulats*, n° 82.
(2) Circulaire des affaires étrangères du 19 juillet 1826.
(3) *Id. Id.*
(4) Ordonnance du 23 octobre 1833, art. 17.
(5) Arrêté du 20 prairial an xi, art. 4.

Le mariage ne peut être célébré avant le troisième jour depuis et non compris celui de la seconde publication, à moins que les parties n'aient été dispensées de cette dernière. Si le mariage n'a pas lieu dans l'année à compter de l'expiration du délai des publications, il ne peut plus être célébré qu'après que de nouvelles publications en ont été faites (1).

### 3. — Oppositions au mariage.

Les articles 172, 173 et 174 du Code civil déterminent quelles sont les personnes qui ont qualité pour former opposition à la célébration d'un mariage. Ce droit appartient au conjoint de l'une des parties contractantes ; au père, et à défaut du père à la mère ; à défaut des pères et mères aux aïeuls et aïeules des futurs, alors même qu'ils ne se trouveraient plus placés sous leur puissance par rapport au mariage ; enfin à défaut d'ascendant, aux frères, sœurs, oncles et tantes, cousins ou cousines germaines, majeurs, lorsque les contractants mineurs n'ont pas obtenu le consentement de leur conseil de famille, et que l'opposition est fondée sur un état de démence constaté par une demande en interdiction.

Les actes d'opposition sont dressés en chancellerie : ils doivent indiquer la qualité qui donne à l'opposant le droit de la former, et, à moins qu'ils ne soient faits à la requête de l'ascendant, les motifs de l'opposition. Ils sont signés sur l'original et sur la copie par les opposants ou leurs fondés de pouvoirs, et signifiés par les chanceliers avec la copie des procurations, s'il y a lieu, au domicile des parties, et à l'officier de l'état civil qui doit viser l'original, afin qu'il soit bien constant que la copie de l'acte lui a été réellement remise (2).

Les consuls doivent faire mention sur le registre des publications des oppositions qu'ils ont reçues, et inscrire en outre à la marge de celles-ci les jugements ou actes de mainlevée dont expédition leur a été présentée (3).

(1) Code civil, art. 64 et 65.
(2) *Id.*, art. 66 et 176.
(3) *Id.*, art. 67.

### 4. — Consentement des ascendants ou tuteurs.

Les articles 148 à 152 du Code civil déterminent et distinguent les cas dans lesquels le consentement des ascendants est requis pour pouvoir contracter mariage : les agents diplomatiques et consulaires sont tenus de se conformer ponctuellement à leurs prescriptions.

Le fils qui n'a pas atteint l'âge de vingt-cinq ans accomplis et la fille qui n'a pas vingt-un ans accomplis ne peuvent contracter mariage sans le consentement de leur père et mère. En cas de dissentiment, le consentement du père suffit. Si l'un d'eux, est mort ou qu'il soit dans l'impossibilité de manifester son consentement, c'est-à-dire absent, interdit ou mort civilement, le consentement de l'autre suffit. Si le père et la mère sont morts ou incapables d'après la loi, les aïeuls et aïeules les remplacent ; s'il y a dissentiment entre l'aïeul et l'aïeule de la même ligne, il suffit du consentement de l'aïeul : s'il y a dissentiment entre les deux lignes, ce partage emporte consentement.

Lorsqu'il s'agit du mariage d'un enfant naturel, il lui faut le consentement de ses père et mère, s'il a été reconnu par eux : s'il ne l'a été que par l'un d'eux, le consentement de celui-ci est seul nécessaire. A défaut de reconnaissance, ou en cas de mort du parent susmentionné, et lorsque le contractant est âgé de moins de vingt-un ans, la loi exige le consentement d'un tuteur *ad hoc* (1).

Enfin, s'il n'y a ni père, ni mère, ni aïeuls, ni aïeules, ou s'ils se trouvent tous dans l'impossibilité de manifester leur volonté, les fils ou filles mineurs de vingt-un ans ne peuvent contracter mariage sans le consentement du conseil de famille (2).

Les parties qui se proposent de contracter mariage doivent présenter au consul l'acte authentique du consentement de leurs pères et mères, ou les actes qui peuvent, ainsi que nous allons le voir, en tenir lieu dans certains cas : à moins que les ascendants dont le consentement est requis ne soient pré-

(1) Code civil, art. 158 et 159.
(2) *Id.*, art. 160.

sents au mariage, auquel cas leur présence suffit pour le constater ; si l'un d'eux est décédé, l'acte de décès doit être produit, à moins que le fait ne soit attesté par les aïeuls ou aïeules présents.

Cependant, lorsque des majeurs déclarent qu'ils sont dans l'impossibilité de prouver le décès ou l'absence de leurs père, mère, aïeul ou aïeule, cette déclaration faite sous serment et attestée par quatre témoins devant l'officier de l'état civil est suffisante (1).

### 5. — Actes respectueux.

Les enfants de famille ayant dépassé l'âge de vingt-cinq ans pour les garçons et de vingt et un pour les filles, sont tenus avant de pouvoir se marier, de demander conseil par un acte respectueux et formel à ceux de leurs ascendants sous la puissance desquels ils se trouvent encore placés relativement au mariage. Cet acte doit être renouvelé trois fois de suite à un mois d'intervalle ; un mois après la troisième demande, il peut être passé outre au mariage. Un seul acte suffit lorsque le futur contractant a atteint l'âge de trente ans pour les garçons et de vingt-cinq pour les filles.

Les actes respectueux étant en France de la compétence des notaires, sont reçus à l'étranger par les chanceliers (2); ils sont également notifiés par ces derniers aux ascendants, dont la réponse ou le refus de répondre doit être mentionné dans le procès-verbal de signification (3).

La jurisprudence de nos cours a établi qu'il n'était pas nécessaire que l'enfant accompagnât le chancelier à l'étranger ou le notaire en France, ni qu'il se fît représenter auprès de son père par un fondé de pouvoirs spécial autre que ledit chancelier ou le notaire (4).

---

(1) Avis du conseil d'État du 4 thermidor an XIII.
(2) *Formulaire à l'usage des consulats*, n° 168.
(3) Code civil, art. 154.
(4) Arrêts de la cour d'Amiens du 8 avril 1825 et de celle de Douai du 27 mai 1835.

### 6. — Permission spéciale pour les Français établis en Orient.

Les Français qui résident en Levant ne peuvent contracter mariage qu'après en avoir obtenu la permission du Président de la République : ils la sollicitent auprès du ministre des affaires étrangères, par l'intermédiaire des agents diplomatiques ou consulaires (1). On s'est demandé si cette disposition de l'ordonnance de 1781 n'était pas abrogée par l'article 170 du Code civil : le conseil d'État consulté à cet égard a été d'avis que cette disposition, n'appartenant pas au droit civil, mais au droit public, et se rattachant à des intérêts diplomatiques, n'avait pas été abrogée par le Code; qu'au surplus, comme elle n'établissait aucun empêchement civil aux mariages autorisés par l'article 170, elle n'avait, ni en fait ni en droit, rien d'inconciliable avec ce même article (2).

### 7. — Mariage des militaires et marins.

Les militaires et marins en activité de service ne peuvent se marier sans la permission du ministre sous les ordres duquel ils se trouvent placés ; cette permission doit toujours être représentée aux agents diplomatiques et consulaires lorsque le mariage est contracté à l'étranger.

### 8. — Différences dans l'orthographe des noms des pères et des enfants.

Lorsque le nom d'un des futurs n'est pas orthographié dans son acte de naissance comme celui de son père, et dans le cas où l'on aurait omis l'un des prénoms de ses parents, le témoignage des père et mère ou aïeuls assistant au mariage et attestant l'identité suffit pour qu'il puisse être procédé à la célébration; en cas de décès ou d'absence de tous les ascendants, l'identité est suffisamment constatée pour les mineurs par le conseil de famille ou le tuteur *ad hoc*, et pour les majeurs par les quatre témoins de l'acte de mariage.

Lorsqu'au contraire les omissions d'une lettre ou d'un

(1) Ordonnance du 3 mars 1781, titre II, art. 24.
(2) Circulaire des affaires étrangères du 19 juillet 1826.

prénom se trouvent dans l'acte de décès des père, mère ou
aïeuls, la déclaration sous serment des personnes dont le consentement est nécessaire pour les mineurs, et celle des parties
et des témoins pour les majeurs, suffisent pour mettre à couvert la responsabilité de l'officier de l'état civil. Ces formalités
ne sont exigibles que lors de l'acte de célébration, et non pour
les publications, qui doivent toujours être faites conformément
aux notes remises par les parties aux officiers de l'état civil (1).

### 9. — Qualités requises pour pouvoir contracter mariage.

L'homme avant dix-huit ans révolus, la femme avant quinze
ans révolus, ne peuvent contracter mariage (2) ; cependant
les agents diplomatiques et les consuls généraux résidant dans
les contrées baignées par l'océan Atlantique sont autorisés
à accorder, au nom du chef du pouvoir exécutif, des dispenses
d'âge, conformément à l'article 145 du Code civil, à la charge
de rendre compte immédiatement au ministre des affaires
étrangères des motifs qui les ont portés à accorder cette dispense (3). Il est inutile de dire que les agents auxquels cette
faculté a été ou peut être spécialement déléguée ne doivent
en user qu'avec beaucoup de réserve, et que les convenances
veulent que des dispenses d'âge ne soient jamais accordées à
des personnes qui n'auraient pas atteint l'âge où il est permis
de se marier dans le pays.

Ces dispenses sont accordées par un arrêté spécial qui
demeure déposé aux archives de la chancellerie, et dont une
expédition, dans laquelle il est fait mention de ce dépôt, doit
être annexée à l'acte de célébration du mariage (4).

En ligne directe, le mariage est prohibé entre tous les
ascendants et descendants légitimes ou naturels et les alliés
dans la même ligne. En ligne collatérale, il est prohibé entre
le frère et la sœur légitimes ou naturels et les alliés au même
degré, et entre l'oncle et la nièce, la tante et le neveu. Néanmoins, il est loisible au chef du pouvoir exécutif de lever pour

(1) Avis du conseil d'État des 19-30 mars 1808.
(2) Code civil, art. 144.
(3) Ordonnance du 23 octobre 1833, art. 18.
(4) Arrêté du 20 prairial an XI, art. 5.

des causes graves les prohibitions portées aux mariages entre beaux-frères et belles-sœurs, et entre l'oncle et la nièce ou la tante et le neveu (1).

La femme ne peut convoler en secondes noces qu'après dix mois révolus à partir de la dissolution de son premier mariage (2).

### 10. — Célébration du mariage.

Le mariage doit être célébré publiquement et dans la chancellerie. Cependant la cour de cassation ayant décidé qu'un mariage contracté en France n'est pas nul par cela seul qu'il a été célébré hors de la maison commune, il ne saurait être douteux qu'un mariage célébré à l'étranger hors de la chancellerie et dans des circonstances spéciales qui autoriseraient le transport des registres dans un domicile privé serait valable, si d'ailleurs il avait été satisfait à toutes les autres conditions requises (3).

Au jour désigné par les parties et après l'expiration du délai légal des publications, l'agent qui célèbre le mariage doit, dans sa chancellerie et en présence de quatre témoins, parents ou non parents, faire lecture aux parties : 1° des pièces dont la production est requise pour la validité du mariage ; 2° du chapitre 6 du titre *du mariage* du Code civil sur les droits et les devoirs respectifs des époux. Il interpelle les futurs époux, ainsi que les personnes qui autorisent le mariage, si elles sont présentes, d'avoir à déclarer s'il a été fait un contrat de mariage, et dans le cas de l'affirmative, la date de ce contrat, ainsi que les nom et lieu de résidence de l'officier instrumentaire qui l'a reçu. Il reçoit de chaque partie, l'une après l'autre, la déclaration qu'elles veulent se prendre pour mari et femme, et prononce alors, au nom de la loi, qu'elles sont unies par le mariage : il en dresse ensuite acte sans désemparer (4).

(1) Code civil, art. 162 et 163. — Loi du 16 avril 1832.
(2) Code civil, art. 228.
(3) Arrêts de la cour de cassation des 22 juillet 1807 et 21 juin 1814.
(4) Code civil, art. 75. — Loi du 10 juillet 1850.

### 11. — Rédaction de l'acte de mariage.

L'acte de mariage doit énoncer : 1° les prénoms, noms, professions, âges, lieux de naissance et domiciles des époux ; 2° s'ils sont majeurs ou mineurs ; 3° les prénoms, noms, professions et domiciles des pères et mères ; 4° le consentement des pères et mères, aïeuls et aïeules, et celui du conseil de famille dans le cas où ils sont requis ; 5° les actes respectueux, s'il en a été fait ; 6° les publications dans les divers domiciles ; 7° les oppositions s'il y en a eu, leur mainlevée, ou la mention qu'il n'y a point eu d'opposition ; 8° la déclaration des contractants de se prendre pour époux, et le prononcé de leur union par le consul ; 9° les prénoms, noms, âges, professions et domiciles des témoins, et leur déclaration s'ils sont parents ou alliés des parties, de quel côté et à quel degré ; 10° la déclaration faite sur l'interpellation qu'il a été ou qu'il n'a pas été fait de contrat de mariage, et, autant que possible, la date du contrat s'il en existe, ainsi que les noms et lieu de résidence de l'officier instrumentaire qui l'a reçu (1). Il est signé par l'officier de l'état civil, les parties, les personnes dont le consentement est requis, et les quatre témoins. Si l'une de ces personnes ne sait ou ne peut signer, il doit en être fait mention expresse dans l'acte.

Toutes les pièces mentionnées et visées dans l'acte de mariage y demeurent annexées.

Lorsque les pères et mères ou l'un d'eux sont décédés, on doit également mentionner leur acte de décès.

Quand il s'agit du mariage d'un enfant naturel non reconnu, les mentions relatives au père et à la mère sont supprimées : si l'enfant n'a été reconnu que par l'un de ses parents, on ne mentionne que celui dont émane la reconnaissance. Lorsque l'un des futurs est en état de viduité, on doit l'indiquer en termes exprès, et relater l'acte de décès de son premier conjoint.

(1) Code civil, art. 76. — Loi du 10 juillet 1850. — *Formulaire à l'usage des consulats*, n° 83.

**12. — De la reconnaissance des enfants naturels par mariage.**

Les enfants nés hors mariage, autres que ceux nés d'un commerce incestueux ou adultérin, peuvent être légitimés par le mariage subséquent de leurs père et mère, lorsque ceux-ci les ont légalement reconnus avant leur mariage ou qu'ils les reconnaissent dans l'acte même de célébration. Cette légitimation est même permise au profit des descendants d'un enfant décédé (1). Il est prescrit aux agents remplissant à l'étranger les fonctions d'officier de l'état civil de prévenir les parties de l'importance de cette disposition, attendu qu'une reconnaissance postérieure et faite pendant le mariage ne confère pas la légitimation et ne peut attribuer à l'enfant qui en est l'objet que les droits d'un enfant naturel reconnu (2).

Dans le cas de reconnaissance au moment de la célébration en chancellerie, il doit en être fait mention expresse dans l'acte

2° à ce que les parties soient prévenues des obligations auxquelles le Code civil subordonne la validité du mariage
contracté en pays étranger (1) ; 3° à ce qu'on leur remette,
pour être transmis au département des affaires étrangères
accompagné d'une traduction, une expédition authentique de
l'acte de mariage civil ou religieux, dressé dans la forme
consacrée par les usages du pays ; rien ne s'oppose, au surplus,
à ce que, sur la réquisition des parties, la traduction de ce
même acte soit transcrite sur le registre des actes de l'état civil
de la chancellerie (2).

## SECTION VI.

### Des actes de décès.

#### 1. — Constatation des décès.

Avant de rédiger l'acte qui doit servir à constater le décès
d'un individu, l'officier de l'état civil doit s'assurer par
lui-même de ce décès (3). En France, cette constatation est
déléguée à des médecins spéciaux attachés à ce titre au service
des municipalités ; il peut en être de même à l'étranger, sauf
à allouer une rétribution à l'homme de l'art chargé de ce
soin (4).

#### 2. — Rédaction de l'acte.

Les actes de décès sont rédigés par l'officier de l'état civil,
en présence de deux témoins qui doivent être, autant que
possible, les deux plus proches parents ou voisins, ou, lorsque
le décès a eu lieu hors du domicile du défunt, la personne chez

personne décédée ; les prénoms et nom de l'autre époux, si elle était mariée ou veuve ; les prénoms, nom, âge, profession et domicile des déclarants, et s'ils sont parents, leur degré de parenté. S'il est possible de connaître le lieu de la naissance du décédé et les prénoms, nom, profession et domicile de ses père et mère, il doit également en être fait mention dans l'acte de décès (1).

Si la personne décédée avait eu un domicile en France, et qu'il fût possible de le faire connaître, il devra être également indiqué dans l'acte de décès.

### 3. — Indications particulières relatives aux marins.

Nous rappellerons à cette occasion que dans les actes de décès des marins morts à terre, il est indispensable de mentionner le port d'armement du navire sur lequel était embarqué le marin décédé (2).

### . — Devoirs des officiers de l'état civil en cas de mort violente.

Dans tous les cas de mort violente, dans les prisons et maisons de réclusion, ou d'exécution à mort, il ne doit être fait aucune mention de ces circonstances, et les actes de décès doivent être rédigés dans la forme ordinaire (3) ; mais les agents diplomatiques et consulaires doivent, dans ce cas, se conformer aux dispositions des articles 81, 82 et 84 du Code civil, c'est-à-dire, lorsqu'il y a des signes de mort violente ou qu'il se présente telles circonstances qui donnent lieu de la soupçonner, dresser, avec l'assistance d'un chirurgien, un procès-verbal de l'état du cadavre, ainsi que des circonstances y relatives et de tous les renseignements qu'ils pourraient en outre recueillir. En pays de chrétienté, nos agents ne sont point compétents pour dresser seuls ces procès-verbaux, et ils doivent requérir l'intervention ou tout au moins l'assistance de l'autorité judiciaire territoriale ; en Levant et en pays de

(1) Code civil, art. 78 et 79. — *Formulaire à l'usage des consulats,* n° 85.

(2) Circulaire de la marine du 6 novembre 1844.

(3) Code civil, art. 85.

Barbarie, où ils ont pleine juridiction, ils agissent au contraire seuls.

En cas de décès dans les prisons ou d'exécution à mort, l'acte n'en doit être dressé que sur la déclaration des concierges, gardiens ou greffiers criminels compétents.

## SECTION VII.

### Des actes de décès des enfants morts-nés.

Lorsqu'on lui présente le cadavre d'un enfant comme mort-né, l'officier de l'état civil ne doit pas exprimer que l'enfant est décédé, mais seulement qu'il lui a été présenté sans vie. Il reçoit de plus la déclaration des témoins touchant les noms, prénoms, qualités et demeures des père et mère de l'enfant et la désignation des an, jour et heure auxquels l'enfant est sorti du sein de sa mère. Cet acte doit être inscrit à sa date sur les registres de décès, sans qu'il en résulte aucun préjugé sur la question de savoir si l'enfant a eu vie ou non (1)

Cependant il est une distinction fort importante en matière de succession, et que les officiers de l'état civil, à l'étranger comme en France, sont appelés à faire lorsqu'ils ont à constater le décès d'un nouveau-né, à savoir s'il s'agit d'un enfant mort-né ou né viable, mais décédé avant la déclaration de naissance.

Dans le premier cas, il doit être rédigé un simple acte de décès dans lequel on déclare un enfant mort-né. Dans le second, l'enfant a vécu ou il a été vivant ; dès lors il a pu transmettre des droits ; il y a donc lieu de constater sa naissance et son décès par deux actes séparés, quoique inscrits immédiatement à la suite l'un de l'autre, signés par les mêmes déclarants, et dans chacun desquels, en renvoyant à l'autre, on a soin d'indiquer non-seulement la date précise de la naissance, mais aussi celle du décès, quand même celui-ci n'aurait pas eu lieu le même jour (2).

(1) Décret du 4 juillet 1806.
(2) *Formulaire à l'usage des consulats*, n° 84.

Il est bien évident que lorsqu'il s'agit d'un enfant illégitime, les règles prescrites pour la constatation de ce genre de naissances doivent être scrupuleusement suivies.

## SECTION VIII.

### Des actes de l'état civil dressés en mer.

#### 1. — Compétence des officiers instrumentaires.

S'il naît un enfant ou s'il survient un décès pendant un voyage en mer, l'acte doit en être dressé dans les vingt-quatre heures en présence de deux témoins pris parmi les officiers ou, à leur défaut, parmi les hommes de l'équipage, et s'il s'agit d'une naissance, en présence du père, s'il est à bord. Ces actes sont rédigés sur les bâtiments de l'État par l'officier d'administration de la marine, et sur les bâtiments du commerce par le capitaine maître ou patron : ils sont inscrits à la suite du rôle d'équipage (1).

Les mots de *voyage en mer*, employés par le Code civil, indiquent suffisamment que l'intention du législateur a été de limiter la compétence de ces officiers instrumentaires exceptionnels aux seuls cas où les bâtiments ou navires ne peuvent communiquer. Il y a donc suspension de compétence lorsque ces bâtiments ou navires relâchent dans des rades ou ports, et qu'il y a possibilité pour eux de communiquer avec les autorités civiles à terre. Dans les pays étrangers où il existe des agents français, ceux-ci sont seuls compétents pour recevoir les déclarations et dresser les actes de naissance ou de décès survenus en rade ou dans le port de leur résidence à bord de nos bâtiments (2). Cependant il est admis qu'en cas de décès à bord d'un bâtiment au mouillage sur une rade et non dans un port, le capitaine est compétent pour dresser l'acte qui le constate, en tant toutefois qu'il y a impossibilité de communication immédiate avec la terre ; les causes de

(1) Code civil, art. 59 et 86.
(2) Instruction de la marine du 2 juillet 1828.

l'empêchement doivent alors être mentionnées dans l'acte dressé à bord (1).

### 2. — Dépôt des actes dans les chancelleries.

Les officiers d'administration de la marine militaire et les capitaines, maîtres ou patrons des navires marchands, sont tenus de déposer dans la chancellerie du premier port où ils abordent, par relâche forcée ou autrement, deux expéditions de tous les actes de l'état civil qu'ils ont pu être appelés à dresser en cours de voyage. ( *Voir* livre V, chapitres 4 et 5) (2).

### 3. — Procès-verbal dressé en chancellerie.

Ce dépôt en chancellerie se constate par un procès-verbal que les déposants sont tenus de signer, et qui se transcrit ensuite sur les registres de l'état civil en même temps que l'acte de naissance ou de décès qui y a donné lieu (3).

### 4. — Actes irréguliers.

Lorsqu'un agent reconnaît que l'acte de l'état civil dressé en mer dont il reçoit le dépôt présente des irrégularités, il n'en doit pas moins le transcrire tel quel sur ses registres, sauf à constater ces irrégularités dans le procès-verbal de dépôt (4).

### 5. — Expéditions des actes déposés.

Il est défendu aux officiers d'administration, capitaines ou autres officiers instrumentaires, de délivrer aux personnes intéressées, ou à tous autres, aucune expédition des actes de l'état civil inscrits sur leur rôle d'équipage et dont ils sont dépositaires. Aux termes de l'article 45 du Code civil, cette délivrance ne peut se faire qu'à terre par les soins des officiers

(1) Ordonnance du 29 octobre 1833, art. 38.
(2) Code civil, art. 60 et 87. — Ordonnances du 23 octobre 1833, art. 4, et du 29 octobre 1833, art. 16.
(3) *Formulaire à l'usage des consulats,* n° 86.
(4) Ordonnance du 23 octobre 1833, art. 5.

de l'état civil sur les registres desquels ces actes ont été transcrits. La même défense est faite aux autorités maritimes en France et à nos agents à l'étranger qui, pour les actes dressés en mer, ne peuvent être considérés que comme simples dépositaires (1).

### 6. — Actes qui n'ont pas été rédigés en temps utile.

Les consuls ne doivent pas se borner à recevoir les expéditions des actes de l'état civil qui leur sont remises par des navigateurs; lorsqu'ils découvrent, soit par le rapport de mer, soit par l'interrogatoire de l'équipage ou par tout autre moyen, qu'un capitaine a négligé de dresser acte d'une naissance ou d'un décès survenu à son bord pendant la traversée, il leur est prescrit de dresser de ce fait un procès-verbal, dont une expédition est envoyée au ministère de la marine. Ils doivent en outre recueillir tous les renseignements qui peuvent servir à constater ces naissances ou décès, en rédiger un procès-verbal qu'ils font signer par les témoins qui leur ont révélé les faits, et l'adresser au bureau de la chancellerie du ministère des affaires étrangères, pour que les avis nécessaires puissent être donnés directement en France aux personnes intéressées (2).

### 7. — Reconnaissance d'un enfant naturel en mer.

Le Code civil est muet sur la compétence des officiers instrumentaires exceptionnellement appelés à constater les naissances et les décès en mer, pour recevoir les actes de reconnaissance d'un enfant naturel. Cependant, comme il ne leur interdit pas expressément cette faculté, lorsqu'il y a urgence et à défaut d'autre moyen de constatation légale, un enfant naturel peut être reconnu en mer par acte authentique dressé conformément aux prescriptions du Code civil applicables aux cas de l'espèce, et l'officier instrumentaire qui a reçu cet acte doit l'inscrire à la suite de son rôle d'équipage, et en remettre également, comme pour tous autres actes de l'état

(1) Instruction de la marine du 2 juillet 1828.
(2) Ordonnance du 23 octobre 1833, art. 6.

civil, deux expéditions à l'autorité consulaire ou maritime du premier port où il aborde.

A l'étranger, les agents français doivent, en conséquence, procéder dans cette circonstance comme lorsqu'il y a lieu de constater la remise d'un acte de naissance ou de décès; mais ce qui serait peut-être plus légal, ce serait que le déclarant renouvelât en chancellerie, aussitôt après l'arrivée du navire, la déclaration de reconnaissance faite en cours de voyage (1).

### 8. — Décès sur les bateaux de pêche.

Aucune de ces dispositions sur la rédaction en mer des actes de l'état civil n'est applicable aux bateaux destinés à la pêche du poisson frais, ni aux chaloupes de pilote.

Les patrons de ces embarcations ne sont point compétents pour dresser acte des décès survenus à leur bord, et lorsque le mauvais temps les contraint à se réfugier dans un port étranger, ils doivent mettre l'agent français qui y réside en mesure de constater les accidents dont leur équipage a pu être victime, et d'en donner avis à l'autorité maritime du port d'attache de leur bateau ou chaloupe (2).

## SECTION IX.

### De la rectification des actes de l'état civil.

### 1. — Formes dans lesquelles un acte de l'état civil peut être rectifié.

Aucun acte de l'état civil reçu dans un consulat ne peut, sous prétexte d'omissions, d'erreurs ou de lacunes, être rectifié que d'après un jugement rendu à la requête des personnes intéressées (3).

La partie qui poursuit judiciairement la rectification d'un acte de l'état civil doit adresser au président du tribunal de

---

(1) Instruction de la marine du 2 juillet 1828.
(2) Id. Id.
(3) Code civil, art. 89. — Ordonnance du 23 octobre 1833, art. 7.

première instance dans le greffe duquel est déposé le double du registre où se trouve inscrit l'acte qu'il s'agit de rectifier, une requête *ad hoc*, sur laquelle il est statué au rapport de l'un des juges et sur les conclusions du ministère public (1).

### 2. — Incompétence absolue des consuls pour juger les questions d'état civil.

La marche à suivre lorsqu'il s'agit de rectifier un acte de l'état civil reçu à l'étranger est absolument la même. Les juges compétents pour ordonner cette rectification sont les juges naturels, c'est-à-dire ceux du domicile *d'origine* de l'individu que l'acte à rectifier concerne personnellement (2).

En pays de chrétienté, ce principe est d'une application facile ; mais il n'en est pas de même en Levant et en Barbarie, où des générations successives de Français se trouvent établies depuis longtemps, sans avoir conservé en France ni domicile ni intérêt qui se rattache à leur établissement commercial. On a pu croire dès lors que, dans ces cas spéciaux, les tribunaux consulaires étaient compétents pour juger les questions d'état qui intéressaient ces Français; selon nous, c'est une erreur. La résidence d'un Français à l'étranger n'est en effet pour lui qu'un fait purement accidentel, qui peut, quelle que soit sa durée, cesser d'un moment à l'autre ; tandis que le domicile qu'il conserve en France est, au contraire, un droit imprescriptible, et qu'il ne doit perdre que dans le cas où il abdique volontairement sa qualité de Français, par le fait de son établissement à l'étranger sans esprit de retour ou de l'acceptation de fonctions publiques à l'étranger. Si, dans la pratique, cet état de choses est quelquefois en opposition avec l'esprit de la loi, il n'en est pas moins constant qu'à quelque époque que remonte le premier établissement d'une famille française en Levant, il est toujours possible de remonter à son auteur et d'en connaître par conséquent le dernier domicile (3). Mais, en supposant que cela soit devenu, par la suite des temps,

(1) Code de procédure, art. 855 et 856.
(2) Arrêts de la cour de Paris du 11 mai 1811 et de la cour de cassation du 10 mars 1813.
(3) Circulaire des affaires étrangères du 31 décembre 1830.

absolument impossible, il ne s'ensuivrait pas que les consuls pussent suppléer le juge naturel et prononcer sur ces questions ; nous pensons, au contraire, que, le cas échéant, ils doivent s'abstenir et renvoyer l'intéressé à se pourvoir devant le tribunal civil de Marseille, qui, par analogie et par extension du principe en vertu duquel la cour d'appel d'Aix révise les jugements des tribunaux consulaires, n'hésitera sans doute pas à statuer sur la demande du requérant, dont les consuls, nous le répétons, ne peuvent connaître à aucun titre. Si le tribunal de Marseille se déclarait incompétent, ce qui peut arriver, l'intéressé devrait alors appeler de cette décision devant la cour d'Aix, et tout nous porte à croire que la question ne resterait pas sans solution. (*Voir* livre VIII.)

### 3. — Transcription des jugements de rectification.

Les jugements de rectification des actes de l'état civil sont transcrits par les consuls sur leurs registres aussitôt qu'ils leur ont été remis, et mention en est faite en marge de l'acte rectifié (1). Les consuls ne doivent admettre comme valables que les expéditions en forme exécutoire et dûment légalisées par le ministère des affaires étrangères. La rectification opérée, il ne peut plus être délivré, sous peine de tous dommages-intérêts, d'expédition de l'acte réformé sans qu'il y soit ajouté la mention qui énonce la rectification (2).

### 4. — Des actes omis.

Les principes consacrés par la loi pour la rectification des actes de l'état civil s'appliquent de tous points aux cas d'omission de ces actes sur les registres. Ainsi, il est également défendu aux officiers de l'état civil de recevoir ou de transcrire sur leurs registres aucune déclaration tardive qui ne serait pas appuyée sur un jugement *ad hoc,* rendu en connaissance de cause de l'omission (3).

(1) Code civil, art. 101. — Ordonnance du 23 octobre 1833, art. 8.
(2) Avis du conseil d'État du 23 février-4 mars 1808.
(3) *Id.* du 8-12 brumaire an xi.

##### 5. — Obligations des consuls.

Si les agents du service extérieur sont incompétents pour rectifier les actes dressés par leurs soins, comme pour suppléer à
leur omission sur les registres, ils n'en doivent pas moins recueillir et transmettre au ministère des affaires étrangères
(bureau de la chancellerie), soit au moyen d'actes de notoriété, soit de toute autre manière, les renseignements qui
pourraient être utiles aux parties ou au ministère public
pour éclairer la justice de ceux de nos tribunaux éventuellement appelés à se prononcer sur l'état des Français résidant
ou ayant résidé dans leur arrondissement (1).

# CHAPITRE IV.

### DES ATTRIBUTIONS ADMINISTRATIVES DES CONSULS.

## SECTION I.

#### Des attributions des consuls relativement aux passeports.

§ 1er. — DU DROIT DES CONSULS A DÉLIVRER OU A REFUSER DES PASSEPORTS
AUX FRANÇAIS ET AUX ÉTRANGERS.

##### 1. — Compétence des consuls.

Les consuls sont autorisés, après s'être assurés de la qualité et de l'identité des personnes, à délivrer des passeports
pour toute destination aux Français qui se présentent devant
eux pour en obtenir. Ils peuvent aussi, mais seulement à
destination de France et lorsque les lois ou usages du pays
dans lequel ils résident n'y mettent pas obstacle, accorder des
titres de voyage aux étrangers qui leur en demandent; enfin
ils visent les passeports délivrés pour la France à des étrangers
par des autorités étrangères, lorsque ces passeports leur pa-

_____

(1) Ordonnance du 23 octobre 1833, art. 7.

raissent d'ailleurs avoir été expédiés dans une forme régulière (1).

Le principe que nous venons de poser quant à la délivrance des passeports aux citoyens français admet cependant deux exceptions qui dérivent les unes des prescriptions de la législation étrangère, les autres de la loi française.

Ainsi, dans certains pays l'étranger ne peut sortir du territoire qu'après s'être muni d'un passeport auprès de la police locale, et avoir rempli certaines formalités telles, par exemple, que celle d'insérer dans les journaux un avis annonçant son intention de voyager, et ayant pour objet de mettre, au besoin, ses créanciers en mesure de s'opposer à son départ.

Dans d'autres contrées, les passeports consulaires ne sont pas valables pour voyager à l'intérieur, et ne peuvent avoir pour destination qu'un autre pays étranger.

Nos règlements prescrivent dans ces deux cas aux consuls de se borner au simple visa des passeports de leurs nationaux.

Les restrictions apportées par notre propre législation à la délivrance des passeports ne s'appliquent qu'au Levant et à la Barbarie, destinations pour lesquelles les consuls en pays de chrétienté ne sont autorisés à délivrer des passeports que lorsque les Français qui leur en font la demande fournissent des renseignements suffisants sur leur moralité, et administrent la preuve qu'ils ont des moyens d'existence suffisants pour subvenir à leurs besoins une fois arrivés à leur destination (2).

### 2. — Refus de passeport en pays de chrétienté et en Levant.

La délivrance des passeports n'est pas une obligation imposée d'une manière absolue, mais un pouvoir, une simple faculté reconnue aux consuls. Toutes les fois donc que ces agents ont des raisons graves à faire valoir ou que les circonstances l'exigent, ils sont en droit et même tenus de refuser le titre de voyage qu'on réclame d'eux.

En Levant et en Barbarie, où le droit de police des consuls

(1) Ordonnance du 25 octobre 1833, art. 1, 4 et 5.
(2) Circulaire des affaires étrangères du 30 mai 1835.

à l'égard de leurs nationaux est absolu, et où l'action de l'autorité territoriale sur les étrangers est à peu près nulle, l'ordonnance de 1781 défend expressément aux consuls de délivrer des passeports aux personnes dont le départ pourrait compromettre la nation, et surtout à celles qui chercheraient par la fuite à se soustraire aux engagements qu'elles auraient contractés envers des tiers (1).

Dans la plupart des États de l'Europe, l'autorité civile et judiciaire ayant le droit d'ordonner l'arrestation provisoire d'un étranger, et le pouvoir d'offrir ainsi aux créanciers des garanties sérieuses contre la mauvaise foi de leurs débiteurs, un consul est rarement appelé à mettre directement obstacle au départ de ses nationaux. Néanmoins, dans les pays où la délivrance des passeports fait partie des attributions consulaires, les agents manqueraient à leurs devoirs s'ils facilitaient le départ de Français qui leur auraient été dénoncés comme cherchant à quitter furtivement le pays pour échapper à leurs créanciers, pour se soustraire à l'action de la justice, ou contre lesquels une plainte dûment justifiée leur aurait été portée soit par un autre Français, soit même par un autre étranger.

De ce principe il ne faut cependant pas induire qu'un tiers a le droit absolu, à l'aide d'une simple opposition, d'empêcher un Français d'aller et de venir, de voyager ou de quitter le pays dans lequel il se trouve ; c'est au consul à apprécier avec une sage impartialité la nature des circonstances et le fondement de la demande qui lui est présentée, en se guidant d'après les règles consacrées en France.

Son refus de délivrer le passeport cesserait naturellement d'être justifié si le débiteur français possédait dans le pays soit un établissement de commerce, soit des immeubles d'une valeur suffisante pour assurer le payement de la dette réclamée, ou s'il fournissait une caution valable (2).

Il est trois circonstances dans lesquelles le consul, sans attendre la réquisition des tiers, doit d'office mettre obstacle au départ d'un Français et lui refuser son titre de voyage : la

(1) Ordonnance du 3 mars 1781, titre III, art. 35. — Instruction du 4 mai 1781.
(2) Circulaire des affaires étrangères du 19 octobre 1848.

première est celle d'un mineur qui cherche à se soustraire à l'autorité paternelle ; la seconde celle d'une femme mariée qui ne produirait pas l'autorisation de son mari ; la troisième celle d'un Français, chef de famille, qui, oubliant les obligations que cet état lui impose, voudrait quitter le pays où il est établi, et abandonnerait sa famille et ses enfants sans leur laisser les moyens de pourvoir à leurs besoins.

Les consuls ne doivent donner de passeports aux déserteurs et aux Français en état de contumace que pour rentrer en France ; autrement ils encourageraient la désobéissance aux lois. Lorsque le contumace est un réfugié politique, les consuls doivent se conformer aux instructions spéciales qui ont pu leur être données à ce sujet, ou en réclamer du ministère sous le timbre de la direction politique.

### 3. — Passeports délivrés à des étrangers.

Il est peu de pays qui concèdent aux agents des gouvernements étrangers le droit de munir de titres de voyage les sujets territoriaux. Les passeports que les consuls français sont exceptionnellement autorisés à délivrer à d'autres personnes que leurs nationaux ne concernent guère dès lors que des étrangers appartenant à un pays tiers, et privés de l'appui d'un agent spécial, ou des protégés levantins et algériens.

### 4. — Dispositions particulières relatives aux voyageurs entre la France et l'Angleterre.

Les dispositions prescrites par nos lois relativement à la sûreté publique ont été modifiées par une disposition récente du gouvernement de la République à l'égard des voyageurs arrivant d'Angleterre. Des plaintes nombreuses avaient été soulevées dans le Royaume-Uni par l'obligation imposée aux Anglais, à leur débarquement en France, d'échanger dans le port d'arrivée les passeports dont ils étaient porteurs contre un permis de séjour, et de retirer ensuite de la police ces mêmes passeports pour pouvoir sortir du territoire. La fréquence des relations actuelles entre la France et la Grande-Bretagne avait rendu ces plaintes d'autant plus nombreuses, qu'elles étaient parfaitement fondées, en ce sens que ces mêmes passeports qui

étaient retirés aux Anglais au moment de leur débarquement
émanaient de nos chancelleries consulaires, la législation anglaise autorisant les consuls étrangers à délivrer des passeports
aux sujets britanniques pour se rendre sur le continent. Le
gouvernement a donc substitué aux anciens passeports, sous
le nom de *passes*, un titre de voyage valable durant un mois,
et servant aujourd'hui pour l'aller et le retour entre la France
et l'Angleterre.

Ces passes ne sont pas délivrées aux seuls Anglais, mais
également à ceux de nos nationaux résidant dans le Royaume-
Uni qui veulent revenir en France pour y passer moins d'un
mois. Elles sont rédigées dans la même forme que les anciens passeports, mais mentionnent l'obligation pour le porteur de se pourvoir, passé le terme d'un mois, d'un passeport
régulier pour voyager dans l'intérieur ou pour sortir du territoire français. Elles sont enfin détachées d'un registre à
souche, dont le talon rappelle les indications qui figurent sur
la passe, et que les consuls conservent par devers eux pour le
transmettre à la fin de chaque semaine au ministère de l'intérieur par l'intermédiaire du département de celui des affaires
étrangères (bureau de la chancellerie) (1).

### 5. — Visa pour la France des passeports des étrangers.

En résumé, et sauf l'exception relative à la Grande-Bretagne et aux autres pays dans lesquels les agents étrangers sont
autorisés à délivrer des passeports aux sujets territoriaux ,
l'intervention de nos consuls relativement aux passeports de
tous les étrangers , qu'ils émanent de l'autorité territoriale ou
d'un agent d'une puissance tierce, se borne au simple visa de
ceux qui ont la France pour destination.

Quant aux passeports délivrés à des étrangers par des autorités françaises, nos consuls doivent aussi les viser, mais dans
le cas seulement où leur visa serait requis, soit pour en constater la validité aux yeux des autorités territoriales, soit pour
faciliter l'entrée ou la rentrée en France des porteurs (2). Il

(1) Circulaire des affaires étrangères du 23 janvier 1850.
(2) *Id.* du 4 mai 1833.

suffit, du reste, d'un seul visa donné par un agent politique ou consulaire français pour valider les passeports délivrés par une autorité étrangère ; et tout passeport émané d'une chancellerie française n'est plus assujetti à aucun autre visa tant que la destination qui s'y trouve indiquée n'est pas modifiée (1).

### 6. — Refus de visa.

Les circonstances qui peuvent justifier le refus d'un consul de délivrer les passeports qui lui sont demandés s'appliquent de tous points au simple visa, surtout lorsqu'il s'agit de titres de voyage appartenant à certains étrangers que des raisons politiques ou autres peuvent ou doivent momentanément faire exclure du territoire de la République, et au sujet desquels le gouvernement est d'ailleurs dans l'usage de transmettre par avance des instructions formelles à ses agents.

Les étrangers qui ont été expulsés de France par mesure judiciaire ou administrative comme troublant l'ordre public, ne peuvent jamais y rentrer sans l'assentiment du gouvernement. Pour obvier à ce qu'il leur soit délivré dans nos légations ou consulats les passeports ou visas nécessaires pour revenir en France, ces expulsions sont nominativement et périodiquement notifiées aux consuls par le département des affaires étrangères (2).

Les consuls doivent également s'abstenir de délivrer ou viser les passeports des étrangers indigents, que le désir de travailler pousse souvent beaucoup moins vers la France que tout autre motif. L'accès du territoire français étant interdit à tous les étrangers qui se présentent sans justifier de moyens d'existence ou sans être porteurs de papiers attestant qu'ils peuvent gagner leur vie en travaillant, les consuls doivent également s'abstenir de délivrer ou viser les passeports des étrangers notoirement indigents, et plus particulièrement de ceux qui voudraient se rendre en Algérie (3).

Nous devons ajouter que toutes les fois que le visa d'un

(1) Circulaire des affaires étrangères du 3 décembre 1816.
(2) *Id.* d'avril 1841.
(3) *Id.* des 28 avril et 25 novembre 1852.

passeport étranger est demandé à un agent diplomatique ou
consulaire français, il ne doit en général être accordé qu'après
que la police locale et l'agent de la nation à laquelle appartient
le porteur y ont préalablement apposés les leurs.

§ 2. — DE LA DÉLIVRANCE ET DU VISA DES PASSEPORTS.

**1. — Constatation de l'identité du requérant.**

Les consuls ne peuvent, sans s'exposer aux peines édictées
par la loi, délivrer ou viser aucun passeport sans s'être assurés à l'avance de l'identité et de la qualité des requérants, soit
à l'aide de la preuve testimoniale, soit par la production d'un
acte de notoriété, d'un passeport périmé ou de tout autre acte
authentique (1).

Lorsque le requérant est immatriculé dans une chancellerie diplomatique ou consulaire, son passeport lui est délivré sur
le simple vu de son acte d'immatriculation.

Quand le passeport est délivré sur le dépôt d'un autre passeport périmé, ce dernier est retenu en chancellerie, et reste
déposé dans les archives, après que mention y a été faite de la
date de la délivrance du nouveau passeport qui lui a été
substitué.

Si le réclamant est étranger, son identité doit être attestée
par deux témoins dignes de foi, ou de toute autre manière
satisfaisante.

**2. — Registre des passeports.**

Les passeports sont délivrés à l'étranger dans les formes prescrites par les lois, ordonnances et règlements en vigueur en
France (2). Ainsi, toutes les chancelleries doivent avoir un registre spécial pour les passeports et visa de passeports (3).
Ce registre réglementaire est ouvert, coté, paraphé et clos à la
fin de chaque année par l'agent diplomatique ou consulaire qui
en fait usage. Il énonce la date des passeports, les prénoms ,

(1) Code pénal, art. 155.
(2) Ordonnance du 25 octobre 1833, art. 1er.
(3) Circulaire des affaires étrangères du 21 floréal an v.

noms, âges, lieux de naissance, professions, domiciles, signalements et lieux de destination des requérants ; il reproduit leur signature, ou indique les motifs d'empêchement, et fait connaître en même temps si c'est sur le dépôt d'un ancien passeport, l'exhibition d'autres preuves de nationalité, ou bien l'attestation de témoins, que le passeport a été délivré. Pour les simples visas, le registre, outre les indications relatives aux requérants, doit rappeler la date et la destination primitive du passeport visé, ainsi que l'autorité qui en a fait la délivrance (1).

### 3. — Libellé des passeports et des visas.

Les passeports sont tous rédigés d'une manière uniforme ; ils sont délivrés au nom du peuple français, signés par l'agent diplomatique ou consulaire, et contresignés par les chanceliers (2). Ils doivent indiquer le nombre des personnes auxquelles ils sont remis, leurs nom, âge, profession, domicile et signalement ; leur destination, et le temps pendant lequel ils seront valables ; et être enfin signés par les porteurs, ou faire mention que ceux-ci ne savent ou ne peuvent signer.

Le visa ordinaire des passeports se borne à indiquer la destination du porteur et la voie par laquelle celui-ci doit effectuer son voyage : il est daté et signé comme le passeport (3).

Les passeports ne peuvent être délivrés pour une durée illimitée ; lorsqu'ils n'ont pas pour objet un voyage fixe et déterminé, on leur assigne le terme d'une année. Le visa devrait être refusé si le terme assigné pour la validité du passeport était expiré.

Toutes les fois qu'un passeport s'applique à plusieurs personnes composant une seule famille, il ne suffit pas d'indiquer les noms et prénoms du porteur en y ajoutant *avec sa famille et sa suite ;* le nombre des individus et leur signalement doivent être spécifiés séparément, et les noms, prénoms, qualité ou profession de tous les voyageurs, comme de toutes

(1) *Formulaire à l'usage des consulats,* nos 1 et 9.
(2) *Id.* no 333.
(3) *Id.* no 339.

les personnes qui les accompagnent, doivent y être énoncés (1).

Lorsqu'un passeport est simplement présenté au visa d'un consul, s'il ne fait pas mention du signalement du porteur, ce signalement doit y être indiqué d'office et avant le visa. Cette prescription ne s'applique pas toutefois aux passeports des membres du corps diplomatique, ni à ceux des personnages connus et distingués par leur position officielle, entre autres des courriers de cabinet, porteurs de dépêches, etc. (2).

#### 4. — Emploi du système métrique dans les signalements.

Aux termes de la loi du 4 juillet 1837, le système métrique étant le seul qui puisse être employé légalement en France, la taille des voyageurs doit être indiquée dans les passeports délivrés par les agents diplomatiques et consulaires en mesures métriques, et non en anciennes mesures françaises ou en mesures étrangères (3). Pour obvier également à toutes les difficultés que peut présenter en France la vérification de l'exactitude des signalements, lorsque sur des passeports étrangers la taille des voyageurs a été indiquée en unités étrangères, il est bon que dans leur visa nos agents rappellent la concordance des mesures françaises avec celles usitées dans le pays.

#### 5. — Feuilles de route des militaires et marins.

Les militaires ou marins français qui se trouvent à l'étranger pour une cause quelconque ne reçoivent pas de passeport. Aux termes des règlements sur la matière, les consuls doivent se borner, lorsqu'ils demandent à rentrer en France, à leur délivrer gratis une simple feuille de route valable pour le voyage (4). Ces feuilles de route s'inscrivent à leur date sur le registre des passeports, et sont signées tant par le porteur que par l'agent qui les délivre : leur libellé est, du reste, le même que celui des passeports (5).

(1) Circulaire des affaires étrangères du 10 octobre 1831.
(2) *Id.* du 31 juillet 1810. — Instruction supplémentaire du 8 août 1814.
(3) Circulaire des affaires étrangères du 28 août 1841.
(4) Ordonnance du 25 octobre 1833, art. 3.
(5 *Formulaire à l'usage des consulats,* n° 329.

## SECTION II.

Des attributions des agents extérieurs relativement aux légalisations.

#### 1. — Compétence des agents extérieurs.

La législation de presque toutes les nations exige que les actes publiés et les documents civils ou commerciaux sous seing privé destinés à faire foi ou à devenir exécutoires sur leurs territoires respectifs, soient préalablement légalisés; elle réserve aussi en général aux agents diplomatiques et consulaires le droit exclusif d'apposer ces légalisations.

Aux termes de l'ordonnance de 1681, les actes expédiés dans les pays étrangers où réside un agent français ne font pas foi en France s'ils ne sont pas légalisés par ce même agent (1). Cette disposition, renouvelée et confirmée par l'article 32 de l'ordonnance du 24 mai 1728, a été définitivement consacrée par l'ordonnance du 25 octobre 1833.

#### 2. — Limite des obligations des agents.

Les agents diplomatiques et consulaires français ont qualité pour légaliser les actes délivrés par les autorités ou fonctionnaires publics de leur arrondissement (2); mais cette compétence ne constitue pas pour eux une obligation impérative.

L'appréciation de la valeur intrinsèque des actes étrangers au point de vue légal est du ressort exclusif de l'autorité judiciaire; d'un autre côté, la légalisation des signatures apposées au bas d'un acte reçu par un fonctionnaire public ou un officier ministériel étranger, n'a pour effet ni pour but de ratifier le contenu de la pièce sur laquelle elle est apposée.

Toutefois l'intervention de l'agent français ayant pour conséquence d'attribuer à ce même acte l'authenticité légale dont il était dépourvu (3), les chancelleries ne doivent légaliser les documents étrangers qui leur sont présentés qu'autant

(1) Ordonnance d'août 1681, livre I<sup>er</sup>, titre 9, art. 23.
(2) *Id.* du 25 octobre 1833, art. 6.
(3) Code civil, art. 1317.

qu'elles sont en mesure 1º d'attester la sincérité de la signature du fonctionnaire public ou de l'officier instrumentaire, 2º de certifier en pleine connaissance que celui-ci a ou avait à la date de l'acte la qualité officielle qu'il y prend (1).

Lorsque les consuls ont le moindre doute sur la réalité des signatures présentées à leur légalisation, ou lorsque celles-ci appartiennent à des officiers ministériels établis au dehors du chef-lieu de leur arrondissement, ils doivent s'abstenir de passer outre, et imposer aux requérants l'obligation de faire en premier lieu viser, légaliser ou certifier leurs actes par l'autorité compétente de leur *résidence*. C'est là une recommandation qui ne saurait nuire en rien aux intérêts des parties ; et nous pensons que les agents qui ne s'y conformeraient pas exposeraient gratuitement leur responsabilité.

### 3. — Légalisation des signatures particulières.

Les agents diplomatiques et consulaires français sont libres d'accorder ou de refuser la légalisation des actes sous signature privée, les parties intéressées ayant toujours la faculté de passer ces actes soit en chancellerie, soit devant les autorités ou officiers ministériels du pays.

Un usage presque universellement admis veut cependant que cette légalisation ne soit jamais refusée : 1º lorsque les signatures ont été apposées en chancellerie ou reconnues par les parties elles-mêmes; 2º lorsque ces signatures sont accompagnées de légalisations ou d'attestations émanées soit des autorités locales, soit d'un agent diplomatique ou consulaire étranger (2).

### 4. — Formule des légalisations.

La formule de légalisation varie suivant que celle-ci porte sur un acte public ou sur un acte sous signature privée : dans le premier cas elle certifie à la fois la qualité et la signature de l'officier instrumentaire; dans le second elle doit attester que les signatures ont été apposées ou dûment reconnues en chancellerie (3).

(1) Ordonnance du 25 octobre 1833, art. 7.
(2) *Id*. art. 6 et 8.
(3 *Formulaire à l'usage des consulats*, nᵒˢ 330 et 331.

Les règlements veulent que les légalisations soient données isolément au bas de chaque acte, et non d'une manière générale pour plusieurs actes de même nature qui auraient été abusivement réunis pour échapper à l'application des taxes de chancellerie.

Lorsque, au contraire, un seul et même acte se compose de plusieurs rôles ou feuillets, les agents doivent exiger que ceux-ci soient tous réunis par des cordonnets et des sceaux officiels. Si un consul a la certitude qu'aucune fraude n'a eu lieu, cette réunion peut être effectuée en chancellerie. Dans tous les cas, les agents ne doivent pas oublier que le bureau de la chancellerie du département des affaires étrangères serait en droit de refuser de légaliser des pièces de ce genre qui, quoique authentiques, lui seraient présentées sans que la réunion des diverses parties qui les composent eût eu lieu à l'étranger par les soins ou sur l'indication des chancelleries diplomatiques et consulaires (1).

#### 5. — Enregistrement des légalisations.

Toutes les légalisations doivent être scrupuleusement enregistrées en chancellerie, soit sur un registre spécial, soit sur celui des *actes divers*, en indiquant leur date, la nature de l'acte, le nom du requérant et la signature légalisée (2).

#### 6. — Légalisation des actes passés en chancellerie.

Tous les actes délivrés ou reçus directement par les chanceliers en leur qualité officielle de notaire public doivent, pour faire foi en France, être légalisés par les chefs de mission diplomatique, ou les consuls sous les ordres desquels ces chanceliers sont placés (3).

#### 7. — Légalisation de la signature des agents consulaires.

Cette obligation, conforme à ce qui a lieu en France, où les expéditions d'actes délivrées par les notaires et les greffiers

(1) Circulaire des affaires étrangères du 15 juillet 1827.
(2) *Id.* du 21 floréal an v. — Instruction du 20 février 1829.
(3) Instruction du 30 novembre 1833.

ne font foi hors de leur ressort que lorsqu'elles ont été légalisées par le juge compétent de leur domicile, s'étend aux
actes délivrés ou légalisés par les agents consulaires, qui ne
sont valables qu'autant que leurs signatures ont été légalisées
par les chefs d'arrondissement (*Voir* livre IX) (1).

Dans tous les cas, cette légalisation doit être considérée
comme faite d'office, et ne donne dès lors ouverture à aucune
perception de chancellerie (2).

### 8. — Légalisation des signatures d'autorités françaises.

Les agents diplomatiques et consulaires sont parfois mis en
demeure de légaliser des actes de fonctionnaires publics français. L'ordonnance du 25 octobre 1833 ayant formellement
établi (3) que les arrêts, jugements ou actes rendus ou passés
en France, ne peuvent être exécutés ou admis dans les consulats qu'après avoir été légalisés par le ministère des affaires
étrangères, nous pensons que les agents manqueraient à leurs
devoirs s'ils ne refusaient leur concours pour régulariser des
pièces ou actes dépourvus de la légalisation ministérielle.

## SECTION III.

### De quelques autres fonctions administratives des consuls.

#### § 1ᵉʳ. — DES CERTIFICATS DE VIE.

##### 1. — Certificats des rentiers viagers et pensionnaires de l'État.

Les certificats de vie des rentiers viagers et pensionnaires
de l'État résidant en pays étranger sont délivrés soit par les
chancelleries de légations ou de consulats, soit par les magistrats du lieu dans le cas où le domicile des rentiers ou
pensionnaires est éloigné de plus de six lieues de la résidence
d'un agent français. Le trésor public admet ces derniers certi-

---

(1) Circulaire des affaires étrangères du 25 mai 1806. — Ordonnance
du 26 octobre 1833, art. 7.
(2) Tarif du 6 novembre 1842, observation 28.
(3) Ordonnance du 25 octobre 1833, art. 10.

ficats toutes les fois qu'ils sont revêtus de la légalisation des agents ou consuls français (1).

Pour les rentiers viagers, les certificats de vie peuvent même, sans aucune limite de distance ou d'éloignement, être délivrés par les notaires ou tous autres officiers publics ayant qualité à cet effet, à charge, bien entendu, de légalisation dans une chancellerie française (2).

Ces actes doivent indiquer avec précision l'âge, le lieu de naissance, les nom et prénoms du requérant; si c'est un rentier viager, rappeler le chiffre de la rente et son numéro d'inscription; si c'est un pensionnaire, faire connaître la nature et le taux de sa pension, et mentionner en outre que depuis son obtention l'ayant droit ne jouit d'aucune autre pension, ni d'aucun traitement d'activité, et n'a pas perdu la qualité de Français ; et enfin ils sont signés par le comparant et le consul qui les reçoit (3).

Ces formalités sont, du reste, spéciales pour les rentiers viagers et les pensionnaires civils, la délivrance ou plutôt le libellé des certificats de vie des pensionnaires militaires et de la marine étant soumis à des formes particulières. (*Voir* livre V, chap. 3, et livre VII, chap. 8.)

### 2. — Incompétence des chanceliers.

Anciennement les notaires français n'avaient pas tous indistinctement qualité pour délivrer des certificats de vie; ceux qui . avaient obtenu à cet égard une autorisation spéciale s'appelaient notaires certificateurs (4). Aujourd'hui que tous les notaires ont sous ce rapport été placés sur la même ligne, on pourrait croire que les chanceliers des postes diplomatiques et consulaires, précisément parce qu'ils sont les notaires de leurs nationaux, sont également compétents pour libeller ces actes. Il n'en est rien, la délivrance des certificats de vie ayant été expressément ré-

(1) Ordonnance du 30 juin 1814, art. 4.
(2) *Id*. du 20 mai 1818, art. 1er.
(3) Circulaire des affaires étrangères du 15 mai 1842.—*Formulaire à l'usage des consulats*, n° 323.
(4) Décret du 21 août 1806, art. 1er.

servée aux seuls chefs de missions diplomatiques et aux consuls (1).

### 3. — Enregistrement des certificats.

Le décret du 21 août 1806 prescrivait aux consuls de tenir
un registre des têtes viagères et des pensionnaires auxquels
ils délivraient des certificats de vie. Ce registre devait indiquer les nom, prénoms, domicile et âge des rentiers ou pensionnaires, et le montant de leurs rentes ou pensions. Cette
disposition n'ayant pas été reproduite dans l'ordonnance du
30 juin 1814, les agents peuvent se borner à un simple enregistrement sommaire en chancellerie, qui permette de constater éventuellement l'existence de l'individu auquel l'acte
a été délivré (2).

### 4. — Certificats pour des motifs non spécifiés.

Quant aux certificats de vie demandés aux agents pour des
motifs non énoncés dans l'acte même, il va sans dire que le
libellé et la délivrance en sont soumis aux formalités requises
pour tous les actes de chancellerie.

### § 2. — DES CERTIFICATS RELATIFS AU COMMERCE ET A LA NAVIGATION.

### 1. — Certificats d'origine.

Le tarif des douanes de France impose des droits différents
à certaines marchandises étrangères importées par navires
français, suivant qu'elles sont ou non le produit du sol ou de
l'industrie du pays d'où elles proviennent; l'origine véritable
de ces marchandises se justifie à l'aide de certificats émanés
du consul en résidence dans le port d'expédition.

Quoique peu de consulats soient appelés aujourd'hui à délivrer des certificats d'origine, nous n'en croyons pas moins
devoir indiquer ici les règles générales auxquelles, le cas
échéant, ils doivent se conformer.

Nous dirons d'abord que, par les mots de produits d'un

(1) Circulaire des affaires étrangères du 26 mars 1834.
(2) Instruction des affaires étrangères du 20 février 1829.

pays il ne faut pas entendre exclusivement la province ou le port d'où l'exportation s'effectue, mais encore la puissance à laquelle appartient ce même port. Il suit de là que les consuls ont qualité pour délivrer des certificats d'origine non-seulement pour les produits récoltés dans leur arrondissement, mais bien pour tous ceux qui sont embarqués sous pavillon étranger à destination d'un autre port du même pays dans lequel ces produits seront transbordés sur le navire français qui doit les porter en France.

Les instructions laissent à l'appréciation des consuls les moyens à employer pour s'assurer de l'origine des marchandises pour lesquelles des certificats leur sont demandés. Dans aucun cas néanmoins, la simple déclaration des chargeurs ne doit être considérée comme suffisante; il est nécessaire qu'elle soit accompagnée de pièces justificatives, telles que lettres de voiture, connaissements, extraits de correspondance ou de livres de commerce, certificats visés par les autorités territoriales des propriétaires des biens-fonds où les produits dont il s'agit ont été récoltés, etc. : ces différentes pièces peuvent, au besoin, être suppléées par des attestations d'experts nommés d'office pour vérifier ou reconnaître l'origine du produit.

Quand les consuls ne sont pas pleinement édifiés sur la validité des justifications produites, ou quand ils ont des motifs particuliers de croire que l'on cherche à tromper ou surprendre leur religion, ils doivent se refuser à délivrer les certificats d'origine, ou tout au moins les libeller de telle façon qu'ils ne puissent induire notre douane en erreur (1).

Les certificats d'origine sont délivrés directement par les agents diplomatiques ou consulaires, et contre-signés par les chanceliers; ils doivent spécifier avec le plus grand soin les quantités de marchandises auxquelles ils se rapportent, les marques et numéros inscrits sur le manifeste, les noms des chargeurs et l'adresse des destinataires, l'espèce et le nom du navire sur lequel elles sont chargées, le nom du capitaine qui le commande et son port de destination (2).

(1) Circulaire des affaires étrangères du 30 janvier 1856.
(2) *Formulaire à l'usage des consulats*, n° 319.

40

## 2. — Certificats d'expédition et d'embarquement.

La délivrance des certificats d'expédition de certaines marchandises qui jouissent d'une modération de droits, selon que leur importation a lieu dans certaines conditions déterminées, telles que les grains, les riz, les huiles, etc., exige de la part des consuls les mêmes précautions. Il est, du reste, bon d'ajouter que ces pièces spéciales doivent toujours faire connaître si les produits auxquels elles se rapportent sont directement destinés à la consommation, ou seulement à être mis en entrepôt (1).

Les certificats spéciaux d'embarquement de sels étrangers destinés à être employés à la pêche de la morue (*Voir* livre V, chapitre 6) ne doivent être délivrés aux intéressés qu'après le dépôt, par le capitaine, de la soumission réglementaire d'acquitter ou faire acquitter les droits de douane au retour du navire en France.

## 3. — Fraudes dans les transbordements et la prise à terre de marchandises d'entrepôt.

L'un des moyens auxquels, trop souvent encore, le commerce a recours pour échapper à l'application des surtaxes de navigation, consiste à réexporter sous pavillon français des marchandises versées en entrepôt par des navires étrangers, et à les faire ensuite revenir en France par le même bâtiment, sans débarquement ni mise à terre dans le port étranger à destination duquel la réexportation avait été déclarée en douane. Pour déjouer cette fraude, les règlements prescrivent aux consuls de veiller avec le plus grand soin à ce que les navires nationaux qui arrivent dans les ports de leur résidence avec des marchandises prises dans nos entrepôts opèrent réellement et intégralement le débarquement de leur cargaison, qui peut sans doute être réexpédiée en France par un navire français quelconque, mais qui doit alors être munie d'un certificat attestant à la fois l'origine ou la dernière provenance des marchandises auxquelles il s'applique, et le fait du réembarquement ou de la prise à terre.

(1) *Formulaire à l'usage des consulats*, n° 317.

### 4. — Décharge des acquits à caution.

Certaines marchandises ne peuvent être exportées ou réexportées de France qu'en remplissant diverses formalités, au nombre desquelles figure celle d'être munies d'un acquit à caution, dont la décharge, au lieu de destination, doit être justifiée dans un délai déterminé.

Cette justification s'opère non à l'aide de certificats isolés et séparés, mais par le visa et l'attestation que les agents diplomatiques et consulaires inscrivent au *bas* et au *dos* de l'acquit à caution délivré par la douane du lieu de départ (1).

Toutes les fois qu'un bâtiment dont le chargement a été soumis à sa sortie d'un de nos ports à la formalité de l'acquit à caution, vient par fortune de mer à relâcher dans un port étranger autre que celui de sa destination, l'agent français qui y réside doit délivrer au capitaine un certificat spécial qui constate les causes de sa relâche et la nature des opérations auxquelles il a pu se livrer pendant la durée de celle-ci (2).

# CHAPITRE V.

DES DÉPOTS DANS LES CHANCELLERIES DIPLOMATIQUES ET CONSULAIRES.

## SECTION I.

De la réception et de la conservation des dépôts.

### 1. — Législation en matière de dépôts.

Les agents diplomatiques et consulaires ont été de tout temps autorisés à recevoir en dépôt les sommes d'argent, valeurs, marchandises ou effets mobiliers dont leurs nationaux voulaient assurer la conservation à l'étranger (3). Les anciens

(1) *Formulaire à l'usage des consulats,* n° 327.
(2) *Id.,* n° 321.
(3) Ordonnances des 4 décembre 1691, 11 septembre 1731 et 3 mars

règlements sur cette matière ont été complétés et mis en harmonie avec les principes qui régissent aujourd'hui l'institution consulaire, par une ordonnance spéciale en date du 24 octobre 1833.

Le principe sur lequel est fondée cette ordonnance est le même que celui qui sert de base aux dispositions réglementaires sur la comptabilité des chancelleries, c'est-à-dire que le chancelier est comptable, le consul ou chef de mission diplomatique surveillant et contrôleur, et que tous deux sont responsables (1). Les précautions prescrites pour la conservation des dépôts ont été combinées de manière à ce que la responsabilité du contrôleur ne pût être invoquée que dans le cas où sa surveillance se serait réellement trouvée en défaut.

### 2. — Dépôts volontaires et d'office.

Les dépôts sont de deux espèces : *obligatoires* ou *d'office*, et *volontaires*. Les dépôts faits d'office sont ceux qui ont lieu en vertu de sentences des consuls dans les pays où ils exercent juridiction, ceux qui proviennent de sauvetages et ceux qui dépendent de successions dévolues à des absents. Les consuls ne peuvent sous aucun prétexte se dispenser de consigner immédiatement à leurs chanceliers ces trois espèces de dépôts (2).

Les dépôts volontaires sont ceux qui sont faits du consentement libre des déposants. Les chanceliers peuvent les recevoir sur la demande qui leur en est faite par leurs nationaux ou dans leur intérêt, après en avoir obtenu l'autorisation de leurs chefs (3). Mais si les consuls ont ainsi le droit de décliner la réception dans leur chancellerie de dépôts de cette nature, leur refus doit reposer sur des motifs sérieux ; tout ce qui, en cette matière, assumerait le caractère d'un déni de justice ou d'un refus de protection, exposerait l'agent qui s'en serait rendu coupable à encourir un blâme sévère de la part du gouvernement.

1781, titre 1, art. 128 et suivants. — Instruction supplémentaire du 8 août 1814.
  (1) Ordonnance du 24 octobre 1833, art. 1er.
  (2) Circulaire des affaires étrangères du 4 novembre 1833.
  (3) Ordonnance du 24 octobre 1833, art. 2.

### 3. — Conservation des dépôts.

Chaque agent est tenu d'affecter dans sa maison, à la garde des effets ou marchandises déposées, un local spécial fermant à deux clefs différentes, dont l'une demeure déposée entre les mains du consul, et l'autre entre celles du chancelier.

Les sommes d'argent, matières précieuses ou valeurs négociables, sont elles-mêmes conservées dans une caisse à part ; placée ordinairement dans le lieu même consacré à la garde des dépôts, et fermant également à deux clefs différentes. Les dépôts y sont renfermés après avoir été mis dans des sacs ou sous des enveloppes, sur lesquels doit être apposé le sceau du consulat, et qui portent des étiquettes indiquant le nom des propriétaires, et, suivant le cas, la nature des objets ou l'espèce et le montant des monnaies ou valeurs déposées (1).

Le contenu de cette caisse doit être scrupuleusement vérifié à chaque mutation de titulaire du poste, ou plus souvent s'il y a lieu : il en est dressé procès–verbal.

### 4. — Actes de dépôt.

Tout dépôt ou tout retrait de dépôt en chancellerie doit être constaté par un acte que le chancelier dresse en présence du consul et qu'il inscrit sur un registre spécial.

Le registre des dépôts (*Voir* livre II, chapitre 9) est au nombre de ceux dont la tenue est obligatoire dans toutes les chancelleries diplomatiques et consulaires. Il doit être ouvert, coté, paraphé par le consul, arrêté tous les trois mois, comme aussi à chaque changement de titulaire, et clos à la fin de chaque année (2).

La rédaction des actes de dépôt est fort importante, et réclame de la part des agents la plus scrupuleuse attention. Avant de recevoir dans leur chancellerie un dépôt quelconque et de dresser l'acte destiné à constater la remise qui leur en est faite, les agents doivent épuiser tous les moyens d'information

(1) Ordonnance du 24 octobre 1833, art. 4 et 5.
(2) *Formulaire à l'usage des consulats*, n° 1.

dont ils peuvent disposer pour se procurer les renseignements les plus complets et les plus circonstanciés sur la nature et l'origine du dépôt. L'acte relatif à un dépôt volontaire doit expressément mentionner : 1° les noms, prénoms, qualités, professions, domiciles et lieux de naissance des déposants ; 2° ceux des tiers qui y sont intéressés à un titre quelconque ; 3° l'avertissement qu'il ne sera pas conservé en chancellerie au delà de cinq ans à compter du jour où il a lieu. Quand il s'agit d'un dépôt d'office provenant, par exemple, d'une succession vacante ou d'une faillite, l'acte qui s'y rapporte doit relater en outre le lieu et l'époque de la naissance du décédé ou du failli, ainsi que le lieu et la date précise du décès ou de la faillite (1).

Hors le cas où les dépôts ont eu lieu d'office, le recours contre les chancelleries consulaires n'est assuré aux déposants qu'autant qu'ils se présentent munis d'un extrait de l'acte de dépôt délivré par le chancelier et visé par le consul (2). Cette disposition, qui découle des règles du droit commun sur les obligations et la responsabilité des dépositaires, lesquelles sont toutes applicables aux dépôts de chancellerie, a pour but de prévenir la négligence que les parties pourraient mettre à faire enregistrer leurs dépôts.

#### 5. — Perte des dépôts par force majeure.

En cas d'enlèvement ou de perte d'un dépôt par force majeure, il doit en être dressé par le chancelier un procès-verbal que le consul, après l'avoir certifié, transmet au ministère des affaires étrangères avec ses observations et les pièces à l'appui (3).

#### 6. — Responsabilité des dépositaires.

Si l'enlèvement ou la perte du dépôt, au lieu de provenir de force majeure, était le fait du consul ou du chancelier, celui qui s'en serait rendu coupable serait punissable des

(1) *Formulaire à l'usage des consulats*, nos 340 et 341.
(2) Ordonnance du 24 octobre 1833, art. 11.
(3) *Id. Id.*, art. 12.

peines portées par le Code pénal contre les dépositaires publics convaincus de soustraction frauduleuse des deniers, valeurs et autres objets confiés entre leurs mains à raison de leurs fonctions (1).

### 7. — Vente d'office des objets déposés.

Les agents diplomatiques et consulaires sont autorisés à faire vendre aux enchères les marchandises ou effets volontairement déposés entre leurs mains, lorsqu'il s'est écoulé deux ans sans qu'ils aient été retirés ; ils peuvent même en ordonner la vente avant ce délai, lorsque la nécessité et l'urgence en sont constatées par un procès-verbal d'experts. Cette double faculté laissée aux consuls doit être rappelée dans les actes de dépôt (2). On conçoit en effet que le consentement préalable des intéressés soit exigé pour que leur propriété puisse ainsi être dénaturée en quelque sorte sans leur concours, car la position d'un consul qui reçoit un dépôt volontaire ne diffère pas légalement de celle des autres dépositaires privés ; comme ceux-ci, il doit apporter dans la garde de la chose déposée les mêmes soins qu'il apporterait dans la garde des choses qui lui appartiennent en propre, et il est tenu, sauf impossibilité absolue, de rendre identiquement la même chose qu'il a reçue (3).

Quant aux marchandises ou effets provenant de dépôts administratifs ou judiciaires, les consuls peuvent, en vertu du même droit qui a placé ces dépôts entre leurs mains, les dénaturer et prendre toutes les mesures nécessaires à la conservation des droits des intéressés. Dans ce cas, en effet, ils n'agissent plus comme dépositaires, mais bien comme curateurs aux biens des absents, administrateurs de la marine ou juges, et comme tels ils doivent, suivant les circonstances, faire usage des pouvoirs administratifs ou judiciaires dont ils se trouvent investis (4).

Ces ventes de marchandises, qu'elles proviennent de dépôts

(1) Code pénal, art. 169 et 173.
(2) Ordonnance du 24 octobre 1833, art. 6.
(3) Code civil, art. 1927 et 1932.
(4) Circulaire des affaires étrangères du 4 novembre 1833.

faits d'office ou de dépôts volontaires, doivent toujours avoir lieu en vertu d'une ordonnance consulaire spéciale et par l'intermédiaire du chancelier qui en dresse acte; le produit net en est sans désemparer versé dans la caisse des dépôts pour compte de qui il peut appartenir.

### 8. — Durée légale des dépôts.

Lorsque les ayants droit se trouvent en France et qu'il n'existe pas d'opposition à l'étranger, la valeur des dépôts doit être immédiatement transmise à Paris à la caisse des dépôts et consignations, par l'intermédiaire du département des affaires étrangères et sous le timbre du bureau de la chancellerie; dans tout autre cas et, à moins d'ordre exprès du gouvernement, les dépôts soit volontaires, soit d'office ne peuvent être envoyés en France dans la forme réglementaire qu'au bout de cinq ans à compter du jour du dépôt (1).

### 9. — Retraits des dépôts.

Les retraits de dépôts sont constatés par un acte qui est dressé conjointement par le consul et le chancelier, et qui pour leur commune décharge est inscrit sur le registre des dépôts. Rédigé dans la même forme que l'acte de dépôt auquel il se réfère, il doit seulement mentionner d'une manière expresse la destination donnée aux objets retirés (2).

### 10. — États de dépôts.

Les consuls devaient autrefois au moment même de l'entrée en caisse donner avis au gouvernement de tous les dépôts d'une valeur considérable versés dans leur chancellerie (3); dispensés aujourd'hui de cette obligation, ils ne sont plus tenus (*Voir* livre II, chapitre 9) que de transmettre tous les trois mois au département des affaires étrangères un état en double expédition qui présente par entrée et sortie le relevé exact

(1) Ordonnance du 24 octobre 1833, art. 7 et 8.
(2) *Formulaire à l'usage des consulats,* n° 342.
(3) Circulaire des affaires étrangères du 31 juillet 1813. — Instruction supplémentaire du 8 août 1814.

de toutes les opérations de leur caisse de dépôts pendant le trimestre précédent.

A l'exception de ces états qui se transmettent à la direction commerciale par dépêche sans numéro, toute la correspondance des consuls pour l'encaissement, le retrait ou la transmission en France des dépôts de toute nature, soit d'office soit volontaires, doit être timbrée, direction des archives, bureau de la chancellerie (1).

### 11. — Dépôts d'objets non réalisables en numéraire.

Les dispositions réglementaires que nous venons de rappeler ne s'appliquent qu'aux seuls dépôts qui consistent en sommes d'argent, marchandises ou valeurs réalisables. C'est en traitant au chapitre 7 de ce livre des actes notariés en général que nous ferons connaître la marche à suivre pour les dépôts en chancellerie d'obligations, billets, testaments ou autres actes de même nature qui ne sont pas susceptibles d'être envoyés à la caisse des dépôts et consignations et ne figurent pas non plus sur les relevés trimestriels transmis au ministère (2).

### 12. — Dépôts maritimes.

Quant aux dépôts ressortissant à la caisse des invalides de la marine, ce que nous en avons dit au livre V suffit pour faire comprendre qu'ils ne rentrent pas sous l'application des dispositions relatives aux dépôts de chancellerie proprement dits (3).

## SECTION II.

### De la transmission des dépôts en France.

### 1. — Obligations des consuls.

Les formes dans lesquelles doit avoir lieu la transmission à

(1) Circulaire des affaires étrangères du 7 septembre 1838.
(2) Id. Id.
(3) Ordonnance du 24 octobre 1833, art. 10. — Circulaire de la marine du 23 février 1834.

la caisse des dépôts et consignations de Paris, par l'intermédiaire du ministère des affaires étrangères, des dépôts effectués dans les chancelleries diplomatiques et consulaires sont les mêmes pour toute espèce de dépôts, soit d'office, soit volontaires. Disons tout d'abord que cette transmission est forcée, et que, quelles que soient les communications ou réclamations particulières qu'ils aient pu recevoir à cet égard, il est expressément défendu aux consuls de remettre directement aux ayants droit les fonds qu'ils ont en leur pouvoir. On conçoit en effet que la vérification des titres des réclamants pourrait entraîner à l'étranger des inconvénients qui se trouvent évités par la transmission directe à la caisse des dépôts et consignations.

La seule exception consacrée à cet égard concerne les dépôts provenant de recouvrements opérés officieusement, en vertu d'une autorisation spéciale du ministre, lesquels doivent toujours (*Voir* livre IV, chapitre 5) être envoyés en France au ministère des affaires étrangères, en traites sur France à l'ordre des intéressés.

### 2. — Mode d'envoi des fonds en France.

L'envoi de la valeur des dépôts à la caisse des dépôts et consignations se fait par traites à l'ordre du caissier général de cet établissement, et ne doit jamais être fait en traites à l'ordre du ministre des affaires étrangères lui-même.

Ces traites doivent être accompagnées des pièces nécessaires pour mettre la caisse des dépôts et consignations à portée de ne faire la remise des fonds qu'aux véritables ayants droit (1).

### 3. — Pièces justificatives.

Ces pièces sont : 1° un état de versement en double expédition ; 2° un bordereau quittancé des droits perçus par le chancelier, et contenant l'indication de l'article ou des articles du tarif d'après lesquels la perception a eu lieu ; 3° un

_____
(1) Circulaires des affaires étrangères des 26 mars et 25 juillet 1834.

certificat du cours du change au jour de l'envoi des fonds en France (1).

L'état de versement dressé par le chancelier et visé par le consul, présente l'extrait, en ce qui concerne le dépôt transmis en France, de l'état général du mouvement des dépôts adressé à la fin de chaque trimestre au département des affaires étrangères. Il doit indiquer : 1° pour compte de qui la consignation est faite, si c'est pour celui du déposant même ou pour celui d'héritiers ou de créanciers d'une personne décédée ou tombée en faillite ; dans ce dernier cas, il est indispensable de faire connaître les nom, profession ou qualité et domicile du défunt ou du failli, ainsi que la commune, le canton, l'arrondissement et le département où il est né, le lieu et la date précise de sa mort ou de sa faillite, ces indications devant être les mêmes que celles qui sont portées sur les actes de l'état civil, s'il en a été dressé ; 2° la date de la remise du dépôt en chancellerie, sa nature et l'origine des sommes qui figurent dans le compte de liquidation ; s'il s'agit, par exemple, d'une succession, le montant des droits de dépôt ou autres droits de chancellerie ; 3° le chiffre des frais de la négociation de la traite à laquelle il est annexé ; 4° enfin le montant net du dépôt à consigner en France, tant en monnaie du pays qu'en argent de France (2).

Le bordereau quittancé des droits perçus par le chancelier doit être le relevé complet non-seulement du droit de dépôt, mais de tous les droits auxquels le dépôt peut avoir donné ouverture : il est visé et certifié conforme par le consul, qui est également tenu de légaliser le certificat de change produit à l'appui (3).

Indépendamment de ces pièces, dont l'envoi est obligatoire et réglementaire pour toute espèce de versement, il en est d'autres dont la transmission simultanée en France n'est réclamée que pour certaines espèces particulières de dépôts. De ce nombre sont les actes de décès, copies de testament ou d'inventaires, procès-verbaux de vente et de liquidation qui doivent accom-

(1) Circulaire des affaires étrangères du 1er janvier 1837.
(2) *Formulaire à l'usage des consulats*, n° 61.
(3) *Id.*, n° 315.

pagner la remise de fonds provenant de successions, ou être relatées sur les états de versement lorsque l'envoi séparé en a été fait au département des affaires étrangères.

### 4. — Conservation des récépissés de la caisse des dépôts et consignations.

Les récépissés de la caisse des dépôts et consignations pour les fonds provenant de dépôts de chancellerie sont transmis à chaque agent par les soins du département des affaires étrangères : ils doivent être soigneusement conservés dans les archives de chaque poste comme pièce à décharge.

# CHAPITRE VI.

### DES ATTRIBUTIONS DES CONSULS RELATIVEMENT A LA POLICE SANITAIRE.

Les devoirs que les consuls ont à remplir en matière de police sanitaire sont de deux sortes : les uns sont purement d'observation et de surveillance ; les autres plus actifs et d'une pratique, sinon plus constante, du moins plus journalière, concernent la délivrance et le visa des patentes de santé des navires qui s'expédient des ports de leur résidence à destination de France.

## SECTION I.

De la surveillance exercée par les consuls dans l'intérêt de la conservation de la santé publique en France.

### 1. — Des informations à transmettre par les consuls.

La nature et l'étendue des correspondances que les consuls ont à entretenir soit avec le gouvernement, soit avec les autorités sanitaires des ports de commerce (*Voir* livres IV et VI), pour la transmission des nouvelles relatives à la police sanitaire de nos côtes et frontières, varient naturellement (1), suivant que ces agents résident dans des contrées réputées saines ou considérées, au contraire, comme habituellement contaminées, et rentrant, à ce titre, dans la catégorie de celles qu'atteignent les mesures quarantainaires.

Les devoirs des premiers se bornent à transmettre à la direction commerciale du département des affaires étrangères les lois et actes officiels concernant la santé publique que promulgue le gouvernement près duquel ils résident; les règlements particuliers des lazarets; les tarifs des droits sanitaires; en un mot, tous les renseignements qui peuvent réagir sur les décisions à prendre en France pour modifier notre régime quarantainaire.

Quant aux agents placés dans les pays dont la situation sanitaire est en principe frappée de suspicion, tels que le Levant, les côtes d'Afrique et les deux Amériques, ils n'ont pas seulement à tenir le gouvernement au courant des obligations sanitaires imposées aux arrivages de nos ports et à ceux des autres contrées dans un but de précaution ou de simple fiscalité, ils doivent encore adresser en France des informations exactes et circonstanciées sur l'état réel de la santé publique dans le pays de leur résidence, et dans ceux avec lesquels il est en libre et fréquente communication. C'est là un devoir sérieux et parfois difficile à remplir, surtout au moment de la première apparition d'une épidémie, et alors que l'autorité territoriale n'a que trop d'intérêt à cacher la vérité pour ne pas éloigner les navigateurs étrangers, et ne pas effrayer, hors de propos, les populations avec lesquelles le pays se trouve en contact.

Plus est grande la responsabilité des consuls à cet égard, plus ils doivent attacher d'importance à la rigoureuse exactitude des informations sanitaires qu'ils transmettent au gouvernement.

Lorsqu'une épidémie s'est déclarée et que l'autorité territoriale en a confessé l'existence, le consul n'a plus qu'à instruire le gouvernement des faits certains, notoires et publics consta-

(1) Ordonnance du 7 août 1822, art. 78. — Décret du 24 décembre 1850, art. 46.

tés autour de lui. Quand, au lieu de certitude acquise, il n'y a que simple soupçon, l'agent doit le faire connaître en discutant selon sa conscience le plus ou moins de fondement des bruits qu'il rapporte; mais il manquerait à son devoir si, craignant de se faire l'écho de faux bruits, il négligeait de transmettre au gouvernement des avis que celui-ci ne manquerait sans doute pas de recevoir par la voie indirecte des journaux ou des lettres du commerce, ce qui pourrait alors faire suspecter sa bonne foi ou l'activité de son zèle.

Ajoutons ici que les consuls, et principalement ceux qui résident dans les ports habituellement infectés de l'une des maladies contre l'invasion desquelles les quarantaines ont été établies, ne doivent pas oublier qu'il ne leur appartient pas de régler leurs informations ou leurs rapports d'après l'opinion personnelle qu'ils peuvent avoir sur les caractères contagieux ou non contagieux de telle ou telle maladie, mais qu'ils doivent s'en tenir à leurs instructions officielles, c'est-à-dire rapporter les faits et se borner à dire que telle maladie s'est montrée dans le pays ou qu'elle en a disparu, sans chercher à discuter sa nature propre ou son mode de propagation (1).

### 2. — Maladies réputées pestilentielles.

Les règlements sanitaires actuellement en vigueur comptent cinq maladies qu'ils désignent sous le nom de pestilentielles, ce sont :

La peste d'Orient,

La fièvre jaune,

Le typhus des camps, des prisons, des hôpitaux et des vaisseaux,

La lèpre,

Le choléra morbus asiatique.

Il est incontestable que depuis que cette nomenclature a été établie en 1822, l'expérience nous a appris que l'une au moins de ces maladies n'était pas contagieuse, et que la période d'incubation des autres était bien moins longue qu'on ne le croyait anciennement. Cette expérience a été mise à profit, et

(1) Circulaire des affaires étrangères du 10 septembre 1841.

la rigueur des précautions dont on usait autrefois à l'égard des provenances tant des pays suspects que de ceux-là même où sévit une épidémie, a été tellement adoucie qu'elles se bornent aujourd'hui, dans presque tous les cas où il en est encore pris, à une simple observation.

Ç'a été sans doute là un progrès incontestable que le commerce et l'intérêt de nos ports réclamaient depuis longtemps; mais il cesserait d'être un bienfait pour devenir un malheur public si les précautions que commande la prudence venaient à être négligées. Ces précautions, c'est aux consuls qu'il appartient de les provoquer, en partie, par l'exactitude et la célérité de leurs rapports, et par la déclaration qu'ils sont éventuellement appelés à insérer dans les patentes de santé délivrées ou visées par eux, lorsque le pays dans lequel ils résident est infecté d'une maladie pestilentielle, ou même seulement soupçonné de l'être.

La modification la plus considérable apportée à notre ancien régime quarantainaire depuis quelques années a été incontestablement celle qui, abolissant, pour les provenances du Levant et de la Barbarie, le régime de la patente suspecte, les a rangées sous celui de la patente brute ou de la patente nette, selon qu'au moment du départ il y avait ou non une maladie pestilentielle dans le pays (1).

### 3. — Médecins sanitaires en Levant.

Les précautions nouvelles prises au point du départ, les seules auxquelles les consuls soient appelés à concourir, ont consisté dans l'institution de médecins français accrédités dans tous les ports du Levant où leur présence a été jugée nécessaire pour assurer l'accomplissement des mesures prescrites dans l'intérêt de la santé publique. Ces médecins constatent, avant le départ de chaque bâtiment, l'état sanitaire du pays, et la patente de santé n'est délivrée au consulat que sur leur rapport (2).

(1) Ordonnance du 18 avril 1847, art. 1er. — Décret du 24 décembre 1850, art. 23.

(2) Ordonnance du 18 avril 1847, art. 9. — Décret du 24 décembre 1850, art. 31.

L'institution de ces médecins qui agissent pour l'accomplissement de leur mandat spécial d'après les instructions que leur transmet le ministère de l'agriculture et du commerce n'a amoindri en aucune façon les attributions des consuls, qui, seuls responsables vis-à-vis de l'autorité territoriale, ont conservé sur ce service, comme sur tous les autres, la plénitude d'autorité inhérente à leurs attributions.

Placés comme tous les autres Français sous la protection et le contrôle des agents officiels du gouvernement, les médecins sanitaires, qui n'ont aucun rapport direct à entretenir avec les autorités territoriales, doivent naturellement communiquer aux consuls établis dans leur résidence toutes les informations qui sont de nature à intéresser la santé publique et la sûreté de nos relations avec le pays dans lequel ils se trouvent. Afin, du reste, d'écarter toute possibilité de conflits ou de difficultés avec les gouvernements étrangers, il est demeuré entendu que le département des affaires étrangères aurait connaissance de toute la correspondance que les médecins sanitaires sont appelés à entretenir avec le ministère du commerce, et que ceux-ci auraient soin d'adresser leurs rapports en France sous cachet volant par l'intermédiaire des consuls (1).

## SECTION II.

De la délivrance et du visa des patentes de santé et des bulletins sanitaires.

### 1. —Obligation d'une patente à l'arrivée en France.

Tout navire arrivant en France doit être porteur d'une patente de santé faisant connaître au moment de son départ l'état sanitaire du lieu de sa provenance (2).

La patente de santé est le premier des éléments qui servent à juger si un bâtiment peut sans danger pour la santé publi-

(1) Circulaire des affaires étrangères du 5 novembre 1847.
(2) Ordonnance du 7 août 1822, art. 13. — Circulaire des affaires étrangères du 10 mai 1842.

que être admis en libre pratique ou s'il doit être l'objet de précautions particulières.

L'énoncé de la patente ne fait pas seulement connaître l'état de la santé publique dans les lieux d'où le navire a été expédié; en relatant le nombre des passagers et des gens de l'équipage, il fournit encore un moyen de contrôle efficace pour s'assurer si pendant la traversée il n'est survenu aucun décès à bord ou s'il n'a été embarqué personne dont la provenance fût suspecte.

### 2. — Exceptions.

Toutefois nos règlements admettent aujourd'hui certaines exceptions à l'obligation d'être muni d'une patente de santé; ainsi et indépendamment des bateaux de service, des petits caboteurs et des paquebots réguliers porteurs d'une patente délivrée pour un an, ils en dispensent : 1° les provenances de l'Angleterre, de la Belgique, de la Hollande et des Etats du Nord de l'Europe ; 2° les bâtiments qui font la pêche de la morue à Terre-Neuve, au Doggersbank et dans les mers d'Islande ; 3° les navires baleiniers ; 4° les bateaux qui font habituellement le commerce du bétail sur les côtes de la Corse et de la Sardaigne; 5° les navires de grand cabotage, c'est-à-dire ceux qui naviguent des ports français sur l'Océan à ceux de la Méditerranée, et *vice versâ* (1).

### 3. — Délivrance des patentes de santé.

Les patentes sont délivrées en France par les administrations sanitaires, et à l'étranger, en ce qui concerne les bâtiments français, par les consuls (2).

On a demandé au sujet de cette disposition réglementaire, d'un côté, pourquoi on n'avait pas assujetti de même les bâtiments étrangers à se pourvoir d'une patente délivrée par nos consuls ; d'un autre côté, comment ces consuls pourraient délivrer la patente dans les ports où le régime

(1) Décret du 24 décembre 1850, art. 3.
(2) Ordonnance du 7 août 1822, art. 15. — Décret du 24 décembre 1850, art. 5.

sanitaire établi ne permet aux bâtiments de sortir que lorsqu'ils sont pourvus d'une patente délivrée par l'autorité
locale.

Sans doute les patentes de santé des bâtiments étrangers
présenteraient plus d'uniformité si elles étaient délivrées par
nos consuls; mais si le gouvernement avait exigé cette formalité, les gouvernements étrangers auraient probablement usé
de réciprocité, et exigé que les patentes des bâtiments partant
des ports français fussent délivrées ou visées par les consuls
du pays pour lequel chacun d'eux était destiné. Nos bâtiments
auraient donc été soumis partout à des formalités assez gê-
nantes et à l'obligation de payer un droit de visa; la considération due à nos administrations sanitaires en aurait d'ailleurs
été affaiblie. Au reste, comme les administrations sanitaires
françaises sont nécessairement moins sévères pour les bâtiments arrivant en France, lorsque l'exactitude des assertions
contenues dans les papiers dont ils sont porteurs présente plus
de certitude, il est évident que, dans le cas où l'état sanitaire
du lieu de départ ne laisse rien à désirer, les capitaines des
bâtiments étrangers ont intérêt à faire viser et certifier leurs
patentes par nos consuls, qui, de leur côté, ne peuvent faire
aucune difficulté d'accorder ce visa, sauf à y énoncer tels
renseignements qu'ils jugent propres à intéresser la santé
publique (1).

L'obligation du visa consulaire n'existe que pour les navires espagnols partant des ports d'Espagne à destination de
France : c'est une mesure de représailles; et en cas de non-ac-
complissement de cette formalité, les navires peuvent être
soumis à une quarantaine d'observation de cinq jours (2).

Quant aux bâtiments français partant des ports étrangers
où les règlements en vigueur ne permettent la sortie qu'aux
navires pourvus de patentes délivrées par les autorités locales, les consuls, au lieu de délivrer eux-mêmes la patente, se
bornent à viser celle qui a été délivrée par l'autorité du pays,
en ayant soin de modifier ou compléter, si besoin est, les attestations qui y sont contenues (3).

(1) Instruction du ministère de l'intérieur du 9 octobre 1825.
(2) Ordonnance du 31 août 1831.
(3) *Id*. du 29 octobre 1833, art. 47.

Lorsqu'un navire français part d'un port étranger où il n'existe pas d'agent consulaire français, il doit faire certifier, dans le premier port de relâche où il s'en trouve un, la patente qui lui a été délivrée par l'autorité du lieu de départ (1). Sans doute le consul qui se trouve dans ce premier port de relâche n'a souvent aucun renseignement sur l'état sanitaire du pays de provenance : s'il en a, il les énonce sur la patente, et dans le cas contraire il se borne à attester l'état sanitaire du port de relâche et des pays circonvoisins, ainsi que celui du bâtiment.

#### 4. — Libellé des patentes de santé et des visas.

Les patentes de santé délivrées par les consuls sont rédigées conformément au modèle officiel qui leur a été transmis par le ministère des affaires étrangères (2), et sont extraites de registres à souche et à talon, afin qu'en cas d'altération, de substitution de patente ou d'infraction quelconque, on puisse avoir un moyen de vérification.

Elles doivent indiquer :

1° Le nom, la force et le pavillon du bâtiment, le nom de son capitaine, le nombre des gens de l'équipage, et celui des passagers ;

2° La nature de la cargaison ;

3° Si dans le pays du départ la santé publique ne donne lieu à aucun soupçon de maladie pestilentielle : dans le cas où il règne une maladie d'un genre suspect, on doit donner des renseignements sur sa nature et sur son intensité ; lorsqu'une maladie de ce genre a régné pendant le cours de l'année révolue à l'époque de la délivrance de la patente, on doit faire connaître à quelle époque elle a cessé ;

4° Si dans les pays circonvoisins et dans ceux avec lesquels on est en libre relation il n'existe aucun soupçon de maladie pestilentielle : dans le cas où il existe une pareille maladie, on

(1) Ordonnance du 7 août 1822, art. 16.

(2) Circulaires des affaires étrangères des 21 mars 1826, 10 septembre 1841 et 10 mai 1842. — *Formulaire à l'usage des consulats,* n° 291.

doit faire connaître le pays où elle règne et les renseignements recueillis sur la nature de cette maladie ;

5° Si dans les pays d'où proviennent les marchandises composant la cargaison du bâtiment il n'existe aucun soupçon ; en cas de suspicion, on doit dire également quel est le pays où règne une maladie suspecte et quels renseignements on a sur cette maladie (1).

Toute patente doit être datée, scellée du sceau du consulat, signée par l'agent diplomatique ou consulaire, et contresignée par le chancelier.

Quant au visa en chancellerie des patentes de santé délivrées par les autorités locales aux navires français ou étrangers à destination d'un port de France (2), il ne faut pas croire que ce soit une simple légalisation de signature : il est pour nos administrateurs sanitaires la confirmation de l'exactitude des renseignements contenus dans la patente.

Ce visa doit même, le cas échéant, être le correctif de la patente ; il est prescrit aux consuls d'y mentionner toutes les informations réglementaires que la patente ne donnerait pas d'une manière complète, d'en modifier, si besoin est, les attestations, et d'y ajouter tels renseignements que de droit pour éclairer nos administrations sur l'état sanitaire du port de départ et des pays avec lesquels ce même port est en communication fréquente et habituelle (3).

Les patentes de santé doivent, dans tous les lieux de relâche, être munies d'un visa dont l'énoncé se rapproche autant que possible des indications comprises dans le corps de la patente.

##### 5. — Obligation d'un nouveau visa.

En cas de séjour prolongé au delà de cinq jours après la délivrance ou le visa d'une patente, dans le lieu de départ ou de relâche d'un navire, un nouveau visa devient nécessaire (4). En Levant et en Barbarie la patente de santé doit

(1) Instruction du ministère de l'intérieur du 9 octobre 1825.

(2) *Formulaire à l'usage des consulats*, n° 308.

(3) Circulaires des affaires étrangères des 21 mai 1833, 24 juillet 1834 et 26 août 1845.

(4) Ordonnance du 7 août 1822, art. 17.

. même être délivrée le jour ou la veille du jour du départ du
bâtiment (1). Il est évident en effet que si, après la délivrance
ou le visa de sa patente, un bâtiment retarde son départ d'un
ou de plusieurs jours, selon le pays, l'état sanitaire de ce pays,
celui du bâtiment même, peuvent éprouver des variations, et
que, dans ce cas, un nouveau visa devient nécessaire pour
constater, s'il y a lieu, la nature des changements survenus.

### 6. — Responsabilité des consuls.

Toutes les énonciations que nous avons indiquées comme
devant être portées sur les patentes de santé sont réglementaires : les consuls engageraient leur responsabilité de la
manière la plus grave s'ils se permettaient de les restreindre
ou de les modifier en quoi que ce soit (2).

### 7. — Patentes raturées ou surchargées.

Les navires porteurs de patentes raturées, surchargées ou
présentant toute autre altération, sont soumis, à leur arrivée
dans nos ports, à une surveillance particulière, sans préjudice
d'une augmentation de quarantaine et des poursuites à diriger, selon le cas, contre le capitaine ou patron et, en outre,
contre tous auteurs desdites altérations (3). Nous croyons
qu'il suffit d'avoir rappelé cette disposition, sans qu'il soit
besoin d'insister sur la gravité des conséquences que pourrait
avoir, pour un capitaine, toute surcharge ou toute rature
faite sur sa patente, et sur la responsabilité qu'encourrait
de son côté un consul dans le cas où ces corrections ou changements auraient été effectués dans sa chancellerie.

### 8. — Changement de patente en cas de relâche.

Il est défendu à tout capitaine français de se dessaisir, avant
son arrivée à destination, de la patente qui lui a été délivrée

(1) Ordonnance du 18 avril 1847, art. 1er.
(2) Circulaires des affaires étrangères des 10 septembre 1841 et 19
juillet 1843.
(3) Ordonnance du 7 août 1822, art. 18.

au port de départ (1). L'infraction à cette prescription peut donner lieu, contre le capitaine délinquant, suivant le cas, à une poursuite criminelle, indépendamment des mesures extraordinaires de surveillance. Il arrive cependant parfois que les administrations des ports étrangers dans lesquels nos navires entrent en relâche exigent le dépôt de la patente primitive, et que les capitaines se trouvent ainsi en contravention forcée avec la loi. Dans ce cas, il importe que la position de ces navigateurs soit régularisée dans les consulats, afin de prévenir les difficultés ou les retards qu'entraînerait pour eux l'impossibilité de représenter la patente de santé délivrée au port de départ. Dans tous les cas donc où un capitaine a été obligé de déposer sa patente entre les mains des autorités étrangères, les consuls doivent en faire mention sur la nouvelle patente qu'ils délivrent ou sont appelés à viser. Cette mention doit même être apposée. d'office si le capitaine négligeait de la demander (2).

### 9. — Régime sanitaire des frontières de terre.

Le régime sanitaire n'est établi sur les frontières de terre que temporairement et lorsqu'il a été jugé nécessaire de restreindre les communications avec un pays infecté ou suspect.

Lorsqu'il y a lieu, les provenances par terre des pays avec lesquels les communications ont été restreintes doivent, selon le cas, être accompagnées de passeports, bulletins de santé et lettres de voiture délivrés et visés par qui de droit, et faisant connaître, soit dans leur contenu, soit dans leur visa, l'état sanitaire des lieux où elles ont stationné ou séjourné, ainsi que la route qu'elles ont suivie. Ces pièces, si elles ont été délivrées en pays étranger, doivent autant que possible être certifiées par les agents français (3).

Ces documents sont, pour les provenances de terre, ce que sont les patentes de santé pour celles par mer. Ils sont donc, autant que leur nature le permet, soumis aux mêmes règles,

(1) Ordonnance du 7 août 1822, art. 19. — Décret du 24 décembre 1850, art. 8.

(2) Circulaire des affaires étrangères du 31 janvier 1848.

(3) Ordonnance du 7 août 1822, art. 27.

et les agents français appelés à les viser doivent avoir soin de se conformer, dans leur visa, à ce qui est prescrit pour les patentes de santé.

# CHAPITRE VII.

DES ACTES ET CONTRATS REÇUS DANS LES CHANCELLERIES DIPLOMATIQUES ET CONSULAIRES.

Les notaires sont, en France, des fonctionnaires publics établis pour recevoir tous les actes et contrats auxquels les parties doivent ou veulent donner le caractère d'authenticité attaché aux actes de l'autorité publique, pour en assurer la date, en conserver le dépôt et en délivrer des grosses et expéditions (1). Ces importantes fonctions sont dévolues, à l'étranger, aux chanceliers des postes diplomatiques et consulaires.

Le droit qu'ont les chanceliers de remplir les fonctions de notaires, dans l'arrondissement du consulat auquel ils sont attachés, est légalement fondé sur les articles 20, 24 et 25 du titre 9 du livre I de l'ordonnance de la marine de 1681, et il leur a été successivement reconnu par celle du 24 mai 1728, par l'édit de 1778, par l'ordonnance et l'édit de 1781. Lors de la révision des règlements consulaires en 1833, il fut constaté que si les lois nouvelles n'avaient porté aucune atteinte aux droits que l'ancienne législation conférait aux chanceliers pour la rédaction des actes et contrats, il était néanmoins nécessaire de tracer à ces officiers des règles claires et précises relativement à la forme de ces actes et contrats, et de réglementer d'une manière uniforme l'exercice de leurs attributions à cet égard. L'instruction spéciale du 30 novembre 1833 a satisfait à ces justes exigences en étendant aux chanceliers la majeure partie des dispositions de la loi du 25 ventôse an XI sur l'organisation du notariat.

(1) Loi du 25 ventôse an XI, art. 1er.

Nous allons examiner successivement quelles sont, d'après cette instruction, les limites de la compétence des chanceliers, les obligations auxquelles ils doivent se conformer pour la réception des actes et pour la délivrance de leurs expéditions, et enfin les solennités spéciales dont certains actes, les testaments, par exemple, doivent être accompagnés.

## SECTION I.

### De la compétence, du ressort et des devoirs des chanceliers.

#### 1. — Compétence des chanceliers.

Lorsque des Français résidant ou voyageant en pays étranger veulent passer des actes ou des contrats authentiques, en assurer la date, en faire constater le dépôt ou s'en faire délivrer des expéditions exécutoires ou des copies, ils peuvent s'adresser dans ce but aux chanceliers des postes diplomatiques et consulaires, lesquels instrumentent seuls lorsqu'ils ont été nommés à la première classe de leur grade par décret du chef du pouvoir exécutif, et avec l'assistance du consul quand, qualifiés de seconde classe, intérimaires ou substitués, leur titre d'institution ne consiste que dans un arrêté ministériel ou dans une décision provisoire du chef dont ils relèvent (1).

Cette différence est très-importante : si les chanceliers de première classe sont en effet directement responsables de tous leurs actes, il n'en est pas de même de ceux de la seconde classe dont la responsabilité est toujours partagée par le consul sous le contrôle immédiat et permanent duquel ils sont placés.

Lorsque les chanceliers sont chargés de la gestion du poste auquel ils sont attachés, ou que, par toute autre cause, ils cessent temporairement de remplir leurs fonctions, l'employé auquel celles-ci sont déléguées conformément à l'article 4 de l'ordonnance du 23 août 1833, revêt bien le caractère notarial du titulaire de la chancellerie ; mais il n'en peut exercer

(1) Instruction du 30 novembre 1833.

les attributions que comme chancelier de seconde classe, c'est-à-dire avec l'assistance du consul ou du gérant du poste. Quelle que soit d'ailleurs la forme dans laquelle ces actes aient été reçus ou dressés, ceux-ci ne font foi en France qu'autant que la signature des chanceliers a été légalisée par le consul ou le chef du poste.

### 2. — Actes passés par des Français ou des étrangers.

Les chanceliers sont tenus de prêter leur ministère à leurs nationaux toutes les fois qu'ils en sont requis; ils peuvent aussi recevoir les actes et contrats dont les étrangers voudraient assurer l'authenticité en France. Il y a cependant une restriction à cette faculté; quelques doutes s'étant élevés sur la validité des procurations passées en chancellerie par des étrangers pour le transfert de rentes inscrites sur le grand livre de notre dette publique, il a été interdit aux agents extérieurs de prêter leur ministère à la réception de procurations de cette nature (1).

Dans toutes les résidences indistinctement, les chanceliers ne peuvent néanmoins recevoir aucun acte pour un étranger sans y avoir été spécialement autorisés par les consuls, qui ne doivent, de leur côté, en accorder l'autorisation qu'autant qu'il n'en peut résulter aucune difficulté dans leurs rapports avec les autorités territoriales ou leurs collègues étrangers.

### 3. — Ressort des chanceliers.

Les chanceliers ne peuvent exercer leurs fonctions notariales hors de l'arrondissement du consulat auquel ils sont attachés, sous peine de destitution, sans préjudice de tous dommages-intérêts envers les parties; mais ils peuvent instrumenter dans tout leur ressort, et, quand ils en sont requis, ils peuvent se transporter momentanément hors de leur résidence pour y faire des actes de leur ministère.

(1) Circulaire des affaires étrangères du 24 septembre 1834.

#### 4. — Actes que les chanceliers ne peuvent recevoir.

Les chanceliers ne peuvent recevoir des actes dans lesquels leurs parents ou alliés, en ligne directe à tous lés degrés, et en ligne collatérale jusqu'à celui d'oncle ou de neveu inclusivement, seraient parties, ou qui contiendraient quelques dispositions eu leur faveur (1). Lorsqu'ils sont ainsi légalement empêchés d'instrumenter, ils doivent, avec l'agrément du chef dont ils dépendent, déléguer leurs fonctions à un chancelier substitué.

Il leur est également interdit de recevoir aucun acte pour des personnes dont l'identité ne leur serait pas suffisamment démontrée, que les requérants soient Français ou étrangers. Lorsque cette identité ne leur est pas connue, ils doivent la faire attester par deux Français majeurs, ou, en cas d'impossibilité, par deux étrangers domiciliés, âgés de plus de vingt-cinq ans.

#### 5. — Consignation du coût des actes.

Les notaires peuvent se refuser en France à recevoir un acte pour lequel on ne leur consignerait pas à l'avance les droits d'enregistrement (2). Les droits portés au tarif des chancelleries étant perçus pour le compte de l'État, il n'est pas douteux que l'application de cette disposition doive être faite dans les chancelleries, et que la consignation préalable du coût d'un acte puisse toujours être exigée par le chancelier.

#### 6. — Observation des jours fériés.

L'observation des dimanches et jours fériés n'est pas rigoureusement imposée pour la réception des actes notariés. Il n'y a d'exception à cet égard, par application de l'article 63 du Code de procédure, que pour les actes qui participent sous certains rapports du caractère des actes judiciaires ou de procédure, tels que les inventaires, les actes respectueux, les actes de comparution sur sommation, etc.

(1) Instruction du 30 novembre 1833.
(2) Arrêt de la cour de cassation du 2 novembre 1807.

Les fêtes légales sont : les dimanches, la Noël, l'Ascension, l'Assomption, la Toussaint (1), le premier janvier de chaque année et les fêtes nationales (2).

## SECTION II.

### De la réception des actes notariés.

#### 1. — Témoins des actes authentiques.

L'acte authentique est celui qui a été reçu par un officier public ayant le droit d'instrumenter dans le lieu où ledit acte a été rédigé, et avec les solennités requises (3). On entend par solennités requises, la signature des parties et de l'officier qui reçoit l'acte, celle des témoins, la lecture de l'acte à haute voix, etc. Les actes dressés par les chanceliers doivent en conséquence être reçus et lus en présence de deux témoins, ceux-ci devant, autant que possible, être Français et immatriculés ; mais à défaut de Français ayant la capacité requise, impossibilité qui doit du reste être constatée dans l'acte même, les témoins peuvent être pris parmi les étrangers.

Les parents ou alliés soit des chanceliers, soit des consuls lorsqu'ils assistent aux actes, soit des parties contractantes, au degré que nous avons indiqué à la section précédente, leurs commis ou serviteurs ne peuvent être témoins (4).

#### 2. — Registres des actes notariés.

Les actes doivent être inscrits en minute sur des registres tenus doubles, à la suite les uns des autres et sans aucun blanc ; à l'exception des minutes des testaments solennels qui, ainsi que nous le verrons à la section.iv, doivent être écrites par le chancelier lui-même, celles de tous les autres

(1) Loi du 18 germinal an x.
(2) Avis du conseil d'État du 20 mars 1810.
(3) Code civil, art. 1317.
(4) Instruction du 30 novembre 1833.

actes et contrats peuvent l'être par le chancelier ou par un commis indistinctement.

Les registres des actes notariés doivent, comme ceux de l'état civil, avoir réglementairement dans tous les consulats 32 centimètres de haut sur 21 de large, en laissant une marge en blanc de 8 centimètres (1) ; ils doivent être cotés et paraphés par les chefs de mission ou consuls, et visés par eux tous les trois mois à la suite de l'acte de la date la plus récente. Ils sont clos à la fin de chaque année par le chancelier, ainsi que par le chef du poste ; un des doubles demeure déposé dans les archives de la chancellerie, et l'autre est transmis au bureau de la chancellerie du département des affaires étrangères, où il en est délivré des expéditions ou extraits aux parties intéressées qui le requièrent. (*Voir* livre IV, chapitre 5.)

### 3. — Actes reçus en minute.

Les chanceliers peuvent néanmoins dresser des minutes, sur feuilles isolées, des actes dont la rédaction ne pourrait être faite en chancellerie, ou délivrer en brevet ceux des actes dont les lois ou usages exigeraient la représentation sous cette forme ; mais ces minutes ou brevets doivent être transcrits ou, dans tous les cas, enregistrés sommairement à la réquisition des parties ou d'office par les soins des chanceliers.

Les actes qui d'après nos lois peuvent être délivrés en brevet sont : les procurations ; les actes de notoriété ; les quittances de fermages, de loyers, de salaires, d'arrérages de pensions ou de ventes ; et les autres actes simples du ministère du notariat (2).

### 4. — Des clauses prohibées.

Il ne peut être inséré dans les actes et contrats passés dans les chancelleries aucune convention, clause ni énonciation interdite par nos lois. Les chanceliers ne sauraient, sans contrevenir à cette disposition, insérer dans les actes qu'ils dressent des noms et qualifications nobiliaires supprimés, des

---

(1) Circulaire des affaires étrangères du 28 juillet 1850.
(2) Loi du 25 ventôse an xi, art. 20.

clauses ou expressions féodales, d'autres mesures ou numération que celles de la République, etc. (1). Cependant cette défense ne s'applique qu'aux cas susceptibles d'être régis par nos lois, et n'exclut pas les modifications réclamées dans l'intérêt des parties par des circonstances exceptionnelles qu'une disposition générale ne saurait prévoir (2).

Quant aux actes qui seraient contraires aux bonnes mœurs ou à l'ordre public, qui contiendraient des conventions prohibées par la loi, ou qui seraient injurieux à des tiers, nous avons à peine besoin de dire que les chanceliers doivent se refuser péremptoirement à les recevoir (3).

### 5. — Protocole des actes.

Les actes doivent être écrits en un seul et même contexte, c'est-à-dire de manière à ce que le caractère de l'écriture soit à peu près partout de la même grosseur, et que les lignes soient également espacées, lisiblement, sans abréviation ni blanc, sauf dans les procurations en brevet où le nom du mandataire peut être laissé en blanc pour être rempli à la volonté du mandant, sans surcharge ni interligne. Ils doivent énoncer le jour, l'année et le lieu où ils sont passés, si c'est avant ou après midi, les nom, prénoms, qualité et résidence du chancelier qui les reçoit, sa signature au bas de l'acte ne pouvant suppléer à l'omission de son nom dans le corps lui-même de l'acte (4), ceux du chef de mission ou du consul s'il y assiste, ainsi que les noms, prénoms, qualités et demeures des parties et des témoins. Les sommes et les dates doivent toujours être exprimées en toutes lettres. Si des parties sont représentées par des fondés de pouvoir, les procurations doivent être transcrites à la suite des actes, et l'original demeure annexé à celui des registres qui reste déposé à la chancellerie.

Les actes doivent être signés par le chancelier avec les parties et les témoins après qu'il leur en a été donné lecture, ce dont il doit être fait mention expresse. Si les parties ne

(1) Lois du 25 ventôse an XI, art. 17 et du 4 juillet 1837, art. 5.
(2) Circulaire des affaires étrangères du 9 décembre 1833.
(3) Code civil, art. 6, 900 et 1133.
(4) Décision du ministre des finances du 20 octobre 1807.

péuvent ou ne savent signer, il doit également être fait mention à la fin de l'acte de leurs déclarations à cet égard. La signature doit être du nom propre ou nom de famille ; cela s'observe même par rapport aux femmes mariées, qui signent toujours de leur nom de fille, en ajoutant, si elles veulent, *femme ou veuve d'un tel* ; nous pensons cependant qu'il faut respecter les usages locaux, et admettre les signatures des femmes mariées comme femme ou veuve une telle *née une telle*. La signature du chancelier, qui clôt l'acte, doit toujours être apposée la dernière.

### 6. — Renvois et apostilles.

Les renvois et apostilles doivent être écrits en marge même de l'acte, signés tant par le chancelier que par les autres signataires lorsque les mots rayés et ceux qui leur ont été substitués présentent deux sens différents ou contraires, et dans les autres cas, seulement paraphés. Si cependant la longueur d'un renvoi l'exige, il peut être transporté à la fin de l'acte, mais il doit alors être non-seulement signé ou paraphé comme les renvois écrits en marge, mais encore expressément approuvé par les parties. Les ratures doivent toujours être faites par une barre ou un simple trait de plume passant sur les mots, de manière à ce que le nombre de ceux qui sont rayés puisse être constaté à la marge de la page qui les contient ou à la fin de l'acte, et approuvé de la même manière que les renvois écrits en marge (1).

### 7. — Style des actes.

Quant au protocole ou style des actes, il est assez difficile d'en faire l'objet de règles absolues ; que la rédaction soit claire et lucide, débarrassée des termes surannés que les notaires n'emploient que trop souvent encore en France, aussi bien que de ces expressions supplétives qui étendent le texte sans lui donner plus de force ; que les dispositions des contractants soient reproduites fidèlement, et les agents pourront se flatter

(1) Loi du 25 ventôse an xi, art. 10 à 17. — Instruction du 30 novembre 1833.

de placer leurs actes à l'abri de reproches ou de toute critique
sérieuse. Les consuls et les chanceliers trouveront au surplus
dans le chapitre 8 du Formulaire des consulats le modèle
des actes le plus habituellement demandés dans les chancelleries (1), et dans les ouvrages spéciaux sur l'exercice du
notariat, d'excellents conseils pour résoudre les doutes qui
pourraient s'élever dans leur esprit sur la rédaction de certains actes.

### 8. — Répertoire des actes.

En France, les notaires doivent tenir un répertoire de tous
les actes qu'ils reçoivent (2). Les chanceliers feraient bien de
se conformer à la même prescription, dont l'exacte observation
ne peut que faciliter les recherches et compulsoires auxquels
ils sont éventuellement obligés de se livrer. Ces répertoires,
qu'il est bon de compléter par un index alphabétique des
noms des contractants, doivent indiquer la date, la nature et
l'espèce de tous les actes notariés passés dans la chancellerie,
ainsi que les noms et qualités des parties.

## SECTION III.

### Des contrats maritimes.

#### 1. — Compétence des chanceliers.

Les chanceliers ont une compétence exclusive et directe
pour la réception des contrats maritimes, dont en France la
rédaction est indistinctement conférée soit aux notaires, soit
aux courtiers, lorsque les parties n'ont pas eu recours à la
forme du seing privé. De ce nombre sont : les contrats d'affrétement ou nolissement ; les polices de chargement et d'assurance ; les contrats à la grosse et les actes d'achat ou de vente
de navires ou de marchandises.

(1). *Formulaire à l'usage des consulats,* nᵒˢ 165 à 261.
(2) Loi du 25 ventôse an xi, art. 29.

Malgré le caractère absolu du droit qui leur appartient, nous pensons que les chanceliers doivent en faire peu usage, et renvoyer plutôt les parties à se pourvoir devant les officiers ministériels du pays, lorsqu'il s'agit d'actes ou de contrats qui ne sont pas exclusivement destinés à recevoir leur exécution en France même, et dont la réalisation dans la contrée où ils résident serait de nature à soulever des contestations ou des conflits de compétence. Cette recommandation s'applique surtout aux contrats d'affrétement, d'assurance et de vente.

### 2. — Forme des contrats maritimes.

La forme des contrats maritimes passés en chancellerie est soumise aux mêmes règles et aux mêmes formalités que les actes notariés ordinaires, sauf les exceptions spécialement déterminées par le Code de commerce dont les chanceliers doivent invariablement suivre les prescriptions.

La marche à suivre pour la rédaction des actes de vente de navires et des contrats à la grosse ayant déjà été indiquée par nous (*Voir* livre V, chapitre 5), nous ne traiterons ici que des affrétements et des polices d'assurances.

### 3. — Chartes parties et affrétements.

Le contrat de charte partie ou d'affrétement d'un navire est celui par lequel une personne appelée fréteur loue à une autre, nommée affréteur, un navire en tout ou en partie, pour un usage déterminé, moyennant un prix convenu. L'acte qui le constate, et que l'on nomme également charte partie ou police de chargement, doit indiquer : 1° le nom et le tonnage du navire ; 2° les noms du capitaine, du fréteur et de l'affréteur ; 3° le mode d'affrétement et le prix du fret ; 4° le lieu et le temps convenus pour la charge et pour la décharge, ce qu'on appelle les jours de planche ; 5° enfin, le temps convenu pour le voyage, et l'indemnité stipulée pour le cas de retard (1).

---

(1) Code de commerce, art. 273. — *Formulaire à l'usage des consulats,* n°s 262 et 270.

### 4. — Polices d'assurance.

Le contrat d'assurance maritime a pour objet de garantir contre les risques ou fortunes de mer ; il exige la réunion de trois conditions : une chose assurée, des risques auxquels cette chose soit exposée, et un prix stipulé par l'assureur pour garantir ces risques.

Le contrat d'assurance ne comporte pas la preuve testimoniale ; il doit être rédigé par écrit, et l'acte qui le constate s'appelle police d'assurance. Cette pièce doit énoncer : 1° le nom et les qualités des parties, c'est-à-dire si elles agissent comme mandataires ou en leur nom personnel ; 2° les objets assurés, leur nature, leur valeur, 3° et aussi le nom du navire et de l'assureur ; 4° la prime, c'est-à-dire le coût de l'assurance ; 5° l'époque à laquelle commencent et finissent les risques ; 6° la soumission des parties à des arbitres en cas de contestation, si elle a été convenue, et généralement toutes les autres conditions des parties (1).

Les compagnies d'assurance ont généralement adopté l'usage d'avoir des polices imprimées, dans lesquelles on se borne à ajouter les noms des parties, du navire, etc., ainsi que les conventions particulières.

L'acte ayant la même force obligatoire lorsqu'il est rédigé sous seing privé, ce n'est que dans des cas tout à fait exceptionnels que les chancelleries diplomatiques et consulaires sont appelées à dresser un contrat formel d'assurance maritime.

Tous les contrats maritimes sans exception doivent, comme tous les actes notariés, être reçus en présence de deux témoins ; cette prescription est de rigueur, et l'acte pour lequel elle n'aurait pas été observée serait nul comme acte authentique (2) ; mais s'il avait été signé des parties, il vaudrait comme écriture privée (3).

---

(1) Code de commerce, art. 352. — *Formulaire à l'usage des consulats*, n°ˢ 265 et 266.

(2) Ordonnance d'août 1681, livre I, titre 9, art. 25.

(3) Code civil, art. 1318.

**42**

## SECTION IV.

De la réception des testaments dans les postes diplomatiques et consulaires.

#### 1. — Limites de la compétence des chanceliers.

Nous venons de voir que, sauf pour la délivrance des certificats de vie (*Voir* chapitre 4 de ce livre), la compétence des chanceliers comme notaires de leurs nationaux était absolue, et s'étendait à la réception de tous les actes notariés. Nos lois consacrent encore une autre exception en ce qui concerne les testaments.

Le Code civil a défini le testament un acte par lequel le testateur dispose, pour le temps où il n'existera plus, de tout ou partie de ses biens, et qu'il peut révoquer (1); cet acte peut être fait en France, sous seing privé, par acte public ou dans la forme mystique, et le testament prend, suivant les cas, le nom d'olographe, de solennel ou de mystique (2).

A l'étranger, un Français peut faire ses dispositions testamentaires par acte sous signature privée ou par acte authentique, avec les formes usitées dans le lieu où cet acte est passé (3). Sous l'empire de l'ancienne législation française, les testaments reçus à l'étranger par le chancelier assisté du consul et de deux témoins étaient réputés solennels (4).

En présence des dispositions de l'article 999 du Code civil et des règles qu'il établit pour la réception des testaments des Français à l'étranger, on s'est demandé si l'ordonnance de 1681 n'était pas abrogée, et si les chanceliers ne devaient pas s'abstenir aujourd'hui de recevoir les actes de dernière volonté qualifiés de solennels par l'ancienne jurisprudence, et que le Code civil appelle testaments par acte public.

Cette question, mûrement examinée par le gouvernement,

(1) Code civil, art. 895.
(2) *Id.*, art. 970.
(3) *Id.*, art. 999.
(4) Ordonnance d'août 1681, livre I, titre 9, art. 24.

a été résolue négativement (1). On a reconnu, en effet, que si l'article 999 du Code civil comprend les testaments reçus par les chanceliers, ce ne peut être que pour les consacrer implicitement, puisqu'il dit qu'un Français à l'étranger pourra tester par acte authentique avec les formes usitées dans le lieu où cet acte sera passé, et que la réception des testaments par les chanceliers diplomatiques et consulaires était précisément une de ces *formes usitées* à l'époque où le Code civil fut promulgué.

### 2. — Assistance des chefs de mission et des consuls.

Les chanceliers sont donc aujourd'hui compétents comme ils l'étaient autrefois pour recevoir les testaments des Français par acte public; la seule restriction apportée en cette circonstance à leurs droits comme notaires, c'est que, quels que soient la classe à laquelle ils appartiennent et le pays dans lequel ils résident, ils sont tenus pour la réception des testaments d'instrumenter en présence et avec l'assistance du chef de mission ou du consul dont ils relèvent (2).

Peu de mots suffiront pour faire connaître les diverses formalités auxquelles le Code civil soumet la réception des testaments.

### 3. — Testaments olographes.

Le testament olographe, pour être valable, doit être écrit en entier, daté et signé de la main du testateur; il n'est assujetti à aucune forme particulière (3). C'est un acte privé qui peut être conservé par le testateur ou déposé par lui soit en France dans un office public, soit à l'étranger dans les chancelleries.

La remise de testaments olographes entre les mains d'un agent français se constate par un acte de dépôt dressé en

(1) Circulaires des affaires étrangères des 2 novembre 1815 et 22 mars 1834.

(2) Par suite d'une erreur typographique, la présence des consuls ou chefs de mission n'est point mentionnée dans les formules de testament insérées dans le *Formulaire à l'usage des consulats*, sous les nos 250 et 251.

(3) Code civil, art. 970.

présence de témoins et dont une expédition est délivrée à la
partie pour lui tenir lieu de récépissé. Si le déposant veut
ensuite retirer son testament, il lui est restitué, après signature d'un acte de décharge, dont mention doit être faite en
marge de l'acte de dépôt. Cette remise peut être faite entre
les mains d'un mandataire muni d'une procuration authentique et spéciale (1). Les règlements prescrivent aux agents
de faire observer aux déposants que si leurs testaments olographes doivent être exécutés en France, ils ont intérêt à en
déposer, indépendamment de l'original, une copie séparée,
afin de parer éventuellement à la perte de l'original (2).

#### 4. — Testaments solennels.

Le testament par acte public est reçu par le chancelier,
assisté du consul, en présence de deux témoins. Il doit être
écrit sur une feuille volante, et transcrit ensuite sur les registres minutes des actes notariés.

Conformément aux prescriptions du Code civil, ces actes
doivent être dictés par le testateur et écrits par le chancelier,
qui doit relater expressément que lecture en a été donnée au
testateur en présence des témoins. Ils sont signés : 1° par le
testateur, à moins que celui-ci déclare ne pouvoir ou ne savoir le faire, auquel cas il doit être fait dans l'acte mention de
sa déclaration, ainsi que de la cause qui l'empêche de signer (3) ;
2° par les témoins ; 3° par le consul et le chancelier, mais en
présence du testateur, car le testament sur lequel ces dernières signatures auraient été apposées hors de la présence du
testateur ou après sa mort serait nul (4).

Les témoins appelés à la réception des testaments authentiques doivent être Français, majeurs, jouissant des droits
civils (5), et immatriculés au consulat. S'il était impossible
de se conformer à cette condition, les témoins pourraient être

(1) Instruction du 30 novembre 1833.
(2) Circulaire des affaires étrangères du 9 décembre 1833.
(3) Code civil, art. 972 et 973.
(4) Arrêt de la cour de cassation du 20 janvier 1840.
(5) Code civil, art. 980.

choisis parmi les étrangers, pourvu que le défaut de Français immatriculés ou non fût constaté dans l'acte même.

Les légataires à quelque titre que ce soit, leurs parents ou alliés jusqu'au quatrième degré inclusivement, et les commis des chanceliers par lesquels les actes sont reçus ne peuvent être pris pour témoins du testament par acte public (1). Cette prohibition ne s'étend ni aux parents ou domestiques du testateur, ni à la parenté respective des témoins entre eux.

Toute clause additionnelle d'un testament par acte public doit être accompagnée des mêmes formalités que le corps même de l'acte (2).

Le notaire qui en France a reçu un testament et l'a placé dans ses archives ne peut sur la demande du testateur lui en rendre la minute (3). Cette disposition s'applique de plein droit aux chanceliers, le testament solennel ne pouvant être annulé que par un testament postérieur et séparé.

### 5. — Testaments mystiques.

Le testament mystique est celui qui est écrit par le testateur ou par une autre personne, si le premier sait lire, et présenté devant six témoins au moins à un officier public compétent, notaire ou chancelier, qui le clôt et le cachette s'il ne l'a pas été par le testateur, et qui dresse un acte de suscription signé de lui, du testateur s'il sait signer, et des témoins si le testateur ne sait ou ne peut signer; on appelle à l'acte de suscription un septième témoin qui le signe avec les autres, après mention de la cause qui a motivé son intervention (4).

Celui qui ne peut lire, mais qui sait écrire, peut faire un testament mystique, à la charge : 1° d'écrire en entier, dater et signer l'acte de sa main; 2° de présenter celui-ci même en présence de témoins, à l'officier instrumentaire appelé pour le recevoir; 3° d'écrire lui-même en présence de ces personnes, au bas de l'acte de suscription, que le papier qu'il présente est son testament. Ces formalités remplies, l'acte de suscrip-

(1) Code civil, art. 975.
(2) Arrêt de la cour de Grenoble du 26 décembre 1832.
(3) Avis du conseil d'État du 7 avril 1821.
(4) Code civil, art. 976, 977 et 978.

tion est dressé en chancellerie, et il y est fait mention que le testateur a écrit ces mots en présence de l'officier instrumentaire et des témoins (1).

L'obligation de clore et de sceller le testament existe alors même que l'acte de suscription est écrit sur le papier même qui renferme les dispositions testamentaires. On entend par sceller, cacheter avec une empreinte à la cire (2). Le sceau employé peut être celui du testateur ou celui de l'agent qui reçoit l'acte.

L'acte de suscription doit, à peine de nullité, être écrit de la main du chancelier sur la feuille même qui contient le testament ou sur celle qui lui sert d'enveloppe. Il fait mention expresse et nominative des signatures du testateur, des témoins, du chef de mission ou du consul et du chancelier (3). Le fait de la présentation du testament par le testateur aux témoins et à l'officier instrumentaire qui dresse l'acte de suscription, doit également être mentionné dans l'acte, à peine de nullité (4).

Les dispositions relatives à l'incapacité des légataires et autres pour servir de témoins dans la réception d'un testament solennel, ne s'étendent pas à l'acte de suscription du testament mystique, par la raison que le contenu de ce dernier devant demeurer secret, on ne peut savoir si les témoins appelés sont légataires ou non. Du reste les témoins doivent être choisis dans les mêmes conditions que pour les testaments authentiques.

Les actes de suscription des testaments mystiques doivent être transcrits sur les registres-minutes du consulat.

Il va sans dire que la présence des chefs de mission ou consuls à la présentation en chancellerie d'un testament mystique et leur concours à l'acte qui en est dressé, sont aussi indispensables que leur assistance à la réception des testaments solennels, alors même que les chanceliers auraient le grade de première classe.

(1) Code civil, art. 979.
(2) Arrêt de la cour de cassation du 7 août 1810.
(3) *Id.* de Turin du 15 pluviôse an XIII.
(4) *Id.* de cassation du 28 décembre 1812.

Le testateur qui veut révoquer son testament mystique peut en exiger la remise du chancelier dans les archives duquel il est déposé, mais celle-ci ne saurait avoir lieu que sur un acte de décharge. L'acte dressé en cette circonstance par le chancelier produit en fait les mêmes résultats que le dépôt d'un testament olographe, et peut, par conséquent, comme celui-ci, être sujet au retrait lorsque le testateur veut en annuler ou en modifier les effets.

En matière d'actes de dernière volonté, les agents n'ont pas toujours à se renfermer exclusivement dans le rôle d'officier instrumentaire; ils sont parfois appelés à s'ériger en conseillers officieux et à éclairer les parties sur le plus ou moins de légalité des dispositions qu'elles ont en vue de prendre. Dans les indications qu'ils sont ainsi amenés à fournir, les consuls doivent s'attacher à être aussi exacts et précis que possible, et se guider invariablement d'après les règles que le Code civil a consacrées soit quant à la capacité pour disposer ou pour recevoir par testament, soit quant aux conditions de validité ou de caducité des legs et des institutions d'héritiers. Du reste, la faculté de recevoir les testaments suivant la forme solennelle ou mystique n'étant accordée aux chanceliers diplomatiques et consulaires que dans l'intérêt des Français qui ne peuvent recourir à un autre mode pour la constatation de leurs dernières volontés, il est dans l'esprit de l'ordonnance de 1681 que les agents invitent les personnes qui se présentent devant eux pour tester à adopter de préférence la forme du testament olographe, dont le dépôt seul s'effectuerait en chancellerie (1).

### 6. — De la garde des testaments en chancellerie.

La garde des testaments déposés ou reçus dans les chancelleries diplomatiques et consulaires est soumise aux mêmes prescriptions réglementaires que celle de tous les autres actes du ministère du notariat. Quant à la transmission en France des testaments olographes, solennels ou mystiques, elle est impérieusement subordonnée aux décisions judiciaires dont

(1) Circulaire des affaires étrangères du 22 mars 1834.

le département des affaires étrangères notifie éventuellement la teneur aux agents constitués dépositaires des actes dont il s'agit (1).

## SECTION V.

### Du dépôt en chancellerie des testaments faits en mer.

Les consuls interviennent encore à l'étranger, sinon dans la réception, du moins dans la conservation d'une autre espèce de testament, de celui que nos lois appellent maritime.

#### 1. — Réception des testaments en mer.

Les testaments faits sur mer et en cours de voyage, par toute personne embarquée, sont reçus, savoir : à bord des bâtiments de l'État, par l'officier commandant, ou à son défaut

chancellerie l'un des deux originaux, clos et cacheté. Il est dressé de ce dépôt un procès-verbal qui est signé à la fois par les déposants, le consul et le chancelier, et qui est de plus relaté sur le rôle d'équipage dans la colonne *mutations*, à la marge du nom du testateur.

Le paquet cacheté qui renferme le testament est ensuite transmis au ministère de la marine (1). Cet envoi donne lieu à la rédaction d'un second procès-verbal, dressé de concert entre le consul et le chancelier, et à une annotation spéciale sur le rôle quand l'expédition du paquet se fait par voie de mer. On comprend, du reste, que, dans aucun cas, ce paquet ne doit être confié au bâtiment à bord duquel le testament a été reçu, puisque la loi, en prescrivant le dépôt en chancellerie d'un des deux originaux, a précisément eu en vue de parer aux chances de naufrage et de perte du navire.

Les règles établies pour le dépôt dans les consulats de l'un des originaux des testaments reçus en mer s'appliquent de plein droit à la remise en chancellerie de tout testament olographe et papiers cachetés ou non cachetés trouvés à bord lors du décès ou de la disparition d'un individu embarqué.

Dans l'espèce, les consuls ont néanmoins le pouvoir de se guider suivant les circonstances, et de laisser au besoin les pièces entre les mains des commandants ou capitaines. (*Voir* livre V, chapitre 5.)

## SECTION VI.

### De la délivrance des expéditions, grosses et copies.

#### 1. — Des expéditions.

Hors les cas prévus par la loi, et en vertu de jugements, les chanceliers ne peuvent pas se dessaisir de la minute des actes reçus par eux; mais ils en délivrent des grosses et des expéditions qui, ainsi que nous l'avons déjà dit, doivent tou-

(1) Code civil, art. 991 et 993.

jours, pour faire foi en justice, être légalisées par les consuls (1).

On appelle *expédition* la copie littérale délivrée par un chancelier des minutes restées en sa possession, et *copie* la transcription littérale d'un acte qui n'a pas été reçu en chancellerie et qui est simplement produit pour servir de minute.

Toute expédition ou copie doit contenir en moyenne, et l'une dans l'autre, vingt-cinq lignes à la page ou cinquante par rôle, et quinze syllabes à la ligne.

L'expédition doit être la copie fidèle de la minute; l'orthographe et la ponctuation doivent y être suivies au moins de manière à ne pas altérer le sens et à ne donner lieu à aucune fausse interprétation; elle doit être collationnée conforme à l'original, et signée par le chancelier seul, sans intervention des parties.

Toute expédition d'un acte à la minute duquel se trouve annexée une procuration ou un autre acte quelconque n'est valable et exécutoire qu'autant qu'on y joint la copie ou tout au moins l'extrait motivé de ladite annexe.

Il ne peut être délivré d'expédition ni donné connaissance des actes reçus par les chanceliers à d'autres qu'aux personnes intéressées en nom direct, leurs héritiers ou ayants cause, à moins que le consul ou tout autre juge compétent ne l'ait autorisé par une ordonnance spéciale, qui doit alors être mentionnée en marge de l'acte et inscrite sur le registre à ce destiné (2).

### 2. — Des extraits.

On appelle *extrait* l'expédition partielle ou abrégée d'un acte ou d'un écrit quelconque; l'extrait littéral consiste à rapporter textuellement telle ou telle disposition d'un acte, et l'extrait analytique à rendre avec exactitude, mais non textuellement, le sens de tout ou partie d'un acte. Les extraits n'étant que des expéditions abrégées, les règles relatives à la foi

(1) Instruction du 30 novembre 1833.
(2) Loi du 25 ventôse an XI, art. 23. — Instruction du 30 novembre 1833.

due à celles-ci et au mode de les délivrer leur sont de tous points applicables.

### 3. — Des grosses.

L'expédition d'un acte ne confère à celui qui en est porteur que le simple droit d'action, c'est-à-dire le droit d'agir en justice : celui de poursuivre directement l'exécution d'un acte au même titre que celle d'un jugement ne résulte que de la grosse.

On appelle *grosse* l'expédition en forme exécutoire d'une minute ou contrat délivrée par l'officier instrumentaire à celui au profit de qui le contrat est passé. La forme exécutoire, qui ne peut jamais être attachée à une expédition proprement dite, consiste dans l'emploi en tête et à la fin de la grosse des formes solennelles consacrées pour les jugements des tribunaux : elle est forcément sanctionnée par le sceau du consulat.

L'intitulé des grosses est aujourd'hui libellé au nom du peuple français, et le mandement qui les termine l'est au nom de la République (1).

La forme exécutoire ne peut être donnée qu'aux seuls actes dont la minute reste en chancellerie, ce qui exclut naturellement ceux qui sont en brevet, c'est-à-dire ceux dont l'original même est délivré à la partie.

La première grosse d'un acte ne peut être délivrée qu'aux parties qui ont caractère pour en poursuivre l'exécution. Chacune d'elles ayant le droit d'exiger la grosse dont elle a besoin, il peut être délivré plusieurs premières grosses d'un même acte; mais alors le chancelier est tenu de mentionner sur chaque grosse qu'elle est délivrée à *telle* partie, et de faire la même mention sur la minute. Du reste, dans les actes unilatéraux, tels que prêts, constitutions de rentes, etc., il ne doit être délivré de grosse qu'au créancier et non au débiteur, car la remise volontaire de la grosse du titre fait présumer la remise de la dette ou le payement (2).

(1) Arrêté du ministre de la justice du 13 mars 1848.
(2) Code civil, art. 1283.

Un chancelier ne peut délivrer de seconde grosse qu'en vertu d'une ordonnance consulaire ou d'une décision judiciaire qui, pour sa décharge, se transcrit sur le registre des actes de chancellerie et se mentionne par extrait en marge de l'acte (1).

#### 4. — Des ampliations.

On appelle *ampliation*, la grosse ou copie littérale d'un acte expédiée sur une autre grosse déposée dans une chancellerie. Les formes à suivre pour l'obtention d'une ampliation sont les mêmes que celles qui doivent être observées pour la demande en délivrance d'une seconde grosse.

#### 5. — Des copies collationnées.

Les chanceliers peuvent également délivrer des *copies collationnées* de pièces qu'on leur représente et qu'ils rendent dès qu'elles ont été copiées. Ces collations sont, en France, du ministère du notariat, lorsqu'elles ont lieu sur la simple réquisition des parties; lorsque, au contraire, il y est procédé par ordonnance de juge, elles ont lieu sur la présentation de la minute au greffe. Il est peut-être superflu d'ajouter qu'en pays de chrétienté, les chanceliers n'ont qualité pour collationner une pièce ou un acte quelconque que dans le premier de ces deux cas, et que ce n'est qu'en Levant et en Barbarie que leur compétence est complète et absolue.

#### 6. — Des copies figurées.

Lorsqu'en vertu d'un jugement, les notaires sont amenés, en France, à se dessaisir de la minute d'un acte déposé dans leurs archives, ils en dressent au préalable une *copie figurée*, qui, après avoir été certifiée par le président du tribunal civil de leur résidence, est substituée à la minute dont elle tient lieu jusqu'à réintégration (2). C'est ordinairement en matière de faux et de vérification d'écriture que se font de semblables

(1) Loi du 25 ventôse an xi, art. 26. — Instruction du 30 novembre 1850.

(2) Loi du 25 ventôse an xi, art. 22.

copies; elles doivent être le tableau trait pour trait de la minute, reproduire ses imperfections, ratures, surcharges, renvois et autres particularités. En Levant et en Barbarie, les chanceliers peuvent être appelés à dresser de ces sortes de copies figurées par mandement du tribunal consulaire ou du consul.

Quoique l'instruction réglementaire du 30 novembre 1833 n'ait pas prévu le cas où un tribunal français viendrait à requérir la production de l'original d'un acte reçu dans une chancellerie diplomatique ou consulaire, il est évident que les prescriptions de la loi de ventôse an XI devraient au besoin être exactement suivies, en appliquant aux consuls ce qui y est dit des présidents de tribunaux.

## SECTION VII.

### Du dépôt en chancellerie des actes publics ou sous seing privé.

#### 1. — Réception de dépôts de pièces.

Les chanceliers peuvent, avec l'autorisation des chefs de mission ou des consuls dont ils dépendent, recevoir en chancellerie le dépôt d'actes reçus, soit en France, soit ailleurs, par les officiers publics compétents; ils peuvent également recevoir le dépôt d'actes sous seing privé dont les parties veulent assurer la date et la conservation. Dans l'un et l'autre cas, il doit être dressé un acte descriptif des pièces déposées avec mention sur celles-ci de la date du dépôt. Lorsqu'il s'agit d'actes sous seing privé ou de pièces dont la minute n'est point consignée dans un autre dépôt public, le texte doit être transcrit *in extenso* à la suite de l'acte de dépôt (1).

#### 2. — Conservation et retrait de pièces déposées.

Les dépôts en chancellerie d'actes ou pièces quelconques, tels que reçus, obligations, lettres de change, etc., n'étant pas

(1) Instruction du 30 novembre 1833. — *Formulaire à l'usage des consulats*, n° 200.

susceptibles d'être transmis à la caisse des dépôts et consignations de Paris, ne sont pas régis par les dispositions de l'ordonnance du 24 octobre 1833, et doivent par conséquent être
conservés dans les postes diplomatiques et consulaires tant
qu'ils n'en sont pas légalement retirés.

Ce retrait peut être fait par les parties intéressées elles-
mêmes, c'est-à-dire par les déposants ou par leurs héritiers ou
ayants cause; il en est dressé acte avec décharge et mention
tant en marge des actes de dépôt que des pièces retirées elles-
mêmes.

### 3. — Expéditions ou copies de pièces déposées.

Les chanceliers peuvent, comme les notaires, en France,
délivrer des expéditions ou copies collationnées des actes ainsi
déposés entre leurs mains; mais toute copie doit être accompagnée d'une copie textuelle de l'acte de dépôt ou de l'acte de
décharge lorsqu'il y a déjà eu retrait des pièces (1).

### 4. — Responsabilité des dépositaires.

Il n'est peut-être pas superflu de rappeler ici, en terminant,
que le Code pénal punit d'un emprisonnement de trois mois
à un an et d'une amende de cent à trois cents francs le dépositaire négligent, greffier, archiviste ou notaire, et par conséquent le consul ou chancelier par la faute duquel une pièce
quelconque, papier, registre, acte ou effet contenu dans les
archives ou dépôts publics en aurait été soustraite ou enlevée (2).

(1) Circulaire des affaires étrangères du 7 septembre 1838.
(2) Code pénal, art. 254.

# CHAPITRE VIII.

### DES DEVOIRS DES CONSULS A L'ÉGARD DES MILITAIRES FRANÇAIS EN PAYS ÉTRANGER.

#### 1. — Appel des jeunes soldats.

Les Français qui se trouvent à l'étranger au moment où leur âge les assujettit à la loi du recrutement sont tenus, sous peine d'être déclarés insoumis, de rentrer en France sur la notification qui leur est faite par les agents de la République qu'ils font partie du contingent de telle ou telle année.

Pour faciliter aux agents l'accomplissement de cette partie de leurs devoirs, le ministère des affaires étrangères (bureau de la chancellerie) leur transmet au moment de l'appel de chaque classe l'état nominatif des jeunes conscrits qui se trouvent dans le pays de leur résidence (1).

#### 2. — Engagements volontaires reçus par les consuls.

Les jeunes Français qui n'ont pas encore atteint l'âge requis pour concourir au tirage, et ceux qui, après y avoir déjà concouru dans leur département, n'ont pas été appelés sous les drapeaux, peuvent, s'ils désirent volontairement entrer au service, contracter un engagement militaire en pays étranger. Ces engagements, reçus par les consuls à titre provisoire, ne deviennent définitifs qu'après que ceux qui les ont souscrits les ont fait régulièrement sanctionner par acte spécial passé devant l'autorité militaire française. Les consuls ne peuvent recevoir comme engagés volontaires que des individus ayant atteint leur dix-huitième année, sains et robustes, jouissant de leurs droits civils, et munis d'un certificat de bonnes vie et mœurs (2).

Les jeunes conscrits qui obtempèrent à l'appel qui leur est

(1) Circulaire des affaires étrangères du 10 janvier 1834.
(2) *Id.* du 10 décembre 1824.

fait et les engagés volontaires ont, les uns comme les autres, droit, pour rentrer en France, à des frais de route et de nourriture qui leur sont avancés par les consuls, conformément aux règles générales sur le rapatriement des militaires voyageant isolément en pays étranger.

### 3. — Secours et rapatriement des militaires.

Tout militaire français qui se trouve à l'étranger par suite d'évasion des prisons de l'ennemi, de naufrage ou tout autre événement extraordinaire, a droit aux secours en argent, en vivres et en vêtements, qui lui sont indispensables pendant son séjour obligé dans ce pays, ou pendant le trajet qu'il a à faire pour rentrer en France. Les secours en argent sont proportionnés au prix des denrées de première nécessité dans le pays : la quotité en est réglée dans chaque consulat sur deux taux uniformes, l'un pour les officiers de tout grade indistinctement, l'autre pour les sous-officiers et soldats; ils ne sont, du reste, accordés par les agents diplomatiques et consulaires, lorsque le militaire est en marche, que pour le trajet à faire jusqu'à la plus prochaine résidence d'un autre agent à la charge duquel est laissé le soin de continuer l'allocation, ou de la modifier eu égard à la valeur des denrées dans le pays à traverser. Les militaires qui rentrent en France par voie de mer n'ont droit à aucun secours en argent pour le temps de la traversée.

En cas d'urgence absolue, les consuls sont également autorisés à fournir selon leurs besoins aux militaires français pendant leur séjour à l'étranger, ou en marche pour rentrer en France, divers effets d'habillement, savoir :

Une capote ou redingote,
Un pantalon,
Un bonnet de police ou autre coiffure analogue,
Un col ou cravate,
Une chemise,
Une paire de guêtres,
Une paire de souliers.

Si ces secours sont réclamés par des militaires formant détachement, et non par des militaires voyageant isolément, les consuls ne doivent les allouer que sur la remise à eux faite par le chef de la troupe d'un état nominatif certifié par lui, et sur lequel les hommes qu'il commande sont désignés par noms, prénoms et grades, avec indication du corps auquel ils appartiennent.

Indépendamment des secours que les consuls ont la faculté d'accorder au compte de l'État, ces agents sont autorisés à faire sur quittance des avances en argent aux militaires qui justifient être pourvus du grade d'officier. Toutefois ces avances ne peuvent excéder le montant d'un mois de solde pendant toute la durée du séjour ou de la marche de l'officier en pays étrangers.

Tout secours en argent ou en vêtements accordé par les consuls aux militaires, ainsi que les avances faites aux officiers, doivent être exactement mentionnés sur la feuille de route dont ces militaires sont porteurs, tant au point de départ que pendant leur route. C'est, en effet, cette feuille de route ainsi annotée qui sert de pièce de contrôle en France pour la vérification du compte des avances faites par les consuls (1).

Nous avons déjà vu au chapitre sixième du livre IV comment ces dépenses effectuées par les consuls pour le compte du département de la guerre leur étaient remboursées.

Les consuls sont tenus d'accorder les mêmes secours aux militaires faisant partie des corps qui appartiennent au ministère de la marine; il n'y a à cet égard d'autre différence que celle du mode de remboursement. (*Voir* livre V, chapitre 5.)

Il est, du reste, prescrit aux consuls de renvoyer autant que possible les militaires en France par la voie de mer, toujours plus économique que celle de terre, et qui offre d'ailleurs de meilleures garanties pour le rapatriement.

La marche à suivre à cet égard est la même que pour les marins : le montant des indemnités réglementaires pour frais de passage, nourriture, etc., étant invariablement acquitté à l'arrivée en France sur la présentation à l'intendance militaire de l'état nominatif des hommes rapatriés, visé et certifié par le consul du port d'embarquement.

(1) Ordonnance du 20 décembre 1837, art. 90 à 98.

Lorsqu'à défaut de bâtiment français le rapatriement a lieu par navire étranger, le consul traite à l'avance de gré à gré avec le capitaine pour le prix du passage, et lui remet une attestation constatant la somme convenue, sur la présentation de laquelle a lieu en France le payement ; ou même, si le capitaine l'exige, il acquitte à l'avance le prix de la traversée, et dans ce cas il se rembourse de son montant de la même manière que pour toute autre avance faite au compte de l'Etat (1).

Les dispositions relatives aux secours à accorder aux militaires français à l'étranger et à leur rapatriement sont de tous points applicables aux déserteurs qui rentrent en France par suite d'une amnistie générale ou après avoir fait leur soumission dans un consulat.

#### 4. — Déserteurs de l'armée de terre.

Les cartels pour l'échange des déserteurs de l'armée de terre qui nous liaient aux puissances étrangères ont été successivement dénoncés en 1830, et la France a depuis lors cessé d'une manière absolue de reconnaître chez elle comme d'invoquer au dehors le principe de l'extradition des hommes qui se sont soustraits par la fuite aux obligations du service militaire. D'un autre côté, il a été reconnu et consacré (2) que la désertion était un délit successif et imprescriptible : les déserteurs de l'armée de terre ne peuvent donc plus, à moins d'une amnistie générale qui éteindrait les poursuites à leur égard, rentrer en France à aucune époque sans y être poursuivis et jugés comme tels par les tribunaux militaires.

Lorsqu'un décret d'amnistie a été rendu en faveur des soldats déserteurs, ceux d'entre eux qui se trouvent à l'étranger et veulent en recueillir le bénéfice doivent se présenter devant l'agent français établi dans le pays de leur résidence. Celui-ci reçoit leurs déclarations de repentir, et leur remet ensuite, avec une expédition du décret d'amnistie et du règlement concernant les formalités à remplir pour en profiter, une feuille

(1) Ordonnance du 20 décembre 1837, art. 101 à 104.
(2) Arrêt de la cour de cassation du 7 février 1840.

de route et les secours nécessaires pour rentrer en France dans les délais de rigueur déterminés par le gouvernement. Nous devons seulement faire observer à cette occasion que le bénéfice de toute amnistie est invariablement subordonné à l'obligation de revenir en France, et que la question de la libération définitive du service qui en peut être la suite est généralement laissée en dehors de la compétence des consuls et abandonnée à l'appréciation exclusive de l'autorité militaire française (1).

Quant aux déserteurs qui pendant leur séjour à l'étranger se repentent et veulent rentrer dans leur pays pour s'y faire juger, les consuls sont tenus de recevoir leur soumission et de les rapatrier. Sous ce rapport, il n'y a aucune différence entre les déserteurs de l'armée de terre et ceux de l'armée de mer.

L'acte de soumission est dressé en chancellerie sous forme de procès-verbal ou d'acte de notoriété (2) : une copie certifiée en est remise au déserteur au moment de son départ, avec injonction inscrite sur sa feuille de route d'avoir à se présenter lors de son arrivée en France devant l'autorité militaire du lieu de débarquement. Pour prévenir tout abus quant à l'usage de ces papiers et des secours qui d'ordinaire en accompagnent la remise, les consuls ne doivent rien négliger pour pénétrer la sincérité du repentir des déserteurs, et s'attacher à ne rapatrier ceux-ci que par la voie de mer.

### 5. — Pensionnaires militaires résidant à l'étranger.

Les consuls sont également appelés à concourir à l'exécution des règlements sur le payement des pensions des militaires fixés à l'étranger.

Aux termes de l'ordonnance du 24 février 1832, l'absence non autorisée hors du territoire français pendant plus d'une année de tout titulaire de pension militaire doit être considérée comme résidence à l'étranger : elle emporte la suspension du droit à la jouissance de la pension. L'autorisation nécessaire pour échapper à cette pénalité est sollicitée en France par l'intermédiaire des autorités municipales, et à l'é-

(1) Circulaire des affaires étrangères du 8 avril 1831.
(2) *Formulaire à l'usage des consulats*, n° 328.

tranger par celui des agents diplomatiques et consulaires. Les titulaires des pensions militaires qui, se trouvant à l'étranger, veulent prolonger leur absence pendant plus d'une année, doivent donc justifier par une déclaration reçue en chancellerie des causes qui nécessitent la continuation de leur séjour hors de France, et s'engager en même temps 1° à n'y former aucun établissement sans esprit de retour ; 2° à n'y accepter aucune fonction, traitement ou pension qui puissent leur faire perdre la qualité de Français (1).

Ces déclarations, dressées en forme de procès-verbal, sont reçues en présence de deux témoins qui signent l'acte conjointement avec le requérant et l'officier instrumentaire (2). Elles sont transmises, en même temps que la demande en autorisation de prolongation de séjour, au bureau de la chancellerie du ministère des affaires étrangères ; il va sans dire que la transmission de ces pièces doit toujours être accompagnée de l'avis motivé de l'agent qui les a reçues.

### 6. — Certificats de vie.

Quant aux certificats de vie qui doivent être produits au trésor pour le payement des pensions, ils sont indépendants des déclarations de résidence à l'étranger, et ils ne sont même admis que lorsque l'autorisation de résidence a été régulièrement accordée aux ayants droit. Ils sont délivrés par les agents politiques ou consulaires, et doivent indiquer la nature de la pension dont le payement est réclamé, ainsi que l'attestation que le requérant n'a pas perdu la qualité de Français (3).

Les dispositions précédentes ne sont pas applicables aux veuves de militaires français ou naturalisés Français dont le certificat de vie se borne à mentionner qu'elles n'ont pas perdu la qualité de Françaises par un nouveau mariage avec un étranger (4).

L'ordonnance du 30 juin 1814 avait établi que les certifi-

(1) Ordonnance du 24 février 1832, art. 1, 3 et 4.
(2) *Formulaire à l'usage des consulats*, n° 322.
(3) *Id.*, n° 324.
(4) Ordonnance du 24 février 1832, art. 9.

cats de vie des pensionnaires de l'Etat résidant à l'étranger pourraient leur être délivrés par les magistrats du lieu, lorsque leur domicile se trouverait éloigné de plus de dix lieues de la résidence d'un agent français : cette disposition n'a pas été reproduite dans l'ordonnance de 1832 concernant les pensionnaires militaires; mais le ministre des finances, consulté à cet égard, a été d'avis que cette omission n'avait été que l'effet d'un oubli, et que l'article 4 de l'ordonnance de 1814 devait être considéré comme toujours en vigueur. Par analogie et d'après les règles tracées pour les certificats de vie, il a été également décidé que, sauf visa ultérieur par un agent français, les déclarations relatives aux demandes d'autorisation de résïdence en pays étranger pouvaient, dans le même cas, être reçues par les autorités du lieu (1).

(1) Ordonnance du 30 juin 1814, art. 4. — Circulaire des affaires étrangères du 31 août 1832.

# LIVRE HUITIÈME.

## DE LA JURIDICTION DES CONSULS.

Après avoir traité dans le livre précédent des rapports des consuls avec leurs nationaux et de leurs fonctions administratives, nous allons nous occuper dans ce livre de leurs fonctions judiciaires ou de leur juridiction proprement dite.

Il s'est établi dans les temps modernes de grands changements dans cette partie des attributions consulaires : à mesure que l'institution des consuls, créée par les besoins particuliers du commerce en Levant et en Barbarie, s'est propagée et naturalisée en Europe, elle a nécessairement dû subir les modifications réclamées par la différence caractéristique entre la politique d'isolement des peuples musulmans et la politique expansive des nations chrétiennes. Ainsi, tandis qu'en Orient les agents ont conservé la plénitude des droits et prérogatives attachés à leur charge dès l'origine même de l'institution, les consuls établis dans les pays de chrétienté se sont vu dépouiller, à l'égard de leurs nationaux, de l'exercice de tout attribut inhérent à la souveraineté territoriale ; tandis que, en Orient, l'étranger est demeuré distinct du national et placé exclusivement sous la protection du droit des gens, partout ailleurs il a de plus en plus été assimilé au national et admis à la protection du droit civil.

# CHAPITRE PREMIER.

DE LA JURIDICTION CONSULAIRE EN PAYS DE CHRÉTIENTÉ.

## SECTION I.

Des actes du ministère de juge faits par les consuls.

**1. — Base du pouvoir judiciaire attribué aux consuls.**

Si dans les ordonnances qui ont réglementé, en 1833, les parties les plus importantes du service des consulats, on ne trouve rien de relatif à la juridiction, c'est que la commission chargée de leur élaboration avait reconnu que la juridiction des consuls ne pouvait être assise sur des bases certaines qu'avec le concours du pouvoir législatif. Mais, en attendant qu'une loi, rapprochant les anciennes ordonnances de la législation moderne, ait concilié autant que possible avec les dispositions de cette dernière les mesures exceptionnelles réclamées par l'intérêt des Français à l'étranger, une instruction spéciale, approuvée par le roi le 29 novembre 1833, a tracé à cet égard aux consuls *en pays de chrétienté* les règles générales de la conduite qu'ils ont à tenir en matière de juridiction ; cette instruction ne laisse subsister aucune incertitude sur les limites dans lesquelles les consuls doivent circonscrire leur action à cet égard.

Le pouvoir judiciaire des consuls a ses bases légales dans l'article 12 du titre 9 du livre I$^{er}$ de l'ordonnance de 1681, ordonnance enregistrée à tous les parlements, et qui, ainsi que nous avons déjà eu souvent occasion de le répéter, s'exécute encore aujourd'hui dans toutes celles de ses dispositions auxquelles il n'a pas été formellement dérogé. Cet article est ainsi conçu : « *Quant à la juridiction tant en matière civile* « *que criminelle, les consuls se conformeront à l'usage et aux* « *capitulations faites avec les souverains des lieux de leur* « *établissement.* »

Ce mot de *capitulation* employé dans l'ordonnance, et qui
s'entend d'une manière spéciale des conventions conclues avec
la Porte ottomane, doit être pris ici dans son acception la
plus large et étendu à toutes les stipulations conventionnelles
existant entre la France et les États étrangers, sans distinction.

D'après les termes précis de cet article, le droit de juridiction est reconnu aux consuls, mais l'exercice en doit demeurer
subordonné soit à l'usage, soit aux traités existant entre la
France et les différentes puissances près desquelles ces agents
sont établis. Or, nos conventions actuelles avec les divers
États chrétiens ne contenant rien de relatif à la juridiction
criminelle des consuls, ni même à leur juridiction contentieuse, ce n'est, à proprement parler, que dans les usages
généralement consacrés qu'il faut aujourd'hui rechercher les
limites du pouvoir judiciaire dont ces agents sont investis.
Ces limites sont tellement restreintes, que l'on peut établir en
fait que les consuls, *dans les pays de chrétienté*, n'ont ni juridiction criminelle, ni juridiction contentieuse, en dehors des
circonstances en quelque sorte exceptionnelles que nous allons
faire connaître.

**2. — Des limites de la juridiction consulaire à l'égard des marins.**

Conformément aux principes posés dans la plupart des
traités de commerce et de navigation, et à l'usage devenu en
quelque sorte le droit commun par l'ancienneté et l'uniformité de sa pratique, les consuls exercent dans l'intérieur des
navires marchands de leur nation la police et l'inspection en
tout ce qui peut se concilier avec les droits de l'autorité territoriale, et tant que la tranquillité publique n'a pas été compromise. Mais, ainsi que nous avons déjà eu occasion de le
dire au chapitre cinquième du livre V, dès que l'exercice
de ce droit sort de la limite des attributions administratives
des consuls et rentre dans la compétence de l'autorité judiciaire, ces agents doivent, *en pays de chrétienté*, s'abstenir, et
renvoyer non-seulement la connaissance de l'affaire, mais
même son instruction, aux juges compétents en France. Si,
dans ce cas-là, l'autorité territoriale ne peut, d'après les principes généralement admis du droit public des nations, con-

naître d'un fait qui s'est produit sous notre pavillon et dans lequel des Français sont seuls intéressés, ce n'est pas une raison pour que les consuls aient à l'apprécier et encore moins à le juger.

L'usage reconnaît encore dans beaucoup de pays la compétence des consuls pour juger les contestations qui peuvent s'élever entre les capitaines et leurs matelots, et même entre ceux-ci et des passagers français. Ce n'est toutefois pas comme juges qu'ils peuvent être appelés à connaître de contestations de cette nature, mais uniquement à titre de conciliateurs et d'arbitres volontaires.

### 3. — Juridiction commerciale.

En chargeant les consuls tant de la réception des rapports de mer des capitaines que du soin d'autoriser ces navigateurs à vendre des marchandises ou à emprunter en cours de voyage, en ordonnant que les avaries seront réglées en chancellerie, il est hors de doute que le Code de commerce a reconnu aux consuls, à cet égard, le caractère de juges commerciaux. Mais, si, sous ce rapport, la loi moderne a confirmé le principe général des anciens règlements, on a vu par ce que nous avons eu occasion d'en dire à propos des rapports des consuls avec la marine commerciale, que le pouvoir dont il s'agit ici est subordonné, dans son exercice, soit à l'esprit de la législation territoriale, soit à celui de nos stipulations conventionnelles.

### 4. — Juridiction volontaire.

Les consuls n'ont pas à s'immiscer dans les contestations particulières des Français, parce que le droit de ceux-ci à les terminer au gré de leurs convenances et de leurs intérêts ne doit jamais être amoindri par l'autorité consulaire ; mais, s'ils ne doivent pas aller au-devant des difficultés qu'une intervention trop personnelle de leur part pourrait susciter, leur devoir, tel que le trace l'instruction du 29 novembre 1833, n'en est pas moins de chercher à terminer par une amiable composition toutes les contestations qui leur sont volontairement déférées par leurs nationaux, et qui, sans leur intervention officieuse, pourraient souvent dégénérer en procès ruineux pour les deux parties.

En cas de conciliation, les consuls doivent faire signer aux parties une transaction dans la forme qui peut le mieux en garantir la validité, d'après les lois territoriales ; si l'exécution de cette transaction doit être poursuivie en France, l'acte authentique qui la constate est rédigé en chancellerie (1). Lorsque, au contraire, les parties n'ont pu se mettre d'accord, on se borne, si l'une d'elles le requiert, à en dresser un procès-verbal sommaire (2).

### 5. — Juridiction arbitrale.

Les consuls sont également tenus, à moins que les lois territoriales ne s'y opposent, de se charger de tous les arbitrages qui leur sont déférés par leurs nationaux voyageant ou résidant à l'étranger.

Le principal avantage de cette juridiction étant de fournir aux parties un titre exécutoire à la fois dans le pays et en France, les compromis doivent être rédigés dans la forme consacrée par les lois du pays. Mais, pour éviter, en même temps, que ces actes ne soient ultérieurement soumis à des débats devant l'autorité territoriale, ils doivent porter expressément (et autant que possible avec stipulation de dédits ou de clauses pénales propres à en assurer l'effet) renonciation à tout appel et recours devant les tribunaux du lieu, et autorisation pour les consuls d'agir comme amiables compositeurs, sans formalités de justice (3). Ce n'est même qu'à ces conditions qu'il est prescrit aux consuls d'accepter le mandat d'arbitres entre leurs nationaux ; si les parties ne s'y soumettaient pas, ils devraient, après avoir essayé de les concilier, les renvoyer devant le tribunal compétent pour connaître de leurs griefs.

Lorsque les sentences arbitrales des consuls sont destinées à recevoir leur exécution à l'étranger, c'est aux parties en faveur desquelles elles sont rendues qu'appartient le soin de les faire revêtir, par tel juge que de droit, du mandement

---

(1) Code civil, art. 2044. — *Formulaire à l'usage des consulats,* n° 254.

(2) *Formulaire à l'usage des consulats,* n°s 99 et 100.

(3) Instruction du 29 novembre 1833.

exécutoire. Si, au contraire, elles doivent recevoir leur effet en France, les consuls délivrent à la partie qui le requiert une expédition dans la forme exécutoire prescrite pour les jugements rendus sur notre territoire (1).

### 6. — Exécution des commissions rogatoires.

Il est une autre question qui, sans tenir précisément à la juridiction des consuls, s'y rattache cependant d'une manière assez directe, et au sujet de laquelle nous devons, par conséquent, entrer ici dans quelques explications : c'est l'exécution des commissions rogatoires qui peuvent leur être adressées par nos tribunaux, bien qu'en général ceux-ci aient, le plus souvent, recours aux juges des lieux comme pouvant plus efficacement arriver aux fins de la justice. Lors donc que des commissions rogatoires sont adressées aux consuls par des juges ou d'autres autorités françaises, et que la transmission de ces actes leur a été régulièrement faite par le département des affaires étrangères, ils doivent procéder *d'office* et *sans frais* à leur exécution. A cet effet, ils assignent les Français qui doivent être entendus, et, s'il est nécessaire de faire comparaître des étrangers, ils doivent employer auprès de l'autorité territoriale les moyens qu'ils croient les plus propres à décider ces étrangers à paraître devant eux. Si les personnes qui doivent être entendues n'ont pas comparu, et dans tous les cas où des obstacles de force majeure ont empêché l'exécution d'une commission rogatoire, les consuls en rédigent un procès-verbal qu'ils adressent avec le texte original de la commission au ministère des affaires étrangères (2).

Les consuls sont également autorisés à déférer aux commissions rogatoires qui peuvent leur être adressées par des juges étrangers pour entendre des Français établis dans l'étendue de leur arrondissement. Dans ce cas spécial, toutes les fois qu'une commission rogatoire doit, pour son exécution, être suivie d'un acte du ministère du consul, elle doit être

(1) Code de procédure, art. 146. — Instruction du 29 novembre 1833. — Décret du Gouvernement provisoire du 25 février 1848. — Arrêté du ministre de la justice du 13 mars 1848.

(2) Instruction du 29 novembre 1833.

déposée en chancellerie et annexée à cet acte, parce qu'elle constitue le mandat du consul, et que cet agent ne saurait s'en dessaisir. (*Voir* livre IV, chapitre 5.)

## SECTION .II.

Des actes conservatoires faits par les consuls dans l'intérêt de leurs nationaux, et particulièrement des absents.

### 1. — De la protection des absents.

Les consuls sont spécialement chargés de veiller, en pays étranger, à la conservation des droits de leurs compatriotes absents ; ils doivent faire dans ce but toutes les démarches que leur prudence peut leur suggérer, et recourir, s'il y a lieu, aux autorités de leur résidence chargées de la protection des absents , en se conformant dans tous les cas soit aux traités et conventions , soit aux lois et usages des pays respectifs (1). Ce droit de protection officieuse, l'une des attributions les plus importantes des consuls, est aujourd'hui universellement admis, mais il ne saurait évidemment aller nulle part jusqu'à la mise en cause de la personne de l'agent.

L'étendue de ce droit, et la forme du recours auprès des tribunaux qui peut en être la conséquence, a été quelquefois contestée. La jurisprudence consacrée en France par une décision du conseil des prises rendue en l'an vIII ne permet pas qu'un consul étranger, reconnu par le gouvernement français, puisse, à ce titre et en vertu de son seul mandat d'agent politique , intervenir dans des contestations particulières entre des négociants français et des négociants de sa nation, ni faire des demandes et intenter des actions pour le compte et au nom de ce dernier. Cette décision a été attaquée par un grand nombre de publicistes comme n'étant fondée ni en droit ni en justice; cependant, si on laisse de côté la nature du tribunal spécial qui l'a rendue, elle nous paraît, au contraire, parfaitement juste, et nous croyons qu'elle doit servir de règle de conduite à nos consuls.

(1) Instruction du 29 novembre 1833.

Il est de principe, en effet, dans la législation moderne, que nul ne peut comparaître ou agir en justice sans titre. La question se réduit donc à savoir si un consul a un titre pour se présenter en justice au nom d'un de ses nationaux absents. Or, le titre en vertu duquel ils agissent, leur commission, ne donne aux consuls qu'un mandat de leur gouvernement, et ne les constitue pas représentants de leurs nationaux ; d'un autre côté, on sait qu'il leur est interdit d'accepter aucune procuration spéciale, afin que les priviléges attachés à leur caractère public ne puissent jamais se trouver compromis. Dès lors, comment un consul pourrait-il se croire autorisé à intervenir juridiquement sans mandat devant un tribunal étranger au nom d'un de ses nationaux absents, lorsque, fût-il muni d'un semblable titre, les règlements lui défendraient d'en faire usage sans l'autorisation préalable du ministre des affaires étrangères ? On pourrait sans doute répondre que c'est précisément par cette raison que le Français est absent, et que ses intérêts sont compromis faute par lui d'être représenté, que le consul doit prendre sa défense en mains et le couvrir de sa protection. Il est très-vrai qu'un consul doit sa protection à ses nationaux absents et présents, aux premiers peut-être plus encore qu'aux derniers, puisque ceux-ci ne peuvent agir par eux-mêmes ; mais il y a une différence évidente entre protéger ses nationaux et agir pour eux et en leur nom : induire de cette obligation générale de protection le droit et le devoir d'agir *en justice* dans leur intérêt, ce serait implicitement reconnaître aux consuls le pouvoir de compromettre les intérêts des tiers malgré eux et à leur insu : or, une telle conséquence est évidemment inadmissible. Ce serait, en outre, fournir un encouragement déplorable à l'incurie des particuliers qui pourraient avoir des intérêts à l'étranger, et assurer aux absents, en pays étranger, une protection beaucoup plus étendue que celle qui est réservée par nos lois aux absents dans leur propre patrie.

En résumé, les consuls doivent protéger leurs nationaux absents au même titre et dans les mêmes limites que s'ils se trouvaient sur les lieux, c'est-à-dire en éclairant les autorités judiciaires ou administratives par des notes, des mémoires, des représentations, des protestations même, mais toujours en se renfermant dans le rôle d'agent du gouvernement, et sans prendre jamais le caractère de mandataires spéciaux, qu'ils devraient, au contraire, repousser dans les pays où une législation moins précise que la nôtre admettrait que leur qualité officielle constitue à cet égard un titre suffisant.

### 2. — Des actes conservatoires.

Il est, du reste, certains actes conservatoires que les consuls sont autorisés par l'usage général, comme par les traités, à faire dans l'intérêt de leurs nationaux et particulièrement des absents.

Ainsi, dans le cas où des Français établis à l'étranger ont reçu de France des marchandises ou autres objets mobiliers, et veulent, pour la conservation de leurs droits, ou pour justifier en temps et lieu leurs réclamations contre les expéditeurs, assureurs, etc., faire constater la nature, la quantité et la qualité des choses envoyées, les consuls procèdent à ces vérifications, font rédiger les procès-verbaux requis, et prennent ou provoquent dans l'intérêt des ayants droit absents toute mesure conservatoire nécessaire, telle que dépôt, séquestre, transfert dans un lieu public, etc. (1). La marche à suivre à cet égard est celle que nous avons déjà fait connaître à propos des procédures d'avaries. (*Voir* livre V, chap. 5.)

Nous rappellerons seulement que les experts commis pour la vérification de marchandises doivent être Français autant que possible, et n'employer dans leurs opérations que les mesures françaises (2).

### 3. — Intervention des consuls dans l'administration des successions françaises et dans l'organisation des tutelles.

L'administration des successions de Français décédés en pays étranger a été mainte fois une source de graves conflits entre les consuls et les autorités de leur résidence. C'est là une question des plus délicates, et qui exige, par conséquent, de notre part quelque développement.

(1) Instruction du 29 novembre 1833.
(2) Ordonnance du 3 mars 1781, tit. II, art. 78 et 79. — Arrêt de la cour de cassation du 9 mars 1831. — Circulaire des affaires étrangères du 26 mai 1834.

En principe, un consul, dans toute affaire de succession, doit prendre pour première règle de conduite les stipulations de nos traités avec la nation sur le territoire de laquelle il réside ; à défaut de traités, il doit se guider d'après les usages, les précédents et les lois du pays.

Dans l'application de ce principe, il faut distinguer si le Français décédé a laissé ou non sur les lieux des héritiers majeurs ou mineurs, ou seulement des enfants naturels; s'il est mort *ab intestat* ou après avoir testé. Enfin, il importe particulièrement de distinguer la nature des biens qui composent sa succession, c'est-à-dire si celle-ci contient des valeurs purement mobilières ou des immeubles, ou bien encore si elle contient tout à la fois des biens meubles et immeubles. Cette distinction est d'autant plus nécessaire, que le droit d'intervention du consul dans l'administration, la liquidation et le partage des successions est nécessairement subordonné au principe qui soumet en tous cas les immeubles à la législation du pays où ils sont situés.

Lorsque les héritiers laissés sur les lieux par le défunt sont majeurs, c'est-à-dire aptes à faire valoir leurs droits, le consul n'a pas à intervenir d'*office* dans l'administration de la succession ; c'est à eux, s'ils le croient nécessaire pour leur intérêt, pour celui des créanciers ou de leurs cohéritiers absents, à se pourvoir devant l'autorité compétente.

La compétence variant naturellement, comme nous venons de l'indiquer ci-dessus, selon la nature des biens dont la succession se compose, nous nous bornerons à rappeler qu'en droit les meubles sont régis par la loi et les juges du pays auquel le décédé appartient au moment de sa mort, les immeubles par la loi et les juges du pays où ils sont situés, et qu'à ces derniers juges sont généralement attribués l'examen et le règlement des contestations survenues entre héritiers ou ayants droit quelconques, à l'occasion d'une succession composée de meubles et d'immeubles situés dans leur ressort. A moins de traités stipulant le contraire, ou de successions exclusivement composées de valeurs mobilières, ce sont donc les juges territoriaux qui sont seuls compétents pour connaître des réclamations des héritiers.

Si, au contraire, les héritiers sont mineurs, c'est évidemment à leur tuteur qu'il appartient d'agir en leur nom ; mais dans le cas où ces mineurs seraient héritiers directs, c'est-à-dire enfants du décédé, ou bien encore dans le cas où la veuve de celui-ci, étrangère d'origine, serait mineure et considérée comme telle suivant les lois de son pays, les consuls, n'ayant pas qualité d'après nos lois pour organiser leur tutelle, doivent se borner à donner les avis convenables aux officiers de justice des lieux spécialement chargés de pourvoir à la conservation des droits des mineurs, et ce n'est que lorsque les traités, l'usage ou le droit de réciprocité leur en accordent positivement la faculté qu'ils interviennent directement pour la conservation de ces droits (1).

Cependant, lorsque les autorités du pays où ils résident refusent positivement de pourvoir à la tutelle de ces mineurs, et lorsque ces derniers n'ont en France ni biens, ni famille, ni domicile connu, nous nous croyons fondés à établir, d'après un avis émané du ministère de la justice (2), que les consuls peuvent, malgré le silence de notre législation à cet égard, et vu la protection à laquelle ont droit tous mineurs régis par la loi française, assembler un conseil de famille, le présider et inviter les membres qui le composent à nommer un tuteur et un subrogé tuteur à l'enfant mineur du Français décédé dans leur arrondissement ; ils peuvent, en un mot, procéder en pareil cas comme le juge de paix procède en France ; mais ils doivent avoir le soin de motiver dans le procès-verbal de la délibération du conseil de famille leur intervention exceptionnelle et directe dans cette circonstance, et la fonder, d'une part, sur le refus de concours des autorités territoriales, d'autre part, sur l'impérieuse nécessité où ils se sont trouvés de pourvoir à la conservation des droits et des biens du mineur que la loi française ne permet pas de laisser sans protection, et dont aucune considération ne saurait justifier l'abandon.

Il est peu vraisemblable que les actes d'une tutelle ainsi organisée soient exposés à être attaqués avec succès devant les tribunaux français ou étrangers ; car, à supposer qu'on ne

(1) Instruction du 29 novembre 1833.
(2) Lettres du ministre de la justice à celui des affaires étrangères des 11 octobre 1847 et 27 août 1850.

voulût point reconnaître cette tutelle comme légale et définitive, il faudrait au moins y voir une administration provisoire
que les consuls ont incontestablement le droit d'organiser en
leur qualité de protecteurs naturels des absents et des incapables. Mais il doit être bien entendu que si les mineurs
avaient en France des biens, des parents ou un domicile
connu, c'est-à-dire l'ancien domicile de leurs père et mère, on
devrait recourir, pour organiser leur tutelle, à l'intervention
soit du juge de paix dans le ressort duquel seraient situés les
biens, soit du juge de paix du domicile des parents ou des
père et mère des mineurs.

#### 4. — Successions testamentaires.

Quand le Français décédé sans laisser d'héritiers présents a
testé avant de mourir, l'ouverture du testament doit être faite
par le juge compétent du lieu de la succession. Si le testament
est déposé au consulat, le consul doit en provoquer d'office
l'ouverture; mais, à moins d'être autorisé par les traités ou
par l'usage à faire acte de juridiction dans le pays où il réside,
il ne peut y procéder lui-même. Il va sans dire que, dans tous
les cas, le consul doit transmettre au département des affaires
étrangères, avec l'acte de décès et une expédition régulière du
testament du défunt, tous les renseignements qui peuvent
être utiles à la famille du décédé ou autres intéressés, en ayant
soin d'indiquer aussi exactement que cela lui est possible le
domicile de ceux-ci.

Lorsqu'un consul apprend qu'un Français dont le testament est déposé dans sa chancellerie est décédé hors de son
arrondissement, il procède de la même manière, et donne
ensuite à son collègue dans la résidence où a eu lieu le décès
tous les renseignements qu'il peut juger utiles et nécessaires.

Si le décédé a institué un ou plusieurs exécuteurs testamentaires, c'est à ceux-ci qu'il appartient de veiller à ce que le
vœu du testateur soit rempli (1), et par conséquent à ce que
la succession soit recueillie par les légataires. Les exécuteurs
testamentaires ayant seuls qualité pour gérer et administrer

_____

(1) Code civil, art. 1031.

44

les biens à la charge d'en rendre compte à qui de droit dans les délais légaux, les consuls, après avoir fait procéder aux actes d'ouverture de la succession, notamment à l'inventaire, n'ont point à s'immiscer dans leur gestion, dont ils doivent néanmoins surveiller les opérations dans l'intérêt des légataires ou héritiers absents; l'autorité territoriale elle-même, à moins de disposition contraire dans les lois du pays, ne doit intervenir en pareil cas que pour assurer la régularité de ces opérations.

### 5. — Successions ab intestat.

Enfin, si le décédé n'a point fait de testament, s'il n'en existe pas sur les lieux, ou si les héritiers ne sont pas présents, la succession étant alors considérée comme vacante, l'autorité consulaire intervient pour en assurer la conservation dans l'intérêt des ayants droit.

La première formalité à remplir dans ce cas consiste dans l'apposition des scellés au domicile du décédé. Plusieurs gouvernements, pour assurer le payement des créanciers éventuels, font immédiatement procéder à cette opération par leurs officiers de justice; d'autres, et c'est le plus grand nombre, reconnaissent aux consuls le droit de croiser de leurs sceaux ceux de l'autorité territoriale; quelques-uns, enfin, consentent à ce que le consul seul appose ses sceaux, à la condition toutefois que dans le cas où il se présenterait des créanciers sujets du pays où le décès a eu lieu, leurs droits seront réservés.

A l'expiration des délais légaux, on procède à la reconnaissance et à l'enlèvement des scellés, ainsi qu'à la formation de l'inventaire. Lorsque le soin de dresser seul l'inventaire est abandonné aux consuls, c'est le chancelier qui instrumente, assisté de deux témoins ayant la capacité requise et du consul représentant légal des ayants droit absents. (1) Lorsque, au contraire, l'autorité territoriale compétente intervient conjointement avec le consul pour l'accomplissement de cette formalité, c'est à son greffier qu'il appartient de tenir la plume.

Lorsque, pendant la rédaction de l'inventaire, on découvre

(1) *Formulaire à l'usage des consulats*, n° 213.

un testament, celui-ci doit être mis sous scellés pour être ultérieurement ouvert dans la forme légale.

Tous les renseignements recueillis sur les successions des
Français morts *ab intestat*, les copies des procès-verbaux et
inventaires dressés par les chanceliers, ainsi qu'une expédition
dûment traduite de ceux qui out été rédigés par les agents du
gouvernement territorial, doivent, ainsi que nous l'avons déjà
dit au chapitre cinquième du livre IV, être transmis par les
consuls au département des affaires étrangères, sous le timbre
du bureau de la chancellerie.

Les effets inventoriés sont conservés en dépôt, soit au consulat, soit dans la maison même du décédé, par les soins des
consuls, auxquels le plus généralement, d'après les traités,
l'autorité territoriale abandonne le soin de la liquidation des
successions. Dans certains pays cependant, c'est cette autorité qui administre et liquide les successions, et qui ensuite
en tient le produit à la disposition des héritiers légitimes ou
le remet aux consuls.

Lorsque les consuls administrent seuls les successions, ils
agissent, dans ce cas, comme pour les biens des naufragés;
ils vendent les objets susceptibles de dépérissement, et conservent les autres jusqu'à ce que les héritiers aient fait connaître
leurs intentions pour la conservation ou l'aliénation des biens
délaissés. A cet égard, ils ne sont, en quelque sorte, que les
curateurs des successions vacantes.

Toutes les fois, du reste, qu'une succession ne se compose
pas exclusivement d'objets mobiliers, les consuls doivent nommer un administrateur spécial qu'ils chargent, sous leur responsabilité et leur contrôle rigoureux, de recouvrer l'actif et
de liquider les dettes de la succession; cet administrateur rend
ensuite aux héritiers ou à leur fondé de pouvoirs, par acte
dressé en chancellerie, un compte détaillé de sa gestion, et leur
remet le net produit réalisé par ses soins; en l'absence de
ceux-ci, l'administrateur verse ce produit dans la caisse des
dépôts du consulat.

Les intérêts étrangers engagés dans les affaires de succession sont une source de difficultés qu'il faut traiter avec beaucoup de circonspection. Un sujet territorial qui se croit lésé
en circonstance pareille s'adresse immédiatement, pour ob-

tenir réparation de ce préjudice, à ses juges naturels, les seuls auxquels il se regarde comme soumis; c'est au consul à savoir, dans ce cas, concilier toutes les prétentions, afin de n'en froisser que le moins possible, et à ménager les intérêts de chacun de manière à prévenir une action judiciaire qui, quelle qu'en soit l'issue, ne pourrait qu'entraîner des frais inutiles; s'il n'y réussit pas, cet agent, se rappelant alors qu'il n'est pas légalement le juge préposé à la liquidation des successions, mais seulement le curateur d'office des biens délaissés par ses nationaux, doit laisser les dissidents engager l'action devant les juges territoriaux, et charger l'administrateur particulier qu'il a nommé, ou un délégué spécial, de repousser judiciairement leurs prétentions. Toute autre marche serait irrégulière, illégale même, et pourrait, par cela seul, entraîner les conséquences les plus graves.

Si, avant que la succession ne soit entièrement liquidée, des héritiers venaient à se présenter en personne ou constituaient un fondé de pouvoirs sur les lieux, le consul serait tenu de se dessaisir entre leurs mains de toute l'affaire, après s'être fait remettre les actes constatant la légitimité de leurs droits, ainsi qu'une quittance en bonne forme du produit réalisé et tous frais déjà faits dûment acquittés. L'autorité judiciaire serait évidemment, dans ce cas, seule compétente pour statuer tant sur les droits des héritiers que sur ceux de tous les réclamants qui se présenteraient simultanément pour une même succession.

### 6. — Envoi en France des produits de succession.

Quant aux successions non réclamées et liquidées d'office par les consuls, leur produit doit être transmis en France, dans les formes que nous avons déjà indiquées pour la transmission à la caisse des dépôts et consignations des dépôts faits dans les chancelleries consulaires. (*Voir* livre VII, chapitre 5.)

# CHAPITRE II.

## DE LA JURIDICTION CONSULAIRE EN LEVANT ET EN BARBARIE.

Les Français résidant en Levant et en Barbarie y sont, comme tous les autres étrangers, placés sous un régime exceptionnel qui rend, dans ces contrées, leur position toute différente de ce qu'elle est en pays de chrétienté : ce régime exceptionnel résulte de nos capitulations ou traités avec la Porte ottomane et les régences barbaresques. Les capitulations ne règlent pas seulement de la manière la plus avantageuse les conditions auxquelles les Français peuvent résider en Orient et s'y livrer à l'exploitation du commerce, elles prévoient encore, pour en atténuer l'effet par de sages dispositions, la plupart des inconvénients que peut faire craindre, pour la sûreté des personnes et des propriétés, le contact de nos nationaux tant avec les autorités qu'avec les habitants du pays.

Mais, de tous les priviléges qu'elles assurent aux Français, le plus précieux est sans contredit celui de ne pas être justiciables des tribunaux musulmans pour les contestations dans lesquelles aucun sujet territorial ne se trouve partie intéressée, et de n'être soumis, dans ce cas, qu'à la loi et aux tribunaux français. C'est aux consuls que les capitulations ont attribué le pouvoir de prononcer en matière civile ou de simple police, et d'exercer les poursuites en matière criminelle.

Les devoirs et les droits de ces agents, posés en principe dans l'ordonnance de la marine de 1681, ont été plus exactement et plus complétement définis, d'abord par l'édit du mois de juin 1778, qui fut, comme on sait, enregistré au parlement de Provence, et en dernier lieu par loi du 28 mai 1836.

Ayant déjà eu occasion de traiter, dans le chapitre premier du livre VII, de l'exercice des fonctions de haute police conférées aux consuls dans les pays musulmans, nous nous bornerons à énumérer et à préciser ici les fonctions spéciales de ces agents, comme juges tant au civil qu'au criminel.

## SECTION I.

De la juridiction en matière civile et commerciale.

§ 1er. — DE LA COMPÉTENCE DES CONSULS ET DES TRIBUNAUX
CONSULAIRES.

**1. — Étendue de la juridiction des consuls.**

En matière civile ou commerciale, les consuls connaissent,
en première instance, des contestations, de quelque nature
qu'elles soient, qui s'élèvent entre Français négociants, navigateurs ou autres, dans l'étendue de leur arrondissement (1).
Les prescriptions contenues à cet égard dans l'édit de 1778
n'ont rien perdu de leur force obligatoire, et doivent, aujour-

donnance de 1681, il fallait le concours des députés et de quatre notables de la nation (1); mais la difficulté de trouver dans la plupart des consulats quatre notables négociants capables de donner leur avis sur les procès, ou du moins de les rassembler à cet effet auprès du consul, fit décréter, en 1722, qu'il suffirait qu'à l'avenir les consuls rendissent leurs jugements ou sentences en matière civile avec deux députés de la nation, ou, à leur défaut, avec deux des principaux négociants français (2). L'édit de 1778 ne fait plus mention des députés; il a seulement adjoint aux consuls, pour les sentences *définitives* en matière civile, deux assesseurs choisis parmi les notables, ayant voix délibérative et prêtant serment une fois pour toutes. Il permet même aux consuls de juger seuls dans les échelles où il n'a pas été possible de se procurer les deux notables; mais cette impossibilité doit alors être relatée dans le préambule des jugements (3).

Le même principe a été appliqué aux procédures criminelles qui n'exigent également que le concours de deux assesseurs choisis parmi les Français notables immatriculés en chancellerie. En nous occupant de la juridiction criminelle, nous aurons occasion de discuter les objections plus spécieuses que justes qui, à diverses époques, ont été élevées contre la nomination directe par les consuls des assesseurs appelés à constituer avec eux le tribunal consulaire criminel; mais nous ne pouvons nous empêcher d'exprimer ici le regret qu'en matière civile, une sanction pénale n'oblige pas les Français à accepter le mandat d'assesseurs lorsqu'il leur est déféré par le consul.

Dans l'état actuel des choses, le consul rend pour chaque cause civile une ordonnance spéciale de nomination des deux assesseurs; cette ordonnance est annexée en minute au dossier de l'affaire, notifiée par copie aux assesseurs, et signifiée aux parties dans la forme ordinaire.

Un tribunal serait incomplet s'il n'avait pas un greffier; c'est le drogman-chancelier qui en remplit les fonctions, et

(1) Ordonnance d'août 1681, livre Ier, titre 9, art. 13.
(2) Déclaration du 28 mai 1722.
(3) Édit de juin 1778, art. 6 et 7.

qui donne en outre, comme huissier d'office, toutes les assignations et toutes les significations (1).

### 3. — Compétence du tribunal consulaire.

Avant d'indiquer les règles de la procédure à suivre devant les consuls en matière civile, nous devons dire quelles sont les limites de leur juridiction, et préciser, autant que cela est possible, les bornes de la compétence des tribunaux consulaires. Dans les questions judiciaires où la compétence se détermine par le domicile d'origine, c'est-à-dire dans tous les cas où la solution de ces questions ne peut avoir lieu sans le concours du juge naturel, les consuls sont aussi incompétents pour en connaître dans les pays musulmans que les tribunaux territoriaux des pays de chrétienté où ces agents résident. Nous pensons donc que l'appréciation de telles questions, en ce qui touche nos nationaux, doit être renvoyée aux tribunaux français, et que les consuls doivent s'abstenir lorsqu'il s'agit de statuer, par exemple, sur la validité d'un mariage, la légitimation ou la reconnaissance d'enfants naturels, les demandes d'adoption, de séparation de corps ou de biens, ainsi que sur les demandes en nullité de testaments, donations et autres qui sont essentiellement de la compétence du *juge naturel;* mais nous sommes d'avis qu'ils ont qualité pour procéder à tous les actes d'instruction que peut nécessiter la solution de ces questions importantes ; qu'enfin, dans toutes les affaires qui sont régies par la loi du lieu où elles surgissent, la compétence des tribunaux consulaires est complète et absolue.

### 4. — Conciliation amiable entre les parties.

Avant de saisir le tribunal consulaire des affaires qui lui sont déférées, les consuls doivent essayer de concilier amiablement leurs nationaux, afin de leur éviter les longueurs et les frais d'une procédure inutile. Ce que nous avons dit à cet égard, dans le chapitre précédent, du rôle de conciliateur attribué aux consuls s'applique à tous les pays de consulat ; il

(1) Édit de juin 1778, art. 8.

·va sans dire seulement qu'en Levant et en Barbarie, ce rôle n'a d'autres limites que celles du pouvoir judiciaire que nos lois leur accordent et que nos traités leur garantissent (1).

### 5. — Débats entre le consul et ses nationaux.

Les débats entre un consul et l'un de ses nationaux ne peuvent être jugés qu'en France. L'ordonnance de 1681 a attribué la connaissance de ces sortes d'affaires à l'amirauté de Marseille (2). Elle appartiendrait aujourd'hui, suivant la nature du débat, soit au tribunal de première instance, soit au tribunal de commerce établi dans la même ville.

Cette disposition de l'ordonnance est exclusivement applicable aux consuls, et ne saurait être étendue aux débats des chanceliers, drogmans ou autres employés des consulats avec des Français. Les consuls sont, en effet, les juges naturels de leurs subordonnés comme de tous les autres citoyens français, et connaissent de leurs contestations avec des négociants, comme de celles qui surviennent entre tous autres particuliers.

### 6. — Contestations entre Français et autres étrangers.

Les dispositions de l'édit de 1778 ne sont applicables qu'au jugement des contestations entre Français ou entre protégés français qui, par le fait de la protection dont ils jouissent, sont soumis de plein droit à l'autorité administrative et judiciaire française.

Dans les débats commerciaux entre Français et étrangers, la compétence du tribunal appelé à en connaître se détermine en principe par la nationalité du *défendeur* ; ainsi, lorsqu'un étranger ou un sujet territorial a à se plaindre d'un Français, la plainte devrait être portée devant le consul de France, qui instruirait et jugerait la cause dans la forme consacrée en matière civile. Si, au contraire, c'est le Français qui est *demandeur*, il devrait se pourvoir ou devant le consul de la nation à laquelle appartient sa partie adverse, ou devant le

(1) Circulaire des affaires étrangères du 9 décembre 1833.—*Formulaire à l'usage des consulats,* nos 99 et 100.

(2) Ordonnance d'août 1681, livre Ier, titre 9, art. 19.

juge territorial compétent, un des drogmans de l'échelle étant
alors chargé d'assister le Français en qualité d'interprète et
de défenseur. Mais nous devons faire remarquer ici que dans
la pratique on s'écarte généralement de la rigueur de ces
principes, et que les affaires dans lesquelles sont mêlées des
musulmans reviennent, le plus souvent, à nos consuls à titre
de conciliateurs ou d'arbitres, les drogmans remplissant alors
par délégation les fonctions de juges de paix. C'est là, pour
ces derniers agents, l'un des attributs les plus utiles de leur
charge et celui dans lequel ils rendent les services les plus
réels à leurs compatriotes, en arrangeant à l'amiable des
affaires qui, lorsqu'elles dégénèrent en procès, deviennent la
source de frais ruineux et d'interminables débats. Un usage
non moins général aujourd'hui a fait établir en Levant, pour
le jugement des contestations pendantes entre Français et
d'autres chrétiens, des commissions judiciaires spéciales
dont nous allons faire connaître l'organisation et les attributions.

### 7. — Tribunaux mixtes.

Depuis quelques années, le gouvernement ottoman a institué à Constantinople et sur plusieurs points de sa domination
des tribunaux de commerce mixtes chargés de juger les procès
commerciaux entre ses sujets et les négociants étrangers.
L'intérêt évident qui s'attache à ce qu'en matière de procédure et de compétence les règles à suivre soient déterminées
d'une manière fixe et précise, doit faire désirer que cette utile
institution des tribunaux mixtes se développe en Levant. La
promulgation récente d'un code de commerce général pour
l'empire ottoman est un premier pas vers la réalisation de
cette pensée.

Les tribunaux mixtes institués par la Porte fonctionnent
déjà d'une manière régulière à Constantinople, à Smyrne, à
Beyrouth et à Alexandrie ; ils se composent d'employés du
gouvernement et d'un certain nombre de négociants euro-
péens, nommés, d'un commun accord, par toutes les légations
ou consulats étrangers, et dont la moitié se rend à tour de
rôle une fois par semaine à l'audience. L'individu engagé

dans un procès, quelle que soit la protection consulaire qui
le couvre, est tenu de choisir ses arbitres parmi les notables
en exercice. Le drogman de la mission ou du consulat dont
il relève est présent à la procédure. Les causes inscrites sont
appelées dans l'ordre où elles sont portées au tableau; chacun
peut se défendre en personne ou par un fondé de pouvoirs,
et, comm .toutes les décisions arbitrales, celles de ces tribunaux sont rendues en dernier ressort (1).

### 8. — Commissions judiciaires mixtes.

Les capitulations avec la Porte ottomane reconnaissent
trois juridictions bien distinctes, dont elles ne règlent, d'ailleurs, ni l'étendue ni l'action, et qui sont :

1° Celle des tribunaux musulmans, qui connaissent exclu-
sivement, en toutes matières, des actions entre les sujets du
Grand Seigneur et les étrangers de passage ou résidant en
Turquie ;

2° Celle des tribunaux de légation ou de consulat, qui sont
seuls compétents, en matières de police correctionnelle, criminelle, civile et commerciale, pour statuer sur les contestations entre étrangers de même nation ou entre les étrangers
que cette nation a pris sous sa protection ;

3° Enfin, celle des tribunaux ou commissions judiciaires
mixtes, dont la composition diffère de celle des tribunaux
précédents, mais qui, à l'exception des affaires criminelles, jugent comme eux, en premier ressort, tous les procès
qui peuvent naître, en matière civile et commerciale, entre
étrangers de nationalité différente et résidant sur le territoire
ottoman.

Ces trois juridictions ont donc pour base légale : la première,
la délégation du souverain territorial ; la seconde, le droit
conventionnel établi par les capitulations ; et la troisième,
l'usage consacré.

Nous avons fait connaître dans les paragraphes précédents
la composition des tribunaux de légation et de consulat, il nous
reste donc à indiquer ici celle des commissions judiciaires

(1) Mémorandum de la Porte du 10 avril 1849.

mixtes, qu'il ne faut pas confondre avec les tribunaux mixtes
récemment institués par la Porte.

Ces commissions ont été établies de concert en 1820, par
les légations de France, d'Angleterre, d'Autriche et de Russie,
en vertu d'une convention purement verbale, à laquelle toutes
les autres légations ont, depuis, tacitement adhéré, et dont
les dispositions sont ainsi conçues :

1° Les anciens tribunaux mixtes qui étaient chargés de
juger les contestations entre étrangers de nationalité différente, sont remplacés par des commissions judiciaires mixtes
dont la procédure aura pour base cette maxime de l'ancien
droit romain : *Actor sequitur forum rei*, maxime admise par
la législation de toutes les puissances chrétiennes.

2° La légation du pays auquel le défendeur appartiendra
aura seule, désormais, le droit de convoquer et de réunir la
commission appelée à juger les contestations de la nature
indiquée ci-dessus.

3° Cette commission sera composée de trois juges commissaires qui seront choisis et nommés, savoir : deux par la légation du défendeur, et le troisième par la légation du demandeur.

4° Elle prononcera, en premier ressort, sur les contestations
en matière civile et commerciale qui seront portées devant
elle, et les juges-commissaires rendront leur sentence à la pluralité des voix.

5° La sentence ainsi rendue sera homologuée, toujours en
vertu du même principe, par le tribunal de la légation du
défendeur, qui sera chargé de pourvoir à son exécution.

6° Enfin, en cas d'appel formé soit par le demandeur, soit
par le défendeur, cet appel sera porté devant le tribunal
compétent pour connaître en dernier ressort des sentences
rendues par les juges consulaires de l'appelant.

Ces commissions, quelque anormales que soient leur composition et leur action au point de vue du droit strict et des vrais
principes en matière de procédure, fonctionnent depuis plus
de trente ans dans le Levant : elles semblent donc avoir acquis
la double consécration de l'usage et du temps ; mais elles
n'en sont pas moins des tribunaux d'exception établis sur un
territoire étranger, et dont les sentences émanées de juges

également étrangers ne peuvent être exécutées *par voie de contrainte contre le demandeur qui a succombé*, si celui-ci n'a pas pris l'engagement préalable de s'y soumettre et fourni caution ; car, dans le cas contraire, à chaque sentence, il opposera toujours avec succès l'incompétence absolue des juges qui l'auront rendue. Sa légation elle-même ne pourra le contraindre à l'exécuter, et il est fort peu vraisemblable que les cours et tribunaux de son pays consentent jamais à autoriser dans leur ressort l'exécution sur ses biens de pareils jugements rendus, nous le répétons, par des tribunaux établis en dehors de l'ordre naturel des juridictions, c'est-à-dire contrairement aux lois qui, dans tous les pays civilisés, sont essentiellement d'ordre public.

Cet état de choses est d'autant plus regrettable qu'il se produit dans un pays où la justice doit, plus que partout ailleurs, être environnée du respect et de la considération des justiciables, et qu'il peut lui faire perdre l'un ou l'autre en suspendant l'exécution de ses décisions, si l'on n'y apporte un prompt remède. Le seul, suivant nous, serait, lorsque les consuls des parties n'ont pu amener leurs nationaux à une transaction amiable, d'imposer au demandeur l'obligation de fournir caution bonne et solvable.

### 9. — Procès entre Français résidant en France et étrangers résidant en Levant.

Jusqu'ici nous n'avons parlé que des contestations nées des rapports que les étrangers de nationalité différente et résidant en Levant ont entre eux ; il nous reste à dire quelques mots de celles que ces étrangers peuvent avoir avec des Français domiciliés en France, et à indiquer la voie par laquelle ces contestations peuvent arriver à une solution.

La plupart de nos négociants en France sont persuadés qu'après avoir fait prendre à l'étranger avec lequel ils contractent l'engagement d'élire domicile en France, et de soumettre aux tribunaux français l'examen et le règlement des contestations auxquelles pourra donner lieu l'exécution des clauses de leur contrat, il leur suffit, pour avoir raison de cet étranger, de l'assigner devant nos tribunaux, aux termes de l'article 14 du Code civil, et de faire rendre contre lui un jugement contradictoire ou par défaut : c'est là une erreur grave dont les suites ne peuvent être que fort préjudiciables à leurs intérêts.

Lorsque l'étranger défendeur possède sur notre territoire des biens quelconques, le jugement rendu contre lui peut bien y être exécuté dans le délai prescrit par la loi sans aucune difficulté ; mais, s'il n'en possède pas, l'exécution du jugement ne peut avoir lieu que dans le pays où il réside et avec le concours et l'appui de ses juges naturels, qui ordonnent que la sentence émanée du tribunal français sera exécutée dans leur ressort après ou sans révision. Or, en Levant les juges naturels de l'étranger défendeur sont, dans ce cas, ceux qui composent le tribunal consulaire de sa nation ; ce tribunal est donc le seul compétent pour autoriser l'exécution *de plano* du jugement français, ou pour renvoyer le demandeur qui la poursuit devant la commission judiciaire mixte appelée à en connaître.

Ce serait en vain que les Français qui ont obtenu en France de pareilles sentences contre des étrangers s'adresseraient, pour en obtenir l'exécution *forcée* en Levant, au ministère des affaires étrangères ou à ses agents. Quelque intérêt qu'inspire leur position, ce recours ne pourrait être pour eux d'aucune efficacité, attendu 1° que le ministère, ainsi que ses agents, ne sauraient, en principe, dans le but d'assurer l'exécution de ces sentences, procéder par voie de contrainte envers des étrangers que leur nationalité met complétement en dehors de la juridiction française ; 2° que, du moment où le consul de France a mis en demeure son collègue de la nation à laquelle le défendeur appartient de pourvoir à cette exécution, et où ce dernier refuse positivement d'y concourir, en se fondant sur l'incompétence des juges qui ont rendu ces sentences, le premier a fait, dans l'intérêt du demandeur, tout ce que les lois qui régissent notre institution consulaire lui prescrivaient de faire en pareil cas ; 3° enfin, qu'un consul ne pourrait aller au delà sans excéder ses pouvoirs et, dès lors, sans engager la responsabilité de son gouvernement d'une manière très-grave vis-à-vis du gouvernement du pays du défendeur.

§ 2. — DE LA PROCÉDURE A SUIVRE DANS LES CONSULATS EN MATIÈRE CIVILE.

L'édit de 1778 a tracé d'une manière très-claire, et qui exige par conséquent fort peu d'explications , les règles de la procédure à suivre devant les consuls pour avoir jugement en matière civile; notre Code de procédure n'y a point dérogé et ne l'a modifié en rien (1).

### 1. — Assignation.

Lorsqu'il s'agit de former quelque demande ou de porter quelque plainte, la partie présente elle-même sa requête au consul, ou, en cas d'empêchement, fait faire à la chancellerie par un procureur fondé une déclaration circonstanciée dont il lui est délivré expédition, et qui est présentée au consul pour tenir lieu de ladite requête. Sur le vu et au bas de cette déclaration, le consul rend un décret non susceptible d'appel ni d'opposition , et par lequel il ordonne que les parties comparaîtront en personne aux lieu, jour et heure qu'il juge à propos d'indiquer, selon la distance des lieux et la gravité des circonstances (2). Hors les cas qui requièrent célérité, et qui exigent que l'assignation ait lieu d'une heure à l'autre, le délai d'assignation doit être d'au moins un jour franc, et d'un jour par trois myriamètres de distance lorsqu'il y a éloignement.

La requête ou déclaration est signifiée par le drogman-chancelier avec les pièces à l'appui de la demande qui y est formulée; mais si ces pièces sont trop étendues ou trop volumineuses, elles sont seulement déposées en chancellerie pour être communiquées sans déplacement au défendeur (3). Toutefois, l'omission de joindre copie des pièces ou d'insérer dans l'assignation l'offre d'en prendre connaissance en chancellerie, ne serait pas une cause de nullité , parce que le demandeur peut se réserver la faculté de les produire en temps et lieu; seulement, lorsqu'il en est ainsi, mention doit en être faite dans l'assignation.

(1) Avis du conseil d'État du 22 mai – 1er juin 1807.
(2) Édit de juin 1778, art. 9 et 10.
(3) Id. Id., art. 11.

Le chancelier ne pouvant instrumenter que dans l'étendue du consulat auquel il est attaché, tout exploit fait contrairement à cette disposition serait nul. Mais même dans l'arrondissement du consulat, le chancelier n'est pas toujours capable pour instrumenter légalement : ainsi un huissier ne peut instrumenter à peine de nullité pour aucun de ses parents et alliés, ni pour ceux de sa femme en ligne directe à l'infini, ni encore pour ses parents ou alliés collatéraux jusqu'au degré de cousin germain inclusivement (1). Cette prohibition de la loi, fondée sur ce qu'un huissier pourrait sacrifier ses devoirs à l'intérêt de ses proches parents, doit évidemment être étendue aux chanceliers. Mais le Code de procédure, en interdisant aux huissiers d'instrumenter pour leurs parents, ne leur a pas défendu de le faire contre eux ; et, bien que dans ce cas les convenances ne puissent qu'être blessées, l'exploit n'en produirait pas moins tous ses effets.

Dans tous les cas où le chancelier ne peut ou ne doit instrumenter, il est remplacé, sur décret du consul, par un des drogmans de l'échelle ou par un commis de la chancellerie.

Les significations de demande à comparaître sont faites en parlant à la personne du défendeur ou à son domicile ; quand celui-ci n'est pas connu, comme en cas d'absence ou d'empêchement, l'ajournement se donne par affiches apposées en chancellerie ; enfin les navigateurs et les passagers qui n'ont d'autre demeure que leur navire sont assignés à bord. Les sociétés de commerce, tant qu'elles existent, doivent être assignées au domicile social, et s'il n'y en a pas, à la personne ou au domicile de l'un des associés ; après leur dissolution, on assigne chaque associé à son domicile particulier. Les unions et directions de créanciers après faillite doivent être assignées en la personne ou au domicile de l'un des syndics ou directeurs. Lorsqu'une des parties a fait élection de domicile dans une convention, elle peut être assignée à ce domicile élu. Il doit être fait mention dans l'original, ainsi que dans la copie de tout exploit d'ajournement, du nom du défendeur, de la personne à laquelle l'assignation a été laissée, ou de l'affiche qui en a été faite. Il est donné assignation au défendeur à com-

(1) Code de procédure, art. 66.

paraître devant le consul aux jour, lieu et heure indiqués par son ordonnance, et l'original, ainsi que la copie de l'exploit, doivent être datés et signés du chancelier. L'observation de toutes ces formalités est exigée à peine de nullité (1).

Par analogie avec ce qui se pratique en France, nous pensons qu'à l'étranger une assignation ne pourrait être légalement signifiée un dimanche ou un jour de fête légale, à moins qu'il y eût péril dans la demeure et autorisation expresse du consul. Nous sommes également portés à croire qu'un exploit ne saurait être valablement remis de nuit, c'est-à-dire avant six heures du matin et après six heures du soir du 1er octobre au 31 mars, et avant quatre heures du matin et après neuf heures du soir depuis le 1er avril jusqu'au 30 septembre (2).

### 2. — Comparution.

Les parties assignées sont tenues de se présenter en personne devant le consul dans le lieu, au jour et heure indiqués; toutefois, en cas de maladie, d'absence ou autres empêchements, elles peuvent envoyer au consul des déclarations ou mémoires signés d'elles, contenant leurs demandes et défenses, en y joignant les pièces à l'appui, ou se faire représenter par des fondés de pouvoirs *ad hoc* (3).

La police de l'audience appartient au consul; si les parties se présentent en personne, le consul ne doit pas permettre qu'elles sortent en aucune façon dans leurs discussions des bornes ordinaires des convenances; s'il reconnaissait que la passion ou l'inexpérience les empêche de discuter leurs droits avec la décence voulue ou la clarté nécessaire pour l'instruction de la cause, il devrait les engager à se faire défendre par un mandataire spécial, et, dans le premier cas, il pourrait même aller jusqu'à leur retirer la parole, la cause étant alors instruite sur pièces.

(1) Édit de juin 1778, art. 12 et 13. — *Formulaire à l'usage des consulats*, nos 92, 95, 96 et 97.

(2) Code de procédure, art. 63 et 1037.

(3) Édit de juin 1778, art. 14 et 15.

45

### 3. — Jugement.

Lorsque, sur la comparution des parties ou sur les mémoires, pièces ou déclarations envoyées par elles, le tribunal consulaire juge la cause suffisamment instruite, le jugement est rendu sans désemparer (1). La décision est prise à la pluralité des voix, et le consul dicte à l'audience même au chancelier le dispositif du jugement; la minute en est ensuite signée tant par le consul et ses assesseurs que par le chancelier.

Les jugements doivent toujours contenir les noms des juges, ceux des parties, ainsi que leurs professions, leurs demeures et leurs conclusions; l'exposé sommaire des points de fait et de droit; enfin les motifs et le dispositif (2). Si le défendeur n'a pas comparu ou n'a pas répondu à la citation, le sursis du défaut doit être adjugé au demandeur comparant, et la cause entendue et jugée sur ses réquisitions; si c'est, au contraire, le demandeur qui ne comparaît pas, le tribunal donne au défendeur présent congé de l'action intentée contre lui (3).

### 4. — Interrogatoire sur faits et articles.

Si l'audition personnelle d'une des parties légitimement empêchée de se présenter en personne est jugée nécessaire par le tribunal, celui-ci, après en avoir délibéré, commet un de ses membres, un des officiers du consulat ou même un des notables de la nation, pour se transporter au domicile de la partie, et l'interroger sur les faits qui peuvent exiger des éclaircissements. Ce commissaire doit être assisté du chancelier, lequel rédige par écrit l'interrogatoire, que signent ensuite tous ceux qui y sont intervenus, et dont le chancelier apporte immédiatement après la minute à l'audience (4).

(1) Édit de juin 1778, art. 16.
(2) Code de procédure, art. 41. — *Formulaire à l'usage des consulats*, n° 132.
(3) *Formulaire à l'usage des consulats*, n°s 129 et 131.
(4) Édit de juin 1778, art. 17.

### 5. — Transport sur les lieux.

Dans le cas où le tribunal juge nécessaire une descente sur les lieux, il peut déléguer ce soin à l'un de ses membres ou à un commissaire spécial. Le jugement qui ordonne ce transport doit indiquer le lieu, le jour et l'heure où il y sera procédé en présence des parties dûment appelées par la signification qui leur en est faite. Au jour indiqué pour le transport, que les parties comparaissent ou fassent défaut, il y est procédé par le consul ou le juge commis par le tribunal consulaire, assisté du chancelier, lequel est chargé d'en dresser procès-verbal (1).

### 6. — Expertises.

Dans les affaires où il s'agit seulement de connaître la valeur, l'état ou le dépérissement des marchandises, le tribunal consulaire peut se borner à nommer d'office, parmi les Français de l'échelle, des experts qui, après avoir prêté serment devant le consul, procèdent aux visites ou estimations nécessaires, et en dressent un procès-verbal qui reste déposé en chancellerie (2).

Les procès-verbaux d'expertise et de transport sur les lieux ne sont point signifiés ; les parties en reçoivent communication en chancellerie sur leur demande, mais sans déplacement ; il peut même, lorsqu'elles le requièrent, leur en être délivré des expéditions, sur lesquelles elles ont le droit de fournir leurs observations.

Les jugements à intervenir sur le vu de ces procès-verbaux et d'après les faits qui y sont constatés doivent toujours être rendus avec toute la célérité possible, soit en présence des parties ou de leurs fondés de pouvoirs, soit après en avoir délibéré (3).

Dans le cas d'expertise, il peut arriver que la nature de la

(1) Édit de juin 1778, art. 18.
(2) *Id.*, art. 17. — *Formulaire à l'usage des consulats*, n° 143.
(3) Édit de juin 1778, art. 20.

vérification à faire ne permette pas , par suite de la spécialité des connaissances requises, de commettre des Français : tel peut être, notamment, le cas de vérifications d'écritures, lorsqu'une pièce ou un acte est argué de faux. Le tribunal peut alors commettre tels experts qu'il juge à propos, sauf à con stater dans son jugement que ceux-ci acceptent le mandat qu'il leur confère, vu l'impossibilité où il se trouve de faire porter son choix sur des Français (1).

### 7. — Faux incident.

Cette question de la vérification des écritures nous amène à relever une omission commise dans l'édit de 1778, lequel n'a pas prévu le cas de l'inscription de faux qui arriverait incidemment dans le cours d'une procédure. Le cas échéant, les consuls devraient suivre à cet égard les règles tracées au titre 11 du livre II du Code de procédure civile. S'il s'agit d'un faux incident, le tribunal consulaire a le droit de le juger. S'il s'agit, au contraire, d'un faux principal, il doit être sursis jusque après le jugement du crime, car l'action publique interrompt le cours de l'action civile (2) ; mais le jugement à intervenir sur l'action publique ne détruisant pas l'action civile, le tribunal consulaire aura plus tard à se prononcer sur cette dernière d'après les preuves et les moyens soumis à son appréciation, sans que la décision des juges au criminel puisse aucunement l'obliger (3).

### 8. — Enquête et interlocutoire.

Les enquêtes se font par-devant le tribunal et dans la forme sommaire au jour fixé par l'interlocutoire ; les témoins doivent être sur-le-champ indiqués par les parties présentes : c'est là une disposition spéciale à la procédure des tribunaux consulaires. Si l'enquête est ordonnée en l'absence des parties ou de l'une d'elles, il doit être fixé un délai assez long pour que les

---

(1) *Formulaire à l'usage des consulats*, n° 147.
(2) Code civil, art. 1318. — *Id.* de procédure civile , art. 240.— *Id.* d'instruction criminelle, art. 3.
(3) Arrêt de la cour de cassation du 24 novembre 1824.

noms des témoins puissent être envoyés au chancelier, et que ceux-ci puissent eux-mêmes être assignés avant le jour fixé pour les entendre. Les témoins *français* sont directement assignés par le chancelier en vertu du jugement interlocutoire. Les non-comparants qui n'auraient pas justifié d'une cause légitime d'absence ou d'empêchement sont condamnés à une amende de 30 francs pour le premier défaut, et de 100 francs pour le deuxième ; ces amendes sont ensuite doublées pour chaque récidive, lors même que les actes de désobéissance réitérée du témoin condamné se seraient produits dans d'autres affaires. Le tribunal peut également, fût-ce sur le premier défaut, ordonner que les non-comparants seront contraints par corps à venir déposer. Le concours empressé que les autorités musulmanes prêtent en tous temps et en tous lieux à l'exercice de la juridiction consulaire rend très-facile l'application de cette disposition.

A l'égard des témoins *étrangers*, le consul s'adresse à ses collègues par simple demande, à charge de réciprocité et suivant les usages de chaque échelle, pour obtenir l'ordre de les faire comparaître ; mais il est bien évident que le tribunal français ne peut avoir sur ces témoins, même lorsqu'ils refusent d'obéir à l'ordre du consul de leur nation, aucun pouvoir direct d'assignation, ni aucun moyen de contrainte quelconque. Les consuls pourraient encore recourir, en pareil cas, à la voie des commissions rogatoires, ainsi que le font, en pays de chrétienté, les magistrats chargés de l'instruction des affaires criminelles ou civiles, et procéder comme eux. Cette marche aurait infailliblement pour effet d'accélérer celle de la procédure en la simplifiant, et nous pensons qu'elle produirait d'excellents résultats dans le Levant, où l'administration de la justice est si souvent entravée, quand elle n'est pas rendue impossible par la différence de nationalité des justiciables. (*Voir* livre IV, chapitre 5.)

En ce qui est des sujets territoriaux, lorsque leur comparution est nécessaire, les consuls doivent se conformer aux capitulations et aux usages observés à cet égard dans les différents consulats : l'usage général est de s'adresser à leurs magistrats.

Si les témoins résident dans une autre échelle ou ailleurs,

le consul délègue par une commission rogatoire qu'il adresse soit à leur consul, soit à l'autorité du lieu où ils demeurent, le soin de les entendre. Ce cas ne peut évidemment se présenter que très-rarement dans les affaires du genre de celles qui sont soumises à la décision des tribunaux consulaires en matière civile.

Les parties en présence desquelles la preuve par témoins a été ordonnée sont tenues, sans qu'il soit besoin d'assignation, de comparaître devant le tribunal, aux jour et heure indiqués pour recevoir la déposition des témoins; à l'égard des parties qui n'ont pas comparu en personne, la signification qui leur est faite du jugement interlocutoire, pour qu'elles aient, s'il y a lieu, à nommer leurs témoins, suffit et tient lieu de toute assignation pour assister à l'enquête.

A l'audience, les reproches qui seraient articulés contre les témoins doivent être proposés verbalement par les parties ou leurs fondés de pouvoirs, et il en est fait mention dans le jugement qui tient lieu de procès-verbal ; les témoins sont ensuite entendus sommairement, et leurs dépositions sont également reproduites dans le jugement. Les témoins reprochés sont entendus de la même manière ; le tribunal apprécie ensuite la foi qui doit être ajoutée à leur déposition.

- Les étrangers qui ne savent pas la langue française sont assistés, pour faire leurs dépositions, d'un interprète désigné par le tribunal, et qui prête à l'audience, avant de remplir son mandat, le serment de traduire fidèlement les dépositions des témoins qu'il assiste ; les drogmans et autres interprètes attachés au consulat et déjà assermentés sont toutefois dispensés de la formalité du serment (1).

L'ordonnance de 1778 ne dit pas qu'avant de répondre aux questions qui leur sont faites, les témoins prêteront serment de ne dire que la vérité; cette formalité, exigée en France par le Code de procédure, ne saurait donc être étendue en Levant aux interrogatoires et enquêtes faits à l'audience. Toutefois, si une partie le requérait, le serment pourrait être déféré par le tribunal, et serait alors prêté selon les rites particuliers de la religion du témoin appelé ; si celui-ci refusait de déposer sous

(1) Édit de juin 1778, art. 21 à 26.

serment, et sauf, bien entendu, le cas où sa religion ne lui permettrait aucune espèce d'affirmation solennelle, sa déclaration deviendrait nulle, et il serait lui-même assimilé à un témoin défaillant.

Les témoins entendus, le tribunal peut juger la contestation sur-le-champ, ou ordonner que les pièces seront laissées sur son bureau, pour en être délibéré. Dans ce dernier cas, le jour où le jugement sera prononcé à l'audience doit être indiqué par la sentence de mise en délibéré.

### 9. — Signification des jugements.

Les jugements par défaut, contradictoires ou définitifs, sont signifiés aux parties par le drogman-chancelier, dans la forme ordinaire de toutes les citations et assignations, sans qu'il soit besoin d'aucun autre commandement ou sommation (1). Les parties sont, en conséquence, tenues et contraintes d'exécuter lesdits jugements par toutes les voies légales et d'usage dans chaque poste consulaire.

### 10. — Opposition.

Les jugements des consuls étant soumis aux voies de recours ordinaire, ceux qui ont été rendus par défaut sont susceptibles d'opposition dans les trois jours de la signification à la partie ou à son fondé de pouvoirs. Néanmoins, dans le cas où la partie condamnée est absente et n'est pas représentée, le délai d'opposition ne court contre elle que du jour où il lui a été donné connaissance de la condamnation. Les sentences par défaut peuvent cependant être exécutées sur les biens des défaillants, trois jours après la signification faite à la personne ou à son domicile ou par affiches. Par le fait, il existe donc deux défauts : l'un, contre le procureur fondé, avec trois jours pour l'opposition à partir de la signification ; l'autre, contre la partie, avec faculté d'opposition jusqu'à exécution. C'est une distinction analogue à celle qui est faite en France entre les défauts contre avoué et ceux contre partie. Les instances

(1) Édit de juin 1778, art. 27. — *Formulaire à l'usage des consulats*, n° 144.

sur opposition sont vidées à bref délai, dans la forme que nous avons déjà indiquée, et suivant les circonstances de la cause (1).

### 11. — Appel.

Les jugements des tribunaux, tant contradictoires que ceux rendus par défaut après le délai d'opposition, sont susceptibles d'appel par-devant la cour d'Aix. L'acte d'appel est reçu en chancellerie, et signifié à la partie adverse, à la requête de l'appelant (2). Nous n'avons pas besoin d'ajouter que les jugements consulaires sont susceptibles d'être déférés à la cour de cassation.

### 12. — Exécution provisoire.

L'opposition et l'appel ont pour effet de suspendre l'exécution des jugements consulaires toutes les fois que le tribunal n'en a autrement ordonné. Sous l'empire de l'ordonnance de 1681, l'exécution provisoire était de droit, mais à charge de donner caution (3); aujourd'hui, elle n'est plus obligatoire que pour les lettres de change, billets, comptes arrêtés ou autres obligations par écrit. Dans les affaires où il s'agit de conventions verbales ou de comptes courants, l'appel avec dépôt de caution valable a seul un effet suspensif.

Celui qui veut exécuter un jugement frappé d'appel doit présenter en chancellerie une requête par laquelle il indique sa caution; le consul ordonne que les parties se présenteront à l'audience, dont il fixe l'heure et le jour, pour que le tribunal procède, s'il y a lieu, à la réception de la caution; cette requête et l'ordonnance y faisant droit sont signifiées au défendeur, avec assignation à comparaître.

Une caution, pour être admissible, n'a pas besoin de fournir un état de ses biens; il suffit qu'elle soit notoirement solvable. Il peut, du reste, être suppléé à la caution par le dépôt dans

(1) Édit de juin 1778, art. 28 et 29. — *Formulaire à l'usage des consulats*, nᵒˢ 130, 133 et 135.
(2) Édit de juin 1778, art. 37. — *Formulaire à l'usage des consulats*, nᵒ 88.
(3) Ordonnance d'août 1681, livre Iᵉʳ, titre 9, art. 13.

la caisse du consulat du montant des condamnations ; les jugements sont alors exécutés après la signification faite de l'acte de dépôt reçu en chancellerie (1).

En matière de commerce, de dommages-intérêts, etc., l'exécution des jugements consulaires se fait par corps, lorsque les juges sont autorisés à l'ordonner, et, dans tous les cas, par saisie de biens (2). Cette saisie a lieu, en vertu du jugement et à la requête de la partie en faveur de laquelle elle a été prononcée, par les soins du drogman-chancelier ou de tout autre officier du consulat spécialement commis à cet effet ; il en est dressé procès-verbal en présence de deux témoins, et le dépositaire d'office est institué dans le même acte, lorsque les objets saisis ne sont pas transportés au consulat (3). Les dispositions du Code de procédure sont à cet égard le meilleur guide à suivre par les officiers instrumentaires.

### 13. — Contrainte par corps.

La contrainte par corps ne peut être prononcée par les tribunaux consulaires que pour les cas prévus et énoncés d'une part, au titre 16 du livre III du Code civil, et, d'autre part, dans la loi du 17 avril 1832. Les consuls pourront consulter ces deux textes, et ils y trouveront l'énumération des circonstances qui doivent ou peuvent déterminer le tribunal à prononcer la contrainte par corps, et l'indication de la durée des délais pendant lesquels le débiteur insolvable ou de mauvaise foi peut avoir à subir la peine de l'emprisonnement. Les obligations du demandeur qui a obtenu un jugement de contrainte par corps contre un de ses débiteurs sont les mêmes à l'étranger qu'en France (4).

### 14. — Exécution en France.

Les jugements consulaires ne sont pas seulement exécu-

(1) Édit de juin 1778, art. 50 à 54. — *Formulaire à l'usage des consulats*, nos 93 et 94.

(2) Édit de juin 1778, art. 56.

(3) *Formulaire à l'usage des consulats*, n° 140.

(4) Code civil, art. 2059 et suivants. — *Id.* de procédure, art. 120. — Loi du 17 avril 1832.

toires dans le pays où ils ont été rendus, ils ont encore virtuellement la même force que s'ils avaient été rendus en
France, où l'on ne peut, dès lors, s'opposer à leur exécution,
que dans la forme tracée par le Code de procédure (1); il
n'est besoin d'aucun mandement de justice particulier, le
pouvoir judiciaire des consuls en matière civile et commerciale étant complet et absolu. Il est toutefois bien entendu que
la partie qui veut faire exécuter en France un jugement rendu
à son profit doit s'en faire délivrer en chancellerie une expédition ou grosse rédigée dans la forme exécutoire (2).

### 15. — Tribunal consulaire à Constantinople.

Les fonctions judiciaires attribuées aux consuls en matière
civile, dans les échelles du Levant et de Barbarie, autrefois
dévolues à Constantinople à l'un des secrétaires de l'ambassade assisté de deux notables de la nation, sont aujourd'hui
remplies par le chancelier de l'ambassade, et, en cas d'absence ou d'empêchement, par l'officier ou la personne
appelée à le remplacer : les fonctions de greffier sont attribuées à l'un des drogmans de l'échelle (3).

### § 3. — DES ACTES CONSERVATOIRES ET DE QUELQUES AUTRES ACTES DE JURIDICTION.

#### 1. — Commissions rogatoires.

D'après les principes que nous avons précédemment exposés, on comprend qu'en pays de chrétienté, l'intervention des
consuls pour l'exécution des commissions rogatoires est purement officieuse. En Levant et en Barbarie, au contraire, l'autorité consulaire n'ayant, à cet égard, d'autres limites que celles
du pouvoir judiciaire, il est évident que les commissions, en
tant qu'elles n'ont pour objet de provoquer que des actes dans

(1) Édit de juin 1778, art. 35.
(2) Code de procédure, art. 146. — Arrêté du ministre de la justice
du 13 mars 1848. — *Formulaire à l'usage des consulats*, n° 125.
(3) Ordonnance du 5 juillet 1842, art. 2 et 3.

lesquels des Français seuls sont parties intéressées, doivent être complétement exécutées, le consul dût-il pour cela user de son droit de contrainte sur ses nationaux.

### 2. — Exécution des arrêts et jugements rendus en France.

Les arrêts ou jugements rendus en France par nos cours ou tribunaux sont également exécutés en Levant et en Barbarie à la diligence des drogmans et sur l'ordre des consuls, qui ne doivent toutefois y donner suite qu'autant que les expéditions qui leur sont représentées portent la légalisation du ministère des affaires étrangères (1). Les formes à suivre pour assurer l'exécution de ces jugements ou arrêts sont les mêmes que celles que la loi a consacrées pour l'exécution des jugements rendus par les tribunaux consulaires.

### 3. — Des successions et tutelles.

En matière de successions et de tutelles, les consuls établis dans les pays musulmans jouissent, d'après nos capitulations, de la plénitude des droits attribués en France aux juges de paix pour l'apposition et la levée des scellés, la convocation des conseils de famille, l'organisation de la tutelle des mineurs français, etc.; aux notaires pour la confection des inventaires, et aux tribunaux pour ordonner les dépôts et séquestres.

L'autorité judiciaire territoriale ne peut, à aucun titre, intervenir dans l'administration et la liquidation des successions françaises : celles-ci sont donc gérées par les consuls dans l'ordre et dans les conditions indiqués au chapitre 1 de ce livre pour les agents en pays de chrétienté, avec cette différence, cependant, que leur action étant ici souveraine et absolue, ils sont appelés à statuer soit seuls en leur qualité de présidents des tribunaux consulaires, soit avec le concours de leurs assesseurs, sur toutes les questions conten-

---

(1) Circulaire des affaires étrangères du 24 avril 1822.—Ordonnance du 25 octobre 1833, art. 10.

tieuses que l'administration, la liquidation et le partage des
successions françaises peuvent faire naître.

#### 4. — Des faillites.

Les négociants français qui font faillite dans les échelles
du Levant et de Barbarie sont tenus de déposer leur bilan en
chancellerie. Les consuls apposent les scellés sur les effets des
faillis, en se conformant, d'ailleurs, à l'égard de ceux-ci et
autant que les lois et les usages du pays peuvent le permettre,
aux prescriptions générales de notre législation sur la matière.
Le premier soin à prendre dans ces sortes d'affaires consiste
à veiller à ce que les négociants faillis ne puissent détourner
aucun de leurs effets au préjudice de leurs créanciers. Les capitulations n'ayant accordé aucune préférence aux sujets territoriaux sur les Français ou autres étrangers dans les faillites,
les consuls manqueraient à leur devoir s'ils ne maintenaient
une égalité parfaite entre tous les créanciers (1).

Quant à la compétence du consul pour le jugement et la
liquidation des faillites, elle varie suivant que le failli avait
son principal établissement à l'étranger, ou dépendait directement d'une maison établie en France. Dans ce dernier cas,
la direction de la faillite appartient, d'après la loi, au tribunal
français, et le consul, le moment venu, n'a qu'à faire exécuter
la décision qui lui est régulièrement notifiée ; si, au contraire, le failli a son principal établissement dans le Levant,
l'ordonnance de 1781 veut que ce soient le consul et son tribunal qui prennent connaissance de l'affaire et se guident
d'après les formes sommaires de procédure établies par l'édit
de 1778 (2).

#### 5. — Actes de la juridiction volontaire.

En dehors des actes de juridiction civile et commerciale
dont nous venons de parler, il en est d'autres que leur carac-

(1) Ordonnance du 3 mars 1781, titre II, art. 25. — Instruction du 6
mai 1781.

(2) Code de commerce, art. 437 et suiv. — *Formulaire à l'usage
des consulats*, nos 111 à 125, 209 et 214.

tère également judiciaire fait, en Levant et en Barbarie, rentrer dans la compétence exclusive des consuls; de ce nombre sont : les actes de consentement d'adoption, d'acceptation de tutelle officieuse, de convocation et de réunion de conseil de famille, d'émancipation de mineur, d'autorisation de mineur ou de femme mariée pour faire le commerce, d'opposition au payement de titres ou billets perdus, de renonciation à la communauté ou à une succession, etc., etc.

Les prescriptions contenues à l'égard de chacun de ces actes dans les Codes civil, de commerce et de procédure, sont trop précises pour que nous ne jugions par superflu d'entrer ici dans des explications détaillées sur les cas dans lesquels ces actes peuvent être reçus en chancellerie (1).

## SECTION II.

### De la juridiction en matière criminelle et correctionnelle.

§ 1. — DE LA POURSUITE DES CONTRAVENTIONS, DÉLITS ET CRIMES COMMIS PAR DES FRANÇAIS.

#### 1. — Compétence des consuls.

Dans tous les cas prévus par les traités, ou lorsqu'ils y sont autorisés par l'usage, les consuls en Levant et en Barbarie informent soit sur plaintes et dénonciations, soit d'office, et sans qu'il soit besoin de ministère public, sur les contraventions, délits et crimes commis par des Français dans l'étendue de leur arrondissement (2). En cas de vacance des consulats, d'absence ou d'empêchement des consuls, les fonctions judiciaires de ces derniers sont remplies par les officiers ou autres personnes appelées à les remplacer, suppléer ou représenter (3).

(1) *Formulaire à l'usage des consulats*, nos 87, 101, 102, 106, 107, 135 et 139.

(2) Loi du 28 mai 1836, art. 1er.

(3) *Id.* art. 2.

Le texte de nos capitulations ne confère le droit de juridiction à l'autorité française qu'autant que le crime a été commis par un Français à l'égard d'un autre Français, ce qui s'entend également, comme en toute question de juridiction, des citoyens français comme des protégés; mais l'usage général a étendu cette concession aux cas où des étrangers s'y trouvent intéressés : de plus, toutes les fois que nos consuls ont réclamé la faveur de s'emparer des poursuites contre un de nos nationaux prévenu de crime à l'égard d'un naturel du pays, il est sans exemple que cette faveur leur ait été refusée. Les consuls devaient donc être investis, comme ils l'ont été en effet, des pouvoirs nécessaires pour procéder dans ces cas, et faire profiter nos nationaux du bénéfice de la tolérance des autorités musulmanes ; mais ils ne sauraient évidemment s'autoriser de cette disposition pour donner à leur juridiction une portée que l'usage n'aurait pas positivement consacrée dans leur arrondissement, et les instructions du département des affaires étrangères leur interdisent sévèrement tout acte qui dépasserait cette limite (1).

En attribuant aux consuls la connaissance des crimes, délits et contraventions dans l'étendue de leur échelle, la loi n'a pas borné leur juridiction à ceux qui seraient commis à terre. Les puissances musulmanes s'étant départies par l'article 15 de nos capitulations, à l'égard des Français, de leur droit de police et de juridiction pour tous les lieux où elles auraient pu l'exercer, il est évident que les consuls doivent connaître de tous les faits qui se passent sur des bâtiments de commerce français, dans les ports, mouillages et rades dépendant du pays dans lequel ils résident. Nous avons déjà constaté leur compétence à cet égard en commentant, au chapitre cinquième du livre V, l'article 19 de l'ordonnance du 29 octobre 1833. Quant aux crimes ou délits commis par des marins sur des bâtiments de l'État, il va sans dire que la connaissance en appartient exclusivement aux tribunaux maritimes français.

(1) Circulaire des affaires étrangères du 15 juillet 1836.

## 2. — Compétence des chanceliers.

Les chanceliers remplissent, en matière de juridiction criminelle, des fonctions particulières et spéciales qui n'ont pas été expressément indiquées dans la loi de 1836. Aux termes de l'article 8 de l'édit de 1778, les chanceliers des consulats, sous la foi du serment qu'ils ont prêté, remplissent les fonctions de greffier tant en matière civile qu'en matière criminelle, donnent toutes les assignations, et font en personne toutes les significations requises pour suppléer au défaut d'huissier.

Bien que cette disposition ne soit point expressément rappelée dans la loi du 28 mai 1836, qui ne fait aucune mention des chanceliers, on n'en est pas moins fondé en principe à induire du silence même de cette loi sur ce point que, du moment où elle n'a point formellement abrogé les dispositions de l'édit de 1778 qui s'y rapportent, ces dispositions doivent être maintenues et continuer d'avoir leur effet. Les chanceliers ont donc pu jusqu'ici conserver sans obstacle leurs doubles fonctions de greffier et d'huissier, fonctions dans lesquelles, en cas d'absence ou d'empêchement, ils sont suppléés par la personne qui les remplace hiérarchiquement et qui prête serment avant d'entrer en fonctions (1). Ce serment, autrefois politique, n'est plus aujourd'hui qu'un serment purement professionnel, et se borne à la promesse jurée de remplir loyalement et fidèlement les fonctions pour l'exercice desquelles il est requis.

## 3. — Composition du tribunal consulaire.

Le jugement des contraventions de simple police appartient au consul seul, tandis que la connaissance des délits et crimes ressortit au tribunal consulaire.

Sous l'empire de l'ordonnance de 1681, le tribunal consulaire était composé de deux députés et de quatre notables; la déclaration de 1722 n'avait réduit le nombre de ces juges à deux que pour les affaires civiles. L'édit de 1778, en ne parlant

(1) Circulaire des affaires étrangères du 15 juillet 1836.

pas de la composition du tribunal consulaire en matière criminelle, paraissait avoir laissé subsister l'ancienne législation.

La loi de 1836 a posé, à cet égard, des principes nouveaux,
et établi qu'à moins d'impossibilité dûment constatée, le tribunal consulaire serait invariablement composé du consul
ou du gérant du consulat et de deux Français choisis par lui
parmi les notables de l'arrondissement. Ces deux assesseurs
sont désignés pour toute l'année et peuvent être indéfiniment
renommés. En cas d'absence ou d'empêchement, ils sont temporairement remplacés par tels autres notables que le consul
désigne; mais les causes de leur remplacement doivent alors
être relatées dans l'ordonnance ou le jugement du tribunal
consulaire. Les assesseurs prêtent serment entre les mains du
consul avant d'entrer en fonctions ; il en est de même de ceux
qui sont appelés à les remplacer. Pour les uns comme pour
les autres, la prestation du serment donne toujours lieu à la
rédaction d'un procès-verbal, qui se transcrit sur le registre
des ordonnances consulaires.

Dans les résidences où il y a impossibilité de compléter le
tribunal consulaire par l'adjonction de deux assesseurs, soit
parce qu'il n'y aurait pas de Français sur l'échelle, soit parce
que ceux qui s'y trouveraient auraient été frappés de récusation, ou seraient, pour cause de parenté ou autre, dans un cas
de légitime empêchement, le consul procède seul, à la charge
toutefois de faire mention de cette impossibilité dans toutes
les ordonnances ou décisions qu'il est appelé à rendre (1).

Lorsque le tribunal consulaire est, selon le vœu de la loi,
composé de trois personnes, une expédition de l'arrêté consulaire qui a désigné les assesseurs doit demeurer affichée dans
la chancellerie pendant toute la durée de leur exercice. Les
conditions requises pour être considéré comme notable, et
pouvoir, à ce titre, être appelé à faire partie du tribunal consulaire, n'ont pas été nettement définies par la loi. Sous
'empire des principes qui régissent encore actuellement nos
établissements en Levant, nous pensons qu'une seule classe
de citoyens possède un droit réel et incontestable à être consi-

_____

(1) Loi du 28 mai 1836, art. 37, 38, 39 et 40. — Circulaire des affaires étrangères du 15 juillet 1836.

dérée comme notable, c'est celle des Français immatriculés comme chefs ou gérants d'un établissement commercial; quant aux autres nationaux immatriculés, mais qui sont étrangers à la profession du commerce, c'est aux consuls qu'est laissé le soin de déterminer, par l'appréciation de leurs lumières, de leur position et de leur moralité, s'ils sont dignes de participer à l'administration de la justice. Toutefois, comme il importe que rien de vague ne subsiste sur la composition, dans chaque échelle, du corps dans lequel sont choisis les notables appelés à former le tribunal consulaire, les règlements veulent que la liste en soit arrêtée au mois de décembre de chaque année, immédiatement avant la désignation des deux assesseurs entrant en exercice au premier janvier suivant. Cette liste, qui indique à quel titre chaque notable y a été porté, doit être régulièrement transmise au département des affaires étrangères; dans les échelles où il y a impossibilité de composer par des notables le tribunal consulaire, le consul est tenu, chaque année à la même époque, d'en donner avis officiel au gouvernement (1).

#### 4. — De la nomination des assesseurs.

Dans ces dernières années, des susceptibilités se sont éveillées en Levant, et même en France, au sujet du pouvoir direct de nomination attribué aux consuls pour le choix des assesseurs, et, afin de donner à ceux-ci des garanties plus sérieuses d'indépendance, le vœu a été émis que leur nomination fût à l'avenir dévolue à l'assemblée de la nation. Il est évident qu'il ne saurait être fait droit à ces réclamations qu'autant que cette concession s'accorderait avec le respect dû à notre droit public; or, on ne peut nier que celui-ci ne s'oppose à ce que le choix des assesseurs soit confié à une assemblée délibérante. En effet, ces assesseurs sont de véritables juges, tant en matière civile qu'en matière criminelle; et, quoique leurs fonctions soient temporaires, les faire nommer par leurs pairs, serait une innovation qui n'a d'autre précédent dans notre législation actuelle que la formation des tribunaux de com-

(1) Circulaire des affaires étrangères du 15 juillet 1856.

merce, et encore cette exception est-elle fondée sur le motif que ces tribunaux n'ont à s'occuper que de matières spéciales. Dans tous les autres cas, l'élection directe est formellement interdite pour les tribunaux ayant plénitude de juridiction, comme celle qui est attribuée aux tribunaux présidés par les consuls. Ainsi, pour ne parler que d'un état de choses qui présente beaucoup d'analogie avec ce qui se passe dans les échelles, dans quelques possessions françaises, le défaut de magistrats en nombre suffisant pour composer les tribunaux a forcé de recourir pour les compléter à des habitants notables ; mais ceux-ci sont nommés par le gouverneur sur une liste présentée par le chef du service judiciaire de la colonie (1).

Nous pourrions citer aussi le décret du 7 août 1848 sur le jury. Ici, il ne s'agit que des juges du fait, non de ceux du droit ; et, cependant, on a multiplié les précautions de toute sorte. Ainsi, 1° la liste générale est restreinte par des conditions d'âge et de capacité ; 2° une commission dont la composition offre toute garantie forme et arrête la liste annuelle ; 3° le sort désigne, sur cette liste, les citoyens qui doivent faire partie du jury de la session ; 4° enfin, le droit de récusation non motivée que nos codes accordent tant au ministère public qu'aux accusés a été conservé intact. En présence de tant de mesures prises pour assurer une bonne justice, quand il s'agit de la désignation de juges qui n'ont à résoudre que des questions de fait, il serait d'autant plus dangereux d'accorder, dans les échelles, à l'assemblée générale le choix sans contrôle des assesseurs, que ceux-ci, par leur nombre, forment la majorité dans les tribunaux consulaires, et qu'ils statuent sur le fait comme sur le droit, sur la fortune aussi bien que sur l'honneur des citoyens (2).

### § 2. — DE L'INSTRUCTION DES CONTRAVENTIONS, DÉLITS ET CRIMES.

#### 1. — Comment le consul est saisi.

L'instruction des crimes, délits ou contraventions a lieu

(1) Ordonnance du 27 mars 1844, art. 23.
(2) Circulaire des affaires étrangères du 25 juin 1849.

sur la plainte d'une partie civile sur dénonciation ou d'office : elle est, dans tous les cas, confiée au consul seul.

Dans les poursuites d'office, le premier acte de la procédure est le procès-verbal qui doit constater le corps du délit, c'est-à-dire le fait et toutes les circonstances qui s'y rattachent; dans les autres, la dénonciation ou la plainte précède nécessairement ce procès-verbal.

Tout individu peut porter une dénonciation sans avoir aucun intérêt direct ou personnel à la répression du fait qu'il dénonce. C'est même une obligation que la loi impose en certain cas, et les fonctionnaires chargés de recevoir ou de rédiger les dénonciations, lorsqu'ils en sont requis, ne peuvent pas se dispenser de remplir ce double devoir (1).

Pour être admis en justice à introduire une plainte sur une infraction punissable par nos lois pénales, il faut en avoir éprouvé quelque dommage en sa personne, en ses biens ou en son honneur, en un mot avoir un intérêt direct, fondé en droit, à faire constater l'infraction punissable lorsqu'elle existe et à en poursuivre la réparation contre le délinquant (2).

Il y a cette différence entre le dénonciateur et le plaignant, que ce dernier peut se porter partie civile quand il en prend la qualité, soit dans sa plainte, soit par un acte subséquent dans lequel il formule sa demande de dommages-intérêts : la loi lui accorde vingt-quatre heures pour se désister de ses conclusions comme partie civile et pour faire rentrer sa plainte dans la classe des dénonciations.

La partie civile qui ne demeure pas dans le lieu de la résidence du consul saisi de la poursuite est tenue d'y élire domicile par déclaration faite en chancellerie, faute de quoi elle ne serait pas admise à se prévaloir du défaut de notification d'aucun des actes de l'instruction (3).

Les dénonciations ou les plaintes peuvent être faites en personne par les dénonciateurs et les plaignants, ou par un fondé de pouvoirs spécial ; dans ce dernier cas, le titre du mandataire doit être annexé à l'acte.

(1) Code d'instruction criminelle, art. 31.
(2) *Id.*, art. 63.
(3) Loi du 28 mai 1836, art. 3.

Elles peuvent être faites par requête ou par déclaration en chancellerie; dans les deux cas, elles doivent énoncer avec précision : 1° le fait incriminé et les circonstances principales qui peuvent servir à le caractériser; 2° le lieu et le moment de l'action; 3° le nom des témoins; 4° les nom, prénoms et domicile tant du dénonciateur ou du plaignant que ceux des auteurs ou complices du fait s'ils sont connus ou présumés.

Enfin, toute dénonciation comme toute plainte doivent être signées au bas de chaque feuillet et à la fin de l'acte par le dénonciateur et le plaignant ou leurs fondés de pouvoirs, ainsi que par le chancelier, lorsqu'elles sont reçues par ce dernier en forme de déclaration. Si le déclarant ne sait ou ne peut pas signer, il en est fait mention dans l'acte, avec indication des motifs de l'empêchement (1).

Le retrait d'une plainte ou la renonciation à l'action civile ne saurait arrêter ni suspendre l'exercice de l'action publique (2), ni, par conséquent, les poursuites que le consul croirait devoir ordonner d'office.

Avant de dire la suite qui doit être donnée par le consul aux plaintes ou dénonciations déposées dans sa chancellerie, nous devons consigner ici une observation importante; c'est que, pour arriver au moment où un individu inculpé d'un délit ou d'une contravention sera condamné ou absous, il n'est pas indispensable de passer par la filière des informations, des récolements, des confrontations et des renvois à l'audience par décision du tribunal consulaire. Dès les premiers pas d'une procédure, le consul peut rendre une ordonnance pour renvoyer directement le prévenu à son audience ou devant le tribunal; il est même tenu de le faire toutes les fois qu'il peut nettement reconnaître qu'il ne s'agit que d'une contravention et qu'une instruction préalable serait superflue.

Le consul a le même droit après l'information, et peut toujours ordonner le renvoi à l'audience au lieu de passer au récolement. Si les poursuites sont faites à la diligence de la partie civile, celle-ci est également autorisée à citer l'inculpé directement à l'audience (3).

(1) *Formulaire à l'usage des consulats*, nos 148 et 154.
(2) Code d'instruction criminelle, art. 4.
(3) Circulaire des affaires étrangères du 15 juillet 1836.

## 2. — Transport sur les lieux.

Sur la plainte ou dénonciation déposée en chancellerie, ou sur la connaissance acquise par la voix publique d'un crime ou d'un délit commis par un Français, le consul se transporte, s'il est nécessaire, avec toute la célérité possible, assisté du chancelier, sur le lieu du crime ou du délit, pour en dresser un procès-verbal destiné 1° à constater l'existence du crime ou le corps du délit; 2° à en faire connaître la nature, le lieu, l'époque et les circonstances; 3° à relater toutes les preuves qui peuvent servir à établir la vérité des faits dénoncés.

Les consuls sont autorisés à faire toutes les visites et perquisitions qu'ils jugent nécessaires aux domicile et établissement de l'inculpé, et à saisir les pièces de conviction. S'il s'agit de voies de fait ou de meurtre, le consul doit se faire accompagner d'un officier de santé, qui, après avoir prêté le serment formulé par l'article 64 du Code d'instruction criminelle, visite le blessé ou le cadavre, constate la gravité des blessures ou le genre de mort, et fait sur le tout sa déclaration au consul. Cette déclaration est insérée au procès-verbal après la mention du serment prêté, et signée ensuite tant par le consul et le chancelier que par le déclarant. Lorsque le blessé est en état de faire une déposition, il doit également être interrogé et signer sa déclaration. Tous les témoins et toutes les personnes présentes ou appelées doivent aussi être entendues sur les lieux et sans qu'il soit besoin d'assignation; les uns et les autres sont tenus de signer leur déposition, à moins qu'ils ne sachent ou ne puissent le faire, ce qui, alors, est constaté par le procès-verbal. Toute information doit avoir lieu tant à charge qu'à décharge. Si l'inculpé ou le prévenu du délit ou du crime constaté est présent sur les lieux, il doit être interrogé et mis en présence du blessé ou du cadavre du défunt, s'il y a eu voies de fait ou meurtre; ses réponses ou déclarations sont consignées au procès-verbal, qu'il signe ensuite, à moins qu'il ne le veuille ou ne sache signer. Le procès-verbal est en outre signé, après clôture, par le consul, qui doit en coter et parapher chaque feuillet, et enfin par le chancelier. S'il a été saisi des pièces de conviction, elles doivent être décrites dans le procès-verbal, et, en outre, paraphées par le consul et le chancelier en tant qu'il s'agit de papiers ou documents écrits. Elles sont ensuite déposées en chancellerie, et il est dressé de ce dépôt un acte spécial signé tant par le consul que par le chancelier (1).

### 3. — Arrestation de l'inculpé.

Dans tous les cas où le fait constaté est qualifié crime par le Code pénal, il y a lieu à l'arrestation immédiate de l'inculpé. Lorsqu'il y a eu transport sur les lieux, l'arrestation peut être ordonnée au pied du procès-verbal et immédiatement effectuée par le chancelier ; sinon, le consul fait signifier à l'inculpé une ordonnance spéciale d'arrestation, et le fait appréhender au corps dans la forme usitée dans le pays, c'est-à-dire le plus ordinairement par l'un des janissaires du consulat (2). S'il s'agit d'un délit emportant la peine de l'emprisonnement, et si, dans ce dernier cas, l'inculpé n'est pas immatriculé soit comme chef actuel ou ancien, soit comme gérant d'un établissement commercial, sa détention peut également être décrétée par le consul. Cette exception en faveur des chefs ou gérants d'établissements commerciaux est une garantie accordée par la loi au commerce, et qui, restreinte dans cette limite, étend encore l'affranchissement de la détention à un plus grand nombre de cas que ne le fait le droit commun de la législation française.

### 4. — Mise en liberté sous caution.

En cas de prévention de délit, la mise en liberté provisoire peut être accordée en tout état de cause à l'inculpé s'il offre caution, en prenant l'engagement de se représenter, et s'il élit domicile au lieu où siége le tribunal consulaire : le cautionnement, dans ce cas, est fixé par le consul. S'il existe une partie civile, le cautionnement doit être augmenté de toute la valeur du dommage présumé, laquelle est provisoirement arbitrée par le consul. Néanmoins, les vagabonds et les repris

(1) Loi du 28 mai 1836, art. 4, 5, 6, 12 et 16. — *Formulaire à l'usage des consulats*, n° 160.

(2) *Formulaire à l'usage des consulats*, n° 155.

de justice ne peuvent, en aucun cas, être mis en liberté provisoire (1).

Le taux du cautionnement est fixé en France à un minimum de cinq cents francs. La loi, en laissant aux consuls une entière latitude pour sa fixation à l'étranger, a eu égard aux difficultés matérielles que l'emprisonnement peut présenter dans certains consulats, à la position particulière dans laquelle les justiciables français peuvent se trouver au dehors, et aux autres circonstances au milieu desquelles se rend la justice dans les échelles du Levant. Ces considérations exigeaient, dans l'intérêt du prévenu, aussi bien que dans celui de la répression, que les consuls eussent la faculté d'élever ou d'abaisser le montant du cautionnement selon qu'ils le jugeraient à propos. Il est impossible à l'étranger, et surtout en Levant, que la solvabilité de la caution soit justifiée comme en France par des immeubles : le cautionnement doit donc se faire ou par le dépôt en chancellerie de la somme en argent, ou, comme en matière civile, par l'engagement d'un négociant solvable qui fasse sa soumission en chancellerie (2). Le cautionnement est affecté 1° au payement des frais et aux réparations dues à la partie civile ; 2° aux amendes, sans préjudice des frais de la partie publique. S'il y a partie civile, il doit lui être remis, si elle le requiert, une expédition de l'acte de soumission de caution en forme exécutoire, pour le cas où il y aurait ultérieurement lieu à contrainte contre la caution.

### 5. — Assignation et interrogatoire.

L'inculpé contre lequel il n'a pas été décerné d'ordonnance d'arrestation est assigné, pour être interrogé, aux jour et heure que le consul indique par son ordonnance. Celui, au contraire, qui a été mis en état d'arrestation doit être interrogé dans les vingt-quatre heures, à moins d'empêchement de force majeure, dont mention expresse devrait alors être faite au procès-verbal d'interrogatoire (3).

(1) Loi du 28 mai 1836, art. 8 et 9.
(2) *Formulaire à l'usage des consulats*, nᵒˢ 156, 197 et 198.
(3) *Id.*, nᵒ 157.

Les prescriptions du Code d'instruction criminelle doivent être observées dans l'interrogatoire des inculpés et dans la rédaction du procès-verbal qui en est dressé. Ce procès-verbal doit être coté et paraphé à chaque page par le consul; après avoir été lu et clos, il est ensuite signé par le consul, le chancelier et l'inculpé, à moins que celui-ci ne puisse ou ne veuille le faire, ce dont il est fait mention expresse.

Les consuls ont la faculté de réitérer l'interrogatoire de tout inculpé autant de fois qu'ils le jugent nécessaire pour l'instruction de l'affaire. Les pièces de conviction saisies lors du transport du consul sur les lieux doivent être représentées à l'inculpé dans son interrogatoire. Celui-ci est tenu de déclarer s'il les reconnaît ou non; s'il s'agit d'écritures et de pièces sous signatures privées ou d'actes authentiques, elles ont dû être paraphées par le consul et le chancelier au moment de leur saisie, et, si elles ne l'ont pas été alors par l'inculpé, celui-ci doit être interpellé de le faire. S'il se refuse à reconnaître les signatures ou les écritures saisies, le consul doit se procurer, autant que cela est possible, des pièces de comparaison qu'il paraphe et joint au dossier après les avoir représentées à l'inculpé dans la même forme et en lui adressant les mêmes interpellations que pour les pièces saisies. La vérification de ces écritures et signatures est faite, plus tard, devant les juges qui procèdent au jugement définitif, tant sur ces mêmes pièces que sur toutes autres qui pourraient être produites avant le jugement. En matière de faux, il doit être procédé par les consuls ainsi que nous venons de le dire, sauf à être plus tard suppléé, autant que faire se pourra, aux autres formalités par les juges du fond (1).

Lors de la discussion de la loi de 1836 à la Chambre des Députés, il fut objecté que l'article 12 ne parlant que des écritures et signatures privées, semblait par cela même refuser au consul le droit de s'emparer des écrits authentiques dont la saisie serait cependant utile à la manifestation de la vérité; mais, il fut reconnu que les écrits authentiques pouvant, sans aucun doute, servir de preuves ou indices, quelquefois même

(1) Loi du 28 mai 1836, art. 10, 11, 12, 13, 15 et 16. — *Formulaire à l'usage des consulats*, n° 161.

ces écrits étant l'instrument ou le produit du crime, ils tom-
baient, sous ce double rapport, sous l'application de l'article 4,
qui enjoint au consul de saisir toutes les pièces de conviction.
A la vérité, dans le sens de l'article 12, les écritures et signatures privées n'étant elles-mêmes que des pièces de conviction,
cet article peut sembler une répétition inutile. Mais ce reproche n'est pas fondé, car l'article ne se borne pas à prescrire
la saisie, il a encore pour but de tracer les formalités à remplir pour les cas particuliers, et d'indiquer les précautions à
prendre pour constater l'identité des pièces saisies avec celles
qui seront ou pourront plus tard être produites dans le cours
des débats (1).

### 6. — Interrogatoire des témoins.

Lorsque les témoins n'ont pu être entendus sur le lieu du
crime ou du délit, le consul rend une ordonnance spéciale
portant fixation du jour et de l'heure auxquels ils seront tenus
de se présenter devant lui.

Les Français sont directement cités par le chancelier en
vertu de l'ordonnance du consul. Les défaillants peuvent
être condamnés à une amende qui n'excède pas cent francs;
ils sont cités de nouveau, et, s'ils produisent des excuses
légitimes, le consul peut les affranchir de cette peine. Dans
tous les cas, et même sur le premier défaut, le consul a toujours le droit d'ordonner qu'ils seront contraints par corps à
venir déposer.

Quant aux étrangers, les consuls se conforment pour les
faire comparaître au mode usité pour réclamer la comparution des témoins assignés en matière civile.

Les témoins déposent oralement et séparément l'un de
l'autre. Avant sa déposition, chaque témoin doit prêter serment de dire toute la vérité et rien que la vérité. Si toutefois
sa croyance religieuse s'opposait à ce qu'il prêtât serment ou
à ce qu'il fît aucune espèce d'affirmation solennelle, il serait
passé outre à son audition, après que le fait aurait été constaté
au procès-verbal. Le témoin interrogé doit déclarer ses nom,

(1) Discours du rapporteur de la commission : *Moniteur* du 19 février 1836.

prénoms, âge, qualité, demeure; s'il est domestique, serviteur, parent ou allié, soit de la partie plaignante, soit de
celle qui a éprouvé le dommage, soit de l'inculpé. Toute demande adressée à un témoin doit être mentionnée au procès-
verbal d'interrogatoire et suivie de sa réponse. Les pièces de
conviction, s'il en a été saisi, doivent être représentées aux
témoins, et ceux-ci interpellés de déclarer s'ils les reconnaissent, et, dans ce cas, la connaissance qu'ils peuvent en avoir.

Les témoins qui n'entendent pas le français doivent être
assistés d'un des drogmans assermentés du consulat ou de
tel autre interprète commis par le consul. Dans ce dernier
cas, l'interprète doit, avant de remplir son mandat, et conformément à l'article 322 du Code d'instruction criminelle,
prêter le serment de traduire fidèlement les réponses ou la
déposition du témoin, ce dont il est ensuite dressé un procès-
verbal qui est joint à la procédure. Ce serment une fois prêté,
il reste valable pour tous les actes de la procédure qui peuvent requérir le ministère du même interpète. Si la croyance
religieuse de l'interprète commis s'oppose à ce qu'il prête le
serment requis, ou fasse aucune espèce d'affirmation solennelle, il en est dressé acte.

Chaque déposition est écrite en français à la suite de l'interrogatoire de l'inculpé et sur le même cahier d'information
coté et paraphé à chaque feuillet par le consul, et signée
tant par le témoin après que la lecture lui en a été donnée et
qu'il a déclaré y persister, que par le consul et le chancelier;
si le témoin ne peut ou ne sait signer, il en est fait mention.
S'il s'agit de témoins ne sachant pas le français, l'interprète
doit signer au procès-verbal de leur interrogatoire, dans tous
les endroits où ils ont signé eux-mêmes ou déclaré ne pouvoir
le faire (1).

Ordinairement toute la procédure, depuis le procès-verbal
de transport sur les lieux jusqu'à la clôture de l'interrogatoire
des témoins, est écrite sur un même cahier, appelé *cahier d'information*, lequel est invariablement coté et paraphé à chaque feuillet par le consul.

_____

(1) Loi du 28 mai 1836, art. 14, 16, 17, 18, 19, 23 et 33. — *Formulaire à l'usage des consulats*, n° 161.

### 7. — Clôture de la procédure.

Lorsque tous les comparants et témoins cités ont été interrogés, la procédure est close. Le consul examine alors si les faits sont de sa compétence ou de celle du tribunal consulaire ; dans ce dernier cas, il renvoie l'inculpé à l'audience, sinon, il rend une ordonnance afin qu'il soit procédé à un supplément d'information, et, s'il y a indice de crime passible d'une peine afflictive ou infamante, la procédure est renouvelée par récolement et confrontation.

### 8. — Confrontation et récolement.

La confrontation des témoins avec le prévenu, facultative dans toutes les instructions où le consul le juge convenable, devient alors obligatoire, et, sous le nom de *récolement*, elle s'entoure de formes particulières et favorables au droit de défense, puisqu'il faut recommencer, en présence du prévenu, toute l'instruction faite en son absence. L'une des critiques élevées contre la loi de 1836 porte sur ce qu'il aurait été plus expéditif d'appeler, dès le commencement, le prévenu à tous les actes de la procédure. Mais si l'on tient compte de la situation exceptionnelle des pays où la loi s'exécute, on reconnaîtra, sans doute, qu'il est difficile de priver la justice des renseignements que procure l'instruction écrite, et que la présence du prévenu aurait souvent pour résultat infaillible d'arrêter les révélations.

Lorsqu'il y a lieu de récoler les témoins en leurs dépositions et de les confronter au prévenu, l'ordonnance qui le prescrit doit fixer le jour et l'heure auxquels il y sera procédé. Cette ordonnance doit être notifiée au prévenu, avec une copie de l'information, trois jours avant celui qu'elle a fixé pour le récolement. Le prévenu doit être en même temps averti de la faculté qu'il a de se faire assister par un conseil lors de la confrontation. S'il n'use pas de cette faculté, le consul peut lui désigner d'office un conseil qui a le droit de conférer librement avec lui (1).

(1) Loi du 28 mai 1836, art. 20, 21 et 22.

La faculté pour le prévenu d'avoir un conseil qui l'assiste dans les diverses périodes de la procédure est une des principales garanties que la loi de 1836 a voulu lui assurer, et dont il était privé sous l'empire de la législation de 1778. Mais cette garantie serait illusoire si l'on devait exiger que le défenseur fût gradué, car cette condition serait presque toujours impossible à remplir dans les échelles. Toute latitude est donc laissée au prévenu pour la désignation de son défenseur, qu'il peut même choisir parmi les étrangers. Au surplus, nos codes et la loi de 1836 elle-même, en donnant aux consuls la police de l'audience, leur assurent tous les moyens de maintenir ces défenseurs, quels qu'ils soient, dans le respect dû à la justice (1).

Autant que possible, du reste, les consuls doivent désigner d'office un défenseur aux prévenus qui n'en auraient pas eux-mêmes choisi un pour les assister. Si la loi ne leur en a pas imposé l'obligation, c'est uniquement parce qu'ils seraient sans moyen de contrainte s'ils éprouvaient un refus de la part du défenseur qu'ils désigneraient.

Les témoins sont assignés et cités à comparaître pour procéder au récolement dans la même forme et sous les mêmes peines, s'ils sont Français, que pour la première information. Néanmoins les témoins qui ont déclaré ne rien savoir ne sont cités que si le prévenu le requiert. Le procès-verbal de récolement est ouvert dans la forme ordinaire ; tous les feuillets sont ensuite, et au fur et à mesure, cotés et paraphés par le consul. Pour procéder au récolement, lecture est faite séparément, et en particulier à chaque témoin, de sa déposition, par le chancelier, et le témoin déclare s'il n'y veut rien ajouter et s'il y persiste. Le consul peut, en outre, leur faire telles questions qu'il juge nécessaires pour éclaircir ou expliquer leurs dépositions. Les témoins signent le récolement après que lecture leur en a été donnée, ou déclarent qu'ils ne savent signer, auquel cas le fait est constaté au procès-verbal, qui

____

(1) Circulaire des affaires étrangères du 15 juillet 1836.

n'est plus signé alors que par le consul et le chancelier (1).

L'édit de 1778 ordonnait des poursuites contre le témoin qui, après son récolement, se rétractait. Cette disposition n'a pas été conservée dans la loi de 1836, et, à cet égard, les témoins ont été replacés dans le droit commun; ils ne peuvent être poursuivis comme faux témoins que s'il y a motif suffisant; mais, dans ce dernier cas, il doivent toujours l'être d'office et à la diligence des consuls.

Après le récolement, les témoins sont confrontés au prévenu; à cet effet, celui-ci est amené devant le consul, et chaque témoin prête de nouveau, en sa présence, le serment de dire toute la vérité et rien que la vérité. La déclaration du témoin est lue au prévenu, après l'interpellation faite au premier de déclarer si celui-ci est bien la personne dont il a entendu parler. Le prévenu et son conseil ont le droit d'adresser au témoin, par l'organe du consul, toutes les interpellations qu'ils peuvent juger nécessaires pour l'explication de sa déposition; mais ils ne peuvent interrompre un témoin dans le cours de ses déclarations, et le conseil du prévenu ne peut répondre pour celui-ci, ni lui suggérer aucun dire ou réponse.

Si un témoin ne peut se présenter à la confrontation, il y est suppléé par la lecture de sa déposition au prévenu, en présence de son conseil, et les observations du premier sont consignées au procès-verbal.

### 10. — Reproches contre les témoins.

La loi laisse au prévenu, en tout état de cause, tant avant qu'après la connaissance des dépositions, le droit de proposer par lui-même ou par son conseil, des reproches contre les témoins. Elle a essentiellement modifié, sur ce point, les dispositions correspondantes de l'édit de 1778, d'après lesquelles le prévenu était tenu de fournir les reproches avant la lecture de la déposition du témoin. Cette disposition, conforme à notre droit commun, a le double objet de mettre, en tout temps, le prévenu en mesure de révéler à la justice

(1) Loi du 28 mai 1836, art. 24. — *Formulaire à l'usage des consulats*, n° 161.

les motifs de suspicion qui s'élèvent contre toute personne appelée en témoignage, et de consacrer le droit d'information générale du consul sur les faits qui motivent les reproches contre les témoins.

S'il est fourni des reproches au moment de la confrontation, le témoin doit être interpellé de s'expliquer sur ces reproches, et il est fait mention au procès-verbal de ce que le prévenu et le témoin ont dit réciproquement.

Lorsqu'il y a plusieurs prévenus, ils sont également confrontés les uns aux autres, après qu'ils ont été séparément récolés en leurs interrogatoires dans les formes prescrites pour le récolement des témoins.

Les confrontations sont écrites par le chancelier à la suite des récolements et sur le même cahier de procédure. Chacune d'elles est signée séparément tant par le consul et le chancelier que par le prévenu et le témoin, ainsi que par l'interprète qui aurait assisté celui-ci, à moins que les premiers ne sachent ou ne veuillent le faire, ce qui doit alors être constaté (1).

### 11. — Témoins à décharge.

Nous avons déjà dit que toute information devait avoir lieu tant à charge qu'à décharge. En tout état de cause, même après le récolement, le prévenu a le droit de proposer les faits justificatifs, et la preuve de ces faits peut être admise, bien qu'ils n'aient été articulés ni dans les interrogatoires, ni dans les actes mêmes de la procédure. Dès qu'ils ont été proposés, le prévenu est interpellé de désigner ses témoins. Le chancelier dresse de cette déclaration du prévenu un procès-verbal au bas duquel le consul ordonne d'office que les témoins seront appelés et par lui entendus aux jour et heure qu'il fixe, suivant les règles et dans les formes prescrites pour les informations. Dans leurs interrogatoires les témoins sont d'abord interpellés de s'expliquer, sous serment, sur les faits justificatifs énoncés dans le procès-verbal; mais le consul peut leur

(1) Loi du 28 mai 1836, art. 25 à 30. — *Formulaire à l'usage des consulats*, n° 162.

faire ensuite, et selon leurs réponses, toutes les questions qu'il juge nécessaires à la manifestation de la vérité (1).

### 12. — Procédure par contumace.

L'instruction, telle que nous venons d'en indiquer les formes, suppose la présence du prévenu; mais il arrive fréquemment qu'il n'a pu être saisi, ou même que, depuis son arrestation, il est parvenu à s'évader. Dans ce cas, la procédure n'est pas interrompue, elle s'instruit par contumace. Le consul commence par constater, dans un procès-verbal *ad hoc* qu'il signe avec son chancelier, les faits ou l'évasion du prévenu, et l'inutilité des perquisitions faites pour s'assurer de sa personne. Ce procès-verbal, joint à la procédure, tient lieu de toute autre formalité pour justifier la contumace. Le consul saisit ensuite tous les effets, titres et papiers appartenant au prévenu fugitif, dont le chancelier dresse un inventaire détaillé, et qui sont ensuite déposés en chancellerie. Quant à la procédure elle-même, elle doit être instruite avec toute la célérité possible, par des informations, par le récolement des témoins, et par la représentation aux témoins des titres et autres objets qui peuvent servir à conviction (2).

### 13. — Convocation du tribunal.

L'instruction terminée, l'affaire est soumise au tribunal consulaire, sur renvoi direct du consul, et en vertu d'une ordonnance spéciale rendue pour sa convocation (3).

Il est d'usage, lorsque la cause est en état, et deux ou trois jours avant la convocation du tribunal, que le chancelier remette le dossier aux assesseurs, pour qu'ils aient le temps de prendre une connaissance préalable de l'affaire qu'ils sont appelés à juger. Ce mode de procéder, qui produit souvent d'utiles résultats dans les affaires civiles, peut néanmoins être dangereux dans les procès au criminel, et il est plus conve-

(1) Loi du 28 mai 1836, art. 31 et 32.
(2) *Id. Id.*, art. 34, 35 et 36.
(3) *Id. Id.*, art. 37. — *Formulaire à l'usage des consulats*, n° 163.

nable que les pièces de la procédure ne sortent pas de la chancellerie, où les assesseurs peuvent toujours sans inconvénient en prendre communication.

### 14. — Décision en chambre du conseil.

Le tribunal consulaire, composé soit du consul et de ses deux assesseurs, soit du consul seul, ainsi que nous l'avons dit au paragraphe précédent, s'assemble en chambre de conseil, et lecture est faite par le chancelier du cahier d'information, de celui de récolement et de confrontation, ainsi que de toutes les autres pièces de l'instruction. Lorsque le consul juge seul, il doit sur-le-champ rendre une ordonnance de non-lieu, ou renvoyer le prévenu à l'audience, et prendre alors, directement et sans aucun retard, sa décision sur la procédure instruite. Lorsque c'est le tribunal qui doit prononcer sur cette même procédure, il statue également par ordonnance, suivant les distinctions ci-après :

Si le fait ne présente ni contravention, ni délit, ni crime, ou s'il n'existe pas de charges suffisantes contre l'inculpé, le tribunal déclare qu'il n'y a pas lieu à poursuivre ;

Si le tribunal est d'avis que le fait n'est qu'une simple contravention, l'inculpé est renvoyé à l'audience du consul pour y être jugé conformément à la loi.

Dans les deux cas, l'inculpé, s'il est en état d'arrestation, est mis immédiatement en liberté, et, s'il a fourni un cautionnement, il lui en est donné mainlevée.

Si le tribunal reconnaît que le fait constitue un délit et qu'il y a charges suffisantes, le prévenu est renvoyé à l'audience du tribunal. Dans ce dernier cas, le délit pouvant entraîner la peine de l'emprisonnement, le prévenu, s'il est en état d'arrestation, doit y demeurer provisoirement, à moins qu'il ne soit admis à fournir caution ; mais si le prévenu est immatriculé comme chef ou gérant d'un établissement commercial, ou si le délit ne doit pas entraîner la peine de l'emprisonnement, le prévenu est mis en liberté, à charge de se présenter au jour de l'audience, lequel est fixé par la décision même du tribunal.

Enfin, si le fait emporte peine afflictive ou infamante, et si la prévention est suffisamment établie, le tribunal décrète par ordonnance l'arrestation du prévenu et son renvoi devant les juges qui doivent connaître du fond (1).

### 15. — Opposition de la partie civile.

Lorsque le tribunal consulaire a déclaré qu'il n'y a pas lieu à suivre, ou lorsqu'il a renvoyé à la simple police un fait dénoncé d'abord comme crime ou délit, ou enfin lorsqu'il a attribué à la police correctionnelle le jugement d'un fait ayant l'apparence d'un crime, la partie civile a le droit de former opposition à l'exécution de l'ordonnance ; mais elle est tenue d'en faire la déclaration en chancellerie, dans le délai de trois jours à compter de la réception de la signification de cette ordonnance par le chancelier. La partie civile doit en outre faire notifier son opposition à l'inculpé dans la huitaine suivante, avec sommation de produire devant la chambre d'accusation de la cour d'appel d'Aix tels mémoires justificatifs qu'il jugera convenables. Cette opposition ne saurait empêcher la mise en liberté de l'inculpé si celle-ci avait été ordonnée avant la réception de l'acte en chancellerie ou prononcée depuis ; sans préjudice, bien entendu, de l'exécution d'une nouvelle ordonnance de prise de corps qui viendrait à être rendue ultérieurement par la chambre des mises en accusation de la cour d'appel (2).

### 16. — Opposition du procureur général près la cour d'Aix.

Le droit d'opposition appartient, dans tous les cas, au procureur général près la cour d'appel d'Aix. Pour que ce droit puisse être exercé, la loi enjoint aux consuls d'envoyer au ministère des affaires étrangères, *sous le timbre de la direction commerciale*, un extrait de toutes les ordonnances rendues par les tribunaux consulaires en chambre de conseil, un mois au plus tard après qu'elles sont intervenues. Cet envoi doit avoir lieu en double expédition, l'une d'elles devant être transmise au ministère de la justice par les soins du département des

(1) Loi du 28 mai 1836, art. 41, 42 et 43. — *Formulaire à l'usage des consulats*, n° 164.

(2) Loi du 28 mai 1836, art. 44.

47

affaires étrangères. Suivant les instructions qu'il reçoit du
garde des sceaux, le procureur général près la cour d'appel
d'Aix a le droit de se faire envoyer les pièces et procédures ;
lorsqu'il exerce son droit d'opposition, il en fait la déclaration
au greffe de la cour, et fait dénoncer l'opposition à la partie
avec sommation de produire son mémoire si elle le juge convenable. Cette notification à la partie est faite à l'aide d'un
exploit signifié par le chancelier après la transmission au consulat, par le ministère des affaires étrangères, de la déclaration
d'opposition. Dans tous les cas, ces déclaration, notification et
citation doivent, sous peine de déchéance, avoir lieu dans le
délai de six mois à partir de la date des ordonnances.

### 17. — Envoi de la procédure en France.

Lorsque l'opposition de la partie civile ou du procureur
général près la cour d'Aix a été déclarée en chancellerie, le
consul doit transmettre en France toutes les pièces de la
procédure, et les adresser, comme nous venons de le dire pour
les ordonnances du tribunal consulaire, au ministère des
affaires étrangères, qui les fait tenir au parquet de la cour
d'appel d'Aix par l'intermédiaire du ministère de la justice (1).

### § 3. — DU JUGEMENT DES CONTRAVENTIONS ET DÉLITS.

#### 1. — Compétence du consul et du tribunal consulaire.

En matière de simple contravention, comme en matière de
délit, les consuls doivent avant tout s'efforcer de concilier
les parties, et d'amener entre elles des transactions amiables,
afin de rendre tout à fait superflue l'instruction d'une procédure écrite ; ce n'est que lorsqu'ils ont échoué dans leurs ten-
tatives à cet égard qu'ils doivent intervenir et prononcer comme
juges.

Le consul statue seul sur les contraventions de simple police,
et avec l'assistance du tribunal consulaire sur les délits qui
ressortissent à la police correctionnelle. Le tribunal est saisi

(1) Loi du 28 mai 1836, art. 45, 68 et 78.

soit par citation directe, soit par le renvoi qui lui est fait par
le consul après information ou par la chambre de conseil après
instruction complète; de quelque manière qu'on procède,
le consul doit toujours rendre une ordonnance qui indique
le jour de l'audience. En cas de citation directe, cette ordonnance doit être placée en tête de la citation, et il doit y avoir au
moins un délai de trois jours entre celle-ci et l'audience lorsque le prévenu réside au siége du consulat. Dans le cas contraire, l'ordonnance détermine, d'après la distance des localités, le délai pour la comparution (1).

### 2. — Comparution.

La personne citée comparaît par elle-même ou par un fondé
de pouvoir spécial. Toutefois, en matière correctionnelle, lorsque la loi prononce la peine de l'emprisonnement, le prévenu
est obligé de se présenter en personne ; dans les autres cas,
le tribunal peut toujours ordonner sa comparution (2).

### 3. — Instruction à l'audience.

L'instruction se fait à l'audience ; si ce n'est dans le cas où
le droit commun de la France autorise le huis clos, les audiences tant du tribunal de simple police que du tribunal correctionnel, sont publiques. Cette publicité des audiences est
une innovation apportée par la loi de 1836 dans la législation
spéciale du Levant. Elle a principalement pour objet d'assurer
la bonne administration de la justice, et d'attirer le respect sur
ses décisions en leur donnant plus de solennité. Mais en trans-
portant ainsi sur un territoire étranger l'application de l'un
des principes les plus salutaires de notre législation, la loi n'a
pas voulu fournir une occasion de trouble ou de scandale. En
conséquence, elle a limité le droit d'être admis à l'audience
aux seuls Français qui sont immatriculés dans nos chancelleries.

(1) Loi du 28 mai 1836, art. 46 et 47. — Circulaire des affaires
étrangères du 15 juillet 1836. — *Formulaire à l'usage des consulats,*
nos 149, 150, 151 et 157.
(2) Loi du 28 mai 1836, art. 48.

Les consuls, ayant la police de l'audience, sont armés de tous les moyens nécessaires pour assurer le maintien du bon ordre et le respect dû à la justice. Selon que les localités ou les circonstances l'exigent, l'admission peut, du reste, comme nous l'avons déjà dit, être limitée à certaines personnes (1).

L'instruction à l'audience a lieu dans l'ordre suivant : le chancelier lit les procès-verbaux et rapports qui ont pu être dressés ; les témoins à charge et à décharge sont appelés, prêtent serment et sont entendus ; les reproches proposés contre eux sont jugés, sans qu'il puisse être sursis aux débats ; lecture est ensuite faite des déclarations écrites de ceux des témoins qui, à raison de leur éloignement ou pour toute autre cause légitime, n'ont pu comparaître. Les témoins défaillants, hors le cas d'empêchement jugé légitime, peuvent être condamnés et contraints à comparaître de la même façon que ceux appelés à déposer dans toute instruction faite par le consul. Les témoins étrangers qui ne parlent pas la langue française sont assistés d'un interprète qui prête serment avant de remplir son mandat. Les pièces pouvant servir à conviction ou à décharge sont représentées aux témoins et aux parties. La partie civile est entendue ; le prévenu ou son conseil, ainsi que les parties civilement responsables, proposent leurs moyens de défense. Il est permis à la partie civile de répliquer ; mais le prévenu ou son conseil a toujours la parole le dernier. Le jugement est prononcé immédiatement ou au plus tard à l'audience suivante, qui ne peut être différée au delà de huit jours.

#### 4. — Prononcé du jugement.

Le jugement doit contenir la mention expresse de l'accomplissement de toutes les formalités que nous venons de rappeler ; il doit être motivé, et s'il prononce une condamnation, il est indispensable que le texte de la loi appliquée y soit inséré. La partie qui succombe est condamnée aux frais, même envers la partie publique, et les dépens sont liquidés par le jugement même. La minute du jugement doit être signée par le consul dans les vingt-quatre heures du jour où il a été rendu. Le

(1) Loi du 28 mai 1836, art. 52. — Circulaire des affaires étrangères du 15 juillet 1836.

consul pour l'action publique, et la partie civile pour son propre compte, poursuivent l'exécution du jugement, chacun en ce qui le concerne. Si le prévenu est acquitté, il est mis en liberté sur-le-champ, ou il lui est donné mainlevée de son cautionnement (1).

### 5. — Procès-verbal d'audience.

En matière correctionnelle, le chancelier doit dresser un procès-verbal d'audience qui énonce les noms, prénoms, âges, professions et domiciles des témoins qui ont été entendus ; leur serment de dire la vérité, rien que la vérité ; leurs déclarations s'ils sont parents, alliés, serviteurs ou domestiques des parties; les reproches qui ont été fournis contre eux ; enfin le résumé de leurs déclarations. Dans les jugements contradictoires en matière de simple police, et c'est la seule différence dans la manière de procéder en matière de contravention ou en matière de délit, la rédaction du procès-verbal d'audience est superflue. Le consul prononce, en effet, définitivement et sans appel, même quand il y a partie civile. Toutefois, si la demande en réparation excède cent cinquante francs, le consul, tout en statuant sur la contravention, renvoie la partie à se pourvoir à fins civiles (2).

### 6. — Jugements définitifs en matière de contravention.

Si, à l'audience, le fait qualifié délit, vient à se transformer en une simple contravention de police, le tribunal prononce comme eût fait le consul et sans appel ; si, au contraire, il prend le caractère de crime, le tribunal renvoie suivant le degré d'instruction qu'a reçu l'affaire, soit devant le consul pour procéder à l'instruction ou au récolement, dans le cas où le tribunal aurait été saisi par citation directe comme en matière de délit, soit devant la cour d'appel d'Aix (chambre des mises en accusation), avec ordonnance de prise de corps, lorsque l'instruction criminelle se trouve être complète (3).

(1) Loi du 28 mai 1836, art. 48 et 49. — *Formulaire à l'usage des consulats*, n°s 152, 153 et 159.

(2) Loi du 28 mai 1836, art. 53 et 54. — *Formulaire à l'usage des consulats*, n° 158.

(3) Loi du 28 mai 1836, art. 50.

Cette décision est exécutoire alors même que la chambre du conseil aurait jugé qu'il n'y a ni crime ni délit, et sans qu'il soit besoin de recourir à règlement de juges. C'est là une exception aux règles générales posées par notre Code d'instruction criminelle, et qui se justifie suffisamment par la position des Français en Orient.

### 7. — Opposition aux condamnations par défaut.

Les condamnations par défaut en matière de simple police et de police correctionnelle sont sujettes à l'opposition. Celle-ci doit être formée par le condamné dans les huit jours de la signification du jugement, soit à sa personne, soit à son domicile réel ou élu, soit enfin à sa dernière résidence lorsqu'il n'a plus ni domicile ni résidence actuels dans l'arrondissement du consulat. Le tribunal peut, toutefois, lorsqu'il le croit nécessaire, proroger par son jugement ce délai d'opposition, d'après l'ancienne législation, être jugés dans les échelles. La compétence des tribunaux consulaires s'étend aujourd'hui, en matière correctionnelle, à toute espèce de délits, sauf l'appel devant la cour d'Aix. La faculté d'appeler appartient tant au procureur général près cette cour, au prévenu et aux personnes civilement responsables, qu'à la partie civile (1).

Pour que la faculté d'appeler puisse être exercée par le procureur général près la cour d'Aix, les consuls doivent envoyer au département des affaires étrangères un extrait par duplicata de tous les jugements rendus en matière correctionnelle par le tribunal de leur résidence, et ce, au plus tard, dans le mois de leur date. Ces extraits sont transmis par le ministre des affaires étrangères à celui de la justice, qui donne à leur égard les instructions nécessaires au procureur général près la cour d'Aix. L'appel de ce magistrat est ensuite déclaré dans les formes et les délais que nous avons déjà indiqués au paragraphe précédent pour son opposition aux ordonnances rendues par les tribunaux consulaires en chambre du conseil (2).

La déclaration d'appel doit être faite en chancellerie par l'appelant, en personne ou par fondé de pouvoirs, dans les dix jours au plus tard après le prononcé du jugement si celui-ci est contradictoire. Cette déclaration doit contenir élection de domicile dans la ville d'Aix, faute de quoi les notifications à faire à l'appelant seraient valablement faites au parquet du procureur général près la cour d'appel d'Aix, et sans qu'il fût besoin d'aucune prorogation de délai à raison des distances.

Pendant le délai de dix jours accordé au condamné pour appeler et pendant l'instance d'appel, il est sursis au jugement de condamnation.

La loi refuse au condamné défaillant le droit de faire appel en matière correctionnelle d'un jugement rendu contre lui par défaut. Cette disposition est toute d'ordre public; elle a eu en vue d'empêcher que des Français cités devant le tribunal consulaire refusassent de comparaître dans le seul but de braver son pouvoir par une manifestation publique de désobéissance.

(1) Loi du 28 mai 1836, art. 55.
(2) *Id. Id.*, art. 55 et 79.

Mais le défaillant peut toujours attaquer par la voie du recours
en cassation les jugements rendus contre lui par contumace (1).

La déclaration d'appel de la partie civile est faite également en chancellerie dans les mêmes délais, et soumise à la
même obligation d'élection de domicile dans la ville d'Aix;
elle doit être notifiée au prévenu, par le chancelier, dans la
huitaine, avec citation à comparaître devant la cour d'appel,
mais elle n'a pas d'effet suspensif à l'égard du jugement, et
n'empêche pas la mise en liberté de l'inculpé, lorsque celle-ci
a été ordonnée par le tribunal (2).

La procédure, la déclaration d'appel et la requête, s'il en a
été déposé une par l'appelant, ou, s'il s'agit de l'appel de la
partie civile, l'original de la notification de sa déclaration
contenant citation, sont immédiatement transmis par le
consul au ministère des affaires étrangères qui les fait tenir,
par l'intermédiaire de celui de la justice, au procureur général
près la cour d'appel d'Aix.

### 10. — Envoi en France des condamnés appelants.

Le condamné, s'il est détenu, doit être embarqué sur le
premier navire français destiné à faire son retour en France,
et il est conduit dans la maison d'arrêt de la cour d'Aix. Cette
disposition est rarement mise à exécution, car la loi permet
que la liberté provisoire soit accordée, même en cause d'appel; seulement, le cautionnement à fournir doit être, dans ce
cas, au moins égal à la totalité des condamnations résultant
du jugement de première instance, y compris une amende
spéciale calculée à raison de dix francs, au plus, par chacun des jours de l'emprisonnement prononcé (3). (*Voir* livre V,
chapitre 5.)

La loi, en ordonnant que le condamné appelant fût envoyé
en France par la plus prochaine occasion de mer, a voulu,
avant tout, que sa comparution devant la cour d'Aix eût lieu

_____

(1) Loi du 28 mai 1856, art. 56 et 57. — Circulaire des affaires
étrangères du 15 juillet 1856.

(2) Loi du 28 mai 1856, art. 44 et 57.

(3) *Id. Id.*, art. 59 et 75.

le plus promptement possible ; mais elle s'en est rapportée à la prudence des consuls quant aux moyens d'éviter aux condamnés une détention indéfinie dans les échelles. Si donc il ne se trouvait pas de bâtiment français dans le port de sa résidence, ou qu'il ne dût pas en venir prochainement, le consul, plutôt que de prolonger la détention de ces individus, devrait chercher à les faire passer dans une autre échelle, où il aurait la perspective d'accélérer leur envoi en France.

Lorsque l'embarquement pour France d'un condamné appelant a lieu sur un bâtiment de l'État, la demande de passage doit être faite par le consul de la manière prescrite par l'ordonnance du 7 novembre 1833. (*Voir* livre V, chapitre 4.)

Les frais de passage des condamnés appelants sont à leur charge, les consuls n'intervenant que pour requérir les capitaines de les recevoir à leur bord. Si cependant ils étaient indigents, l'indemnité due pour leur passage devrait être réglée dans la forme ordinaire par l'autorité consulaire, et acquittée en France au même titre que les autres frais de justice (1).

### 11. — Jugement sur appel.

Immédiatement après l'arrivée des pièces et du condamné, s'il est détenu, l'appel est porté à l'audience de la cour d'Aix, chambre des appels de police correctionnelle. L'affaire est jugée comme urgente et dans les formes prescrites par le Code d'instruction criminelle. Néanmoins, le condamné non arrêté et celui qui a été admis à fournir caution peuvent se dispenser de comparaître en personne à l'audience, et se faire représenter par un fondé de procuration spéciale. L'arrêt intervenu est ensuite mis à exécution à la diligence du consul, s'il y a lieu.

Lorsque la cour, en statuant sur l'appel, reconnaît que le fait sur lequel le tribunal consulaire a prononcé comme tribunal correctionnel constitue un crime, elle procède ainsi qu'il suit : si l'information préalable a été suivie de récole-

_____

(1) Loi du 28 mai 1836, art. 58, 61, 80 et 81. — Circulaire des affaires étrangères du 15 juillet 1836.

ment et de confrontation, elle statue comme chambre des mises en accusation, et décerne une ordonnance de prise de corps. Dans tous les autres cas, elle ordonne un complément d'instruction, et, à cet effet, elle délègue le consul, sauf ensuite, lorsque la procédure sera complète, à prononcer comme dans le cas précédent. Les consuls se conforment, à cet égard, aux réquisitions de la cour qui leur sont notifiées par l'entremise du département des affaires étrangères (1).

§ 4. — DE LA MISE EN ACCUSATION ET DU JUGEMENT DES CRIMES.

**1. — Ordonnance de prise de corps.**

Lorsqu'il a été déclaré par le tribunal consulaire, soit en chambre du conseil, soit à la suite de l'instruction directe en audience correctionnelle, que le fait incriminé emporte peine afflictive ou infamante, l'ordonnance de prise de corps est immédiatement notifiée au prévenu, qui est embarquée sur le premier navire *français* en destination d'un de nos ports, et envoyé, avec la procédure et les pièces de conviction, au procureur général près la cour d'appel d'Aix (2).

**2. — Envoi des prévenus en France.**

Les obligations des capitaines des bâtiments de commerce français sont les mêmes, qu'il s'agisse de prévenus de crime ou de condamnés appelants en matière correctionnelle. Nous n'avons donc pas à revenir sur ce que nous avons déjà dit au paragraphe précédent, ni à insister sur le soin que les consuls doivent mettre à ce que les prévenus soient envoyés en France le plus tôt possible, et à leur éviter une détention préventive indéfinie dans les échelles. Nous rappellerons seulement que le prix du passage des prévenus et celui du transport des pièces de conviction est réglé par les consuls et acquitté à l'arrivé en France, après le débarquement des prévenus et leur remise à l'autorité judiciaire compétente. (*Voir* livre V, chapitre 5.)

(1) Loi du 28 mai 1836, art. 60, 62 et 63.
(2) *Id. Id.*, art. 64.

### 3. — Mise en accusation et jugement.

Dans le plus bref délai, le procureur général fait son rapport à la chambre des mises en accusation, laquelle procède dans la forme indiquée par le Code d'instruction criminelle, et sans distinguer si la procédure lui a été envoyée sur ordonnance de prise de corps, ou si elle a été saisie par l'opposition soit du procureur général, soit de la partie civile.

Quand la chambre des mises en accusation reconnaît que le fait a été mal qualifié, et qu'il ne constitue qu'un délit, elle renvoie le prévenu devant le consul ou devant le tribunal civil d'Aix, suivant qu'il est resté libre à l'étranger ou a été transporté en France par suite d'une ordonnance de prise de corps.

Si, au contraire, la mise en accusation est ordonnée, la cour d'Aix procède au jugement de l'accusé dans la forme prescrite par le Code d'instruction criminelle combiné avec les dispositions de la loi du 28 mai 1836.

### 4. — Publicité donnée aux arrêts de condamnation.

Tout arrêt portant condamnation à une peine afflictive ou infamante doit être affiché dans les chancelleries des consulats établis dans les échelles. Pour satisfaire à cette disposition de la loi, le procureur général près la cour d'Aix adresse au département des affaires étrangères, par l'intermédiaire de celui de la justice, un nombre suffisant d'affiches imprimées du dispositif de chaque arrêt de condamnation ; ces affiches sont ensuite transmises dans les consulats, où leur contenu reçoit la publicité déterminée par la loi (1).

### 5. — Jugement des accusés contumaces.

Pour le jugement des accusés contumaces, il doit être procédé suivant les articles 465 à 478 du Code d'instruction criminelle ; néanmoins, lorsque l'accusé est domicilié dans les échelles, l'ordonnance de contumace doit être notifiée tant à son domicile qu'à la chancellerie du consulat dans l'arron-

(1) Loi du 28 mai 1836, art. 69 à 73.

dissement duquel ce domicile est situé et où elle doit-être affichée (1). Dans la discussion à laquelle cette prescription donna lieu à la chambre des députés, il fut établi qu'en renvoyant à telles ou telles dispositions du Code d'instruction criminelle, il était bien entendu que ces dispositions devaient être combinées avec celles des articles corrélatifs de la loi de 1836 et appliquées dans la mesure déterminée par cette même loi. C'est donc dans ce sens que doit être appliqué l'article 476 du Code d'instruction criminelle qui dit que si le contumace se constitue prisonnier ou vient à se représenter, il sera procédé à son égard *dans la forme ordinaire,* c'est-à-dire dans la forme prescrite spécialement pour le jugement des crimes commis dans les échelles, et non pas dans la forme ordinaire suivie en France pour le jugement des mêmes crimes.

### § 5. — DES PEINES ET DES FRAIS DE JUSTICE.

#### 1. — Application des dispositions du Code pénal.

Les contraventions, les délits et les crimes commis par des Français en Levant et en Barbarie, sont punis des peines portées par les lois françaises (2). Il y a cependant deux exceptions à cette règle générale.

Ainsi, en matière de simple police ou de police correctionnelle, les consuls ou les tribunaux consulaires, après avoir prononcé la peine de l'emprisonnement, peuvent, par une disposition insérée dans la sentence ou le jugement de condamnation, convertir cette peine en une amende calculée à raison de dix francs au plus par chaque jour d'emprisonnement, amende spéciale qui concourt avec celle qu'aurait encourue le délinquant aux termes des lois pénales ordinaires, et ne se confond pas avec elle. Le législateur, en ne fixant pas de minimum à cette amende de compensation, a voulu que la condamnation pécuniaire pût être proportionnée aux moyens des individus. Cette faculté de convertir les peines, laissée aux tribu-

(1) Loi du 28 mai 1836, art. 74.
(2) *Id. Id.*, art. 75.

naux consulaires par dérogation à notre droit commun, était commandée par la position exceptionnelle des pays où la loi doit recevoir son exécution. Dans beaucoup de résidences du Levant, en effet, il n'y a pas de prison à la disposition du consul, ou s'il en existe une, elle est malsaine ; il pourrait arriver, en outre, que la peine de l'emprisonnement fût une cause de ruine pour le Français qui est venu seul fonder un établissement dans un pays étranger où personne ne peut le remplacer dans la direction de ses affaires. La loi a donc dû laisser aux juges la faculté d'apprécier, dans ces différents cas, la convenance de substituer la peine pécuniaire à celle de l'emprisonnement. Mais, dans tout état de cause, cette substitution ne peut avoir lieu qu'en vertu d'une disposition expresse du jugement même (1).

La seconde exception à la règle générale, d'après laquelle les contraventions, les délits et les crimes commis par des Français en Levant et en Barbarie, sont punis des peines édictées par le Code pénal, est celle d'après laquelle les contraventions aux règlements faits par les consuls pour la police des échelles sont punies d'un emprisonnement qui ne peut excéder cinq jours et d'une amende dont le maximum est fixé à quinze francs, ces deux peines pouvant être prononcées cumulativement ou séparément. Cette disposition, qui est conforme à notre Code pénal pour l'étendue de la peine, en diffère cependant en ce qu'elle ne divise pas comme lui les contraventions en trois classes, et en ce qu'elle rend toujours facultative l'adjonction de l'emprisonnement à l'amende, adjonction que ce Code n'autorise que pour quelques cas, et qu'il n'ordonne que pour les récidives.

Du reste, l'emprisonnement, lorsqu'il est prononcé, ne peut être moindre d'un jour, et les jours d'emprisonnement sont de vingt-quatre heures. Quant aux amendes, elles emportent bien, ainsi que les restitutions, indemnités et frais, la contrainte par corps contre les insolvables ; mais celle-ci ne peut excéder quinze jours, à moins que des dépens et dommages-intérêts ne soient dus à la partie civile, dont les droits s'exercent avant le recouvrement de l'amende. Il y a lieu également à la confiscation

____

(1) Circulaire des affaires étrangères du 15 juillet 1836.

des choses qui ont fait l'objet de la contravention, des matières ou instruments qui ont servi ou étaient destinés à la commettre.

### 2. — Frais de justice et amendes.

Tous les frais de justice faits tant dans les consulats qu'en France, en exécution de la loi sur la poursuite et la répression des contraventions, délits et crimes commis par des Français dans les échelles du Levant et de Barbarie, et dans lesquels se trouve comprise l'indemnité due.aux capitaines,pour le passage des prévenus, sont avancés par l'État. Les amendes et autres sommes acquises à la justice sont versées au trésor public (1). En ce qui est des frais de justice faits à l'étranger, nous avons déjà dit, au chapitre sixième du livre IV, qu'ils étaient avancés par les consuls, auxquels le département des affaires étrangères les rembourse sur la production d'états certifiés et appuyés de toutes les pièces justificatives nécessaires. Quant au produit des amendes et autres sommes acquises à la justice, les consuls en font successivement passer le montant au département des affaires étrangères, en traites tirées sur des personnes solvables et à l'ordre du caissier central du trésor public (2).

## CHAPITRE III.

DE LA JURIDICTION CONSULAIRE EN CHINE ET DANS L'IMANAT DE MASCATE.

Nos traités du 24 septembre 1844 et du 17 novembre suivant avec la Chine et l'Iman de Mascate stipulent en termes formels, au profit de nos consuls établis dans les ports de ces deux puissances, une juridiction complète sur leurs nationaux, avec exclusion de toute intervention de la part des autorités territoriales.

L'application pratique de ce principe n'a pas encore été consacrée et réglementée par une loi spéciale; mais elle doit l'être prochainement par celle dont le projet est en ce moment soumis à l'examen du conseil d'Etat. En attendant, l'exercice du droit

(1) Loi du 28 mai 1836, art 81.
(2) Circulaire des affaires étrangères du 15 juillet 1836.

de juridiction de nos agents en Chine et dans l'Imanat de Mascate n'ayant d'autre base légale que l'ordonnance de 1681,
ces agents doivent se conformer à ses dispositions.

### 1. — Juridiction civile.

Nous avons déjà dit qu'en matière civile, les consuls devaient partout et toujours, avant de laisser s'engager un procès
entre deux ou plusieurs de leurs nationaux, chercher à les concilier et à les mettre d'accord, avant de les renvoyer, pour faire
juger leurs contestations soit devant leur tribunal, comme en
Levant, soit devant l'autorité territoriale, comme en pays de
chrétienté. Telle doit être la conduite de nos consuls résidant en Chine et à Zanzibar. Ce n'est qu'après avoir épuisé
tous les moyens d'accommodement par conciliation ou par
arbitrage, qu'ils doivent laisser à leurs nationaux la liberté de
plaider, si ces derniers le jugent convenable. Enfin, s'il y a
procès en matière civile, les dispositions de l'ordonnance de
1681 deviennent alors applicables, conformément à l'esprit
des deux traités cités plus haut.

### 2. — Juridiction criminelle.

La loi de 1836 sur la poursuite et la répression des contraventions, délits et crimes commis en Orient par des Français,
étant une loi pénale spéciale, ne peut, à ce titre, être étendue
à d'autres pays que par une disposition législative nouvelle. Le
projet de loi que le conseil d'Etat élabore en ce moment, et
dont nous venons de parler, a précisément pour but de rendre
ses dispositions applicables en Chine et à Mascate.

Lors donc qu'il y a délit ou crime, car les contraventions
de simple police peuvent toujours être réprimées sans formalités judiciaires et sans procédure, les prescriptions de l'ordonnance de 1681 devraient seules être observées en Chine
comme dans les Etats de l'Iman de Mascate. Ainsi les consuls, dans ces parages, seraient compétents pour juger toutes
contraventions et tous délits punissables seulement d'amende
ou de dommages-intérêts, et statueraient à cet égard, assistés
des deux députés et de quatre notables, ou seuls s'il y avait

impossibilité absolue et constatée de composer leur tribunal d'un pareil nombre de juges. Quant aux faits emportant la peine de l'emprisonnement, quelque court que celui-
ci doive être, les consuls ne peuvent en connaître. Le cas
échéant, ils devraient donc envoyer le prévenu en France, avec
les pièces du procès instruit, par le premier navire français
destiné pour un de nos ports. Tout capitaine est obligé de s'en
charger, sous peine d'une amende de cinq cents francs, que le
consul pourrait prononcer, car le délit serait commis dans
son consulat, et son jugement serait sans appel (1). Le capitaine remettrait à son arrivée en France les pièces et le prévenu
au procureur de la République; ce magistrat chargerait le
juge d'instruction d'examiner la procédure, et après l'avoir
complétée, s'il y avait lieu, celui-ci ferait à la chambre du
conseil un rapport à la suite duquel le prévenu serait mis en
liberté ou renvoyé soit en simple police, soit en police correctionnelle, soit enfin devant la chambre des mises en accusation.

Telle est bien la marche à suivre d'après l'ordonnance de
1681, et même l'édit de 1778, qui fixent la compétence de
l'amirauté, et la loi du 9-13 août 1791, qui a transféré aux
tribunaux ordinaires les pouvoirs répressifs des anciennes
amirautés.

Mais nous devons faire remarquer que l'éloignement des
lieux où les délits ont été commis permet difficilement d'imposer aux inculpés une détention préventive de longue durée;
d'un autre côté, leur renvoi en France fût-il effectué, l'absence
dans nos codes d'une disposition spéciale qui autorise l'emploi
d'une procédure écrite en dehors de tout débat oral rendrait
encore inapplicable, en fait, le principe général que nous venons de poser.

Il est donc évident que, dans l'état actuel de notre législation, et malgré l'étendue des pouvoirs dont les traités ont armé
nos agents en Chine ou sur la côte orientale d'Afrique, l'absence de toute disposition légale autorisant l'emploi de la procédure écrite d'une part, et d'autre part les frais, les lenteurs
ainsi que les dangers qu'entraînerait à de si grandes distances

(1) Ordonnance d'août 1681, livre I<sup>er</sup>, titre 9, art. 13, 14 et 15.

le transport du prévenu d'un simple délit, rendent aujourd'hui la justice répressive sinon impossible, au moins très-difficile pour les consulats qui ne sont pas, comme ceux du Levant, spécialement régis par la loi du 28 mai 1836 (1).

(1) A défaut de dispositions précises de la loi ou d'instructions ministérielles expresses, nous avons dû, dans l'exposé des principes qui forment le sujet de ce *livre*, nous appuyer souvent sur l'interprétation donnée dans certains cas particuliers par le département des affaires étrangères à la lettre des règlements. Nous n'accomplissons qu'un devoir de justice en rendant ici publiquement hommage au concours aussi obligeant qu'éclairé que nous ont prêté pour l'élaboration de cette partie du *Guide* MM. Seneuze, chef du bureau de la chancellerie, et Louis de Clercq, ancien employé supérieur à la direction politique du ministère des affaires étrangères.

# LIVRE NEUVIÈME.

## DES FONCTIONS DES VICE-CONSULS

### ET AGENTS CONSULAIRES (1).

#### 1. — Observation générale.

Nous avons dit au livre II, que pour étendre l'action protectrice qui leur est confiée à l'égard de leurs nationaux, les consuls étaient autorisés à instituer dans les ports qui dépendent de leur arrondissement, des délégués spéciaux qualifiés tantôt de vice-consuls, tantôt d'agents consulaires. Nous avons dit aussi que ces agents étaient quelquefois nommés par décret spécial du Président de la République, et pourvu ensuite d'un brevet d'institution par le consul dans le ressort duquel ils devaient résider.

Ces délégués, quel que soit leur titre, sont tous appelés à remplir leurs fonctions sous le contrôle du chef qui les a brevetés; leurs attributions particulières, beaucoup moins étendues que celles des consuls, diffèrent suivant le mode de leur nomination ou suivant les décisions spéciales du gouvernement. Il nous a donc paru utile de consacrer un livre spécial à l'indication des fonctions des agents consulaires, en signalant,

(1) Le nombre et en même temps l'importance des agences consulaires établies dans le Royaume-Uni ont amené en 1825 M. le baron Séguier, et en 1849 M. Cochelet, consul général à Londres, à rédiger, avec l'autorisation du département des affaires étrangères, des instructions particulières pour les délégués placés sous leurs ordres immédiats. C'est dans ce dernier recueil que nous avons puisé quelques-unes des indications contenues dans le présent livre.

d'après l'ordre méthodique adopté pour la partie de cet ouvrage spécialement applicable aux consuls, l'étendue vraie de leurs pouvoirs et la différence essentielle qui existe entre leur service et celui des chefs d'arrondissement. Nous avions, du reste, pour nous guider dans ce travail, l'ordonnance spéciale du 26 octobre 1833.

### 2. — Attributions générales des agents.

Les agents consulaires doivent rendre aux Français tous les bons offices qui dépendent d'eux ; ils les défendent auprès des autorités de leur résidence, si l'on s'écarte à leur égard des dispositions ou des formes établies par les lois du pays. Ils ne peuvent exiger aucun droit ou émolument pour leur intervention (1).

En cas de décès d'un Français, les vice-consuls et agents consulaires se bornent: 1° à réclamer, *s'il y a lieu*, l'apposition des scellés de la part des autorités locales ; 2° à assister à toutes les opérations qui en sont la conséquence ; 3° à veiller à la conservation de la succession *en tant que l'usage et les lois du pays les y autorisent.*

Ils ont soin de rendre compte au consul dont ils relèvent des mesures qu'ils ont prises, et ils attendent ses pouvoirs spéciaux pour administrer, *s'il y a lieu*, la succession (2).

Les agents consulaires doivent intervenir auprès des autorités de leur résidence pour que les affaires qui intéressent la navigation et le commerce de la France, et dont la décision appartient à ces autorités, soient expédiées avec promptitude et justice, si on s'écartait à leur égard des dispositions et des formes établies par les lois du pays.

Ils doivent s'appliquer à écarter tous les obstacles qui peuvent nuire au progrès du commerce de la France en général, et gêner les opérations des capitaines de navires et des négociants, surtout dans les rapports qu'ils ont avec les douanes.

Leurs représentations aux autorités compétentes sur ces divers objets doivent toujours être faites avec modération : lors-

(1) Ordonnance du 26 octobre 1833, art. 1, 2 et 3.
(2) *Id.*, *Id.*, art. 6.

qu'elles n'ont pas été accueillies, ils informent immédiatement le chef de l'arrondissement consulaire de l'objet des discussions, en lui présentant toutes les observations dont leurs réclamations sont susceptibles.

### 3. — Correspondance des agents.

La correspondance des agents avec les consuls doit être aussi fréquente que l'exige le service. Elle embrasse tout ce qui a rapport aux intérêts de l'État ou des nationaux.

Il leur est interdit de correspondre directement avec le département des affaires étrangères, ainsi qu'avec les chefs de légation, leurs collègues, ou une autorité française quelconque. Cette règle ne peut souffrir d'exception que pour les nouvelles urgentes relatives à la santé publique, qu'ils sont autorisés à transmettre à l'autorité française la plus voisine ou la plus intéressée.

Les agents doivent transcrire leur correspondance sur un registre qui sert également à celle qu'ils écrivent comme à celle qu'ils reçoivent.

Les agents consulaires doivent donner aux consuls dont ils relèvent tous les renseignements nécessaires sur la navigation et le commerce, soit au moyen des publications des douanes ou par les communications officieuses de ces administrations, soit par les feuilles périodiques consacrées au commerce, ou par des entretiens avec des négociants éclairés.

Ils doivent leur envoyer, tous les trois mois, le relevé du mouvement du commerce et de la navigation française et étrangère dans le port de leur résidence, ainsi que dans les ports voisins où il n'y a pas d'agents.

Ils doivent aussi transmettre aux consuls, au commencement de chaque trimestre ou tout au moins de chaque année, un relevé de la nature et de la valeur des marchandises importées et exportées dont se sont composés les échanges entre le lieu de leur résidence et les différents pays du monde pendant le trimestre ou l'année précédents.

Ces relevés, destinés à faciliter aux consuls les moyens de dresser les états généraux du mouvement commercial de leur arrondissement, doivent être rédigés avec soin et dressés

d'une manière uniforme, d'après les modèles réglementaires.

Les agents doivent en outre étudier avec soin toutes les lois
et tous les règlements sur le service de la marine, le pilotage,
les phares, les quarantaines, les naufrages et les sauvetages,
et transmettre aux consuls tous les actes officiels nouveaux qui
viennent à être publiés dans leur résidence, soit par des agents
de l'autorité, soit par des corporations locales.

### 4. — Exceptions en ce qui concerne les vice-consuls nommés par le Président de la République.

Les simples agents consulaires d'un ordre plus élevé que les
délégués directs des consuls, les agents vice-consuls nommés
par le Président de la République, n'ont pas d'attributions plus
étendues que celles que nous venons d'énumérer.

Le seul privilége attaché à leur charge consiste dans le droit
de correspondre directement avec le ministère des affaires
étrangères et la mission politique dans le pays de leur résidence,
sans qu'ils cessent pour cela d'être placés, comme les agents
consulaires, sous la direction immédiate et absolue du chef de
l'arrondissement dont leur agence fait partie. A ce titre, ils
sont tenus de se conformer scrupuleusement aux ordres qu'ils
en reçoivent, et jusqu'à ce qu'ils les aient reçus, il leur est
défendu d'engager avec les autorités de leur résidence toute
discussion ou réclamation par écrit, impliquant des questions
de principe. Par la même raison, ils doivent subordonner au
contrôle de leur chef toute démarche ayant un caractère officiel, et ne lui laisser ignorer aucune des communications qu'ils
peuvent être appelés à fournir au ministère, aucune des informations d'intérêt général qu'ils sont à même de recueillir.

Ces règles de conduite, empruntées à l'esprit des règlements
sur la matière, et commandées d'ailleurs par les devoirs de
subordination hiérarchique qui doivent exister dans tous les
services publics, ne concernent pas seulement les agents
nommés par le ministre des affaires étrangères, mais, nous le
répétons, elles s'appliquent de tous points aux agents vice-
consuls, nommés directement par le Président de la République.

### 5. — Secrétariat des agences.

Les ordonnances ne donnent point aux vice-consuls ou agents consulaires le droit d'avoir des secrétaires reconnus comme officiers publics, c'est-à-dire des chanceliers. Ils ne peuvent donc non plus avoir des chancelleries proprement dites, bien que l'usage puisse désigner sous ce nom les bureaux ou les secrétariats où ils remplissent les fonctions de leur charge. Mais rien n'empêche que ces secrétariats soient organisés à l'instar des véritables chancelleries consulaires, et il est du devoir des agents d'adopter tout ou partie des registres dont la tenue est obligatoire ou facultative, suivant qu'ils ont à remplir quelqu'une des attributions auxquelles ces registres se rapportent.

### 6. — Réception des dépôts, des actes notariés et de ceux de l'état civil.

Les agents consulaires, sans distinction quant au mode de leur nomination, n'ont pas qualité pour recevoir des dépôts et dresser des actes notariés ou des actes de l'état civil. Aux termes de l'article 7 de l'ordonnance du 26 octobre 1833, cette extension de pouvoirs ne peut leur être conférée que par une décision spéciale du chef du pouvoir exécutif. Ceux au profit desquels une telle décision est intervenue sont tenus d'en conserver une expédition constamment affichée dans leur bureau. Obligés de se conformer, pour cette partie de leurs attributions, à ce qui est prescrit aux consuls et aux chanceliers par les ordonnances et instructions sur la matière, ils doivent tenir, dans la même forme que les chanceliers, tous les registres destinés aux actes qu'ils sont autorisés à recevoir ou à dresser, et se diriger d'après les règles générales que nous avons indiquées au livre VII, en nous occupant des actes de l'état civil, des dépôts en chancellerie, et des actes notariés.

Les agents consulaires autorisés à exercer les fonctions de notaires n'ont pas de ressort, et leur compétence ne dépasse pas la ville de leur résidence.

Il importe de remarquer ici qu'à la différence des consuls, et par cela même qu'ils n'ont pas de chanceliers auprès d'eux, les agents consulaires remplissent personnellement les fonctions dont nous venons de parler. Ils doivent se faire assister de témoins de même que les chanceliers, et par analogie de ce que la loi prescrit aux notaires en France, lorsqu'il y a lieu pour eux de suppléer à la présence d'un second notaire, ils doivent, lorsqu'ils reçoivent, par exemple, des testaments, se faire assister de quatre témoins.

Les agents consulaires doivent adresser tous les ans et après les avoir dûment clos, au consul dont ils relèvent les doubles de leurs registres de l'état civil ou des actes notariés. La transmission de ceux-ci en France, au bureau de la chancellerie, est ensuite effectuée par le consul.

Quant aux états de dépôts reçus dans les agences, ils sont libellés comme pour ceux reçus en chancellerie, et transmis tous les trois mois au consul chef d'arrondissement, qui les adresse à la direction commerciale du département des affaires étrangères.

Ajoutons ici que ce n'est que sur la demande directe adressée au ministre des affaires étrangères par le consul dont ils relèvent que les agents consulaires obtiennent exceptionnellement l'autorisation de recevoir des dépôts et de remplir les fonctions de notaires ou d'officiers de l'état civil (1).

### 7. — Actes administratifs.

Les actes administratifs, tels que les légalisations, visas de passeports, certificats de vie ou d'origine, traductions, sont de la compétence de tous les agents consulaires, qui ont à se conformer à cet égard aux prescriptions contenues au livre VII. Mais, pour pouvoir être produits en justice, ces actes doivent être légalisés par le consul chef de l'arrondissement ; cette légalisation a lieu sans frais (2). Il n'y a d'exception à cette règle que pour les passeports et les actes des agents qui ont été expressément dispensés par le ministre des affaires étrangères de soumettre leur signature au visa du consul dont ils relèvent.

(1) Circulaire des affaires étrangères du 4 novembre 1833.
(2) Ordonnance du 26 octobre 1833, art. 7 et 8. — Tarif du 6 novembre 1842, note 28.

Les agents consulaires doivent enregistrer avec soin, par ordre de date et sous une même série de numéros, tous les certificats qu'ils délivrent, ainsi que leurs légalisations et leurs visas de passeports.

Les vice-consuls et agents consulaires sont autorisés à avoir un timbre sec avec ces mots : « Agence consulaire de France à........ » Ce sceau sert à constater le caractère d'authenticité des pièces qu'ils sont autorisés à délivrer.

### 8. — Perceptions et comptabilité.

Quoique les agents consulaires n'aient pas de chancellerie, ils perçoivent cependant pour les actes qu'ils passent ou dans lesquels ils interviennent des droits fixés par le tarif du consulat dont ils dépendent.

La seule exception qui existe à cet égard est celle qu'a consacrée une décision ministérielle en date du 12 novembre 1842, et d'après laquelle les agents résidant dans les ports du Royaume-Uni sont tenus de délivrer sans frais les expéditions des navires français (1).

Un extrait du tarif, comprenant les actes de la compétence des agents et certifié par les consuls, doit être constamment affiché dans leur bureau.

Les agents doivent tenir un registre de recettes coté et paraphé par eux, sur lequel ils inscrivent chaque perception qu'ils effectuent, par ordre de dates et de numéros, avec l'indication du paragraphe de l'article du tarif qui l'autorise, l'énoncé sommaire de l'acte qui y a donné lieu, et les noms et qualités des requérants.

Il est également fait mention sur les minutes et sur chaque expédition des actes du montant du droit acquitté, du paragraphe de l'article du tarif qui l'autorise, ainsi que du numéro sous lequel la perception a été inscrite sur les registres.

Lorsque les actes ont été délivrés gratis, mention doit en être faite sur les actes.

Les agents consulaires conservent, tant pour leurs frais de bureau que pour leurs honoraires, la totalité des droits qu'ils ont perçus.

(1) Circulaire des affaires étrangères du 12 novembre 1842.

A la fin de chaque mois, les agents consulaires doivent transmettre au consul, chef de l'arrondissement, une copie certifiée par eux du registre de leurs perceptions, ainsi qu'un état de recettes et de dépenses; ils y joignent, pour l'ordre de la comptabilité, une déclaration de la retenue de ces recettes qu'ils sont autorisés à percevoir à leur profit (1).

### 9. — Frais de séjour et de voyage des agents.

Les articles 67 et 68 du tarif des chancelleries consulaires n'ont pas fait mention des frais de séjour et de voyage des simples agents consulaires. Pour suppléer à ce silence du tarif, il a été décidé, après concert entre les départements des affaires étrangères et de la marine, que les agents devaient, dans ce cas, être considérés comme tenant la place des chanceliers délégués *ad hoc* par les consuls, et avaient droit pour dépenses de séjour ou de déplacement aux mêmes allocations que les chanceliers.

### 10. — Rapports avec la marine militaire.

Lorsque des bâtiments de guerre français se disposent à entrer dans le port de leur résidence, les agents consulaires doivent immédiatement se rendre à bord pour offrir leurs services. S'il régnait dans ce port quelque maladie épidémique ou contagieuse, ils devraient au préalable en donner avis aux officiers commandants. Ils font d'ailleurs toutes les démarches nécessaires pour préparer et maintenir le bon accord entre les officiers commandants et les autorités locales. Ils éclairent les commandants sur les honneurs qui sont à rendre à la place, d'après les règlements ou les usages, et ils les instruisent de ce que font aussi à cet égard les principaux pavillons étrangers. Ils leur donnent toutes les informations qui peuvent intéresser le commerce maritime, leur facilitent toutes les communications avec la terre, et leur fournissent

---

(1) Ordonnance du 23 août 1833, art. 13, 14 et 15. — *Formulaire à l'usage des consulats,* nos 28 et 29. — Circulaire des affaires étrangères du 30 avril 1851.

tous les renseignements propres à les éclairer sur les ressources et les usages de la localité.

Quant à la passation des marchés, elle est entièrement dévolue aux conseils d'administration du bord. Les agents doivent seulement donner à ceux-ci des notions utiles, tant sur les moyens de ravitaillement que sur le plus ou le moins de probabilité d'obtenir un bon service des divers soumissionnaires qui se présenteront. Ils légalisent les marchés ou conventions, les pièces justificatives à produire, ainsi que les certificats constatant le cours du change, et s'appliquent en outre à guider et à aider les officiers commandants pour le placement de leurs traites de bord aux meilleures conditions.

Dans les cas exceptionnels où le départ subit des bâtiments de guerre a mis les conseils de bord dans l'impossibilité absolue de régler et d'acquitter quelques frais de pilotage, loyers de bateaux, etc., les agents consulaires sont autorisés à les payer et à transmettre les pièces justificatives de cette dépense au consul dont ils relèvent, qui la leur rembourse immédiatement, et la comprend dans ses états de comptabilité trimestrielle avec le département de la marine.

### 11. — Rapports généraux avec la marine commerciale.

Les rapports des agents consulaires avec la marine commerciale forment la partie la plus importante de leurs attributions.

En premier lieu, ils doivent tenir un registre des mouvements des navires français dans le port de leur résidence, et en transmettre tous les mois le relevé au consul chef de l'arrondissement.

Ils visent les papiers de bord, et délivrent, s'il y a lieu, les manifestes d'entrée et de sortie. Ces visas n'ont jamais besoin d'être légalisés par le consul dont relève l'agent duquel ils émanent.

Les actes de l'état civil, les procès-verbaux de disparition ou de désertion dressés à bord en cours de voyage et remis aux agents par les capitaines, doivent être immédiatement transmis par eux au consul chef de l'arrondissement, avec toutes les indications de nature à les compléter ou à les expliquer.

Les agents doivent prêter aux capitaines tous leurs bons offices auprès des administrations locales, et les appuyer pour assurer le maintien de l'ordre et de la discipline à leur bord, même en consignant d'accord avec eux les équipages pour les empêcher de descendre à terre (1).

Les agents consulaires n'ont pas qualité pour autoriser le débarquement des gens de mer en cours de voyage; ils doivent seulement, soit d'office, soit à la demande des intéressés, en référer au consul, dont ils mettent ensuite la décision à exécution.

Sauf urgence absolue, il doit en être de même pour les cas d'embarquement.

Si un capitaine a abandonné à terre en partant quelque homme de son équipage, l'agent consulaire doit veiller à l'entretien des marins délaissés, et en instruire immédiatement le consul, seul appelé à assurer leur rapatriement.

En cas de contestation entre les capitaines et leurs équipages, les agents consulaires doivent essayer de les concilier; ils reçoivent les plaintes que les passagers peuvent avoir à faire contre les capitaines ou les équipages, et les adressent au consul dont ils relèvent.

Ils lui signalent les capitaines qui, par inconduite, imprévoyance ou ignorance, ont notoirement compromis la santé de leurs équipages et les intérêts des armateurs (2).

Lorsqu'un homme de l'équipage déserte, les capitaines doivent remettre aux agents consulaires une dénonciation indiquant les nom, prénoms, grade, signalement, quartier d'inscription et port d'armement du déserteur. Cette dénonciation, certifiée par trois des principaux de l'équipage et légalisée par les agents, est envoyée par eux aux consuls, qui font directement auprès de qui de droit les démarches nécessaires pour l'arrestation des délinquants.

Lorsqu'un marin français est décédé, soit à terre après avoir été débarqué pour cause de maladie, soit sur le navire dans le port, les capitaines doivent en donner avis aux agents consulaires.

(1) Ordonnance du 26 octobre 1833, art. 4.
(2) *Id*. du 29 octobre 1833, art. 20 et 21.

Dans le premier cas, l'agent consulaire doit retirer une expédition de l'acte de décès dressé par l'autorité locale, et la transmettre au consul dont il relève, après y avoir joint un extrait du rôle d'équipage, indiquant le quartier d'inscription avec les folio et numéro de matricule du marin décédé, et en même temps le nom et le port d'armement du navire sur lequel il était embarqué.

Quant aux effets que le marin pourrait avoir laissés, l'agent consulaire en reçoit l'inventaire, et l'envoie au consul chef de l'arrondissement, qui le transmet au ministère de la marine avec l'acte de décès, afin que la famille du défunt en ait connaissance et réclame les effets.

Dans le cas du décès d'un marin français sur le navire dans le port, l'agent consulaire se fait remettre par le capitaine deux expéditions, tant de l'acte mortuaire qui a été rédigé à bord que de l'inventaire des effets laissés par le défunt, et il fait comme ci-dessus l'envoi de ces deux pièces au consul dont il relève.

Si le capitaine ne conserve pas les effets à bord, et que l'agent consulaire les réclame sur l'ordre du consul, celui-ci en donne au capitaine toutes les décharges nécessaires pour constater leur remise, et se conforme ensuite, pour leur envoi en France ou au consul, aux instructions spéciales qu'il reçoit de ce dernier.

Lorsqu'un marin qui se serait trouvé absent au moment de l'appareillage de son navire se présente devant l'agent consulaire dans le délai de trois jours, celui-ci prévient le consul, qui délivre äu délinquant un certificat constatant le fait, et en rend compte au ministère de la marine.

Les agents consulaires débarquent du rôle d'équipage les matelots ou passagers laissés à terre, et inscrivent sur ledit rôle les matelots ou passagers qu'ils sont autorisés à embarquer.

Ils doivent constater sur les rôles de bord par des apostilles soigneusement écrites, *sans abréviations et signées en toutes lettres*, tout ce qui se rapporte au débarquement, à la désertion ou au décès des marins.

Les capitaines doivent à leur départ remettre aux agents consulaires un état exact des marchandises composant le chargement de leur navire, signé et certifié par eux.

Les agents consulaires doivent, sous leur responsabilité, délivrer, en ce qui les concerne, les expéditions aux bâtiments prêts à faire voile, dans les vingt-quatre heures qui suivent la remise des manifestes.

Les capitaines qui ont remis leur manifeste les premiers sont les premiers expédiés.

Les agents consulaires en délivrant aux capitaines leurs papiers, doivent les prévenir qu'aux termes de l'article 345 du Code de commerce, tout homme de l'équipage et tout passager qui emportent des pays étrangers des marchandises assurées en France sont tenus de leur en laisser un connaissement dans le lieu où le chargement s'effectue.

### 12. — Avis à donner aux consuls en cas de naufrage d'un bâtiment français.

Lorsqu'un bâtiment français se perd sur une côte étrangère, si le premier avis en parvient à un vice-consul ou agent consulaire, celui-ci est obligé de prendre, soit seul, soit de concert avec l'autorité territoriale, les mesures provisoires que l'état des choses peut réclamer, et de rendre immédiatement compte des faits au consul sous la direction duquel il est placé. Il se conforme ensuite aux ordres et aux instructions qui lui sont donnés par le chef de l'arrondissement (1).

### 13. — Agents consulaires autorisés à exercer les fonctions d'administrateurs de la marine à l'étranger.

Certains agents consulaires sont autorisés par le ministre de la marine, sur la proposition des chefs dont ils relèvent, à remplir les fonctions conférées aux consuls comme suppléant à l'étranger les administrateurs de la marine. Ils agissent dans ce cas sous leur responsabilité personnelle, quoique toujours sous le contrôle du chef de l'arrondissement, et veillent, dans les limites des pouvoirs qui leur ont été confiés, à l'exécution des lois, ordonnances et règlements sur la police de la navigation (2).

(1) Ordonnance du 29 octobre 1833, art. 57.
(2) *Id.* du 26 octobre 1833, art. 5.

Les agents dont les attributions ont reçu cette extension trouveront au chapitre cinquième du livre V l'indication de la marche qu'ils ont à suivre pour l'accomplissement de leurs devoirs à l'égard de la marine marchande.

### 14. — Allocations spéciales pour la gestion des sauvetages.

Comme nous l'avons dit ailleurs (*Voir* liv. V, chap. 5, section 7), tous les actes relatifs à l'administration des sauvetages doivent être faits gratuitement.

L'application de ce principe aux délégués des consuls, dépourvus pour la plupart d'un traitement personnel, a soulevé de nombreuses réclamations. On a notamment fait observer que ces agents pouvaient se trouver parfois obligés de négliger leurs affaires personnelles pour ne s'occuper que des intérêts du commerce national et des secours à donner aux naufragés. On ajoutait que ce service leur était surtout très-préjudiciable dans le cas où, les naufrages ayant lieu près de leur résidence, ils n'avaient à prétendre à aucune indemnité de déplacement. Le ministre de la marine a, en conséquence, décidé qu'indépendamment des frais de voyage et de séjour tels qu'ils sont déterminés par le tarif des chancelleries, les agents consulaires auraient le droit de prélever à leur profit deux pour cent sur les sommes nettes déposées dans leurs caisses comme provenant de vente de bris et naufrages. Les consuls étant responsables des actes de leurs délégués, le payement de la prestation dont il s'agit ne doit jamais avoir lieu qu'après qu'ils se sont assurés par eux-mêmes que toutes les dispositions prescrites par les règlements ont été ponctuellement exécutées (1).

### 15. — Emprunts à la grosse autorisés par des vice-consuls.

La question de savoir si l'emprunt à la grosse autorisé par un vice-consul est valable a été longtemps douteuse; mais, déférée aux tribunaux en 1845, et ayant successivement passé par tous les degrés de juridiction, on peut désormais la considérer comme résolue en faveur de la compétence des vice-consuls. Voici les motifs de l'arrêt rendu sur ce point par la cour de

(1) Circulaire de la marine du 31 août 1848.

cassation : « Attendu que, dans l'espèce, le vice-consul qui a permis l'emprunt était autorisé, par décision ministérielle, à suppléer, dans sa résidence, les administrateurs de la marine; qu'il représentait le consul, dont il était le délégué, non-seulement pour la police de la navigation, mais encore pour tous les cas où les marins français ont besoin, à raison des événements maritimes, d'assistance, de protection, de surveillance; attendu que l'autorisation de faire un emprunt à la grosse n'a pas le caractère d'un jugement et ne constitue pas un acte de juridiction; attendu que l'art. 2 de l'ordonnance du 26 octobre 1833, qui déclare que les vice-consuls n'ont ni chancellerie ni juridiction, n'est pas applicable, la cour déclare bon et valable le contrat attaqué, et casse le jugement en sens contraire rendu par la cour d'appel de Rouen (1). » Cet arrêt est évidemment favorable aux opérations du commerce maritime à l'étranger; mais il serait mal interprété si ses dispositions étaient étendues aux agents consulaires autres que ceux qui sont autorisés par le département de la marine à remplir, dans le port de leur résidence, les fonctions administratives attribuées en France aux commissaires des classes et de l'inscription maritime. Il reste donc bien entendu que, toutes les fois qu'il y a nécessité de vendre des marchandises ou d'emprunter à la grosse, dans un port où ne réside qu'un agent consulaire n'ayant pas pouvoir de donner l'autorisation requise, le capitaine, aux termes du Code de commerce, doit se pourvoir devant le magistrat des lieux, ou, si les circonstances et la facilité des communications le permettent, devant le consul chef d'arrondissement.

N'oublions pas d'ajouter que les agents consulaires qui ont autorisé des emprunts à la grosse doivent toujours en rendre compte sur-le-champ au consul dont ils dépendent.

### 16. — Juridiction en Levant et en Barbarie.

Les agents consulaires n'exercent aucune juridiction. Ce principe ne souffre jamais d'exception, pas même dans les pays musulmans, où le pouvoir judiciaire des consuls est consacré par le droit conventionnel.

(1) Arrêt de la cour de cassation du 24 janvier 1845.

Ainsi, dans les questions civiles ou commerciales, les agents consulaires ne peuvent intervenir qu'à titre de conciliateurs, et ils ne sauraient jamais s'attribuer sur leurs nationaux le caractère de juge.

En matière criminelle, ils remplissent jusqu'à un certain point, dans le Levant et en Barbarie, d'après la loi de 1836, les fonctions d'officiers de police judiciaire. En conséquence, ils sont tenus de donner avis au consul dont ils dépendent des contraventions, délits ou crimes qui ont pu être commis par des Français dans leur résidence; de recevoir et de lui transmettre les plaintes et les dénonciations déposées entre leurs mains; de dresser les procès-verbaux des faits dont ils ont connaissance; de saisir les pièces de conviction, et de recueillir, à titre de renseignement, les dires des témoins; mais ils ne peuvent faire, si ce n'est en cas de flagrant délit, de visites et perquisitions aux domiciles et établissements des inculpés qu'après avoir reçu une délégation spéciale du consul (1). L'exercice d'un semblable droit peut en effet entraîner des conséquences trop graves pour être livré sans contrôle à des agents d'un ordre secondaire, souvent choisis parmi les étrangers et adonnés au commerce. S'il arrive d'ailleurs que les consuls informent sur les plaintes qui leur ont été transmises par leurs agents ou vice-consuls, et décernent des mandats d'arrêt, ces derniers se trouvent naturellement chargés de mettre ces mandats à exécution (2). Dans les cas où il n'y a pas de mandat d'arrêt, ils font également par délégation spéciale toutes les significations nécessaires et tous les actes du ministère d'huissier. Il est du devoir des consuls de diriger les agents consulaires dans l'exercice de cette partie de leurs fonctions par des instructions précises, et de veiller à ce qu'ils s'y conforment exactement, afin de ne point changer leur rôle de simples auxiliaires en celui de magistrats instructeurs.

(1) Code d'instruction criminelle, art. 41. — Loi du 28 mai 1836, art. 7.

(2) Circulaire des affaires étrangères du 15 juillet 1836.

# TABLE ALPHABÉTIQUE.

FIN DE LA TABLE ALPHABÉTIQUE.

# ERRATA.

Page   1, ligne 24, *au lieu de :* leurs armes,  *lisez :*  leur commerce
—   31, — 35,   —    chapitre 2,    —    chapitre 1er.
—   35, note 1,   —    29 avril,    —    26 avril.
—   37, — 1,   —    1771,    —    1781.
—   38, — 3,   *après :*   étrangères, *ajoutez :* du 1er octobre.
— 126, ligne 27, *au lieu de :* intrinsèque,  *lisez :*  extrinsèque.
— 175, — 7,   —    § 3,    —    § 4.
— 177, note 2,   —    Id.,    —    Circulaires des affaires étrangères.
— 349, — 1,   —    livre IV,    —    livre III.'
— 350, — 1, ligne 2, *au lieu de :* 1781,   —    1784.
— 363, — 5, *au lieu de :* mai,    —    mars.
— 482, — 3,   *après :*   Id. Id,  *ajoutez :* art. 12.
— 483, — 2,   —    Id. Id.    —    art. 15.
— 483, — 3,   —    Id. Id.    —    art. 10.
— 483, — 4, *au lieu de :* septembre,  *lisez :* du 15 septembre.
— 498,   après le titre de la section II, *ajoutez :* § Ier. — DES CAPTURES.
— 557, note 3, *au lieu de :* 1782, *lisez :* 1781.
— 602, ligne 16, avant le titre, *ajoutez :* 4.
— 612, note 1, ligne 2, *au lieu de :* 4 mai, *lisez :* 6 mai.

CORBEIL. — Typ. et stéréotyp. de CRÉTÉ.

www.ingramcontent.com/pod-product-compliance
Lightning Source LLC
Chambersburg PA
CBHW060537280326
41932CB00011B/1321